Structural Affairs

Editorial

Auf dem Gebiet der Tragwerksplanung begegnen sich Architekten, Bauingenieure und Vertreter der Bauindustrie. Systematisch erarbeitet dieser Bereich des architektonisch-statisch-konstruktiven Wissens Tragwerkskonzepte in der Architekturlehre, -forschung und -praxis und hat sich dadurch zu einer integralen und gestaltenden Disziplin auf dem Feld der architektonischen Entwurfsverfahren entwickelt. Der Tragwerksentwurf als klassisches konstruktives Entwerfen ermöglicht ein enges Zusammenspiel zwischen Formgebung, baukonstruktiver Planung und technischer Fabrikation, welches durch Softwareentwicklungen, neue Materialien und Verbindungstechnologien ständig Veränderungen erfährt. Der Tragwerksentwurf stellt damit ein sehr innovatives und interdisziplinäres Entwicklungsfeld der Architektur- und Ingenieurwissenschaften dar. *GAM.12 Structural Affairs* fragt nach den Potenzialen und Synergien dieser Entwicklung für die architektonische Praxis und stellt aktuelle Projekte sowie theoretische Positionen zur Diskussion.

Dazu werden die Bedingungen des Entwerfens und der zeitgenössischen Architekturproduktion aus der Sicht von drei thematischen Kategorien betrachtet: Die erste – **Constellation** – reflektiert das erweiterte Blickfeld und die Vielfalt der Überlegungen, aus denen der Tragwerksentwurf seine strukturellen Ansätze und Anregungen schöpft. Dieser erste Teil von *GAM.12* umfasst deshalb Beiträge, die unterschiedliche theoretische, praktische oder experimentelle Forschungsansätze in einen neuen erkenntnistheoretischen Zusammenhang für die Architektur stellen. Die Dynamik des architektonischen Forschungsfeldes speist sich aus unterschiedlichen Quellen, deren gegenwärtige Neubewertung ein hohes innovatives Potenzial besitzt. **Wolfgang Schäffner** thematisiert den Paradigmenwechsel, der sich aus der Entstehung eines neuen Strukturalismus ergibt, der informiert von interdisziplinären strukturellen Fragen gegenwärtig den Wandel von einer linguistischen zu einer material-technischen Forschungsrichtung vollzieht und mit seiner „übergreifenden materialen Epistemologie" auch zur Reflektion und Annäherung von räumlicher und Wissensarchitektur beitragen kann. Auf welche Weise sich dieser Wandel in der Architektur in Hinsicht auf Materialinnovationen und computerbasierte Methoden gegenwärtig gestaltet und welche neuen Formen der Zusammenarbeit damit einher gehen, diskutieren **Martin Bechthold**, **Sigrid Adriaenssens**, **Panagiotis Michalatos**, **Neri Oxman** und **Andreas Trummer** in einem Gespräch, das sie über ihre aktuellen Projekte geführt haben. In ihrem Beitrag „Geometry of Forces" schreiben **Philippe Block**, **Tom Van Mele** und **Matthias Rippmann** der grafischen Statik eine neue Bedeutung zu und analysieren die Relevanz der Erstellung von Lage- und Kräfteplänen in ihrem Potenzial für die Gestaltung und Optimierung von Tragstrukturen. **Oliver Tessmann** und **Anton Savov** widmen sich der Frage, wie sich das Fügen von Modulen durch digitale Methoden und Werkzeuge gegenwärtig verändert und zeigen anhand von verschiedenen Fallstudien, wie die

Prozesse des Planens und Bauens effektiver miteinander verschränkt werden können. Die Erforschung alternativer Bauformen und sozialer Kollaborationen sind auch das Thema von **Tomás Saracenos** künstlerischen Installationen, deren komplexe Spinnennetz-Strukturen zur Reflexion über das Verhältnis von Mensch und Natur einladen.

Der zweite Teil von *GAM.12* – **Conversation** – behandelt Formen der Zusammenarbeit, die eine komplexe Kommunikationsstruktur zwischen Entwurf, Planung und Fertigung notwendig machen. Neben Gesprächen und Verhandlungen unterschiedlicher Akteure auf persönlicher wie auf technischer Ebene bilden auch kollaborative Planungstools und operative Softwareinnovationen das Rückgrat vieler Entwurfsentscheidungen. **Martin Knight** und **Bartlomiej Halaczek** widmen sich den Dialogen, die Bauingenieure und Architekten beim Brückenentwurf zusammenführt und plädieren dabei nicht nur für den Gebrauch gemeinsamer Entwurfstools sondern auch für die Entwicklung einer gemeinsamen Sprache. Der Beitrag von **Stephan Engelsmann** und **Stefan Peters** zeigt anhand von vier Projekten wie z.B. dem Österreichischen Pavillon der EXPO in Mailand, wie sich diese gemeinsame Sprache konkret von der Planung bis zur Ausführung artikulieren kann. Eine unternehmerische Perspektive auf die Formen und Perspektiven der Zusammenarbeit liefern zwei Gespräche mit führenden Akteuren aus der Bauindustrie – aus der **Firmengruppe Max Bögl** und aus der Firma **seele** –, die seit Jahren erfolgreich Bauausführung, Forschung und Entwicklung zusammenführen. In ihrem Text „Parametric Concrete" beweisen **Andreas Fuchs** und **Michael Pelzer**, dass die enge kommunikative Vernetzung von Planungs-, Fertigungs- und Montageparametern nicht nur zu mehr kreativem Spielraum im Betonfertigteilbau sondern auch zu einer erheblichen Effizienzsteigerung in der diesbezüglichen Planung führen kann.

Welche neuen strukturellen Entwicklungen sich aus dem Zusammenspiel unterschiedlicher Beteiligter und auch unterschiedlicher Entwurfstools schließlich baulich konfigurieren, behandelt der dritte und letzte Teil von *GAM.12* – **Configuration**. Dem Leichtbau als dem materialtechnisch, strukturell und ressourcenökonomisch betrachtet innovativsten Forschungsfeld des Tragwerksentwurfs gilt dabei eine besondere Aufmerksamkeit. So führt **Werner Sobek** in seinem Beitrag anhand der „Smart Shell" vor, wie durch aktive Verformungskontrolle ein minimierter Ressourcenaufwand und ultraleichte Tragwerksstrukturen entstehen. **Christoph Gengnagel** und **Gregory Quinns** Studie über vorbeanspruchte Gitterschalen, die nach dem active-bending-Prinzip entworfen und gebaut werden, zeigt jene Potenziale auf, die sich aus der Integration von FEM-Simulationssoftware in den Entwurfs- und Montageprozess ergeben. Auch für **Julian Lienhard** bietet das parametrische Modell eine wesentliche Schnittstelle für die Koordination und die Vermittlung von Entwurfsfaktoren für den Leichtbau. Seine Fallstudie eines wandelbaren Membrantragwerks zeigt, wie funktionale, statische und ästhetische Anforderungen im parametrischen Setup optimiert werden. Schließlich führen **Stefan Peters** und **Andreas Trummer** in ihrem Beitrag vor, wie Schalentragwerke aus ultrahochfestem Beton geometrisch im Stande sind, individuelle Formfindung mit materialgerechter Konstruktionsweise und innovativen Fertigungsmethoden zu vereinen.

Alle Autorinnen und Autoren des Heftes arbeiten in Lehre, Forschung, Planungspraxis oder Ausführung. Die vielfältigen Beiträge basieren auf ihren unterschiedlichen Erfahrungen und Expertisen und ermöglichen es *GAM.12* dadurch, ein zeitgemäßes Bild aktueller Tendenzen und Überlegungen aus dem Bereich des Tragwerksentwurfes zu zeichnen. Ihnen sei an dieser Stelle sehr herzlich für ihre Mitarbeit am Themenschwerpunkt von *GAM.12 Structural Affairs* gedankt. Der nachfolgende Rezensionsteil widmet sich wieder ausgewählten Neuerscheinungen aus dem Bereich der architektonischen Fachliteratur. Die besprochenen Publikationen spannen thematisch den Bogen von Material- und Fabrikationstechniken über Stadtforschung bis hin zur gebauten Biografie und dem Schreiben von Architekturgeschichte. Die Faculty News geben abschließend einen Einblick in Projekte und Veranstaltungen an der Architekturfakultät der TU Graz; bildet doch unsere Fakultät mit all ihren Lehrenden, Studierenden und Mitarbeitenden seit Jahren die Basis für das jährliche Erscheinen von *GAM*. Über unsere Pläne für die kommende Ausgabe von *GAM* informieren wir wie gewohnt mit unserem *Call for Papers* auf den letzten Seiten.

Stefan Peters/Andreas Trummer

Architects, civil engineers, and building-industry representatives all come together in the field of structural engineering. In this area of architectural-static-structural knowledge, structural design concepts are systematically developed in the context of architectural teaching, research, and practice, which has elevated the field to an integral and formative discipline in the realm of architectural design methods. Structural design as the classic configuration of structures fosters close interplay among tectonical shaping, structural planning, and technical fabrication, which is continually subjected to changes due to software development and also new materials and jointing technologies. Structural engineering thus reflects a highly innovative and strongly interdisciplinary field of development in architecture and the engineering sciences. *GAM.12 – Structural Affairs* explores the potentials and synergies of this development as applied to architectural practice and puts up for discussion current projects and theoretical positions.

Here, the conditions for design and contemporary architecture production are surveyed from the angle of three thematic categories. The first—**Constellation**—reflects on an expanded field of view and the diversity of reflections from which structural design draws its structural approaches and inspiration. This first section of *GAM.12* thus includes contributions that place various theoretical, practical, or experimental research approaches into a new epistemological context for architecture. The dynamism of the architectural research field taps into various sources that hold highly innovative potential in terms of reassessment in the present day. **Wolfgang Schäffner** thematizes the paradigm shift arising through the emergence of a new structuralism. Informed by interdisciplinary structural issues, this structuralism is presently undergoing transformation from a linguistic to a material-technical research base, and it is also able to contribute to reflection and approximation of spatial and knowledge architecture with its "comprehensive material epistemology." The ways in which this shift in architecture is presently playing out in terms of material innovations and computer-based methods, and the question of which new forms are evolving through related collaboration, are explored by **Martin Bechthold, Sigrid Adriaenssens, Panagiotis Michalatos, Neri Oxman,** and **Andreas Trummer** in a conversation discussing their current projects. **Philippe Block, Tom Van Mele,** and **Matthias Rippmann,** in their contribution "Geometry of Forces," ascribe new meaning to graphic statics and analyze the relevance of creating form and force diagrams as to their potential for designing and optimizing load-bearing structures. **Oliver Tessmann** and **Anton Savov** focus on how the jointing of modules is currently changing thanks to digital methods and tools. Citing various case studies, they demonstrate how the processes of planning and building can be effectively interwoven. Research on alternative building forms and cooperative social relationships is likewise the focus of the artistic installations by **Tomás Saraceno,** whose complex spider net structures invite us to reflect on relations between humans and nature.

The second section of *GAM.12*—**Conversation**—deals with forms of collaboration that necessitate a complex communications structure between design, planning, and production. In addition to conversations and negotiations involving different players on both personal and technical levels, collaborative planning tools and operative software innovations also form the backbone of many design-related decisions. **Martin Knight** and **Bartlomiej Halaczek** devote their contribution to the dialogues connecting structural engineers and architects in the context of bridge design. They advocate not only the use of shared design tools, but also the development of a common working language. Citing four projects, including the Austrian Pavilion at the EXPO in Milan, the contribution by **Stephan Engelsmann** and **Stefan Peters** demonstrates how this common language can be precisely articulated in the stages ranging from planning to execution. An entrepreneurial slant on the forms and perspectives of collaboration is given in two conversations with leading players from the building industry—the **Max Bögl Corporate Group** and the company **seele**—both of which have been successfully uniting construction, research, and development for years now. In their text "Parametric Concrete," **Andreas Fuchs** and **Michael Pelzer** prove that the close communicative networking of planning, production, and assembly parameters not only leads to more creative leeway in the production of prefabricated concrete elements, but also to a significant rise in efficiency in the related planning.

The third and last main section of *GAM.12*—**Configuration**—explores the new structural developments that ultimately structurally evolve from the interplay of different involved parties and different design tools. Special attention is paid here to lightweight construction as one of the most innovative research fields in structural design when it comes to materials technology, structural considerations, and resource economics. **Werner Sobek,** in his contribution, illustrates by example of his "Smart Shell" how active control of deformation leads to a minimized need for resources and

gives rise to ultra-lightweight structures. **Christoph Gengnagel** und **Gregory Quinn**'s study on strained grid shells that are designed and built according to the "active bending" principle demonstrates the potentials that arise from the integration of FEM simulation software in the process of design and assembly. **Julian Lienhard** likewise provides the parametric model with an essential interface for coordinating and mediating design factors in lightweight construction. His case study of a transformable membrane structure shows how functional, static, and aesthetic demands can be optimized in a parametric setup. Finally, **Stefan Peters** and **Andreas Trummer** illustrate how shell structures made of ultra-high performance concrete are geometrically capable of uniting individualized form-finding with materially sound construction methods and innovative production approaches.

All authors of this issue work in the context of teaching, research, planning, or execution. The diverse contributions are based on the authors' different experiences and expertise, thus allowing *GAM.12* to draft a contemporary picture of current tendencies and reflections from the field of structural design. Our warm gratitude is extended to these authors at this juncture for the work they have invested in the thematic focus of *GAM.12 – Structural Affairs*. The review section following the main contributions is devoted to select new releases from the area of specialist literature on architecture. The discussed publications draw a thematic arc from materials and fabrication technologies to urban research and also built biographies and the writing of architectural history. Finally, the Faculty News segment offers insight into the projects and events carried out by the Faculty of Architecture at Graz University of Technology. Indeed, our Faculty—with all its instructors, students, and staff—has for years now provided the basis for the annual release of *GAM*. As usual, we are presenting our plans for the next issue in our Call for Papers on the final pages of this volume.

Stefan Peters/Andreas Trummer
Translation: Dawn Michelle d'Atri

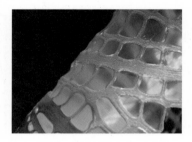

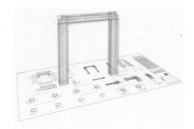

Reviews

Faculty News

CONSTELLATION
Constellation

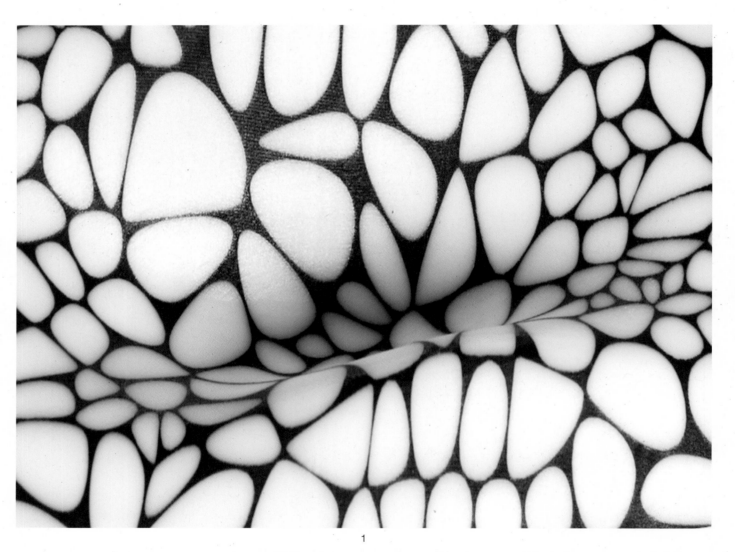

1

Neri Oxman, „Monocoque: Prototype for a Structural Skin": Eine neuartige Technologie namens „Variable Property Design Fabrication" (VPD) modelliert, simuliert und fabriziert materielle Bauteile mit unterschiedlichen Eigenschaften | A novel technology called "Variable Property Design Fabrication" (VPD) models, simulates and fabricates material assemblies with varying properties, Museum of Modern Art, New York, 2007 © Neri Oxman

Neuer Strukturalismus

Eine Geistes- und Materialwissenschaft

NEW STRUCTURALISM
A FIELD OF HUMAN AND MATERIALS SCIENCE

Wolfgang Schäffner

Architektur verbindet in ihrem Entwurfsprozess eine Vielzahl heterogener Wissensformen, die in einem architektonischen Projekt zu einem mehr oder weniger kohärenten Zusammenhang integriert und verbunden werden. Diese architektonische Materialisierung und Realisierung von Wissensformen, die Geistes-, Natur- und Technikwissenschaften ebenso einbeziehen wie alle Design-Disziplinen, wird gegenwärtig durch die digitalen Plattformen der Architektur insoweit unterstützt, als sie diese komplexe *trading zone* von theoretischem, praktischem und materialem Wissen in neuer Weise operationalisierbar machen.

Damit ergeben sich für diese intrinsische Interdisziplinarität der Architektur völlig neue Entwurfs- und Planungsmöglichkeiten. Mit der gemeinsamen digitalen Operationsplattform ist jedoch nur ein Teil dieser Möglichkeit beschrieben, weshalb die heterogenen Wissensformen in dem gemeinsamen Raum der Architektur zusammen kommen können; denn der andere, vielleicht noch konsequenzenreichere Teil ist die epistemologische Form, in der diese unterschiedlichen Wissensformen in dem architektonischen Entwurfsprozess sich miteinander verbinden können. Es geht um *„structural affairs"* im engen, nämlich strukturalistischen Sinne: Denn der Strukturalismus als Feld interdisziplinärer Forschung, in dem eigentlich alle Disziplinen zusammenfinden können, steht gegenwärtig vor seiner vielleicht entscheidenden Wiederkehr als übergreifende materiale Epistemologie, in der auch der Architektur in doppeltem Sinne als Architektur des Wissens und als Architektur von Räumen eine zentrale Rolle zukommen kann.

Ausgehend von einem *New Structuralism* in der Architektur, den Rivka und Robert Oxman in *Architectural Design* 2010 skizziert haben,[1] geht es daher gegenwärtig sowohl um eine Wiederkehr als auch um eine neue Etablierung eines Strukturalismus in einem nie dagewesenen Sinne: Denn neben der Architektur hat der Strukturalismus der Geisteswissenschaften und der Strukturalismus der Naturwissenschaften und Technologien im 20. Jahrhundert sich nie zu einer gemeinsamen transdisziplinären Formation verbunden. Vielmehr blieben die Bereiche des geisteswissenschaftlich-linguistischen Strukturalismus getrennt von dem Strukturalismus der Informatik oder den synergetischen Strukturen von Buckminster Fuller. Die Strukturalismen von Fuller, Jakobson, Shannon und Lévi-Strauss sind nie, obwohl sie parallel ihre Ansätze entwickelt haben, zu einem gemeinsamen Strukturalismus verbunden worden. Dennoch ist es die historische Chance, die es gegenwärtig gibt, den Strukturalismus als ein neues interdisziplinäres Feld zu verdeutlichen, der etwa im Bereich der Materialwissenschaften dazu geführt hat, selbst opake Materialien wie Holz oder Beton unter dem Elektronenrastermikroskop als komplexe Strukturformationen beschreibbar zu machen.

Gegenstand der folgenden Ausführungen ist daher, Architektur als Strukturenwissenschaft möglich zu machen, die im Kontext eines allgemeinen Strukturalismus eine ganz besondere „architektonische Rolle" erhält und dabei ihre eigenen disziplinären Entwurfsprozesse der Integration unterschiedlichster Wissensformen strukturalistisch wendet. Dazu versuche ich zunächst die strukturale Revolution der Geisteswissenschaften im 20. Jahrhundert zu skizzieren, um daran zu zeigen, wie der Anspruch einer übergreifenden Theorie des Wissens gerade deshalb scheiterte, weil sich das Unternehmen auf eine sehr verengte linguistisch-geisteswissenschaftliche Perspektive beschränkte. Dieser Strukturalismus, der den Geisteswissenschaften im vergangenen Jahrhundert für mehr als zwei Jahrzehnte als eine ganz große Möglichkeit erschien, eine interdisziplinäre Konstellation zu bauen, die alles, was die Geisteswissenschaften tun, zu einer großen epistemischen Formation zusammenführt, hatte den französischen Sprachraum zum Zentrum: Und diese strukturalistische Revolution des Wissens, wie entsprechende Titel ganz hymnisch klangen, verbindet sich mit Akteuren wie Claude Lévi-Strauss, Jacques Lacan oder Michel Foucault.

Ausgehend von diesem Strukturalismus geht es dann um die Geschichte von Strukturen, die ein sehr weites Feld sichtbar werden lässt, das als Grundlage dienen kann, wenn es um den Aufbau eines neuen integrativen Strukturalismus gehen soll. Ein weiterer zentraler Schritt für einen neuen Strukturalismus ist der Fokus auf die Materialität der Strukturen, womit gegenwärtig der alte Gegensatz Strukturen vs. unstrukturierte Materie sich in eine neue Strukturenwelt auflöst. Vor diesem Hintergrund kann die Architektur im Rahmen dieses neuen materialen und räumlichen Strukturalismus eine ganz besondere Rolle erhalten.

Die strukturale Revolution. Das Jahr 1966 war für den Strukturalismus der Geisteswissenschaften ein entscheidender Moment: „Ab 1966 ging alles den Bach runter. Ein Freund hatte mir *Die Ordnung der Dinge* geliehen, und ich war so unbesonnen gewesen, das Buch aufzuschlagen. […] Schlagartig gab ich Stendhal, Mandelstam und Rimbaud auf, wie man eines schönen Tages aufhört, Gitanes zu rauchen, um mir die Leute anzulesen, mit denen uns Foucault in Atem hielt, Freud, Saussure und Ricardo. Ich hatte die Pest. Ich hütete mich davor, mich zu heilen. […] Ich diskutierte Philosophie. Ich nannte mich Strukturalist."[2] So beschreibt Gilles Lapouge diesen Moment, in dem

1 Vgl. Oxman, Rivka/Oxman, Robert (Hg.): „The New Structuralism: Design, Engineering and Architectural Technologies", in: *Architectural Design* 80,4 (2010), 78–85.

2 Giles Lapouge, zitiert nach Dosse, François: *Geschichte des Strukturalismus*, Bd. 1, Hamburg 1996, 456.

The architectural design process associates a multitude of heterogeneous forms of knowledge that are integrated and connected within an architectural project to arrive more or less at cohesion. This architectural materialization and realization of knowledge forms, involving the humanities, the natural and technical sciences, but also all design disciplines, is presently being supported by digital architecture platforms inasmuch as this complex trading zone of theoretical, practical, and material knowledge is made operationalizable in a new way.

In the context of such intrinsic interdisciplinarity of architecture, this gives rise to completely new design and planning opportunities. However, the joint digital operating platform signifies but one facet of such an opportunity to bring together the heterogeneous forms of knowledge in the shared space of architecture. Indeed, the other facet, which perhaps has even more ramifications, is the epistemological mode in which these different knowledge forms may interact within the architectural design process. This implies "structural affairs" in the most narrow sense, namely, in a structural sense: for structuralism as a field of interdisciplinary research, where all disciplines actually come together, is currently facing what may well be a decisive return as a comprehensive material epistemology in which a key role is assigned to architecture—in the dual sense of an architecture of knowledge and an architecture of space.

Taking the concept of a "New Structuralism" in architecture as sketched by Rivka and Robert Oxman in *Architectural Design* in 2010,[1] we are presently dealing both with this return and with a reestablishment of structuralism in a hitherto unknown sense: for, aside from the architecture context, structuralism in the humanities and structuralism in the natural and technical sciences never actually joined to create a common transdisciplinary formation in the twentieth century. Instead, the areas of humanities-related, linguistic structuralism remained separate from the structuralism of computer science or the synergetic structures of Buckminster Fuller. The structuralism explored by Fuller, Jakobson, Shannon, and Lévi-Strauss, although they developed their approaches in parallel, never actually merged to form a shared structuralism. Nonetheless, today we are facing a historical opportunity to clearly position structuralism as a new interdisciplinary field, one that for instance in materials

science has made it possible to even lend description to opaque materials like wood or concrete as complex structural formations using a scanning electron microscope.

The focus of the following reflections is therefore devoted to the feasibility of architecture as a structural science, which in the context of a general structuralism takes on a very special "architectural role," thus applying a structural turn to its own disciplinary design processes through the integration of diverse forms of knowledge. First, I will attempt to sketch the structural revolution in the humanities during the twentieth century in order to show how the demand for an integrated theory of knowledge failed precisely because the undertaking was limited to a very narrow linguistic, humanistic perspective. This structuralism—which in the humanities of the past century had the flavor of being, for over two decades, a truly grand possibility for creating an interdisciplinary constellation that would unite everything related to the humanities in a great epistemic formation—was based in French-speaking regions. And this structuralist knowledge revolution, with its clearly anthemic titles, involved such personages as Claude Lévi-Strauss, Jacques Lacan, and Michel Foucault.

Moving on from this discussion of structuralism, we will explore the history of structures, which opens up a very broad field that can serve as a foundation when it comes to establishing a new, integrative structuralism. Another pivotal step for a new structuralism is a focus on the materiality of structures, whereby the old opposition "structures versus unstructured material" is presently dissolving in a new structural world. Against this backdrop, it is possible for architecture to assume a very important role in the scope of this new material and spatial structuralism.

The Structural Revolution. The year 1966 was a decisive point in time for structuralism within the humanities: "Everything started falling apart as of 1966. A friend had talked to me about *The Order of Things* and I made the mistake of opening it. … I dropped Stendhal, Mandelstam, and Rimbaud, the way one fine day you stop smoking Gitanes, in order to read the authors that Foucault was discussing—Freud, Saussure, and Ricardo. I was infected. The fever did not stop and I loved this infection. I did not want to get better. I was proud of my

---

1   See "The New Structuralism: Design, Engineering and Architectural Technologies," ed. Rivka Oxman and Robert Oxman, special issue, *Architectural Design* 80, no. 4 (2010), pp. 78–85.

der Strukturalismus Mitte der 1960er Jahre zu einem alles bestimmenden Bezugspunkt wird, der sämtliche gesellschaftliche Bereiche erfasst. Selbst der Trainer der französischen Nationalmannschaft erklärte, „er werde die Mannschaft nach strukturalistischen Prinzipien umorganisieren."[3]

1966 ist das Jahr, in dem Lacans Schriften als 900-Seiten-Band erscheinen und ihn zum französischen strukturalistischen Freud machen, ein Jahr davor ist Louis Althussers *Lire le Capital* erschienen. Michel Foucaults *Ordnung der Dinge*, die im April 1966 bei Gallimard erscheint, ist innerhalb weniger Tage vergriffen und bis Ende des Jahres werden 20.000 Exemplare verkauft. Pierre Nora, der bei Gallimard die „Bibliothèque des sciences humaines" herausgibt, äußert dazu: „Ich hatte bemerkt, dass es eine Bewegung gab, deren allgemeine Einheit das war, was man Humanwissenschaften nannte. Zwischen getrennten Disziplinen zeichneten sich Forschungen ab, die in einer gemeinsamen Problematik zusammenliefen, und diese beruhte darauf, dass die Menschen reden, um Dinge zu sagen, für die sie nicht unbedingt verantwortlich sind, dass sie zu Handlungen kommen, die sie nicht unbedingt gewollt haben, dass sie von Determinierungen durchzogen sind, deren sie sich nicht bewusst sind und die über sie gebieten."[4] All diese Ordnungen, tieferen Schichten, Systeme konvergieren in dem Begriff Strukturen. Selbst der Marxismus fügt sich nahtlos ein, wenn in der französischen Übersetzung des *Kapitals* Basis und Überbau „infrastructure" und „superstructure" heißen.

Von dieser Welle fühlen sich klassische marxistische Akteure wie Sartre angegriffen: „Wenn es keine Praxis mehr gibt," sagt Sartre, „kann es auch kein Subjekt mehr geben. Was sagen uns Lacan und die Psychoanalytiker, die sich auf ihn berufen? Der Mensch denkt nicht, er wird gedacht, so wie er für gewisse Linguisten gesprochen wird."[5] Und Sartre erklärt diese strukturalistische Haltung auch als Einfluss eines US-amerikanischen Technokratismus, was zu einer Zeit, in der B-52 täglich Nordvietnam bombardieren, ein ganz besonders brisantes Argument ausmacht.

In der großen literarischen Fernsehsendung „Lectures pour tous" spricht Foucault von dem fundamentalen Wandel im Denken, den der Anthropologe Claude Lévi-Strauss eingeleitet hat, und den er in *Die Ordnung der Dinge*, dessen Titel eigentlich *Archéologie du structuralisme* lauten sollte, beschreibt: Als ein Blick auf unsere Kultur von außen, um uns selbst so sehen zu können, wie Lévi-Strauss etwa die Nambikwara beschreibt.[6] Dabei wird deutlich, wie Foucault an anderer Stelle schreibt, „daß der ‚Sinn' vermutlich nichts als eine Art Oberflächenwirkung, eine Spiegelung, ein Schaum sei; daß das, was uns im Tiefsten durchdringt, was vor uns da ist, was uns in der Zeit und im Raum hält, eben das *System* ist."[7]

Diese Hochphase des Strukturalismus ist zugleich eingebunden in die politische Situation der 1960er Jahre: Dies zeigt insbesondere Foucaults berühmter Vortrag „Qu'est-ce qu'un auteur" (Was ist ein Autor?), den er am 22. Februar 1969 in der Société française de philosophie in Paris mitten in den Auswirkungen des Mai 68 hielt. Foucault führt hier aus, wie man die Aktivität des Autors als komplexe Funktion analysieren kann, die den Diskurs organisiert und selber vom Diskurs organisiert wird. In der sich daran anschließenden Diskussion trat unter anderen der marxistische Philosoph und Soziologe Lucien Goldmann hervor. Er ordnete in seinem Statement Foucaults Vortrag der strukturalistischen Bewegung zu, nämlich dem, wie er sagte, „nicht-genetischen Strukturalismus." Diese Bewegung „negiert das Subjekt, und ersetzt es durch (linguistische, mentale, soziale etc.) Strukturen; sie lässt für die Menschen und ihr Verhalten nur den Platz einer Rolle, einer Funktion innerhalb dieser Strukturen, die den Endpunkt der Forschung oder der Erklärung bilden."[8]

Goldmann repräsentiert damit die verbreitete Kritik am Strukturalismus als einer radikalen antihumanistischen Reduktion aller *human agency*. Und Goldmann bezieht sich in seinem Statement auf den berühmten Satz, der im Mai 1968 auf die Tafel eines Auditoriums der Sorbonne geschrieben wurde, der für Goldmann „den Kern der philosophischen wie wissenschaftlichen Kritik am nicht genetischen Strukturalismus auszudrücken scheint: ‚Die Strukturen gehen nicht auf die Strasse.'" Und Goldmann fährt fort: „das heißt: Es sind nie die Strukturen, die die Geschichte machen, sondern die Menschen, auch wenn deren Tätigkeit stets einen strukturierten und signifikativen Charakter aufweist."[9]

Foucaults Antwort ist strategisch und knapp, wenn er darauf hinweist, dass er nie den Begriff der Struktur gebraucht habe. Die Diskussion jedoch endet – und das ist das eigentliche Ereignis dieser Debatte – mit einer ebenso kurzen wie bemerkenswerten Intervention des strukturalistischen Psychoanalytikers Jacques Lacan: „Ich glaube nicht", sagt Lacan, „dass es in irgendeinem Sinne legitim war, zu schreiben, dass die Strukturen nicht auf die Straße gehen, denn wenn es etwas gibt, das die Ereignisse des Mai zeigten, dann das Auf-die-Straße-Gehen der Strukturen. Die Tatsache, dass man dies an dem Ort selbst geschrieben

3   Ebd., 458.

4   Pierre Nora, zitiert nach Dosse: *Geschichte des Strukturalismus*, 459 (wie Anm. 2).

5   Jean-Paul Sartre, zitiert nach Dosse: *Geschichte des Strukturalismus*, 471 (wie Anm. 2).

6   Vgl. Claude Lévi-Strauss: *Die traurigen Tropen* [1955], Frankfurt 2008.

7   Michel Foucault, zitiert nach Dosse: *Geschichte des Strukturalismus*, 477–478 (wie Anm. 2).

8   Lucien Goldmann in der Diskussion nach dem Vortrag von Foucault, Michel: „Was ist ein Autor? (Vortrag)", in: *Dits et Écrits. Schriften*, Bd. 1, Frankfurt/M. 2001, 1003–1041, hier 1033.

9   Ebd., 1036.

knowledge, like a louse on the pope's head. I was talking about philosophy. I called myself a structuralist."[2] This is how Gilles Lapouge described this time, where structuralism became an all-determining benchmark in the mid-1960s, touching all facets of society. Even the coach of the French national soccer team "announced a 'structuralist' reorganization of his team."[3]

The year 1966 also saw the publishing of Lacan's writings, compiled in a nine-hundred-page volume, thus elevating him to the position of a French Freud of structuralism. Just one year earlier, Louis Althusser's *Reading Capital* had been published. And Michel Foucault's *The Order of Things*, released in April 1966 by Gallimard, was sold out within a matter of days; by the end of the year, 20,000 copies had been purchased. Pierre Nora, who edited Gallimard's *Bibliothèque des sciences humaines* series, described it thus: "I was profoundly convinced that there was a movement taking place in what we called the sciences of man. Different disciplines were beginning to converge around a common set of problems based on the fact that when men speak they say things they are not necessarily responsible for, and end up doing things they did not necessarily want to do, that forces they are not conscious of course run through them and dominate them."[4] All of these regimes, deeper layers, and systems were converging in the concept of structures. Even Marxism seamlessly fit in, for in the French translation of *Capital*, the terms "infrastructure" (*Basis*) and "superstructure" (*Überbau*) were used.

This wave sparked a sense of classic Marxist players like Jean-Paul Sartre, who noted: "If there is no longer any practice, there cannot be any subject. What do Lacan and the psychoanalysts who come after him tell us? That man does not think, he is thought, just as for certain linguists he is spoken."[5] And

Sartre declared this structuralist stance to have been influenced by technocratic tendencies originating in the United States, which was an especially volatile argument at a time when B-52s were bombing North Vietnam on a daily basis.

In the popular literary television show *Lectures pour tous*, Foucault spoke of a fundamental shift in thought inspired by anthropologist Claude Lévi-Strauss, which Foucault described as follows in his *The Order of Things*, the title of which was originally meant to be *Archéologie du structuralisme*: as a view of our culture from the outside in order to see ourselves in a way similar to Lévi-Strauss's perspective of the Nambikwara.[6] As Foucault writes elsewhere, this makes it clear "that meaning was probably only one sort of surface effect, a shimmering, a froth, and that what profoundly coursed through us, what existed before us, what maintained us in time and space, was the system."[7]

This apex of structuralism was simultaneously immersed in the political situation of the 1960s, as is indicated by Foucault's famous lecture "Qu'est-ce qu'un auteur" (What Is an Author?) in particular, held on February 22, 1969, at the Société française de philosophie in Paris at a time marked by the repercussions of the May '68 events. Foucault expounds on how the author's activity can be analyzed as a complex function that organizes discourse and is in fact organized by discourse itself. The discussion following the lecture involved, among others, the Marxist philosopher and sociologist Lucien Goldmann. In his statement, he associated Foucault's lecture with the structuralist movement, specifically, with "nongenetic structuralism." He stated that this movement "negates the subject and replaces it with (linguistic, mental, social, etc.) structures; there is only room for men to become roles, functions within these structures, which form the terminus of research or explanation."[8]

Goldmann thus came to represent the widespread criticism of structuralism as a radical, anti-humanist reduction of all human agency. And in his statement, Goldmann referenced the famous sentence that was written on the board of a Sorbonne auditorium in May '68, which, to Goldmann, appeared to express that "the heart of both the philosophical and the scientific critique of non-genetic structuralism ...: 'structures don't go into the streets.'" He continued: "This means: it is always people who make history rather than structures, even if their activity always displays a structured and significative character."[9]

Foucault's reply was strategic and terse when he pointed out that he had never used the term "structure." But the discussion came to an end—and this was the actual highlight of the

2   Giles Lapouge, cited in François Dosse, *History of Structuralism: The Rising Sign, 1945–1966*, vol. 1 (Minneapolis, 1997), p. 316.

3   Ibid., p. xix.

4   Pierre Nora, cited in Dosse, *History of Structuralism*, vol. 1 (see note 2), p. 318.

5   Jean-Paul Sartre, cited in Dosse, *History of Structuralism*, vol. 1 (see note 2), p. 326.

6   See Claude Lévi-Strauss, *A World on the Wane* (New York, 1961).

7   Michel Foucault, cited in Dosse, *History of Structuralism*, vol. 1 (see note 2), p. 332.

8   Lucien Goldmann during the discussion following the lecture by Michel Foucault. Translated from: "Was ist ein Autor? (Vortrag)," in *Dits et Écrits: Schriften*, vol. 1 (Frankfurt am Main, 2001), pp. 1003–41, esp. p. 1033.

9   Translated from ibid., p. 1036.

hat, an dem die Strukturen auf die Straße gingen, beweist nichts anderes, als dass das, was man als Handlung bezeichnet, sehr häufig und sogar in der Mehrzahl der Fälle sich selbst missversteht."[10] Lacans Intervention hat getroffen, wie René Lourau, einer der Anwesenden, beschreibt: „Wir waren entsetzt über die Unverfrorenheit der Formulierung. Ich habe Lucien Goldmann mit dem Auto nach Hause gefahren. Er saß da wie ein k.o. geschlagener Boxer."[11]

Die Frage nach den Strukturen hatte, wie man sieht, in den 1960er Jahren noch eine ebenso akademische wie politische Brisanz. Dennoch sind es vor allem Strukturalisten, die in Paris die neuen Lehrstühle beziehen und von dort gegen das traditionelle Denken in den Universitäten vorgehen. Doch was war der Strukturalismus eigentlich, um den es hier geht, und dessen Ende in diesen Jahren schon vorgezeichnet ist? Der linguistisch begründete Strukturalismus der Geisteswissenschaften leitet sich insbesondere von Ferdinand de Saussures Vorlesungen, dem „Cours de linguistique générale" her: Den strukturalistischen Kern dieser Linguistik bilden folgende Bestandteile: Die Arbitrarität der Zeichen, die triadische Struktur des Zeichens, Zeichenketten als Differenzen, ein System von Zeichen mit dem Vorrang der Synchronie, und schließlich basiert sie auf der Phonologie als einer zeitlich linearen Zeichenkette.

Der Linguist Roman Jakobson hat später (1959) diese Elemente als sehr willkürliche Bestimmungen bezeichnet: Die Arbitrarität des Zeichens wird bei ihm aus dem verengten Blick einer synchronen Darstellung heraus kritisiert: „Der Zusammenhang zwischen einem signans und einem signatum, den Saussure willkürlicherweise arbiträr nennt, ist in Wirklichkeit eine gewohnheitsmäßige, erlernte Kontiguität, die für alle Mitglieder der gegebenen Sprachgemeinschaft obligat ist. Aber neben dieser Kontiguität behauptet sich auch das Ähnlichkeitsprinzip, *la ressemblance*. Wie auch hier erwähnt wurde […] spielt dieses Prinzip eine gewaltige Rolle in der Frage der Derivation, in der Frage der Wortsippen, wo die Ähnlichkeit der Wörter einer gemeinsamen Wurzel so entscheidend ist, und wo man schon ganz und gar nicht mehr vom Willkürlichen sprechen darf."[12]

Auch die Linearität der Signifikanten hält Jakobson für eine „gefährliche Vereinfachung":[13] Es handelt sich vielmehr um zweidimensionale Einheiten eines Nacheinander und Miteinander, d.h. also lineare Kombination und dazu vertikale Auswahl bzw. Selektion, was Jakobson dann syntagmatische und paradigmatische Ebene nennt. Und nicht zuletzt wird der Gegensatz von Synchronie und Diachronie fragwürdig: „Die

Saussuresche Gleichsetzung des Gegensatzes von Synchronie und Diachronie mit dem Gegensatz der Statik und Dynamik hat sich als irreführend erwiesen, weil in Wirklichkeit die Synchronie gar nicht statisch ist: Veränderungen sind immer im Gange und bilden einen Bestandteil der Synchronie. Die tatsächliche Synchronie ist dynamisch, die statische Synchronie ist eine Abstraktion, die dem Sprachforscher für gewisse Zwecke zwar notwendig ist, aber die wahrheitsgetreue, ausführliche synchronische Beschreibung der Sprache muss die Dynamik der Sprache folgerichtig in Betracht ziehen."[14]

Als Jean-Marie Benoist 1975 sein Buch *Révolution structurale* veröffentlicht, steuerte der Strukturalismus, wie François Dosse schreibt, „schon unausweichlich einem Begräbnis erster Klasse zu":[15] Es war die Zeit, als der große Versuch, auf der Basis von Strukturen eine einheitliche Methode der Geisteswissenschaften zu entwickeln, an sein Ende gelangt zu sein schien. Wichtige Aspekte der Kritik am Strukturalismus waren insbesondere der Reduktionismus, d.h. die Abstraktheit und der damit verbundene Verlust der Spezifität in der Analyse von Strukturen, und andererseits der schon deutlich gewordene Antihumanismus. François Dosses Bände über die *Geschichte des Strukturalismus* (1991/92) dokumentieren schließlich den Strukturalismus als eine abgeschlossene historische und auch gescheiterte Angelegenheit.

Was aber bedeutet dieses Scheitern, wenn wir 40 Jahre später nicht nur darauf zurückblicken, sondern wenn es sogar um einen Neuen Strukturalismus gehen soll? Inwiefern kann dieses Scheitern gegenwärtig sogar eine besondere Herausforderung für den Versuch eines Strukturalismus weit größeren Ausmaßes dienen? Was indirekt schon deutlich geworden ist: Ein wesentlicher Grund für das Scheitern war vor allem die Beschränkung auf die Geistes- und Humanwissenschaften. Denn als große Mode fand der Strukturalismus nur in geisteswissenschaftlichen Disziplinen statt: Diese folgenreiche Einengung des Strukturalismus verbindet sich insbesondere mit der zentralen Rolle der Linguistik, deren basale Oppositionsstrukturen von Phonemen auf unterschiedliche Ebenen der Kultur- und Textanalyse übertragen wurden. Sowohl die Hochphase als auch die Geschichte des Strukturalismus, wie sie François Dosse schreibt, machen diese Beschränkung und die damit verbundene reduktionistische Sicht deutlich.

10 Jacques Lacan, zitiert nach Foucault: „Was ist ein Autor?", 1041 (wie Anm. 8).

11 René Lourau, zitiert nach François Dosse: *Geschichte des Strukturalismus*, Bd. 2, Hamburg 1996, 152.

12 Jakobson, Roman: „Zeichen und System der Sprache", in: ders.: *Selected Writings*, Bd. 2, Paris 1971, 272–279, hier 273. Vorgetragen in Erfurt am 2. Oktober 1959.

13 Ebd., 275.

14 Ebd.

15 Dosse: *Geschichte des Strukturalismus*, 337 (wie Anm. 11).

debate—with an intervention, as brief as it was remarkable, by the structuralist psychoanalyst Jacques Lacan: "I don't believe that it would be legitimate in any case to write that the structures don't go into the streets, for if the events of this May demonstrate anything at all, then it is the going-to-the-streets of structures. The fact that this was written in the very same place as the structures went into the streets proves nothing except that whatever we happen to call action very often, and even in most cases, misunderstands itself."[10] Lacan's intervention struck a note, as René Lourau, one of the attendees, noted: "We were terrorized by Lacan's nerve. I brought Lucien Goldmann home by car. He was like a stunned boxer."[11]

As we can see, the issue of structures was quite heated in the 1960s, in both academic and political contexts. However, it was first and foremost the structuralists who were given new professorships in Paris and were acting against traditional mindsets at universities. Yet what structuralism was really implied here, with its conclusion already marked out during these years? The structuralism in the humanities based on linguistics was derived especially from Ferdinand de Saussure's lectures, the "Cours de linguistique générale" (Course in General Linguistics). The structuralist heart of this linguistics is comprised of the following elements: the arbitrariness of the sign, the triadic structure of the sign, chain of signs as differences, a system of signs giving precedence to synchrony, and, finally, with a basis in phonology as a temporally linear chain of signs.

Later (in 1959), the linguist Roman Jakobson asserted that these elements were highly arbitrary determinations. He criticized the arbitrariness of the sign from the narrowed gaze of synchronous representation: "The relation between a *signans* and a *signatum*, which Saussure arbitrarily described as arbitrary, is in reality a habitual, learned contiguity, which is obligatory for all members of a given language community. But along with this contiguity the principle of similarity, *la ressemblance*, asserts itself. As was mentioned here, … this principle plays an enormous role in the area of derivations and in the area of word families, where similarity between words of one root is decisive, and where it becomes impossible to speak about arbitrariness."[12]

Jakobson likewise considers the linearity of the signifier to be a "dangerous simplification."[13] Instead, this deals with two-dimensional units of successivity and simultaneity, that is, linear combination and, accordingly, vertical selection, which Jakobson then calls the syntagmatic and paradigmatic level. Not least, the opposition of synchrony and diachrony is called into question: "Saussure's identification of the contrast between synchrony and diachrony with the contrast between

statics and dynamics turned out to be misleading. In actual reality synchrony is not at all static; changes are always emerging and are a part of synchrony. Actual synchrony is dynamic. Static synchrony is an abstraction, which may be useful to the investigation of language for specific purposes; however, an exhaustive true-to-the-facts synchronic description of language must consistently consider the dynamics of language."[14]

When Jean-Marie Benoist published his book *Révolution structurale* in 1975, structuralism, as François Dosse writes, "proclaimed its definitive death."[15] It was the period characterized by the grand attempt to develop a consistent method in the humanities on the basis of structures that appeared to be coming to an end. Significant aspects related to the criticism of structuralism notably included reductionism, meaning the abstraction and thus related loss of specificity in the analysis of structures, but also the already clearly emerging antihumanism. François Dosse's books about the *History of Structuralism* (originally published in French in 1991 and 1992) ultimately document structuralism as a concluded historical, and even failed, matter.

But what does this failure signify when, forty years later, we not only look back on this time but also wonder what a new structuralism might mean? To what extent can this failure today even serve as a special challenge in terms of attempting structuralism on much broader scale? What has indirectly become clear is that a significant reason for its failure was the act of limiting it to the humanities and the human sciences. For structuralism was only in high fashion in the humanities-related disciplines: this consequential narrow focus of structuralism is especially associated with the key role played by linguistics, its elemental structures of opposition being transferred from phonemes to various levels of cultural and textual analysis. Both the apex of structuralism and its history, as written by François Dosse, elucidate this limitation and the related reductionist point of view.

This situation needs to be analyzed in more detail when it comes to a more recent project of structuralism in the

10 Jacques Lacan, cited in and translated from Foucault, "Was ist ein Autor? (Vortrag)" (see note 8), p. 1041.

11 René Lourau, cited in François Dosse, *History of Structuralism: The Sign Sets, 1967–Present*, vol. 2 (Minneapolis, 1997), p. 122.

12 Roman Jakobson, "Sign and System of Language," in *Verbal Art, Verbal Sign, Verbal Time* (Minneapolis, 1985), pp. 28–29. Lecture given in Erfurt, Germany, on October 2, 1959.

13 Ibid., p. 29.

14 Ibid., p. 30.

15 Dosse, *History of Structuralism*, vol. 2 (see note 11), p. 409.

Für ein neuerliches Projekt eines Strukturalismus' im Kontext der Architektur muss diese Situation genauer analysiert werden, denn sie dient als Herausforderung für eine neue Wissenschaft der Strukturen, für eine Art neuen Strukturalismus, der insbesondere in den Bereichen ansetzt, die im Rahmen des historischen Strukturalismus erstaunlicher Weise keine Rolle gespielt hatten.

Deshalb soll im Folgenden kurz skizziert werden, wie die historische Episode des Strukturalismus in der Mitte des 20. Jahrhunderts vor dem Hintergrund einer Geschichte der Strukturen seit dem 17. Jahrhundert kritisch analysiert werden muss. Rekonstruiert man diese Geschichte, so ergeben sich für die Zeit des Strukturalismus wichtige parallele Felder der Strukturen, die aber im Selbstverständnis des Strukturalismus überhaupt keine Rolle gespielt haben. Schon diese Synopse verändert das Bild in entscheidender Weise. Wenn man dann noch die Entwicklung seit dem sogenannten Tod des Strukturalismus bis in die Gegenwart betrachtet – in der Digitaltechnologie all diese Explosionen digitaler Implementierung, und in den Materialwissenschaften, in denen ... offenbaren – dann soll deutlich werden, dass die Rede von einem Strukturalismus nie so nahe lag wie heute. Daraus sollen abschließend noch einige Überlegungen zur Rolle der Architektur abgeleitet werden, die deren gegenwärtiges interdisziplinäres Arbeiten auch als Arbeit an und in einem neuen Strukturalismus zu begreifen versuchen.

Strukturalismus und die Geschichte der Strukturen. Der Strukturalismus des 20. Jahrhunderts macht eine breite Geschichte der Strukturen unsichtbar, die spätestens im 17. Jahrhundert beginnt. Diese Geschichte lässt sich leicht nachvollziehen, wenn man die verschiedenen Felder analysiert, in denen der Begriff der Struktur auftauchte und eine fundamentale Rolle in der Organisation des Wissens spielt. Dies meint jedoch keine Begriffsgeschichte, sondern vielmehr die Geschichte der Dinge, Räume und Prozesse, die durch diesen Sachverhalt in eine mehr oder weniger direkte Verbindung zueinander gebracht wurden.

Der Begriff Struktur als solcher, abgeleitet von lat. *struere* (bauen), stammt aus der Architektur wie im *Dictionnaire de Trévoux* (1771) nachzulesen ist, wo dieser Begriff in seiner ganzen Breite definiert wird.[16] Der grundlegende architektonische Charakter von Strukturen wird hier neben der Architektur nicht nur für die Anatomie, sondern auch für die Anordnung von Reden und Texten bestimmt. Bei der Anatomie geht es um die Strukturen der Organe, Knochen und Gewebe, die insbesondere seit dem 17. Jahrhundert als wichtige materiale und räumliche Organisations- und Bauformen des Körpers

auftauchen.[17] Wenn in dem Eintrag „Structure" aber auch Texte und Reden als Strukturen erwähnt werden, so wird dabei deutlich, dass Strukturen auch in der Rhetorik und Grammatik auftauchen und damit auch im Bereich der symbolischen Operationen. Diese Definition verweist auf den expansiven Charakter der Frage nach Strukturen, indem die zwei unterschiedlichen Typen von Strukturen räumlicher und operativer Ordnungen in einer gemeinsamen epistemologischen Ebene zusammenfinden. Dabei aber handelt es sich nicht nur um eine Repräsentationsordnung, sondern auch um Konstruktions- und Bauformen des Wissens, die statische und dynamische Verhältnisse miteinander verbinden. Die Grammatik als Vorläufer der Linguistik macht damit zugleich deutlich, inwiefern der vor allem linguistisch ausgerichtete Strukturalismus des 20. Jahrhunderts nur einen Teil-Bereich der Strukturengeschichte aufgreifen wird.

Im 19. Jahrhundert taucht vor allem mit der Kristallografie eine weitere Wissenschaft auf, die in mehrfachem Sinne als die neue, vielleicht entscheidende Strukturwissenschaft bezeichnet werden kann. Während bis zur frühen Neuzeit Kristalle nicht als regelmäßige Körper galten, werden im 17. Jahrhundert die Winkelkonstanz der Kristalle und damit ihre geometrische polyedrische Form analysiert. Die Entwicklung der Kristallografie als Wissenschaft durch René-Just Haüy basiert insbesondere auf der Herstellung eines mathematischen Zusammenhangs zwischen unterschiedlichen Kristallen aus denselben Substanzen, wofür er auch ganz explizit den Begriff der Struktur einführt. In Haüys *Essai sur la théorie de la structure des cristaux* (1784) geht es darum, „die Form der Moleküle zu bestimmen, aus denen sich Kristalle zusammensetzen, und die Art, wie sie untereinander in jedem Kristall angeordnet sind. Es ist diese Kombination, die ich Struktur nenne; und wir werden sehen, dass sie einer kleinen Zahl von Gesetzen gehorcht, deren kombinierte Änderungen die ganze Vielfalt von Formen hervorbringen, die an Kristallen beobachtet werden können."[18]

Die mathematische Analyse der regelmäßigen Kristallstrukturen bildet die Grundlage der Kristallografie. Die Kristalle werden zu Struktur-Objekten, deren Raumgitter exemplarischen Charakter erhalten; und sie werden damit zu exemplarischen Modellen von formalen Objekten und dadurch auch algebraische und topologische Strukturen. Dabei erstaunt es auch nicht, dass diese Raumgitter auch Architekturen genannt werden, die das Eindringen des strukturalen Denkens in die Architektur unmittelbar vorantreiben. Denn die Formalisierung der Mathematik als Ausbau einer Strukturmathematik verbindet

16   „Structure", in: *Dictionnaire de Trévoux*, Bd. 7, Paris 1771, 859. Eigentümlicher Weise taucht in der *Encyclopédie* von Diderot und D'Alembert kein Eintrag zum Stichwort „Structure" auf. Vgl. *Encyclopédie ou Dictionnaires raisonné des sciences, arts et métiers*, Bd. 15, Neuchatel 1751–65, 548.

17   So seit Vesals Anatomie. Vgl. dazu exemplarisch Andrea Vesalius: *De humanis corporis fabrica libri septem*, Basel 1543, 11,17.

18   Haüy, Réne-Just: *Essai d'une théorie sur la structure des crystaux, appliquée à plusieurs genres de substances crystallisées*, Paris 1784, 9. (Übersetzung: W.S.)

context of architecture, for it provides a challenge for a new science of structures, for a new kind of structuralism, one that is positioned especially in the areas that, surprisingly, lacked consideration in the scope of historical structuralism.

It is for this reason that, in the following, I will briefly outline the necessary approach to critically analyzing the historical episode of structuralism in the mid-twentieth century against the background of a history of structures since the seventeenth century. If we reconstruct this history, important parallel fields of structures become evident during the age of structuralism—fields that, however, played absolutely no role in the self-conception of structuralism. Indeed, this very synopsis even alters the picture in a decisive way. If we then consider developments starting with the so-called death of structuralism and ranging up to the present—where an increasing number of structural worlds are evolving in different temporal and spatial dimensions thanks to digital technology, to all of these bursts of digital tools and materials sciences—then it becomes clear that discourse about structuralism has never been quite as relevant as today. Finally, some reflections on the role of architecture will be derived from this, which try to comprehend architecture's current interdisciplinary approach as work on and in a new structuralism.

Structuralism and the History of Structures. Structuralism of the twentieth century lent a sense of invisibility to the broad history of structures, which began, at the latest, in the seventeenth century. This history is easy to trace by analyzing the various fields in which the concept of structure appeared and in which it has played a fundamental role in the organization of knowledge. However, this implies not a conceptual history, but rather a history of things, spaces, and processes that have been more or less directly associated through this issue.

The actual term "structure," derived from the Latin word *struere* (to build), originates from the context of architecture, as indicated by the *Dictionnaire de Trévoux* (1771), in which the term is defined in all its many facets.[16] Aside from architecture, the fundamental architectonic character of structures is applied not only to anatomy, but also to the arrangement of speeches and texts. In the case of anatomy, it relates to the structures of organs, bones, and tissue, which started appearing in the seventeenth century as important material and spatial forms of organization and design within the body.[17] But the fact that also texts and speeches are mentioned in the entry on "structure" makes it clear that structures emerged in rhetoric and grammar, and thus also in the realm of symbolic operations. This definition references the expansive character of the issue of structures, whereby the two different types of structures—relating to spatial and operative regimes—converge on a common epistemological level. However, this deals not only with a representational order, but also with constructional and design forms of knowledge that interconnect static and dynamic relations. Grammar as a precursor to linguistics thus simultaneously illustrates the extent at which twentieth-century structuralism that is aligned to linguistics involves just one facet of structural history.

In the nineteenth century, another discipline arose with crystallography, as may be considered, for more reasons than one, a new and perhaps even vital structural science. Although crystals were not considered to be regular bodies until the modern era, crystals' constancy of interfacial angles and thus also their geometric, polyhedral form were already being analyzed in the seventeenth century. The development of crystallography as a science, due to the work of René-Just Haüy, is based in particular on the creation of a mathematical correlation between different crystals made of the same substances, for which he very explicitly introduced the concept of structure. Haüy's *Essai sur la théorie de la structure des cristaux* (1784) deals with "determining the form of the molecule whence crystals are formed, and the way in which they are arranged in relation to one other within each crystal. It is this combination that I call structure; and we will see that they adhere to a small number of laws, whose combined changes give rise to a multitude of forms that can be observed in crystals."[18]

The foundation of crystallography is based on the mathematical analysis of regular crystal structures. The crystals become structural objects whose crystal lattices attain an exemplary character, which makes them exemplary models of formal objects and thus also algebraic and topological structures. So it is not surprising that these crystal lattices are also called architectures which directly encourage the penetration of structural thought into architecture, for the formalization of mathematics as an expansion of structural math coalesces with the field of architecture and with structurally engineered structures in various ways. The electrical circuits and their spatial networks,

16 "Structure," in *Dictionnaire de Trévoux*, vol. 7 (Paris, 1771), p. 859. Strangely enough, there is no keyword "structure" to be found in the *Encyclopédie* by Diderot and D'Alembert. See *Encyclopédie ou Dictionnaires raisonné des sciences, arts et métiers*, vol. 15 (Neuchatel, 1751–65), p. 548.

17 Every since Vesalius's anatomy. A good example of this can be found in Andrea Vesalius, *De humanis corporis fabrica libri septem* (Basel, 1543), pp. 11 and 17.

18 Réne-Just Haüy, *Essai d'une théorie sur la structure des crystaux, appliquée à plusieurs genres de substances crystallisées* (Paris, 1784), p. 9. (Translated from the German.)

sich mit dem Feld der Architektur und den bautechnischen Strukturen in unterschiedlicher Weise. Die elektrischen Schaltungen und ihre Raumnetze wie auch die Berechenbarkeit der Strukturen von Tragewerken in Form von Brücken oder Gebäuden sind im Bereich des Ingenieurwesens des späten 19. und frühen 20. Jahrhunderts Felder, in denen die Strukturen in besonderem Maße virulent werden. Auch die wesentlichen Naturwissenschaften wie Chemie, Biologie oder die Physik haben seit dem späten 19. Jahrhundert in der Formalisierung und den materiellen und räumlichen Strukturen von Atomen, Molekülen und höheren Organisationsformen ihre moderne Ausprägung erfahren.

Im Rahmen der Geisteswissenschaften breitete sich der Strukturalismus dagegen insbesondere auf der Basis des linguistischen Modells aus, mit dem sich dessen Einengung auf die Geistes- und Humanwissenschaften verbindet. Wenn auch die Mathematik noch teilweise als Mittler fungiert, wie im Falle von André Weils Mitarbeit in Lévi-Strauss' *Structures élémentaires de la parenté* (1949), verlieren die Strukturen unter der Dominanz des linguistischen Modells ihre materiale Dimension. Hier ist insbesondere Claude Lévi-Strauss' Neu-Erfindung der Anthropologie als Geisteswissenschaft maßgeblich: Denn seine Wende der Anthropologie von einer Naturwissenschaft zu einer Geisteswissenschaft, der es ausdrücklich nicht mehr um biologische Ordnungen und Strukturen geht, sondern nur mehr um symbolische und kulturelle, wie es exemplarisch in den *Elementaren Strukturen der Verwandtschaft* (1949) vorgeführt wird, ist eine dezidierte Abwendung etwa von den Strukturen der Vererbung. Erst auf der Basis dieser symbolisch-algebraischen Struktur kann Lévi-Strauss diese Abwendung von den natürlichen oder materialen Strukturen im Sinne einer Geisteswissenschaft durchführen. Lévi-Strauss argumentiert deshalb immer wieder gegen reale Strukturen von räumlichen Anordnungen oder astronomischen Konstellationen. Eine Struktur ist, wie Roger Bastide schreibt, bei Lévi-Strauss kein Objekt oder auch nicht der „Kern des Objekts', sondern vielmehr das ‚latente System von Relationen in dem Objekt'. Man kann dieselben Relationssysteme in sehr verschiedenen Objekten finden,"[19] wie etwa in ethnografischen, linguistischen, soziologischen oder ökonomischen Sachverhalten. Was in dieser Konstellation jedoch nicht mehr auftaucht, sind die ingenieurtechnischen und naturwissenschaftlichen Strukturen. Dieser Ausschluss ist in gewisser Weise strategisch und verleiht dem ganzen Strukturalismus eine rein geisteswissenschaftliche Ausrichtung. Mit dieser Beschränkung verbindet sich die Tatsache, dass Strukturen nur als theoretische, geistige, wenn man so will, „ideale" Objekte gelten.

Materialität der Strukturen. Der historische Rückblick auf die Diskursgeschichte von Strukturen zeigt in aller Deutlichkeit, dass der Strukturalismus nur einen ganz limitierten Bereich von Disziplinen einbezog: Die Geschichte der Kristalle, die Geschichte der elektrischen und elektronischen Schaltungen, die bautechnischen und architektonischen Strukturen, die seit dem späten 19. und frühen 20. Jahrhundert eine regelrechte strukturelle Raumrevolution ermöglicht haben, bis hin zur Physik, Chemie oder Genetik gibt es viele wichtige Stränge einer Episteme von Strukturen, die unter dem Label Strukturalismus und seiner linguistischen Verengung überhaupt nicht wahrgenommen wurden.

Die Folge davon war, dass die großen Strukturrevolutionen des technischen und naturwissenschaftlichen Bereichs nicht am Boom des Strukturalismus teilhatten. Diese Trennung verhinderte daher auch, dass die informatische Revolution im Bereich der Datenstrukturen, Elektronik und Genetik, bei der die ganze Geschichte der technischen Strukturen sich mit symbolischen Strukturen eng verbindet, nicht Teil des Strukturalismus wurde. Als exemplarisch können in diesem Sinne nochmals die Kristalle gelten, die immer an epistemologisch virulenten Positionen in der Geschichte des Wissens auftauchen und damit die Strukturen ins Spiel bringen: Von ihrer erwähnten Mathematisierung im 19. Jahrhundert, bei der Kristalle als Implementierung von geometrischen Strukturen in der Natur erscheinen, über Buckminster Fullers natürliche Geometrie bis zu Erwin Schrödingers Kristalltheorie des Lebens[20] oder den Silizium-Kristallen der elektronischen Schaltelemente führt die naturwissenschaftlich-technische und informatische Strukturrevolution vor, was alles im Rahmen des Strukturalismus der 1960er Jahre keine Rolle spielte.

Hätten, so könnte man sagen, die Strukturalisten Jakobson besser studiert, dann hätten sie erkennen können, dass die Strukturen, die sie untersuchen, parallel zu ihren geisteswissenschaftlichen Disziplinen in engem Kontakt mit den ganz anderen Feldern des Wissens der Ingenieure und Informatiker standen. Jakobson führt Lévi-Strauss erst in den 1970er Jahren in Shannons Kommunikationstheorie ein, die als eine entscheidende Brücke in ganz andere Gefilde des Wissens dient: denn während Lévi-Strauss Mitte der 1930er Jahre mit der „Mission universitaire française" an die Universidade de São Paulo als Professor für Soziologie kommt, und dort seine Studien der Nambikwara beginnt, entwickelt Claude Shannon als junger

---

19 Claude Lévi-Strauss, zitiert nach Bastide, Roger: „Introduction a l'étude du terme structure", in: ders.: *Sens et usages du terme structure dans les sciences humaines et sociales*, Paris 1962, 15. (Übersetzung: W.S.)

20 Vgl. Schrödinger, Erwin: *What is Life?*, Cambridge 1944. Schrödinger entwickelt hier das erste Modell für ein Gen als Kristall, das dann vom Code, d.h. vom linguistisch geprägten Strukturmodell ersetzt wird.

but also the calculability of support structures in the form of bridges or buildings, were areas within the engineering field of the late nineteenth and early twentieth centuries in which structures became particularly virulent. Even the essential natural sciences like chemistry, biology, or physics have come into their modern form since the late nineteenth century through both formalization and the material and spatial structures of atoms, molecules, and higher organizational forms.

In a humanities context, by contrast, structuralism spread especially on the basis of the linguistic model, which had to do with its narrow focus on the humanities and the human sciences. Even if mathematics still functioned partially as a mediator, as in the case of André Weil's collaboration on Lévi-Strauss's *Structures élémentaires de la parenté* (The Elementary Structures of Kinship, 1949), the structures lost their material dimension when faced with the dominance of the linguistic model. Here, Lévi-Strauss's reinvention of anthropology as a humanities-related field is especially significant, for his approach of moving anthropology from the natural sciences to the humanities—which was now expressly concerned not with biological regimes and structures, but rather only with symbolic and cultural ones, as is exemplarily shown in *Structures élémentaires de la parenté*—signifies a clear departure from the structures of heredity, for example. It is only on the basis of this symbolic-algebraic structure that Lévi-Strauss could carry out this departure from the natural or material structures in favor of the humanities context. For this reason, Lévi-Strauss repeatedly argued against real structures related to spatial arrangements or astronomic constellations. Roger Bastide wrote that a structure, in the eyes of Lévi-Strauss, is neither an object nor the "'core of the object,' but rather the 'latent system of relations within the object.' We can find the same relational systems in very different objects,"[19] such as in ethnographic, linguistic, sociological, or economic contexts. However, no longer appearing in this constellation were structures related to engineering and the natural sciences. To a certain degree, this exclusion was intentional and lent structuralism as a whole a purely humanities-related orientation. This act of limitation is related to the fact that structures were only considered to be valid as theoretical, intellectual, or, if you will, "ideal" objects.

The Materiality of Structures. The retrospective historical view of the discursive history of structures clearly shows that structuralism only embraced a very limited range of disciplines: the history of crystals, the history of electric and electronic circuits, the structurally engineered and architectural structures which since the late nineteenth century and early twentieth century had facilitated a veritable structural revolution, but also physics, chemistry, and genetics. Evident in all of the above are important strands of an episteme of structures that, due to the label of structuralism and its narrow linguistic focus, were not even noticed.

As a consequence, the great structural revolutions in the technical and natural-science sectors did not share in the structuralism boom. This disconnect thus also prevented the information revolution in the realm of data structures, electronics, and genetics, where the entire history of technical structures is closely linked to symbolic structures, from becoming a part of structuralism. Crystals are once again a prime example of this, for they always crop up at epistemologically virulent positions within the history of knowledge, thus bringing structures into play: from their mathematization in the nineteenth century as mentioned earlier, whereby crystals appeared in nature as an implementation of geometric structures, to Buckminster Fuller's natural geometry, to Erwin Schrödinger's crystal theory of life[20] or the silicon crystals used in electronic circuit elements—the natural-science-related, technical, and informational structural revolution gives an indication of the many aspects not embraced by the structuralism of the 1960s.

So we might claim that if the structuralists had done a more thorough job of studying Jakobson, it would have been possible to ascertain that the structures being studied were in fact closely engaging, in parallel to their own humanities-related disciplines, with other fields of knowledge like engineering and information technology. Jakobson did not introduce Shannon's communications theory to Lévi-Strauss until the 1970s, which served as a significant bridge to a completely different domain of knowledge. While Lévi-Strauss accepted a professorship in sociology at the Universidade de São Paulo in the 1930s with his "Mission universitaire française," where he initiated his Nambikwara studies, Claude Shannon developed, inversely, a new way of reconciling the world of the symbolic with the material world while he was a young student at the Massachusetts Institute of Technology (MIT): Shannon's master's thesis, *Symbolic Analysis of Relay and Switching Circuits* (1935–36), implemented logic in building electric circuits, thus establishing a structure of both material and spatial-topological nature that not only represents the symbolic structures, but also transfers

19 Claude Lévi-Strauss, cited in Roger Bastide, "Introduction a l'étude du terme structure," in *Sens et usages du terme structure dans les sciences humaines et sociales* (Paris, 1962), p. 15. (Translated from the German.)

20 See Erwin Schrödinger, *What is Life?* (Cambridge, 1944). It was here that Schrödinger developed the first model for a crystal gene, which was then replaced by code, that is, by a linguistically informed structural model.

(2) Friedrich Kittler, Fotomaske. Signiert AK88. Handschriftenabteilung Deutsches Literaturarchiv Marbach. A:Kittler K96 M3. Abdruck mit Genehmigung von Susanne Holl und dem Deutschen Literaturarchiv Marbach. Angefertigt für das Forschungsprojekt „apparatus operandi". Sebastian Döring und Jan-Peter E.R. Sonntag sind Herausgeber für die Schaltungen in Atbeilung III der *Gesammelten Schriften* Friedrich Kittlers. | Friedrich Kittler, Photo-mask. Signed AK88. Handschriftenabteilung Deutsches Literaturarchiv Marbach. A:Kittler K72 M1. Reprint with permission from Susanne Holl and Deutsches Literaturarchiv Marbach. Produced as part of the research project "apparatus operandi." Sebastian Döring and Jan-Peter E.R. Sonntag are the editors of Schaltungen, section III of Friedrich Kittler's *Gesammelte Schriften*.

(3) Friedrich Kittler, Platine. Signiert AK88. Kupferkaschierte Phenolharzplatine Typ FR4. Belichtet und geätzt. © by Jan-Peter E.R. Sonntag, 2012. Angefertigt für das Forschungsprojekt „apparatus operandi" mit freundlicher Unterstützung durch Prof. Dr. Wolfgang Ernst, HU Berlin. Sebastian Döring und Jan-Peter E.R. Sonntag sind Herausgeber für die Schaltungen in Abteilung III der *Gesammelten Schriften* Friedrich Kittlers. | Friedrich Kittler, Circuit Board. Signed AK88. Copper-cladded circuit board type FR4. Exposed and etched. © Jan-Peter E.R. Sonntag, 2012. Produced as part of the research project "apparatus operandi," supported by Prof. Dr. Wolfgang Ernst, HU Berlin. Sebastian Döring and Jan-Peter E.R. Sonntag are the editors of Schaltungen, section III of Friedrich Kittler's *Gesammelte Schriften*.

(4) Friedrich Kittler, Bestückungsplan datiert 30.IX.1986. Signiert AK88, Handschriftenabteilung Deutsches Literaturarchiv Marbach. A:Kittler K72 M1. Abdruck mit Genehmigung von Susanne Holl und dem Deutschen Literaturarchiv Marbach. Angefertigt für das Forschungsprojekt „apparatus operandi". Sebastian Döring und Jan-Peter E.R. Sonntag sind Herausgeber für die Schaltungen in Abteilung III der *Gesammelten Schriften* Friedrich Kittlers. | Mounting plan dated 30.IX.1986. Signed AK88. Handschriftenabteilung Deutsches Literaturarchiv Marbach. A:Kittler K72 M1. Reprint with permission from Susanne Holl and Deutsches Literaturarchiv Marbach. Produced as part of the research project "apparatus operandi." Sebastian Döring and Jan-Peter E.R. Sonntag are the editors of Schaltungen, section III of Friedrich Kittler's *Gesammelte Schriften*.

2

3

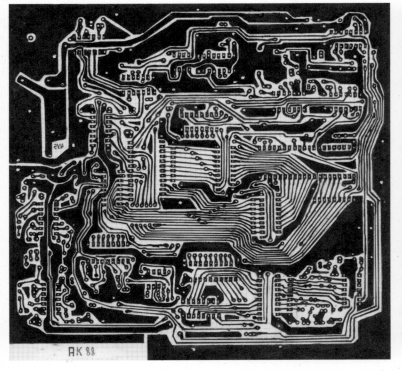

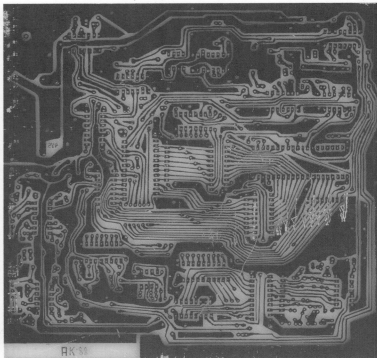

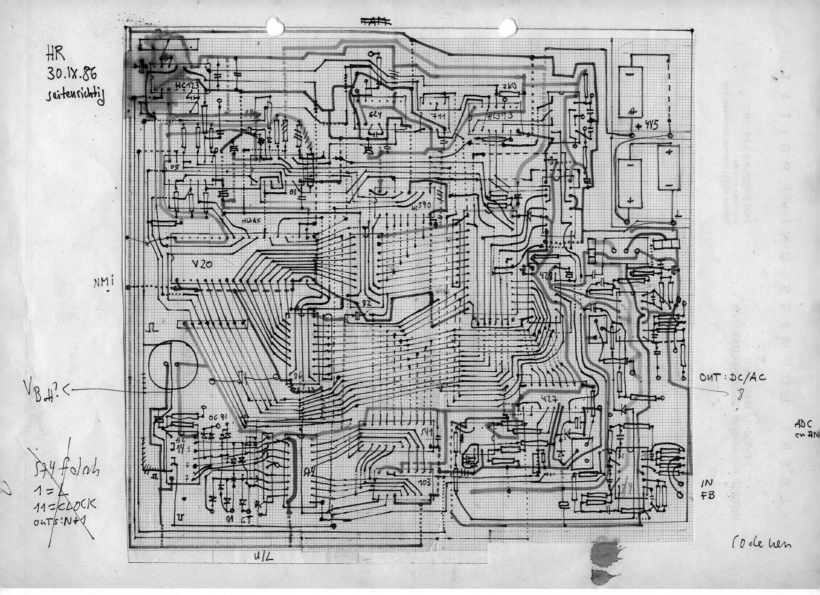

HR
30.IX.86
seitenrichtig

HC123

2k0

624   711   HC393

+4V5

05

03

HC390

HWAK

V20

4281

NMi

92

OUT: DC/AC

VBA?

ADC
an AN

86

427

OC81
HC
14s

541

103

IN
FB

574 folah
1 = L
11 = CLOCK
OUTS: N+1

U/L

Rödchen

4

Student am M.I.T. in umgekehrter Weise eine neue Vereinbarkeit der Welt des Symbolischen mit dem Materialen: Shannons Masterarbeit *Symbolic Analysis of Relay and Switching Circuits* (1935/36) implementiert Logik in elektrische Schaltungen und baut damit eine ebenso materiale und räumlich-topologische Struktur, welche die symbolischen Strukturen nicht nur repräsentiert, sondern in spezifische neue Operationsweisen überführt. Mit logischen Prozeduren kann man Schaltungen vereinfachen und umgekehrt: mit Schaltungen kann man logische Operationen durchführen. Für den linguistisch orientierten Strukturalismus spielten solche Dinge überhaupt keine Rolle.

Diese exemplarische Verbindung einer material-technischen Operationalität mit dem, was logische Strukturen, d.h. das menschliche Denken und damit die Welt des Symbolischen ausmacht, zeigt uns, dass die Welt der Geisteswissenschaften sich unmittelbar mit der Welt der Maschinen und des Materialen verbindet: Der Medienwissenschaftler Friedrich Kittler, der in Berlin diese medientechnische „Austreibung des Geistes aus den Geisteswissenschaften"[21] bis vor einigen Jahren vorexerziert hat, ist deshalb einer der wenigen gewesen, die diese Dinge im Bereich der klassischen Geisteswissenschaften früh erkannt haben, weil er Foucault gelesen hatte und wann immer möglich an Lacans Seminaren teilnahm: Die Welt des Symbolischen ist für Kittler die Welt der Maschinen,[22] und daraus folgt ein medientechnischer Materialismus, der den alten Geist in ganz neuer Weise operabel macht. Sprachlich-symbolische Operationen werden damit nicht mehr in linearen Ketten repräsentiert, sondern auch in topologischen Räumen, die gezeichnet werden: Und diese Zeichnungen für seinen Synthesizer sind keine toten Buchstaben mehr, die als bloß materieller Träger dem lebendigen Geist gegenüberstehen, sondern sind Strukturen, die selbst dynamischen, operativen Charakter erhalten, wenn man sie unter Strom setzt: Was bei Kittlers Schaltungen noch einen Materialwechsel von der Tinte der Schaltungszeichnungen zu den gelöteten Platinen notwendig machte, erledigen unsere Physiker längst in ein und demselben Medium der Tinte, einer agentivierten, *conductive ink*, die leitfähig wird und die passiven Linien der Buchstaben aktiv werden lässt: Ein Bildakt und ein Denkakt zugleich: Das wissen wir auch durch Charles Sanders Peirce, den ersten Erfinder der logischen Schaltungen und durch Horst Bredekamp.[23] Strukturen also, die nicht mehr statisch oder nur synchron sind, sondern tatsächlich operabel werden.

Dieses Szenario der Schaltungen knüpft dabei auch an die andere Geschichte der Strukturen wie der Kristallografie an, die im Strukturalismus keine Rolle gespielt hatte: Wenn die Kristalle, in Form von Silizium zum Träger dieser logischen operativen Strukturen werden, dann verbinden sich Typen von Strukturen miteinander, die man sonst sorgsam voneinander zu trennen versucht.

21 Vgl. Kittler, Friedrich A. (Hg.): *Austreibung des Geistes aus den Geisteswissenschaften,* Paderborn/Wien/München 1980.

22 Vgl. Kittler, Friedrich A.: „Die Welt des Symbolischen – eine Welt der Maschine", in: ders. *Draculas Vermächtnis. Technische Schriften*, Leipzig 1993, 58–80.

23 Vgl. Bredekamp, Horst: *Theorie des Bildakts*, Berlin 2010.

Doch die Versäumnisse des alten Strukturalismus werden noch deutlicher, wenn man ein weiteres Feld mit in die Betrachtung einbezieht, die Strukturrevolutionen des architektonischen Raums im frühen 20. Jahrhundert, für die der Ingenieur Richard Buckminster Fuller exemplarisch stehen kann: Fullers energetische Strukturen der Architektur und Shannons Schaltungsstrukturen als elektronische Hardware gehören demselben Dispositiv von Strukturen an, das in der Mitte des 20. Jahrhunderts auf Plänen gezeichnet und in unterschiedlicher Weise realisiert und materialisiert wird. Das Entwerfen von Schaltkreisen und Gebäuden, von Mikro- und Makrostrukturen geschieht hier noch auf vergleichbaren Zeichentischen. Im Falle der Schaltkreise geht es darum, die grafische Vorlage in der Materialisierung zu verkleinern, während der architektonische Entwurf als Vorlage zur Vergrößerung dient. Genau dies ist auch der historische Moment, an dem Richard Feynman 1959 in seinem visionären Vortrag „There is Plenty of Room at the Bottom" erstmals die Möglichkeitsbedingung einer elementaren Verbindung beider Schauplätze auf der Basis organischer Materialien formuliert. Fuller und Shannon, „zwei Brüder", wie Friedrich Kittler und Joachim Krausse einmal gesagt haben, als zwei Optionen eines Strukturen-Paradigmas, in dem Hardware und Architektur, Nano- und Makroarchitektur in derselben Materialität ineinander übergehen können.

Das wird besonders dann möglich, wenn man Material nicht mehr als passive Einschreibe- und Implementierungsfläche, nicht mehr als träge, dumpfe und widerständige Materie versteht, sondern als operative Mechanismen, als komplexes Strukturengefüge. Buckminster Fuller hat Architektur und Struktur genau in diesem Sinne beschrieben: „Let us see how our definition of structure applies to architecture. I often hear it said in our technical schools, and by the public, that architects build buildings out of materials. I point out to architectural students that they do not do that at all. That kind of definition dates back to the era of men's thinking of matter as solid. I tell architectural students that what they do is to organize the assemblage of visible modular structures out of subvisible modular structures. Nature itself, at the chemical level, does the prime structuring. If the patterning attempted by the architect is not inherently associative within the local regenerative dynamics of chemical structure, his buildings will collapse. The kinds of spans man builds, the sizes of his columns, and the ways in which, in the end, man must enclose space, are governed by the fundamental principles of structuring preconceived in a priori structuring laws

them into new and specific modes of operation. It is possible to simplify circuits with logical procedures, or vice versa: logical operations can be carried out using circuits. However, such things had absolutely no relevance to linguistically oriented structuralism.

This exemplary connection between a material-technical operationality and that which constitutes logical structures, that is, human thought and thus the world of the symbolic, illustrates how the world of humanities is linked to the world of the machine and of materiality. Media theorist Friedrich Kittler, who was demonstrating this media-technical "expulsion of the spirit from the humanities"[21] up until a few years ago in Berlin, is one of few to have recognized such issues in the area of classic humanities early on, because he had read Foucault and participated in Lacan's seminars whenever possible: for Kittler, the world of the symbolic is the world of the machine,[22] and this results in a media-technical materialism that makes the old spirit operational in an utterly new way. Linguistic-symbolic operations are thus now represented by sketched topological spaces rather than by linear chains.

And Kittler's sketches for his synthesizer are no longer simply dead letters which confront the living spirit as mere material carriers, but rather structures which themselves are imbued with a dynamic, operative character when energized. That which, in Kittler's circuits in the 1980s, made it necessary to change materials from the ink of the circuit drawings to the soldered circuit boards is nowadays done by our physicists with one and the same medium: conductive ink. It is conductive and serves to activate the passive lines of the lettering: a pictorial act and a conceptual act at the same time. We are aware of this thanks to Charles Sanders Peirce, the first inventor of logical circuits, and Horst Bredekamp.[23] So these are structures that are no longer static or synchronous, but rather actually operational.

This circuitry scenario ties into the other history of structures, such as crystallography, that played no role in structuralism: when the crystals, in the form of silicon, become carriers of such logical, operational structures, then the types of structures are interlinked that were otherwise diligently kept apart.

Indeed, the failures of the old structuralism become even more evident when we factor in yet another field: the structural revolution of architectural space in the early twentieth century, for which engineer Richard Buckminster Fuller serves as a prime example. Fuller's energetic architectural structures and Shannon's circuit structures as electronic hardware belong to the same structural dispositif which in the mid-twentieth century was drafted on architectural plans and realized or materialized in different ways. Here, the design of switching circuits

and buildings, of micro- and macro-structures, plays out on comparable drawing boards. In the case of circuits, the idea is to downsize the graphic template during the process of materialization, while architectural design serves as a template for enlargement. This is precisely the historic moment where Richard Feynman, in his visionary lecture "There is Plenty of Room at the Bottom" presented in 1959, first expressed the *conditio* of an elementary association between the two arenas on the basis of organic materials—Fuller and Shannon, "two brothers," according to Friedrich Kittler and Joachim Krausse, as two options of the structural paradigm, in which hardware and architecture, nano- and macro-architecture, are able to overlap in terms of one and the same materiality.

This especially becomes possible when material is viewed—rather than as a passive surface for inscription and implementation, or as an inert, dull, and resistant substance—as an operative mechanism, as a complex structural fabric. Buckminster Fuller described architecture and structure in this very way: "Let us see how our definition of structure applies to architecture. I often hear it said in our technical schools, and by the public, that architects build buildings out of materials. I point out to architectural students that they do not do that at all. That kind of definition dates back to the era of men's thinking of matter as solid. I tell architectural students that what they do is to organize the assemblage of visible modular structures out of sub-visible modular structures. Nature itself, at the chemical level, does the prime structuring. If the patterning attempted by the architect is not inherently associative within the local regenerative dynamics of chemical structure, his buildings will collapse. The kinds of spans man builds, the sizes of his columns, and the ways in which, in the end, man must enclose space, are governed by the fundamental principles of structuring preconceived in a priori structuring laws of nature. The principles governing structure not only prescribe what man can put together, but they are operative at the molecular level, at the atomic level and at the nuclear level."[24]

The structures of nature and architects can become a homogeneous continuum if they operate with the same codes. From this Fuller was able to also derive dynamic structures with

21 Friedrich A. Kittler, ed., *Austreibung des Geistes aus den Geisteswissenschaften* (Paderborn, Vienna, and Munich, 1980).

22 See Friedrich A. Kittler, "The World of the Symbolic—A World of the Machine," in *Literature, Media, Information Systems*, ed. John Johnston (Amsterdam, 1997), pp. 130–46.

23 See Horst Bredekamp, *Theorie des Bildakts* (Berlin, 2010).

24 Richard Buckminster Fuller, "Conceptuality of Fundamental Structures," in *Structure in Art and Science*, ed. György Kepes (New York, 1965), pp. 66–88, esp. p. 68.

of nature. The principles governing structure not only prescribe what man can put together, but they are operative at the molecular level, at the atomic level and at the nuclear level."[24]

Die Strukturen der Natur und der Architekten können ein homogenes Kontinuum werden, wenn sie mit denselben Codes operieren. Fuller kann daraus auch dynamische Strukturen ableiten mit so einfachen Mitteln wie Gummiverbindungen: Wenn man Polyeder, etwa als Grundlage von Tragwerken, nicht mit festen Verbindungselementen baut, sondern mit beweglichen, dann werden unglaubliche Dinge möglich: Fullers Jitterbug-Transformation ist ein Beispiel, das zeigt, wie mit dieser Verbindung von starren und flexiblen Elementen die idealen platonischen Körper zu Stadien einer Transformation derselben Struktur werden können (Abb. 6).

Diese Dynamisierung der Strukturen ist auch die entscheidende Grundlage eines neuen Strukturalismus in der Architektur, so wie es etwa Neri Oxman in ihrem Beitrag „Structuring Materiality: Design Fabrication of Heterogeneous Materials" (2010) in dem erwähnten Band *The New Structuralism* formuliert.[25] In ihrem Projekt „Monocoque 1" (MoMA 2007) ist eine strukturelle Haut, die aus zwei unterschiedlichen Komponenten gedruckt wird und dabei die Tragstrukturen mit der Außenhaut zu einem heterogenen Strukturenverbund integriert (Abb. 1).

„Monocoque stands for a construction technique that supports structural load using an object's external skin. Contrary to the traditional design of building skins that distinguish between internal structural frameworks and non-bearing skin elements, this approach promotes heterogeneity and differentiation of material properties. The project demonstrates the notion of a structural skin using a Voronoi pattern, the density of which corresponds to multi-scalar loading conditions. The distribution of shear-stress lines and surface pressure is embodied in the allocation and relative thickness of the vein-like elements built into the skin. Its innovative 3D printing technology provides for the ability to print parts and assemblies made of multiple materials within a single build, as well as to create composite materials that present preset combinations of mechanical properties."[26]

simple means like rubber compounds: if one builds polyhedrons, for instance as a fundament for supporting structures, with flexible connecting elements instead of fixed ones, then unbelievable things become possible. One example of this is Fuller's Jitterbug Transformation, showing how, through this combination of fixed and flexible elements, the ideal platonic bodies can become stages in transforming the identical structure (fig. 6).

This dynamization of structures also provides the essential basis for a new structuralism in architecture, as Neri Oxman asserts in her essay "Structuring Materiality: Design Fabrication of Heterogeneous Materials" published in the aforementioned volume *The New Structuralism*.[25] Found in Oxman's project *Monocoque 1* (MoMA, 2007) is a structural skin that has been printed using two different components, thus integrating the supporting structures into the exterior skin in the process to create a heterogeneous structural composite (fig. 1).

"Monocoque stands for a construction technique that supports structural load using an object's external skin. Contrary to the traditional design of building skins that distinguish between internal structural frameworks and non-bearing skin elements, this approach promotes heterogeneity and differentiation of material properties. The project demonstrates the notion of a structural skin using a Voronoi pattern, the density of which corresponds to multi-scalar loading conditions. The distribution of shear-stress lines and surface pressure is embodied in the allocation and relative thickness of the vein-like elements built into the skin. Its innovative 3D printing technology provides for the ability to print parts and assemblies made of multiple materials within a single build, as well as to create composite materials that present preset combinations of mechanical properties."[26]

On the basis of 3D printing elements, Oxman has been able to develop complex structures that seamlessly implement Fuller's deliberations on the material dimension of structures. Fuller's text itself was already part of a materials-science program, and it was published in 1965 in the volume *Structures in Nature and Art* by György Kepes, which also contains contributions about material structures by metallurgist Cyril Stanley Smith, physicist Lancelot Whyte, architect Pier Luigi Nervi, and art historian Margit Staber. Under the auspices of design, Kepes brings together a ground-breaking variety of disciplines that, at the time, were not considered in Paris, the heart of structuralism. Here, Kepes contextualizes spatial structures most especially, along the lines of Fuller's structural doctrine, but also the structural experiments conducted by his teacher László Moholy-Nagy,

24 Buckminster Fuller, Richard: „Conceptuality of Fundamental Structures", in: Kepes, György (Hg.): *Structure in Art and Science*, New York 1965, 66–88, hier 68.

25 Oxman, Neri: „Structuring Materiality: Design Fabrication of Heterogeneous Materials", in: Oxman: *The New Structuralism*, 78–85 (wie Anm. 1).

26 Oxman, Neri: „Monocoque 1", *Neri Oxman*, online unter: http://www.materialecology.com/projects/details/monocoque-1 (Stand: 02.11.2015).

25 Neri Oxman, "Structuring Materiality: Design Fabrication of Heterogeneous Materials," in Oxman, *The New Structuralism* (see note 1), pp. 78–85.

26 Neri Oxman, "Monocoque 1," *Neri Oxman*, available online at http://www.materialecology.com/projects/details/monocoque-1 (accessed November 12, 2015).

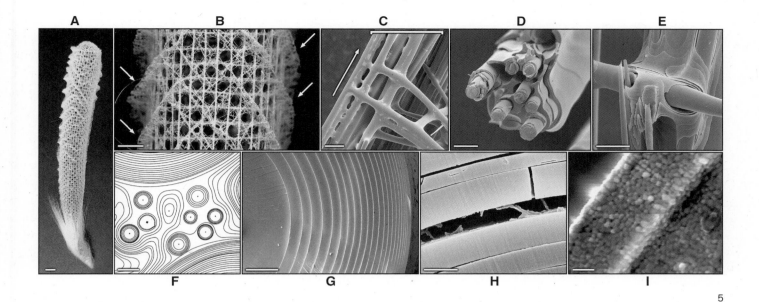

A   B   C   D   E

F   G   H   I

(5) „Nature's Hierarchical Materials": Strukturelle Analyse des mineralisierten Skelettssystems eines Tiefseeschwamms namens Euplectella (Gießkannenschwamm) | Structural analysis of the mineralized skeletal system of a deep sea sponge called Euplectella (Venus' Flower Basket), Peter Fratzl/Richard Weinkamer, Potsdam, 2007 © Joanna Aizenberg/James C. Weaver/Monica S. Thanawala/Vikram C. Sundar/Daniel E. Morse/Peter Fratzl. Mit freundlicher Genehmigung von | with permission of The American Association for the Advancement of Science (AAAS)

(6) „Jitterbug Transformation": Jitterbug System, Richard Buckminster Fuller, 1975 © Estate of R. Buckminster Fuller

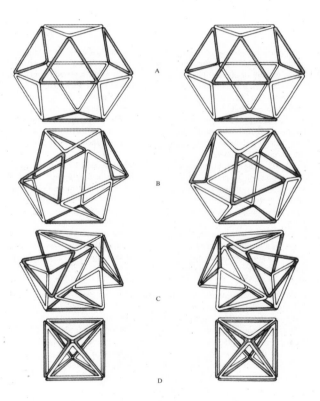

A

B

C

D

Fig. 460.08 *Symmetrical Contraction of Vector Equilibrium: Jitterbug System:* If the vector equilibrium is constructed with circumferential vectors only and joined with flexible connectors, it will contract symmetrically due to the instability of the square faces. This contraction is identical to the contraction of the concentric sphere packing when its nuclear sphere is removed. This system of transformation has been referred to as the ''jitterbug.'' Its various phases are shown in both left- and right-hand contraction:

A. Vector equilibrium phase: the beginning of the transformation.
B. Icosahedron phase: When the short diagonal dimension of the quadrilateral face is equal to the vector equilibrium edge length, 20 equilateral triangular faces are formed.
C. Further contraction toward the octahedron phase.
D. Octahedron phase: Note the doubling of the edges.

Auf der Basis der 3D-Druck-Elemente kann Oxman komplexe Strukturen entwickeln, die Fullers Überlegungen zur materialen Dimension von Strukturen nahtlos umsetzen können. Schon Fullers Text ist Teil eines materialwissenschaftlichen Programms, das 1965 in dem Band *Structures in Nature and Art* von György Kepes erscheint, in dem sich auch der Metallurg Cyril Stanley Smith, der Physiker Lancelot Whyte, der Architekt Pier Luigi Nervi oder die Kunsthistorikerin Margit Staber über Materialstrukturen äußern. Im Zeichen der Gestaltung verbindet Kepes hier eine wegweisende Vielfalt von Disziplinen, die man in Paris, im Zentrum des Strukturalismus zu der Zeit nicht im Blick hatte. Es sind vor allem die räumlichen Strukturen, die Kepes hier ganz im Sinne von Fullers Strukturenlehre aber auch von den Strukturenuntersuchungen seines Lehrers László Moholy-Nagy, wie dieser sie in seinem Buch *Von Material zu Architektur* (1929)[27] unternimmt, in einen Zusammenhang bringt. Wieviel Bauhaus oder Gestaltpsychologie in dieser interdisziplinären Wende der Strukturen am Chicagoer New Bauhaus steckt, ist eine andere Frage, vor allem dann, wenn wir heute, vor allem im Zeichen der Gestaltung einen neuen Strukturalismus ausloten.

Architektur als interdisziplinäres Strukturenlabor. Wo also steht heute die Architektur, wenn wir diese Möglichkeit und Herausforderung mit einem Blick quer durch unterschiedlichste Disziplinen und ihre Geschichte sehen? Was kennzeichnet nun die gegenwärtige Situation, die sich in den 1960er Jahren implizit schon in ganz anderen Bereichen abzeichnete? Die Antwort auf diese Frage ist besonders klar mit dem Verweis auf den Physiker Richard Feynman zu beantworten, der 1959 unsere Situation als Vision beschrieben hat. Physikalische Materie, biologische Moleküle und technische Elemente können nach Feynman als konvergierende operative Strukturen verstanden werden, die das ermöglichen, was man heute Nanowissenschaften nennt.

Die Wende von einem geisteswissenschaftlich verengten Strukturalismus zu einem breiten geistes- und materialwissenschaftlichen gründet sich vor allem auf den neuen Materialwissenschaften, die als ein neues und expandierendes Feld gelten können, das Robert Cahn, einer der Gründerväter, „the Science of Dirt" genannt hat:[28] Die Wissenschaftshistorikerin Bernadette Bensaude-Vincent beschreibt dieses große Feld von Materialien, die nichts anderes als eine Vielfalt von Strukturen darstellen, folgendermaßen: „Strictly speaking a generic concept of materials is an oxymoron. At first glance a collection of stuffs as dissimilar as paper, wood, metals, concret, ceramics, polymers, semi-conductors, or carbon nanotubes look like a surrealist classification *à la Borges*. How was it possible to gather all those items in a single genre?"[29]

Materialien, die in den 1960er Jahren noch dumpfe intransparente Materie waren, haben sich im Zoom der Elektronenmikroskope in vielfältige Strukturschichten aufgelöst: Das Glasgehäuse eines Tiefseeschwamms, der Euplectella, verwandelt sich so von einem homogenen durchsichtigen organischen Glas in eine hierarchische Schichtung ganz unterschiedlicher Strukturen eines bruchsicheren Glases.

Dieser Zoom hinein ins Material eines Lebewesens ist zugleich der Übergang von der Biologie zu Physik, Ingenieurwesen und nicht zuletzt zu Architektur, wenn nun die Materialforscher das passive Material als Mechanismus, Maschinen und „architectured materials"[30] erkennen. Die statischen Gebilde werden so dynamisch in ihren Mikro- und Nanostrukturen. Man kann sich vorstellen, um wie viel größer täglich der Berg von Strukturen wird, der Gegenstand der Analyse und Gestaltung werden kann.

Dabei steht dann auch nicht so sehr die Frage im Vordergrund, wie sich die Strukturen, die der Biologe im Sinne der Morphologie untersucht, von diesen materialen Strukturen unterscheiden, sondern vielmehr wie diese unterschiedlichen Formen sich gegenseitig bedingen. Gerade in einem Dialog von biologischer Morphologie, Materialwissenschaft und Architektur im Sinne einer materialen Strukturwissenschaft können parallele Strukturierungen in ihrer Interaktion verfolgt werden: Wie weit reicht die „inner architecture" von Materialien,[31] wenn es um zukünftige Entwurfsprozesse in der Architektur geht? Und wo beginnt der Einfluss einer biologisch-historischen Strukturierung, die durch evolutionäre Prozesse bedingt ist? Man könnte in diesem Sinne auf unterschiedlichen Ebenen die Evolution von Strukturen oder Formen als Makro-Evolution oder auch Nano-Evolution, als Makro-Architektur und als Mikro-Architektur untersuchen. Und wenn die Rede von Peter Fratzl zutrifft, dass organisches Material in seiner geometrisch-räumlichen Struktur als *hardware* verstanden werden kann,[32] dann sind symbolische Codierungen auch in der evolutionären Generierung von biologischen Materialmechanismen und den inneren Architekturen der Materialien zu finden: Diese Nähe von Naturobjekten und Artefakten erzeugt eine ganz andere Vereinbarkeit von Natur- und Geisteswissenschaft, als diejenige, die Lévi-Strauss so unbedingt vermeiden wollte.

27 Moholy-Nagy, Laszlo: *Von Material zu Architektur.* Faksimile der 1929 erschienenen Erstausgabe mit einem Aufsatz von Otto Stelzer und einem Beitrag des Herausgebers. Mainz und Berlin 1968.

28 Cahn, Robert: „The Science of Dirt", in: *Nature Materials* 1 (2002), 3–4.

29 Bensaude-Vincent, Bernadette: „The Concept of Materials in Historical Perspective", in: *International Journal of History & Ethics of Natural Sciences Technology & Medicine* 19,1 (2011), 107–123, hier 108–109.

30 Bréchet, Yves/Embury, J.D.: „Architectured Materials. Expanding Materials Space", in: *Scripta Materialia* 68, 1 (2013), 1–3.

31 Vgl. Fratzl, Peter/Dunlop, John W. C./Weinkamer, Richard: *Materials Design Inspired by Nature: Function Through Inner Architecture*, London 2013.

32 Vgl. Fratzl, Peter/Barth, Friedrich G.: „Biomaterial Systems for Mechanosensing and Actuation", in: *Nature* 462 (2009), 442–448.

as presented in his book *The New Vision: From Material to Architecture* (originally published in 1929).[27] The importance of the Bauhaus or gestalt psychology in this interdisciplinary turn of structures at the New Bauhaus in Chicago is another question altogether, especially when we explore new structuralism today, as related to design in particular.

Architecture as an Interdisciplinary Structural Laboratory. So where is architecture positioned today when we view this opportunity and challenge through the lens of divergent disciplines and their respective histories? What now characterizes the present situation, which in the 1960s was already implicitly apparent in completely different fields? This question can be answered in a particularly clear way by making reference to physicist Richard Feynman, who described our situation as a vision in 1959. According to Feynman, physical matter, biological molecules, and technical elements can be conceived as converging operative structures that make possible what we today call the nanosciences.

The turn from a narrow, humanities-based structuralism to a broad structuralism encompassing both the humanities and materials science is primarily based on new branches of materials science, which may be considered a new and expanding field. Robert Cahn, one of its founding fathers, even called it "the Science of Dirt."[28] Bernadette Bensaude-Vincent, in turn, a historian of science, describes this wide field of materials, which represents nothing but a diversity of structures, as follows: "Strictly speaking a generic concept of materials is an oxymoron. At first glance a collection of stuffs as dissimilar as paper, wood, metals, concrete, ceramics, polymers, semi-conductors, or carbon nanotubes look like a surrealist classification à la Borges. How was it possible to gather all those items in a single genre?"[29]

Materials, which in the 1960s were still dull, opaque matter, have dissolved into manifold structural layers thanks to the zooming capacity of the electron microscope: the glass shell of the Euplectella, a deep-sea sponge, is thus transformed from homogeneous, transparent, organic glass into a hierarchical layering of utterly different structures of shatterproof glassl.

This zooming into the material of a living entity simultaneously signifies the transition from biology to physics, engineering, and, not least, to architecture, that is, if the materials researchers recognize the passive material as mechanisms, machines, and "architectured materials."[30] It is in this way that static formations become dynamic in their micro- and nano-structures. We can indeed imagine how much larger the mountain of structures, which will serve as the subject of analysis and design, may become each day.

The main question here does not actually involve how the structures examined in the context of biology in a morphological sense differ from these material structures, but rather how these different forms reciprocally impact each other. Especially in a dialogue between biological morphology, materials science, and architecture in the sense of a materials-related structural science, parallel acts of structuring and their interaction can be traced: How far does the "inner architecture" of materials[31] extend in the context of future design processes in architecture? And where does the influence of a biological-historical structuring informed by evolutionary process begin? Along these lines, we could investigate the various planes of the evolution of structures or forms as macro-evolution or even nano-evolution, as macro-architecture and as micro-architecture. And if Peter Fratzl's assertion is true that organic material in its geometric-spatial structure can be understood to be hardware,[32] then symbolic codifications are also localizable in the evolutionary generation of biological materials-related mechanisms and in the inner architectures of materials: this proximity between natural objects and artifacts facilitates a totally different way of reconciling the natural sciences and the humanities than the approach that Lévi-Strauss tried so hard to avoid.

So now we have scenarios where code research, engineering, biology, physics, and materials science can join the humanities and the design disciplines of architecture in reflecting on structures and also building them—structures that open up a new field of humanities, materials science, and design: a structural architecture. Next to the new digital platform for design processes, this is the second *conditio* for a new architecture, for the digital format is just one aspect necessary for gathering

27 László Moholy-Nagy, *The New Vision: From Material to Architecture*, trans. Daphne M. Hoffman (New York, 1930).

28 Robert Cahn, "The Science of Dirt," *Nature Materials* 1 (2002), pp. 3–4.

29 Bernadette Bensaude-Vincent, "The Concept of Materials in Historical Perspective," *International Journal of History & Ethics of Natural Sciences Technology & Medicine* 19, no. 1 (2011), pp. 107–23, esp. pp. 108–9.

30 Yves Bréchet and J. D. Embury, "Architectured Materials: Expanding Materials Space," *Scripta Materialia* 68, no. 1 (2013), pp. 1–3.

31 See Peter Fratzl, John W. C. Dunlop, and Richard Weinkamer, *Materials Design Inspired by Nature: Function Through Inner Architecture* (London, 2013).

32 See Peter Fratzl and Friedrich G. Barth, "Biomaterial Systems for Mechanosensing and Actuation," *Nature* 462 (2009), pp. 442–48.

So haben wir jetzt Szenarien, wo Codeforschung, Ingenieurwesen, Biologie, Physik, und Materialwissenschaft gemeinsam mit Geisteswissenschaften und Gestaltungsdisziplinen Architektur betreiben können, um über Strukturen nachzudenken und diese zu bauen, die ein neues Feld von Geistes-, Material- und Gestaltungswissenschaft eröffnen, eine strukturale Architektur. Dies ist neben der neuen digitalen Plattform für die Entwurfsprozesse die zweite Möglichkeitsbedingung für eine neue Architektur. Denn um das vielfältige Wissen unterschiedlicher Disziplinen in einen gemeinsamen Raum zu bringen, ist das digitale Format nur ein Teil, denn die Strukturen bilden die operative Basis, auf der Wissen und Gestaltung in einem neuen Sinne zusammen kommen können.

Vielleicht tun wir gut daran, diese letzte gegenwärtige Strukturrevolution, gar nicht als großen neuen Strukturalismus auszurufen. Wir brauchen keine K.-o.-Schläge mehr, keine hitzigen Debatten: Was wir brauchen, ist ein Raum, der uns ermöglicht, diese heterogenen Felder von Strukturen zusammenzufügen, um daraus das Neue, das wir noch nicht kennen, entstehen lassen zu können. In einer Art „cautious design",[33] wie man mit Bruno Latour sagen könnte, eine Architektur der Strukturen in einem doppelten Sinne zu entwickeln: Als Disziplin, die damit in grundlegender Weise die Integration von einer Vielzahl von Wissensformen materialisieren und architektonisch realisieren kann, wie auch als essentielle Schaltstelle in einem inter- und transdisziplinären Strukturalismus, der alle Disziplinen einbegreifen kann. Denn die integrative Perspektive von Gestaltung bildet neben der strukturalen Formatierung des Wissens und seiner digitalen Operationalisierung die entscheidende Grundlage für eine neue Architektur des Wissens. Das ist die Herausforderung, vor der wir heute stehen: Statt einer Theorie eines neuen Strukturalismus bedarf es also vielmehr multipler Praktiken eines interdisziplinären Strukturenlabors.[34]

33 Vgl. Latour, Bruno: „A Cautious Prometheus? A Few Steps Toward a Philosophy of Design (with Special Attention to Peter Sloterdijk)", in: Hackne, Fiona/Glynne, Jonathn/Minto, Viv (Hg.): *Proceedings of the 2008 Annual International Conference of the Design History Society*, Falmouth 2009, 2–10.

34 Das interdisziplinäre Labor „Bild Wissen Gestaltung" an der Humboldt-Universität zu Berlin versucht in diesem Sinne Forschungsprozesse als Gestaltungsprozesse zu erproben, um daraus neue Architekturen des Wissens entwickeln. Vgl. dazu https://www.interdisciplinary-laboratory.hu-berlin.de/de

35 Lévi-Strauss, Claude/Eribon, Didier: *Das Nahe und das Ferne. Eine Autobiografie in Gesprächen,* Übers. Hans Horst Henschen, Frankfurt/M. 1989, 49.

Lassen Sie mich in diesem Sinne zum Abschluss noch ein letztes Mal zu Claude Lévi-Strauss zurückkehren: Nach seiner Rückkehr aus Brasilien nach Europa und einer neuerlichen Übersiedelung, diesmal ins nördliche Amerika, lebte Claude Lévi-Strauss in den 1940er Jahren in einer Wohnung in Greenwich Village, in der 11th Street in der Nähe der Sixth Avenue. Im selben Gebäude lebte niemand anders als der schon mehrfach erwähnte Erfinder der modernen Kommunikationstheorie, Claude Elwood Shannon. Während wenige Jahre zuvor Lévi-Strauss in Brasilien die Nambikwara besuchte, schrieb Shannon seine berühmte Masterarbeit, in der er die logischen elektrischen Schaltkreise erfand. Doch die zwei Protagonisten des 20. Jahrhunderts lebten nun in New York ein Jahr lang nebeneinander ohne einander zu kennen: ein französischer und ein amerikanischer Claude. „Und Sie haben ihn nie getroffen?" fragte Didier Eribon in einem Interview 1988. „Nie.", antwortet Lévi-Strauss. „Eine junge belgische Emigrantin, die ebenfalls in diesem Haus aus roten Ziegelsteinen wohnte […], hat mir eines Tages anvertraut, daß einer unserer Nachbarn ein ‚künstliches Gehirn herstellte.' Erst viele Jahre danach ist mir klargeworden, dass es sich um Shannon handelte." „Es ist wirklich schade, daß Sie ihn nicht kennengelernt haben", sagt Eribon. „Das ist tatsächlich schade", antwortet Lévi-Strauss, „aber damals hätte ich doch nichts davon begriffen."[35]

Eine Begegnung zwischen den Theoretikern der indigenen Kommunikation und der digitalen Kommunikation fand nicht statt und konnte vielleicht auch nicht stattfinden. Dafür bot das Ziegelsteingebäude in der 11th Street sicher keine adäquate Kommunikationsstruktur. Umso mehr können wir uns glücklich schätzen, dass das Ziegelsteingebäude unseres interdisziplinären Labors im Hinterhof der Berliner Sophienstraße 22a Begegnungen möglich macht, die sicher wichtiger sind für die Heraufkunft eines neuen Strukturalismus als alle noch so hitzigen Debatten. ∎

diversified knowledge from the various disciplines in one space. Structures actually form the operational basis through which knowledge and design can meet in a new sense.

Perhaps we are better off not proclaiming this most recent contemporary structural revolution as the grand new structuralism. We can no longer benefit from fierce blows or heated debates. What we need is a space that will allow us to merge these heterogeneous structural fields in order to make room for something new, something yet unknown. The idea is to develop, along the lines of a "cautious design,"[33] using the words of Bruno Latour, an architecture of structures in a dual sense: as a discipline that is thus fundamentally able to materialize and architecturally implement the integration of a plurality of knowledge forms, but also to serve as an essential switchboard within an inter- and transdisciplinary structuralism that is able to embrace all disciplines. For the integrative perspective of design provides, next to the structural formatting of knowledge and its digital operationalization, the decisive foundation for a new architecture of knowledge. This is the challenge facing us today: instead of a theory of a new structuralism, we rather need multiple practices of an interdisciplinary laboratory focused on structure.[34]

In conclusion, and with this in mind, please allow me to return to Claude Lévi-Strauss one last time: after his return to Europe from Brazil, followed by a more recent relocation, this time to North America, Lévi-Strauss lived in an apartment in Greenwich Village during the 1940s, on 11th Street near Sixth Avenue. And living in the very same building was none other than Claude Elwood Shannon, the founder of modern communications theory, as mentioned several times above. While Lévi-Strauss was in Brazil visiting the Nambikwara, Shannon had been writing his famous master's thesis detailing his invention of logical electric circuits. Yet these two protagonists of the twentieth century lived side by side in New York for a year

without ever meeting: a French Claude and an American Claude. "And you never met him?" asked Didier Eribon in a 1988 interview. "Never," replied Lévi-Strauss. "A young Belgian woman, who also lived in this red-brick apartment building … told me one day that one of our neighbors 'was inventing an artificial brain.' Many years later I learned it was Shannon." "It's truly a shame that you never met him," said Eribon. "It is too bad," answered Lévi-Strauss, "but at the time I wouldn't have understood."[35]

An encounter between theorists of indigenous communication and digital communication did not take place, or perhaps it simply could not. The brick building on 11th Street surely did not offer any kind of adequate communications structure. So we can count ourselves all the more lucky that the brick building of our interdisciplinary laboratory along the back courtyard of Berlin's Sophienstrasse 22a does indeed make encounters possible, ones that are much more important for the advent of a new structuralism than all the debates going on, no matter how heated. ∎

Translation: Dawn Michelle d'Atri

33 See Bruno Latour, "A Cautious Prometheus? A Few Steps Toward a Philosophy of Design (with Special Attention to Peter Sloterdijk)," in *Proceedings of the 2008 Annual International Conference of the Design History Society*, ed. Fiona Hackne, Jonathn Glynne, and Viv Minto (Falmouth, 2009), pp. 2–10.

34 The interdisciplinary laboratory "Image Knowledge Gestaltung", located at Berlin's Humboldt University, sets out to test research processes as design processes in order to develop new architectures of knowledge. For more on this, see https://www.interdisciplinary-laboratory.hu-berlin.de/en.

35 Claude Lévi-Strauss and Didier Eribon, *Conversations with Claude Lévi-Strauss*, trans. Paula Wissing (Chicago and London, 1991), p. 30.

Structural Delights

Computation, Matter, and the Imagination
Berechnung, Materie und Imagination

Martin Bechthold |
Sigrid Adriaenssens |
Panagiotis Michalatos |
Neri Oxman |
Andreas Trummer

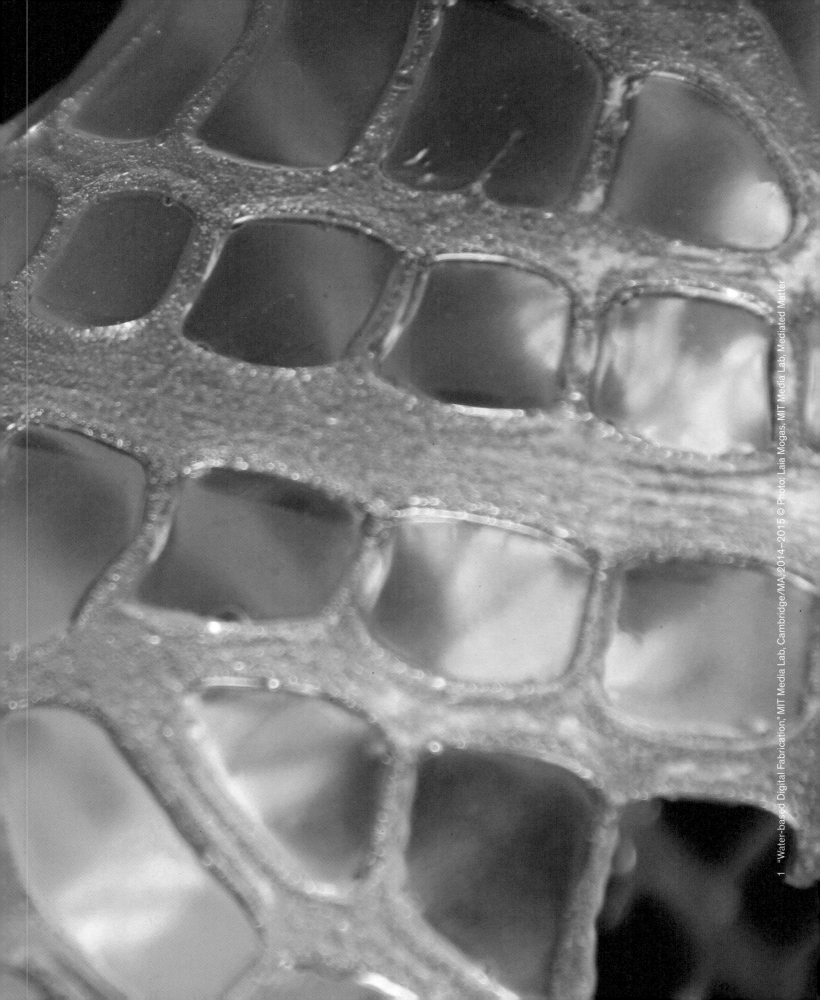

This article records an asynchronous discussion conducted via email over the course of several weeks. Initiated by Martin Bechthold, the co-authors were invited to contribute sequential responses in the course of a virtual conversation centered on questions of design, engineering, computation and materials.

Dieser Artikel gibt eine asynchrone, über einen Zeitraum von mehreren Wochen geführte Diskussion wieder. Angeregt von Martin Bechthold waren die Autorinnen und Autoren aufgefordert, reihum Wortmeldungen zu einem virtuellen Dialog über Entwurfs-, Bautechnik-, Berechnungs- und Materialfragen beizusteuern.

Martin Bechthold: There is widespread agreement today that structural engineering has undergone profound changes as a result of a combination of material innovation, digital fabrication, and the integration of powerful software tools for design and analysis. The nature of this change, let alone its consequences, however, seems rather elusive. Are the lines today really blurred between engineering and architectural practice? What exactly is the nature of the new forms of collaboration within the design team? Is structural engineering today radically different from engineering twenty to thirty years ago?

In order to enter into this conversation it is useful to look at the etymology of the term "engineering." The Medieval Latin term *ingeniator* describes someone who contrives and devises. The term implies a design activity that is strongly geared towards solving a problem, overcoming an obstacle or challenge. These goals clearly outline the core of what one could call a traditional approach to engineering. Engineers have not been taught to embrace an element of open-ended discovery and exploration, their thought process is often one of solving a problem, without however questioning the premises. This approach is often successful and has been absolutely necessary and instrumental in the history of construction and of architecture. But the rise of powerful computational tools for form generation and simulation, combined with our ability to think through questions of design through robotically prototyped experiments seems to question the linear nature of engineering as problem solving. I believe that rigorous engineering design does not exclude open ended, discursive thinking, and I would even argue that there are many problems that find better responses once engineering design allows for an element of play. With our students we now sketch out design ideas using six-axis robots instead of deploying the robot to execute something that has been developed and engineered previously (fig. 3). Doing so essentially inverts the engineering approach by putting the process first, something that was unthinkable only a decade ago due to the complex programming tasks that were involved.

Martin Bechthold: Man ist sich heute weitgehend einig, dass der konstruktive Ingenieurbau aufgrund von Materialinnovationen, digitaler Fertigung und der Integration leistungsstarker rechnergestützter Entwurfs- und Analysetools einen massiven Wandel erlebt hat. Welcher Art dieser Wandel ist und erst recht welche Folgen er hat, erscheint dagegen weniger leicht fassbar. Verschwimmen heute tatsächlich die Grenzen zwischen Bauingenieurwesen und architektonischer Praxis? Wie genau sehen die neuen Kollaborationsformen in den Entwurfsteams aus? Ist der konstruktive Ingenieurbau heute fundamental anders als vor 20 oder 30 Jahren?

Als Einstieg in diese Diskussion hilft es vielleicht, einen Blick auf die Etymologie des Wortes „Ingenieur" zu werfen. Das mittellateinische Wort „ingeniator" meint eigentlich jemanden, der etwas erfindet oder ersinnt. Der Begriff impliziert eine Entwurfstätigkeit, die vorwiegend auf die Lösung eines Problems, die Bewältigung eines Hindernisses oder einer Herausforderung abzielt. Diese Ziele umschreiben den Kern dessen, was man als den traditionellen Ansatz der Technik bezeichnen könnte. Ingenieure haben nicht gelernt, sich im Element des ergebnisoffenen Forschens zu bewegen, ihr Denken ist meist auf die Lösung von Problemen ausgerichtet, ohne dabei Prämissen infrage zu stellen. Dieser Ansatz ist oft von Erfolg gekrönt und erwies sich in der Bau- und Architekturgeschichte als absolut notwendig und nützlich. Doch mit dem Aufkommen leistungsstarker computerbasierter Methoden zur Erzeugung und Simulation von Formen sowie der Fähigkeit Entwurfsprobleme mithilfe von robotischem Prototyping zu durchdenken, scheint diese lineare Auffassung des Ingenieurwesens als Problemlösung ins Wanken zu geraten. Ich glaube, dass sich rigoroses konstruktives Entwerfen und offenes, diskursives Denken nicht ausschließen und möchte sogar behaupten, dass sich für viele Probleme bessere Lösungen fänden, gäbe es im technischen Entwurfsprozess Platz für ein spielerisches Moment. Wir sind mit unseren Studierenden gerade dabei, Sechs-Achs-Roboter zum Skizzieren von Entwurfsideen heranzuziehen, statt den Roboter nur dazu zu verwenden, etwas vorher Entwickeltes und Ausgearbeitetes umsetzen (Abb. 3). Diese Vorgangsweise stellt den Ingenieursansatz regelrecht auf den Kopf, indem es vom Fertigungsprozess ausgeht, etwas das wegen der damit verbundenen komplexen Programmieraufgaben noch vor einem Jahrzehnt undenkbar gewesen wäre.

Sigrid Adriaenssens: Dein Ansatz der Werkstoff- und Werkzeugforschung erinnert an die Art und Weise, wie die mittelalterlichen Handwerker – nicht die *ingeniatores* – die hohen Steinskelette der Kathedralen erbauten. In Europa, wo es überall genügend Steine und guten Lehm für die Ziegelherstellung gab, holten Maurer und Steinmetze mit empirischen Mitteln alles aus der inneren Struktur des Materials – der Druckfestigkeit – heraus. Diese Handwerker eigneten sich mit der Zeit ein überaus tiefes und praktisches Wissen über sämtliche Aspekte ihres Werkstoffs an. Gleichzeitig entwickelten sie einfallsreiche Werkzeuge zur Bearbeitung der Steine sowie Bautechniken und Vorrichtungen zu deren Positionierung. Dabei erfand jeder dieser Handwerker seine eigenen Geräte: Sie waren nicht nur ein Teil seiner Kunst, sondern auch ein Teil seiner selbst. Deshalb blieb die Erfindungsleistung dieser Handwerker, ihre Vielfalt an Steinformen zum Überspannen großer Räume, bis heute unübertroffen, wurde nie wieder – zu keiner Zeit und an keinem anderen Ort der Welt – auch nur annähernd erreicht. Die Formen, die ich mit meinen Studierenden entwickle und baue, entstehen ebenfalls in Verbindung mit den von uns verwendeten Materialien. Stahl verlangt andere Formen als Beton, Holz, Textilien, Kohlefaserverbundwerkstoffe, Polyesterseile oder auch Schokolade. Die von uns ermittelten Materialeigenschaften bestimmen die Werkzeuge, die wir entwickeln. Wir akzeptieren keine festen Formen und existierenden Typologien als Basis für den Entwurfsprozess. Wir gehen von der Definition der Organisation und der Beziehungen zwischen den verschiedenen Tragstrukturen aus. In diesem Entwurfsraum regeln wir dann die Tragwerksform mithilfe physikalischer und numerischer Optimierungs- und Formfindungswerkzeuge. Die Form – ein Ergebnis, das statischen Gleichgewichtsbedingungen genügt – entsteht bei diesem Prozess von selbst. Wir haben eine Vielzahl an bisher neuen effizienten Formen entdeckt, die die Kräfte optimal zum Fundament ableiten. Betrachten wir zum Beispiel das Verhalten einer einfachen Stahlfachwerkbogenbrücke für Fußgänger. Ihre Leistung in Bezug auf Statik, Dynamik und Festigkeit kann durch Veränderung ihrer 3D-Form erheblich verbessert werden. Die optimierten Formen des Fachwerkbogens in Abb. 2 sind nicht in einem traditionellen Versuch-und-Irrtum-Verfahren zu erzielen, sondern erfordern die Entwicklung eines numerischen Optimierungswerkzeugs. Im Allgemeinen aber beschäftigen sich Bauingenieure nicht proaktiv mit Formfragen. Für die Dimensionierung und Prüfung von Bauteilen ausgebildet, sind Bauingenieure vom eigentlich aufregenden Planungsprozess meist ausgeschlossen

Sigrid Adriaenssens: Somehow your approach of material and tool exploration reminds me of the approach that medieval craftsmen—not the *ingeniator*—entertained while building tall skeletal stone cathedrals. In Europe, where stone and good clay for brick making were locally abundant, masons empirically pulled on the material's only inherent quality: resistance through compression. Those craftsmen came to have the most thorough first-hand experience and familiarity with all aspects of the material. At the same time, they developed ingenious fabrication tools for hewing and carving stone, construction techniques and machinery for stacking stones on top of one another. Each mason made his own tools: the tools were not only part of his craft but part of him. As a result, their achievement in developing a wide diversity of stone forms that span large spaces has never been surpassed, or even closely approached, in any other period or location in the world, the present included. The forms I design and build with my students also correspond with the materials we use. Steel dictates different forms than those made of concrete, wood, textile, carbon fiber composites, polyester rope or even chocolate. The material properties we determine inform the tools we develop. We do not accept fixed forms and existing typologies as a starting point for our process. The starting point lies in the definition of the organization and relationships between the different structural elements. Within this design space, we then steer the structural form using physical and numerical optimization and form-finding tools. The form, a result that satisfies static equilibrium conditions, arises and generates itself from this process. We have discovered a vast amount of unseen efficient forms that optimally transmit forces to the foundation. For instance, let's look at the behavior of a simple steel trussed arch footbridge. It's static, dynamic, and stability performance can be greatly improved by altering its 3D form. The optimized trussed arch forms shown in fig. 2 cannot be obtained in a traditional trial and error approach but require the development of a numerical optimization tool. However, generally speaking, structural engineers do not deal with form proactively. Trained to dimension and verify elements, most engineers are indeed excluded from the real exciting preliminary design process and only appear in the picture when the structural form has been fixed. As a structural engineer and designer, I think this is a great loss of opportunities for the profession.

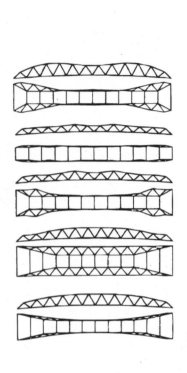

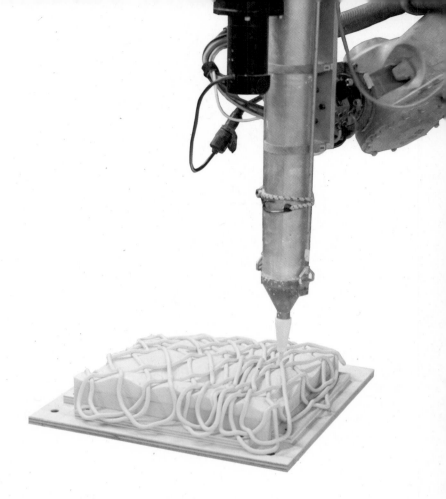

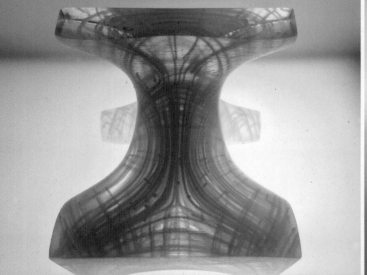

(2) Five rows of 3D trussed arch forms (elevation and plan) for pinned-pinned support conditions, optimized for linear buckling (top row), non-linear buckling (linear function, second row), non-linear buckling (quasi-quadratic function third row), fundamental frequency (fourth row) and compliance (bottom row). Similar studies were carried out for other pinned-roller support conditions. | Fünf Varianten von 3D-Fachwerksbögen (Auf- und Grundriss) mit beidseitig gelenkigen unverschieblichen Auflagerbedingungen wurden für lineares, nicht lineares Knicken und nicht lineares Knicken mit quasi quadratischem Ansatz (1.–3. Reihe), grundschwingungs- (4. Reihe) und nachgiebigkeitsoptimiert (5. Reihe). Ähnliche Untersuchungen wurden für gelenkige, verschiebliche Auflagerbedingungen durchgeführt. Princeton University, Princeton, 2014 © Form Finding Lab, Princeton University, Illustration: Allison Halpern

(3) "Ceramic 3D Printing": Integrated digital workflows allow students to robotically sketch out material formations in clay. | Mittels integrierter digitaler Workflows können Studierende materielle Formationen robotisch in Ton skizzieren. Harvard Graduate School of Design, Cambridge/MA, 2014 © Jared Friedman, Study | Studie: Jared Friedman, Olga Mesa, Hea Min Kim

(4–6) "Principal Stress Driven Reinforcement Study": 3D printed model of a chair with expression of principal stress diagram throughout its volume, using multimaterial 3D printing. The stress lines function as direct expression of the stress distribution and directionality within the bulk of the material. | Multimaterial-3D-Druck eines Stuhlmodells, mit Wiedergabe der im Gesamtkörper auftretenden Spannungsverläufe. Diese fungieren als direkter Ausdruck der Verteilung und Richtung der Spannungen im Inneren des Materials. Cambridge/MA, 2015 © Panagiotis Michalatos

4

5

6

Panagiotis Michalatos: Martin mentioned the benefit that engineers could gain from an injection of open-endedness and playfulness in their design processes. The other side of this argument would be to ask whether there are benefits if architects were to engage at a deeper and more rigorous level with questions of materiality and structural efficiency, especially in light of the fact that the two disciplines drifted apart at an accelerating pace during the twentieth century. More importantly, how should we alter the pedagogy of architects in order to engage with the latest developments in this field of knowledge without having to teach tensor calculus?

I want to bring into the discussion the problematic yet productive nature of the relationship between architecture and the structures that constitute its material support. Edward Sekler used the term "atectonic"[1] to describe buildings whose forms do not express the "flow of forces." For many years, the design software industry with the so-called "free form" paradigm pushed exactly such an atectonic approach as a desirable aspect of the design process. This often led to structural obesity, as dirty structures piled up only to be covered by skins whose logic was anti-structural. However, I would argue that there is now a counter-trend from structural obesity towards structural anorexia: from ignoring questions of structure during the design process to the desire to make the structure literally disappear (not just hide it behind a skin). This desire for radical thinness can only be realized by a deep engagement with questions of structure and structural design, as the work of designers such as Junya Ishigami suggests.[2] The logical conclusion of structural efficiency is for all material to vanish.

This extreme optimization is, however, unrealistic, and not only because of technological constraints; structural efficiency (weight), the expression of efficiency (lightness), the energy efficiency (embedded energy) and the economic efficiency (labor and material costs) are often decoupled concerns. Any talk of optimization will end with the problem of indeterminacy. This is a good thing, because this indeterminacy maintains the problematic nature of the relationship as a fertile ground for design exploration rather than a set of fixed solutions.

In addition, the desire to create a building as an expression of structural efficiency and the desire to design an efficient building might not always align. Any ethical judgment regarding the two desires is far from straightforward, as it is hard to determine the long term social, economic, and environmental consequences of one or the other. Simulation tools can be as much about exploring the space of expressions of "structureness" as much as structural efficiency itself.

1   Edward Sekler, "The Stoclet House by Joseph Hoffmann," in *Essays in the History of Architecture Presented by Rudolf Wottkower* (London, 1967), pp. 228–44, esp. p. 230.

2   See, for example, Junya Ishigami, *Another Nature* (Cambridge/MA, 2015).

und erscheinen erst dann auf der Bildfläche, wenn die Tragwerksform bereits festgelegt ist. Als Bauingenieurin und Tragwerksplanerin sehe ich darin einen großen Verlust für die Möglichkeiten des Berufs.

Panagiotis Michalatos: Martin hat davon gesprochen, wie sehr Bauingenieure von einem etwas offeneren und verspielteren Entwurfsprozess profitieren könnten. Umgekehrt könnte man fragen, ob nicht auch Architekten davon profitieren würden, wenn sie sich eingehender und rigoroser mit Fragen von Materialität und Struktureffizienz auseinandersetzten, insbesondere wenn man bedenkt, dass die beiden Disziplinen im Lauf des 20. Jahrhunderts immer schneller auseinandergedriftet sind. Wichtiger aber ist vielleicht noch die Frage, wie wir die Architekturausbildung verändern sollten, um die neuesten Entwicklungen auf diesem Gebiet einzubeziehen, ohne gleich Seminare über Tensoranalyse abhalten zu müssen.

Ich möchte das Gespräch auf die problematische, aber produktive Beziehung zwischen Architektur und den Strukturfragen lenken, die ihre materielle Grundlage bilden. Eduard Sekler beschrieb Gebäude, deren Form nicht ihren „Kräfteverlauf" ausdrückt, als „atektonisch".[1] Viele Jahre lang pushte die Entwurfssoftware-Industrie mit dem Paradigma der sogenannten „Freiform" genau einen solchen atektonischen Entwurfsansatz. Das führte oft zu struktureller Fettleibigkeit, einer Häufung unsauberer Tragwerke, nur um von Häuten überzogen zu werden, deren Logik eindeutig antistrukturell war. Ich würde jedoch sagen, dass es heute eine Gegenbewegung zur strukturellen Fettleibigkeit gibt, hin zur strukturellen Magersucht: von der Vernachlässigung von Tragwerksfragen im Entwurfsprozess hin zu dem Wunsch, das Tragwerk regelrecht zum Verschwinden zu bringen (und nicht nur hinter einer Haut zu verstecken). Dieser Wunsch nach radikaler Verschlankung ist nur durch eine intensive Beschäftigung mit Strukturfragen und Tragwerksplanung realisierbar, wie die Arbeit japanischer Planer wie Junya Ishigami nahelegt.[2] Und die logische Folge von Struktureffizienz ist das Verschwinden allen Materials.

Diese extreme Optimierung ist jedoch unrealistisch, und das nicht nur wegen ihrer technologischen Grenzen; Struktureffizienz (Gewicht), Effizienzausdruck (Leichtigkeit), Energieeffizienz (graue Energie) und ökonomische Effizienz (Arbeits- und Materialkosten) sind häufig unverbundene Bestrebungen. Jegliche Rede von Optimierung endet beim Problem der Unbestimmtheit. Und das ist auch gut so, denn diese Unbestimmtheit bewahrt den problematischen Charakter der Beziehung als fruchtbaren Boden für die gestalterische Erkundung – im Gegensatz zum Rückgriff auf einen Bestand fixer Lösungen.

Ferner dürfte sich das Bestreben, ein Gebäude als Ausdruck struktureller Effizienz zu entwerfen, nicht immer mit dem Bestreben decken, ein effizientes Gebäude zu entwerfen. Ethische Urteile

1   Sekler, Eduard: „The Stoclet House by Joseph Hoffmann", in: *Essays in the History of Architecture Presented by Rudolf Wottkower*, London 1967, 228–244, hier 230.

2   Vgl. z.B. Ishigami, Junja: *Another Nature*, Cambridge/MA 2015.

Adriaenssens's work with truss design hints at optimization as a pedagogical tool. And this is a position I and my colleague Sawako Kaijima agree with and have been pursuing for many years by developing software tools that seek to alter the intuitive understanding of structure as a design problem through interactive digital interfaces. When exposing students to these tools, however, I don't necessarily expect minimum weight or minimum compliance structures, as the optimal solutions for these have been known since the beginning of the twentieth century. Instead, students should be aware that these simulation tools are computational approximations of numerical approximations of mathematical models based on macroscopic theories that describe idealized material objects under ideal loading conditions. There are so many assumptions at work that the digital models and the "optimal" solutions that they provide are open to design interpretation. They should be seen as suggestions and not as solutions, and in that sense, the fabrication process unfolds as a practical interpretation of the intricacies of the digital model. Students should understand the limitations of such models so that they can reinterpret them and give them an expression. The role of this particular way of introducing structural optimization as a pedagogical tool for architects is not to discover new optimal material distributions (though this may well be a side effect) but rather to develop new intuitions into the problem of structure and its complex relationship to form (figs. 4–6).

Neri Oxman: I very much appreciated Michalatos's claim that the desire to create a building as an expression of structural efficiency and the desire to design an efficient building do not always overlap. Structural efficiency is but a single lens through which to design, optimize, and evaluate a built construct. Combined with environmental efficiency as well as additional forms of efficiency associated with soci-cultural requirements, the designer is challenged with a wide array of inputs and multiple objectives. One of the approaches which addresses this problematic was recently developed in my group (by Jorge Duro-Royo) under the working title of "Fabrication-Information Modeling" (FIM). This approach considers multiple objective functions to drive a design across multiple scales, utilizing multi-disciplinary design tools. In this way, structural efficiency may be addressed at the scale of the structural components, while environmental efficiency may be addressed on the macroscale of the building. In contrast to "Building-Information Modeling," which involves the management of digital representations associated with the final structure, "Fabrication-Information Modeling" is a process-based approach enabling the integration of form

in Bezug auf diese beiden Bestrebungen sind keineswegs einfach, da die sozialen, ökonomischen und ökologischen Langzeitfolgen der einen wie anderen kaum abzuschätzen sind. Simulationsprogramme können ebenso den Ausdrucksraum der „Strukturhaftigkeit" erkunden wie die Struktureffizienz selbst.
Bei Adriaenssens' Fachwerkentwurfsstudien scheint es um Optimierung als pädagogisches Werkzeug zu gehen. Das ist eine Haltung, die ich und meine Kollegin Sawako Kaijima teilen und die wir seit vielen Jahren mit der Entwicklung von Softwaretools verfolgen, die mit interaktiven digitalen Interfaces das intuitive Strukturverständnis als Entwurfsproblem zu verändern versuchen. Wenn ich Studierenden diese Werkzeuge in die Hand gebe, erwarte ich von ihnen allerdings keine Optimallösungen wie das Tragwerk mit dem geringstem Gewicht oder der geringsten Nachgiebigkeit, da diese seit Anfang des 20. Jahrhunderts bekannt sind. Vielmehr sollen sie erkennen, dass es sich bei diesen Simulationstools um Computerapproximationen von numerischen Approximationen mathematischer Modelle handelt, die auf makroskopischen, idealisierte materielle Objekte unter idealen Lastbedingungen beschreibenden Theorien beruhen. Es werden so viele Annahmen getroffen, dass die digitalen Modelle und die „optimalen" Lösungen, die sie liefern, offen sind für die gestalterische Interpretation. Sie sollten als Vorschläge, nicht als Lösungen gesehen werden; so gesehen entfaltet sich der Fertigungsprozess als praktische Auslegung der Feinheiten des digitalen Modells. Die Studierenden sollten die Grenzen eines solchen Modells verstehen, damit sie sie neu interpretieren und ihnen Ausdruck verleihen können. Bei dieser Verwendung der Strukturoptimierung als pädagogisches Werkzeug für Architekten geht es weniger darum, neue optimale Materialverteilungen zu entdecken (wenngleich das durchaus ein Nebeneffekt sein kann), sondern vielmehr darum, ein neues Gespür in Bezug auf die Strukturproblematik und ihre komplexe Beziehung zur Form zu gewinnen (Abb. 4–6).

Neri Oxman: Ich war sehr dankbar für Michalatos' Hinweis, dass sich das Bestreben, ein Gebäude als Ausdruck von Struktureffizienz zu entwerfen, und das Bestreben, ein effizientes Gebäude zu entwerfen, nicht immer decken. Struktureffizienz ist lediglich ein Gesichtspunkt, von dem aus man ein Bauwerk entwerfen, optimieren und bewerten kann. Nimmt man umweltbezogene und andere, mit soziokulturellen Erfordernissen verbundene Formen der Effizienz hinzu, ist der Gestalter mit einer Fülle an Inputs und einer Vielfalt an Zielvorgaben konfrontiert. Ein Ansatz, der diese Problematik aufgreift, wurde in meiner Gruppe kürzlich von Jorge Duro-Royo unter dem Arbeitstitel „Fabrication Information Modeling" (FIM) entwickelt. Unter Berücksichtigung des Umstands, dass ein Entwurf auf verschiedenen Maßstabsebenen von verschiedenen objektiven Funktionen angetrieben wird, nutzt dieser Ansatz Entwurfstools verschiedener Disziplinen. So kann etwa Struktureffizienz auf der Ebene der Tragwerkskomponenten und Umwelteffizienz auf der Makroebene des Gebäudes behandelt werden. Im Gegensatz zum „Building Information Modeling" (BIM), das mit digitalen Repräsentationen arbeitet, die vom fertigen Gebäude abgeleitet sind, ist das „Fabrication Information Modeling" ein prozessbasierter Ansatz, der eine Integration von Formgenerierung, digitaler Fertigung sowie Materialberechnung und -bewertung im physischen wie im digitalen Raum ermöglicht. Bei einem unserer neueren Projekte, dem „Silk Pavilion", haben wir die FIM-Methode dazu eingesetzt, eine integrierte Optimierung auf allgemeine Struktureffizienz sowie Umweltkontrolle auf allen Maßstabsebenen zu erreichen (Abb. 7).

Martin Bechthold: Der „Silk Pavilion" ist ein großartiges Beispiel für eine Balance deterministischer und ergebnisoffener Herangehensweisen an die Materialisierung von Entwürfen. Traditionell manifestierte sich die Materialfrage beim Bauen als ein Entscheidungsproblem im Entwurfsprozess, eine Wahl, die irgendwann getroffen werden musste, wenn das Entwurfsteam genügend Klarheit über Form und Systemdesign erlangt hatte. Diese Entscheidungen wurden unter anderem von Wirtschaftlichkeit und Baubarkeit bestimmt. Die Materialwahl wird wahrscheinlich ein Teil des Entwurfsprozesses bleiben, aber wir erleben heute insofern eine neue Emanzipation des Materials, als Materialprozesse in Gang gesetzt werden, die sich selbst konfigurieren, bei denen der Gestalter die Kontrolle über das Endergebnis zumindest teilweise abgibt (Abb. 8). Die Materie beginnt auf eine Art und Weise zu „denken", die sich fundamental von den physikalischen Formfindungsexperimenten Frei Ottos in Stuttgart unterscheidet. Der Gestalter wird hier eher zu einer Art Kurator, der den Selbstformungsprozess in die gewünschte Richtung lenkt.

Neri Oxman: Was die denkende Materie betrifft, stimme ich völlig mit Martin überein, möchte aber betonen, dass die traditionelle Materialauffassung im Bau vorwiegend von den strengen Anforderungen durch Fertigung und Massenproduktion geprägt, wenn nicht sogar diktiert war. Spätestens seit der industriellen Revolution erforderten Fließbänder eine Welt aus standardisierten Teilen; sie bildeten den Rahmen für die Vorstellungskraft von Planern und Baumeistern, die gelernt hatten, die von ihnen entworfenen Objekte und Systeme als eine Zusammensetzung von Teilen mit distinkten Funktionen zu denken. Die Annahme, dass die Teile jeweils aus einem einzigen Material bestehen und bestimmte vorgegebene Funktionen erfüllen, ist tief in unseren Entwurfswerkzeugen verankert und wird meist nicht hinterfragt; zudem wird sie auch von der Logik industrieller Lieferketten diktiert. Diese jahrhundertealten Planungsparadigmen sind in computergestützte Entwurfswerkzeuge (CAD) und Fertigungstechnologien (CAM) eingeflossen, wobei homogene Materialien in vordefinierte Formen gebracht werden, um vordefinierte Funktionen zu erfüllen. Neue Auffassungen von Materialität bilden sich heute an den Schnittstellen zwischen Gebieten wie Computational Design, Additiver Fertigung, Materialwissenschaft und Materialtechnik und sogar synthetischer Biologie. Solche Schnittstellen bieten Gestaltern die Möglichkeit, ihre Produkt- und Strukturentwürfe auf verschiedenen Maßstabsebenen, von der Mikro- bis zu Makroebene, durchzuspielen und ihre Werkzeuge entsprechend anzupassen.
Ein Beispiel für diesen Ansatz sind etwa die neueren, von der Biologie inspirierten Arbeiten meiner Gruppe zur digitalen Fertigung auf Wasserbasis (Abb. 1, 9–11). Während eine strukturelle Hierarchie und die Materialorganisation beim traditionellen Entwerfen durch die Verbindung diskreter homogener Teile zu

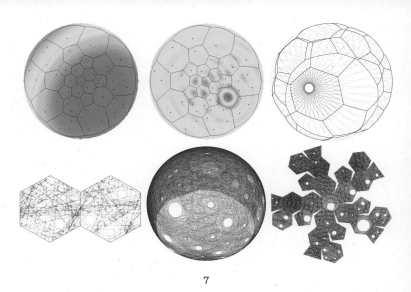

7

"Silk Pavilion: A Case Study in Fiber-based Digital Fabrication":
A multi-constraint algorithm was developed for the "Silk Pavilion" which encodes fabrication processes and transdisciplinary data. We developed an environment to design a large-scale fiber structure for silkworm spinning that could take into account biological, environmental, and fabrication constraint data. | Für den „Silk Pavilion" wurden in einem Multi-Constraint-Algorithmus Fabrikationsprozesse und transdisziplinäre Daten encodiert. Wir entwickelten eine Entwurfsumgebung für die Planung eines großräumigen, von Seidenraupen bespinnbaren Fadengerüsts, die in der Lage war, biologische, umwelt- und fertigungsbezogene Bedingungen zu berücksichtigen. MIT Media Lab, Cambridge/MA, 2013
© MIT Media Lab, Mediated Matter Group, Illustration: Jorge Duro-Royo

generation, digital fabrication, material computation and evaluation across physical and digital domains. For one of our recent projects, the "Silk Pavilion," (fig. 7), we implemented the FIM methodology in order to achieve integrated optimization for overall structural efficiency and environmental control across scales.

Martin Bechthold: The "Silk Pavilion" is a great example for a balance between deterministic and open-ended attitudes when materializing designs. Traditionally, materiality in construction has manifested itself as a selection problem in the design process, a choice that needed to be taken at some point when the design team had reached sufficient clarity on form and system design. Economics and constructability have, among other factors, dominated these decisions. Material choices will likely remain part of the design process, but we now see a new emancipation of materiality in that materials processes are put in place that self-configure without the designer claiming control over the final outcome (fig. 8). Matter is starting to "think" in ways that are fundamentally different from Frei Otto's physical form finding research at Stuttgart. The role of the designer then becomes more that of a curator who coaxes the self-formation process into a desirable direction.

Neri Oxman: I completely agree with Martin's position on thinking matter and would like to stress that the traditional view of materiality in construction has been, for the most part, informed and perhaps even enforced, by the rigors of manufacturing and mass production. At least since the industrial revolution assembly lines have dictated a world made of standard parts framing the imagination of designers and builders who have been taught to think about their design objects and systems in terms of assemblies of parts with distinct functions. The assumption that the parts are made of a single material and fulfill predetermined specific functions is deeply rooted in our design tools and usually goes unquestioned; it is also enforced by the logics of industrial supply chains. These age-old design paradigms have been reincarnated in Computer-Aided Design (CAD) tools as well as Computer-Aided Manufacturing (CAM) technologies where homogeneous materials are formed into predefined shapes at the service of predetermined functions. Today, new approaches to materiality are emerging at the intersection of fields such as computational design, additive manufacturing, materials science and engineering and even synthetic biology. Such intersections enable and empower designers to consider the design of products and structures across scales, from the microscale to the macroscale; and to adapt their tools accordingly.

My group's recent work into "Water-based Digital Fabrication," for example, reflects this approach (figs. 1, 9–11). It is inspired by the biological world and claims that, while structural hierarchy and material organization in design are traditionally achieved by combining discrete homogeneous parts into functional assemblies where the shape or surface is the determining factor in achieving function, biological structures express higher levels of functionality on a finer scale through volumetric cellular constructs that are heterogeneous and complex. Despite recent advancements in additive manufacturing of functionally graded materials, the limitations associated with computational design and digital fabrication of heterogeneous materials and structures frame and limit further progress. Conventional computer-aided design tools typically contain geometric and topologic data of virtual constructs but lack robust means to integrate material composition properties within virtual models. In a recent paper entitled "Flow-Based Fabrication" we presented a new kind of computational workflow for the design and direct digital fabrication of multi-material and multi-scale structured objects. The workflow encodes for, and integrates design features relating to local, regional, and global feature resolution of heterogeneous material organizations. We focused on water-based materials and demonstrated our approach by additively manufacturing diverse constructs, associating shape-informing variable flow rates and material properties to mesh-free geometric primitives. The workflow enables virtual-to-physical control

funktionalen Gefügen erzielt werden, wobei deren Form oder Oberfläche der bestimmende Faktor für die Funktionstüchtigkeit sind, gehen diese Arbeiten davon aus, dass biologische Strukturen höhere Funktionalitätslevel in einem kleineren Maßstab mittels volumetrischer Zellgebilde ausdrücken, die zugleich heterogen und komplex sind. Trotz jüngster Fortschritte in der additiven Fertigung funktional abgestufter Materialien, verhindern die mit computerbasiertem Entwerfen und der digitalen Fertigung heterogener Materialien verbunden Beschränkungen weitere Fortschritte. Konventionelle CAD-Tools beinhalten zwar üblicherweise geometrische und topologische Daten virtueller Konstrukte, aber es fehlt ihnen an zuverlässigen Mitteln, um Eigenschaften der Materialzusammensetzung in die virtuellen Modelle zu integrieren. In einem kürzlich publizierten Artikel mit dem Titel „Flow-Based Fabrication" stellten wir einen neuartigen computerbasierten Workflow für die Planung und direkte digitale Fertigung strukturierter Objekte aus mehreren Materialien und auf mehreren Maßstabsebenen vor. Dieser Workflow codiert und integriert Entwurfsfunktionen mit lokaler, regionaler und globaler Auflösung heterogener Materialorganisation. Wir konzentrierten uns auf wasserbasierte Materialien und demonstrierten unseren Ansatz mit der additiven Fertigung diverser Konstrukte, wobei wir formbildende variable Flussraten und Materialeigenschaften mit gitterlosen geometrischen Primitiven verbanden. Der Arbeitsablauf ermöglicht eine vom virtuellen zum physischen reichende Kontrolle der Strukturen, wobei die strukturellen mechanischen und optischen Gradienten durch ein nahtloses Design-

8

"Embedded Materiality": Self-organization of gels and liquids. The resulting optical effects can be influenced through the characteristics of the fluid, the relative size of the gels and their relating distribution, as well as through pressure applied onto the system. | Selbstorganisation von Gelen und Flüssigkeiten. Beeinflussbar sind die optischen Effekte durch die Beschaffenheit der Flüssigkeiten, die relative Menge und Verteilung der Gele sowie den Druck, der auf das System ausgeübt wird. Harvard Graduate School of Design, Cambridge/MA, 2015 © Malika Singh and Suarabh Mhatre

to-Fabrication-Tool mit lokaler Kontrolle zustande kommen. Eines der besonderen Features dieses Ansatzes ist seine Fähigkeit, Flussraten mit Materialeigenschaften zu verbinden, also etwa bei der Arbeit mit viskoseren Materialien die Flussrate den Erfordernissen der feinen geometrischen Merkmale und der allgemeinen Formen entsprechend zu programmieren. In diesem Fall entsteht die Form als Nebenprodukt eines Prozesses der im Wesentlichen vom Material bestimmt wird.

Andreas Trummer: Ich nehme hier gerne nochmals Sigrids Vergleich von Martins Ansatz mit den Methoden des Mittelalters auf. Dieser Vergleich versetzt den auf technische Problemlösung getrimmten Ingenieuren einen schweren Schlag. Oder ist er vielleicht eher als Kompliment aufzufassen? In unserer Diskussion geht es um eine Verschiebung zwischen Intuition und technischer Erfahrung – etwas, das für mich an dem Kern des Handwerks rührt. Die mittelalterlichen Steinmetze, die aus Naturstein Baublöcke formten und sie dann zu lastabtragenden Gewölben fügten, sind dafür ein ausgezeichnetes Beispiel. Die Ergebnisse sind der reine Ausdruck eines logischen Materialsystems und der damit einhergehenden Bauweise. Die tägliche sinnliche Interaktion des Steinmetzes mit dem Material bildet die Grundlage für seine subtile Kenntnis desselben und seinen Respekt dafür. Bei der Verfeinerung dieses Wissens stützt sich der Steinmetz auf die Erfahrung des Kraftfeedbacks beim Behauen des Steins, den unterschiedlichen Klang splitternder und fester Teile. Heute kann die Beziehung zwischen digitalen Datensätzen und Maschinen zu einer besseren Kenntnis des Materials und seiner „inneren" Eigenschaften beitragen. Auch die Einführung von Beton führte vor nunmehr 100 Jahren zu einem massiven Wandel der Bauweise. Inzwischen ist es an der Zeit, dieses Material in einem „mittelalterlichen Sinn" zu überdenken, wieder einem vom Material selbst und seiner Bearbeitungscharakteristik geleiteten Bottom-up-Ansatz nachzuspüren. Beim Begriff „denkende Materie" kommen mir Gesichtsmasken aus Schokolade in den Sinn. Aber warum nicht einer süßen Verlockung erliegen, wenn das eine Verbindung zum früher erwähnten Leichtbau aus Schokolade eröffnet? Zumal ein Großteil der Forschung über Schalen und Leichtbautragwerke mit viel Mühen, aber wenig Freuden verbunden war. In den letzten Jahren haben wir eine wahre Flut an Schalenprototypen und Pavillons erlebt, hinter denen meist ein Interesse an der Fertigung stand. Das hat uns nicht veranlasst zu denken, dass wir in Zukunft zunehmend in Schalen leben und arbeiten werden. Was ist also der Sinn dieser Arbeiten? Nach meiner eigenen Erfahrung sind diese Schalenprototypen eine Folge der sich verstärkenden Diskussion über das Material und dessen Grundeigenschaften wie die Druckfestigkeit von Stein, Beton und Keramik. Aber im Zentrum dieser Projekte stehen nicht die Schalentragwerke selbst, sondern sie sind als Beispiele für Komplexität und Effizienz in der Herstellung von Bauwerken zu sehen.
Das führt uns wieder zurück zur „denkenden Materie" – einem Begriff, der unsere Auffassung von Materialität – unseren Umgang mit Materialien und die Art wie wir sie in Form bringen – infrage stellt. Die Arbeiten und Methoden, von denen Neri berichtet, sind Musterbeispiele für den Primat des Materials: sie entwickelt additive Prozesse des Materialauftrags, der keine be-

of structures where structural, mechanical, and optical gradients are achieved through a seamless design-to-fabrication tool with localized control. One of the unique features in this approach is the ability to link flow rates to material properties, e.g., when working with more viscous materials, the flow can be programmed to specific rates determining fine geometrical features and overall shapes. In this case, shape emerges as a by-product of a process that is essentially material-driven.

Andreas Trummer: I like Sigrid's statement that compares Martin's approach to medieval methods. Doing so, of course, deals a severe blow to engineers trained for technical problem solving. Or should her analogy actually be taken as a compliment? Our discussion addresses a shift between intuition and technical experienc—something that, for me, lies actually at the very core of craftsmanship. As an excellent example serve the medieval stone masons who shaped natural stone into building blocks, which in turn were assembled into load-carrying vaults. The results are pure expressions of a logical material system and its related construction approach. The mason's daily sensual interaction with the material is the basis for his intimate knowledge of and respect for stone. The mason relies on his experience of force feedback while chiseling, on the different sounds of cracked or solid stone while building the formation of his intimate knowledge of and respect for the material. Today, the close relation between digital data sets and the machine can bring us closer to the material and its "inner" properties. The introduction of concrete as a construction system one hundred years ago triggered a significant change in building traditions. Today, it is time to rethink this material with a "medieval mindset," thus re-establishing a "bottom up" approach guided by the material itself and its characteristics for tooling. When considering the term "thinking matter," an image of chocolate face masks comes to my mind. But why not depending on a sweet distraction if doing so provides a connection to the issue of lightweight construction mentioned earlier? After all, much research in shells and lightweight structures has failed with great effort but little delight. Recent years have seen a surge in shell-like prototypes and pavilions, mostly driven by an interest in fabrication. This work has not led us to conclude that people will increasingly live and work in shells. What then, is the objective of these contributions? From my own personal experience the shell-like prototypes are the results of the deepening discussion about material and its key properties like the compressive strength of stone, concrete, or ceramics. But the projects don't focus particularly on shell structures, instead they consider these systems as examples for complexity and efficiency in building production.
This brings us back to "thinking matter—a term that challenges our conception of materiality, what we do with materials, makes

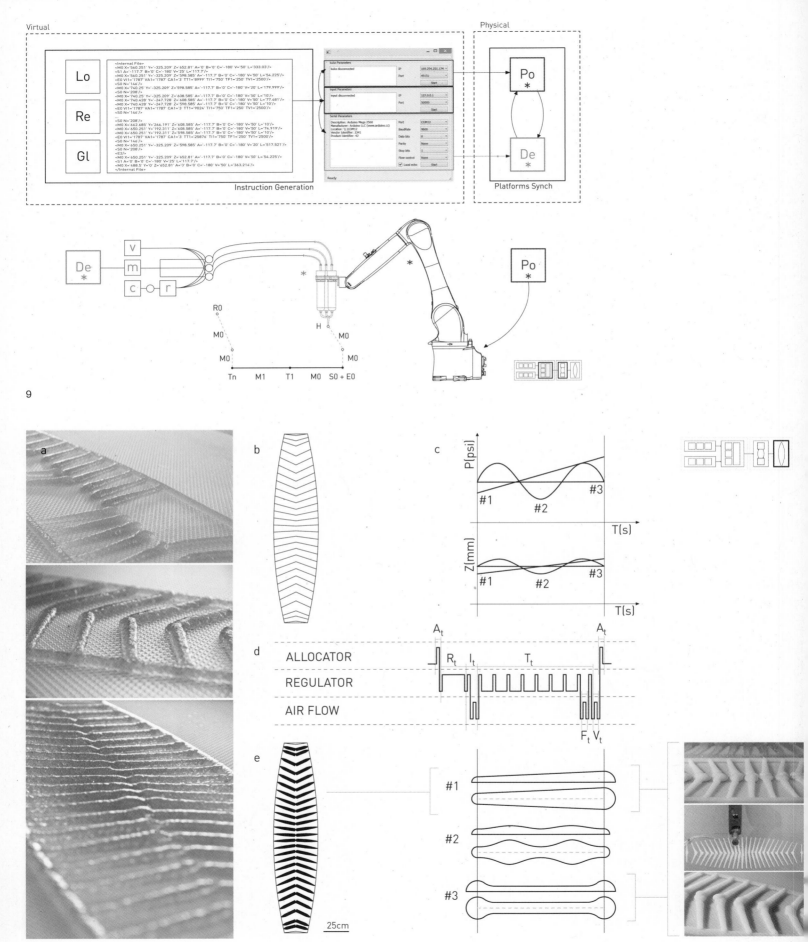

(9) "Water-based Digital Fabrication": The virtual model operates at three levels of resolution: local (Lo), regional (Re) and global (Gl) to fabricate heterogeneous structured objects. This hierarchical computation results into fabrication instructions fed to a distribution interface that coordinate both positioning (Po) and deposition (De) platforms. The physical construct is achieved by implementing pressure (v, c, r), electrical (m), extrusion (E0) and motion (M0, M1, S0, R0, T1, Tn) data flows that tightly link both platforms. | Zur Erzeugung heterogener strukturierter Objekte arbeitet das virtuelle Modell mit drei Auflösungsebenen: lokal (Lo), regional (Re) und global (Gl). Diese hierarchische Berechnung ergibt Produktionsanweisungen, die in ein Verteilerinterface eingespeist werden und eine Positionierungs- (Po) wie eine Depositionierungsplattform (De) steuern. Das physische Konstrukt entsteht durch Implementierung von Druck- (v, c, r), Elektro- (m), Extrusions- (E0) und Bewegungsdatenströmen (M0, M1, S0, T1, Tn), die die beiden Plattformen eng miteinander verbinden. MIT Media Lab, Cambridge/MA, 2014–2015 © MIT Media Lab, Mediated Matter Group, figure | Grafik: Jorge Duro-Royo/Laia Mogas Soldevila

(10) "Water-based Digital Fabrication": Regional level of control is achieved by differentiating extrusion geometries in height and width through variable pressure and motion flow maps (e). Geometrical designs are composed of points, curves and lines (b) and interpreted by the model into variable extrusion constructs (a, d). The extrusions can be incremental (#1), sinusodial (#2) or follow any other pressure map such as #3. In order to achieve such diversity time-dependent actions are performed in parallel (c). A data allocator reads the instructions first consuming allocation time (At). Then a regulator sets initial pressure units (Rt) and any other required pressures (Tt) to fulfill the flow maps over a trajectory. Air flow control is achieved through a set of valves that require time to set initial extrusion (It), stay open through the extrusion time, finalize the extrusion accounting for material inertia (Ft), and perform negative

pressure to stop the material flow (Vt). 3D extrusion shapes with variable height and width along deposition trajectories (fig. 10 e). | Regionale Kontrolle erfolgt durch Höhen- und Breitendifferenzierung der Extrusionsgeometrie mittels wechselnder Druck- und Bewegungsablaufplänen (e). Geometrische Formen werden aus Punkten, Kurven und Linien (b) erzeugt und vom Modell als variable Extrusionskonstrukte interpretiert (a, d). Die Extrusion kann inkrementelle (#1), sinusförmige (#2) oder beliebige andere Druckverläufe (#3) annehmen. Um diese Vielfalt zu erreichen, werden zeitabhängige Aktionen parallel ausgeführt (c). Ein Datenallokator liest die Anweisungen, die als erste die zugewiesene Zeit verbrauchen (At). Dann setzt ein Regulator die ersten Druckeinheiten (Rt) sowie alle weiteren zur Ausführung des Ablaufplans für einen Weg benötigten Drucke (Tt). Die Luftzufuhrkontrolle erfolgt über eine Reihe von Ventilen, die Zeit benötigen, um die Anfangsextrusion zu setzen (It), während der Extrusionszeit offen bleiben, die Extrusion unter Berücksichtigung der Materialträgheit abschließen (Ft) und einen negativen Druck zur Beendigung des Materialstroms anbringen (Vt). 3D-Extrusionsformen mit unterschiedlicher Höhe und Breite entlang des Deponierungswegs (Abb. 9 e). MIT Media Lab, Cambridge/MA, 2014–2015 © MIT Media Lab, Mediated Matter Group, figure | Grafik: Jorge Duro-Royo/Laia Mogas Soldevila

(11) "Water-based Digital Fabrication": The local level of control is achieved by associating and finely tuning mechanical property gradients (b, c) and layered compositions (a) of the multi-material extrusions. | Die lokale Kontrolle erfolgt durch Verknüpfung und Feinjustierung mechanischer Eigenschaftsgradienten (b, c) sowie durch Schichtkomposition (a) der Multimaterialextrusionen. MIT Media Lab, Cambridge/MA, 2014–2015 © MIT Media Lab, Mediated Matter Group, figure | Grafik: Jorge Duro-Royo/Laia Mogas Soldevila

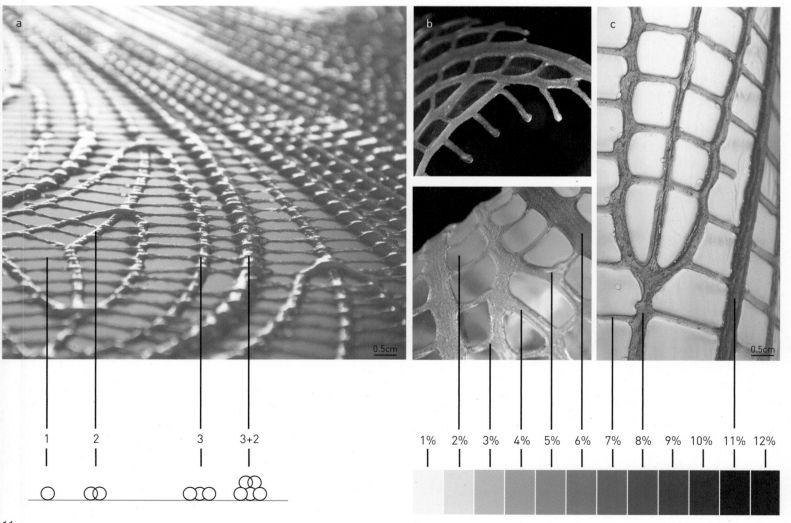

us question the nature of the processes needed to give form to materials. The work Neri wrote about, along with her methods, are exemplary for the primacy of material—she is developing additive processes for material deposition that no longer rely on fixed tooling—others would call this 3D printing. This production method is far from our daily building practice and rather represents the tendency to a higher diversity of materiality. Based on our work at the Institute of Structural Design at Graz University of Technology, I am convinced that the academic research in this area now needs to pay more attention to what is relevant for construction. Our work in concrete has led to delicate yet extremely precisely prefabricated double curved elements for shell structures (fig. 14). Our investigation on how to use concrete as a building material has led us directly to two different approaches, with a direct pathway to Neri's flow-based fabrication approach and its heightened awareness of materials. Our primary interest lies in the variation of materiality in terms of different requirements for stress resistance or thermal insulation represented by strength and porosity. The sensitivity towards materiality that underlies our work may well be the connective element which links these current pursuits to the shaping of stone blocks by the medieval mason (fig. 12–13).

Sigrid Adriaenssens: I would like to come back to Trummer's reflections about engineering training and his digression to chocolate as a material. When challenged by a chocolate manufacturer to rethink the potential of this unconventional material, our research group assembled a strong team consisting of a food scientist (Barry-Callebaut), a computational designer (Axel Kilian), a material scientist (George Scherer), and structural engineers (myself and the master student Alex Jordan) to utilize novel design practices to create a structural system that allows chocolate to be seen from a new perspective and as an experimental building materia (fig. 15). Our disciplined approach was firmly based on material science, a parametric design and engineering principles, but allowed for play in the freedom of the choices we made as experts and designers. In my opinion, there can be no play without discipline.

Martin Bechthold: We have covered a lot of ground—from anorexic structures to chocolate shells, from robotic sketching to hybrid forms of form finding based on processes strongly rooted in digitally curated materiality. A yet different challenge that I much anticipate will be to take some or all of these ideas, techniques, and processes and test them in the form of larger physical system—pavilions, prototypical structures, even buildings. For now I would simply observe that the various mergers of computation, materiality, and structural design all point into a complex yet poetic future that is full of potential, stunning beauty, and also rigor. We are at a crossroad of exciting possibilities! Thank you all, and the discussion is to be continued … ∎

grenzte Schalung und Form benötigt; man könnte ihn auch als 3D-Druck bezeichnen. Diese Fertigungsmethode ist weit entfernt von der täglichen Baupraxis und steht für die Tendenz zu größerer Materialvielfalt.

Aufgrund unserer Arbeit am Institut für Tragwerksentwurf der TU Graz bin ich zur Überzeugung gekommen, dass die akademische Forschung auf diesem Gebiet das Augenmerk nun stärker auf baurelevante Aspekte legen sollte. Unsere Forschungsarbeiten zum Material Beton haben zur Konstruktion hochpräziser, doppelt gekrümmter Fertigbauteile für Schalentragwerke geführt (Abb. 14). Bei unseren Untersuchungen zur Verwendung von Beton als Baumaterial sind wir direkt zu zwei unterschiedlichen Ansätzen gelangt, wobei es eine unmittelbare Verbindung zu Neris flowbasierter Fertigungsmethode und deren gesteigertem Materialbewusstsein gibt. Unser vorrangiges Interesse gilt der Materialvariation gemäß unterschiedlicher Belastbarkeits- oder Wärmedämmanforderungen, repräsentiert durch Festigkeit und Porosität. Dieses grundlegende Feingefühl für die Materialität könnte durchaus als Bindeglied zwischen unseren heutigen Bestrebungen und der Steinbearbeitung mittelalterlicher Steinmetze gesehen werden (Abb. 12–13).

Sigrid Adriaenssens: Ich möchte an Trummers Überlegungen zur Bauingenieurausbildung und seine kleine Abschweifung zum Material Schokolade anknüpfen. Ausgehend von der Aufforderung eines Schokoladenerzeugers, das Potenzial dieses unkonventionellen Materials zu überdenken, versuchte in unserer Forschungsgruppe ein eigens zusammengestelltes Team, bestehend aus einem Ernährungswissenschaftler (Barry-Callebaut), einem computerbasiert arbeitenden Gestalter (Axel Kilian), einem Materialwissenschaftler (George Scherer) und Tragwerksplanern (mir selbst und dem Master-Studenten Alex Jordan), mithilfe neuer Entwurfsverfahren ein Tragsystem zu entwerfen, das es ermöglicht, Schokolade einmal anders, als experimentelles Baumaterial zu sehen (Abb. 15). Unser disziplinierter Ansatz beruhte streng auf Materialwissenschaft, parametrischen Entwurfstechniken und baustatischen Prinzipien, ließ gleichzeitig aber auch Entscheidungsspielräume für uns als Experten und Planer. Meiner Meinung nach gibt es kein Spiel ohne Disziplin.

Martin Bechthold: Wir haben hier eine breite Palette an Themen besprochen – von magersüchtigen Tragwerken bis hin zu Schokoschalen, von robotischen Skizzen bis zu hybriden Formfindungsmethoden mithilfe von Verfahren, die in hohem Maß auf digital kuratierter Materialität fußen. Eine ganz andere Herausforderung wird sein, einige oder alle dieser Ideen, Techniken und Prozesse in Form größerer physischer Systeme – Pavillons, Tragwerksprototypen, ganzen Gebäuden – zu erproben. Vorläufig aber will ich einfach feststellen, dass all diese verschiedenen Fusionen von computerbasiertem Entwerfen, Materialforschung und Tragwerksplanung auf eine komplexe und poetische Zukunft weisen, die voller Potenziale, umwerfender Schönheit aber auch Strenge steckt. Wir befinden uns auf einem Scheideweg mit aufregenden Möglichkeiten! Vielen Dank an alle. Wir sollten dieses Gespräch fortsetzen … ∎

Übersetzung: Wilfried Prantner

12

13

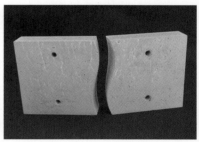

14

15

(12–13) "Shellstructures made of UHPS – Thin double-curved concrete elements made for a new shell-building method": A prototypical adjustable mold provides the base for a 3D printed, doubly curved element. | Ein anpassbarer Gussformprototyp bildet die Basis für ein 3D-gedrucktes doppelt gekrümmtes Element. Graz, 2015 © ITE, TU Graz

(14) Precisely ground mating surfaces allow a new way of joining prefabricated concrete elements. | Genau geschliffene Passflächen ermöglichen neue Verbindungsarten für Betonfertigteile. Graz, 2015 © ITE, TU Graz

(15) "Material Driven Design for a Chocolate Pavilion": Close-up of a physical prototype of an instance of chocolate plated grid shell. The material properties our team engineered informed the possible forms, topology, construction and jointing techniques, its lifespan and applications. | „Materialgeleiteter Entwurf für einen Schokoladenpavillon", Physischer Prototyp einer möglichen Gitterschale aus Schokoladenplatten in Nahaufnahme. Die von unserem Team entwickelten Materialeigenschaften bestimmten die mögliche Form, Topologie, Bau- und Verbindungstechnik, Lebensdauer und den Verwendungszweck. Princeton University, Princeton, 2013 © Photo: Axel Kilian

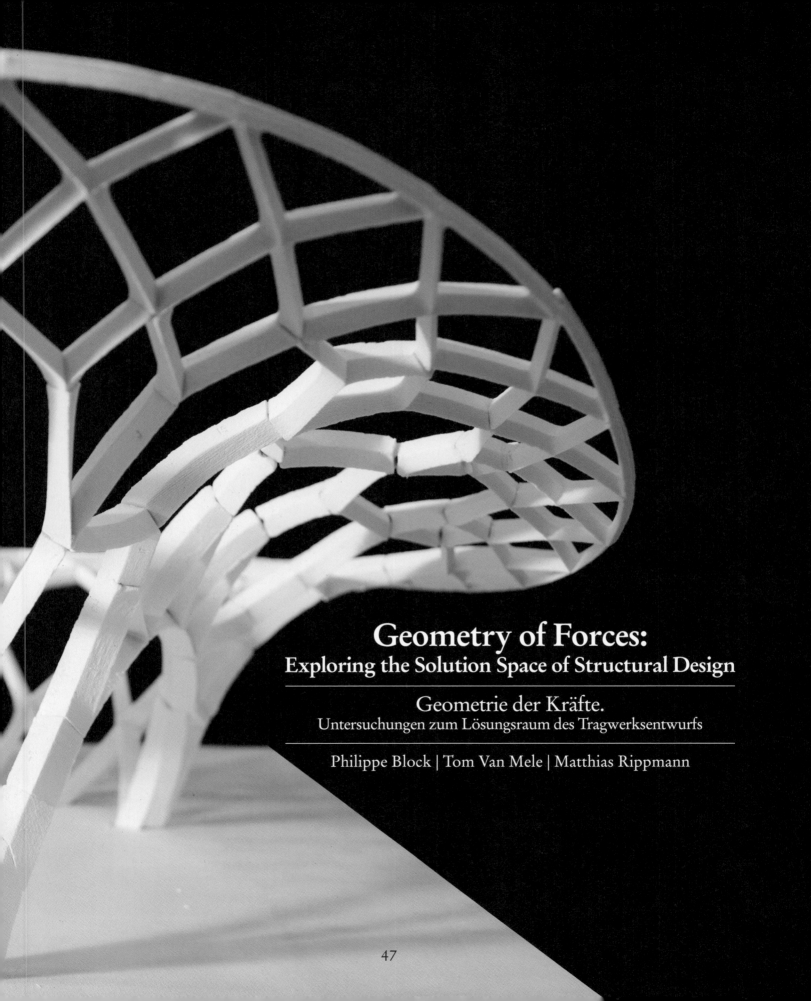

Geometry of Forces:
Exploring the Solution Space of Structural Design

Geometrie der Kräfte.
Untersuchungen zum Lösungsraum des Tragwerksentwurfs

Philippe Block | Tom Van Mele | Matthias Rippmann

During his keynote address at the 2015 symposium of the International Association for Shell and Spatial Structures (IASS), Bill Baker, senior structural engineering partner at Skidmore, Owings & Merrill, LLP (SOM), asked a series of probing questions: Have computational design tools made designers smarter? Do all these tools actually make our buildings more efficient or just more complex or complicated? And, ultimately, do they result in better architecture? Baker remained unconvinced, making his opinion clear in his statement that we need to "tame the beast." On screen, his slide showed a rhinoceros, seemingly preparing to charge a wildlife photographer.[1]

By telling success stories based on his work, Baker made a strong case for tools that provide insights, tools that literally *show* how to improve a design and guide the designer to explore options with(in) strong constraints. Baker was mainly referring to graphic statics, a largely forgotten design and analysis technique, which he had used to optimize his designs, often resulting in material savings of up to 20%. He jokingly added that by doing this, his engineering fee—a small percentage of the total building cost—could be easily justified.

To reinforce his claims further, Baker referenced recent research on data visualization as a design tool in engineering, such as Sam Conrad Joyce's paper and presentation for the 2015 IASS symposium.[2] Joyce argues for the use of tools that allow engineers to efficiently and intuitively replace their tried-and-true spreadsheets with (web-based) data visualization possibilities. The goal of such tools is to achieve better, more informed decision making during the design phase based on more effective visualization. However, if the graphical design output ultimately does not reveal the process by which the results of the data visualization were achieved, or if its elements—color, line, scale, orientation, and so on—obscure rather than inform interpretation, the visualization creates a black box. Interestingly, based on the research of visualization experts such as Jacques Bertin, Edward R. Tufte, and Jock Mackinlay, Joyce asserts that position and length are at the top of the chart of information attributes that can be processed intuitively, while colors appear at the bottom. Baker agrees with this, stating that color feedback does not provide him with any insight as to how (well) a structure performs; more importantly, it does not tell us how to improve the structure.

Building upon these convincing statements, we argue that, instead of investing in further digital zookeepers to tame the animal kingdoms of Rhino and Grasshopper, we ought to throw some more evolved, logical creatures, perhaps even humans, into the mix. The metaphor is admittedly overly simplified, but as such, the animals here—our digital tools—are all black boxes, representing uninformed brute force and blindness. It is time to whiten the box, but also to think outside it, to allow for alternatives, to exploit the indeterminacy of problems, to visualize the design space, and finally, to develop the means to explore that space. To illustrate this overarching philosophy, we include here a series of example case studies from our own graphic-statics based research and practice. The examples demonstrate that traditional methods such as graphic statics have not been made obsolete by modern computational technologies. In fact, their combination seems to bring out the best of both worlds.

Constrained Graphic Statics: Design by Forces. One of the main advantages of graphic statics is the explicit representation of the relation between the shape of a structure and the equilibrium of internal and external forces in geometrically linked diagrams, called form and force diagrams.[3] The magnitudes of forces in the structural system are represented by segments in the force diagram; larger lengths mean larger forces. Enhanced through modern computer technologies and computational methods, these form and force diagrams can be used as bidirectional control mechanisms, not only to explore the effect of the geometry of a structural system on its performance, but also to do the opposite: to design a structure by controlling or constructing the geometry of its forces. Figure 2 shows the example of the transformation of a regular truss into two configurations with constant force in the top or bottom chord, respectively, simply by constraining particular nodes of the force diagram to a line or a circle. This clearly demonstrates that optimized geometry can be obtained by the design of forces, explicitly and directly, and not through endless iterations.

1   William Baker, "Future Visions," keynote lecture, International Association for Shell and Spatial Structures (IASS) Symposium, Amsterdam, August 20, 2015.

2   See Sam Conrad Joyce, "Web Based Data Visualisation Applied to Creative Decision Making in Parametric Structural Design," in *Proceedings of the IASS 2015 Symposium,* ed. Jeroen Coenders, Andrew Borgart, and Arno Pronk (Amsterdam, 2015), n. p.

3   See Tom Van Mele and Philippe Block, "Algebraic Graphic Statics," in *Computer-Aided Design (CAD)* 53 (2014), pp. 104–116.

In seiner Keynote Lecture beim letztjährigen Symposion der International Association for Shell and Spatial Structures (IASS) warf Bill Baker, Seniorpartner für konstruktiven Ingenieurbau bei Skidmore, Owings & Merrill, LLP (SOM), eine Reihe grundlegender Fragen auf: Sind Planer durch computerbasierte Entwurfstools schlauer geworden? Werden unsere Bauwerke durch all diese Werkzeuge tatsächlich effizienter oder bloß komplexer oder komplizierter? Und *last but not least*: Entsteht durch sie bessere Architektur? Baker war nicht überzeugt, und tat seine Meinung auch deutlich mit den Worten kund, wir müssten „das Ungeheuer zähmen", wozu er das Bild eines Rhinozeros auf die Leinwand projizierte, das anscheinend gerade im Begriff war auf einen Naturfotografen loszugehen.[1]

Anhand von eigenen beruflichen Erfolgsgeschichten brach Baker eine Lanze für Werkzeuge, die buchstäblich *zeigen*, wie sich ein Entwurf verbessern lässt, und den Planenden dabei unterstützen, Optionen mittels (bzw. im Rahmen) strenger Beschränkungen auszuloten. Baker hatte dabei primär die grafische Statik im Sinn, eine weitgehend vergessene Entwurfs- und Analysemethode, die er zur Optimierung seiner eigenen Entwürfe verwendet, oft mit einer Materialersparnis von bis zu 20 %. Damit, so fügte er scherzhaft hinzu, würde sein Honorar – ein kleiner Prozentsatz der Gesamtbaukosten – allemal eingespielt.

Zur Untermauerung seines Arguments verwies Baker auf neuere Forschungen zur Datenvisualisierung als konstruktives Entwurfswerkzeug, wie sie etwa Sam Conrad Joyce in einem ebenfalls beim IASS Symposium 2015 gehaltenen Vortrag präsentierte.[2] Joyce tritt für die Verwendung von Werkzeugen ein, mit deren Hilfe Bauingenieure ihre bewährten Kalkulationstabellen effizient und intuitiv durch (webbasierte) Datenvisualisierungstools ersetzen können. Ziel solcher Werkzeuge ist es, durch effektivere Visualisierungen zu einer fundierteren Entscheidungsfindung in der Entwurfsphase zu gelangen. Wenn aber der grafische Output den Prozess, mit dem die Ergebnisse der Datenvisualisierung erzielt wurden, nicht abbildet oder wenn seine Elemente – Farbe, Linie, Maßstab, Richtung usw. – die Interpretation verschleiern statt sie zu verdeutlichen, so entsteht durch die Visualisierung eine Blackbox. Unter Bezugnahme auf Forschungen von Visualisierungsexperten wie Jacques Bertin, Edward R. Tufte und Jock Mackinlay stellt Joyce fest, dass Position und Länge in der Liste der intuitiv verarbeitbaren Informationen ganz oben stehen, während Farbe ganz unten rangiert. Baker ist der gleichen Meinung: Farbfeedback, sagt er, teile ihm nichts darüber mit, wie (gut) ein Tragwerk funktioniere; vor allem aber teile es ihm nichts darüber mit, wie es zu verbessern sei.

Ausgehend von diesen überzeugenden Argumenten wollen wir hier dafür plädieren, nicht weiterhin in digitale Zoowärter zur Zähmung von Rhino und Grasshopper zu investieren, sondern einige höher entwickelte logische Geschöpfe und vielleicht sogar den Menschen mit ins Boot zu holen. Die Metapher ist zugegebenermaßen etwas vereinfachend, aber im Grunde sind die genannten Tiere – unsere digitalen Werkzeuge – allesamt Blackboxes, stehen für Blindheit und rohe Gewalt. Es ist an der Zeit, die Blackbox zu öffnen, oder überhaupt zu verlassen, wenn es darum geht, Alternativen sichtbar zu machen, die Unbestimmtheit von Problemen zu nutzen, den Entwurfsraum zu visualisieren und die Mittel zur Erkundung dieses Raums weiterzuentwickeln. Zur Veranschaulichung dieser allgemeinen Philosophie stellen wir in der Folge eine Reihe von Fallbeispielen aus unserer eigenen auf grafischer Statik beruhenden Forschung und Praxis vor. Wie diese Beispiele zeigen, haben moderne Computertechnologien traditionelle Methoden wie die grafische Statik nicht überflüssig gemacht, sondern es scheint vielmehr so, dass deren Verbindung das Beste beider Welten zum Vorschein bringt.

Auf Beschränkungen basierende grafische Statik: Entwerfen mit Kräften. Einer der größten Vorteile der grafischen Statik ist die Möglichkeit, das Verhältnis zwischen Tragwerksform und dem Gleichgewicht seiner inneren und äußeren Kräfte in geometrisch gekoppelten Zeichnungen, den sogenannten Lage- und Kräfteplänen, darzustellen.[3] Die Größe der Kräfte im Tragsystem werden im Kräfteplan durch Liniensegmente dargestellt; je größer die Länge desto größer die Kraft. Mithilfe moderner Computertechnik und computerbasierter Methoden lassen sich diese Lage- und Kräftepläne als bidirektionale Kontrollmechanismen verwenden: also nicht nur, um die Auswirkungen der Geometrie eines Systems auf seine tragstrukturelle Leistungsfähigkeit zu prüfen, sondern auch umgekehrt um ein Tragwerk durch die Kontrolle oder Konstruktion seiner Kräftegeometrie zu entwerfen. Abbildung 2 zeigt die Verwandlung eines regelmäßigen Fachwerkträgers in zwei Konfigurationen mit konstanter Kraft im Ober- bzw. Untergurt, einfach durch die Beschränkungen bestimmter Knoten des Kräfteplans auf eine Linie oder einen Kreis. Das zeigt deutlich, dass eine Optimierung der Geometrie explizit und direkt durch die Gestaltung von Kräften erreicht werden kann, statt durch endlose Iterationen.

1 Vgl. Baker, William: „Future Visions", Hauptvortrag im Rahmen des Symposiums der International Association for Shell and Spatial Structures (IASS), Amsterdam, 20. August 2015.

2 Vgl. Joyce, Sam Conrad, „Web Based Data Visualisation Applied to Creative Decision Making in Parametric Structural Design", in: Coenders, Jeroen/Borgart, Andrew/Pronk, Arno (Hg.), *Proceedings of the IASS 2015 Symposium*, Amsterdam 2015, o. P.

3 Vgl. Van Mele, Tom/Block, Philippe, „Algebraic Graphic Statics", in: *Computer-Aided Design (CAD)* 53 (2014), 104–116.

Compression-Only Branching Structures through Subdivision. An insightful, even surprising way to look at any force diagram in graphic statics is as the subdivision of a closed polygon representing the equilibrium of forces.[4] Each subdivision of this global polygon corresponds to a different solution for the same boundary conditions. Furthermore, by imposing certain constraints on the subdivision scheme, different types of structures with specific characteristics can be obtained. For example, any subdivision with only convex faces will result in a system of forces that is either in pure compression or tension. This principle can be used to explore a wide variety of topologies and geometries of compression-only branching structures for given loads and supports. Figure 3 depicts three such solutions obtained by different subdivision schemes of the same global force polygon, illustrating the power and versatility of this new way of using graphic statics.

Compression Shells: Exploring Indeterminacy.

Thrust Network Analysis (TNA) is a novel method for generating compression-only, vaulted surface structures.[5] It provides a graphical and intuitive approach to explore discrete, funicular networks by using the form and force diagrams of graphics statics to control the geometry of the projection of a chosen force layout and its horizontal equilibrium. Used in form finding, this method provides control over the many degrees of freedom of highly indeterminate, three-dimensional equilibrium networks, allowing the designer to explore structural form. Figure 4 depicts six of the infinite number of possible funicular equilibrium shapes for a circular support.[6] The form diagrams represent the horizontal projections of the force patterns of these shapes, and the beautiful force diagrams visualize the specific distributions of horizontal thrust that result in their expressive shapes. A simple geometric constraint requiring all faces of the force diagrams to be convex ensures that all solutions are in pure compression. Such highly constrained form finding would hardly be imaginable without a direct, graphical method. Furthermore,

Rein druckbeanspruchte Verzweigungskonstruktionen durch Unterteilung. Einen lehrreichen, oft überraschenden Blick auf jeden Kräfteplan liefert in der grafischen Statik die Unterteilung des geschlossenen, das Kräftegleichgewicht darstellenden Polygons.[4] Jede Unterteilung dessen entspricht einer anderen Lösung für die gleichen Randbedingungen. Außerdem lassen sich durch die Anwendung bestimmter Beschränkungen auf das Unterteilungsschema verschiedene Tragwerkstypen mit eigenen Merkmalen erzielen. So wird etwa jede Unterteilung, die nur aus konvexen Polygonen besteht, entweder zu einem rein druck- oder einem rein zugbeanspruchten Kräftesystem führen. Dieser Umstand kann z.B. dazu genutzt werden, eine Vielzahl an Topologien und Geometrien rein druckbeanspruchter Verzweigungskonstruktionen für bestimmte Lasten und Auflagerbedingungen zu erkunden. Abbildung 3 zeigt drei Lösungen, die durch verschiedene Unterteilungsschemata des gleichen globalen Kräftepolygons gewonnen wurden und belegt damit die Leistungsfähigkeit und vielfältigen Einsatzmöglichkeiten dieses neuen Ansatzes in der grafischen Statik.

Druckschalen: Erkundung der Formvielfalt.

Die Thrust Network Analysis (TNA) ist eine neue Methode zum Entwerfen rein druckbeanspruchter gekrümmter Flächentragwerke.[5] Sie stellt ein grafisches und intuitives Verfahren zur Erforschung diskreter Stützliniennetzwerke zur Verfügung, bei dem sich mithilfe von Lage- und Kräfteplänen die Projektionsgeometrie der gewählten Kraftflüsse bzw. deren horizontales Gleichgewicht steuern lässt. Diese in der Formfindung eingesetzte Methode ermöglicht die Kontrolle über viele Freiheitsgrade vielfach unbestimmter dreidimensionaler Netzwerke im Gleichgewicht und erlaubt dem Entwerfenden damit eine Erkundung von Tragwerksformen. Abbildung 4 zeigt sechs von unendlich vielen möglichen im Gleichgewicht befindlichen Stützlinientragwerken für ein kreisförmiges Auflager.[6] Die Lagepläne stellen die Horizontalprojektion der Kraftflüsse dieser Formen dar, und die ausdrucksstarken Kräftepläne veranschaulichen die jeweilige Verteilung der Horizontalkräfte, die ihre

4 See Masoud Akbarzadeh, Tom Van Mele and Philippe Block, "Compression-Only Form Finding through Finite Subdivision of the External Force Polygon," in *Proceedings of the IASS-SLTE 2014 Symposium*, ed. Reyolando M.L.R.F. Brasil and Ruy M.O. Pauletti (Brasilia, 2014), n. p.

5 See Philippe Block and John Ochsendorf, "Thrust Network Analysis: A New Methodology for Three-Dimensional Equilibrium," *Journal of the IASS* 48, no. 3 (2007), pp. 167–173.

6 See John Ochsendorf and Philippe Block, "Exploring Shell Forms," in *Shell Structures for Architecture: Form Finding and Optimization*, ed. Sigrid Adriaenssens, Philippe Block, Diederik Veenendaal, and Chris Williams (London, 2014), pp. 7–12.

4 Vgl. Akbarzadeh, Masoud/Van Mele, Tom/Block, Philippe: „Compression-Only Form Finding through Finite Subdivision of the External Force Polygon", in: Brasil, Reyolando M.L.R.F./Pauletti, Ruy M.O. (Hg.): *Proceedings of the IASS-SLTE 2014 Symposium*, Brasilia 2014, o. P.

5 Vgl. Block, Philippe/Ochsendorf, John: „Thrust Network Analysis: A New Methodology for Three-Dimensional Equilibrium", in: *Journal of the IASS* 48, 3 (2007), 167–173.

6 Vgl. Ochsendorf, John/Block, Philippe: „Exploring Shell Forms", in: Adriaenssens, Sigrid u. a. (Hg.): *Shell Structures for Architecture: Form Finding and Optimization*, London 2014, 7–12.

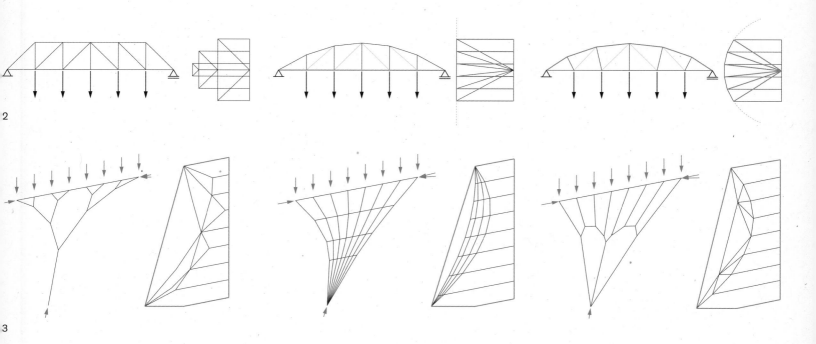

2

3

(2) A truss can be shaped by designing the distribution of forces rather than by designing the truss itself. Here we show three solutions for the same boundary conditions, i.e. the same loads and supports. From left to right: a standard Howe truss, a truss with constant force in the bottom chord, and a truss with constant force in the top chord. In the second and third configurations, selected vertices have been constrained to a vertical line or a circle, respectively, such that the segments representing the forces in the bottom or top chord (marked in blue) have equal length | Ein Fachwerkträger kann auch durch den Entwurf der Kräfteverteilung gestaltet werden, nicht nur durch den des Fachwerks. Wir zeigen hier drei Lösungen für die gleichen Randbedingungen, d. h. dieselben Lasten und Lager. Von links nach rechts: Ein normaler Howe-Träger, ein Träger mit konstanter Kraft im Untergurt und ein Träger mit konstanter Kraft im Obergurt. Im zweiten und dritten Fall wurden bestimmte Knotenpunkte auf eine vertikale Linie bzw. einen Kreis beschränkt, sodass die die Kräfte im Unter- bzw. Obergurt repräsentierenden Segmente (blau hervorgehoben) die gleiche Länge aufweisen, Zürich | Zurich, 2015 © Block Research Group, ETH Zurich

(3) Different branching structures for the same boundary conditions can be obtained by applying different subdivision schemes to the force polygon in the force diagram. The boundary conditions and corresponding global force polygon are marked in blue. From left to right, the resulting tree structures are obtained through simple barycentric subdivision, an offset-based subdivision scheme, and user-controlled, manual subdivision. All subdivisions produce force diagrams with only convex cells, thus representing a compressive solution. | Verschiedene Verzweigungskonstruktionen für gleiche Randbedingungen lassen sich durch unterschiedliche Aufteilungsschemata innerhalb des Kräftepolygons im Kräfteplan gewinnen. Die Randbedingungen und das entsprechende Kräftepolygon sind blau hervorgehoben. Von links nach rechts: die verschiedenen Baumstrukturen entstehen durch einfache baryzentrische Unterteilung, ein versatzbasiertes Unterteilungsschema und durch nutzergesteuerte manuelle Unterteilung, Zurich | Zürich, 2014 © Block Research Group, ETH Zurich

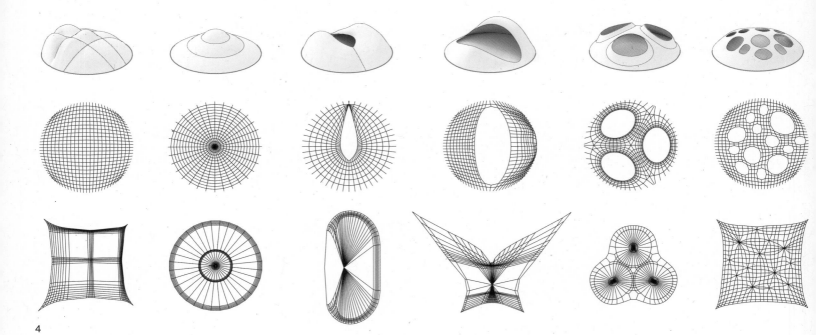

4

(4) Six different compression networks/surfaces for a given circular boundary condition, (marked in blue) for self-weight loading. The figure shows the compression surface on the top, the form diagram representing the layout of the forces in plan in the middle, and the force diagram representing the distribution of horizontal forces in the system at the bottom. | Sechs verschiedene druckbeanspruchte Schalenformen für eine gegebene kreisförmige Randbedingung (blau hervorgehoben). Die Abbildung zeigt die Schalenoberfläche oben, den Lageplan mit der Anordnung der Kräfte im Grundriss (Mitte) und den Kräfteplan mit der Verteilung der Horizontalkräfte im System unten, Zurich | Zürich, 2014 © Block Research Group, ETH Zurich

(5) Design exploration of various funicular funnel shells which are defined as compression-only shells with a tension ring (highlighted in blue) along their boundaries. By changing the definition of free or fixed support nodes (marked with blue dots) and the overall magnitude of the horizontal thrusts in each structure, represented by the overall scale of the force diagram, very different equilibrium solutions, all with the same horizontal projection, are obtained. | Entwurfsfindung verschiedener rein druckbeanspruchter trichterförmiger Druckschalen mit einem Zugring am Rand (blau hervorgehoben). Durch Änderung der Definition freier und fester Auflagerknoten (letztere durch blaue Punkte hervorgehoben) und der Gesamtgröße der Horizontalkräfte jedes Tragwerks, dargestellt durch die Ausdehnung des jeweiligen Kräfteplans, entstehen ganz unterschiedliche Gleichgewichtslösungen, die alle dieselbe Horizontalprojektion im Lageplan aufweisen, Zurich | Zürich, 2013 © Block Research Group, ETH Zurich

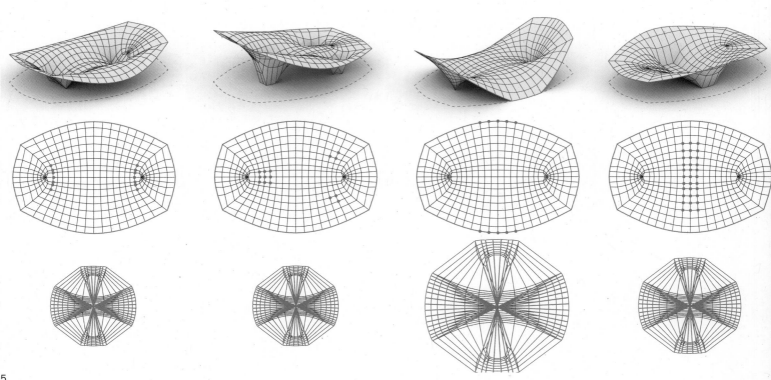

5

through the intuitive, visual feedback on the explicit relation between form and forces provided during the form-finding process, the designer learns about the constraints of equilibrium, the exploration of exciting forms, and the geometric possibilities for optimization.

Combined Compression-Tension Structures.

The combination of compression-only shells with balanced tension rings leads to a great variety of efficient and expressive forms.[7] Such "funnel"- or "mushroom"-type structures are supported centrally, forming a cantilevering canopy without columns along the outer edge and extending the typical design space of compression-only structures. The method extends TNA, enabling the explicit and local control and manipulation of both compression and tension in such structures.

Figure 5 shows the design exploration of various funicular funnel shells generated with this approach. The variations of the equilibrium networks shown are realized by simply changing the definition of free or fixed support nodes (the latter marked with blue dots). The only other modification of the diagrams is the uniform scaling of the force diagrams. These are drawn to the same scale in the figure so that the overall magnitude of the horizontal thrusts in each structure can be visually compared. Based on these simple modifications during design exploration, the resulting funicular funnel shells vary greatly in shape and spatial articulation.

3D Graphic Statics: Form and Force Polyhedrons.

In three-dimensional space, the equilibrium of a compression or tension node can be represented graphically/geometrically with a closed (convex) polyhedron.[8] In this 3D extension of graphic statics, the forces applied to the node are perpendicular to their reciprocal faces in the force polyhedron, and their magnitudes are proportional to the areas of these faces. By combining force polyhedrons into larger aggregations of polyhedral

7   See Matthias Rippmann and Philippe Block, "Funicular Funnel Shells," in *Proceedings of the Design Modelling Symposium,* ed. Christoph Gengnagel, Axel Kilian, Julien Nembrini, and Fabian Scheurer (Berlin, 2013), pp. 75–89.

8   See Masoud Akbarzadeh, Tom Van Mele and Philippe Block, "On the Equilibrium of Funicular Polyhedral Frames and Convex Polyhedral Force Diagrams," *CAD* 63 (2015), pp. 118–128.

expressive Gestalt bestimmt. Eine einfache geometrische Bedingung, der zufolge alle Polygone der Kräftepläne konvex sein müssen, sorgt dafür, dass ausschließlich Lösungen mit Druckbeanspruchung entstehen. Eine Formfindung mit so starken Beschränkungen wäre ohne eine direkte grafische Methode kaum denkbar. Durch das intuitive visuelle Feedback über das explizite Form-Kraft-Verhältnis, das der Entwerfende im Lauf des Formfindungsprozesses erfährt, lernt er oder sie zudem etwas über Gleichgewichtsbedingungen, die Erkundung spannender, neuartiger Formen und geometrische Optimierungsmöglichkeiten.

Tragwerke mit kombinierter Druck- und Zugbeanspruchung.

Die in Abbildung 5 gezeigte Formfindungsstudie demonstriert, wie die Verbindung von rein druckbeanspruchten Schalen und ausbalancierten Zugringen zu einer großen Vielfalt an effizienten und ausdrucksstarken Formen führt.[7] Solche „Trichter"- oder „Pilz"-förmigen Tragwerke sind zentral gestützt mit außen freistehenden Kragdächern und erweitern den üblichen Entwurfsraum rein druckbeanspruchter Tragwerke. Das Verfahren ist eine TNA-Erweiterung, die die explizite und lokale Kontrolle und Manipulation der Druck- und Zugverhältnisse in solchen Tragwerken ermöglicht.

Abbildung 5 zeigt die Entwurfsfindung verschiedener mit diesem Verfahren erzeugter Trichterschalen. Die Varianten von im Gleichgewicht befindlicher Netzwerke werden einfach durch die Änderung der Definition freier oder fester Auflagerknoten (letztere sind durch blaue Punkte hervorgehoben) erzeugt. Die einzige andere Modifikation ist die einheitliche Skalierung der Kräftepläne. Diese sind in der Abbildung maßstäblich angepasst, so dass die Horizontalkräfte aller Tragstrukturen visuell vergleichbar werden. Diese sehr einfachen Modifikationen in der Entwurfsfindung bringen in der Form und räumlichen Artikulation sehr unterschiedliche Schalengeometrien hervor.

Dreidimensionale grafische Statik: Lage- und Kräftepolyeder.

Im dreidimensionalen Raum lässt sich der Gleichgewichtszustand eines Druck- oder Zugknotens grafisch/geometrisch durch ein geschlossenes (konvexes) Polyeder darstellen.[8] In dieser 3D-Erweiterung der grafischen Statik stehen die auf den Knoten wirkenden Kräfte senkrecht zu den ihnen reziproken Flächen im Kraftpolyeder und ihre Größe entspricht dem Inhalt dieser Flächen. Durch Verbindung der Polyeder zu größeren Polyederzellenaggregationen lassen sich dreidimensionale, druckbeanspruchte Tragsysteme entwerfen. Abbildung 6 zeigt drei vollräumliche Lösungen, die durch Ansammlung gleicher Polyeder entstanden sind und damit gleich belastete Knoten aufweisen. Löst man sich von diesem rigiden System, kann die eigentliche Steuerung von Lage und Kraft beginnen.

7   Vgl. Rippmann, Matthias/Block, Philippe: „Funicular Funnel Shells", in: Gengnagel, Christoph u.a. (Hg.): *Proceedings of the Design Modelling Symposium,* Berlin 2013, 75–89.

8   Vgl. Akbarzadeh, Masoud/Van Mele, Tom/Block, Philippe: „On the Equilibrium of Funicular Polyhedral Frames and Convex Polyhedral Force Diagrams", in: *CAD* 63 (2015), 118–128.

cells, three-dimensional funicular systems of forces can be designed. Figure 6 shows three fully spatial solutions, constructed by aggregating the same polyhedrons, thus resulting in equally stressed nodes. Breaking away from this rigor, the real steering of form and force can begin.

Spatial Subdivision: Discovering Fully Three-Dimensional Funicular Equilibrium. Extending the subdivision logic introduced above for two-dimensional branching structures to spatial structures allows direct form and force driven explorations of funicular geometry.[9] Figure 7 shows a sophisticated compression-only tree structure obtained through force-polyhedron aggregation and compression-constrained subdivision schemes. The latter can be driven by aesthetics or used in an optimization that considers buckling.

Conclusion. Baker emphasized that, as engineers, we are trained to design by analysis. This does not often lead to solutions that are actually new, nor does it foster creativity. While we acknowledge that structural design cannot be decoupled from all other important constraints, objectives, or parameters in a real building, this contribution sought to demonstrate how we think tools should function and argues why we should put greater effort into the development of computational "white box" tools. Instead of automated, design-by-analysis, black-box tools that merely give the designer the feeling that he or she is obtaining sophisticated, (r)evolutionary solutions, we advocate the use of tools that truly educate designers in the process of designing.

In 2012, we argued for a "geometry-based understanding of structures."[10] Still today, this approach provides the tools to continuously discover new structural form, and more importantly, it repeatedly surprises us about the power of equilibrium. Now, with leading practitioners such as Bill Baker demonstrating the potential of such approaches, we are looking forward to what lost methods like graphic statics can enhance and expand. Thanks to new computational possibilities, they will have an impact in a world where the demands and constraints on our buildings, for example, their carbon footprints, are becoming stronger and stronger. ∎

Räumliche Unterteilung. Die Erkundung des vollräumlichen Druckkräftegleichgewichts. Die Erweiterung der oben eingeführten Unterteilungslogik für zweidimensionale Verzweigungsstrukturen auf räumliche Konstruktionen ermöglicht die direkte Untersuchung von druckbeanspruchten Formen auf der Basis von Lage und Kraft.[9] Abbildung 7 zeigt eine durch Kraftpolyederaggregation und durch druckbeschränkte Unterteilungsschemata gewonnene rein druckbeanspruchte Baumstruktur. Die Unterteilungsschemata können entweder ästhetischen Kriterien folgen oder zur Optimierung der Knickfestigkeit dienen.

Resümee. Baker betonte, dass wir als Ingenieure gelernt haben, analytisch zu entwerfen. Das führt nicht unbedingt zu wirklich neuen Lösungen, noch fördert es die Kreativität. Auch wir sind der Meinung, dass konstruktives Entwerfen nicht von all den anderen wichtigen Beschränkungen, Zielen oder Parametern, die in reale Bauwerke einfließen, getrennt werden kann; hier aber ging es uns vor allem darum zu zeigen, wie Werkzeuge unserer Meinung nach funktionieren sollten und warum wir uns mehr um die Entwicklung computerbasierter „Whitebox"-Tools bemühen sollten. Statt automatisierter Blackbox-Entwurfstools mit integrierter Analyse, die dem oder der Entwerfenden lediglich vorgaukeln, er oder sie gelange damit zu komplexen, (r)evolutionären Lösungen, empfehlen wir die Verwendung von Werkzeugen, die den Entwerfenden im Entwurfsprozess wirklich weiterbilden.

2012 plädierten wir für ein „geometriebasiertes Verständnis von Tragstrukturen".[10] Auch heute noch bietet dieser Ansatz die Mittel dazu, ständig neue Tragwerksformen zu entdecken und, was wichtiger ist, uns immer wieder mit der Kraft des Gleichgewichts zu überraschen. Nun, da auch führende Praktiker wie Bill Baker zeigen, welches Potenzial diese Ansätze besitzen, können wir uns darauf freuen, was man mit solch vergessenen Methoden wie der grafischen Statik noch erreichen und weiterbringen wird. Dank neuer, durch den Computer eröffneter Möglichkeiten, werden sie in einer Welt, in der die Anforderungen an unsere Bauwerke – etwa ihre CO_2-Bilanz – immer weiter steigen, sicher ihre Wirkung entfalten. ∎

Übersetzung: Wilfried Prantner

9 See Masoud Akbarzadeh, Tom Van Mele and Philippe Block, "Spatial Compression-Only Form Finding through Subdivision of External Force Polyhedron," in *Proceedings of the IASS 2015 Symposium,* edited by Jeroen Coenders, Andrew Borgart, and Arno Pronk (Amsterdam, 2015), n. p.

10 Tom Van Mele, Lorenz Lachauer, Matthias Rippmann and Philippe Block, "Geometry-Based Understanding of Structures," in *Journal of the IASS* 53, no. 4 (2012), pp. 285–295.

9 Vgl. Akbarzadeh, Masoud/Van Mele, Tom/Block, Philippe: „Spatial Compression-Only Form Finding through Subdivision of External Force Polyhedron", in: Coenders, Jeroen/Borgart, Andrew/Pronk, Arno (Hg.): *Proceedings of the IASS 2015 Symposium,* o.P. (wie Anm. 2).

10 Van Mele, Tom/Lachauer, Lorenz/Rippmann, Matthias/Block, Philippe, „Geometry-Based Understanding of Structures", in: *Journal of the IASS* 53, 4 (2012), 285–295.

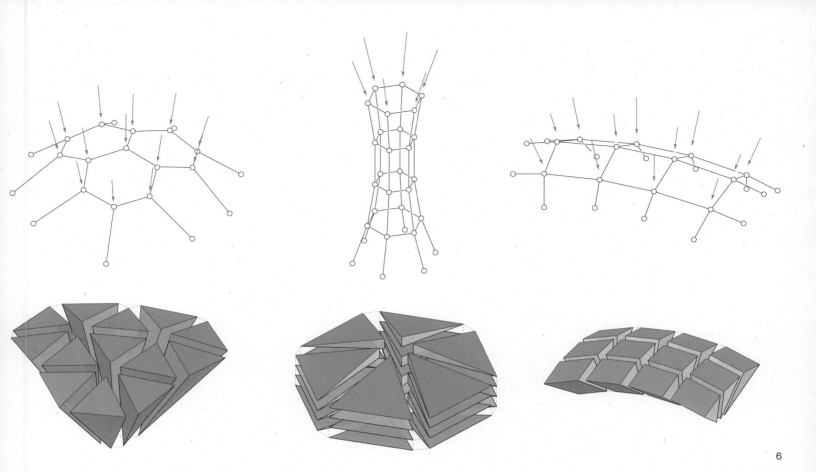

(6) By aggregating polyhedrons to form a 3D force diagram (bottom), one can quickly design expressive, spatial, funicular networks (top). Each polyhedron represents the equilibrium of forces at a node in the network, with the areas of its faces proportional to the magnitude of forces in the corresponding (perpendicular) elements in the form diagram. | Durch die Aggregation von Polyedern zu einem 3D-Kräfteplan (unten) lassen sich rasch ausdrucksstarke räumliche Seilnetze entwickeln (oben). Jedes Polyeder repräsentiert das Kräftegleichgewicht an einem Knoten des Netzwerks, wobei sein Flächeninhalt der Größe der Kräfte in den entsprechenden (senkrechten) Elementen des Lageplans entspricht, Zurich | Zürich, 2015 © Block Research Group, ETH Zurich

(7) Combining aggregation of polyhedral cells and internal subdivision, very spatial compression or tension-only support structures can be discovered. The force equilibrium of the node highlighted in blue is represented by the closed polyhedral cell. | Durch Verbindung von Polyederaggregation und innere Unterteilung lassen sich räumliche rein druck- oder rein zugbeanspruchte Tragwerke entwerfen. Das Kräftegleichgewicht des blau hervorgehobenen Knotens wird durch die geschlossene Polyederzelle repräsentiert, Zurich | Zürich, 2015 © Block Research Group, ETH Zurich

6

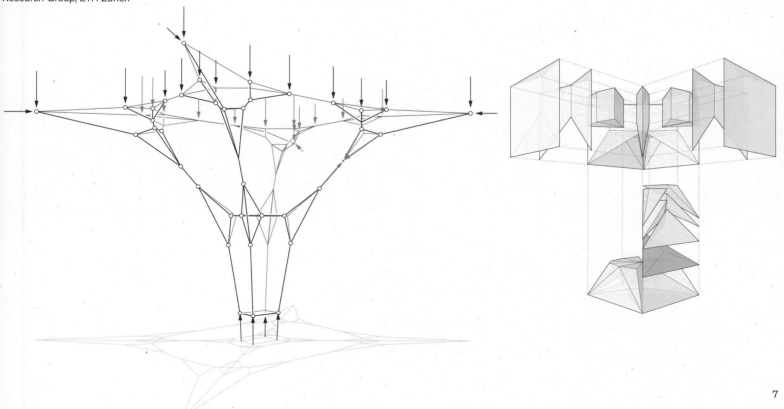

Modul und Fügung
Module and Jointing

Oliver Tessmann | Anton Savov

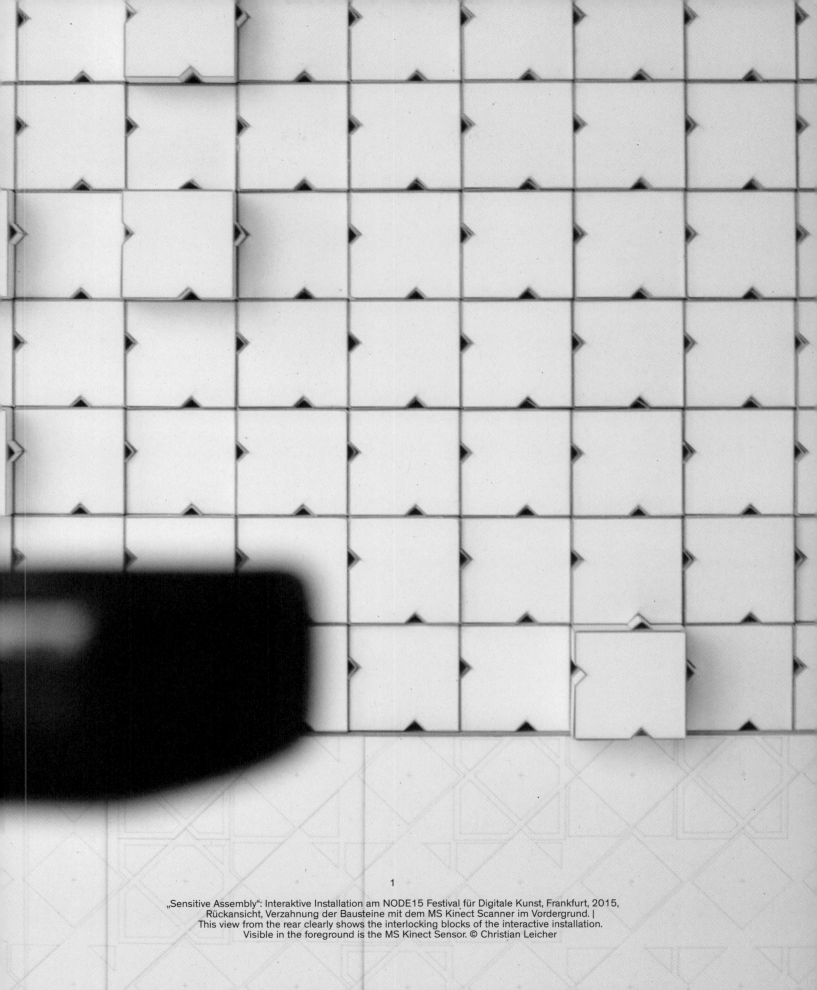

1

„Sensitive Assembly": Interaktive Installation am NODE15 Festival für Digitale Kunst, Frankfurt, 2015, Rückansicht, Verzahnung der Bausteine mit dem MS Kinect Scanner im Vordergrund. | This view from the rear clearly shows the interlocking blocks of the interactive installation. Visible in the foreground is the MS Kinect Sensor. © Christian Leicher

Topologisch verzahnte Strukturen und reziproke Stabwerke machen es möglich, große Spannweiten mit kleinen Modulen zu erreichen. Die Elemente sind so gefügt, dass sie sich gegenseitig tragen. Jedes Modul ist Auflager und liegt gleichzeitig auch auf. Diese Verzahnung verhindert jegliche Translation und Rotation der Module und erzeugt ein Tragwerk, bei welchem die Grenze zwischen Modul und Fügung verwischt: Jedes Element erfüllt gleichzeitig die Funktionen Spannen und Vernetzen.

Gegenwärtig wird nicht nur das Entwerfen, sondern auch das Fügen von Modulen durch digitale Technologien verändert. Sensor- und Laserscantechnologie machen es möglich, digitale Entwurfsmodelle und ihre physische Umsetzung miteinander zu vergleichen und den Unterschied zwischen Soll und Ist von Fertigungs- oder Montagetoleranzen zu erkennen. Im Folgenden soll untersucht werden, inwieweit diese Technologien genutzt werden können, um Planen und Bauen noch stärker miteinander zu verschränken, und wie die digital erprobten Konzepte von Feedback zwischen Synthese und Analyse auf die physische Welt, auf das Bauen und Fügen ausgeweitet werden können.

Vor dem Hintergrund neuer digitaler Entwurfs-, Analyse- und Fertigungstechnologien stellen wir die altbekannten Konstruktionsprinzipien Modul und Fügung erneut zur Diskussion und untersuchen dabei folgende Fragen: Welche neuen formalen und geometrischen Möglichkeiten topologisch verzahnter Strukturen entstehen durch den Einsatz von computerbasierten Entwurfsmethoden und parametrischen Modellen jenseits planarer Konfigurationen? Kann eine Differenzierung von Modulgeometrie und Berührungsfläche architektonischen Mehrwert erzeugen? Können computergestützte Fertigung und additive Herstellungsmethoden helfen, neue Konstruktionen zu materialisieren? Können digitale Maschinen lernen, in Konstruktionen und Fügeprozessen Muster zu erkennen, und auf dieser Basis Voraussagen über deren zukünftiges Verhalten treffen?

Topologisch verzahnte Strukturen. Topologisch verzahnte Strukturen (*Topological Interlocking Assemblies*) sind modulare, tragende Konstruktionen, deren Tragwerkskapazität allein durch die spezifische Geometrie der einzelnen Module, der Topologie ihrer Fügung im Gesamtsystem sowie einer Randeinspannung entsteht. Die Verzahnung sperrt dabei mehr Freiheitsgrade als die Verkeilung druckbeanspruchter Konstruktionen. In einem steinernen Bogen sind die einzelnen keilförmigen Steine so angeordnet, dass die Fuge zwischen ihnen senkrecht zur Normalkraft verläuft. Die massiven Auflager an beiden Seiten nehmen die Vertikal- und Horizontallasten auf. Erst wenn der letzte Stein, der Schlussstein, gesetzt ist, trägt die Struktur.

Die Bogenform sorgt dafür, dass die Kräfte normal zur Steinanordnung verlaufen und alle Steine Druckkräften ausgesetzt sind. Das Gewölbe ist die räumliche Entsprechung eines solchen Systems. Anders als bei topologisch verzahnten Strukturen sind die Steine durch Verkeilen daran gehindert herabzufallen. Obwohl eine Bewegung nach oben theoretisch möglich ist, wird sie durch die Schwerkraft verhindert.[1] Ein Phänomen, das Heinrich von Kleist in einem Brief an Wilhelmine von Zenge wie folgt zu fassen versucht:

„Warum, dachte ich, sinkt wohl das Gewölbe nicht ein, da es doch keine Stütze hat? Es steht, antwortete ich, weil alle Steine auf einmal einstürzen wollen."[2]

Im Jahre 1699 lässt Joseph Abeille seine „*voûte plate*" (flaches Gewölbe) patentieren. Im Französischen wie im Deutschen verbindet der Begriff zwei widersprüchliche geometrische Begriffe und wird dadurch zum Oxymoron: Ein Gewölbe definiert sich über die gekrümmte Form, während das Wort „flach" eine zweidimensionale Fläche bezeichnet.[3] Diese begriffliche Widersprüchlichkeit war für Abeille zentral, denn sie verwies auf die ungewöhnliche und neuartige Konstruktionsform, die es ihm erlaubt hatte, eine Fläche ohne ein gekrümmtes Gewölbe zu überspannen, indem Steine verzahnt wurden, deren Form z.B. aus Tetraedern mit zwei gegenüberliegenden stumpfen Kanten bestanden. Diese Elemente wurden so miteinander verzahnt, dass sie sich gegenseitig ihre Rotations- und Translationsfreiheitsgrade nahmen. Spannte man eine solche Struktur in einen festen Rahmen, trug sie, ohne dass Steine miteinander vermörtelt werden mussten. Anders als beim Bogen konnten die Elemente weder nach oben noch nach unten aus dem System entfernt werden. Die Berührungsflächen zwischen zwei Steinen waren nicht zwangsläufig normal zum Kraftfluss angeordnet, sondern paarweise als schräge Auflager für zwei benachbarte Steine konzipiert (Abb. 2–3).

Die Herstellung dieser komplex geformten Steine bedurfte verschiedener Schnitttechniken und der zeichnerischen Darstellung der Geometrien. Die Stereotomie, die Kunst der Fugenschnitte von Gewölbesteinen, erlaubte auch den Zuschnitt komplex ineinandergreifender Steinblöcke in architektonischen Gewölben.[4] Und obwohl sie die handwerkliche Grundlage für

1   Matthias Rippmann und Philippe Block beschreiben eine zeitgenössische Version druckbeanspruchter frei geformter Gewölbe, die mittels *Thrust Networks Analysis* entworfen und anschließend CNC-gefertigt werden können. Die aus einzelnen Bausteinen (*voussoirs*) gefertigten Gewölbe zeigen deutlich das Prinzip verkeilter, druckbeanspruchter Elemente und die damit einhergehenden geometrischen Anforderungen an die Berührungsflächen zwischen den Steinen. Vgl. Rippmann, Matthias/ Block, Philippe: „Digital Stereotomy. Voussoir Geometry for Freeform Masonry-Like Vaults Informed by Structural and Fabrication Constraints", in: *Proceedings of the International Association for Shell and Spatial Structures (IASS) Symposium*, London 2011.

2   Vgl. von Kleist, Heinrich: *Sämtliche Werke und Briefe*, Bd. 4, hg. von Klaus Müller Salget/Stefan Ormanns, Frankfurt/M. 1997.

3   Vgl. Fallacara, Giuseppe: „Digital Stereotomy and Topological Transformations. Reasoning about Shape Building", in: *Proceedings of Second International Congress on Construction History*. Cambridge 2006, 1075–1092.

4   Vgl. Evans, Robin: *The Projective Cast*, Cambridge, MA 1995.

Topological interlocking assemblies and reciprocal frame structures make it possible to attain large spans with small modules. The elements are joined in such a way that they support each other. Each module is a load-bearing element while simultaneously resting on another. This interlocking system prevents any kind of movement and rotation of the modules and engenders a supporting structure that blurs the margins between module and joint: each element fulfilling the functions of spanning and interconnecting.

Presently changing thanks to digital technology is not only the designing of modules but also their jointing. Sensor and laser technology makes it possible to compare digital design models with their physical implementation and to discern the difference between target/actual tolerance in production or assembly contexts. In the following, we will consider the extent to which these technologies may be used to even more closely intermesh planning and building, and how the digitally tested feedback concepts involving synthesis and analysis can be extended to the physical world, to building and jointing contexts.

Against the backdrop of new digital technologies devoted to design, analysis, and production, we are now once again putting up for discussion the conventional design principles of module and jointing, addressing the following questions in the process: Which new formal and geometric possibilities related to topological interlocking assemblies arise through the implementation of computer-based design methods and parametric models above and beyond planar configurations? Can a differentiation between modular geometry and contact area generate added architectural value? Can computer-supported manufacturing and additive production methods aid in materializing new constructions? Can digital machines learn to recognize patterns in constructions and in jointing processes, and to make predictions about their future behavior based on these observations?

Topological Interlocking Assemblies. Topological interlocking assemblies are modular, load-bearing constructions whose structural capacity is achieved solely through the specific geometry of the individual modules, the topology of their jointing in the overall system, and a boundary condition. Such interlocking suspends more degrees of freedom than the wedging of pressure-loaded constructions. In a stone arch, the individual wedge-shaped stones are arranged in such a way that the interstitial joint runs perpendicularly to the normal force. The massive load-bearing elements on both sides absorb the vertical and horizontal loads. Not until the last stone is set does the structure become self-supporting. The arched form ensures that the forces run normally according to the arrangement of stones and that all stones are subjected to compression forces. The vault is the spatial equivalent to such a system. In contrast to topological interlocking assemblies, wedging prevents the stones from falling down. Although movement upward is theoretically possible, this is impeded by gravity,[1] a phenomenon that Heinrich von Kleist tried to formulate in a letter to Wilhelmine von Zenge as follows: "Why, I thought, does the vault not cave in, since it has no real support? It stands, I replied, because all stones want to collapse at once."[2]

In the year 1699, Joseph Abeille had his *voûte plate* (flat vault) patented. In French and English, the term combines two contradictory geometric concepts and thus becomes an oxymoron: a vault is defined by its curved form, while the word "flat" denotes a two-dimensional surface.[3] This terminological discrepancy was pivotal for Abeille since it referenced the unique and novel construction form that allowed him to traverse a surface without a curved vault, which was achieved by interlocking stones fashioned into certain forms like tetrahedrons with two opposite blunt edges. Such elements were interlocked so that they mutually shouldered their rotation- and translation-related degrees of freedom. If one were to enclose such a structure in a fixed frame, then it would be self-supporting even without stones needing to be held in place with mortar. As opposed to an arch, it would not be possible to remove the elements from the system either from the top or bottom. The contact areas between the stones were not perforce arranged normally as to the flow of force but rather conceived in pairs as oblique load-bearing elements for two neighboring stones (figs. 2–3).

The production of these complexly shaped stones required various cutting techniques along with a rendering of the geometric forms through drawing. Stereotomy, or the art of cutting adjoining stones for archways, also made it possible to cut complexly interlocking stone blocks for architectural vaults.[4] And although this formed the artisanal foundation for

1   Matthias Rippmann and Philippe Block describe a contemporary version of pressure-loaded, freely formed vaults that can be designed using "thrust networks analysis" and subsequently CNC manufactured. The vault, made from individual blocks (*voussoirs*), clearly demonstrates the principle of wedged, pressure-loaded elements and the concomitant geometric demands placed on the contact areas between the stones. See Matthias Rippmann and Philippe Block, "Digital Stereotomy: Voussoir Geometry for Freeform Masonry-Like Vaults Informed by Structural and Fabrication Constraints," in *Proceedings of the International Association for Shell and Spatial Structures (IASS) Symposium* (London, 2011).

2   Translated from Heinrich von Kleist, *Sämtliche Werke und Briefe*, vol. 4, ed. Klaus Müller Salget and Stefan Ormanns (Frankfurt am Main, 1997).

3   See Giuseppe Fallacara, "Digital Stereotomy and Topological Transformations: Reasoning about Shape Building," in *Proceedings of Second International Congress on Construction History* (Cambridge, 2006), pp. 1075–92.

4   See Robin Evans, *The Projective Cast* (Cambridge, MA, 1995).

Abeilles *voute plate* war, wurde aus ihr niemals ein etabliertes Bauprinzip für steinerne Elemente. Interessanterweise findet sich die zugrundeliegende Topologie jedoch im Holzbau wieder. Als reziprokes Stabwerk ist es ihr möglich, Spannweiten zu überbrücken, die deutlich größer sind als die Länge der einzelnen hölzernen Elemente.

Wie bei Abeilles Konstruktion aus Stein, funktioniert jedes Element gleichzeitig als Auflager und als aufliegendes Element. Das Konstruktionsprinzip findet sich sowohl in vernakularer Architektur unterschiedlichster Kulturkreise[5] ebenso wie in den mittelalterlichen Skizzen Villard de Honnecourts und Leonardo da Vincis Zeichnungen.

Die Konstruktionsprinzipien reziproker Strukturen, wie sie im Holzbau oder in steinernen Strukturen zur Anwendung kommen, erleben derzeit eine Revitalisierung: Durch die computerbasierte, parametrische Beschreibung von Geometrie und CNC Technologien in der Fertigung ist es möglich, die Interaktionen zwischen den verzahnten Elementen abzubilden, auch dann, wenn die daraus entstehenden Großformen komplexer sind als flächige, zweidimensionale Konfigurationen. Digitale Fabrikation stellt bei der baulichen Umsetzung die notwendige Präzision zur Verfügung, die vormals durch Handwerkskunst erreicht wurde. Giuseppe Fallacara und Vincenzo Minenna zeigen in *Stereotomic Design* wie mittels robotergestützter Fabrikation die Stereotomie auf zeitgenössische Weise interpretiert werden kann.[6] Manfred Grohmann und sein Team an der Universität Kassel testeten 2010 mit ihrem „Selfsupportingframework" die digitale Prozesskette vom parametrisch entworfenen reziproken Stabwerk über die Fabrikation mittels einer Hundegger Abbundmaschine bis zum Aufbau einer prototypischen Struktur aus Holz.[7] Yuri Estrin vom Department of Materials Science and Engineering der Monash University in Clayton, Australien, entdeckte die topologische Verzahnung als vielversprechendes Konzept für die Materialwissenschaft. Plattenmaterialien versagen, wenn sich kleine Risse über die gesamte Struktur ausdehnen. Bei topologisch verzahnten Strukturen wird dieser Effekt durch die Elementierung verhindert. Bevor das Material durch Risse in einzelne Teile zerbrechen kann, wird es bereits vor der Fügung auf kontrollierte Weise „zerbrochen" und anschließend verzahnt.[8] Solche Konstruktionen sind unempfindlich gegenüber seismischen Einflüssen und funktionieren auch noch nach dem Versagen einzelner Elemente. Ihre Elementierung macht sie reversibel und damit einfach rückbaubar. Demgegenüber

Abeille's *voute plate*, it never became an established building principle for stone elements. Interestingly, the underlying topology can nonetheless be found in timber construction. As a reciprocal frame structure it becomes possible to bridge spans that are much wider than the length of the individual wooden elements.

As in the case of Abeille's stone constructions, each individual unit simultaneously functions as a load-bearing element for an overlying one. This construction principle is found both in vernacular architecture within a wide variety of cultural spheres[5] and in medieval sketches by Villard de Honnecourt and later in the work of Leonardo da Vinci.

The design principles of reciprocal structures, finding application in wooden or stone constructions, are currently enjoying a phase of revitalization: thanks to computer-based parametric descriptions of geometry and CNC technologies in production contexts, it is now possible to simulate interaction between the interlocked elements, even when the resulting large-scale forms are more complex than two-dimensional planar configurations. When it comes to structural implementation, digital fabrication ensures the necessary precision, which had previously been attained through craftsmanship. In their book *Stereotomic Design*, Giuseppe Fallacara and Vincenzo Minenna elucidate how robot-supported fabrication can be used to interpret stereotomy in a contemporary way.[6] In 2010, Manfred Grohmann and his team at the University of Kassel tested, in their project "Self-supportingframework," the digital process chain of parametrically designed reciprocal frame structures via fabrication, trying out a range of approaches from a Hundegger joinery machine to the erection of a prototypical wooden structure.[7] Yuri Estrin from the Department of Materials Science and Engineering at Monash University in Clayton, Australia, discovered typological interlocking as a promising concept for materials science. Sheet materials tend to fail when small cracks propagate across the entire structure, yet in the case of typological interlocking assemblies this effect is hampered by element management. Before the material can fracture from tears into individual parts, it is already "fractured" and subsequently interlocked in a controlled manner prior to jointing.[8] Such constructions are insusceptible to seismic influences and even still function after individual elements have failed. This element management makes

5   Vgl. Popovic Larsen, Olga: *Reciprocal Frame Architecture*, Burlington 2007.

6   Vgl. Fallacara, Giuseppe/Minenna, Vincenzo: *Stereotomic Design*, Verona 2014.

7   Vgl. Proll, Mischa/Fromm, Asko/Grohmann, Manfred/Schopbach, Holger: „Das Selfsupportingframework der Universität Kassel", in: *Holzbau* 6 (2010), 28–32.

8   Vgl. Estrin, Yuri/Dyskin, Arcadi/Pasternak, Elena: „Topological Interlocking as a Material Design Concept", in: *Materials Science & Engineering C-Materials for Biological Applications* 31, 6 (2010), 1189–1194.

5   See Olga Popovic Larsen, *Reciprocal Frame Architecture* (Burlington, 2007).

6   See Giuseppe Fallacara and Vincenzo Minenna, *Stereotomic Design* (Verona, 2014).

7   See Mischa Proll, Asko Fromm, Manfred Grohmann, and Holger Schopbach, "Das Selfsupportingframework der Universität Kassel," *Holzbau* 6 (2010), pp. 28–32.

8   See Yuri Estrin, Arcadi Dyskin, and Elena Pasternak, "Topological Interlocking as a Material Design Concept," *Materials Science & Engineering C-Materials for Biological Applications* 31, no. 6 (2010), pp. 1189–94.

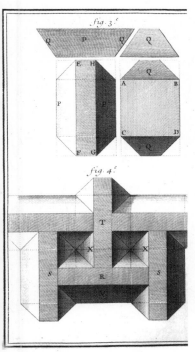

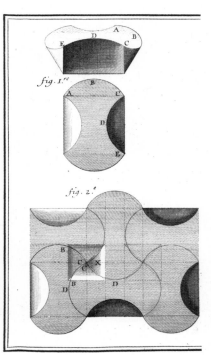

(2–3) Zwei Versionen von Joseph Abeilles „voute plate" mit entgegengesetzt ausgerichteten Berührungsflächen, die sich auf benachbarte Steine auflagern. | Two versions of Joseph Abeille's "voute plate." The contact areas aligned opposite themselves are brought to bear on the neighboring stones. © Creative Commons, Gallon, Jean Gaffin (Hg.): Machines et inventions approuvées par l'Académie royale des sciences, depuis son établissement, jusqu'à present; avec leur description, Bd. 1, Paris 1735, https://archive.org/details/bub_gb_BqsEAAAAQAAJ (Stand: 10. Dezember 2015).

(4) „Selfsupportingframework", Universität Kassel, 2010 | University of Kassel © Fachbereich Architektur/Fachgebiet Tragkonstruktion | architecture department/ structural engineering field: Prof. Dipl.-Ing. M. Grohmann, Dipl.-Ing. A. Fromm, Dipl.- Ing. M. Proll, A. Gunther Fachgebiet Digitale Entwurfstechniken | digital design field: Dipl.-Ing. K. Wiertelarz, Photo: Adrien Zarcos

2   3

4

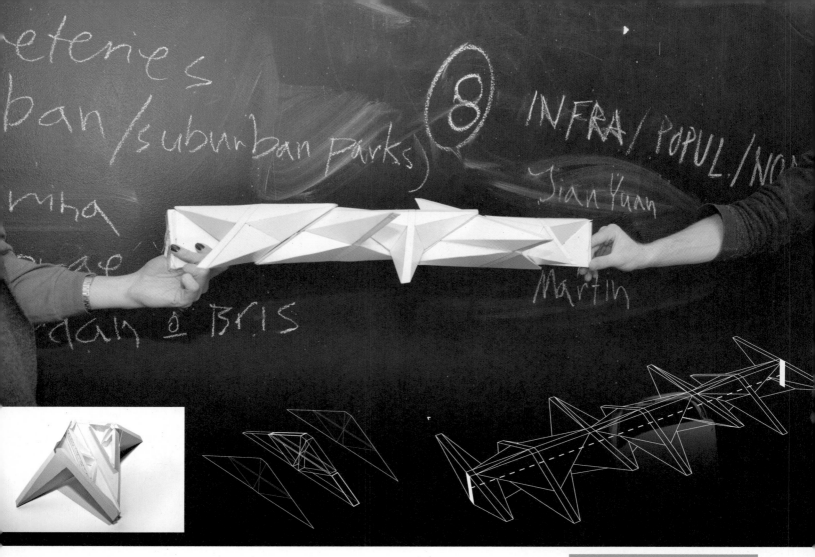

„Gradient Fields", Frankfurt, 2012 © DDU – Digital Design Unit, TU Darmstadt

(5) Prototyp aus vorgespannten Kartonmodulen. Die hohlen Module erhalten im Inneren eine Ausfachung, um dem Druck standzuhalten. | Prototype made of prestressed cardboard modules. The hollow modules are given an infill so as to withstand pressure. © Oliver Tessmann

(6) Oben: Eine verdrillte, topologisch verzahnte Fläche mit graduellen veränderlichen Öffnungen. Unten: Schwarz dargestellte Bereiche bilden die Kontaktzonen zwischen Elementen. Eine Verkleinerung dieser Bereiche erzeugt unterschiedliche Öffnungsfiguren. | Above: A drilled, topological interlocking surface with gradually adjustable openings. Below: The areas rendered in black show the contact zones between elements. A reduction of these areas gives rise to different opening figures. © Philipp Mecke

(7) Prototyp aus Gipsmodulen mit unterschiedlich großen Kontaktflächen | Prototype made of plaster modules with differently dimensioned contact areas. © Philipp Mecke

(8–9) Randeinfassung: Die einzelnen Module werden miteinander verschmolzen. | Boundary condition: the individual modules are melded together. © Oliver Tessmann/Philipp Mecke

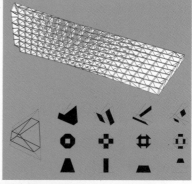

6

7

8

9

steht ein hoher Aufwand an temporären Stützkonstruktionen, die während des Bauens zur Anwendung kommen, da erst nach dem Einfügen des letzten Steins ein funktionierendes Tragwerk entsteht. Außerdem erzeugen topologisch verzahnte Strukturen Schubkräfte, die sie in massive Auflager weiterleiten müssen.

Vor diesem Hintergrund haben wir uns in Lehre und Forschung damit beschäftigt, wie solche Systeme durch den Einsatz computerbasierter Entwurfsmethoden zu architektonischen Konstruktionen werden können, die neben ihrer Tragwirkung auch andere bauliche Anforderungen erfüllen können. Die geometrische Variation einzelner Elemente ermöglicht auch eine größere Formenvielfalt für die Großformen, die daraus entstehen. Eine serielle Produktion immer gleicher Teile muss jedoch dann durch digitale Fabrikationsmethoden ersetzt werden, um die geometrische Differenzierung auch materialisieren zu können. Die folgenden Prototypen und Modelle sind das Ergebnis einer Auseinandersetzung mit diesen gestalterischen und technischen Fragen.

„Gradient Fields". Im Projekt „Gradient Fields" beschäftigt sich Philipp Mecke mit der Variation der Berührungsflächen zwischen topologisch verzahnten Strukturen und der geometrischen Variation der Module. Joseph Abeille fügt die zweifach gekappten Tetraeder in seiner *voute plate* zu einer geschlossenen Fläche zusammen. Öffnungen sind in seinem System nicht vorgesehen. Alle nicht horizontalen Flächen treffen exakt aufeinander und bilden Auflager und aufliegende Flächen. Verkleinert man diese Flächen bleiben sie als kraftübertragende Zonen der Verzahnung erhalten. Gleichzeitig entstehen in den Zwischenräumen Öffnungen und damit eine Porosität des Gesamtsystems. Die genaue Lage und Größe der Verzahnungsfläche kann variiert werden. Mecke verändert das Öffnungsmaß zwischen den Elementen graduell (Abb. 6). In einem parametrischen Modell können diese Übergänge präzise gesteuert und damit auf den entwurflichen Kontext abgestimmt werden.

Der zunächst flächige Prototyp besteht aus Gipsmodulen, deren Geometrie nur durch die Größe der Kontaktflächen variiert. Die Schalung zum Gießen der Module konnte somit für alle Module verwendet werden. Eine Reihe von unterschiedlich geformten Verdrängungskörpern innerhalb der Schalung sorgte für die geometrische Differenzierung.[9] Um die nötige Randeinfassung zu erhalten, werden die außenliegenden Module im digitalen Modell mittels Bool'scher Operationen miteinander verschmolzen und anschließend monolithisch hergestellt.

Topologisch verzahnte Konstruktionen sind zunächst nicht durch primär und sekundär tragende Elemente strukturiert. Erst durch das Fügen aller Bestandteile entsteht die Tragwirkung,

them reversible and thus simply disassemblable. However, during the building process much effort is expended on temporary supporting structures since it is only after the last stone is placed that a functional structure emerges. Also, topological interlocking assemblies give rise to thrust forces, which must then be channeled away through massive load-bearing elements.

Our teaching and research is posited against this background and focused on the ways in which, through the implementation of computer-based design methods, such systems can become architectural structures that are able to meet other structural demands in addition to their load-bearing effect. The geometric variation of individual elements facilitates a greater variety of forms for the large-scale structures that result. However, the serial production of ever-identical parts must be replaced by digital fabrication methods so as to be able to also materialize geometric differentiation. The following prototypes and models have resulted from the exploration of these design-related and technical questions.

"Gradient Fields". In the project "Gradient Fields," Philipp Mecke has investigated the variation of contact areas between topological interlocking assemblies and the geometric variation of the module. In his *voute plate*, Joseph Abeille united the double-capped tetrahedron to create a single closed surface. His system does not allow for any openings. All non-horizontal planes meet with precision and form a load-bearing element and supporting areas. If these areas are made smaller, they retain the function of force-transmitting interlocking zones. At the same time, openings emerge in the interstitial spaces, which lends porosity to the overall system. The precise position and size of the interlocking area may be varied. Mecke, in turn, changes the dimensions of the opening between the elements very gradually (fig. 6). In a parametric model, these transitions can be precisely controlled and thus adapted to the specific design context.

The prototype, which is initially planar, is comprised of plaster modules whose geometry is only varied in terms of contact area size. Therefore, the formwork for casting the modules could be used for all modules. A range of differently shaped displacement bodies within the formwork facilitates geometric differentiation.[9] In order to retain the necessary boundary condition, the outside modules are melded together in the digital model using a boolean operation and ultimately produced monolithically.

9   Vgl. Tessmann, Oliver: „Topological Interlocking Assemblies". in: Achten, Henri/Pavlíček, Jiri/Hulín, Jaroslav/Matějovská, Dana (Hg.): *Digital Physicality: Proceedings of the 30th eCAADe Conference*, Bd. 2, Prag 2012, 211–219.

9   See Oliver Tessmann, "Topological Interlocking Assemblies," in *Digital Physicality: Proceedings of the 30th eCAADe Conference*, vol. 2, ed. Henri Achten, Jiri Pavlíček, Jaroslav Hulín, and Dana Matějovská (Prague, 2012), pp. 211–19.

was ihren Aufbau kompliziert macht und aufwendige, temporäre Stützkonstruktionen erfordert. Um eine feldartige Anordnung zu hierarchisieren, haben wir in einem Prototyp aus Kartonmodulen mit Spannkabeln gearbeitet, die eine Reihe von Modulen zusammenhält und somit über die Randeinfassung hinaus eine Art Primärtragwerk bildet und somit die Montagesequenz vereinfachen kann (Abb. 5, 7–9).[10] Die Kabel verbinden zwei gegenüberliegende Randbereiche und nehmen die Schubkräfte im System auf. Die Vorspannung in den Kabeln erzeugt Druckkräfte in den Modulen. Der Einsatz solcher Kabel ermöglicht das Erzeugen von einzelnen Feldern, die unabhängig voneinander gefügt werden können.

Im folgenden Projekt haben wir den Prozess des Fügens mit einer digitalen Rückkopplungsschleife überlagert, die den aktuellen Bauzustand einer Wand erkennt und im digitalen Modell nachbildet. Dort erfolgt eine sehr einfache Tragwerksanalyse, deren Ergebnis als Projektion auf das physische Objekt zurückprojiziert wird.

„Sensitive Assembly". „Sensitive Assembly" ist eine interaktive Installation und ein Spiel, das auf dem NODE15 Festival für Digitale Kunst in Frankfurt präsentiert wurde. Hier werden Spieler unbewusst zu Gestaltern von Architektur und Tragwerk. Wie in dem bekannten Turmbauspiel „Jenga", bei dem Spielsteine eines Turms zunächst entfernt und anschließend auf den Turm aufgeschichtet werden, entfernen zwei Spieler abwechselnd Bausteine aus einer Wand. Je nach Spielmodus muss dabei entweder eine vordefinierte „Fassadenkomposition" entstehen, oder ein materialoptimiertes Tragwerk, das die oberste Reihe Bausteine trägt. Je nach Betrachtungsweise gestalten Spieler somit eine Fassade oder betreiben Topologieoptimierung.

Im Spiel „Jenga" liegt jeder Stein auf drei Auflagern auf. Diese statische Unbestimmtheit ermöglicht das nachträgliche Entfernen von Spielsteinen, die keine tragende Wirkung haben. Bei „Sensitive Assembly" übersetzen wir das Prinzip auf eine Wand aus Kartonmodulen, die zunächst ohne Verband gestapelt werden. Die statische Unbestimmtheit erzeugen wir durch seitliche Ein- und Ausstülpungen der Module, die dazu führen, dass jedes Element nicht nur auf dem darunterliegenden Modul aufliegen kann, sondern mittels der horizontalen Verzahnung auch Spannweiten überbrücken kann, die die Modulgröße deutlich überschreiten. Anders als bei den topologisch verzahnten Strukturen, können die Bausteine durch die Spieler aus der Wand herausgezogen werden.

Jedes Spiel beginnt also mit einer geschlossen aufgebauten Wand, die nun schrittweise perforiert und dabei in Echtzeit mit einem Microsoft Kinect 3D-Scanner erfasst wird.

Topological interlocking assemblies are not initially structured by primary and secondary load-bearing elements. It is through the act of jointing all elements that the load-bearing effect arises, which complicates the building process and necessitates elaborate, temporary supporting constructions. In order to hierarchize a field-like arrangement, we integrated tension cables into a prototype made of cardboard modules; the cables hold a series of modules together and therefore go beyond the framework edging to form a kind of primary supporting structure, thus simplifying the assembly sequence (figs. 5, 7–9).[10] The cables connect two juxtaposed boundaries and absorb the thrusts within the system. The prestress in the cables engenders compression forces in the modules. The implementation of such cables facilitates the generation of individual fields that can be jointed independently of each other.

In the following project, we combined the jointing process with a digital feedback loop that identifies the current building state of a wall and renders it as a digital model. Then a very simple structural analysis is carried out, with its results projected back onto the physical object as projection.

"Sensitive Assembly". "Sensitive Assembly" is an interactive installation and game that was presented at NODE15 Festival für Digitale Kunst in Frankfurt. Here, players inadvertently become designers of architecture and structure. As in the famous tower-building game Jenga, where the game blocks of a tower are removed one by one and then piled on top of the tower, in "Sensitive Assembly" two players take turns removing blocks from a wall. Depending on the game mode, either a predefined "façade composition" must result or a materially optimized structure that supports the top row of blocks. Accordingly, the players thus design a façade or practice topology optimization.

In the game Jenga, each block rests on three load-bearing elements. This static indeterminacy makes it possible to later remove blocks that have no load-bearing effect. In "Sensitive Assembly," we translated this principle to a wall made of cardboard modules that are piled without being connected at first. We foster the static indeterminacy through the modules' lateral tongue and groove-like joints, which not only means that each element can rest upon the underlying module but also that the horizontal interlocking allows spans to be bridged that significantly exceed the module size. As opposed to topological interlocking assemblies, here the blocks could be removed from the wall by the players.

10 Auf Basis von Meckes Entwurf arbeiteten Studierende der KTH Stockholm in einem Forschungsseminar an verschiedenen Fragestellungen, die sich aus dem Projekt „Gradient Fields" ergaben: Wie kann eine topologisch verzahnte Struktur durch Spannkabel eine Hierarchisierung im Tragwerk erhalten? Welche Fertigungsmethoden kann man einsetzen, wenn die Großform keine ebene Platte bildet, sondern räumlich gekrümmt ist? Welche gestalterischen und funktionalen Möglichkeiten ergeben sich durch Materialvariation innerhalb topologisch verzahnter Strukturen? Projektteam: Ellen Oldén, Maria Frendin, Joseph Laster, David Kriechmair, Louis Bergis.

10 On the basis of Mecke's design, students participating in a research seminar at KTH Royal Institute of Technology in Stockholm are focusing on the various explorative questions arising in the project "Gradient Fields:" How can a topological interlocking assembly attain hierarchization in a supporting structure through tension cables? Which production methods are feasible when the large-scale form is not a flat panel but rather spatially curved? Which design-related and functional possibilities result from variations in material usage within topological interlocking assemblies? Project team: Ellen Oldén, Maria Frendin, Joseph Laster, David Kriechmair, Louis Bergis.

take turns pulli...

...crashes down

sensitive ass...

...ensitive Assembly", NODE15 Festival für Digitale Kunst, Frankfurt, 2015
... DDU – Digital Design Unit TU Darmstadt
...0) Spieler in Interaktion mit der Wand. | Players are shown interacting
...th the wall.
...1) Komponenten der interaktiven Installation „Sensitive Assembly" |
...e interactive installation "Sensitive Assembly" and its components.

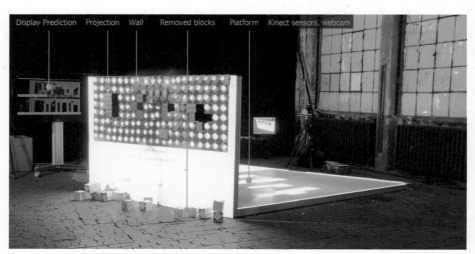

Display Prediction | Projection | Wall | Removed blocks | Platform | Kinect sensors, webcam

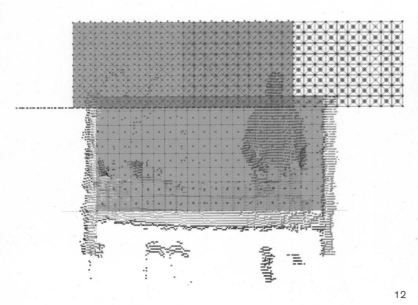

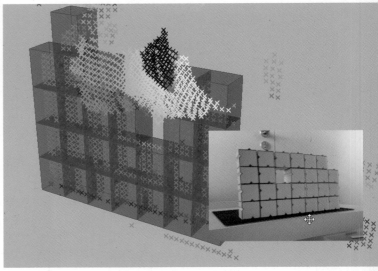

12

13

„Sensitive Assembly", NODE15 Festival für Digitale Kunst, Frankfurt, 2015
© DDU – Digital Design Unit, TU Darmstadt

(12) Eine Punktwolke des Laserscans dient der Rekonstruktion der Wand in einem digitalen Modell. | A cluster of dots in the 3D scan serves to reconstruct the wall in a digital model.

(13) Bildschirmfoto eines Films, der die Echtzeitrepräsentation der Wand im digitalen Modell zeigt. | Screenshot of a film that shows the real-time representation of the wall in a digital model.

(14) Oben: Das aktuelle Spiel wird abgefilmt. Unten: Der „Prediction-Algorithmus" zeigt Bilder und Spielabläufe vorangegangener Spiele, die ein ähnliches Muster aufweisen wie das aktuelle Spiel. Die beiden farbigen Barcodestreifen zeigen, wie der Algorithmus Kriterien wie Porosität, Kantenverlauf und strukturelle Kohärenz zu chronologischen Bündeln zusammenfasst. Bahnt sich im aktuellen Spiel ein Farbverlauf an, der Ähnlichkeiten mit vorangegangen Spielen hat, sagt der Algorithmus die weitere Entwicklung voraus. | Above: The running game is being filmed. Below: The "prediction algorithm" shows images and sequences from previous games that demonstrate a similar pattern as the current game. The two colored barcode strips illustrate how the algorithm combines criteria like porosity, edge contours, and structural coherency to create chronological bundles. If a color progression is initiated in the current game that is similar to that of previous games, then the algorithm predicts the further development.

(15) Tragwerksanalyse in Echtzeit mit Millipede, einem Add-on für McNeel Grasshopper von Sawapan (Sawako Kaijima und Panagiotis Michalatos). Oben: Modell-Auschnitt und Grasshopper Definition. Unten: Tragwerksmodell der Wand mit unterschiedlicher Porosität und damit einhergehender Spannungsverteilung. | Structural analysis in real time using Millipede, an add-on for McNeel's Grasshopper by Sawapan (Sawako Kaijima and Panagiotis Michalatos). Above: Model detail and Grasshopper definition. Below: Structural model of the wall with different levels of porosity and the related span distribution.

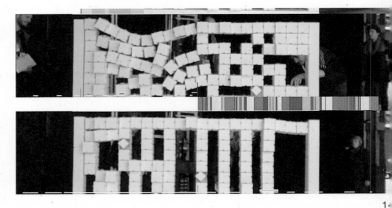

14

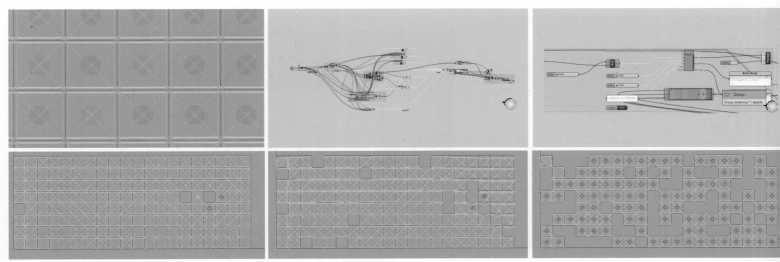

15

Nach jedem Spielzug regeneriert und aktualisiert sich das digitale 3D Modell in Rhino automatisch, so dass die neusten Öffnungen dort abgebildet werden. Anschließend wird eine einfache Tragwerksanalyse unterzogen. Die Ergebnisse dieser Analyse werden wiederum als Lichtpunkte in Falschfarben auf die Wand projiziert und geben den Spielern Anhaltspunkte darüber, welche Bausteine relevant für das Tragwerk sind und welche entfernt werden können. *Augmented Reality* wird damit zum Assistenten beim Konstruieren und Bauen.

Die Punktewolke des Scans bildet die Rückseite der Wand ab. In Grasshopper werden diese Punkte mit einem Raster verglichen, das dem der modularen Wand entspricht. Sinkt die Anzahl von Punkten in einer Rasterzelle unter einen Schwellenwert, wird diese Zelle als leer betrachtet, d.h. hier wurde ein Spielstein entnommen. Basierend auf dieser neuen Wandtopologie wird ein Achsmodell erzeugt und mit Millipede, einem Add-on für McNeel Grasshopper von Sawapan (Sawako Kaijima und Panagiotis Michalatos), analysiert. Die ermittelte Verformung des Analysemodells, gemessen am Mittelpunkt jedes Spielsteins, wird anschließend als ein Punktraster von Falschfarben auf die Vorderseite der Wand projiziert.

Die Scandaten dienen außerdem einem „Prediction-Algorithmus" beim maschinellen Lernen, der derzeit von Stig Anton Nielsen im Rahmen einer Doktorarbeit an der Universität Chalmers in Göteborg entwickelt wird: Nachdem eine Vielzahl von Spielen gescannt wurde, erkennt der Algorithmus bestimmte Perforationsmuster in der Wand, die in vorangegangenen Spielen unweigerlich zum Einsturz führten. Aufgrund dieser Informationen aus der Vergangenheit und der Interpretation sich wiederholender Muster sagt der Algorithmus das zukünftige Verhalten der perforierten Wand voraus.

Das maschinelle Lernen basiert auf dem Sammeln von Daten und einem anschließenden Aufspüren von Mustern in riesigen Informationsmengen. Wie diese Daten zustande kommen, ist für den Algorithmus uninteressant. In früheren Forschungsarbeiten diente Nielsen das Programm zum Voraussagen von Bewegungen einer Tänzerin. Bei „Sensitive Assembly" analysiert er die Porosität, den Kantenverlauf und die strukturelle Kohärenz der Wand. Zunehmende Porosität, zusammen mit länger werdenden horizontalen (spannenden) Kanten, erhöhen die Wahrscheinlichkeit eines Einsturzes. Der Algorithmus nutzt das in der Vergangenheit aufgezeichnete Bildmaterial, um daraus das zukünftige Verhalten der Struktur auch bildlich darzustellen, so dass die Information für Menschen verständlich aufbereitet wird.

So each game begins with a wall built in a closed manner that is then perforated step by step and captured in real time by a Microsoft Kinect 3D sensor. After each turn, the digital 3D model is automatically regenerated and updated in Rhino, thus presenting the newest openings there. Then a simple structural analysis is conducted. The results of this analysis are in turn projected onto the wall as points of light in false colors, giving the players an indication as to which blocks are relevant for the supporting structure and which can be removed. Therefore, augmented reality becomes an assistant in the process of constructing and building.

The cluster of dots in the 3D scan depicts the reverse side of the wall. In Grasshopper, these points are collated with a grid that is equivalent to the modular wall. If the number of dots falls below a threshold value in one of the grid cells, then this cell is considered to be empty, meaning that a block was removed. Based on this new wall topology, an axis model is generated and analyzed using Millipede, an add-on for McNeel's Grasshopper by Sawapan (Sawako Kaijima and Panagiotis Michalatos). The ascertained distortion of the analysis model, measured at the center of each block, is then projected onto the front of the wall as a dot matrix of false colors.

The 3D scan data also facilitates machine learning in a "prediction algorithm" that is presently being developed by Stig Anton Nielsen in the scope of his doctoral work at Chalmers University of Technology in Gothenburg. After numerous games have been scanned, the algorithm recognizes certain perforation patterns in the wall which in previous games had inevitably caused the wall to fall. Based on this past information and the interpretation of repetitive patterns, the algorithm predicts the future behavior of the perforated wall.

Machine learning is based on the collection of data and the subsequent detection of patterns in massive quantities of information. How this data is acquired holds no meaning for the algorithm. In earlier research undertakings, Nielsen used the program to predict the movements of a female dancer. Now in "Sensitive Assembly" he analyzes the porosity, edge contours, and structural coherency of the wall. Advancing porosity, together with elongated horizontal (spanning) edges, increases the probability of collapse. The algorithm uses the image material recorded in the past in order to be able to also render the future behavior of the structure through imagery, thus allowing the information to be presented to people in an understandable way.

In contrast to the simulation of structural behavior, where a model with its parameters reflects the state of knowledge

Anders als beim Simulieren von Tragwerksverhalten, bei dem ein Modell mit seinen Kennwerten den Erkenntnisstand des Modellerstellers zu einem bestimmten Zeitpunkt abbildet, hört der „Prediction-Algortihmus" niemals auf zu lernen. Mit jedem weiteren Spiel, das er beobachtet, lernt er die aufgezeichneten Muster besser zu interpretieren.

Fazit. Die in diesem Aufsatz beschriebenen Projekte eint das Interesse daran, wie digitale Werkzeuge und Methoden den Begriff von Modul und Fügung verändern. Bei den topologisch verzahnten Strukturen ist die Trennung von Modul und Fügungsdetail nicht mehr klar auszumachen. Anders als bei Stabtragwerken, bei denen einfache Profile über komplexe Knoten verbunden werden, sind große Anteile eines verzahnten Moduls gleichzeitig seine Schnittstelle zum Rest der Konstruktion. Parametrische Modelle helfen uns, diese Schnittstellen präzise zu entwerfen. Additive Herstellungsmethoden sind gerade dabei, die geometrische Differenzierung unserer Module in Zukunft vertretbar zu machen. Immerhin verzichten wir hier auf die derzeit übliche Strategie, die geometrische Komplexität auf ein kleines Verbindungsbauteil (Knoten) zu reduzieren.

Topologisch verzahnte Strukturen sind kompliziert zu bauen. Stützkonstruktionen können erst entfernt werden, wenn der letzte Stein positioniert ist. Bei „Sensitive Assembly" haben wir den gegenteiligen Prozess untersucht: Wie muss ein Modul aussehen, das sich einfach greifen und aus einer bestehenden Struktur entfernen lässt? „Jenga" basiert darauf, dass sich permanent neue statisch unbestimmte Konstellationen ergeben. Liegt ein Stab auf drei Auflagern, ergibt sich die Chance eines davon zu entfernen. Das Prinzip haben wir auf unsere Wand übertragen, indem jedes der Module zwar auf seinem unteren Nachbarn aufliegt, sich aber alternativ, wiederum über kleine Verzahnungen, auf seine beiden Nachbarn rechts und links auflagern kann. Die Freiheitsgrade, die wir bei den verzahnten Strukturen nehmen, geben wir bei „Sensitive Assembly" bewusst an die Spieler zurück.

Spieler von „Sensitive Assembly" werden unbewusst zu Gestaltern von Architektur und Tragwerk. Ein digitales System, das mit der physischen Welt über Sensoren und Projektionen verschmilzt, lenkt den Spielfluss und gibt Empfehlungen für das weitere Vorgehen. Feedbackschleifen, die uns in der digitalen Welt mittlerweile vertraut sind, werden auf die physische Welt ausgeweitet. Neue Sensorik, wie die MS Kinect, die das 3D-Scannen demokratisiert hat, eröffnet somit die Möglichkeit, all das, was wir in den letzten 15 Jahren über das computerbasierte Generieren von Architektur und Tragwerk mittels der iterativen Trias von Synthese, Analyse, Evaluation gelernt haben, nun auf den Moment des Fügens und Bauens auszuweiten.

Feedbackschleifen überschreiten die Schwelle des Digitalen und werden Teil des Fügeprozesses. Das digital überlagerte physische Modell (*augmented physical model*) bietet eine neue Forschungsumgebung für Ingenieure und Architekten, indem es das Tragen und Versagen verzahnter Strukturen – ein Verhalten das derzeit nur sehr aufwendig digital zu simulieren ist – physisch testet und gleichzeitig digital beobachtet. Die Grenzen digitaler Simulationen bilden dann nicht mehr die Grenze dessen, was entworfen und analysiert werden kann. Gleichzeitig gewinnen physische Modelle an Präzision und ihr Verhalten wird quantifizierbar.

Digitale Technologien dienen hier einer neuen Art von Partizipation von Nicht-Experten im Entwurfs- und Bauprozess durch *Gameification*. Diese Einbeziehung von Menschen in das Entstehen von Architektur mittels digitaler Technologien wurde auf dem NODE15 Festival in kleinem Maßstab und vielleicht auf naive Weise erprobt. Dennoch lieferte die Veranstaltung, und „Sensitive Assembly" wichtige Erkenntnisse für eine weiterführende Forschung der Digital Design Unit (DDU) speziell in der Verwendung von Crowdsourcing-Strategien im Architekturentwurf durch *Serious Games*.

Mit dem „Prediction-Algorithmus" haben wir eine Alternative, oder besser eine Ergänzung, zu den konventionellen Simulationsmodellen getestet. Die ureigenste Qualität des Computers ist seine Fähigkeit, große Mengen an Daten zu verarbeiten. Genau das macht dieser Algorithmus: Ohne Tragwerksanalyse, Materialkennwerte und Lasteinleitungspunkte wird es möglich, das Verhalten einer Struktur vorauszusagen, allein durch das Sammeln von Daten und das Erkennen wiederkehrender Muster. Prediction wird in absehbarer Zeit unsere über Jahrhunderte entwickelten mechanischen Modelle nicht ablösen, aber sicher ergänzen können. „All models are wrong, but some are useful"[11] schreibt der Statistiker George Box und verweist damit auf die Tatsache, dass Modell und Realität niemals isomorph sind.

Modul und Fügung werden auch unsere zukünftige Arbeit in der noch jungen Digital Design Unit (DDU) an der TU Darmstadt bestimmen. Die beschriebenen Projekte haben uns weiteren Forschungsbedarf aufgezeigt: Beispielsweise das Automatisieren der Fügung mit Hilfe von Robotern, das Entwickeln von Tragwerkshierarchien in verzahnten Strukturen zur Verminderung von temporären Stützkonstruktionen und den strategischen Einsatz großer Datenmengen für Entwurf und Analyse. ∎

11 Box, George Edward Pelham: „Robustness in the Strategy of Scientific Model Building", in: Launer, Robert L./Wilkinson, Graham N. (Hg.): *Robustness in Statistics*, New York 1979, 201–236.

of the model designer at a given point in time, the "prediction algorithm" never stops learning. With every new game that is observed, it learns to better interpret the recorded patterns.

Conclusion. Common to all projects described in this essay is an interest in how digital tools and methods change the concept of module and jointing. In topological interlocking assemblies, the separation between module and jointing detail is no longer clearly discernible. In contrast to beam structures, where simple profiles are interconnected via complex nodes, large portions of an interlocking module simultaneously serve as an interface with the rest of the construction. Parametric models help us to design these interfaces with precision. Additive production methods are currently in the process of making the geometric differentiation of our modules feasible for the future. In any case, here we are forgoing today's usual strategy of reducing geometric complexity to a small connecting element (node).

Topological interlocking assemblies are complicated to build. Supporting constructions cannot be removed until the last stone has been set. In "Sensitive Assembly," we have explored the opposite process: How must a model look so that it is easy to grasp and remove from an existing structure? The game Jenga is founded on the concept that new statically undetermined constellations are constantly evolving. If a block rests on three load-bearing elements, then a chance arises to remove one of the three. We applied this principle to our wall in that each module rests atop its neighboring block below, but it may also alternatively bear weight on its two neighbors to the right and left respectively by way of small interlocking sections. The degrees of freedom that we take away from the interlocking assemblies is deliberately given back to the players in "Sensitive Assembly."

The players of "Sensitive Assembly" thus unwittingly become designers of architecture and structure. A digital system that merges with the physical world via sensors and projections directs the flow of the game and offers insights for future courses of action. Feedback loops that are meanwhile familiar to us from the digital sphere are extended to the physical world. New sensor technology, such as MS Kinect, which has democratized 3D scanning, thus makes way for the opportunity to expand to the moment of jointing and building everything that we have learned in the last fifteen years about the computer-based generation of architecture and structures through the iterative triad of synthesis, analysis, and evaluation. Feedback loops transcend the digital threshold to become part of the jointing process. The digitally overlaid physical model (augmented physical model) offers a new research environment for engineers and architects by physically testing and simultaneously digitally observing the supporting and failing of interlocking assemblies—behavior

that is very time-consuming to simulate digitally at present. The limitations of digital simulation thus no longer delineate the boundaries of what can be designed and analyzed. At the same time, physical models gain precision and their behavior becomes more quantifiable.

Digital technologies here serve to foster a new way for non-experts to participate in the design and building process through "gamification." Such inclusion of people in the creation of architecture by means of digital technology was put to the test at the NODE15 Festival on a small scale and perhaps a bit naïvely. Nonetheless, the event and "Sensitive Assembly" gave rise to important findings for continued research in the Digital Design Unit (DDU), specifically in the use of crowd-sourcing strategies in architectural design through "serious games."

In the case of the "prediction algorithm," we tested an alternative—or rather a supplement—to conventional simulation models. The core quality of the computer is its ability to process great amounts of data. And the algorithm does precisely this: it becomes possible to predict the behavior of a structure without needing structural analysis, material parameters, and load application points—simply by collecting data and identifying repetitive patterns. Prediction will not, anytime in the near future, replace our mechanical models developed over the course of centuries, but it will surely be able to complement these methods. "All models are wrong, but some are useful,"[11] noted statistician George Box, thus referencing the fact that model and reality are never isomorphic.

Module and jointing will be formative for our future work in the still young Digital Design Unit (DDU) at the Technische Universität Darmstadt. The projects detailed above have served to point out another issues in need of researching, for example, the automation of jointing with the aid of robots, the development of support-structure hierarchies in interlocking assemblies in order to lessen the need for temporary supporting constructions, and the strategic implementation of large amounts of data in design and analysis. ∎

Translation: Dawn Michelle d'Atri

11 George Edward Pelham Box, "Robustness in the Strategy of Scientific Model Building," in *Robustness in Statistics*, ed. Robert L. Launer and Graham N. Wilkinson (New York, 1979), pp. 201–36.

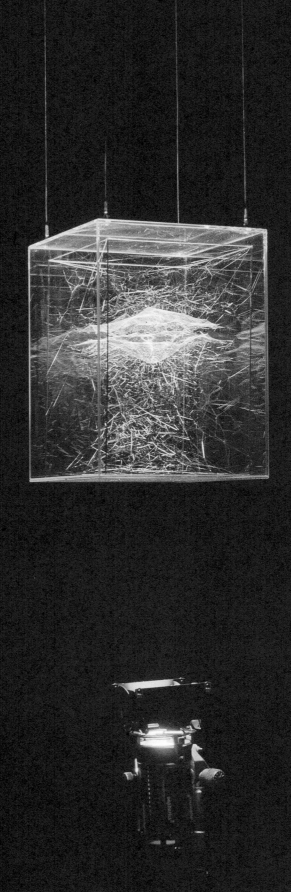

1 Tomás Saraceno, *Cosmic Jive: The Spider Sessions*, Museo di Villa Croce, Genoa – Italy | Genua – Italien, 2014. Curators | Kuratoren: Luca Cerizza/Ilaria Bonacossa. With the support of | Mit Unterstützung von: Banca Carige; Clinica Montallegro, Genoa; Coe & Clerici, Milan; Palazzo Ducale, Fondazione per la Cultura, Genoa; Costa Crociere; Fondazione Edoardo Garrone, Genoa; Hofima, Holding Finanziaria Malacalza, Genoa; Contribution of | Beitrag von: Amixi di Villa Croce/Giovanna Fallabrini. Courtesy of | Mit freundlicher Genehmigung von: Tomás Saraceno; Pinksummer contemporary art, Genoa; Tanya Bonakdar Gallery, New York; Andersen's Contemporary, Copenhagen, Esther Schipper Gallery, Berlin. Photo: Nuvola Ravera © 2014

Sonic Cosmic Webs
Tomás Saraceno

Saraceno's multidisciplinary artistic practice takes inspiration from a variety of sources, including architecture, space exploration, science fiction, and geometries found in the biological sciences. Among these subjects, Saraceno has long included arachnology as a tool for the investigation of alternative constructions. In the context of this investigation he observed that spider webs spark inquiry into possible modes of redefining relationships between humans and nature, proposing utopian conditions for sustainable societies. Saraceno explains the process of how the webs of his installations come into existence as follows: "First we put a solitary spider in one of the frames [to] make a web, then we take out the spider … and we put a semi-social or social colony [of spiders in there] and they build a web on top of the preexisting web."[1] These studies have formed the basis for recent exhibitions such as *Hybrid Solitary … Semi-Social Quintet … on Cosmic Webs …* at Tanya Bonakdar Gallery, New York (2015), *Cosmic Jive: Tomás Saraceno* at the Museo di Arte Contemporanea di Villa Croce (2014), curated by Luca Cerizza. When entering into Saraceno's installation, a visitor's perception is reoriented in a darkened environment dotted with glowing sculptures that are articulated in silvery spider silk. Formed of complex interwoven geometries suspended in air, each piece appears as a unique galaxy floating within an expansive, infinite landscape.

The sonic dimension of spider webs has been the topic of a few of Saraceno's exhibitions such as *Arachnid Orchestra. Jam Sessions* at the NTU Centre for Contemporary Arts, Singapore, curated by Ute Meta Bauer, 2015. The aim of these artistic experiments lies in the making audible of the spiders' complex mode of communication through vibrations, which is usually not perceivable to human ears. The works' titles such as "Hybrid Solitary Semi-Social Musical Instrument Horologium: Built by Argiope Anasuja—One Month- and a Small Community of Cyrtophora Citricola—Two Weeks" reveal the technical basis for each sculptural element, like the genus and species of the spider collaborators and the amount of time needed to construct their webs. During the building period of each sculpture, each cube is turned onto its various sides, dislodging gravity and interweaving concepts of freedom and control within the work. This action is reminiscent of inverting an hourglass, or the object-cum-constellation Horologium referred to in the project title. And yet, the objects themselves defy the framework of their titles, as the intricate web formations in each crystalline cube are clearly neither of human logic nor something that would exist in nature. ∎

1   "Tomás Saraceno in Conversation with Leila W. Kinney and Molly Nesbit," Tanya Bonakdar Gallery, New York, March 28, 2015, http://www.tanyabonakdargallery.com/index.php/talks/toms-saraceno-in-conversation-with-leila-w-kinney-and-molly-nesbit (accessed December 14, 2015).

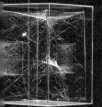

Tomás Saraceno, *Social … Quasi Social … Solitary … Spiders … On Hybrid Cosmic Webs*, Installation view | Ausstellungsansicht, Esther Schipper Gallery, Berlin, 2013.
Spidersilk, Acrylic, LED lights, Carbon fiber tube, MDF | Spinnenseide, Acryl, LED-Leuchten, Kohlefaserstäbe, MDF. Different dimensions | Variable Dimensionen.
Courtesy of | Mit freundlicher Genehmigung von Tomás Saraceno and | und Esther Schipper, Berlin. Photo © Andrea Rossetti

Sonic Cosmic Webs
Tomás Saraceno

Saracenos multidisziplinäre künstlerische Praxis speist sich aus einer Vielfalt von Quellen: Architektur, Raumforschung, Science Fiction oder aus den Biowissenschaften abgeleiteten Geometrien. Dazu verwendet Saraceno seit Langem die Arachnologie als ein Mittel zur Erforschung alternativer Bauformen. Dabei stellte er fest, dass Spinnennetze zum Nachdenken darüber anregen, wie sich das Verhältnis von Mensch und Natur neu bestimmen ließe, sich als utopische Gerüste für nachhaltige Gesellschaften anbieten. Saraceno erklärt den Entstehungsprozess der Netze in seinen Installationen wie folgt: „Erst setzen wir eine einzelne Spinne in einen der Rahmen und lassen sie ein Netz bauen […], dann nehmen wir die Spinne heraus und setzen eine semi-soziale oder soziale [Spinnen-] Kolonie hinein, die das existierende Netz mit einem weiteren überbaut."[1] Diese Studien bilden die Grundlage für zuletzt gezeigte Ausstellungen des Künstlers wie *Hybrid Solitary ... Semi-Social Quintet ... on Cosmic Webs ...* in der Tanya Bonakdar Gallery, New York (2015) oder *Cosmic Jive: Tomás Saraceno* am Museo di Arte Contemporanea di Villa Croce (2014), kuratiert von Luca Cerizza. Beim Betreten einer Ausstellungs-Installation muss sich die Wahrnehmung des Besuchers an eine dunkle Umgebung anpassen, gefüllt mit schimmernden Skulpturen aus silbriger Spinnenseide. Komplexe, dicht verflochtene, frei im Raum schwebende Geometrien bildend, erscheinen die einzelnen Arbeiten wie ungewöhnliche, in einer unendlich weiten Landschaft dahingleitende Galaxien.

Die klangliche Dimension wurde nur in einigen wenigen Saraceno-Ausstellungen thematisiert. Eine davon ist *Arachnid Orchestra. Jam Sessions* (2015), kuratiert von Ute Meta Bauer am NTU Centre for Contemporary Arts in Singapur.

Ziel dieser künstlerischen Experimente ist die Hörbarmachung der für das menschliche Ohr meist unhörbaren komplexen Spinnenkommunikation durch Vibrationen. Die Titel dieser Arbeiten lauten etwa „*Hybrid Solitary Semi-Social Musical Instrument Horologium: Built by Argiope Anasuja- One Month and a Small Community of Cyrtophora Citricola -Two Weeks*" und verweisen damit auf die technische Grundlage jeder Skulptur, die sich aus Gattung und Art der mitarbeitenden Spinnen wie auch der für die Herstellung benötigten Zeit ergibt. Während der Bauzeit der Skulpturen wird der jeweilige Kubus auf alle Seiten gedreht, um die Schwerkraft auszuschalten und Konzepte der Gestaltungsfreiheit mit jenen der Kontrolle zu verschränken. Das Vorgehen erinnert an das Umdrehen einer Sanduhr oder das im Projekttitel referenzierte Horologium aus Objekt und Konstellation. Und doch strafen die eigentlichen Objekte den in den Titeln vorgegebenen Rahmen Lügen, da die filigranen Gewebestrukturen in jedem einzelnen Glaskubus ganz offensichtlich weder auf menschlicher Logik noch auf etwas in der Natur Existierendem beruhen. ∎

Übersetzung: Wilfried Prantner

1 „Tomás Saraceno im Gespräch mit Leila W. Kinney and Molly Nesbit," Tanya Bonakdar Gallery, New York, 28. März 2015, http://www.tanyabonakdargallery.com/index.php/talks/toms-saraceno-in-conversation-with-leila-w-kinney-and-molly-nesbit (Stand: 14. Dezember 2015).

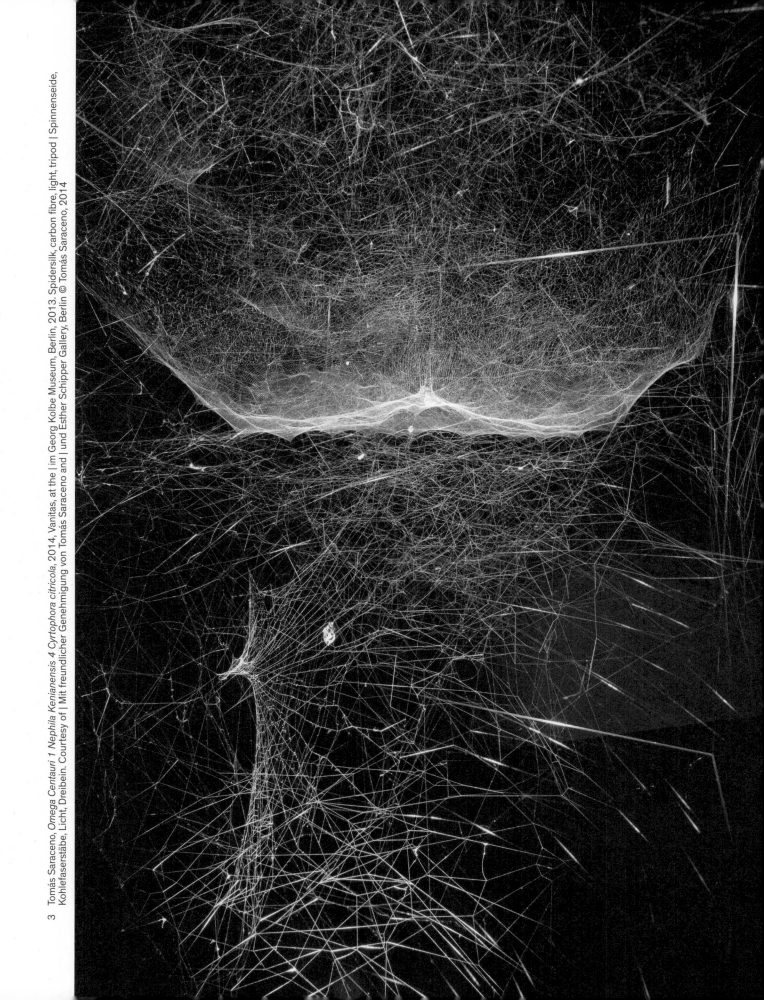

3   Tomás Saraceno, *Omega Centauri 1 Nephila Kenianensis 4 Cyrtophora citricola*, 2014, Vanitas, at the | im Georg Kolbe Museum, Berlin, 2013. Spidersilk, carbon fibre, light, tripod | Spinnenseide, Kohlefaserstäbe, Licht, Dreibein. Courtesy of | Mit freundlicher Genehmigung von Tomás Saraceno and | und Esther Schipper Gallery, Berlin © Tomás Saraceno, 2014

4　Tomás Saraceno, *Social … Quasi Social … Solitary … Spiders … On Hybrid Cosmic Webs*, detail | Detail, Esther Schipper Gallery, Berlin, 2013. Spidersilk, Acrylic, LED lights, Carbon fiber tube, MDF | Spinnenseide, Acryl, LED-Leuchten, Kohlefaserstäbe, MDF. Different dimensions | Variable Dimensionen. Courtesy of | Mit freundlicher Genehmigung von Tomás Saraceno and | und Esther Schipper, Berlin. Photo © Andrea Rossetti

5   Tomás Saraceno, Hybrid semi-social musical instrument NGC 2976: built by Cyrtophora citricola (three weeks) and Cyrtophora moluccensis (four weeks), turned 180 degrees on Z axis rehearsing towards ISS. | Hybrides semi-soziales Musikinstrument NGC 2976: erstellt von einer Opuntienspinne (über einen Zeitraum von drei Wochen) und einer Zeltspinne (über einen Zeitraum von vier Wochen), um 180 Grad auf der Z Achse gedreht. At Cosmic Jive: The Spider Sessions, Museo di Villa Croce, Genoa – Italy | Genua – Italien, 2014. Curators | Kuratoren: Luca Cerizza/Ilaria Bonacossa. With the support of | Mit Unterstützung von: Banca Carige; Clinica Montallegro, Genoa; Coe & Clerici, Milan; Palazzo Ducale, Fondazione per la Cultura, Genoa; Costa Crociere; Fondazione Edoardo Garrone, Genoa; Hofima, Holding Finanziaria Malacalza, Genoa; Contribution of | Beitrag von: Amixi di Villa Croce/Giovanna Fallabrini. Courtesy of | Mit freundlicher Genehmigung von: Tomás Saraceno; Pinksummer contemporary art, Genoa; Tanya Bonakdar Gallery, New York; Andersen's Contemporary, Copenhagen, Esther Schipper Gallery, Berlin.
Photo: Nuvola Ravera © 2014

Tomás Saraceno, *Social … Quasi Social … Solitary … Spiders … On Hybrid Cosmic Webs*, Esther Schipper Gallery, Berlin, 2013.
Spidersilk, Acrylic, LED lights, Carbon fiber tube, MDF | Spinnenseide, Acryl, LED-Leuchten, Kohlefaserstäbe, MDF. Different dimensions | Variable Dimensionen.
Courtesy of | Mit freundlicher Genehmigung von Tomás Saraceno and | und Esther Schipper, Berlin. Photo © Andrea Rossetti

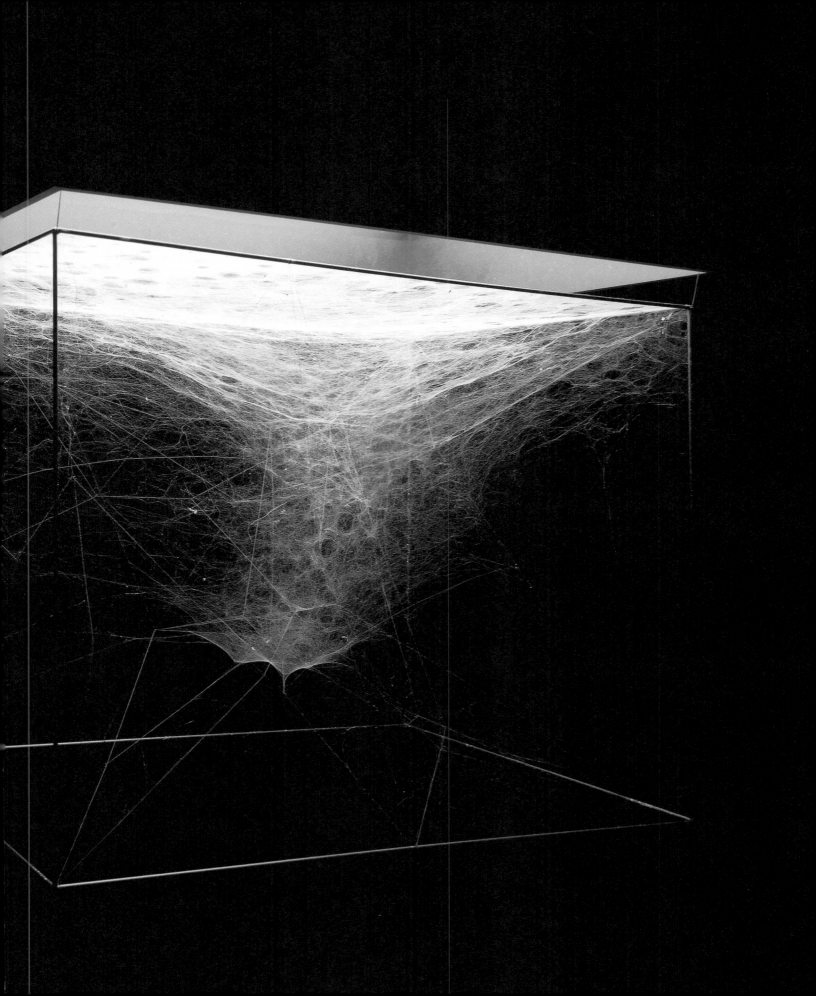

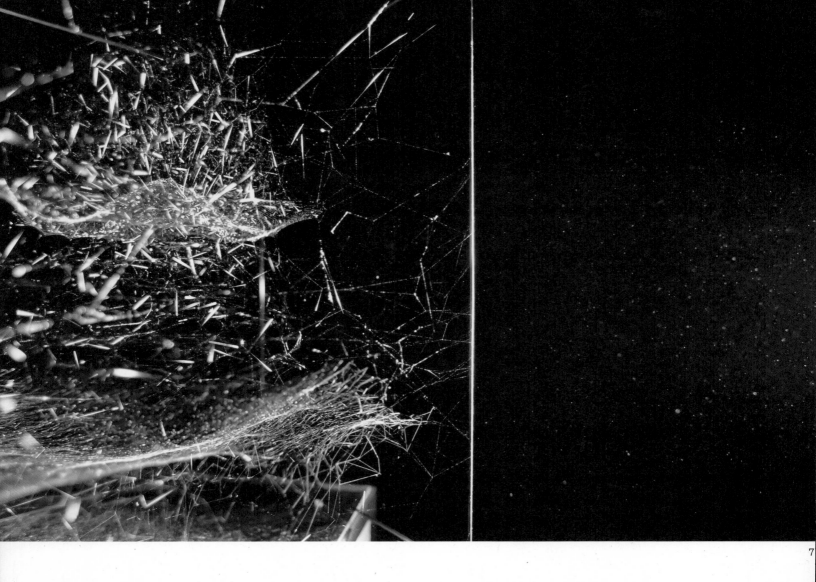

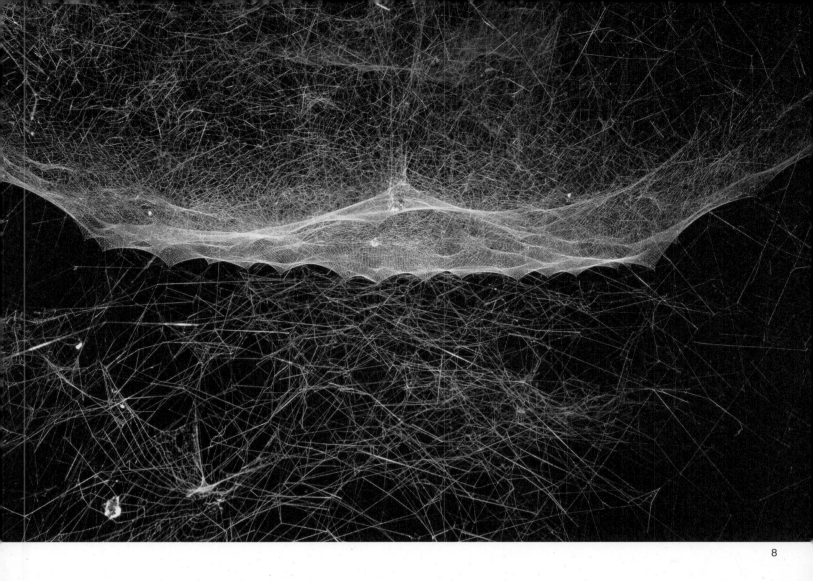

7) Tomás Saraceno, *Cosmic Jive: the Spider Session*, Museo di Villa Croce, Genoa – Italy | Genua – Italien, 2014. Curators | Kuratoren: Luca Cerizza/Ilaria Bonacossa. With the support of | Mit Unterstützung von: Banca Carige; Clinica Montallegro, Genoa; Coe & Clerici, Milan; Palazzo Ducale, Fondazione per la Cultura, Genoa; Costa Crociere; Fondazione Edoardo Garrone, Genoa; Hofima, Holding Finanziaria Malacalza, Genoa; Contribution of | Beitrag von: Amixi di Villa Croce/Giovanna Fallabrini. Courtesy of | Mit freundlicher Genehmigung von: Tomás Saraceno; Pinksummer contemporary art, Genoa; Tanya Bonakdar Gallery, New York; Andersen's Contemporary, Copenhagen, Esther Schipper Gallery, Berlin. Photo: Nuvola Ravera © 2014

8) Tomás Saraceno, *Omega Centauri 1 Nephila Kenianensis 4 Cyrtophora citricola*, 2014, Vanitas, at the | im Georg Kolbe Museum, Berlin, 2013. Spidersilk, carbon fibre, light, tripod | Spinnenseide, Kohlefaserstäbe, Licht, Dreibein. Courtesy of | Mit freundlicher Genehmigung von Tomás Saraceno and | und Esther Schipper Gallery, Berlin © Tomás Saraceno, 2014

Tomás Saraceno, *Social … Quasi Social … Solitary … Spiders … On Hybrid Cosmic Webs*, Esther Schipper Gallery, Berlin, 2013.
Spidersilk, Acrylic, LED lights, Carbon fiber tube, MDF | Spinnenseide, Acryl, LED-Leuchten, Kohlefaserstäbe, MDF. Different dimensions | Variable Dimensionen.
Courtesy of | Mit freundlicher Genehmigung von Tomás Saraceno and | und Esther Schipper, Berlin. Photo © Andrea Rossetti.

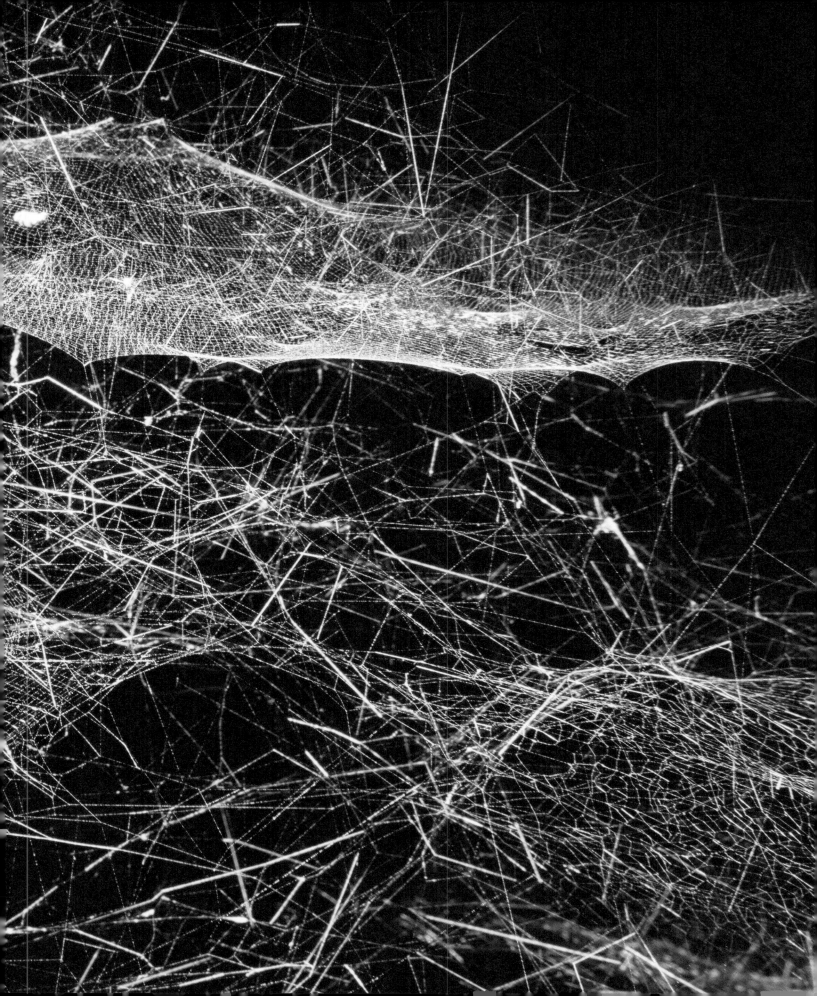

Conversation

1

Knight Architects/AKT II/Eadon Consulting, Merchant Square Footbridge, London, 2014 © Edmund Sumner

Bridge Design Dialogues
Dialogisches Entwerfen beim Brückendesign

Martin Knight | Bartlomiej Halaczek

With the increasing complexity of built projects there is a rising number of specialists covering diverse fields of expertise. This doesn't come down only to the professions of architect and engineer, although the divergence between these two particular fields is the precedent of this diversification and was, and probably still is, the most discussed topic in building design.

In recent years there has been an ongoing debate on how the cooperation between engineers and architects should be improved in order to achieve a higher design quality but also more relaxed and enjoyable working conditions in general. The often discussed hostility between both professions is quite an exaggeration—in most cases, there is a level of mutual respect for each other's work. However, what is lacking is the mutual understanding of the sometimes contrary working philosophies. Architects derive their project from a holistic design concept which, if executed correctly, becomes a spark file with a direct influence on every design decision. Structural engineers often get appointed in later stages being confronted with a more or less finalized design, in many cases without the opportunity to provide constructive criticism. Additionally, facing the tight programs in the building industry, there is usually little room to revisit the concept and improve it in a way that it would satisfy the entire team. Also, fee regulations usually provide little room for the attribute "better design," especially in monetary rewards. The opposite is the case: improving design quality usually increases the amount of time the engineer spends on solving a problem, resulting in a cost increase for both engineer and client. The often frustrated and cynical remark "The architect made me do it!" is therefore rather the result of a culture promoting a flawed program than of personal dislikes. Obviously there are a number of other reasons such as the engineer's limited interest in promoting their exceptional work, the lack of a common teaching base in the profession's education, or a particularly skewed picture of the architect's role as seen in the public. It is indeed true that the best architectural designs have been achieved in multidisciplinary teams working tightly together from the early stage of the project, when architect and engineer showed the will and the patience to explain their views to the other party with the aim of finding a mutually acceptable solution.

Engineering Structures. Picking up on the aforementioned cynical remark, it is understandable that most structural engineers are highly protective of their specialist field of bridge design, and there are many architect-led (or rather dictated) structures out there which seemingly prove them right. From a technical point of view, structural engineers clearly win this argument. Most bridges are so-called engineering structures, or German *Ingenieurbauwerke*. They are highly complex objects which primarily serve just a single purpose, and they need to do so with maximum efficiency. Just like in an airplane or a racing car, the function drives the form and any addition to that becomes mere decoration or even ballast. Even in the German fee code for architects and engineers, the architect is not even mentioned in the charts for engineering structures. However, focusing on structure itself, is only a very selective view of the world. In fact, bridges are probably the most architectural objects in our built environment. They shape our cities, link our cultures, countries and continents. The gravity of their symbolic potential can be seen on every single Euro note. Bridges provide identity to entire regions and, as a result of their long design life, they outlive their designers, and often they become manifestations of local cultural heritage. Hence, reducing a bridge merely to its function and ignoring all the "soft" parameters that may arise from their context, can undermine the big picture, losing great potentials to only mediocre designs.

The modernist conception of design, where form follows function, has prevailed in most areas of construction and arguably more so in bridge engineering than in building design, perhaps because the load carrying function is translated so visibly into engineering efficiency and economy of materials. Fritz Leonhardt's seminal 1982 book *Brücken* clearly articulates the social responsibility of bridge designers to value efficiency and economy of materials above other aspects of design and, in doing so, links ethics and aesthetics in an enduringly powerful way that has influenced generations of structural engineers.[1] It is also true that the fashions which come and go so quickly in building architecture do not appear to influence the world of modern bridge design to the same degree, and there are relatively few instances where an architectural style has been applied cosmetically to bridges, probably because it is not seen as valuable or likely to succeed. In engineering, Fritz Leonhardt's functional modernism has become the lasting style, yet, considering bridges of all kinds in solely engineering terms, there is the danger that those "architectural" factors which are essentially human and intangible those of the heart rather than the head—are undervalued or lost entirely.

1   See Fritz Leonhardt, *Brücken: Ästhetik und Gestaltung* (Stuttgart, 1982).

Mit der wachsenden Komplexität von Bauprojekten nimmt auch die Anzahl der Spezialisten für unterschiedliche Fachbereiche zu. Das gilt nicht nur für Architekten und Bauingenieure, aber die Trennung zwischen diesen beiden Professionen ist der Musterfall dieser Diversifizierung und wahrscheinlich immer noch das meistdiskutierte Thema auf dem Gebiet der Bauplanung.

In den letzten Jahren ist ständig darüber debattiert worden, wie die Zusammenarbeit zwischen Ingenieuren und Architekten verbessert werden könne, nicht nur um der Entwurfsqualität willen, sondern auch um entspanntere und angenehmere Arbeitsbedingungen zu schaffen. Die vielzitierte Feindschaft zwischen den beiden Berufen ist ziemlich übertrieben – in den meisten Fällen herrscht ein gewisser gegenseitiger Respekt vor. Was aber fehlt, ist gegenseitiges Verständnis für die bisweilen gegensätzliche Arbeitsphilosophie. Architekten entwickeln ihr Projekt von einem ganzheitlichen Entwurfskonzept aus, aus dem sich bei richtiger Ausführung jede einzelne Gestaltungsentscheidung ableiten lässt. Bauingenieure werden häufig erst in späteren Stadien zugezogen und sehen sich mit einem mehr oder minder fertigen Entwurf konfrontiert, meist ohne die Möglichkeit zu konstruktiver Kritik. Zudem lassen die straffen Planungszeiträume in der Bauindustrie gewöhnlich kaum Spielraum, noch einmal zum Konzept zurückzukehren und es zur Zufriedenheit des gesamten Teams zu verbessern. Und auch in den Honorarregelungen ist meist wenig Platz für das Attribut „bessere Gestaltung", namentlich in monetärer Hinsicht. Das Gegenteil ist der Fall: die Verbesserung der Entwurfsqualität erhöht gewöhnlich den Zeitaufwand für die Lösung des Problems, was einen Kostenanstieg nicht nur für den Ingenieur sondern auch für den Bauträger zur Folge hat. Der oft gehörte bittere Ausruf: „Der Architekt hat mich dazu genötigt!" verdankt sich also eher einer Kultur, die schlechte Bauprogramme begünstigt, als persönlicher Abneigung. Dazu kommen natürlich noch eine Reihe weiterer Gründe wie z.B. das begrenzte Interesse von Ingenieuren am Promoten ihrer herausragenden Arbeiten, das Fehlen einer gemeinsamen Ausbildungsbasis oder ein besonders verzerrtes öffentliches Bild von der Rolle des Architekten. Tatsächlich aber ist es so, dass die besten architektonischen Entwürfe in multidisziplinären Teams entstanden sind, die von einem frühen Projektstadium an eng zusammengearbeitet haben – einem Stadium, in dem Architekt und Ingenieur noch die Bereitschaft und die Geduld aufbringen, einander ihre Ansichten zu erklären, um zu einer beiderseitig akzeptablen Lösung zu gelangen.

Ingenieurbauwerke. Angesichts des oben erwähnten bitteren Ausrufs ist verständlich, dass die meisten Bauingenieure ihr Spezialgebiet des Brückenbaus eifersüchtig verteidigen; zudem gibt es tatsächlich eine Menge von Architekten entworfene (oder, besser gesagt: diktierte) Brückenbauwerke, die ihnen recht zu geben scheinen. Vom technischen Standpunkt gesehen liegen die Bauingenieure vorn. Die meisten Brücken sind sogenannte Ingenieurbauwerke. Es sind hochkomplexe Gebilde, die in der Hauptsache einem einzigen Zweck dienen und diesen mit höchster Effizienz erfüllen müssen. Wie bei einem Flugzeug oder Rennwagen bestimmt die Funktion die Form, und jede weitere Zutat wird zur bloßen Zierde oder gar zum Ballast. In der deutschen Honorarordnung für Architekten und Ingenieure wird der Architekt bei den Ingenieurbauleistungen nicht einmal erwähnt. Doch die alleinige Fokussierung auf das Tragwerk ist eine sehr selektive Sicht der Dinge. Tatsächlich sind Brücken wahrscheinlich die architektonisch prominentesten Objekte unserer gebauten Umwelt. Sie prägen die Bilder unserer Städte, verbinden Kulturen, Länder und Erdteile. Das Gewicht ihrer Symbolik ist auf jeder Euronote zu sehen. Brücken stiften die Identität ganzer Regionen, überleben aufgrund der eingeplanten langen Lebensdauer ihre Gestalter und werden oft zu Manifestationen des lokalen Kulturerbes. Daher kann das Reduzieren von Brücken auf ihre bloße Funktion und das Vernachlässigen aller „weichen" kontextbezogenen Parameter das große Bild beeinträchtigen, kann mit mittelmäßen Entwürfen großes Potenzial verschenken.

Die Gestaltungsmaxime der Moderne, wonach die Form der Funktion zu folgen hat, hat sich in den meisten Gebieten des Bauens durchgesetzt, stärker als in der Gestaltung von Gebäuden aber wohl noch im Brückenbau und das vermutlich deshalb, weil bei ihm die Tragfunktion so sichtbar in konstruktive Effizienz und Materialökonomie übersetzt wird. Fritz Leonhardts 1982 erschienenes einflussreiches Buch *Brücken* spricht deutlich aus, dass Brückenplaner aus sozialer Verantwortung Effizienz und Materialökonomie über andere Gestaltungsaspekte stellen müssen, und verbindet damit Ethik und Ästhetik auf eine nachhaltig eindrucksvolle Weise, die Generationen von Bauingenieuren geprägt hat.[1] Zudem steht fest, dass die in der Gebäudearchitektur so rasch wechselnden Moden sich im modernen Brückenbau lang nicht so stark niederschlagen und es relativ wenige Beispiele gibt, in denen ein Architekturstil kosmetisch auf Brücken angewandt wurde, weil dieses Vorgehen nicht als wertvoll oder erfolgversprechend galt. Im Ingenieurbau ist Fritz Leonhardts funktionale Moderne zu einem zeitlosen Stil geworden. Betrachtet man allerdings alle

1   Vgl. Leonhardt, Fritz: *Brücken. Ästhetik und Gestaltung*, Stuttgart 1982.

Even though they are objects within a dynamic world of movement and transport connections, engineers and architects frequently tend to see bridges as static objects, but in different ways: on the one hand, bridges are conceived as a purely structural problem and on the other, as an aesthetic form. It is this difference between a "classical" view of underlying form and a "romantic" view of external appearance in which lies the creative tension that often exists between these two closely allied professions. The best bridge designers may be those who recognize both sides of that philosophical divide, even if they reside firmly on one side or the other, and this has even been considered within design standards, with the UK *Design Manual For Roads And Bridges* suggesting that "it is necessary for engineers and architects to have some common understanding, some area of overlap in aims, knowledge and sympathy. Each must understand something of the other's discipline, and both need a certain humility."[2]

What Is a Successful Bridge? If asked what a successful bridge is, everyone in the design team will probably have a different answer. The engineer will certainly want a bridge that is structurally efficient, the contractor tries to minimize the program, whereas the client may be focused on low cost solely. But unlike in the design of any common consumer product, no one asks the end user about their opinions. When talking about architects in bridge design, this should be the very point at which to start the debate. Every single successful architectural object ever built has always been a response to their context. That context may be geographical, sociocultural, historical, etc. The knowledge of the local people, their customs, their values, their concerns, their likes and dislikes may decide upon the public acceptance or rejection of a bridge. And although there is no penalty and no punishment for bad design, the concept of social responsibility should be well-anchored in every designer's working ethics and should not only be a buzzword in keynote lectures.

How Can Engineers and Architects Successfully Cooperate on a Bridge Design? A quick look at websites listing recent competitions reveals that there is a remarkable number of bridge design competitions with a clear call for interdisciplinary teams combining engineering and architectural expertise alike. Even if we remove all competitions with an incompetent jury promoting structurally questionable concepts, there is still a selection of remarkable designs left at the bottom line. It seems that contrary to popular belief, there are teams of engineers and architects that get along very well. So what ingredients do you need to bake a good team?

Common Language. The idea that engineers are not creative is as wrong as the belief that architects have no interest in structures. Ideally, both partners share a common base of knowledge regarding their professions. It is not only about an understanding of how something should be done but also why. This also puts an emphasis on the transparency of the design process and on clear and intelligible communication.

Close Cooperation Right from the Start. Both parties involved early in the planning of a bridge must work together continuously. Site visit, concept development, napkin sketching, brainstorming sessions—these steps cannot happen in a vacuum. The architect must be able to understand the structural constraints before an idea is developed and vice versa, the engineer should have an idea of the cultural and social implications of the bridge's setting. Further cooperation throughout the design process is equally important and will benefit the final outcome which will be well-coordinated and coherent.

Shared Tools. Communicating ideas has gone far beyond the limits of a napkin. Although hand sketches and rough physical models will always remain the first tool to present a concept, the focus has shifted onto the digital world. Unlike early CAD software, which merely mimicked the process on a drawing board improving it by adding an "undo" button, the current state-of-the-art software opens a wide spectrum of new possibilities, dramatically reducing the amount of time spent on developing the concept. To a certain extent, these are the fruits of the app-culture driven by some California-based IT companies, providing affordable, user-friendly, and easy-to-learn software with limited hardware requirements, thus making it available to a broad base of non-specialized users. Probably the most important representative of this field is Rhinoceros, a 3D software by McNeel & Associates. Opening the software environment to other developers set the base of an ever-growing collection of mostly free add-ons and plug-ins, introducing simple solutions to all kinds of problems, from image rendering to geometrical analysis and form finding. Of course, the most prominent plug-in is Grasshopper—a powerful visual programming environment which also allows users

2   Great Britain Highway Agency, "The Design and Appearance of Bridges," in *Design Manual For Roads and Bridges*, Vol. 1, Section 3, Part 11, BA 41/98 (1998), http://www.standardsforhighways.co.uk/dmrb/vol1/section3/ba4198.pdf (accessed November 9, 2015).

Arten von Brücken allein unter konstruktiven Gesichtspunkten, läuft man Gefahr, jene „architektonischen" Faktoren, die schwer erklärlich und intuitiv sind – eher eine Herzens- denn eine Verstandesangelegenheit, – zu unterschätzen oder ganz aus dem Blick zu verlieren.

Wiewohl Brücken Objekte der dynamischen Welt der Mobilität und Transportverbindungen sind, betrachten sie Ingenieure und Architekten häufig als statisch, aber jeweils auf ihre eigene Art: die einen sehen sie als reines Tragwerkproblem, die anderen als rein ästhetische Form. Aus dieser Differenz zwischen der „klassischen" Idee einer innewohnenden Form und der „romantischen" Idee der äußeren Erscheinung resultiert auch die kreative Spannung, die zwischen diesen eng verwandten Berufen oft besteht. Die besten Brückenplaner sind vielleicht die, die beide dieser grundverschiedenen Philosophien kennen, auch wenn sie fest auf der einen oder anderen Seite stehen. In Großbritannien ist das sogar in die Gestaltungsrichtlinien des *Design Manual For Roads And Bridges* aufgenommen worden, wo es heißt: „Ingenieure und Architekten benötigen ein gemeinsames Grundverständnis, eine gewisse Schnittmenge an Zielen, Wissen und Vorlieben. Beide müssen etwas vom Fach des jeweils anderen verstehen, beide eine gewisse Demut mitbringen."[2]

Was ist eine gelungene Brücke? Auf die Frage, was eine gelungene Brücke ist, wird wahrscheinlich jeder in einem Entwurfsteam eine andere Antwort haben. Das Ingenieurbüro wird sicherlich eine statisch effiziente Brücke anstreben, das ausführende Unternehmen wird das Bauprogramm abspecken wollen und dem Auftraggeber dürfte es vor allem auf geringe Kosten ankommen. Aber anders als bei der Gestaltung gewöhnlicher Konsumgüter werden die Endverbraucher nicht nach ihrer Meinung gefragt. Spricht man mit Architekten über die Gestaltung von Brücken, sollte man aber genau damit anfangen. Jedes gelungene architektonische Werk, das je gebaut wurde, war eine Antwort auf seinen Kontext – verstanden als geografische, soziokulturelle, historische usw. Gegebenheiten. Das Wissen der vor Ort lebenden Menschen, ihre Gebräuche, Werte, Anliegen, Vorlieben und Abneigungen können über die öffentliche Akzeptanz oder Ablehnung einer Brücke entscheiden. Auch wenn schlechte Gestaltung nicht unter Strafe steht, so sollte der Begriff der sozialen Verantwortung nicht bloß eine leere Phrase in Festvorträgen, sondern fester Bestandteil der Arbeitsethik eines jeden Gestalters sein.

Wie können Bauingenieure und Architekten im Brückenbau erfolgreich zusammenarbeiten? Bereits ein flüchtiger Blick auf Websites mit neueren Wettbewerbsausschreibungen zeigt, dass eine erhebliche Anzahl von Brückenbauwettbewerben ausdrücklich interdisziplinäre Teams verlangen, die Ingenieurbau- und Architekturkompetenzen miteinander vereinen.

Selbst wenn man davon alle Wettbewerbe mit inkompetenten, statisch fragwürdige Konzepte befürwortenden Jurys abzieht, bleibt unterm Strich immer noch ein anständiges Sortiment bemerkenswerter Entwürfe. Im Gegensatz zur landläufigen Meinung scheint es also durchaus Ingenieurbau-Architekten-Teams zu geben, die gut miteinander auskommen. Welcher Zutaten bedarf es aber, um ein gutes Team zusammenzustellen?

Gemeinsame Sprache. Die Vorstellung, dass Ingenieure unkreativ seien, ist ebenso falsch wie der Glaube, Architekten interessierten sich nicht für Tragstrukturen. Idealerweise verfügen die Partner über eine gemeinsame Wissensbasis bezüglich ihres Berufs. Das meint nicht nur die Auffassung, *wie* etwas gemacht werden sollte, sondern auch *warum*. Hohen Stellenwert haben dabei die Transparenz des Entwurfsprozesses und klare, verständliche Kommunikation.

Enge Kooperation von Anfang an. Beide Parteien müssen früh in die Planung einbezogen sein und kontinuierlich zusammenarbeiten. Ortsbesichtigung, Konzeptentwicklung, Serviettenskizzen, Brainstorming-Sessions – keiner dieser Schritte darf in einem Vakuum stattfinden. Der Architekt bzw. die Architektin sollte vor der Entwicklung der Idee die statischen Beschränkungen verstehen, und der Ingenieur bzw. die Ingenieurin sollte eine Vorstellung von den kulturellen und sozialen Implikationen des Brückenkontexts haben. Ebenso wichtig ist die Fortführung der Kooperation während des gesamten Entwurfsprozesses; das fördert ein wohlkoordiniertes und kohärentes Endergebnis.

Gemeinsame Werkzeuge. Der Ideenaustausch ist heute nicht mehr auf die Serviette beschränkt. Obwohl die Handzeichnung und grobe physische Modelle immer das erste Mittel der Konzeptveranschaulichung bleiben werden, hat sich der Fokus inzwischen auf die digitale Welt verschoben. Imitierte die frühe CAD-Software lediglich den Entwurfsprozess am Zeichenbrett, verbessert durch eine „Undo"-Funktion, so eröffnet die technisch avancierteste Software heute ein breites Spektrum an neuen Möglichkeiten, die den Zeitaufwand für die Konzeptentwicklung dramatisch reduzieren. Zu einem Teil ist das die Folge der von einigen kalifornischen IT-Firmen vorangetriebenen App-Kultur, die erschwingliche, benutzerfreundliche, leicht zu lernende Software mit geringen Systemvoraussetzungen hervorgebracht und damit für eine breite Basis nichtspezialisierter Nutzer zugänglich gemacht hat. Die bedeutendste Vertreterin auf diesem Gebiet ist wahrscheinlich Rhinoceros, eine 3D-Software von McNeel & Associates. Mit der Öffnung der Softwareumgebung für andere Entwickler wurde die Grundlage für eine ständig wachsende Sammlung meist freier Erweiterungsmodule geschaffen, die einfache Lösungen für alle möglichen Probleme, vom Rendern bis zur geometrischen Analyse

2   Great Britain Highway Agency, „The Design and Appearance of Bridges", in: *Design Manual For Roads and Bridges*, Bd. 1, Section 3, Part 11, BA 41/98 (1998), http://www.standardsforhighways.co.uk/dmrb/vol1/section3/ba4198.pdf (Stand: 9.11.2015).

without programming skills a quick and almost playful setup of parametric models. Similar to Rhinoceros, this software is open to further development, spawning all kinds of third party add-ons enhancing its functionality and, maybe most importantly, its compatibility. Its versatility has allowed both engineers and architects to modify the software to suit their needs without losing the common base software.

Two Moving Bridges. The necessity of a strong cooperation between the architect and the engineer shall be exemplified in two built bridge projects which both won a series of awards: The first project, "Te Matau ā Pohe," is a moving road bridge spanning the Lower Hatea River in Whangarei, New Zealand. The bridge was developed together with Peters and Cheung Engineers from Auckland and UK-based Eadon Consulting as M&E engineers. The bridge was opened to the public in 2013. The second project, "Merchant Square Footbridge," is a sculptural bascule bridge consisting of five parallel steel beams or "fingers," each moving independently by its own set of hydraulic rams. The project was developed by London-based AKT II as the structural engineers, while Eadon Consulting covered the design of the hydraulics. It opened to the public in 2014.

Both projects have in common that they are two variations of the bascule concept: a cantilever with a counterweight balanced on a central pivot and operated by a hydraulic ram. On a basic level, this concept is easy to understand, but it becomes far more complex as soon as it is further developed. The parameters making things very difficult include the location of the pivot, the position and size of the counterweight, the position of the hydraulic cylinder, its stroke length, the weight of the bridge deck etc. All these parameters affect each other to such an extent that they can't be examined independently. For example, the location of the hydraulics has an impact on its size and stroke length, or, in most cases, the center of gravity of the structure does not fall into the location of the pivot which means that the bridge is never perfectly balanced; the balance even changes while the structure is being moved. As a consequence, there are an infinite number of different parameter combinations which may work well structurally, or visually, and with Grasshopper we were able to find the best common denominator.

In both cases, each bridge geometry was defined in its principle. Following a number of design workshops with engineers and architects, a jointly developed concept was then translated into a set of geometric rules which were then directly implemented into a full parametric Grasshopper model. This

und zur Formfindung, bieten. Das bekannteste davon ist natürlich Grasshopper – eine leistungsstarke visuelle Programmierumgebung, die es auch Nutzern ohne Programmierfähigkeiten ermöglicht, auf rasche und fast spielerische Weise parametrische Modelle zu erstellen. Ähnlich wie Rhinoceros ist diese Software entwicklungsoffen, was zu allen möglichen weiteren Add-ons vonseiten Dritter führt, die ihre Funktionalität, vor allem aber ihre Kompatibilität erhöhen. Das hat Ingenieuren wie Architekten die Möglichkeit gegeben, die Software an die eigenen Bedürfnisse anzupassen, ohne die gemeinsame Basis aufgeben zu müssen.

Zwei bewegliche Brücken. Die Notwendigkeit einer engen Zusammenarbeit zwischen Architekt und Ingenieur soll hier anhand zweier gebauter Brückenprojekte verdeutlicht werden, die mehrfach ausgezeichnet wurden: Das erste davon, „Te Matau ā Pohe", ist eine bewegliche Straßenbrücke über den Lower Hatea River in der Stadt Whangarei, Neuseeland. Die Brücke wurde zusammen mit Peters and Cheung Engineers aus Auckland und der britischen Maschinenbau- und Elektrotechnikfirma Eadon Consulting entwickelt. 2013 wurde sie der Öffentlichkeit übergeben. Das zweite Projekt, die Fußgängerbrücke am Merchant Square in London ist eine skulpturale Klappbrücke, die aus fünf, jeweils von einem eigenen Hydraulikzylinder bewegten parallel angeordneten Stahlbalken oder „Fingern" besteht. Das Projekt wurde mit der Londoner Bauingenieurfirma AKT II entwickelt, die Hydraulik stammte von Eadon Consulting. Eröffnet wurde die Brücke 2014.

Bei beiden Projekten handelt es sich um Varianten des Wippenprinzips: ein Kragträger mit Gegengewicht wird auf einem zentralen Drehpunkt ausbalanciert und von einem hydraulischen Hebel bewegt. Im Grunde ist das Prinzip leicht verständlich, entwickelt man es aber weiter, erhöht sich die Komplexität enorm. Was die Sache erschwert, sind u.a. die Lage des Drehpunkts, die Anordnung und Größe des Gegengewichts, die Position und Hublänge des Hydraulikzylinders oder das Gewicht des Brückendecks. All diese Parameter haben derartige Auswirkungen aufeinander, dass sie nicht unabhängig voneinander betrachtet werden können. So wirkt sich etwa die Positionierung der Hydraulik auf deren Größe und Hublänge aus, und das Schwerpunktzentrum des Tragwerks fällt meist nicht mit dessen Drehpunkt zusammen, was bedeutet, dass die Brücke nie perfekt ausbalanciert ist; ja das Gleichgewicht ändert sich sogar während der Bewegung des Tragwerks. Die Folge davon ist, dass es unendlich viele Parameterkombinationen gibt, die statisch oder visuell gut funktionieren, und mithilfe von Grasshopper konnten wir den besten gemeinsamen Nenner finden.

In beiden Fällen wurde die Brückengeometrie zuerst prinzipiell festgelegt. Nach einer Reihe von Entwurfssitzungen mit Ingenieuren und Architekten wurde das gemeinsam entwickelte Konzept in ein Set geometrischer Regeln übertragen, die

Knight Architects/Peters & Cheung Ltd/Eadon Consulting, "Te Matau ā Pohe"
(2) The design of the bridge makes use of the form of a fish hook, an important motif in Maori culture | Die Form der Klappbrücke erinnert an einen Angelhaken – ein wichtiges Symbol in der Kultur der Maori, Whangarei, New Zealand 2013 © Patrick Reynolds
(3) Concept sketches | Konzeptskizzen © Knight Architects
(4) A hydraulic opening mechanism allows the bridge to open and vessels to transit | Ein hydraulischer Klappmechanismus ermöglicht dem Schiffsverkehr die Durchfahrt, Whangarei, New Zealand, 2013 © Patrick Reynolds
(5) Rhino/Grasshopper geometry model showing different angles of elevation | Darstellung der Brückengeometrie in verschiedenen Öffnungsschritten © Knight Architects

2

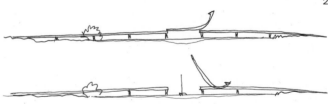

3

4

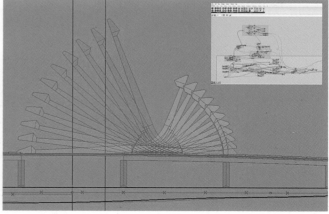

5

6

(6) Knight Architects/AKT II/Eadon Consulting, Merchant Square Footbridge, London, 2014 © Edmund Sumner
(7) Knight Architects/AKT II/Eadon Consulting, Merchant Square Footbridge, London, 2014 © Peter Cook
(8) Counterweights and bridge railing | Gegengewichte und Geländer, London, 2014 © Edmund Sumner
(9) Rhino/Grasshopper geometry model showing three stages of elevation: closed, half-opened, opened |
Darstellung der Brückengeometrie in drei Öffnungsstellungen: geschlossen, halb-offen, geöffnet © Knight Architects

7

8

9

model can be seen as the core piece of the entire design process. Unlike a 2D drawing, or even a 3D model, where the designer hands over only the final geometry without showing the intermediate steps of its development, a parametric model presents each detail as a function of the few parameters on which the model is based. In other words, the designer is forced into logical thinking when setting up a coherent and easy to understand 3D model, thus streamlining the entire production process that follows. At the same time, the engineer cannot as easily change or omit certain details without interfering with the core rules.

In the case of the two bascule bridges, the parametric models were then exported into XLS spreadsheets for structural analysis and hydraulics design and into a Rhino model for visual analysis and rendering. This was a recursive process, allowing the team to find the key driving parameters and optimize them for both efficiency and aesthetics (like FEM for structural analysis or XLS for hydraulics design). The main difference between the two projects was, that in case of "Ta Matau ā Pohe," the parametric model was entirely in the hands of the architect handing over only the exported files to the project partners, whereas with "Merchant Square Bridge," the engineers had already developed their tools to carry out initial analyses within the Grasshopper model. In this case, classic 2D drawings were only generated for the application for the building permit and the preparation of the tender documents.

Conclusion. In a world of increasingly complex projects, a tighter bond between engineers and architects can only help to establish a broader base of mutual understanding. This will lead to better and more successful projects, both in terms of their processes and outcomes. Such an intense cooperation can lead to more structurally innovative and aesthetically pleasing results. One of the most effective means of improving the quality of this relationship is the use of a common language, focusing not only on basic technical and architectural knowledge but also on the mutual use of the same design tools. Parametric design software like the Rhino/Grasshopper package are being used increasingly by engineers and architects alike, offering an open environment to easily modify the basic program to suit the needs of the particular profession without leaving the realm of a commonly used format. This allows both parties to work closely and simultaneously on the same model, thus opening up quick ways to explore options in order to find an optimized end result in a streamlined design process. ▪

dann direkt in ein vollparametrisches Grasshoppermodell implementiert wurden. Dieses Modell kann als Kernstück des gesamten Entwurfsprozesses gesehen werden. Anders als bei einer 2D-Zeichnung oder auch einem 3D-Modell, bei denen der Planer lediglich die finale Geometrie liefert und deren Entwicklungsschritte unterschlägt, zeigt sich im parametrischen Modell jedes Detail als Funktion der wenigen Parameter, auf denen es fußt. Beim Erstellen eines kohärenten und leicht verständlichen 3D-Modells sind die Planer also zu logischem Denken gezwungen, denn sie bestimmen damit auch den gesamten nachfolgenden Produktionsprozess. Zugleich kann der Ingenieur gewisse Details nicht mehr so einfach ändern oder weglassen, ohne in Konflikt mit den grundlegenden Regeln zu geraten.

Im Fall der beiden Klappbrücken wurden die parametrischen Modelle für die Tragwerksberechnung und Hydraulikplanung als Excel-Tabellen und für die visuelle Analyse und das Rendering als Rhino-Modell exportiert. Dabei handelte es sich um einen rekursiven Prozess, mit dessen Hilfe das Team die entscheidenden Parameter identifizieren und sie auf Effizienz und Ästhetik optimieren konnte (ähnlich zu FEM für die Tragwerksberechnung und Excel für die Hydraulikplanung). Der Hauptunterschied zwischen den beiden Projekten bestand darin, dass das parametrische Modell bei der „Te Matau ā Pohe" ganz in den Händen des Architekten lag, der den Projektpartnern nur die exportierten Dateien aushändigte, wogegen die Ingenieure bei der Merchant-Square-Brücke ihre Tools bereits so weit entwickelt hatten, dass sie ihre Erstanalysen mit dem Grasshopper-Modell durchführen konnten. Bei letzterer wurden klassische 2D-Zeichnungen nur noch für den Baugenehmigungsantrag und die Ausschreibungsunterlagen angefertigt.

Fazit. In einer Welt, in der Projekte zunehmend komplexer werden, kann eine engere Zusammenarbeit zwischen Ingenieuren und Architekten dazu beitragen, die gegenseitige Verständnisbasis zu verbreitern. Das wird – sowohl was die Prozesse als auch was die Resultate betrifft – zu besseren und gelungeneren Projekten führen. Eine solch intensive Kooperation hat das Potenzial, strukturell innovativere und ästhetisch ansprechendere Ergebnisse hervorzubringen. Eines der wirksamsten Mittel zur Verbesserung dieser Beziehung ist die Verwendung einer gemeinsamen Sprache, nicht nur in Bezug auf das technische und architektonische Grundlagenwissen, sondern auch auf die Entwurfswerkzeuge. Parametrische Entwurfssoftware wie Rhino/Grasshopper wird zunehmend sowohl von Ingenieuren wie Architekten eingesetzt und stellt eine offene Umgebung bereit, in der sich das grundlegende Programm leicht den Erfordernissen des jeweiligen Fachgebiets anpassen lässt, ohne dass man die gebräuchlichen Formate verlassen muss. Das erlaubt beiden Parteien eng und gleichzeitig an ein- und demselben Modell zu arbeiten und bietet damit eine schnelle Möglichkeit, Optionen durchzuspielen und in einem gestrafften Entwurfsprozess zu optimierten Endergebnissen zu gelangen. ▪

Übersetzung: Wilfried Prantner

Tragwerksentwurf:
Von expressiv bis innovativ
Structural Design: Ranging from Expression to Innovation

Stephan Engelsmann | Stefan Peters

METARAUM Architekten BDA/Engelsmann Peters Beratende Ingenieure GmbH,
Zentraler Omnibusbahnhof (ZOB) Pforzheim, Überdachung | Bus Station Pforzheim, Roofing, 2015 @ Zooey Braun

Die Tragwerksplanung ist eines der vielfältigsten und anspruchsvollsten Teilgebiete des Bauwesens. Denn die geistigen Prozesse, die dem Entstehen von Tragstrukturen vorausgehen, erfordern gleichermaßen kreative Phantasie und wissenschaftliche Methoden. Die besonderen Erfordernisse der Tragwerksplanung haben innerhalb der Bauingenieurwissenschaften eine eigene Planungsdisziplin hervorgebracht, deren Aufgabe nicht nur die Erbringung von ingenieurwissenschaftlichen Nachweisen, sondern eines für das Gesamtergebnis sehr bedeutsamen Teils der geistig-schöpferischen Planungsleistungen ist: Tragwerksplanung ist eine gestaltende Disziplin.

Dass Planungsprozesse infolge einer stark zunehmenden Komplexität, die zur Notwendigkeit einer zunehmenden Spezialisierung führte, nicht mehr von Einzelpersonen verantwortet werden, ist Unbeteiligten in vielen Fällen nicht geläufig. Tatsächlich sind Planungsprozesse heute in hohem Maße interdisziplinär, mit dem gemeinsamen Ziel, gestalterisch anspruchsvolle und funktionale, gleichzeitig nachhaltige und wirtschaftliche und nicht zuletzt auch sichere und gebrauchstaugliche Bauwerke zu erschaffen. In Abhängigkeit von der Bauaufgabe kann die Zusammensetzung der Planungsteams dabei durchaus unterschiedlich sein: sie reicht von der bereits klassischen Zusammenarbeit zwischen Architekt und Tragwerksplaner über die Mitwirkung von weiteren Spezialisten aus unterschiedlichen Teilgebieten bis hin zu engen Kooperationen mit ausführenden Unternehmen.

In der Tragwerksplanung sind neben den selbstverständlichen Anforderungen Gebrauchstauglichkeit und Tragfähigkeit insbesondere Aspekte der Gestaltung und der Wirtschaftlichkeit, aber auch Faktoren wie Bauweisen und Fertigung zu berücksichtigen. Der Phase des Tragwerksentwurfes, die einen so bedeutsamen Teil des gesamten Entwurfsprozesses darstellt, gebührt dabei höchste Aufmerksamkeit, werden doch mit ihr Konstruktionsprinzipien und Funktion, aber auch Erscheinungsbild und Wirtschaftlichkeit festgelegt.

Tragwerksplaner sollten grundsätzlich so früh wie möglich in den Planungsprozess einbezogen werden, denn Strukturen materialisieren Architektur. Tragstrukturen können einerseits ausdrucksstark in Erscheinung treten und eine Gestaltungsabsicht in besonderer Weise betonen. Sie können andererseits aber auch mit maximaler Zurückhaltung in ein Gebäude integriert werden und somit weitgehend unsichtbar bleiben, wenn sie verkleidet werden. Sie beziehen ihren Wert und ihre Bedeutung aus der Sinnhaftigkeit der gewählten Konstruktionsprinzipien, aus der Übereinstimmung von Form und Konstruktion, aus der Qualität ihrer Fertigung und vor allem aus der perfekten Ausbildung ihrer Details. Nicht vergessen werden sollte, dass Tragstrukturen stets auch in hohem Maße Innovationsträger gewesen sind, denn sie bieten, insbesondere bei prototypischen Anwendungen, die Möglichkeit, neue Werkstoffe, Konstruktionsprinzipien und

Bauweisen weiterzuentwickeln und aufzuzeigen. Die Unterschiedlichkeit der Herangehensweisen im Tragwerksentwurf kann dabei in Verbindung mit der Berücksichtigung projektspezifischer Faktoren zu sehr unterschiedlichen Planungslösungen führen. Die nachfolgenden Beispiele sollen ausgewählte Aspekte der Tragwerksplanung verdeutlichen.

Österreichischer Pavillon EXPO 2015: Nachhaltige Tragstruktur mit anspruchsvollen Details (Abb. 2–5). Die EXPO Milano 2015 hatte das Leitthema *Feeding the planet, Energy for life*. Einen der Höhepunkte der Weltausstellung bildete der österreichische Pavillon. Das aus einem EU-weit ausgeschriebenen Realisierungswettbewerb hervorgegangene Konzept für den österreichischen Pavillon mit dem Titel *breathe.austria* rückte eine der wichtigsten Ressourcen der Menschheit ins Zentrum der internationalen Aufmerksamkeit: die Luft, unsichtbare Schnittstelle zwischen Mensch und Natur. Die Pflanzenwelt liefert durch Einlagerung von Kohlendioxid und Produktion von Sauerstoff einen unverzichtbaren Beitrag für Klima und Luft. Die Präsentation des sinnlichen Erlebnisraumes eines österreichischen Waldes war die landschaftsplanerische Grundidee von *breathe. austria*. In einer Welt der Reizüberflutung sollten die Sinne der Besucher durch das Erleben der Natur reaktiviert werden.

Der Pavillon mit Grundrissabmessungen von ca. 15 x 76 m und einer Höhe von ca. 11 m (im Regelbereich) war unmittelbar an der Hauptachse des EXPO-Geländes gelegen. Vorgabe war es, ein temporäres Bauwerk zu entwickeln, das nach dem Ende der EXPO wieder abgebaut werden konnte. Die tragwerksplanerische Aufgabe bestand darin, eine soweit als möglich nachhaltige Tragkonstruktion zu entwickeln, die eine sichtbare, in gestalterischer Hinsicht aber zurückhaltende Bühne für die Präsentation des Waldbereichs bieten sollte. Der Haupteingang befindet sich auf der nördlichen Seite in Richtung EXPO-Plaza, das insgesamt ca. 15 m hohe Service-Gebäude im südlichen Teil des Pavillons. Der in seinen Abmessungen durch die Baukonstruktion definierte Ausstellungsraum zwischen Eingang und Servicegebäude ist nach oben offen: im Innenraum befindet sich ein Außenraum. Vom Eingang gelangt man über geneigte Rampen auf den nach innen orientierten Umgang des Ausstellungsbereiches und kann von dort aus den landschaftsarchitektonisch gestalteten Raum umseitig erfahren.

Das gewählte Tragwerk besteht aus einer Betonkonstruktion im Erdgeschoß und einer Holzkonstruktion für die einfassenden Wand- und Dachbereiche des Obergeschosses. Das Servicegebäude ist in Mischbauweise aus Beton und Holz realisiert. Die Betonkonstruktion besteht aus einer elastisch gebetteten Bodenplatte, aussteifenden und die Erdmassen haltenden Wandscheiben, schlanken, das Obergeschoß tragenden Pfeilerscheiben und Stützen sowie einer Deckenscheibe. Die

Structural engineering is one of the most diversified and challenging branches of the building industry, for the intellectual processes preceding the creation of supporting structures necessitate creative imagination and scientific methods in equal measure. The special demands related to structural engineering have spawned a new planning discipline within the civil engineering sciences. Its objective is not only to explore engineering-related facets, but also to cover a significant portion of the intellectual-creative planning activity: structural engineering is a design discipline.

In many cases, outsiders are unaware that, due to a sharp rise in complexity, planning processes no longer rest in the hands of individuals, which has made increasing specialization imperative. In fact, planning processes today are highly interdisciplinary, with the common goal of creating structures that feature sophisticated and functional design, are sustainable and economical at the same time, but also safe and user-friendly. Depending on the construction assignment, the composition of the planning team may widely vary: it ranges from classic collaboration between architect and structural engineer to the involvement of other specialists from different sectors or even close cooperative relationships with contracting companies.

In the case of structural engineering, various factors need to be taken into account aside from the more self-evident demands like usability and bearing capacity, especially aspects related to design and efficiency, but also factors like construction methods and production. The structural-design phase, which encompasses such a great portion of the entire design process, warrants maximum attention since it entails the specification of construction principles and functions, but also visual appearance and efficiency.

Structural engineers should be involved in the planning process as early as possible, for structures lend material form to architecture. Supporting structures can appear highly expressive, emphasizing the design objective in a special way. Yet they can also be integrated into a building in an extremely restrained manner, thus remaining invisible to a large extent if covered. Such structures derive their value and their import from the meaningfulness of the selected structural principles, from the congruence of form and construction, from the quality of their manufacture, and particularly from the perfect cultivation of their details. It should not be forgotten that supporting structures are always to a strong degree drivers of innovation, for they offer, especially in the case of prototypical applications,

an opportunity to further develop and highlight new materials, structural principles, and building methods. The variety of approaches found in the context of structural design can lead to very different planning solutions, in connection with the accommodation of project-specific factors, as the following four examples of selected structural-engineering aspects are meant to illustrate.

Austrian Pavilion EXPO 2015: Sustainable Supporting Structure with Sophisticated Details (figs. 2–5). The EXPO Milano 2015 was themed "Feeding the Planet, Energy for Life." One of the highlights of the world fair was the Austrian Pavilion. The concept of the Austrian Pavilion, titled *breathe. austria*, emerged as a winner from an EU-wide architectural design competition and thus focused international attention on one of the most important human resources: air, the invisible interface between humans and nature. By storing carbon dioxide and producing oxygen, the plant kingdom makes a vital contribution to climate and air. The presentation of the sensory experiential space of an Austrian forest was the basic landscape-planning idea behind *breathe.austria*. In a world of sensory overload, the idea was to reactivate the visitors' senses through the experience of nature.

The pavilion featured floor-plan dimensions of approx. 15 x 76 meters and a height of approx. 11 meters (in the main area) and was situated directly along the central axis of the EXPO premises. The stipulation was to erect a temporary structure that could be dismantled once the EXPO was over. The structural-engineering mission was to develop as sustainable of a supporting structure as possible that would offer a visible yet (in terms of design) reserved stage for presenting the forested area. The main entry is located on the north side facing EXPO Plaza, in the fifteen-meter-high service facility on the south end of the pavilion. The exhibition space located between the entry and the service facility, its dimensions defined by the architectural structure, is open toward the top: an exterior space is situated within an interior space. Proceeding from the entryway, visitors make their way over inclined ramps to the inwardly oriented passage around the exhibition space, and from there the landscape-architecturally designed space can be experienced from the other side.

The selected supporting structure consists of a concrete structure on the ground level and a wooden structure for the bordering wall and roof areas of the upper floor. The service facility features a composite design of concrete and wood.

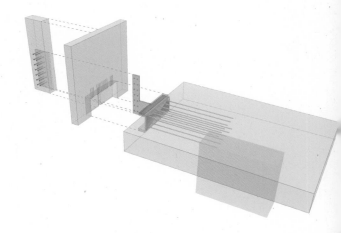

team.breathe.austria/Engelsmann Peters Beratende Ingenieure GmbH,
Österreichischer Pavillon EXPO Milano | Austrian Pavilion EXPO Milano, 2015
(2) Eingangsbereich | Entry area © Simon Oberhofer
(3) Explosionszeichnung der Einspannung der Holzwände in die Betonplatte | Exploded-
view drawing of the wooden walls being clamped into the concrete slab © Engelsmann
Peters Beratende Ingenieure GmbH
(4) Explosionszeichnung Tragwerkskonzept | Exploded-view drawing of the structural concept
© Engelsmann Peters Beratende Ingenieure GmbH
(5) Rückansicht des EXPO Pavillons | Rear view of the EXPO pavilion © Simon Oberhofer

Österreichischer Pavillon EXPO Milano | Austrian Pavilion EXPO Milano, 2015
Projektbeteiligte | Project participants

Bauherr | Client
Republik Österreich
Objektplanung | Architectural planning
team.breathe.austria
terrain : architekten und landschaftsarchitekten BDA – Klaus K. Loenhart
mit | with
Agency in Biosphere – Markus Jeschaunig
Hohensinn Architektur ZT GmbH – Karlheinz Boiger
LANDLAB, i_a&l, TU-Graz – Andreas Goritschnig und Bernhard König
Lendlabor Graz – Anna Resch und Lisa Enzenhofer
Tragwerksplanung | Structural design
Engelsmann Peters Beratende Ingenieure GmbH, Stuttgart/Graz
Klimakonzept | Climate concept
Transsolar KlimaEngineering, Stuttgart
Bauausführung | Construction work
Ed. Züblin AG Holzingenieurbau, Stuttgart

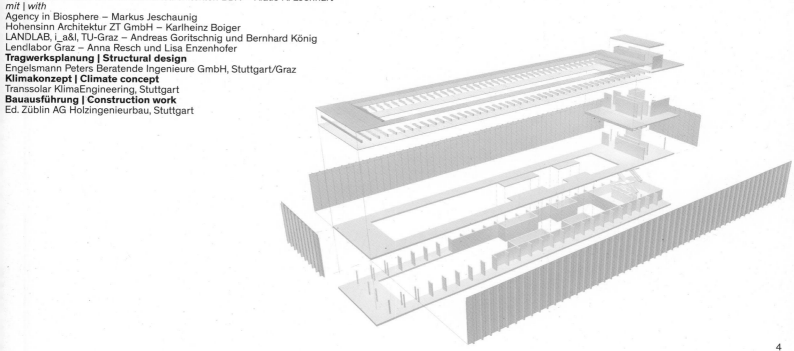

4

5

leistungsfähige Betonkonstruktion ermöglicht eine sich dem Besucher öffnende Eingangssituation und erfüllt nebenbei die strengen Brandschutzvorschriften der EXPO-Richtlinien. Die außerordentlich schlanke und materialsparende, in Bemessung und Konstruktion sehr anspruchsvolle Holzkonstruktion ist nach oben und innen (in der Abwicklung über eine Gesamtlänge von über 7,85 m) frei auskragend ausgebildet. Die im Querschnitt T-förmigen Holzelemente von Wand und Dach bestehen aus plattenförmigem, kreuzweise verleimten Brettsperrholz und einem Steg aus Brettschichtholz, die schubsteif zu im Querschnitt T-förmigen Elementen verbunden sind. Das äußere Erscheinungsbild des Pavillons ist geprägt vom gleichmäßigen Rhythmus der sichtbaren Holzkonstruktion. Das entscheidende Detail der Tragstruktur ist die biegesteife Verbindung zwischen den eingespannten Holzwänden und der Stahlbetondeckenplatte. Über ein Stahleinbauteil und eine Stahllaschenverbindung mit Stabdübeln erfolgte die Übertragung von vergleichsweise hohen Normal- und Querkräften und Biegemomenten auf engstem Raum. Eine aufwendige und bearbeitungsintensive Optimierung der Detailausbildung ermöglichte letztendlich eine Ausführung ohne sichtbare Verbindungsmittel, bei gleichzeitiger Gewährleistung der Brandschutzanforderung REI60. Diese Nicht-Sichtbarkeit eines technisch außerordentlich anspruchsvollen Detailpunktes ist eines der wesentlichen Merkmale des Tragwerksentwurfes und unterstützt das landschaftsplanerische und architektonische Konzept.

Nach der vorgezogenen Erstellung der Gründung und der Betonbauteile konnte der Holzbau auf dem EXPO-Gelände in kürzester Zeit zusammengesetzt werden. Der Innenraum wurde nach bzw. während der Fertigstellung des Bauwerks mit österreichischem Wald bepflanzt. Mit technischer Unterstützung (aber ohne Klimageräte) erzeugt der Pavillon durch Verdunstungskühlung die Mikroklimakondition eines österreichischen Waldes: ein angenehm kühler Raum in der sommerlichen Hitze der italienischen Gastgeberstadt der EXPO 2015. Die Vegetation des Waldstücks besitzt eine gesamte Blattoberfläche bzw. Verdunstungsoberfläche von ca. 43.200 m² und erzeugt dabei 62,5 kg frischen Sauerstoff pro Stunde, den Bedarf für 1.800 Personen. Die Waldbepflanzung und Sauerstoffproduktion sollen einen modellhaften Beitrag für sinnvolle Handlungsweisen in einem urbanen Umfeld darstellen und auf Österreichs nachhaltige und multifunktionale Waldbewirtschaftung verweisen.

Der österreichische Pavillon erfuhr große Anerkennung für ein perfektes Ineinandergreifen von architektonischem, landschaftsarchitektonischem, tragwerksplanerischem und klimatischem Konzept: eine integrale Planung führte zu einer ganzheitlichen Verbindung von Gebäude und Umwelt.

ZOB Pforzheim: Expressive Tragstruktur für die Gestaltung eines Verkehrsknotenpunktes (Abb. 1 und 6–13). Der Neubau des Zentralen Omnibusbahnhofs (ZOB) in Pforzheim ist Teil einer großen infrastrukturellen Entwicklungsmaßnahme und leistet neben der Verbesserung der verkehrlichen Verhältnisse einen bedeutsamen städtebaulich-architektonischen Beitrag zur Aufwertung des Gesamtbereiches. Grundlage der architektonischen und tragwerksplanerischen Bearbeitung des ZOB bildete die Verkehrsplanung. Den insgesamt drei Überdachungsbauwerken als funktional notwendige und gleichzeitig gestalterisch prägende Elemente kommt eine maßgebliche Bedeutung für die Gesamtbaumaßnahme zu. Sie bilden eine prägnante und attraktive räumliche Fassung des Raumes gegenüber dem nördlich gelegenen Gleisgelände und formen einen überdachten Stadtraum mit Aufenthaltsqualität. Erscheinungsbild und Form der sehr filigranen, mit einer weißen Verkleidung versehenen Überdachungsbauwerke in Stahlbauweise sind abgestimmt auf die verkehrsplanerischen, städtebaulichen und funktionalen Randbedingungen.

Vor allem aus Gründen des städtebaulichen Maßstabs ist der zu überdachende Raum in drei Teilbereiche beziehungsweise Einzelbauwerke geteilt. Die die Umrisse begrenzenden Linien der Überdachungsbauwerke sind abgerundet. Die nördlichen Dachränder der drei Überdachungen falten sich im Raum nach unten und werden zu raumbegrenzenden Wandbauteilen. In die Dachflächen eingeschnittene, unregelmäßig angeordnete, ellipsenförmige Öffnungen ermöglichen eine nutzerfreundliche natürliche Belichtung der Wartebereiche und sorgen für ein abwechslungsreiches Spiel von Licht und Schatten.

Die bereits während der Wettbewerbsphase in enger Zusammenarbeit von Objektplaner und Tragwerksplaner entwickelten Bussteigüberdachungen des ZOB mit einer Gesamtfläche von ca. 4.940 m² in der Projektion bestehen aus drei statisch-konstruktiv voneinander unabhängigen Teilbereichen, die in Ost-West-Richtung über eine Gesamtlänge von ca. 180 m unmittelbar hintereinander angeordnet sind. In der Tiefe erstrecken sich die Überdachungsbauwerke über ca. 44 m. Die Überdachungen West und Ost haben jeweils drei ellipsenförmige Öffnungen und werden getragen von 13 beziehungsweise 10 Stützen, die Überdachung Mitte hat nur zwei Öffnungen und wird von 9 Stützen getragen.

Das Primärtragwerk der drei nach dem gleichen Konstruktionsprinzip entwickelten, geometrisch anspruchsvollen Tragstrukturen, die sich in einer Höhe von ca. 7 m über GOK befinden, besteht im Wesentlichen aus Stützen und sich kreuzenden Trägerscharen. Die geometrische Anordnung der Trägerscharen ist aus den Überdachungsrändern abgeleitet. So verlaufen die Trägerscharen in Nord-Süd-Richtung im Grundriss fächerförmig, in Ost-West-Richtung sind sie parallel zu den

The concrete structure involves an elastically embedded base plate, bracing wall panels that support the earthen mass, thin shear walls and supports for bearing the upper level, and a ceiling panel. The efficient concrete construction facilitates an entrance situation embracing the visitors, while also meeting the strict EXPO fire safety regulations. The extraordinarily slender and material-saving wooden structure, which displays very sophisticated dimensioning and structure, freely cantilevers upward and inward (with an overall length of over 7.85 meters). The wooden elements of wall and roof, which display a T-shape in the cross-section, were made of panel-shaped cross laminated timber boards (CLT) and a web made of glue-laminated timber which have a shear connection to form T-shaped elements in cross-section. The external appearance of the pavilion is distinguished by a balanced rhythm of the visible wooden structure. An essential detail of the supporting structure is the rigid connection between the restrained wooden walls and the reinforced-concrete ceiling slab. The transmission of comparatively high normal and transverse forces and bending moments took place in the tightest of spaces thanks to an integrated steel element and a butt strap joint made of steel using dowels. An elaborate and work-intensive optimization of the detailed design ultimately paved the way for an implementation without visible means of joining, while simultaneously adhering to the REI60 fire protection requirements. This concealment of a technically extraordinary detail is one of the crucial features of the structural design, and it supports the landscape-planning and architectural concept.

Thanks to the earlier fabrication of both the foundation and the concrete structural elements, it was possible to assemble the wooden structure on the EXPO premises in just a short period of time. The interior space was then planted with Austrian forest vegetation after (or in part while) the structure was erected. Aided by technical support (but without air-conditioning), the pavilion was designed to generate, through evaporative cooling, the microclimatic state of an Austrian forest: a pleasantly cool space in the summer heat of the Italian city hosting the EXPO 2015. The vegetation of the forest grove featured an overall leaf surface area or evaporation surface of approx. 43,200 m²

and thus generated 62.5 kilograms of fresh air each hour, meeting the needs of 1,800 people. The planting of vegetation and related oxygen production were designed to represent an exemplary contribution to sensible approaches that can be applied in an urban context, thus referencing Austria's sustainable and multifunctional forestry management.

The Austrian Pavilion received major recognition for a perfect interplay of architectural, landscape-architectural, structural-engineering, and climatic concepts: integral planning led to a holistic connection between building and environment.

ZOB Pforzheim: Expressive Supporting Structure for the Design of a Traffic Node (figs. 1 and 6–13). The newly built bus station (ZOB) in Pforzheim is part of a large infrastructure development and, besides improving traffic conditions, has made an important urban-development, architectural contribution to the enhancement of the entire area. Forming the foundation for the architectural and structural-engineering revision of the ZOB was the involved traffic management. A total of three roofed structures—as functionally necessary elements that simultaneously display a unique design—were assigned significant importance in terms of the entire building project. The structures serve to incisively and attractively frame the space across from the northerly situated railway yard and give rise to roofed urban space with a sojourn quality. The appearance and form of the strongly nuanced roofed steel structures clad in white are adapted to the ancillary conditions related to traffic planning, urban development, and function.

For reasons mainly associated with urban-development standards, the covered space was divided into three subsections or individual buildings. The contours of the outer lines of the roofed structures are rounded. The northerly situated edges of the three roofs fold downward to become wall elements. Incised, irregularly arranged, ellipse-shaped openings in the roof surfaces facilitate user-friendly, natural lighting in the waiting areas, ensuring a varied play of light and shadow.

The bus platform roofing for the ZOB—featuring a projected total area of approx. 4,940 m² and developed in close collaboration between architects and structural engineers during the competition phase—consist of three static-structurally independent subsections, which are sequentially arranged from east to west spanning a total length of around 180 meters. The depth of the roofing structures extended over 44 meters. The west and east roofing elements each have three ellipse-shaped openings and are supported by thirteen and ten columns respectively, while the roofing element in the middle only has two openings and nine columns.

6

Zentralen Omnibusbahnhof (ZOB) Pforzheim | Bus station Pforzheim
Projektbeteiligte | Project participants

Bauherr | Client
Stadt Pforzheim, vertreten durch | represented by
Gebäudemanagement und Grünflächen- und Tiefbauamt
Verkehrsplanung | Traffic planning
Mailänder consult GmbH, Karlsruhe
Objektplanung | Architectural planning
METARAUM Architekten BDA, Stuttgart
Tragwerksplanung | Structural design
Engelsmann Peters Beratende Ingenieure GmbH, Stuttgart/Graz
Bauausführung | Construction work
STS Stahltechnik GmbH, Delmenhorst

7

8

9

METARAUM Architekten BDA/Engelsmann Peters Beratende Ingenieure GmbH,
Zentraler Omnibusbahnhof (ZOB) Pforzheim | Bus Station Pforzheim
(6–10) Überdachung | Roofing, 2015 © Zooey Braun
(11) Tragwerksisometrie | Structural isometry, 2015
© Engelsmann Peters Beratende Ingenieure GmbH
(12–13) Detail zweiachsig biegesteifer Übergang zwischen Stützen und Trägerrost |
Detail view of a dual-axis, rigid transition between supports and girder grillage, 2015
© Engelsmann Peters Beratende Ingenieure GmbH

10

11

12

13

Bussteigen angeordnet. Im Übergang zum Bahngleisbereich wird die eine der beiden Trägerscharen nach unten gefaltet. In den Regelbereichen werden vor allem Standardwalzprofile eingesetzt. In tragwerksplanerischer und fertigungstechnischer Hinsicht besonders anspruchsvolle Sonderbereiche bilden die für die geometrische Bewältigung der Übergangsbereiche erforderlichen räumlich verwundenen Träger sowie die angrenzenden auskragenden Wandbereiche, ebenso die Dachränder und Öffnungsbereiche mit einer Gesamtlänge von ca. 740 m.

Die Positionierung der Stützen ist abgestimmt auf die Verkehrsplanung und die Nutzung der Flächen unter der Überdachung sowie gleichzeitig auf tragwerksplanerische Erfordernisse. Die Gründung der Stützen erfolgte in Abhängigkeit von den nicht gleichmäßigen Bodenverhältnissen als Flachgründung oder als Tiefgründung auf Pfählen. Die Fußpunkte der Stützen sind in beiden Richtungen gelenkig ausgebildet. Die Stützen bestehen in den unteren Bereichen aus gewalzten Rundrohrprofilen RO 298,5 x 30 mm, in den oberen Bereichen aus gewalzten Rundrohrprofilen RO 298,5 x 50 mm sowie jeweils vier kreuzförmig angeordneten und aufgeschweißten Flachstahlsteifen t = 30 mm, b/h = 0–275 mm / 2755 mm im Bereich der biegesteifen Übergänge zu den Trägerprofilen. Die aus den tragwerksplanerischen Erfordernissen entwickelte, in der Erscheinung sehr markante Ausbildung des Anschlusses leistet vor dem Hintergrund der ansonsten glatten Untersicht einen wesentlichen Beitrag zum Erscheinungsbild. Tragwerkstypologisch bilden Träger und Stützen auf diese Weise Mehrfeldrahmen in beiden Richtungen und gewährleisten eine leistungsfähige Aussteifung gegenüber horizontalen Einwirkungen. Ergebnis der tragwerksplanerischen Überlegungen ist ein aus den geometrischen Randbedingungen abgeleitetes, sehr leistungsfähiges und wirtschaftliches, gleichzeitig den Gesichtspunkten Filigranität und Schlankheit Rechnung tragendes Tragsystem.

Unterseitig sind die Dachflächen sowie die nordseitigen Wände beidseits vollflächig mit einer weißen, vom Tragwerk abgehängten Verkleidung aus zementgebundenen Putzträgerplatten versehen, in die Dehnfugen eingeschnitten sind. Die Beleuchtung der Dachränder über umlaufende Lichtbänder betont bei Nacht wirkungsvoll die geometrischen Konturen und ist integrativer Bestandteil der Architektur. Notwendige ZOB-Funktionen wie Sitzgelegenheiten, Fahrgastinformationssystem, Hinweisschilder, Zeitangabe pp. sind in kleinen, sorgfältig gestalteten Funktionsinseln aus Betonfertigteilen und Glas gebündelt. Gemeinsam mit diesen leisten die sehr filigranen Überdachungsbauwerke in einer modernen Formensprache einen bedeutsamen Beitrag zu einer Neugestaltung des Stadtraums.

Fuß- und Radwegbrücke Stuttgart-Vaihingen: Die Kunst, das Einfache zu gestalten (Abb. 14–17). Fußgängerbrücken werden vom Menschen sehr unmittelbar erfahren. Sie bedürfen aus diesem Grund bis ins Detail besonderer planerischer Aufmerksamkeit durch die entwerfenden Ingenieure. Standardlösungen können einem gehobenen baukulturellen und ingenieurtechnischen Anspruch kaum gerecht werden. Der Neubau einer Fuß- und Radwegbrücke in Stuttgart-Vaihingen ist ein Beispiel für ein individuell konzipiertes, gleichzeitig dem Grundsatz der Wirtschaftlichkeit Rechnung tragendes Brückenbauwerk, dessen Form und Konstruktion abgeleitet sind aus der ganzheitlichen Verknüpfung von gestalterischen Überlegungen mit funktionalen, statisch-konstruktiven und fertigungstechnischen Randbedingungen.

Das neue Brückenbauwerk ist Teil einer Fuß- und Radwegverbindung zwischen den beiden Ortsteilen Dürrlewang und Rohr von Stuttgart-Vaihingen. Es ersetzt eine bis vor kurzem an gleicher Stelle vorhandene, abgängige Brückenkonstruktion.

Nach Entwicklung, Visualisierung und Diskussion von konzeptionell und statisch-konstruktiv unterschiedlichen Entwurfsalternativen entschieden sich die Planer gemeinsam mit dem Auftraggeber für eine aus den gegebenen Randbedingungen heraus entwickelte und der Planungsaufgabe angemessene Planungslösung. Weil eine auch nur geringfügige Beeinträchtigung des S-Bahn-Betriebs ausgeschlossen wurde und die neue Brücke mit möglichst kleinem technischem Aufwand in einem Stück eingehoben werden sollte, aber auch aus Gründen der Robustheit, wurde einer Stahlkonstruktion der Vorzug gegeben. Die Überbauoberkante des im Grundriss geraden Brückenbauwerks ist in der Ansicht gegensinnig geschwungen ausgebildet, um einen Höhenunterschied von ca. 1,6 m zwischen den beiden Brückenenden ohne funktional und visuell störende Abknickungen aufnehmen zu können. Die Längsneigung des Brückenbauwerks ist in der Folge veränderlich.

Die nutzbare Brückenbreite des 28 m langen Bauwerks misst 2,2 m, die maximalen Außenabmessungen incl. Berührschutz betragen ca. 6,0 m. Der Überbau besteht im Querschnitt aus einem rechteckigen Oberteil, das den Gehweg bildet, und einem dreieckförmigen Unterteil mit in Richtung der beiden Überbauenden abnehmender Querschnittshöhe und Querschnittsbreite. In fertigungstechnischer Hinsicht bedeutsam ist der Umstand, dass Bauteilbreite und Bauteilhöhe des unteren Querschnittteils dabei in gleichem Maße abnehmen. Dies hat den Vorteil, dass die Stege aus ebenen Blechen hergestellt werden können. Ergebnis dieser vielfältigen geometrischen und statisch-konstruktiven Überlegungen ist unter anderem eine ungewöhnliche Untersicht.

Der statisch bestimmt gelagerte Einfeldträger ist ein in statischer Hinsicht zunächst einfaches, aber der Aufgabenstellung angemessenes Konstruktionsprinzip. Er kann Temperaturverformungen in Brückenlängsrichtung über entsprechende Ver-

The primary structure of the three geometrically sophisticated supporting structures, all developed according to the same construction principle and situated about 7 meters above the top ground surface, essentially consists of columns and intersecting groups of aligned beams.

The geometric arrangement of the beams is derived from the roof edging. So in the ground plan, the beams run north to south in a fan-shaped way, while from east to west they are arranged in parallel to the bus platforms. In transition to the railway tracks, one of the two group of aligned beams folds downward. In the general range, standard rolled sections are predominately used. Special areas that are especially challenging from a structural-engineering and manufacturing perspective are the spatially twisted beams in the transition areas, as well as the neighboring projecting wall sections, but also the roof edging and roof lights with a total length of approx. 740 meters.

The positioning of the columns was aligned to the traffic planning and utilization of the roofed areas, but also, at the same time, to structural-engineering demands. The foundation of the columns was carried out, in accordance with the non-uniform soil conditions, as a surface foundation or a deep foundation with poles. The bases of the columns were designed with hinged connections in both directions. In the lower segments, the columns were made of rolled circular tube profiles of RO 298.5 x 30 mm; in the upper segments, rolled circular tube profiles of RO 298.5 x 50 mm each with four welded steel plate stiffeners arranged in a cross shape with dimensions of $t = 30$ mm, $b/h = 0$–275 mm / 2,755 mm in the rigid transitions to the girder sections. The connector design, developed based on structural-engineering demands and featuring a striking appearance, makes an essential contribution to the overall appearance against the backdrop of the otherwise smooth view from below. In terms of structural typology, the girders and columns thus form multispan frames in both directions and guarantee an efficient bracing against horizontal loads. The result of these structural-engineering considerations is a high-performance and economical structural system derived from the geometric conditions, which also integrates aspects of elegance and slimness.

From the bottom, the roofed surfaces and the northerly walls are, on both sides, fully clad in a white façade made of cement-bonded paneling in which expansion joints were cut and that is attached to the structure. Illumination of the roof edging via circumferential strip lighting effectively emphasizes the geometric contours at night and is an integral component of the architecture. Necessary ZOB functions like seating, passenger information system, signage, timetables, et cetera, are bundled in small, carefully designed functional islands made of prefabricated concrete elements and glass. Collectively, the highly elegant roofed structures with their modern language of form make an important contribution to a redesign of urban space.

Pedestrian and Cycling Bridge Stuttgart-Vaihingen: The Art of Simple Design (figs. 14–17). People experience pedestrian bridges in a very immediate way. It is for this reason that they require special planning attention on the part of the involved engineers doing the design work. Standard solutions can hardly do justice to the related high-level architectural and engineering demands. The new construction of a foot- and cycling bridge in the Vaihingen district of Stuttgart is a fine example of an individually tailored bridge structure, with its form and construction derived from the holistic association between design-related considerations and functional, static-structural, and production-related conditions.

The new bridge structure is part of a pedestrian and cycling connection between the two districts of Dürrlewang and Rohr in the Vaihingen region of Stuttgart. It replaces a dilapidated bridge construction that was, until recently, situated in the same place.

After the development, visualization, and discussion of design alternatives that differed in terms of both concept and static structure, the design engineers decided on, together with the client, a planning solution that was closely attuned to the planning task and developed according to the given conditions. Preference was given to a steel construction for various reasons, not least because any kind of disturbance of city train transportation was patently ruled out and the new bridge was supposed to be lifted into position with as little technical support as possible, but also because robustness was a major issue. In elevation, the upper edge of the bridge structure is curved in opposing directions so as to mediate the height difference of approx. 1.6 meters between the two bridge ends without any functionally or visually disruptive kinks. This means that the longitudinal inclination of the bridge structure varies.

The utilizable bridge width of the 28-meter-long structure measures 2.2 meters, while the maximum external dimensions including safety guards for the trains' contact wires come to approx. 6.0 meters. The cross-section of the top structure is composed of a rectangular upper area which forms the walkway and a triangular lower section with a section height and section width tapering toward the two ends of the top structure. Important from a production perspective is the circumstance that the width and height of the structural components in the lower cross-section area decrease to an equal degree. This had the advantage that the walkways could be manufactured from flat

Fuß- und Radwegbrücke Stuttgart-Vaihingen |
Pedestrian and Cycling Bridge Stuttgart-Vaihingen
Projektbeteiligte | Project participants

Bauherr | Client
Stadt Stuttgart, vertreten durch das Tiefbauamt | represented by the Tiefbauamt
Objektplanung | Architectural planning
LPH 1 bis | to 5: Engelsmann Peters Beratende Ingenieure GmbH, Stuttgart/Graz
LPH 6 bis | to 9: Tiefbauamt Stuttgart
Tragwerksplanung | Structural design
Engelsmann Peters Beratende Ingenieure GmbH, Stuttgart/Graz
Bauausführung | Construction work
Stahlbau Urfer GmbH, Remseck

14

15

PH 1–5 Engelsmann Peters Beratende Ingenieure,
PH 6–9 Tiefbauamt Stuttgart; Fuß- und Radwegbrücke Stuttgart-
Vaihingen | Pedestrian and Cycling Bridge Stuttgart-Vaihingen, 2014
4) Längsansicht des Brückenträgers mit geschwungener Geometrie |
Longitudinal view of the bridge girder with flowing geometric form
5) Brückenansicht mit variabler Bauhöhe | View of the bridge with
variable structural height.
6) Brückenuntersicht mit integriertem Berührschutz | View of bridge
from below with integrated contact guards during assembly
7) Explosionszeichnung Tragwerkskonzept | Exploded-view drawing
of the structural concept

schiebungen kompensieren, der Festpunkt befindet sich am östlichen Brückenwiderlager. Die Überbauform ist aus geometrischen Randbedingungen sowie Überlegungen zu Gestalt, Fertigung und Kraftfluss abgeleitet. Die 183 mm hohe und 3.000 mm breite Gehwegplatte, die den oberen Teil des Gesamtquerschnitts bildet, besteht aus einem mehrzelligen Hohlkastenquerschnitt mit beidseitig angeordneten Randkappen, die Teil des tragenden Querschnitts sind. Die seitlichen Aufkantungen dienen der Führung des Niederschlagswassers und der Befestigung der Geländer. Sie sind außenseitig mit geneigten Einzelblechen ausgebildet, um die Überbauoberkante in der Ansicht schlank erscheinen zu lassen.

Die Querschnittshöhe des unteren Teils des Gesamtquerschnitts nimmt in Richtung der beiden Brückenenden ab. Die minimale Gesamtquerschnittshöhe im Bereich der Brückenwiderlager beträgt 450 mm, die maximale Gesamtquerschnittshöhe in Brückenmitte 1.240 mm. Innen liegend verläuft ein Zugband in Form eines Stahlbleches t = 50 mm entlang der Unterkante des dreiecksförmigen Unterteils. Der Hohlkasten wird im Querschnittsinneren durch in regelmäßigen Abständen angeordnete, offene Querschotte stabilisiert. Sie reduzieren in Verbindung mit den in Brückenlängsrichtung angesetzten Steifen die geometrischen Abmessungen der Beulfelder. Das luftdicht geschweißte Hohlkastentragwerk ist fertigungstechnisch anspruchsvoll, gleichzeitig aber sehr leistungsfähig.

Über den Brückenlagern befinden sich an beiden Überbauenden unterseitig Querträger mit veränderlicher Breite, die einerseits im Hinblick auf die Abtragung von Torsionsbeanspruchungen eine statisch-konstruktive Notwendigkeit darstellen und andererseits einen entscheidenden Beitrag zur Untersicht leisten. In diesen konstruktiv anspruchsvollen und hochbeanspruchten Auflagerquerträgern erfolgt auch die Verankerung des Zugbandes.

Die Detailplanung ist keine nachgeordnete Leistungsphase von untergeordneter Bedeutung, denn es gilt mit diesem Planungsschritt den in der Entwurfsplanung formulierten konzeptionellen und technischen Anspruch einzulösen. Sie ist insofern von erheblicher Relevanz für Erscheinungsbild, Funktion und Konstruktion. Notwendige Bestandteile der Brückenausrüstung wie Brüstung und Berührschutz sind im vorliegenden Fall mit großem Einfühlungsvermögen in das Gestaltkonzept integriert.

Der aus Sicherheitsgründen erforderliche Berührschutz über den Gleisen ist bewusst zu einem gestaltprägenden Element entwickelt worden, das in Form von seitlich angesetzten, gläsernen Flügeln das prägnante Erscheinungsbild der Brücke unterstützt. Der flügelartige Berührschutz ist insofern integraler Bestandteil des Gestaltungskonzepts. Die Tiefe der vom Überbau nach beiden Seiten auskragenden und nach unten geneigten Stahl-Glas-Konstruktion ist im Grundriss veränderlich. Sie deckt die vorgeschriebenen Schutzbereiche über den Fahrdrähten ab und verjüngt sich in Richtung der beiden Überbauenden. Die Verglasung wird von geschweißten, T-förmigen Stahlträgern mit unterschiedlichen Längen und veränderlicher Höhe getragen. Die beidseitig liniengelagerten Glasscheiben bestehen aus Verbundsicherheitsglas aus 2 x 6 mm TVG und sind über Pressleisten gehalten. Ein ergänzendes Gutachten bestätigte die Unbedenklichkeit der Konstruktion im Hinblick auf Glasbruch aus dynamischer Beanspruchung.

Ein 1,3 m hohes Geländer mit einer ca. 1,0 m hohen Seilnetzfüllung bildet die seitliche Absturzsicherung für Radfahrer und Fußgänger. Pfosten und Holme der filigranen Geländerkonstruktion bestehen aus 20 mm dicken Stahlblechen. Das Edelstahlseilnetz mit einer Maschenweite von 60 x 104 mm wird von vorgesetzten Edelstahlrahmen aus Rundstahl d = 30 mm getragen. Auf den oberen Stab des Spannrahmens ist ein Handlaufprofil aus Edelstahl aufgesetzt.

Die Fertigung des Überbaus erfolgte in einem Stück im Werk. Der Brückenkörper wurde in einem nächtlichen Straßentransport mit Sondergenehmigung auf die Baustelle gebracht. Die Tragkonstruktion des Berührschutzes wurde nachträglich vor Ort angeschweißt. Auch das Einheben der Brücke musste bei Nacht erfolgen, weil das Einschwenken des Überbaus in seine endgültige Position zwischen Fahrdrähten und Speiseleitungen der Bahn ausschließlich während der nächtlichen Betriebspause bei abgeschalteten Stromleitungen möglich war. Der Überbau wurde mit Hilfe von zwei mobilen Kränen innerhalb von nur zwei Stunden in die geplante Position gebracht.

Nicht nur die großen, sondern auch die kleinen und (beim ersten Hinsehen) nicht so spektakulären Bauaufgaben haben einen gestalterischen und ingenieurtechnischen Anspruch. Der neue Fußgängersteg zeigt, dass es auch bei bescheidenem Kostenrahmen gelingen kann, individuell konzipierte und gestalterisch hochwertige bauliche Lösungen zu finden. Voraussetzung ist ein ganzheitlicher Entwurfsprozess, bei dem die Aspekte Gestaltqualität, Tragwerkslogik und fertigungsgerechtes Konstruieren von Planungsbeginn an Berücksichtigung finden. Für das Erscheinungsbild von großer Bedeutung ist eine sorgfältige Detailplanung, die auch die Brückenausrüstung umfasst.

sheets of metal. The result of these diverse geometric and static-structural reflections is, among other things, an unusual view from below.

The statically determined single-span beam is a construction principle that is initially simple but still appropriate to the task. It can compensate thermal deformation in the longitudinal direction of the bridge by shifting, for the fixed point is situated at the eastern bridge abutment. The top structure is derived from the geometric ancillary conditions and from considerations of form, production, and flow of forces. The walkway panel, which is 183 millimeters high and 3,000 millimeters wide and forms the upper part of the overall cross-section, is composed of a multicellular hollow box cross-section with edge caps on both sides, which are part of the load-bearing cross-section. The lateral upstands serve to guide rainwater and for fixing the railings. They are inclined towards the outer edge so as to lend a slender appearance to the upper edge of the top structure.

The section height of the lower segment of the overall cross-section decreases at both ends of the bridge. The minimum overall cross-section height in the area of the bridge abutments amounts to 450 millimeters, while the maximum overall section height at the midpoint of the bridge is 1,240 millimeters. Running along the lower edge of the triangular lower area to the inside is a steel tie plate with a thickness of 50 mm. The hollow box is stabilized to the inside of the cross-section by open transverse bulkheads arranged at regular intervals. In connection with the rigidity achieved in the longitudinal direction of the bridge, they reduce the geometric dimensions of the buckling fields. The hermetically welded hollow box structure is sophisticated in terms of production while also ensuring very high performance.

Located above the bridge bearings, underneath the two ends of the top structure, are cross-girders with variable width, which, on the one hand, represent a static-structural imperative in view of the reduction of torsional stress and, on the other, make a decisive contribution to a favorable view from below. The tie plate is anchored in these structurally demanding and highly stressed load-bearing cross-girders.

Detailed planning is not a subordinate work phase of secondary importance, for this planning step entails the application of the conceptual and technical demands formulated in the design planning stage. For this reason, it is of significant relevance for the structure's appearance, function, and construction.

In the case at hand, it involves integrating necessary bridge components like railings and safety guards into the design concept with a high level of sensitivity.

The necessary safety guards above the contact wires were purposefully developed into a distinguishing design element that enhances the distinctive visual character of the bridge in the form of laterally placed glass wings. The winglike safety guards are thus an integral feature of the design concept. The depth of the steel-glass construction that projects outward from the top structure on both sides and remains downwardly inclined varies in plan view. It covers the mandatory protection areas above the contact wires and tapers toward the two ends of the top structure. The glass components are supported by welded T-shaped steel girders of differing lengths and variable height. The glass panes, linearly supported on both sides, feature laminated safety glass made of 2 x 6 millimeter TVG heat-strengthened glass and are held in place by pressure bars. A supplementary expert opinion confirmed the structure's safety in avoidance of glass breakage from dynamic strain.

A 1.3-meter-high railing with an approx. 1.0-meter-high cable-net filling provides the lateral safety barrier for cyclists and pedestrians. The posts and side rails of the elegant railing construction are composed of 20-millimeter-thick steel plates. The stainless-steel cable net with a mesh width of 60 x 104 millimeters is supported by an anterior solid stainless-steel frame made of d = 30 millimeters of round steel. On the upper rod of the tensioning frame is a handrail profile made of stainless steel.

The production of the bridge's steel structure was carried out in factory. The steel structure was transported to the construction site via overnight road transportation with a special permit. The structure supporting the safety guards was retrospectively welded on site. The lifting and positioning of the bridge likewise had to take place at night since the placement of the top structure in its permanent position between the track's contact wires and feedlines was only possible during a regular nightly break in operation when electricity was switched off in the lines. The steel structure was brought into position with the aid of two mobile cranes within a time span of just two hours.

Not only large building projects, but also small and (at first glance) less spectacular assignments, have high aspirations to design and engineering. The new pedestrian bridge illustrates how it is possible to attain individually conceived structural solutions with high-quality design despite a modest budget. The premise here is a holistic design process that, from the very outset of the planning stage, takes aspects into consideration like design quality, structural logic, and sound production processes. Crucial for the appearance of the structure was the careful detailed planning, also involving the bridge components.

seele Glasbrücke: Prototyp und Innovationsträger
(Abb. 18–22). Glas ist ein hochleistungsfähiger Werkstoff mit faszinierenden Eigenschaften. Neben der Verwendung von Glas im Bereich der Gebäudehüllen ist vor allem der Einsatz von Glas im Bereich der Tragstrukturen eine sehr interessante Entwicklung. Den empfindlichen Werkstoff fertigungsgerecht zu verarbeiten und Halbzeuge werkstoffgerecht in einer Weise zu fügen, dass die Tragwerke die vorhandenen Einwirkungen zuverlässig ablasten können, ist die große Kunst des Glasbaus.

Das Projekt Glasbrücke wurde geplant und realisiert als Demonstrationsprojekt für den Innovationsbereich der glasstec, der international führenden Leitmesse der Glasindustrie in Düsseldorf. Es wurde in Auftrag gegeben von der seele GmbH, die bei diesem Projekt Bauherr, Entwicklungspartner und ausführendes Unternehmen in einem waren. Es war die Intention, mit dem Projekt in Grenzbereiche des Tragverhaltens von tragenden Glasbauteilen vorzudringen und neue fertigungstechnische Möglichkeiten bei der Herstellung von Glasbauteilen mit komplexer, gekrümmter Geometrie aufzuzeigen. Der Planungsprozess für das experimentelle Bauwerk erfolgte in einem intensiven interdisziplinären Dialog zwischen ausführendem Unternehmen, Architekten und Tragwerksplanern. Diese besondere Konstellation, die bei üblichen Bauprozessen mit vorlaufender Planung und anschließender Vergabe an eine ausführende Firma nicht möglich ist, ermöglichte einen erweiterten Planungsprozess unter Einbeziehung von Expertenwissen zur Fertigung bereits während der Entwurfsphase.

Die begehbare Ganzglasbrücke besteht aus nur drei Glasbauteilen: einer im Aufriss gekrümmten Glasplatte und zwei beidseitig angeordneten, im Grundriss gekrümmten Glasbrüstungen. Der Glasbogen hat bei einem Radius von 16 m Abmessungen von 2 x 7 m im Bogenmaß. Das Verhältnis Stich/Spannweite des Glasbogens ist mit 1:18 ausgesprochen gering. Die Glasbrüstungen sind nach innen gekrümmt und haben bei einem Radius von 16 m im Grundriss Abmessungen von 1,2 x 7 m im Bogenmaß. Der begehbare Brückenraum weitet sich infolge der Grundrisskrümmung der Glasbrüstungen in Richtung der beiden Brückenenden. Glasbogen und Glasbrüstungen sind über eine tragfähige Silikon-Klebeverbindung verbunden. Die Brückenwiderlager bestehen aus geschweißten Stahlkonstruktionen. Die Erschließung der Glasbrücke erfolgt auf beiden Seiten über auf diese Stahlkonstruktionen aufgesetzte Treppenstufen. Die Treppenwiderlager sind beidseitig mit schwarz lackierten Holzwerkstoffplatten verkleidet.

Um gebogene Glasbauteile zu erhalten, werden üblicherweise ebene Glasscheiben warm verformt. Nachteile dieses Herstellungsverfahrens sind die vergleichsweise hohen Kosten für den Formenbau sowie optische Beeinträchtigungen durch das thermische Verfahren und Ungenauigkeiten beim Erkalten des Glases. Für die Glasbrücke wurde aus diesen Gründen kalt verformtes Glas eingesetzt. Bei kaltgebogenen Glaselementen entstehen die beschriebenen Nachteile nicht.

Der für die Glasbrücke eingesetzte Glasbogen besteht aus acht Floatglasscheiben und sieben hochtransparenten SG-Verbundfolien. Die Spannweite beträgt 6.8 m. Die nur 4 mm dicken Einzelscheiben des Verbundsicherheitsglases werden vor dem Laminieren kalt verformt und anschließend über die 1,5 mm dicken SG-Folien mit hoher Steifigkeit untereinander verklebt. Das Verbundsicherheitsglas des Glasbogens hat eine Gesamtdicke von 42,5 mm. Die Glasbrüstungen bestehen aus sechs Floatglasscheiben und fünf SG-Verbundfolien. Die Scheibendicke der Einzelscheiben beträgt ebenfalls 4 mm. Das Verbundsicherheitsglas der Glasbrüstungen hat eine Gesamtdicke von 31,5 mm.

Das Tragwerkskonzept der Ganzglasbrücke ist aus einem Entwicklungsprozess hervorgegangen. Glasbogen und die beiden außen liegenden Glasbrüstungen formen im Querschnitt einen Trog. Bei der Vorbemessung wurde sehr schnell deutlich, dass eine einfache Interpretation des statischen Systems als Balkenbrücke zu einem Stabilitätsversagen der Glasbrüstungen führen würde. Eine wesentliche Maßnahme des Tragwerksentwurfes war daher ein statisches System zu wählen, welches die Bogentragwirkung des Glasbogens in Anspruch nimmt.

Der Glasbogen ist näherungsweise parabelförmig und kann eine gleichmäßig verteilte Einwirkung in großen Teilen über Druckbeanspruchungen abtragen. Voraussetzung für ein entsprechendes Tragverhalten ist eine steife Ausbildung der beiden Treppenwiderlager. Die Horizontalkräfte konnten nicht in den Hallenboden eingeleitet werden und wurden aus diesem Grund über Stahlzugbänder über dem Hallenboden kurzgeschlossen.

Für asymmetrisch verteilte Verkehrslasten muss der Glasbogen, dessen Schlankheit, also das Verhältnis Querschnittshöhe/Spannweite, 1:162 beträgt, stabilisiert werden. Die Stabilisierung des Glasbogens erfolgt über die beiden Glasbrüstungen. Glasbogen und Glasbrüstungen sind über eine Länge von 6,0 m über eine elastische Klebefuge aus 2Komponenten-Silikon verbunden. Umgekehrt hat der Glasbogen die Funktion, die Glasbrüstungen im Hinblick auf die auf sie einwirkenden Horizontallasten zu stabilisieren. Diese werden in beiden Richtungen über Bogenwirkung in den Glasbrüstungen abgetragen und dem Glasbogen wird die Aufgabe der Formstabilisierung für ungleich verteilte Horizontallasten zuteil. In vertikaler Richtung angeordnete Stahlprofile, die aus der Stahlkonstruktion der beiden Widerlager auskragen, bilden die Auflager des horizontalen Bogens der beiden Glasbrüstungen. Sie können Druck- und Zugbeanspruchungen verformungsarm aufnehmen.

seele Glass Bridge: Prototype and Nucleus of Innovation (figs. 18–22). Glass is a high-performance building material with fascinating qualities. Aside from the utilization of glass in the context of building skins, its implementation in the area of supporting structures has proven to be an especially interesting development. The great art of glass construction involves the production-oriented processing of this sensitive material and the joining of this semi-finished product in such a way that the supporting structures can reliably transfer the existing loads.

The glass bridge project was planned and realized as a demonstration project for the innovation segment of glasstec in Düsseldorf, the leading international glass-industry trade fair. It was commissioned by the company seele GmbH, which in this particular undertaking served as building contractor, development partner, and contracting company in one. The intention was to use this project to advance into the realm of load-bearing glass elements and to identify new production-related possibilities for producing glass building components displaying complex curved geometries. The planning process for this experimental structure was carried out through an intense interdisciplinary dialogue among the contracting company, architects, and structural engineers. This special constellation, which would not be possible in conventional building processes that are marked by planning ahead of time and the subsequent awarding of the contract to a contracting company, facilitated an expanded planning process whereby expert knowledge about production was already integrated into the design phase.

The walk-on bridge made purely of glass was comprised of only three glass elements: a glass panel curved in the vertical plan and two glass balustrades curved in the ground plan and fitted on both sides. The glass arch, at a radius of 16 meters, has dimensions of 2 x 7 meters in radian measure. The relation of rise to span of the glass arch was exceptionally low at 1:18. The glass balustrades were curved inward and had ground-plan dimensions of 1.2 x 7 meters in radian measure at a radius of 16 meters. The accessible bridge space was thus extended due to the ground-plan curvature of the glass balustrades toward the two bridge ends. Glass arch and glass balustrades were connected via a load-bearing silicone adhesive bond. The bridge abutments were made of welded steel structures. The glass bridge was accessible from both sides by way of stairs resting on these steel structures. The stairway abutments were clad on both sides by wooden composite boards painted in black.

In order to obtain curved glass components, flat sheets of glass are frequently heat moulded. The disadvantages of this production method include the comparatively high costs for the mold-making, the optical impairment arising through the thermic processes, and the imprecision arising when the glass cools off. For this reason, the glass used in the glass bridge was deformed using a cold-based technique. In the case of cold-bent glass elements, the above-mentioned disadvantages are not an issue.

The glass arch used for the glass bridge consisted of eight float glass sheets and seven highly transparent sheets of SG foil. The span width was 6.8 meters. The individual sheets of the laminated safety glass, only 4 millimeters thick, were cold-bent prior to lamination and subsequently affixed through the 1.5-millimeter-thick SG foil with high rigidity. The laminated safety glass of the glass arch has an overall thickness of 42.5 millimeters. The glass balustrades are made of six float glass sheets and five sheets of SG foil. The thickness of the individual sheets likewise amounts to 4 millimeters. The laminated safety glass of the balustrades has an overall thickness of 31.5 millimeters.

The structural-engineering concept of this bridge made purely of glass was preceded by a development process. Glass arch and the two glass balustrades to the outside form a trough in the cross-section. In the preliminary dimensioning it soon became clear that a simple interpretation of the static system as a girder bridge would lead to stability failure of the glass balustrades. So an essential measure of the structural-engineering design was to select a static system that makes use of the structural arch effects of the glass surface.

The glass arch is approximately parabolic and can, to a great extent, absorb evenly distributed impact via pressure loads. The prerequisite for such load-bearing behavior is a rigid formation of the stairway abutments. The horizontal forces could not be transferred into the exhibition hall floor and, for this reason, were redirected via steel tie rods above the floor instead.

For asymmetrically distributed live loads, the glass arch—with a slenderness ration, i.e. ratio between section height and span, of 1:162—had to be stabilized. This stabilization of the glass arch was effected by means of the two glass balustrades. The glass arch and the glass balustrades were connected at a length of 6.0 meters via an elastic adhesive joint made of two-component silicone. Conversely, the glass arch assumed the function of stabilizing the glass balustrades in terms of the horizontal loads impacting them. These loads are transferred in both directions via an arching effect in the glass balustrades, and the glass arch is given the task of dimensional stabilization for unequally distributed horizontal loads. Steel profiles cantilevering from the steel construction of the two abutments, form the load-bearing support for the horizontal arch of the two glass balustrades. They are resistant to deformation when subjected to compressive and tensile loads.

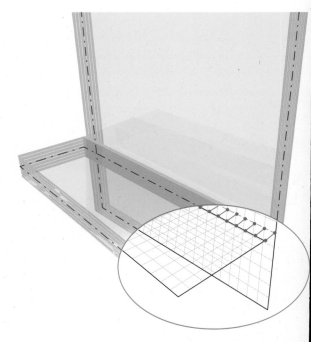

IBK Forschung und Entwicklung – Universität Stuttgart,
Engelsmann Peters Beratende Ingenieure,
Glasbrücke auf der glasstec 2008 | Glas bridge at glasstec 2008, Düsseldorf
(18, 20) Längsansicht | Longitudinal view © Matthias Reithmeier/seele.com
(19) Detail der Verklebung und zugehöriges FE-Modellierungsprinzip |
Detail view of adhesion and the related FE modeling principle
© Engelsmann Peters Beratende Ingenieure GmbH
(21) Ansicht Brückenauflager | View of load-bearing bridge supports
© Matthias Reithmeier/seele.com
(22) Explosionszeichnung Tragwerkskonzept | Exploded-view drawing of
the structural concept © Engelsmann Peters Beratende Ingenieure GmbH

IBK Forschung und Entwicklung – Universität Stuttgart,
Engelsmann Peters Beratende Ingenieure,
Glasbrücke auf der glasstec 2008 | Glas bridge at glasstec 2008, Düsseldorf
Projektbeteiligte | Project participants

Bauherr | Client
seele GmbH, Gersthofen
Objektplanung | Architectural planning
IBK Forschung und Entwicklung, Universität Stuttgart
Tragwerksplanung | Structural design
Engelsmann Peters Beratende Ingenieure GmbH, Stuttgart/Graz
Entwicklung/Bauausführung | Development/Construction work
seele GmbH, Gersthofen

20

21

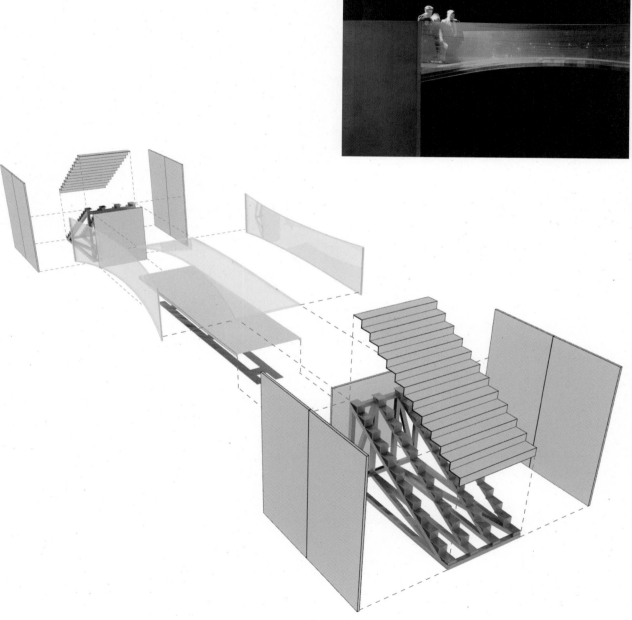

Notwendige Voraussetzung für den beschriebenen Mechanismus der Lastabtragung für vertikale und für horizontale Einwirkungen sind die Bauteilkrümmungen der Einzelbauteile. Glasbogen, Glasbrüstungen und die beiden Brückenwiderlager stabilisieren sich gegenseitig und bilden insgesamt ein komplexes räumliches Tragsystem mit steifigkeitsabhängigem Tragverhalten. Eine entscheidende Bedeutung kommt dabei auch der Steifigkeit der Klebeverbindung zu, für die entsprechende Grenzwertbetrachtungen durchgeführt werden mussten. Diese Klebeverbindung zwischen Glasbogen und Glasbrüstung ist das einzig sichtbare und tragstrukturell entscheidende Detail der Konstruktion, denn die Kraftübertragung durch die Klebefuge ist elementar für die Standsicherheit der Konstruktion.

Beim Prozess des Kaltbiegens entsteht ein Eigenspannungszustand in den Glaselementen, der bei der Bemessung zu berücksichtigen ist. Insbesondere dünne und biegeweiche Glasscheiben sind für den Kaltbiegevorgang geeignet, weil die Eigenspannungen infolge Kaltbiegen proportional mit der Scheibendicke zunehmen.

Die Eigenspannungen werden beim Verkleben der Einzelscheiben zum Verbundsicherheitsglas gewissermaßen eingefroren. Die Rückstellbewegungen sind klein infolge der hohen Schubsteifigkeit der SG-Folien und der großen Biegesteifigkeit des Verbundsicherheitsglases. Mit herkömmlichen PVB-Folien ist ein entsprechender Konstruktionsgedanke nicht umsetzbar. Die Verwendung von SG-Folien ist also notwendige Voraussetzung für den Einsatz von kaltgebogenem Glas und ein wesentliches Merkmal dieser Glasbrücke. Es ergibt sich ein Verbundtragverhalten, das näherungsweise einem starren Verbund entspricht. Tragfähigkeit und Verbundverhalten von SG-Folien sind in Versuch und Praxis nachgewiesen worden.

Floatglas wird von der Glasindustrie in ebenen Platten mit begrenzten Abmessungen hergestellt. Für die Glasbrücke kamen Sonderformate zum Einsatz. Für die Herstellung der Einzelbauteile mussten die Einzelscheiben des Verbundsicherheitsglases gestoßen werden. Die Stöße sind versetzt angeordnet, um die Querschnittsschwächungen durch den Stoß über das Bauteil zu verteilen.

Nach der Herstellung der Einzelbauteile wurden Glasbogen und Glasbrüstungen vor Ort miteinander verklebt. Herstellung und Montage der Glasbrücke stellten sehr hohe Anforderungen an das ausführende Unternehmen. Ein Höchstmaß an Präzision und Erfahrung sowie eine hervorragende technische Ausstattung waren erforderlich, um die komplexe Geometrie, aber auch Glasverarbeitung, Transport und Montage erfolgreich bewältigen zu können.

Die seele Glasbrücke ist ein spektakuläres tragstrukturelles Experiment mit einem hochleistungsfähigen transparenten Werkstoff, bei dem die Detailausbildung eine herausragende Bedeutung hat. Transparenz und ein ungewöhnliches Tragwerkskonzept in Verbindung mit den elegant geschwungenen Formen der Glasbrücke führen zu einer hohen Prägnanz des Erscheinungsbildes. In tragstruktureller Hinsicht dokumentiert die Glasbrücke vor allem das Potenzial von kaltgebogenem Glas und die Leistungsfähigkeit von Klebeverbindungen.

Die Projektbeispiele zeigen, dass der Tragwerksentwurf einen unverzichtbaren Beitrag bei der Planung von Bauwerken leistet. Nicht nur, dass es heute kein anspruchsvolles Bauwerk mehr gibt, das ohne Tragwerksplaner geplant wird, in vielen Fällen sind es gerade die Beiträge aus der Tragwerksplanung – vom strukturoptimierten und filigranen Tragwerk über den experimentellen Einsatz von Fügetechnologien und Bauweisen bis zur innovativen Sonderkonstruktion –, die ein Bauwerk aus der Gebäudemasse hervorheben und einzigartig machen.

Die vorgestellten Projekte stehen stellvertretend für unterschiedliche Herangehensweisen beziehungsweise Zielsetzungen in der Tragwerksplanung: von zurückhaltend bis gestaltprägend, von differenzierter Einfachheit bis zu komplexer Innovation. Neben dem selbstverständlichen Beherrschen der ingenieurwissenschaftlichen Grundlagen und der zugehörigen Planungswerkzeuge erfordert das Entwerfen von Tragstrukturen die Fähigkeit, in Theorie und Praxis ganzheitlich zu denken und vor allem Einfühlungsvermögen in einen architektonischen Kontext. Tragwerksplaner benötigen also neben einem hochanspruchsvollen Spezialwissen auch belastbare generalistische Kenntnisse. Notwendig ist zudem eine spezielle Form der Entwurfskompetenz: das Gestalten von allem, was trägt. Diesen Teil der entwerferischen und gestalterischen Verantwortung können Architekten den Tragwerksplanern in der Regel nicht abnehmen. Tragwerksplaner benötigen aus diesem Grund – in stärkerem Umfang als heute an den Universitäten und Hochschulen praktiziert – eine fundierte Ausbildung im Entwerfen und Gestalten. Nur mit diesen Kompetenzen, von der Komposition bis zum Detail sorgfältig und mit dem Anspruch einer ganzheitlichen Qualität gestaltet, werden individuelle und innovative Tragwerkslösungen zu Ingenieurbaukunst. ∎

The necessary premise for the rendered mechanism of load absorption for both vertical and horizontal loads is the curvature of the individual structural elements. Glass arch, glass balustrades, and the two bridge abutments serve to stabilize each other and together form a complex spatial load-bearing system with load-bearing behavior contingent upon rigidity. Here, significant meaning is ascribed to the rigidity of the adhesive bond for which the respective limit value investigations had to be carried out. This adhesive bond between glass arch and glass balustrades is the only visible and structurally decisive detail of the construction, for the transfer of force through the adhesive joints is of basic import for the structural integrity of the construction.

During the process of cold-bending, the glass elements are subjected to a state of residual stress, which must be taken into account during the dimensioning process. Particularly suitable for the cold-bending process are thin or flexible panels of glass because, during cold-bending, the residual stress increases proportionally to the panel thickness.

The residual stress is basically "frozen", as it were, when the individual sheets are connected to become laminated safety glass. Reset actions are minimal due to the high shear stiffness of the SG foil and the great flexural rigidity of the laminated safety glass. Such a construction idea would not be realizable using conventional PVB film. So the implementation of SG foil is a necessary prerequisite for integrating cold-bent glass and is a distinguishing feature of this glass bridge. It gives rise to a composite load-bearing behavior that approximately correlates to a rigid composite. The load-bearing capacity and the composite retention of SG foil have been proven both in trials and practice.

Float glass is manufactured in the glass industry as flat panes with limited dimensions. In the case of the glass bridge, special formats were used. In producing the individual components, each layer of the laminated safety glass had to be made from several segments. The joints between the segments were offset between the layers so as to evenly distribute the resulting weakening in the cross section of the laminated glass component.

After the production of the individual elements, the glass arch and glass balustrades were adhered on site. Production and assembly of the glass bridge placed very high demands on the contracting company. A high degree of precision and experience were necessary, along with outstanding technical equipment, in order to successfully cope with the complex geometry, but also the glass processing, transport, and assembly.

The glass bridge by seele is a spectacular structural experiment with a high-performance, transparent building material where detailed design is of tremendous importance. Transparency and an unusual structural-engineering concept, in conjunction with the elegantly curved forms of the glass bridge, result in a strongly distinctive outward appearance. From a structural-engineering perspective, the glass bridge particularly documents the potential of cold-bent glass and the performance of adhesive bonds.

In reviewing the four projects featured here, it becomes clear that structural design makes a decisive contribution to the planning of building structures. The point is not only that no sophisticated buildings are being made today without structural engineers, but that in many cases it is precisely the contributions from the structural engineering end—from a structurally optimized and elegant supporting structure to the experimental use of joining technologies and building methods or even innovative special constructions—that make a structure unique and allow it to stand out from the crowd of buildings.

The projects introduced here are representative of the various different approaches or objectives pursued in the context of structural engineering, from unobstrusive to distinctive in design, from refined simplicity to complex innovation. In addition to the obvious mastery of engineering basics and the associated planning tools, structural design entails the ability to embrace theory and practice at once and, most especially, necessitates a sensitivity for the architectural context. So aside from superior specialist knowledge, structural engineers also require considerable general knowledge. Also important is a special form of design competency: the ability of designing load bearing structures. Generally, it is not possible for architects to take over this facet of design-related responsibility from structural engineers, which is why the latter must possess—to a degree that goes beyond what is currently being taught at universities and other institutions of higher education—a solid education in design work. It is only with such competencies—designed with a holistic approach and quality from composition to detail—that individualistic and innovative structural-engineering solutions become specified as art of structural design. ∎

Translation: Dawn Michelle d'Atri

1

Bögl Gierer Architekten/Distler Architekten + Ingenieure, Fassadenplanung FAT LAB,
„Stadtquartier NeuerMarkt", Neumarkt i. d. OPf., 2015 © Reinhard Mederer

Forschung und Entwicklung in der Bauindustrie: *Die Firmengruppe Max Bögl*

Max Bögl (MB) und **Stefan Bögl** (SB)
im Gespräch mit **Daniel Gethmann** und **Stefan Peters** (GAM)

Research and Development in the Building Industry:
The Max Bögl Corporate Group

Max Bögl (MB) and **Stefan Bögl** (SB) in
Conversation with **Daniel Gethmann** and **Stefan Peters** (GAM)

Die Firmengruppe Max Bögl mit einem Jahresumsatz von ca. 1,6 Mrd. Euro ist eine der wenigen Baufirmen, die nennenswerte Beträge in Forschung und Entwicklung investiert. Neben der Ausführung klassischer Bauprojekte im Massiv- und im Stahlbau führt Max Bögl eine Reihe innovativer Produkte in ihrem Portfolio, wie Windkrafttürme, Fahrbahnsysteme für Hochgeschwindigkeitsbahnstrecken, Brückenbausysteme sowie neuerdings auch textilbewehrte Betonfassadenelemente mit variierenden Abmessungen.

The Max Bögl corporate group, with an annual turnover of approx. 1.6 billion euros, is one of the few construction firms to invest a noteworthy amount in research and development. Besides executing classic building projects in both massive and steel construction, Max Bögl has included an array of innovative products in their portfolio, such as wind turbine towers, railway track systems for high-speed railway lines, bridge construction systems, and even, most recently, textile-reinforced concrete façade elements with varying dimensions.

GAM: Die Bauindustrie steht im Vergleich zu anderen Industriezweigen nicht gerade in dem Ruf, besonders innovativ und risikobereit in Neuentwicklungen zu sein. Welche Rolle spielt der Bereich Forschung in Ihrem Unternehmen und in welchen Bereichen sehen Sie das größte Entwicklungspotenzial für neue Forschungsprojekte?

GAM: As compared to other branches of industry, the building sector is not exactly known for being especially innovative and risk-friendly when it comes to new developments. What role does the field of research play in your company? And in which areas do you see the greatest potential for developing new research projects?

MB: Die Baubranche ist immer noch sehr stark geprägt vom individuellen Projektgeschäft mit hohem Lohnanteil und teils niedrigem Lohnniveau. Dieses Umfeld ist nicht förderlich für Innovationen, da es letztendlich in einem ruinösen Preiswettbewerb mündet. Bei Max Bögl gab es jedoch schon immer einen Schwerpunkt bei der Serienfertigung und Industrialisierung, um die Qualität zu erhöhen und die Risiken zu minimieren. In den letzten Jahren hat sich diese Entwicklung zur Technologisierung enorm gesteigert. Die Entwicklung neuer Produkte und Geschäftsfelder ist entscheidend, um in Zukunft den Herausforderungen des Markts gewachsen zu sein. Deshalb hat der Bereich Forschung und Entwicklung einen zentralen Stellenwert in unserem Unternehmen, hier entscheidet sich gewissermaßen die Wettbewerbsfähigkeit für die Zukunft.

MB: The building sector is still very strongly influenced by the business of individual projects with a high wage ratio and, at times, low wage level. This environment is not conducive to innovation, for it ultimately leads to ruinous price competition. At Max Bögl, however, there has always been a focus on serial production and industrialization with the aim of enhancing quality and minimizing risks. In recent years, this trend of technologization has increased tremendously. The development of new products and business fields is crucial for being up to the task of facing new market challenges. This is why the area of research and

Große Potenziale sehen wir im Bereich Energie. Hier ist die Energiewende eine der größten Herausforderungen unserer Generation. Fast alle Veränderungen in diesem Sektor haben mit Bauen zu tun. Durch die Vorreiterrolle Deutschlands werden die deutschen Unternehmen langfristig einen Wettbewerbsvorteil auf internationaler Ebene haben. Weiterhin im Fokus sind der Ausbau und die Erneuerung der Infrastruktur. Insgesamt geht es nicht nur um Neubau wie in den vergangenen Jahrzehnten, sondern um ressourcenschonende, intelligente Sanierung, Instandsetzung und Rückbau.

GAM: Im Bereich Energie ist Max Bögl durch die Konstruktion von Windkrafttürmen hervorgetreten und bekannt geworden. Wie sehen Sie die Rolle von Max Bögl bei der Energiewende hin zu erneuerbaren Energien und welche Projekte sind in diesem Bereich noch möglich bzw. notwendig? Gibt es hier auch einen Zusammenhang zu der von Ihnen angesprochenen ressourcenschonenden Sanierung von Bestandsgebäuden bzw. technischer Infrastruktur?

SB: Eine Herausforderung der Energiewende ist neben der regenerativen Energieerzeugung der Energietransport, der den räumlichen Ausgleich von Energieerzeugung und -nutzung sicherstellt, sowie Energiespeicher, die für den zeitlichen Ausgleich notwendig sind. Vor allem Kurzzeitspeicher werden in den nächsten Jahren gefragt sein, um Energie für ca. 3 bis 4 Stunden zu speichern und später wieder zu liefern. Ein konkretes Projekt ist die Kombination von Windenergieanlagen mit Pumpspeichertechnik, bei dem die Turmkonstruktionen der Windenergieanlagen als Oberbecken des Pumpspeichers dienen.

MB: Die Energiewende ist noch lange nicht bewältigt, hier stehen noch viele bauliche Aufgaben an. Zu nennen wären hier die Offshore-Anlagen für Windkraft und die Energietrassen, um den Strom über lange Distanzen zu leiten. Außerdem Pumpspeicherkraftwerke, von denen wir gerade eins in Kombination mit einer Windkraftanlage bauen. Daneben entwickeln wir unsere Onshore-Türme ständig weiter, da diese Technik mit Sicherheit noch einige Jahre ein bewährter Standard sein wird. Die Türme lassen sich übrigens leicht wieder zurückbauen oder durch Türme einer neuen Generation ersetzen. Uns ist mittlerweile bewusst, dass Energietechnik auch altert und irgendwann zurückgebaut und ersetzt werden muss. Diese Tatsache muss man heute bei der Neuentwicklung berücksichtigen.

development holds such strong significance for our company. Basically, it is here that our future competitive position is decided. We see great potential in the energy field. The energy revolution is one of the biggest challenges of our generation. Almost all changes in this sector are related to building. Thanks to Germany's pioneering role in this field, German companies will have a competitive advantage on a global scale in the long term.

Further areas of focus continue to be the expansion and renovation of existing infrastructure. On the whole, this moves beyond the new construction projects prevalent in recent decades to include resource-saving, intelligent renovation, maintenance, and restoration work.

GAM: In the field of energy, Max Bögl has stood out and become known due to its construction of wind turbine towers. How do you view the role of Max Bögl when it comes to the energy revolution in pursuit of renewable energies, and which projects are still possible or necessary in this area? Is there a connection here to the resource-saving renovation of existing buildings or technical infrastructure that you mentioned just now?

SB: Besides regenerative power generation, a challenge presented by the energy revolution lies in energy transport, which ensures spatial balance between power generation and energy use, but also in energy storage, which is necessary for ensuring temporal balance. Especially short-term storage will be in demand in the coming years, so that energy may be stored for about three to four hours and delivered later. One concrete project is the combination of wind power systems and pump-storage technology, whereby the tower constructions of wind power systems serve as upper reservoirs for the pump storage.

MB: The energy revolution is far from over, and there are many structural tasks awaiting us. Worth mentioning here are for instance the offshore wind power plants and the energy corridors used to transport electricity across great distances. Also, there are the pump storage power plants, one of which we are actually building right now in combination with a wind power plant. Additionally, we are continually optimizing our onshore towers, since this technology will surely become a proven standard in just a few years. By the way, the towers can usually be easily dismantled or replaced by a new generation of towers. By now

2

3

(2) In modernsten Produktionshallen in Sengenthal werden im Fertigteilwerk und im Stahl- und Anlagenbau hybride Turmsegmente aus Spannbeton und Stahl präzise gefertigt. | At modern production plants in Sengenthal, hybrid towers elements made of prestressed concrete and steel are precision-manufactured in precast factories precast factories as well as in the steel and plant construction workshops. © Nürnberg Luftbild, Hajo Dietz

(3) Schifftransport von Hybridturmelementen über den Rhein-Main-Donaukanal | Transportation of the elements of a hybrid tower via the Rhein-Main-Danube Canal © Nürnberg Luftbild, Hajo Dietz

(4) Montagekonzept mittels selbstkletternder Turmdreh-kräne mit Endhakenhöhen von über 150 m | Assemby via a tower crane climbing system reaching a hook hight of more than 150 m © Willi Wilhelm, Firmengruppe Max Bögl

4

5

Bögl Gierer Architekten und | and Distler Architekten + Ingenieure,
Fassadenplanung FAT LAB, „Stadtquartier NeuerMarkt",
Die Fertigung der Fassadenelemente aus ArchitekturBeton
Bögl erfordern höchste Präzision und strengste Toleranzgrenzen |
The production of ArchitekturBeton Bögl façade elements
demands maximum precision and strict tolerance limits,
Neumarkt i. d. OPf., 2015 © Stephanie Eisenkolb, Firmengruppe Max Bögl

we are aware that energy technology also ages and must eventually be removed and replaced. Today, this fact must be taken into consideration when developing new products.

> **GAM**: Other industrial branches, such as the automotive industry, have been doing effective and clearly visible self-promotion and image building for years now by emphasizing in their products more or less pronounced improvements in economy, resource conservation, or related values. Do you see any signs that the building industry as a whole, rather than just individual companies, is starting to more strongly highlight such topics and to encourage their discussion in a broader political context? Especially since construction, in terms of planning and execution, is presently responsible for a rather significant portion of global resource and energy expenditure and, accordingly, is positioned at the heart of an international debate about resources and sustainability.

MB: I think that the impulses rather originate with individual companies or subsectors rather than with the whole building industry. The subsectors "thermal insulation" and "alternative energy," which have the private end user as customers, are surely further along in terms of advertising and image than the classic construction firms. Our clients are, for the most part, large private building contractors and public authorities. For both groups, the resource-saving approach taken depends on whether it is necessary to economize in the long term, in which case the additional expenditures will ultimately benefit the client. If a short-term yield is striven for instead, then this will generally not apply.

> **GAM**: What are the decision-making processes at the company Max Bögl that lead to respective product development and make a call about whether an idea or an innovation is further pursued?

MB: This is a complicated process since there are very different kinds of decision-making criteria. Thanks to extensive practical knowledge in all building sectors, our company boasts a rich reservoir of ideas. What often proves successful are combinations of innovations from various subject areas. During the selection process, the usual factors of course come into play, such as economic potential, company strategy, market analysis, and possible collaborative partners. But we also always consider the company as a whole with its real net output ratio. Also, an idea

GAM: Andere Industriezweige, wie beispielsweise die Automobilindustrie, betreiben seit Jahren wirksame und deutlich sichtbare Eigenwerbung und Imagebildung, indem sie bei ihren Produkten eine mehr oder weniger ausgeprägte Verbesserung von Sparsamkeit, Ressourcenschonung oder artverwandten Werten betonen. Sehen Sie Anzeichen dafür, dass nicht nur einzelne Firmen sondern die Bauindustrie insgesamt damit beginnt, diese Themen ebenfalls stärker in den Vordergrund zu rücken und eine breite politische Diskussion darüber anzuregen? Zumal das Bauwesen in Planung und Ausführung derzeit für einen gar nicht so unerheblichen Teil des weltweiten Ressourcen- und Energieverbrauchs verantwortlich ist und sich demzufolge bereits im Mittelpunkt einer weltweiten Ressourcen- und Nachhaltigkeitsdebatte befindet.

must be inspiring—to us, our colleagues, our partners, and, in the end, our clients. Ultimately, entrepreneurial instinct and venture are vital; this is part of our culture as a family company.

SB: If we are convinced by an idea and both the calculations and analyses have been successfully completed, then we try to quickly produce an initial prototype so that we can gain experience and identify potential for error. This helps to gain a clear view of the feasibility, development risks, and product costs. It also makes it easier to decide whether the product should be further developed or not.

GAM: As part of the product development process, external specialists may play an interesting role, both in applied research and

6

Bögl Gierer Architekten und | and Distler Architekten + Ingenieure,
Fassadenplanung FAT LAB, „Stadtquartier NeuerMarkt":
Exakte Montage der vorgefertigten Fassadenelemente |
Exact assembly of prefabricated façade elements,
Neumarkt i. d. OPf., 2015 © Thomas Weinberger

MB: Ich denke, dass die Anstöße eher von einzelnen Firmen oder Teilbranchen ausgehen und nicht von der Bauindustrie im Ganzen. Die Teilbranchen „Wärmedämmung" und „Alternative Energie", die den privaten Endverbraucher als Kunden haben, sind in Hinblick auf Werbung und Image sicher weiter entwickelt als die klassischen Baufirmen. Unsere Kunden bestehen im Wesentlichen aus großen privaten Bauherren und der öffentlichen Hand. Bei beiden Gruppen hängt das ressourcenschonende Vorgehen davon ab, ob langfristig gewirtschaftet werden soll. Denn dann lohnen sich die Mehraufwendungen für den Kunden. Bei allen kurzfristigen Renditeinteressen bleibt das im Regelfall auf der Strecke.

GAM: Wie verlaufen die Entscheidungsprozesse in der Firma Max Bögl, die zu den jeweiligen Produktentwicklungen führen und die darüber entscheiden, ob eine Idee oder Innovation weiterverfolgt wird?

MB: Das ist ein komplexer Prozess, da es sehr verschiedenartige Entscheidungskriterien gibt. Durch das umfangreiche Praxiswissen in allen Baubereichen haben wir im Unternehmen ein reiches Reservoir an Ideen. Erfolgreich sind oft die Kombinationen von Innovationen aus verschiedenen Fachbereichen. Bei der Selektion spielen natürlich die üblichen Faktoren eine Rolle wie z.B. wirtschaftliches Potenzial, Unternehmensstrategie, Marktanalysen und mögliche Kooperationen. Wir betrachten aber immer auch das Gesamtunternehmen mit seiner Wertschöpfungstiefe. Ebenso muss eine Idee begeistern können: uns, unsere Kollegen, unsere Partner und am Ende unsere Kunden. Letztendlich sind auch unternehmerisches Gespür und Wagnis wichtig, das ist Teil unserer Kultur als Familienunternehmen.

SB: Sind wir von einer Idee überzeugt und sind die Berechnungsergebnisse sowie die Analysen positiv abgeschlossen worden, versuchen wir zügig einen ersten Prototyp herzustellen, um Erfahrung zu sammeln und um Fehlerpotenziale zu erkennen. Das hilft dabei, eine klare Vorstellung von der Umsetzbarkeit, von den Entwicklungsrisiken und von den Produktkosten zu gewinnen und erleichtert die Entscheidung, ob das Produkt weiterverfolgt wird oder nicht.

GAM: Im Zusammenhang der Produktentwicklung können externe Spezialisten eine interessante Rolle sowohl in der angewandten Forschung wie in der Grundlagenforschung spielen. Wie bewerten Sie bei Ihrer Produktentwicklung die Möglichkeit der Zusammenarbeit mit Hochschulen und Planungsbüros? Gibt es dazu bereits Erfahrungen oder entwickeln Sie Ihre Produkte zunächst intern? Welche Rollenverteilung innerhalb Ihrer Firma führt dabei zu einer erfolgreichen Entwicklung?

MB: Die Komplexität der Produktentwicklung erfordert im Regelfall die Zusammenarbeit mit externen Fachleuten, weshalb uns der partnerschaftliche Kontakt zu Hochschulen und speziellen Know-How-Trägern sehr wichtig ist.
Für die klassischen Forschungsaufgaben sind Hochschulen natürlich besser ausgestattet als wir, weshalb bei uns weniger Forschung als Entwicklung stattfindet. Die Keimzelle einer Entwicklung entsteht schon meistens bei uns selbst, aber die weitere Erarbeitung erfolgt dann unter Einbindung von externen Fachleuten.

SB: Wir leisten häufig den praktischen Part unter Einbeziehung unserer internen Fachkompetenzen, wie zum Beispiel Produktion, Transport und Montage; wir führen die Ermittlung der Kosten durch und betreiben einen Entwicklungsprozess, bei dem wir versuchen, über mehrere Zyklen die Anforderungen an Technik, Kosten sowie Qualität und Sicherheit zu einem Optimum zu bringen.

> **GAM**: Im letzten Jahrzehnt ist in der Architektur ein Trend zum parametrischen Entwerfen und den damit verbundenen komplexen Geometrien zu beobachten. Gleichzeitig sind im Bereich des Betonbaus neue Betonrezepturen mit hohen Festigkeiten und noch höheren Oberflächenqualitäten entstanden. Textile Bewehrungen der zweiten Generation stellen die Möglichkeit ultraschlanker und ressourceneffizienter Bauteile in Aussicht. Welche Projekte hat die Firma Max Bögl hierzu in Vorbereitung?

MB: Die Planungswerkzeuge haben uns ja über viele Jahre hinweg neue Möglichkeiten geboten, die wir in der Ausführung nur mit großem Aufwand umsetzen konnten, also ohne Automatisierung oder Serienfertigung. Neben der von Ihnen angesprochenen „textilen Revolution" gibt es auch in der Entwicklung hin zur automatisierten Fertigung neue Möglichkeiten durch Datenverarbeitung und CAM.

in foundational research. To what extent do you value opportunities for collaborating with universities and planning firms during project development? Do you have experience with this approach or have you always initially developed your products internally? Which allocation of roles within your company leads to a successful development scenario?

MB: In most cases, the complexity of product development makes it necessary to work with external experts, which is why collegial relations to universities and others possessing special know-how is very important to us.
Of course, universities are better equipped to handle classic research tasks than we are, which is why we actually do less research than development. The nucleus of the actual development work usually originates within our company, but further preparations are then carried out in cooperation with outside experts.

SB: We often do the practical aspects ourselves, using internal specialized expertise, such as production, transport, and assembly. We calculate the costs and carry out a development process by taking steps to optimize, through several cycles, the demands placed on technology, related costs, as well as quality and safety.

> **GAM**: Noticeable during the past decade has been a trend in architecture toward parametric design and the complex geometries associated with it. At the same time, in the field of concrete building, new concrete mixtures with high strength levels and even higher surface qualities have been created. A second generation of textile reinforcement offers the future opportunity to use ultrathin and resource-efficient structural components. Which projects is the company Max Bögl presently developing in such areas?

MB: For many years, planning tools offered new possibilities, which were, however, difficult to implement without great effort

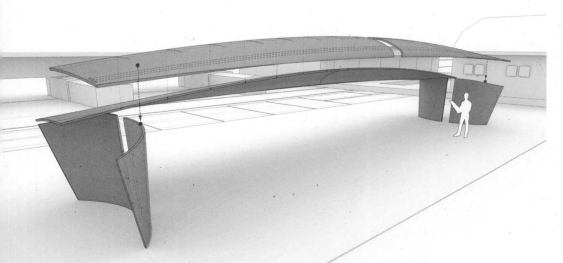

7

Prinzipskizze für die Herstellung eines schalenartigen Betondaches in Fertigteilbauweise | Schematic diagram of a shell-like concrete roof, using prefabricated elements, Graz, 2015 © ITE, TU Graz

...eaning without automation and serial production. Aside from the "textile revolution" that you mentioned, there have also been developments related to automated production, offering new opportunities for data processing and CAM. We use textile-reinforced concrete for building façades, which is quite natural considering the lower weight of the structural components and the fact that it avoids corrosion problems. Corrosion likewise plays a role for all structural elements exposed to thawing salts, such as passageways within and on buildings. All products are naturally prefabricated.

B: Another field of application for textile-reinforced concrete is mechanical engineering, which is an area that we've successfully navigated for over ten years now, gaining very positive experiences with the dimensional stability of concrete used for load-bearing machine frames. And textile reinforcement allows even more lightweight components to be built, which has a positive effect on machine dynamics, in this case of mobile frame parts.

GAM: What, in your opinion, is the greatest potential presented by textile-reinforced concrete or high-strength concrete?

MB: Molding processes in concrete construction contexts will become more varied thanks to these technologies and will develop new geometric possibilities. The profiles of the structural components will change in the long term, and thus also the proportions of concrete structures. This will in turn revolutionize the image of concrete construction within professional circles and therefore also general perception thereof.

B: Textile reinforcement in connection with high-strength concrete brings clear advantages when it comes to durability, fatigue, and weight, while offering almost unlimited design potential as regards form, along with the capacity to meet a wide variety of demands.

GAM: Will textiles as a material thus reintroduce an era of lightweight construction, this time in connection with concrete? What effects on form language do you expect this to have in the context of architecture? Do you feel that there will be a fundamental paradigm shift in the way we build?

B: I am convinced that concrete in connection with textiles represents a new lightweight construction material that optimally combines the advantages of concrete and the advantages of

Wir verwenden Textilbeton im Fassadenbau, was naheliegend ist aufgrund des geringeren Gewichts der Bauteile und der Tatsache, dass wir keine Korrosionsprobleme haben. Korrosion spielt auch eine Rolle bei allen Bauteilen, die Tausalzen ausgesetzt sind, also Fahrbahnen in Gebäuden und auf Bauwerken. Alle Produkte sind natürlich Fertigteile.

SB: Ein weiteres Anwendungsgebiet von Textilbeton sehen wir im Maschinenbau, wo wir seit über 10 Jahren erfolgreich tätig sind und sehr positive Erfahrungen mit der Formstabilität von Beton bei tragenden Maschinengestellen gesammelt haben. Mit textiler Bewehrung lassen sich noch leichtere Bauteile planen, die sich bei beweglichen Gestellteilen positiv auf die Dynamik der Maschine auswirken.

GAM: Welches ist aus Ihrer Sicht das größte Potenzial des Textilbetons bzw. des hochfesten Betons?

MB: Die Formgebung im Betonbau wird durch diese Technologien mehr Vielfalt erfahren und neue geometrische Möglichkeiten entwickeln. Die Bauteilquerschnitte und damit die Proportionen von Betonbauwerken werden sich langfristig verändern und dadurch das Bild des Betonbaus in der Fachwelt und in der allgemeinen Wahrnehmung revolutionieren.

SB: Textilbewehrung in Verbindung mit hochfestem Beton bringt deutliche Vorteile in Bezug auf Dauerhaftigkeit, Ermüdung sowie Gewicht und bietet mit der Formgebung ein fast unbegrenztes Potenzial in der Gestaltungsmöglichkeit und in der Erfüllung von verschiedensten Anforderungen.

GAM: Werden die Textilien als Material somit erneut eine Leichtbauära in der Architektur einleiten, dieses Mal in Verbindung mit Beton? Welche Auswirkungen auf die Formensprache in der Architektur erwarten Sie? Denken Sie, es wird grundlegende Paradigmenwechsel in der Art und Weise geben, wie wir konstruieren?

SB: Ich bin davon überzeugt, dass Beton in Verbindung mit Textil einen neuen Leichtbauwerkstoff darstellt, der die Vorteile von Beton und die Vorteile von Textil optimal kombiniert. Beton kann durch den flüssigen Einbauzustand speziell als selbstverdichtender Beton in fast beliebigen Formen und Größen hergestellt werden. Man ist nicht auf spezielle Formate oder ebene Flächen beschränkt, sondern es bieten sich auch in Verbindung mit farblicher Gestaltung sowie Oberflächenstrukturen fast unbegrenzte Möglichkeiten. Die modernen Konstruktionswerkzeuge ermöglichen es uns, in dreidimensionalen Freiformen zu entwerfen und unsere Ideen in beliebige Formen umzusetzen. Ich denke, dass diese Möglichkeiten mehr und mehr genutzt und zur Anwendung kommen werden.

MB: Ich bin mir nicht sicher, ob heutzutage neue Bauweisen zu neuen Formensprachen führen. Vielmehr entstehen die Formensprachen in der virtuellen Welt, mehr oder weniger abgekoppelt von der Realität.
Ich glaube, dass unsere Art zu entwerfen und zu konstruieren den Möglichkeiten der Software folgen werden, so wie man es schon über die letzten Jahre beobachten konnte. Die Realität der Bauausführung wird dann mit einiger Verzögerung nachfolgen.

> **GAM**: Die Bauweise mit Fertigteilen hat in der modernen Architektur eine lange Geschichte, die mit den ersten Versuchen von Walter Gropius am Bauhaus zur Vorfabrikation von Bauelementen für unterschiedliche Gebäudetypologien in den 1920er Jahren an Relevanz gewonnen hat. Welche Rolle spielt der Aspekt der Präzision und Großformatigkeit von Fertigteilen in der Gegenwart, auch hinsichtlich der für die Infrastruktur notwendigen Ingenieurbauwerke?

MB: Das vorgefertigte Betonteil entwickelt sich zunehmend zu einem Hochleistungsprodukt. Das, was wir aus anderen Branchen an Präzision und Qualität gewohnt sind, wird auch im Betonbau langfristig zum Standard werden. Deshalb streben wir bei allen Bauprojekten einen weitest möglichen Grad an Vorfertigung an.
Mit dem Begriff Großformat sprechen Sie das Thema der Elementierung an. Das Fertigteil hat trotz all seiner Vorteile das Manko der Transportkosten zwischen Fertigungsstätte und Baustelle. In Abhängigkeit davon ist das größere Element nicht immer wirtschaftlicher als das kleinere. Bei individualisierbaren Produkten wie z.B. Fassadenelementen haben wir bei der Elementierung gewisse Freiheiten und damit eine Stellschraube für den Preis. Andere Produkte wie z.B. Fahrbahnplatten sind in dieser Hinsicht wenig flexibel.

textiles. Due to its state of liquid installation, concrete—and especially self-compacting concrete—can be produced in almost any form or size. There is no limitation to certain formats or to flat surfaces; rather, it offers almost unlimited possibilities as to color design and surface structuring. Modern construction tools make it possible for us to design three-dimensional free forms and to realize our ideas in any desired way. I think that these possibilities will be integrated and applied more and more.

MB: I'm not sure whether new building approaches lead to new languages of form these days. Instead, the languages of form arise in the virtual world, more or less detached from reality. It seems to me that our approach to designing and building will follow the opportunities made possible by software, as has already been evident in recent years. The reality of building construction will then follow after just a slight delay.

> **GAM**: The building approach of using prefabricated elements enjoys an extended history in modern architecture, first gaining relevance in the 1920s with the initial attempts by Walter Gropius at the Bauhaus to prefabricate structural elements for different building topologies. Which role does the precision and large format of prefabricated elements play today, also in respect to the engineering structures necessary for infrastructure?

MB: The prefabricated concrete element is increasingly becoming a high-performance product. The precision and quality which we are accustomed to seeing in other industries will become standard in concrete construction over time. This is why we strive to facilitate prefabrication in all building projects to the greatest possible degree.
With the term "large format" you are touching on the topic of element management. Despite all its advantages, the prefabricated element has the flaw of transport costs between production facility and construction site. Accordingly, the larger element is not always more economical than the smaller one. In the case of individualizable products, such as façade elements, we enjoy a certain degree of leeway in element management and can thus adjust the pricing accordingly. Other products like roadway slabs are less flexible in this way.

B: With today's production technologies using CNC-controlled processing machines, both small and very large structural components can be produced with precision in the tenth of a millimeter range, which had previously been inconceivable in the building industry. Such precision also gives us the opportunity to apply completely new joining and connecting technologies in order to transfer force from one structural element to another.

GAM: To what extent will these technical innovations expand the design-related possibilities for architecture? Especially in view of the changes in production technologies, it also seems important to discuss whether, from your perspective, the requirements profile that future graduates in architecture and engineering will need to fulfill is likewise shifting?

B: Yes, I do think that the requirements profile will be shifting in the future, for it will become mandatory for a design to fulfill all requirements related to the production technologies. We will find ourselves more deeply immersed in a rule-based design process, with its feasibility being digitally evaluated and supported. This method ensures that a solution can be technically and qualitatively implemented in a cost-optimized way.

MB: The design possibilities are of course already very extensive. But the actual construction process will now be able to more easily tap into these possibilities. For an architect, it always makes sense to have as much knowledge as possible about production technology. The focus used to be on craftsmanship techniques, whereas today it is increasingly placed on industrial production methods. What is new in this context is surely the direct correlation between "drawn" or "designed" data and computer-controlled production. Nonetheless, this is only one segment of a more broad background that a classic architect should possess. In any case, it will become increasingly important to have a specialization in this profession, so that in the future there will be less all-rounders and more experts for certain specialized areas.

GAM: Thank you for the conversation. ∎

Translation: Dawn Michelle d'Atri

SB: Mit den heutigen Herstellungstechnologien über CNC gesteuerte Bearbeitungsmaschinen lassen sich kleine wie auch sehr große Bauteile in einer Präzision im Zehntel Millimeterbereich herstellen, die im Bauwesen so bislang undenkbar war. Diese Präzision gibt uns auch die Möglichkeit, ganz neuartige Füge- und Verbindungstechniken anzuwenden, um so Kräfte von einem auf das andere Bauteil zu übertragen.

GAM: Inwiefern erweitern sich durch diese technischen Innovationen auch die entwerferischen Möglichkeiten der Architektur? Gerade hinsichtlich der Veränderungen in den Herstellungstechnologien erscheint es andererseits wichtig, zu diskutieren, ob sich ebenfalls das Anforderungsprofil wandelt, das aus Ihrer Sicht zukünftige AbsolventInnen aus Architektur und Ingenieurstudiengängen erfüllen sollten?

SB: Ich denke schon, dass sich das Anforderungsprofil in Zukunft ändert, da es zwingend notwendig sein wird, dass der Entwurf alle Anforderungen der Herstellungstechnologien erfüllt. Wir werden uns stärker in einem regelbasierten Entwurfsprozess befinden, bei dem die Umsetzbarkeit digital geprüft und unterstützt wird. Diese Methode stellt sicher, dass eine Lösung technisch, qualitativ sowie kostenmäßig umgesetzt werden kann.

MB: Die entwerferischen Möglichkeiten sind ja bereits sehr umfassend. Aber die Bauausführung wird diesen Möglichkeiten nun leichter folgen können. Für einen Architekten ist es immer sinnvoll, möglichst viel Wissen über Produktionstechnologie zu haben. Früher waren es Handwerkstechniken, heute sind es zunehmend industrielle Fertigungsmethoden. Neu ist in diesem Zusammenhang sicher der direkte Zusammenhang der „gezeichneten" oder „entworfenen" Daten mit der computergesteuerten Herstellung. Trotzdem ist das nur ein Ausschnitt des gesamten Hintergrunds, den man als klassischer Architekt haben sollte. Die Spezialisierung wird aber in diesem Beruf weiter zunehmen, so dass es den Allrounder in Zukunft immer weniger geben wird, sondern vermehrt Experten für bestimmte Fachgebiete.

GAM: Wir danken Ihnen für das Gespräch. ∎

Glas: Tragende Transparenz.
Eine unternehmerische Perspektive

Gerhard Seele (GS) und Siegfried Goßner (SG)
im Gespräch mit Daniel Gethmann und Stefan Peters (GAM)

Glass: Load-Bearing Transparency:
An Entrepreneurial Perspective

Gerhard Seele (GS) and **Siegfried Goßner (SG)** in
Conversation with **Daniel Gethmann** and **Stefan Peters (GAM)**

Die Firma seele ist eine treibende Kraft bei der beispiellosen Entwicklung des konstruktiven Glasbaus als einer eigenen Bausparte in den letzten 20 Jahren. Zahlreiche internationale Projekte, bei denen immer wieder aufs neue Superlative geschaffen wurden, stehen in engem Zusammenhang mit dem Wirken der Firmeninhaber Gerhard Seele und Siegfried Goßner. Auch eine enge Partnerschaft mit der Firma Apple sowie die Zusammenarbeit mit zahlreichen bekannten Planern begleiten diesen Weg.

Over the past twenty years, the company seele has been a driving force in the unprecedented development of structural glass construction as its own segment in the building industry. Numerous international projects, each one surpassing the last, are closely associated with the activity of the company owners Gerhard Seele and Siegfried Goßner. Their path has also been marked by a close partnership with the company Apple and collaboration with many well-known architects and engineers.

GAM: Die Entwicklung im Glasbau der letzten Jahre ist sehr beeindruckend, sowohl aus technischer als auch aus unternehmerischer Sicht, und sie unterscheidet sich deutlich von der im Bauwesen sonst üblichen Innovationskultur in anderen Materialbereichen. Welche Entwicklungen im konstruktiven Glasbau wird man noch erwarten können und welche streben Sie an?

GAM: The development seen in the field of glass construction in recent years is very impressive, both from a technical and an entrepreneurial perspective. It clearly differs from the culture of innovation usually found in other materials segments of the building industry. Which developments in structural glass construction are still awaiting us and what are your related goals?

GS: Letztendlich geht der Trend zur Anwendung von großen – oder sogar übergroßen Scheiben; diese auch konstruktiv in den Glasbau miteinzubinden, wird sicher in Zukunft ein großes Thema sein. Die Herausforderung besteht ebenfalls in der mehr oder weniger guten Isolierung der Fassadenkonstruktionen. Zur Frage, wie man auch opake Bereiche sinnvoll einbindet, haben wir jetzt die iconic skin-Fassade entwickelt, bei der wir Energiedurchgangswerte (U-Werte) von unter 0,1 im opaken Bereich bekommen. Das kann ein wesentlicher Beitrag dazu sein, weiterhin Glasfassaden bauen zu können. Und dies geschieht ohne konventionelle Paneelbereiche, nur in übergangslosen Konstruktionen von opakem Glasanteil zu transparentem Glasanteil. Ich könnte mir vorstellen, dass das in Zukunft ein sehr wesentlicher Beitrag zur Fassadenkonstruktion sein wird.

GS: The trend is ultimately moving toward the use of large—or even ultralarge—panes. Structurally combining them in the field of glass construction will surely be a big issue in the future. The challenge also lies in the more or less favorable insulation of the façade construction. In order to address the question of how opaque areas can be sensibly integrated, we have now developed the iconic skin façade, where we can achieve energy permeability values (U-Values) of under 0.1 in opaque areas. This can significantly contribute to the ability to keep building glass façades.

Dazu kommt auch die Integration aller möglicher Verbindungsteile im konstruktiven Glasbau – Titan, Edelstahl usw. Diese Elemente werden nicht auf die Oberflächen aufgesetzt, sondern in die Isolierglaskonstruktion einlaminiert. Schließlich können wir in der Entwicklung die gesamte Bandbreite der Isolierglasherstellung in Größen von 15 oder 16 Metern Länge und mehr erwarten, da wir eine Anlage in Betrieb genommen haben, mit der wir diese Größen problemlos und vor allem auch vollautomatisch, also qualitativ hochwertig, herstellen können.

GAM: Gibt es einen Schlüsselmoment oder einen Meilenstein in der Unternehmensgeschichte, von dem Sie sagen würden, das war unsere wichtigste Erfindung und der wichtigste technische Schritt, den wir gemacht haben?

GS: Ja, der Weg Glas als tragendes Element einzusetzen, hat sowohl statisch als auch in hohem Maße konstruktiv Grenzbereiche beschritten. Dieser Ansatz war ein ganz wichtiger, denn nach den alten DIN-Normen durfte man Glas eigentlich gar nicht belasten. In der Weiterentwicklung haben wir dann tragende Strukturen mit Glas ausgebildet und ich kann mir gut vorstellen, dass da auch noch nicht die letzte Innovation gesehen wurde.

GAM: Es gibt also zwei Tendenzen in dieser großformatigen Entwicklungsreihe: die eine ist die notwendige Isolierung aufgrund der Wärmeschutzverordnungen, die andere wäre die tragende Qualität oder die tragende Funktion des Materials Glas.

GS: Oder auch beide Tendenzen zusammen.

SG: Wenn wir nach einem Meilenstein gefragt werden, dann wäre auch das Maximilianmuseum in Augsburg (Abb. 1–3) als die erste mögliche freitragende Glaskonstruktion noch mit Glasgrößen von 1,20 m mal 1,20 m zu nennen. Dort wurde zum ersten Mal das Glas wirklich als tragendes Element eingesetzt und nur mit Seilen stabilisiert …

GS: Mit einer Überkopfverglasung, was ganz wichtig ist.

GAM: Dieses Projekt stellt also einen wesentlichen Paradigmenwechsel dar?

SG: Ja. Denn es zeigt zum ersten Mal, dass es auch ohne den langweiligen Stahlunterbau geht. Das war zu der Zeit noch eine riesige Herausforderung. Heute würde man sagen: legen wir halt gebogene Scheiben drüber! In Zukunft wird das gebogene Glas immer wichtiger werden, um die Freiformen zunehmend auch mit Glas lösen zu können. Wir sehen, dass die Nachfrage nach 3D-Konstruktionen immer größer wird, weil sie mit neuen 3D-Programmen beherrschbar werden. Da haben wir im Moment sogar schon ein wenig Mühe, mit dem gebogenen Glas nachzukommen. Es geht zunächst darum, eine gute Qualität herzustellen: Natürlich steht Glas immer für einen hohen ästhetischen Anspruch, aber bei den gebogenen Gläsern stellt sich

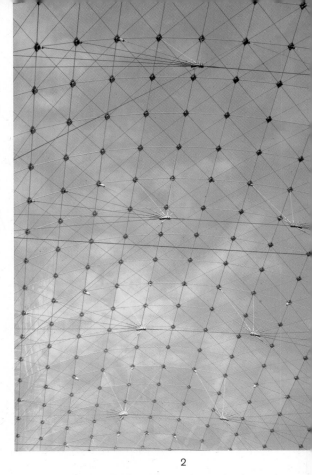

2

(2–3) Ingenieurbüro Ludwig & Weiler/seele group, Glasdach Maximilianmuseum | Glass roof Maximilianmuseu[m] Eine 37 m × 145 m selbsttragende Ganzglas-Konstruktion a[us] 527 Einzelglasscheiben überspannt den historischen Innenh[of] A 37 m × 145 m selfsupporting glass construction with 527 glass panels spans the historical courtyard, Augsburg, 1999–2000 © Weiss Werbefotografie/seele.co[m]

die Qualitätsfrage neu, weil dann die Verwerfung der Glasoberfläche eine große Rolle spielt.

GAM: Die Firma seele hat in Konstruktion und Fertigung den Umgang mit dem Material Glas als lastabtragendem Element perfektioniert. Können Sie sich vorstellen, Ihre Expertise auch auf andere Materialien auszuweiten, um das Portfolio zu erweitern und die Grenzen auch hier zu verschieben? Oder ist die Liebe zum Glas so groß, dass Sie sagen, das kommt gar nicht in Frage?

SG: Ja, die Liebe zum Glas ist groß, das ist schon richtig. Über andere Materialien denkt man schon einmal nach: GFK [glasfaserverstärkter Kunststoff] oder CFK [kohlefaserverstärkter Kunststoff] sind sicherlich Materialien, bei denen wir uns gut vorstellen könnten, uns in Zukunft mehr mit ihnen auseinanderzusetzen. Bei dem Material besteht derzeit noch das Problem, dass es mehr als Stahl kostet, aber wenig Vorteile im Vergleich

And it can take place without conventional paneling, so through seamless transitions between the opaque and transparent glass sections. I can imagine that this will prove to be a very essential contribution to façade construction in the future.

Then there is also the integration of all kinds of connecting elements in the context of structural glass construction: titanium, stainless steel, et cetera. Such elements are not simply affixed to surfaces but rather laminated inside the insulated glass construction. So in terms of development we can actually expect an entire spectrum of insulation glass production in dimensions of fifteen to sixteen meters or longer, for we have instituted a system with which we can easily produce such sizes—most importantly, in a fully automated way that ensures high quality.

3

GS: Yes, the path to implementing glass as a load-bearing element has probed both static and, to a vast degree, structural boundaries. This approach was highly significant, because according to the old DIN norms, it was not actually permissible to put a strain on glass. In elaborating this concept further, we then formed load-bearing structures using glass, and I can certainly imagine there will be more innovations to come.

GAM: So two tendencies can be identified in this large-format series of development: the first is the insulation required for meeting thermal protection regulations, and the second is the load-bearing quality or the supporting function of glass as a material.

GS: Or both tendencies at once.

SG: When asked to name a milestone, I would cite the Maximilian Museum in Augsburg (figs. 1–3) as the first feasible free-standing construction with glass elements of 1.20 by 1.20 meters. This was the first time that glass was truly integrated as load-bearing element and stabilized using only cables.

GS: With overhead glazing, which is very significant.

GAM: So this project represents an essential paradigm shift?

SG: Yes, it does, since for the first time it was possible to work without the boring steel base. At the time, this was a giant challenge. Today we would simply say: let's just cover it with curved panes! In the future, curved glass will become more and more important so as to be able to increasingly solve free-form issues with glass. We have noticed that the demand for 3D structures is becoming ever greater, because they are controllable using new 3D programs. At the moment, it's even a bit difficult to meet the demand for curved glass. The main concern is to ensure high quality: of course, glass always goes hand in hand with high aesthetic standards, but in the case of curved glass the issue of quality arises even more strongly, since distortion of the glass surface plays an important role.

GAM: In terms of construction and manufacturing, the firm seele has perfected the process of working with the material of glass

131

zu Stahl hat und zudem die Anbindungen schwierig sind. Trotzdem kann ich mir GFK sehr gut vorstellen, insbesondere bezüglich der Wärmeschutzverordnungen könnte man sich mit GFK vorstellen, große selbsttragende Elemente zu bauen.

GAM: Also nicht nur als Unterkonstruktion sondern auch als flächige Paneele?

SG: Ja. Es gibt Projekte, die im Moment im Bau sind, bei denen die ganze Dachfläche nur mit GFK gedämmt ausgeführt wird.

GAM: Besteht die Innovation daher nicht so sehr darin, dass man sich einem anderen Material zuwendet, sondern dass man das Material Glas selber in einen Innovationsprozess integriert, indem man dessen tragende Funktion heraustreibt oder stärker untersucht?

SG: Ja, genau. Gerade mit GFK kann man sich schon vorstellen, große Spannweiten zu verwirklichen. Aber das wäre das einzige alternative Material, das ich mir vorstellen könnte, als Erweiterung zu dem Bereich, in dem wir eigentlich tätig sind.

GAM: Zumal GFK ja auch zu 70 Prozent aus Glas besteht.

SG: Ja, bei CFK natürlich wieder weniger.

GS: Eine Materialerweiterung kann man sich letztendlich nur wegen der Dämmwirkung vorstellen. Bei den Vorteilen sieht man aber nicht so richtig, wo sie gegenüber Metall oder insbesondere Stahl schlagend werden sollen. CFK ist leichter, aber nach Leichtigkeit im Bauwesen ist jetzt die Nachfrage nicht unbedingt so groß. Glas ist nun einmal nicht leicht, warum sollte man das andere leicht machen, wenn man das Transparente dabei schon recht schwer einbringen muss? Ich glaube eher, dass man Glas als tragendes Element noch technologisch weiterbringen wird und dass die Statik dabei einen wichtigen Beitrag zu der Frage leisten wird, welche Anforderungen man dem Glas noch auferlegen kann.

GAM: Die Glasfassaden haben häufig auch die architektonische Funktion gehabt, die konstruktive Struktur hinter ihnen nicht sehr transparent zu machen oder zu verhüllen. Wenn Sie mit größeren Glaselementen arbeiten und gleichzeitig deren tragende Funktion herausarbeiten, dann könnte das auf eine Integration der Funktion hinauslaufen, die sich vormals in der Architektur hinter der Glasoberfläche abgespielt hat. Ist das eine Entwicklungsrichtung, die Sie verfolgen?

GS: Wir machen ja keine Architektur, sondern nur die konstruktive Umsetzung. Es kann eine Richtung sein, die die Architektur

möglicherweise einschlagen möchte, die Transparenz total werden zu lassen. Aber ich sehe ebenfalls noch die Möglichkeiten, die Statik eher in der Glasebene unterzubringen, als mit dahinterliegenden Glasschwertern und ähnlichem zu arbeiten.

GAM: Die Fassaden des neuen Apple Headquarters (Abb. 4) besitzen bei einer Bauhöhe von 16 Metern fast keine Unterkonstruktion mehr. Die Fassadenscheiben spannen liegend drei Meter mal 14 Meter; selbst ambitionierte „normale" Fassadenkonstruktionen sehen dagegen aus wie aus einer anderen Zeit. Man denkt sich: Wie kann das überhaupt gehen? Hier haben wir eine Innovation, die keinen jahrelangen Vorlauf hat, sondern innerhalb eines Projekts mit einem strikten Zeitplan, Fertigstellungstermin und Kostenplan entsteht. Wie kann man sich diesen Entstehungsprozess vorstellen? Wie organisieren Sie den Projektverlauf, damit eine solche Innovation entsteht?

GS: Ich glaube, da ist schon viel an der bauseitigen Vorgabe gearbeitet worden. Wenn wir absolut bei Null anfangen müssten, dann würde man es nicht mit den normalen Bauprogrammen und Bauterminplänen abhandeln können. Es muss zuvor eine Machbarkeit in der Architektenvision oder in der Ingenieurvision vorhanden sein, deren Umsetzung synergetisch mit der eigenen Kompetenz ist und dadurch einen Verlauf nimmt, der zeitlich und vom Risiko her beherrschbar bleibt. Dabei ist es wichtig, dass man praktisch die Visionen in allen Bereichen aufnehmen kann. Wir sollten ganz allgemein festhalten, dass diese Umsetzungen doch zuerst Visionen sind, die an uns herangetragen worden sind, da man uns die Kompetenz zutraut, es letztendlich auf die eine oder andere Weise umzusetzen. Aber es muss zunächst einmal die Grundidee da sein, denn letztendlich ist der Unternehmer immer auf der anderen Seite des Tisches und demzufolge wird der Unternehmer immer nur die Ideen des Architekten und des bauseitigen Ingenieurs mit umsetzen können. Ganz frei wird man es daher nicht definieren können nach dem Motto: „wir können jetzt irgendetwas ganz besonders und warten, bis jemand die Architektur dazu entwirft", sondern es ist genau umgekehrt. Die Architektur erkennt, dass eine neue Grenze notwendig ist, die man setzen soll, und diese Vision einer neuen Grenze können dann die Firmen ausformulieren, die auch die Kompetenz haben, diese Vision in Realität umzuwandeln und das ist, glaube ich, das Wichtige.

GAM: Hier haben wir zwei unterschiedliche Innovationsebenen: die eine wäre eher eine formale und gestalterische Innovation, die der Unternehmer nicht initiiert, sondern die von den Gruppen der Bauherren, Architekten, Planer, Bauingenieure und Unternehmer gemeinsam entwickelt wird. Die andere wäre eher eine materialtechnische Innovation, die sich auf die Qualitäten der Eigenschaften richtet, die das Material hat.

as a load-absorbing element. Could you imagine applying your expertise to other materials in order to expand your portfolio and to shift the boundaries here as well? Or is your devotion to glass so great that you would never think of such a step?

SG: Yes, our love of glass is great, that's true. But we do consider other materials from time to time: GFRP [glass-fiber reinforced plastic] and CFRP [carbon fiber-reinforced plastic] are for instance materials that we could definitely imagine exploring more thoroughly in the future. Though at present there is still the problem that such materials cost more than steel while exhibiting few advantages over steel; plus the connections are difficult. Nonetheless, I can certainly imagine working with GFRP, especially when it comes to addressing thermal protection regulations, for which it might make sense to build large, self-supporting elements with GFRP.

GAM: So not only as substructures, but also as planar panels?

SG: Sure. There are projects currently under construction where the entire roof surface is being insulated in connection with GFRP.

GAM: So the innovation is not so much in turning to a different material, but rather in integrating the material of glass itself into a process of innovation whereby its load-bearing function is taken to an extreme or investigated even more thoroughly?

SG: Yes, exactly. Especially in the case of GFRP it is conceivable to realize large spans. But it is the only material that I can image using in addition to the area we are really focused on.

GAM: Especially since GFRP is made of 70 percent glass.

SG: Yes, though this number is of course lower for CFRP.

GS: We can only imagine embracing other materials if this enhances the insulating effect. In terms of advantages, it is hard to see how such materials can trump metals, or steel in particular. CFRP is lighter, but the demand for lightness in the building industry is not particularly high at the moment. Glass is certainly not light, so why make the other elements lighter when it is necessary to integrate transparency that is rather heavy? Instead, I think that glass will advance even further technologically as a

load-bearing element, and that in the process statics will make a decisive contribution to the question of which other demands can also be placed on glass.

GAM: Glass façades have often had the architectural function of making the structural unit behind it less transparent or even concealed. When you work with larger glass elements and simultaneously detail their load-bearing function, this could result in an integration of the function that formerly played out behind the glass surfaces in architecture. Are you pursuing such a development trend?

GS: We are not actually creating architecture, but rather working on related structural implementation. This may be a direction taken by architecture that involves allowing utter transparency to take form. But I also see an opportunity to integrate the statics into the glass itself, rather than working with something like underlying glass fins.

GAM: The façades of the new Apple headquarters (fig. 4) almost completely do without a substructure despite a building height of sixteen meters. Horizontally, the glass panes span three by fourteen meters. By comparison, even ambitious, "normal" façade constructions appear to have originated in another era. We wonder: How can this even be possible? Here we have an innovation that was not preceded by years of preparation, but that was instead created within a single project on a strict schedule, deadline, and budget. How might we imagine this origination process? How do you organize the project flow so that such an innovation can emerge?

GS: I think that a lot of work has already been done in terms of defining specifications on the structural design end. If we had to absolutely start at zero, then surely it wouldn't be possible to carry out the project according to the normal building programs and construction schedules. First, there must be evident feasibility in the architects' vision or in the engineers' vision before the implementation can be carried out synergistically with our own expertise, with the process thus evolving in a way that remains controllable as regards both time and risk. Here it is important to take a practical approach to including the visions in all areas. Generally speaking, we should note that these implementations were first visions presented to us, because we were to be entrusted with the realization thereof in one way or another thanks to our expertise. But first the basic idea has to be there, for the entrepreneur is ultimately always sitting on the other side of the table and, accordingly, the entrepreneur will always only help realize the ideas of the architect and the structural engineer. So it is really quite impossible to freely define

GS: Ja, aber diese entsteht auch aus der Materialentwicklung heraus. Ein Beispiel: Nehmen Sie die SGP-Folie, die schubsteife Verbindungen zulässt; diese hat es früher nicht gegeben, daher blieb einem nichts anderes übrig, als mit den Scheiben additiv zu rechnen. Jetzt kann man mit einer gewissen Schubsteifigkeit rechnen und dadurch bieten sich natürlich ganz andere Möglichkeiten. Da diese Folie sich verflüssigt, können Inlays als einlaminierte Beschlagteile eingebaut werden, die direkte Verbindungen von Glas zu Metall zulassen, welche früher nicht möglich waren. Da musste man noch ein Loch bohren und etwas durchschrauben.

> **GAM**: Wie kommen die erwähnten Innovationsentscheidungen in der Firma seele zustande? Gibt es Innovationsteams, die relativ autonom agieren, oder gibt es Gruppen, mit denen man sich abspricht, oder basieren die Entscheidungen eher auf bauindustriellen Marktanalysen?

GS: Der Ausgangspunkt sind die Visionen der Architekten, die immer wieder Grenzbereiche ausloten, und mit einer Firma wie der unseren zusammenarbeiten, die die Kompetenz einbringt, diese Visionen realisierbar zu machen. Es kann durchaus sein, dass die eine oder andere Vision nur mit Einschränkungen umsetzbar ist, aber gerade durch diese Einschränkung hat man ja wieder ein Feld für etwas Neues geöffnet, wo man sich überlegen kann, wie es ohne die Einschränkung gehen könnte. Aber der erste Schritt muss darin bestehen, die Vision mit einer eingeschränkten Innovation umzusetzen, erst danach kann es soweit sein, auch neue Materialien einzusetzen, die dann vielleicht diese Einschränkung obsolet machen.

SG: Vieles wird auch vorangetrieben von namhaften Structural Designern, insbesondere viele Innovationen im Bereich der Verbindungen, wie beispielsweise das Einlaminieren. Wenn die Idee vorhanden ist, setzen wir diese um; denn eine Idee an sich ist noch lange nicht machbar, sondern liefert zunächst nur eine grobe Vorstellung, wie es funktionieren könnte, man denke nur an die Brücke auf der Glasstec Ausstellung 2008. Das Problem steckt im Detail, wir brauchen einen Stab von guten Entwicklern, Glasfertigern und Monteuren, das hängt alles zusammen; denn es muss auch montierbar und haltbar auf lange Zeit sein.

> **GAM**: Gerade die angesprochene Glasbrücke auf der Glasstec ist eines der Beispiele dafür, dass die Firma seele auch selbst Visionen entwickelt und verwirklicht. Welche Rolle spielen die selbst entwickelten Prototypen für das Projektgeschäft und die Stellung am Markt?

SG: Die Glasbrücke ist nicht als eine reine Eigenentwicklung zu verstehen, sondern existiert als ein gemeinsames Projekt mit

4
Bohlin Cywinski Jackson/seele group,
Apple Store, New York, 2011 © Apple

134

along the lines of "we are doing something really special and will just wait until someone designs the appropriate architecture"—it's actually the other way around. Architecture recognizes that it is necessary to set a new boundary, and this vision of a new boundary can then be fleshed out by those companies that do possess the expertise needed to transform this vision into reality, and that is what is important, in my opinion.

> **GAM:** Here we have two different planes of innovation: the first would be a more form- and design-related innovation not initiated by the entrepreneur but rather collaboratively developed by groups of building contractors, architects, planners, structural engineers, and entrepreneurs. The other would be more of a material-technical innovation that is geared toward the qualities of the properties displayed by the material.

GS: True, but this also arises through materials development. An example: SGP film, which allows for sheer connections, was not previously available, so one had no choice but to calculate by adding panes. Nowadays it is possible to rely on a certain sheer stiffness, and this of course makes way for completely different possibilities. Since this foil can be liquefied, it is possible to insert inlays as integrated laminated fitting parts, which permits direct connections between glass and metal, something that was not previously possible. Back then, one had to drill a hole and use a screw.

> **GAM:** How do such decisions about innovations come about at the seele company? Are there innovation teams that act in a relatively autonomous manner, or are there groups that you consult, or do the decisions tend to be based on market analyses of the building industry?

GS: The point of departure lies in the visions of architects who probe boundaries again and again and work together with a company like ours, which contributes expertise in order to make such visions realizable. In some cases it may be that one vision or another is only viable when subjected to limitations, but it is precisely through such constraints that a field for something new is opened, giving us a chance to consider how we could make it happen without the limitations. But the first step must involve implementing the vision with a limited innovation. It is not until later that we are ready to also employ new materials which could maybe even make the limitation obsolete.

SG: Much is impelled by renowned structural designers, especially many of the innovations found in the area of connections, such as integrated lamination. If the idea is there, then we implement it, for an idea in and of itself is by no means already doable. Instead, it just initially provides a rough idea of how it might function. An example of this is the bridge at the Glasstec

Partnern. Einer der Innovationsträger im Projekt war die Universität Stuttgart, von der der Entwurf und die Entwicklung wesentlich beeinflusst wurde.

Wir haben mit der Glasbrücke verschiedene technische Überlegungen weiter verfolgt: sie zum Beispiel durch die Möglichkeiten von lastabtragendem Glas zu erweitern, die Technik des Laminatbiegens einzusetzen, sowie auch Klebefugen als notwendiges lastabtragendes Detail zu verwenden. Zum damaligen Zeitpunkt bestand darin noch eine große Herausforderung; man denke nur an die verwendeten 7 m langen Scheiben, die teilweise noch gestoßen werden mussten. Durch die Bewältigung dieser Herausforderungen werden mit der Verwirklichung des Projekts jedoch Innovationsimpulse erzeugt, die zu einem späteren Zeitpunkt den nächsten Entwicklungsschritt ergeben und dann auch in anderen Projekten verwendet werden können.

GAM: Gab es auch Visionen oder Anfragen, bei denen Sie gesagt haben: „Das geht wirklich zu weit", oder ist es immer so, dass man sagt: „Wir finden den Weg"?

GS: Vom bauseitigen Ingenieur kommt bereits eine so weit konkretisierte Vision, dass man sich eine Realisierung vorstellen kann. Jede Vision hat von der Natur her schon eine Realisierbarkeit im Gepäck; ganz ohne diesen Faktor werden Visionen nicht an uns herangetragen, da dies immer über die Interpretation eines Ingenieurs geschieht. Anders ist das auch gar nicht vorstellbar, da sich die Firma dann auf Bauherrenseite begeben würde. Es bedarf eines gewissen Knowhows auf der Bauherrenseite und dann des Umsetzungs- und Realisierungsknowhows auf unserer Seite. Nur bei wenigen Ausnahmen kann man nur der Innovation folgend etwas realisieren. Das gibt es vielleicht bei Kunstwerken oder bei einem architektonischen Unikat oder bei einem Prototypen an der Hochschule, aber in der Breite nicht. In die Breite geht es erst dann, wenn der Architekt an der Seite des Ingenieurs und die realisierende Firma als ein Team zusammengespannt werden. Dabei besteht die Aufgabe des Fassadenbauunternehmens darin, die richtigen Umsetzungsideen zu finden, doch die architektonische Vision muss schon existent sein.

GAM: Gab es zu irgendeiner Zeit in der Firmengeschichte auch einmal etwas, von dem Sie sagten, das war aber jetzt ein Misserfolg? In der Regel sind das ja die Schritte, bei denen man wirklich viel lernt und sein Profil ausprägt. Gab es so einen Punkt, an den Sie sich erinnern?

GS: Eigentlich nicht, da wir im vorhin beschriebenen System arbeiten, dass man bauseits die Visionen hat und diese schon eine gewisse Realität und Realisierungsnähe mitbringen müssen. Dass es vielleicht dann finanziell nicht aufgegangen ist, kann schon sein, aber dass es vom Engineering nicht funktioniert, das kann man sich eigentlich nicht vorstellen.

SG: Wir haben immer wieder einmal gesagt, in die Aufgabe müssen wir mehr Zeit investieren, um länger drüber nachzudenken. Aber die Projekte sind immer realisiert worden; und wir haben keins, woraus ein Problem entstanden wäre oder bei dem wir nachbessern müssten. Vor allem deshalb, weil wir vorsichtig agieren – wir gehen an die Grenzen, da wir wissen, wo die Grenzen sind. Wir gehen aber nicht leichtsinnig über die Grenzen.

GAM: Die Kenntnis dieser Grenzen erschließt sich durch eine innige Beziehung und ein hohes Verständnis des Materials. Offensichtlich dehnen Sie die Ebenen der Be- und Verarbeitung von Glas in Ihrer Firma immer weiter aus. Möchten Sie irgendwann die Produktionskette erweitern?

GS: Glas ist einfach ein Thema, das in der Innovation bestimmt noch nicht ausgereizt ist und wir haben jetzt einfach den Vorteil, dass wir eine große Glasveredlungsproduktion selber haben und dort für alle Prozessschritte auch die Kompetenz entwickelt haben und demzufolge auch Innovationen, die sich anbieten, relativ früh erkennen. Wenn man in den eigenen Versuchen mit dem Glas ein Stück weiter kommt, muss man eigentlich keine fremden Kompetenzen einschalten. Wir können diese Kompetenzen miteinander verweben. Denn die Glasveredlungsproduktion lebt vom Knowhow des Fassadenbaus, wie auch der Fassadenbau davon lebt, dass man die Grenzbereiche, die sich in der

exhibition of 2008. The challenge lies in the details, so we needed a group of good developers, glassworkers, and assemblers. Everything is interrelated, for it all must be mountable and durable for a long period of time.

GAM: The glass bridge at Glasstec is one good example of the seele company's self-development and -realization of visions. What role do such self-developed prototypes play in the project business and in market positioning?

SG: The glass bridge cannot be viewed as a purely self-developed project but rather exists as a joint collaboration between partners. One of the innovators in the project was the University of Stuttgart, which strongly influenced both design and development.

In the case of the glass bridge, we further pursued various technical considerations, for instance: extending the bridge through the possibilities presented by load-absorbing glass, implementing the technology of laminate bending, and using adhesive joints as a necessary load-absorbing detail. At that time, this was indeed a great challenge—just think of the seven-meter-long panes that were used, which still had to be shifted, incorporating hairline joints sometimes. By coping with such challenges, innovative impulses arose during the realization of the project, which at a later point in time led to the next developmental step and could then be applied to other future projects.

GAM: Have there been visions or incoming requests where you have said: "This is really going too far"? Or do you always say: "We'll find a way"?

GS: Generally, the structural engineer provides such a well-thought-out, concrete vision that is possible to imagine as a successfully realized structure. By nature, each and every vision already contains elements of feasibility; visions are not presented to us without this factor being present at least in part, for it is always a facet of the engineer's interpretation. This is really not conceivable any other way, since the company would then be moving into the realm of the building contractor. Certain know-how is necessary on the part of the contractor, and then certain know-how about implementation and realization on our end. It is only very rarely possible to realize something by merely following the innovation. This might be possible in the case of artwork or a unique architectural object or a prototype at university, but not in broad terms. Such breadth is only reached when the architect and the engineer and the implementing company are working together side by side. Here, it is the job of the façade construction company to find the right implementation ideas, but the architectural vision must already be extant first.

GAM: Was there ever a point during the history of your company where you said: "Wow, this was a flop"? Usually these are the steps where we learn a great deal and shape the company profile. Can you remember experiencing such a point?

GS: Not really, since we already work with systems which, as noted earlier, already follow structural visions and must inevitably be accompanied by a certain measure of reality and implementation feasibility. Sometimes it happens that a project does not turn out to be financially viable, but it is really quite impossible to imagine that the engineering wouldn't work out.

SG: We have said again and again that we need to invest more time exploring the task in order to be able to think about it longer. But the projects have always been built, and we haven't had any which became problematic or which we had to touch up. This is especially due to the fact that we are very cautious—we can probe boundaries because we know where the boundaries are, but we do not carelessly go beyond these bounds.

GAM: Your knowledge of these boundaries has evolved through a close relationship and a strong understanding of the material. Your company seems to be stretching the levels of glass processing and workmanship further and further. Are you planning to someday expand the production chain?

GS: Glass is simply a topic that has not yet been exhausted in terms of innovation, and we have the advantage of owning a large glass-finishing production facility. We have been able to develop the expertise for all processual steps there and are thus also able to recognize innovations that evolve relatively early on. When we are able to make progress with our own glasswork, then it really isn't necessary to bring in outside expertise. We can interlace such areas of expertise, for glass-finishing production depends on know-how from façade engineering, just as façade engineering thrives on being able to explore the boundaries that become evident during production. And it is

Produktion abzeichnen, ausloten kann und wir bei der Qualitätssicherung nicht auf fremdes Knowhow angewiesen sind sondern das im eigenen Betrieb machen. Es ist sicherlich ein großer Vorteil, der mit sich bringt, dass wir Grenzbereiche, die verschoben werden müssen, schneller verschieben können, da es überschaubar für uns bleibt, was wir gerade tun.

GAM: Wenn man den konstruktiven Glasbau einordnen müsste zwischen Handwerk und absoluter High-Technology, wo – würden Sie sagen – steht der Glasbau? Ist das eher Hightech, ist es noch Handwerk oder ist es beides?

GS: Ich glaube, beide Kategorien kann man nicht voneinander trennen. Handwerk und Qualität passen genauso gut zu Hightech wie umgekehrt. Und demzufolge muss man möglichst viele Schritte, die dazu beitragen, eine hohe Qualität zu erzielen, in der eigenen Hand behalten können und sie nicht fremd vergeben. Wichtig ist dazu ebenfalls, die Kompetenzen in hoher Bandbreite selbst zur Verfügung zu haben.

GAM: Bei den Visionen, die Sie verwirklicht haben, und den Grenzen, die Sie immer weiter von Projekt zu Projekt verschoben haben, sind auch hohe Investitionen in technische Ausrüstung nötig. Welches ist – als unternehmerische Frage – ihre Maxime, an der Sie sich orientieren, und der Ihre Risikoabschätzung in Ihrem Wachstumsprozess folgt?

GS: Eine Investition, die über das tragbare Maß in den spekulativen Bereich hinausgeht, bringt nichts außer Stress. Das ist meines Erachtens nur dann möglich, wenn schon vorhandene Investitionen bereits erfolgreich abgeschlossen wurden, an die die nächste anschließen kann. Aber eine Investition zu machen in der guten Hoffnung, dass sie funktionieren muss, weil die letzten nicht funktioniert haben, wird sicher nicht gehen und ist hochriskant.

SG: Wir haben den Vorteil, dass wir keine genauen Berechnungen vorlegen müssen, ob sich eine Investition auch genau hundertprozentig lohnt. Daher kommt die Bauchentscheidung trotz alledem ein Stück weit zum Tragen, denn man kann nicht alles voraussehen. Und da haben wir es etwas leichter, weil wir keinen fremden Eigentümer fragen müssen, ob er jetzt seinen Geldbeutel für eine Investition aufmacht, sondern weil wir es selbst entscheiden können. Dadurch fällt eine Entscheidung schnell und muss nicht zu hundert Prozent untermauert sein. Das ist ein Vorteil.

GAM: Wenn man sich die seele-Projekte anschaut, dann zeichnen sie sich in der ersten Wahrnehmung durch einen hohen Anspruch auf Qualität und Perfektion bis ins Detail aus. Diese Anforderung spürt man auch in der Projektmitarbeit in jeder Besprechung und in jeder Zeichnung. Ich glaube, dass dieses Bedürfnis nach Perfektion stark von Ihnen beiden ausgeht. Wie haben Sie diesen Anspruch etabliert und wie erhalten Sie ihn aufrecht?

SG: Das ist gewachsen.

GS: Das ist gewachsen und gelebt würde ich sagen.

SG: In unseren Anfangszeiten war es so, dass die Monteure immer gesagt haben: „Die Abnahme beim Kunden ist einfach, nur mit den Chefs ist es schwierig." Ich glaube, das ist bis heute noch so, wenn einer von uns beiden über die Baustelle läuft. Denn es sitzt in den Hinterköpfen, dass jeder in der Firma weiß, dass wir einen hohen Anspruch auch an uns selber stellen. Das ist gelebt und damit natürlich tief im Betrieb verankert. Das bekommt man nicht so leicht hinein aber auch nicht so leicht wieder heraus. Darin besteht unsere Firmenpolitik, die in allen Köpfen tief verankert ist, dass seele für Qualität steht.

GAM: Wir danken Ihnen für dieses Gespräch. ■

not necessary to rely on outside know-how for quality assurance, since we can do this within our own company. It is surely a great advantage that allows us to take boundaries needing adjustment and shift them expediently since we are able to maintain a clear view of our activity.

GAM: If you had to classify structural glass construction between craftsmanship and absolute high technology, where would you place glass construction? It is more high tech, still a craft, or both?

GS: I don't think that it is possible to separate the two categories from one another. Craftsmanship and quality apply just as well as high tech, and vice versa. Accordingly, it is vital to keep as many of the steps leading to high quality in one's own hand as possible, instead of outsourcing them. It is also important to have a broad spectrum of expertise available within one's own company.

GAM: The visions that you have realized and the boundaries that you have kept shifting from project to project go hand in hand with high investments in technical equipment. What are, from an entrepreneurial perspective, the mottos that you keep in mind and to which you align your risk assessment as part of your growth process?

GS: An investment that goes beyond an acceptable degree into a speculative realm does nothing but foster stress. In my opinion, this is only possible if already existing investments have been successfully brought to conclusion and if there is room for the next related project. But making an investment in the hope that it will work because the last one didn't work will surely not be successful and is highly risky.

SG: We have the advantage that we don't have to submit precise calculations about whether an investment will be a hundred percent worthwhile. So, despite everything, intuitive decisions do play a role since it is impossible to predict everything. And this makes it a bit easier for us, because we don't have to ask other owners out there to open their wallets for an investment as we can decide for ourselves. This makes it easy to make decisions that do not need to be a hundred percent substantiated. This is an advantage.

GAM: If we take a look at the seele projects, they are at first glance distinguished by a high claim to quality and perfection, down to the very last detail. These high standards are also felt in every discussion taking place during project collaboration and in every drawing. It seems that this desire for perfection strongly originates with the two of you. How did you establish these standards and how do you maintain them?

SG: They have just grown.

GS: They have grown and have been lived, I would say.

SG: In our early days, the assemblers always said: "Inspection by the client is easy, only the bosses are difficult." And I think it's still that way today if one of us enters the construction site. For in the back of everyone's minds is the knowledge that we also place high demands on ourselves. Since we live this way, it is of course deeply anchored in the company. It isn't so easy to let in, but then not so easy to let back out. It is in fact the foundation of our company policy, strongly anchored in everyone's minds, that seele stands for quality.

GAM: Thank you for the conversation. ∎

Translation: Dawn Michelle d'Atri

PARAMETRIC CONCRETE

ANDREAS FUCHS |
MICHAEL PELZER

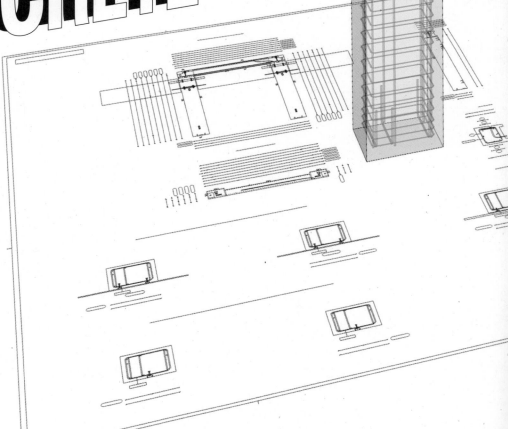

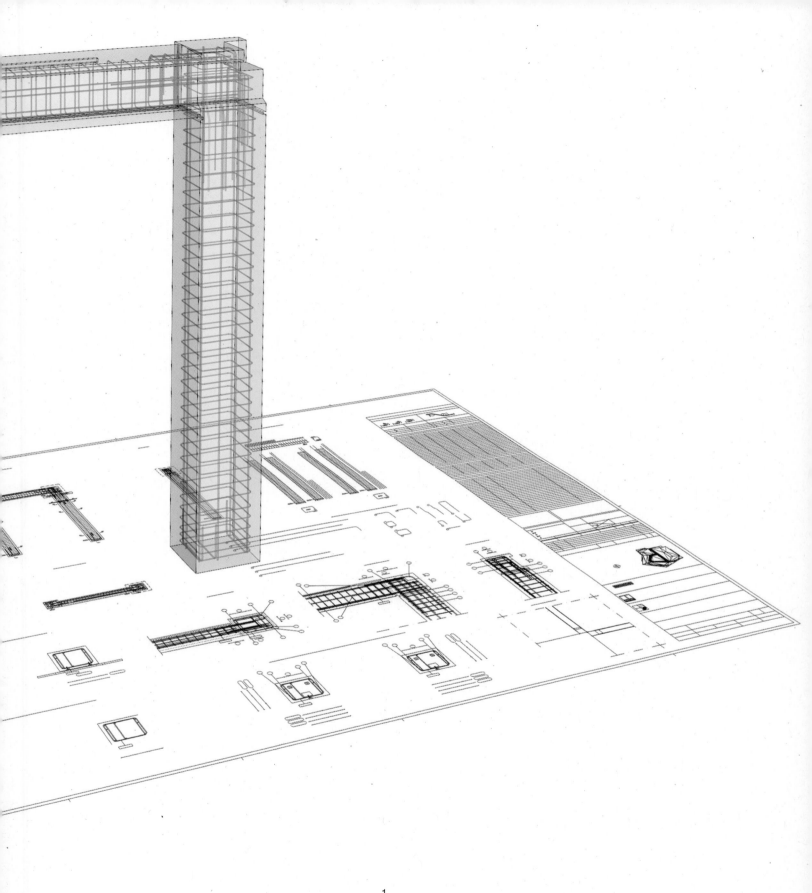

1

Forschungsprojekt | Research project „Architekturbeton/NeuerMarkt":
Parametrisch generiertes Detail-3D-Modell und Planableitung | Parametrically generated 3D detail model and resulting shop drawing, Stuttgart, 2015 © FAT LAB

Die Architektur des 20. Jahrhunderts ist geprägt von den seriellen Produktionsmethoden der Industrialisierung und den damit verbundenen Materialien Stahl, Beton und Glas. Betrachten wir jedoch die Architekturtendenzen des 21. Jahrhunderts, so steht die Suche nach Individualität und Einzigartigkeit im Fokus der Gesellschaft und damit auch im Fokus zahlreicher Publikationen. Auch die Erfahrungen, die wir im Rahmen unterschiedlichster Forschungsprojekte im letzten Jahrzehnt in Zusammenarbeit mit der Industrie sammeln konnten,[1] indizieren den Wunsch nach mehr Individualität in der Architektur. Dabei bezieht sich die Individualität nicht ausschließlich auf die Formgebung der Architektur sondern manifestiert sich oftmals in der Manipulation der Oberfläche und im Ausdruck eines Materials. Beides steht aus unserer Sicht in einem Widerspruch zu den etablierten Verfahren, mit welchen Materialien in unserer industrialisierten Welt erzeugt und gehandelt werden. Daher lohnt sich ein Blick auf die Entwicklungsgeschichte der baukonstruktiven Aspekte der letzten 200 Jahre.

Bis zur industriellen Revolution wurden überwiegend Materialien verwendet, die direkt aus der Natur entnommen werden konnten. Im Wesentlichen waren dies Naturstein, Holz, Lehm und die mittels des Brennens der lehmhaltigen Tone transformierten keramischen Erzeugnisse. Bei den ersten drei handelt es sich um Materialien, die traditionell für die jeweilige Aufgabe individuell und entsprechend der Möglichkeiten konfektioniert wurden. Bei den Ziegelsteinen und Dachziegeln handelte es sich bereits sehr früh um die ersten Erzeugnisse, die in Serie als repetitive Halbzeuge erstellt wurden, jedoch mit regional und kulturell stark unterschiedlichen Ausprägungen. Mit Beginn der Industrialisierung gelang es nun, die seit über eintausend Jahren bekannten Materialien wie Stahl, Zement und Glas in großen Mengen herzustellen und für die Bauindustrie zu konventionalisieren. Die daraus resultierende Logik beruht auf der Herstellung von standardisierten Profilen wie z.B. Walzstahlprofilen, Blechen und deren Verwendung in Konstruktionen durch Ablängen. Der lineare Produktionsprozess und der einhergehende intellektuelle Wandel in der Konstruktionsästhetik durch die Moderne mit Beginn des letzten Jahrhunderts prägen unsere Architektur und Wahrnehmung bis heute.

Der zu Anfang beschriebene Wunsch nach mehr Individualität ist mit Sicherheit nicht nur auf Seiten der Architekten und Designer vorhanden, sondern manifestiert sich auch in einer Modernismuskritik, die sich seit den 1960er Jahren zunehmend Gehör verschafft.[2] Die damit einhergehenden Auswirkungen im Bauwesen sind ebenso klar wie weitreichend. Alle Geometrien, die nicht auf vorproduzierten und vorhandenen „Lagerwaren" basieren, sind mit einem Mehraufwand verbunden; oftmals alleine durch den Zuschnitt oder subtraktive Bearbeitungsmethoden wie z.B. Fräsen, Wasserstrahl- oder Laserschneiden.

Der entstehende Verschnitt und die dafür notwendige Zeit und Maschinentechnik lässt bei komplexeren Konstruktionen den reinen Materialpreis oftmals in den Hintergrund rücken. Noch viel weitreichender sind die Auswirkungen bei räumlich gekrümmten Flächen. Im Falle von Stahlblech und Glas sind diese aufwändig eben produziert und müssen nun mit einem erheblichen Aufwand umgeformt werden. Die bekannten, industriellen Verfahren benötigen dafür einen immensen Maschinen- und Werkzeugaufwand, der sich erst mit Hilfe großer Stückzahlen, wie z.B. in der Automobilindustrie, rechtfertigt und wirtschaftlich darstellen lässt.

Darüber hinaus ist aus der Sicht einer ökologischen, materialsparenden Konstruktionsweise der zusätzlich notwendige Verschnitt des zuvor produzierten Materials per se suboptimal. Hier besitzt der Werkstoff Beton, mit dem wir uns im Rahmen der Forschung seit 2011 im Auftrag und in enger Zusammenarbeit mit der Firmengruppe Max Bögl intensiv beschäftigen, eine herausragende Eigenschaft: er wird in die gewünschte Form gegossen und benötigt – wenn überhaupt – nur minimale Nacharbeiten. So kann man von einer nahezu vollständigen Verwendung der Rohstoffe ausgehen. Des Weiteren muss der Beton bestenfalls nicht nachbearbeitet werden, sondern ist vielmehr nach dem Abbinden, Ausschalen und Aushärten bereits das oberflächenfertige Endprodukt. Viele Standardanforderungen in der Architektur wie z.B. Brandschutz, Korrosionsbeständigkeit, Langlebigkeit und UV-Beständigkeit erfüllt das Material aufgrund seiner mineralischen Bestandteile ohne zusätzliche Maßnahmen. Projekte wie Pier Luigi Nervis „Palazzo dello Sport" in Rom (1955–1960) oder Félix Candela und Ludwig Mies van der Rohes „Bacardi-Fabrik" in Cuautitlán, Mexiko (1959–1960) belegen das Potenzial, mit geringem Materialeinsatz leistungsfähige und architektonisch herausragende Projekte zu erschaffen.[3]

Der Preis für diese Hochleistungstragwerke lag mit Sicherheit in der äußerst aufwändigen, zu dieser Zeit vorwiegend handwerklich erzeugten Schalung für den Beton. Vereinfacht kann man sagen, dass beide Projekte, bevor diese in ihrer heute bekannten Brillanz erscheinen konnten, bereits einmal in Holz errichtet wurden. Die hölzerne Schalung konnte meist nicht weiter verwendet werden, sondern galt vielmehr als verlorene Energie. Sowohl die Materialoptimierung als auch die

1 Vgl. dazu die Projekte „Brücke 7", Sedak, glasstec Düsseldorf, 2008, „Parametric System", Schüco, München 2013/2015, „Design Cover Concept", Schüco, München 2015 und „Ventec iD", Sto, München 2015.

2 In „Mon Oncle", beispielsweise, persifliert Jacques Tati als tollpatschiger und technikfremder Außenseiter die technikaffine, sterile und fortschrittsgläubige Welt der Wirtschaftswundergeneration im aufstrebenden Europa. Vgl. „Mon Oncle", Frankreich 1958. Regie: Jaques Tati.

3 Vgl. Huxtable, Ada Louise: Pier Luigi Nervi. Masters of World Architecture, New York 1960, 108–127, sowie De Anda Alanis, Enrique Xavier: Candela, Köln 2008, 77–79.

The architecture of the twentieth century was shaped by the serial production methods of industrialization and related materials like steel, concrete, and glass. Yet if we consider the architectural tendencies of the twenty-first century, there is an evident focus within society on a quest for individuality and uniqueness, which is thus also the focus of countless publications. But the experience we have been able to acquire over the past decade, in the scope of various research projects carried out in collaboration with industrial partners,[1] has likewise revealed this desire for more individuality in architecture. Here the term individuality does not just apply to architectural design but also frequently manifests in the manipulation of the surface and in the expression of a material. In our view, both are contrary to established methods of producing and treating materials in our industrial world. It is therefore worthwhile to take a look at the evolution of building construction during the last two hundred years.

Prior to the Industrial Revolution, materials were mainly used that could be directly taken from nature. Essentially, this included natural stone, wood, loam, and ceramic products transformed through the firing of loamy clay. The first three are materials that were traditionally readied for each purpose individually according to the possibilities of the time. Bricks and roof tiles, for instance, were among the first products to be produced in series quite early on—as repetitive semi-finished products, yet in very different forms according to respective region and culture. With the dawn of industrialization, it had now become possible to manufacture materials already available for over a thousand years—like steel, cement, and glass—in large quantities and to conventionalize these processes for the building industry. The resulting logic is based on standardized products, such as rolled-steel profiles, sheet metal, and their utilization in construction through cutting. The linear production process and the concomitant intellectual turn in the aesthetics of construction evolving through modernism in the early twentieth century shape our architecture and perception still today.

The desire for more individuality, as described above, is surely not only present in the case of architects and designers but also manifests in the critique of modernism as has been increasingly voiced since the 1960s.[2] The related implications for the building industry are both clearly evident and far-reaching. All geometric designs that are not based on preproduced and already existing "warehouse goods" entail additional effort, often even just because of the customization or the subtractive processing methods like milling, water-jet cutting, or laser cutting.

The offcuts resulting from this process, along with the necessary time and machining technology, tend to overshadow the actual price of material when it comes to more complex constructions. Even more expansive are the effects on spatially curved surfaces. Steel panels and glass, for example, are made flat in an elaborate production process and must then be reshaped at considerable expense. The familiar industrial processes thus require immense machining and tooling work, which is not economically justifiable or feasible unless dealing with very large quantities, as are for instance needed in the automotive industry.

Moreover, from the perspective of an ecological means of construction meant to save materials, any additionally necessary offcuts of previously produced material is suboptimal per se. In this sense, concrete as a material—which we have been intensively researching since 2011 in close collaboration with the Max Bögl Group—displays an outstanding quality: it is poured into the desired form and only requires minimal finishing, if any at all. This makes it possible to assume that nearly all raw materials will be used in full. What is more, in the best case scenario, concrete needs no finishing at all since it is a ready-to-use end product after it has been set, stripped, and hardened. Many standard requirements in architecture—such as fire protection, corrosion resistance, durability, and UV resistance—are met by this material without any additional measures thanks to its mineral constituents. Projects like Pier Luigi Nervi's *Palazzo dello Sport* in Rome (1955–60) or Félix Candela and Ludwig Mies van der Rohe's *Bacardi Plant* in Cuautitlán, Mexico (1959–60) demonstrate the potential of creating projects with low material usage that are outstanding in terms of efficiency and architectural design.[3]

The high price of building these high-performance structures surely lay in the extremely complex formwork for the concrete, which at the time still had to be prepared by hand. To explain it in a simplified way, we could say that both projects had already been built in wood once, before they were able to appear in all their brilliance today. It was generally not possible to reuse the wooden formwork later, so it was considered

1   On this, see the projects *Brücke 7*, Sedak, glasstec Düsseldorf, 2008, *Parametric System*, Schüco, Munich, 2013–15, *Design Cover Concept*, Schüco, Munich, 2015, and *Ventec iD*, Sto, Munich, 2015.

2   In *Mon Oncle*, for example, Jacques Tati—as a clumsy outcast with no knowledge of technology—satirizes the tech-savvy, sterile, and progress-oriented world of the economic miracle generation in up-and-coming Europe. See *Mon Oncle*, France, 1958, directed by Jacques Tati.

3   See Ada Louise Huxtable, *Pier Luigi Nervi: Masters of World Architecture* (New York, 1960), pp. 108–27, and also Enrique Xavier de Anda Alanis, *Candela* (Cologne, 2008), pp. 77–79.

Reduktion des Schalungsaufwandes sind Kernthemen heutiger Schalungssystem-Forschung. Moderne Schalungssysteme schränken die Formgebung jedoch aufgrund Ihrer Modulhaftigkeit extrem ein und berauben den Beton um eine seiner wesentlichen Eigenschaften: die freie Formbarkeit.

Dabei wurden die Eigenschaften und damit verbundenen Möglichkeiten des Werkstoffes Beton in den letzten Jahrzehnten erheblich erweitert. Neue Betonrezepturen wie UHPC (*Ultra High Performance Concrete*) und Faserbewehrungen in Form von Matten und freien Fasern aus Glas, Carbon oder Stahl erschließen aktuell ganz neuartige Einsatzgebiete und lassen das zukünftige Potenzial erahnen. Auf Grundlage der Erfahrungen der nachfolgend beschriebenen Forschungs- und Realisierungsprojekte aus den letzten vier Jahren sehen wir einen wesentlichen Ansatz und Fokus in der Verwendung von Fertigteilen bzw. Halbfertigteilen. Neben der Qualitätssicherung der Oberfläche sind die kontrollierten Arbeits- und Verarbeitungsbedingungen im Betonwerk der Baustelle bei weitem überlegen. Die steigende Komplexität der Anforderungen an die Geometrie und Oberfläche der Teile sowie an die Leistungsfähigkeit des Werkstoffes Beton ist unter kontrollierten Bedingungen weitaus besser sicher zu stellen.

Projekt „Parametrischer Betonrost". In seinem Entwurf für das EPFL Learning Center in Lausanne nutzte Livio Vacchini den damaligen Stand der Technik aus, um den Trägerrost zweidimensional zu optimieren, indem er die Trägerlage an den berechneten Spannungslinien ausrichtete.[4] Was in Vacchinis Fall vor 10 Jahren noch „semimanuell" geschah, nämlich die Kopplung von Analyseergebnissen mit dem Tragwerksentwurf, ist heute vollautomatisiert nicht nur denkbar, sondern gehört beinahe zum guten Ton zeitgenössischer Baukonstruktion und Tragwerkslehre. Was sich dagegen kaum geändert hat, sind die Produktionsbedingungen oder konkret die Produktionslimitationen der ausführenden Industrie. Darüber hinaus ließe sich Vacchinis Tragwerk für die EPFL auch in der dritten Dimension, z.B. mit dem Ziel, die Tragwerkshöhe der Struktur entsprechend der Beanspruchungen noch weiter zu optimieren, lokal manipulieren. So wurde z.B. für die Überdachung des zentralen Innenhofes im Projekt HDI Gerling von Ingenhoven Architekten ein Stahlträgerrost realisiert, der entsprechend seiner Lasten zu den Auflagern an Bauhöhe gewinnt. Der visuelle Effekt für den Betrachter ist beeindruckend. Die oftmals technische Anmutung eines Tragwerks verwandelt sich in einen „weichen" und „kissenhaften" Ausdruck. Für die Produktionsseite bedeutet dies jedoch, dass alle Flächen individuell aus Blechen ausgeschnitten und verschweißt werden müssen. Der Ansatz unseres Forschungsprojektes „Parametrischer Betonrost" liegt in genau dieser – verhältnismäßig einfachen – Manipulation der Trägerhöhe bei der Produktion von Betonfertigteilen. Der Eingabeparameter ist dabei zunächst generisch. Die Geometrie kann zum Beispiel bezüglich Materialverbrauch, Spannungsverlauf oder anhand der Vorgaben des lichten Raumquerschnittes optimiert werden. Ebenso können auch rein gestalterische Überlegungen als Parameter erfasst werden. Diese Entscheidung obliegt dem Planer, so dass das System lediglich einen gewissen geometrischen Freiheitsgrad bereitzustellen hat. Auf der Grundlage dieser Annahme konzipierte FAT LAB in Zusammenarbeit mit Engelsmann Peters und Max Bögl ein Trägerrostsystem aus oberflächenfertigen, faserbewehrten und dünnwandigen Betonfertigteilen (Abb. 2). Der Trägerrost wird entsprechend der Montagelogik und Transportoptimierung in durchgängige Träger und dazwischen vor Ort eingefügte Trägerabschnitte unterteilt. Die Aufteilung und Addition der einzelnen Bauteile kann entsprechend der Projektbedingungen und Bedürfnisse optimiert werden. Wichtig ist aus unserer Sicht, dass im Gegensatz zu den bekannten Beispielen aus dem Stahlbau hier nicht mit Knoten, sondern mit Flächen konstruiert wird (Abb. 3). Alle Teile könnten mit einer Schalung produziert werden, in der lediglich die Länge und Höhe der einzelnen Bauteile durch Zulagen definiert wird. Nach dem Transport der linearen Bauteile werden diese dann vor Ort mittels Verguss zu einem homogenen Tragwerk gefügt (Abb. 4). Der Fräsbarkeit der UHPC Betone kommt hier eine Schlüsselfunktion zu. Die Produktion der notwendigen „Nulltoleranz" ist bei den bekannten Produktionsmethoden von Fertigteilen nicht möglich. Das heißt, die eingefügten Bauteile werden mit geringer „Überlänge" produziert und stirnseitig zur Präzisierung der Maßhaltigkeit um wenige Millimeter überfräst. Somit kann eine bisher nicht gekannte Präzision im Betonbau realisiert werden. Die Firma Max Bögl kann hier auf eine langjährige Erfahrung aus der Produktion von Windkraftanlagen und deren Turmschaft aus Betonfertigteilen zurückgreifen. Mittels parametrischer Planungswerkzeuge ist es ohne erheblichen Aufwand möglich, selbst komplexe Tragrostmorphologien mit lokal differenzierter Topologie in allen drei Dimensionen zeichnerisch zu beschreiben und alle für die Produktion notwendigen Daten zur Verfügung zu stellen (Abb. 5). Darüber hinaus können parametrische Planungswerkzeuge frühzeitig über Einschränkungen zu Systemwinkeln und Anzahl von Elementen im Bereich der Fügung informieren. Diese Einschränkungen müssen aus unserer Sicht in den Entwurfsprozess integriert werden, um limitierende Ausschlusskriterien bereits im Designprozess zu kommunizieren.

In ersten typologischen Tragwerksentwürfen zeigte sich bereits, wie vorteilhaft es bei komplexen Strukturen ist, den

4 Vgl. Lensing, Till: „Livio Vacchini und Der Gebrauch der Technik", in: *GAM – Graz Architektur Magazin* 6 (2010), 160–167.

wasted energy. Both material optimization and the reduction of necessary formwork are key topics in present-day research on formwork systems. However, modern formwork systems very strongly restrict the design options due to their modular nature and rob concrete of one of its essential properties: free formability.

In recent decades, the properties and related potentialities of concrete as a material have significantly expanded. New concrete formulas like ultra-high performance concrete (UHPC) and fiber reinforcement in the form of mats and open fibers made of glass, carbon, or steel are currently tapping into totally new fields of application and thus provide a glimpse of future potential. On the basis of experiences gained from the research and implementation projects of the last four years detailed below, we can identify a key approach and focus in the use of prefabricated and semi-finished elements. Besides facilitating quality control of the surfaces, pre-fabrication offers controlled working and processing conditions that are by far superior to in-situ cast concrete. This makes it considerably easier to meet the growing complexity of the demands placed on geometry and the component surfaces, but also on the performance of concrete as a building material.

Parametrischer Betonrost **Project.** In his design for the EPFL Learning Center in Lausanne, Livio Vacchini took advantage of what at the time was state-of-the-art technology in order to two-dimensionally optimize the girder grillage by aligning the girder position to the calculated stress lines.[4] What in Vacchini's case still took place "semi-manually" ten years ago, that is, the coupling of analysis results with the structural design, is today not only conceivable as a fully automated system but basically a part of good contemporary building construction and structural design theory. What has hardly changed, by contrast, are the production conditions or, in more concrete terms, the production limitations of the industry involved. Furthermore, Vacchini's supporting structure for the EPFL could be locally manipulated in the third dimension, for instance with the goal of further optimizing the structural height of the building in accordance with the relevant strains. For example, a steel-girder grillage was constructed for the canopy covering the main inner courtyard in the HDI Gerling project by Ingenhoven Architects, which attains building height due to the ratio be-

tween load and support. The visual effect presented to the beholder is striking. The often technical appearance of a supporting structure is transformed into a "soft" and "pillowy" look. Yet on the production end, this means that all surfaces must be individually cut from sheet metal and welded together. The concept behind our research project *Parametrischer Betonrost* (Parametric Concrete Grillage) is focused precisely on this—relatively simple—manipulation of girder height in the production of prefabricated concrete elements. The input parameters initially remain generic. For example, the geometry can be optimized in terms of material consumption and stress flow or according to specifications for a clear cross-section of the space. Similarly, purely design-related considerations can be recorded as parameters. This decision is up to the planner, hence the system merely needs to ensure a certain degree of geometric latitude. Based on this assumption, FAT LAB—in collaboration with Engelsmann Peters and Max Bögl—conceptually designed a girder-grid system made of surface-ready, fiber-reinforced, and thin-walled prefabricated concrete elements (fig. 2). The girder grillage is partitioned, according to logic of assembly and transport optimization, into continuous girders along with intermediate girder sections that are inserted on site. The partitioning and the addition of individual building components can be optimized in consideration of the project conditions and requirements. In our view, it is important that, as opposed to familiar examples from steelwork, planar surfaces are used in the construction process (fig. 3) rather than nodes. All elements could be produced using formwork, with just the length and height of the individual structural components being defined through additional formwork elements. Following transport of the linear structural components, they are then joined on site to create a homogeneous supporting structure by means of grouting (fig. 4). The millability of UHPC concrete thus assumes a key role here. The production of the necessary "zero tolerance" is not possible when using the known methods of manufacturing prefabricated elements. This means that the inserted structural components are produced with minimal "overlength" and surface milled by just a few millimeters on the face side in order to ensure more precise dimensional tolerance, a process that facilitates precision that was hitherto impossible in concrete construction contexts. The Max Bögl company has gained extensive experience with the production of wind turbines and their tower shafts made of prefabricated concrete elements. Thanks to parametric planning tools, it is even possible

4   See Till Lensing, "Livio Vacchini and 'The Use of Technology,'" *GAM – Graz Architektur Magazin* 6 (2010), pp. 160–67.

erzeugenden Prozess mit der Fertigungsmethode und ihren Begrenzungen zu informieren. Dem Entwerfer bietet dieser Ansatz – unabhängig von der Parameterquelle – ein Maximum an gestalterischem Spielraum in der geometrischen Ausprägung, während zulässige Grenzzustände und konstruktive Details im Hintergrund mitgeführt werden und bei Bedarf der Fertigungsplanung zur Verfügung stehen.

Projekt „NeuerMarkt". Um die Annahmen des zuvor beschriebenen Projektes, die Möglichkeit der engen Vernetzung von Planungs-, Fertigungs- und Montageparametern in einer realen Projektumgebung zu evaluieren, wurde FAT LAB 2014 mit der parametrischen Planung der Betonfertigteile im Projekt „NeuerMarkt" beauftragt. Als „NeuerMarkt" entsteht auf Grundlage des Entwurfes von Bögl Gierer Architekten ein Stadtquartier mit Mischnutzung auf einer bisherigen innerstädtischen Brachfläche mit direkter, fußläufiger Anbindung an die Altstadt im bayerischen Neumarkt in der Oberpfalz.

Nach außen präsentiert sich der Bau als geschlossene Blockrandbebauung, wobei die Fassade an zwei Seiten aus gegliederten Betonfertigteilen besteht. Ein abschnittsweiser Wechsel in der Betonfarbgebung sowie von Raster- und Elementbreiten führt dazu, dass sich innerhalb der Fassadenstruktur einzelne „Häuser" abzeichnen (Abb. 6–7). Im Rahmen der Forschungs- und Entwicklungskooperation zwischen Max Bögl und FAT LAB wurde die Werkplanung der knapp 700 Betonfertigteile vollständig parametrisch erstellt. Diese werden unterteilt in die selbsttragenden Konstruktionsbetonbauteile „Sockel", „Rahmen", „Stütze" und „Riegel", welche das Fassadenraster bilden, sowie ein- bzw. angehängte „Füllelemente" aus dünnwandigem Textilbeton.

Auf den ersten Blick bleibt dem Betrachter der Fassade jegliche Verbindung mit dem Begriff „Parametrik" verborgen. Wird dieser in den aktuellen Symposien und Publikationen doch meist mit hobbitesken Freiformarchitekturen verbunden. Die Fassade des Projekts „NeuerMarkt" hingegen scheint aufgrund ihrer ausgeprägten Rasterung seriell und rationalisiert. Bei näherer Betrachtung offenbart sich die Komplexität der häufigen Rasterwechsel, gepaart mit unterschiedlichen Geschosshöhen und Farbgebung. Diese Parameter alleine reduzieren die mittlere phänotypische Gleichteilanzahl[5] auf 3,2. Dies entspricht ca. 180 unterschiedlichen Geometrien und reduziert sich bei Betrachtung der konstruktiven Details nochmals um ca. 20 %.

5   Bezogen auf die von außen wahrnehmbaren Attribute der Bauteile, z.B. Höhe, Breite, Tiefe, Farbe. Die durchschnittliche Wiederholrate der 180 unterschiedlichen Geometrien beträgt 3,2, bei einem Spektrum von 1 bis 8 Gleichteilen im Projekt.

without high expenditures to describe in drawing form complex support-grid morphologies with locally differentiated topology in all three dimensions, and also to make available all data necessary for the production process (fig. 5). Moreover, parametric planning tools can provide information early on about limitations related to system angles and about the number of elements in the jointing. In our view, such limitations must be integrated into the design process in order to communicate limiting criteria during this very process.

The first typological structural designs already demonstrated how advantageous it is in the case of complex structures to inform a productive process about the production method and its limitations. This approach offers the designer—independently of the parameter source—with a maximum of design-related leeway in terms of geometric expression, while permissive states of limitation and structural details are carried along in the background and made available to the production planning when necessary.

NeuerMarkt Project. In 2014 FAT LAB were commissioned with the parametric planning of the prefabricated concrete elements for the project NeuerMarkt with the aim of evaluating the assumptions made during the aforementioned project along with the possibility of close networking between the parameters of planning, production, and assembly in a real project environment. NeuerMarkt, designed by Bögl Gierer Architekten, is a mixed-use building project on a previously unused inner-city plot with direct pedestrian access to the historical center of the town of Neumarkt in der Oberpfalz, situated in the Upper Palatinate region of Bavaria.

On the outside, the building gives the impression of a closed block perimeter development, with a façade fashioned from segmented prefabricated concrete elements on two sides. A progressive shift in the coloring of the concrete and also in the widths of both grid and elements results in the delineation of individual "houses" within the façade structure (figs. 6 and 7). In the scope of the research and development cooperation between Max Bögl and FAT LAB, the construction documentation of nearly seven hundred prefabricated concrete elements was developed using a fully parametric approach. These elements were subdivided into the self-supporting concrete construction elements of "base," "frame," "column," and "beam," which form the façade grid, as well as "fill elements" made of mounted or affixed thin-walled, textile-reinforced concrete.

At first glance, any connection with the term "parametrics" remains concealed from those gazing at the façade, for in current symposia and publications the concept is usually associated with hobbitesque free-form architecture. The façade of

Forschungsprojekt | Research project „UHPC Max Bögl":
FAT LAB/EngelsmannPeters, Stuttgart, 2013 © FAT LAB
(2) Entwurfsstudie eines parametrisch definierten Betontragrosts |
Design study of a parametrically defined concrete girder grillage,
Holzmodell | Wooden model M1:50
(3) Schalungsstrategie für individuelle dünnwandige Fertigteile |
Formwork strategy for individual thin-walled prefabricated elements,
(4) Unsichtbares Fügungsdetail durch Betonverguss |
Joining detail invisible due to concrete grouting
(5) Visualisierung parametrisches Modell mit hinterlegten Detailinformationen |
Visualization of a parametric model with detail information on file

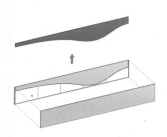

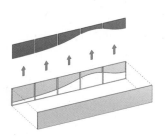

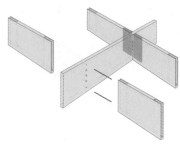

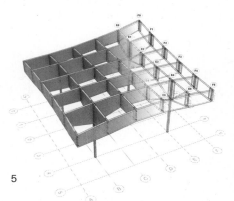

3   4   5

6

7

(6–7) Bögl-Gierer Architekten GmbH/FAT LAB/
Firmengruppe Max Bögl, NeuerMarkt,
Neumarkt i. d. Oberpfalz, 2015 © FAT LAB

Es besteht also ein gewisser Widerspruch zwischen den zunächst klaren architektonischen Bauteilen – angereichert durch gestalterische und konstruktiv notwendige Fugen und Ausnehmungen – und den letztendlich mit technischen Details wie Bewehrung und Einbauteilen informierten, komplexen Strukturen, welche in der Werkhalle gefertigt werden müssen (Abb. 8–9). Auf planerischer Ebene wirkt sich diese Typenvielfalt direkt auf den Aufwand der ausführenden Firma für die Herstellung der Werkstattzeichnungen aus. Die statische und konstruktive Ausarbeitung sollte aufgrund der vielen unterschiedlichen Lastfälle und Einbausituationen nicht mit einer „Worst-Case"-Betrachtung erledigt werden, sondern für beinahe jeden Bauteiltyp individuell geschehen. Die auftretenden komplexen Zusammenhänge von Einbauteilen, Bewehrung, Bauteilgeometrie und lokalen Anforderungen wären innerhalb eines manuellen Planungsvorgangs nur mit einem erheblichen Zeitaufwand und unter hohem Fehlerrisiko erfassbar gewesen. Der angewandte parametrische Planungsansatz generierte hier einen Zeitvorteil, da das Grundgerüst programmiert werden konnte, während die technischen und konstruktiven Details erarbeitet wurden. Die Ergebnisse wurden dann im Programm lediglich in Form von Parameterwerten ergänzt. Insgesamt ergibt sich für dieses Projekt ein ähnliches Szenario wie bei Freiform-Projekten mit beliebig geringen Gleichteilen, in deren Umfeld parametrische Planungsprozesse bereits etabliert sind. Hier wird deutlich, dass der parametrische Ansatz nicht die Formsprache, sondern inhärente Komplexität adressiert. Letztendlich bestand die Aufgabe für uns darin, einen parametrisch informierten Werkplanungs- und Fertigungsprozess zu entwickeln und innerhalb des Projekts und dem damit verbundenen, projekttypisch engen Zeitplan umzusetzen. Zunächst wurden dabei das Gesamtprojekt sowie die unterschiedlichen Bauteiltypen auf ihre geometrischen Grundparameter reduziert und skriptbasiert in einer Datenbank hinterlegt. Diese diente im folgenden Prozess als Grundlage für die parametrische Fertigungsplanung.

Nachdem die geometrische Gestaltung der Grundkörper durch die Architekten vorgegeben war, erfolgte durch Max Bögl in Zusammenarbeit mit dem Ingenieurbüro Hegger+Partner die Bestimmung der benötigten Einbauteile und Bewehrung. Die Bereitstellung dieser Informationen für das parametrische Planungswerkzeug stellt eine der Schlüsselkompetenzen in einem solchen Projekt dar. Für einen reibungslosen Ablauf ist es erforderlich, dass die Projektbeteiligten die Anforderung parametrischer

the *NeuerMarkt* project, by contrast, appears serially made and streamlined due to its pronounced grid structure. Yet upon closer consideration, the complexity of the frequent shifts in the grid becomes evident, coupled with the different story heights and coloring. These parameters alone reduce the average number of phenotypic equivalent parts[5] to 3.2, which equates to circa 180 different geometries and, when considering the structural details, is reduced again by circa 20 percent. So there is a certain contradiction between the initially clear structural components in architecture—strengthened by joints and recesses necessary in design and construction—and the complex structures, ultimately informed by technical details like reinforcement and embedded elements, that have to be assembled in a manufacturing setting (figs. 8 and 9). On a planning level, this diversity of types directly impacts the expenditures faced by the involved company in creating workshop drawings. Due to the many different load cases and assembly situations, the static and structural development should not simply be viewed from a "worst-case" perspective, but rather with a view to each individual building type. The complex constellations that arise in terms of embedded elements, reinforcement, geometry of structural components, and local requirements would only be conceivable within a manual planning process with a considerable expenditure of time and a high risk of error. In the case cited here, the applied parametric planning approach gave rise to a time advantage since the basic framework could be programmed while the technical and structural details were processed. The results were then merely added to the program in the form of parameter values. On the whole, this project involved a scenario similar to those seen in free-form projects with any reduced number of equivalent parts, where parametric planning processes are already established. Here it becomes clear that the parametric approach addresses not the language of form but rather inherent complexity. Our task was ultimately to develop a parametrically informed process for construction documentation and production and to implement this within the allocated time frame, which is typically tight in such projects. First of all, the entire project—along with its different structural-component types—was reduced to its basic geometric parameters and stored in a script-based data bank. This served as a foundation for parametric production planning in the following process.

5   As relates to attributes of building components visible from the outside, such as height, width, depth, and color. The average repetition rate of the 180 different geometries is 3.2 at a spectrum of one to eight equivalent parts in the project.

Planung verstehen und sich darauf einstellen. Eine algorithmische Umsetzung ist nur dann sinnvoll, wenn die Regeln für die benötigten Einbauteile und die Bewehrungsführung logisch strukturiert und damit programmierbar sind. Um den manuellen Planungsaufwand – gerade für die Bewehrungsführung – zu minimieren, ist es zielführend, geeignete Schnittstellen zwischen strukturellen (FEM-) Berechnungen und der parametrischen Bauteilmodellierung herzustellen. FAT LAB übernahm dabei die Funktion, diese Vorgaben algorithmisch in ein parametrisches Tool zu integrieren und dadurch die komplex informierten Fertigteile automatisiert zu modellieren. Neben der eigentlichen Programmierung besteht die Hauptaufgabe darin, jede Regel in Abhängigkeit der geometrischen Grundparameter zu formulieren und damit zu abstrahieren. Die Verknüpfung all dieser Regeln führt letztendlich zu einer für jedes Bauteil individuellen Konfiguration von Einbauteilen und Bewehrungsführung. Durch die kontextuelle Parallelbetrachtung dieser konnte eine Echtzeitkollisionsprüfung realisiert werden, welche auf beide Komponenten bidirektionalen Einfluss hatte.

Während so das angestrebte Endprodukt, der Plansatz für die Fertigung (Abb. 1), konstruiert und abgeleitet wurde, waren weitere Prozessbestandteile ebenfalls integriert. Neben der obligatorischen Mengenermittlung und Auswertung erfolgte eine Umwandlung der erzeugten Bewehrungsmatten und Einzelstäbe in CAM-Codes, jeweils maßgeschneidert für die entsprechende Verarbeitungsmaschine (Abb. 10–11), die Zuordnung zum betreffenden Bauteil der nahezu 700 Fertigteile inbegriffen. Unabdingbar ist dabei die Auseinandersetzung mit den Verarbeitungsmaschinen, wie z.B. vollautomatisierte Bewehrungsmattenschweißanlagen und deren spezifischen Anforderungen. Zwar existieren gewisse Standards für Maschinencodes, jedoch variieren diese zwischen unterschiedlichen Gewerken. Darüber hinaus bestehen oft unternehmensspezifische Dateikonventionen. Auf Grundlage des erzeugten Datensatzes ließen sich außerdem auch grafisch aufbereitete Analysen und Simulationen zu Fertigungs-, Transport- und Montagesequenzen ableiten, welche jeweils ohne manuellen Mehraufwand in einer Vielzahl von Varianten betrachtet und optimiert werden konnten.

Insgesamt wurden also sämtliche Bearbeitungsschritte für die Planung und Fertigung der Betonfertigteile in einem Tool zusammengefasst, welche zuvor durch unterschiedliche Akteure in unterschiedlichen Abteilungen erledigt wurden. Der

Since the geometric design of the base frame was predefined by the architects, the Max Bögl office determined, in collaboration with Hegger+Partner Engineers, the necessary embedded elements and reinforcement work. In this kind of project it is one of the key competencies to supply this information to the parametric planning tool. In order to ensure a smooth planning process, it is necessary that all individuals participating in the project understand and accommodate the standards of parametric planning. An algorithmic implementation is only viable when the rules for the necessary embedded parts and reinforcement work are logically structured and thus programmable. So as to minimize the manual planning effort, it is expedient to create suitable interfaces between structural (FEM) calculations and the parametric modeling of structural components. In this case, FAT LAB took on the job of algorithmically integrating these specifications into a parametric tool, which allowed the complexly informed prefabricated elements to be automatically modeled. In addition to the actual programming, the main task rested in framing and thus abstracting each rule in accordance with the basic geometric parameters. The linking of all of these rules ultimately leads to a configuration of embedded elements and reinforcement work that is unique to each structural component. By considering the contexts in parallel, it was possible to achieve a real-time collision check that impacted both components in a bidirectional way.

While the desired end product—shop drawings for production (fig. 1)—was being designed and deduced, other processual elements were likewise integrated. In addition to the obligatory quantity determination and evaluation, the generated reinforcement mats and individual rods were translated into CAM codes, each custom-tailored to the respective processing machine (figs. 10 and 11), which included allocation of nearly seven hundred prefabricated elements to the relevant structural component. It is imperative that the processing machines be considered, such as the fully automated reinforcement-mat welding system, and their specific requirements. Although certain standards for machine codes do exist, they tend to vary according to the different trades. Furthermore, company-specific document conventions often apply. Also, graphically presented analyses and simulations of production, transport, and assembly sequences could be drafted from the generated data set, which could then be respectively viewed and optimized in a multitude of variations without entailing any extra manual work.

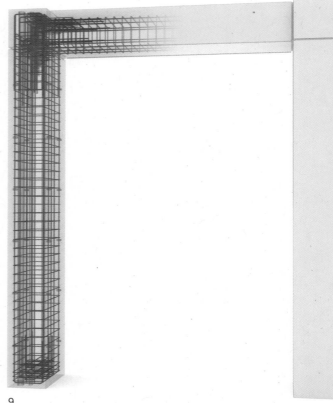

9

Forschungsprojekt | Research project „Architekturbeton/NeuerMarkt":
(8–9) Visualisierung Planungsmodell mit parametrisch erstellter
Bewehrungsführung inkl. Einbauteile | Visualization of a planning
model with parametrically created reinforcment layout including
embedded parts. Stuttgart, 2015 © FAT LAB
(10–11) Parametrisch generierte Bewehrungsführung als 3D-Modell
und CAM-gefertigtes Endprodukt | Parametrically generated reinforce-
ment layout as 3D model and CAM-fabricated end product. Neumarkt
i. d. Oberpfalz, 2015 © Firmengruppe Max Bögl | Max Bögl Group

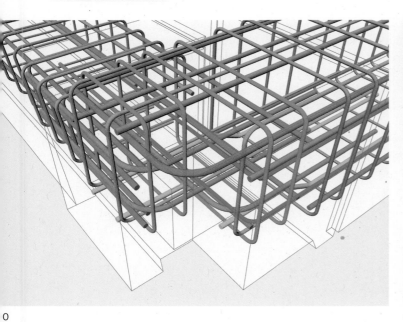

0

11

Vorteil liegt hierbei eindeutig in der Agilität des Prozesses im Fall von Planungsänderungen. Diese werden lediglich durch Umformulierung der entsprechenden Regeln im Code umgesetzt und nicht – wie bei manuell hergestellten Planunterlagen – durch Korrektur der gezeichneten Information und Rezirkulation des aktuellen Planstands. Nicht zuletzt werden dadurch auch Fehler unterbunden, welche sich bei manueller Eingabe kaum vermeiden lassen. Qualitätskontrolle bedeutet demnach, die Regeln auf Richtigkeit und Pläne nur stichprobenartig zu prüfen. Fehler im Algorithmus wirken sich auf alle Pläne gleichermaßen aus und können anhand ihrer Penetranz im Gegensatz zu zufälligen Unstimmigkeiten relativ einfach detektiert werden. All dies resultiert in einer Zeitersparnis in der „heißen" Phase von Projekten, da Reaktionszeiten verkürzt werden. Erforderlich ist jedoch ein Umdenken aller Projektbeteiligten in der Planungskultur. Für die Unternehmen erfordert dieser Zeitgewinn einen gewissen Mehraufwand in der frühen Planungsphase. Während bei der manuellen Planerstellung beispielsweise Plan 1 an Tag 1 gezeichnet wird und Plan 2 an Tag 2, kann ein parametrischer Prozess Wochen erfordern, bis das Ergebnis sichtbar ist. Dafür können nach der Erfassung der Regeln alle Pläne an einem Tag erzeugt und bestenfalls in Echtzeit geändert werden.

Fazit. Strukturen, die durch computerbasierte, generative und Material- sowie Fertigungsinformationen integrierende Verfahren erstellt werden, stellen heute in der Architektur noch eine absolute Minderheit dar. Vielmehr stehen die fertigenden Betriebe vor der Aufgabe, deterministische und oftmals materialneutrale Entwürfe, welche sie meist als analoge 2D-Planinformation erreichen, mit ihrem teils hochtechni-

sierten Maschinenpark zu materialisieren. Die vielzitierte digitale Kette erfährt an dieser Stelle oft einen Bruch oder findet erst beim produzierenden Gewerbe ihren Anfang und meist auch ihr Ende. Gerade aufgrund der vorherrschenden, institutionell komplexen Projektgefüge im Bauprozess und deren vertraglichen sowie konditionalen Relationen scheint es in absehbarer Zeit unrealistisch, dass sich „der Architekt" bereits im Entwurfsprozess mit „der Maschine" auseinandersetzt, die das Projekt materialisieren soll. Vielmehr halten parametrische Werkzeuge mittlerweile Einzug in das verarbeitende Milieu mit dem Ziel, die Komplexität zumindest lokal im Betrieb von der Werkstatt in die Planung vorzulagern. Dass sie dadurch auf entsprechend digital aufbereitete Anfragen in einem optimierten Prozess reagieren können, ist dabei nur ein Nebeneffekt.

Die zuvor beschriebenen Projekte und unsere Thesen zu Beginn des Artikels lassen uns darauf schließen, dass der Schalungs- und Fügetechnik eine Schlüsselrolle zukommt, die in den kommenden Jahren dem Werkstoff Beton völlig neue Bedeutung verleiht. Aus unserer Sicht sind digital ansteuerbare und geometrisch adaptive Schalungsformen ein Schlüssel für die Anforderungen der Zukunft. Die noch vor 30 Jahren übliche manuelle Positionierung von Werkzeug, Führungsschlitten und Werkstück bei der spanenden Bearbeitung von Holz und Stahl ist durch die nahezu flächendeckende Verbreitung von CNC gesteuerten Bearbeitungszentren obsolet geworden. Warum soll nicht der Datensatz der zu erzeugenden Objekte z.B. den Schalungstisch vollautomatisch einstellen und somit den immer noch vorhandenen Unterschied zwischen der Einzelstückfertigung im Vergleich zur Serienfertigung marginalisieren? Wir sind gespannt auf die zukünftigen Entwicklungen in diesem hochinnovativen Bereich. ∎

All in all, the various processing steps for the planning and production of the prefabricated concrete elements—previously carried out by different individuals in different departments—were now integrated into a single tool. The advantage of this clearly lies in the agility of the process when faced with planning-related changes that are then simply implemented through a rewriting of the respective rules in the code, instead of a correction of the drawn information and recirculation of the current planning status, as is the case with manually produced planning documents. Finally, this also prevents mistakes that are hardly avoidable when entered by hand. Accordingly, quality control means that the rules and the plans only need to be checked for accuracy on a random basis. Algorithm mistakes have the same effect on all plans and are also relatively easy to detect, as opposed to random inconsistencies, thanks to their penetrating nature. All of this results in time savings during "heated" project phases since response times are shortened. Nonetheless, it is important that all project participants engage in a rethinking of planning culture. For the company, such time savings equates to somewhat more time spent in the early planning phase: while in the case of manual plan development, Plan 1 is drafted on Day 1, and Plan 2 on Day 2, a parametric process may take weeks until a visible result is achieved. However, after the rules have been defined, all plans may be generated in a single day and, at best, also changed in real time.

Conclusion. Structures that are created using computer-based, generative processes integrating information on materials and production today still count among the absolute minority in architecture. In fact, manufacturing companies are presented with the task of materializing, with what is usually high-technology machinery, deterministic and often material-neutral designs that arrive in their offices as analogue 2D planning information. It is here that the oft-cited digital chain frequently experiences a rift—or both its beginning and end—in the manufacturing industry. It seems unrealistic—especially due to the prevailing and institutionally complex fabric of projects immersed in the construction process and their contractual and conditional relations—in the foreseeable future that "the architect" will already be engaging during the design process with "the machine" meant to materialize the project. Parametric tools are actually now advancing into the processing milieu with the goal of shifting the complexity, at least locally within a company, from the workshop to the planning department. The fact that these tools are accordingly able to respond to digitally prepared requests as part of an optimized process is simply a side benefit.

The projects described above and the propositions put forward at the beginning of this article allow us to conclude that formwork and joining technology are being given a pivotal role, which in the near future will lend completely new meaning to the material of concrete. From our perspective, digitally controllable and geometrically adaptive formwork are key to meeting the demands of the future. The manual positioning of tool, guide block, and workpiece in the machine-based processing of wood and steel, as was still customary thirty years ago, has now become obsolete due to the CNC-controlled machining centers found nearly everywhere. And why shouldn't the data record of the objects being made, e.g., the formwork table, be fully automatically configurable, thus marginalizing the existing difference between single-part production as opposed to series production? We are eagerly awaiting future developments in this highly innovative realm. ∎

Translation: Dawn Michelle d'Atri

CONFIGURATION

Configuration

1

„SmartShell" des Instituts für Leichtbau, Entwerfen und Konstruieren (ILEK) und des Instituts für Systemdynamik (ISYS) der Universität Stuttgart |
"SmartShell", Institute for Lightweight Structures and Conceptual Design (ILEK) and the Institute for System Dynamics (ISYS), University of Stuttgart,
2012 © ILEK, Stuttgart

Ultraleichtbau
Ultra-Lightweight Construction

Werner Sobek

Der folgende Aufsatz widmet sich der Frage, wie Weiterentwicklungen im Bereich der leichten tragenden Strukturen dazu beitragen können, unsere Ideen über die Grenzen und Möglichkeiten des Bauens zu verändern. Das Bauwesen steht heute für ca. 35 % des Energieverbrauchs, ca. 35 % der Emissionen, ca. 60 % des Ressourcenverbrauchs und, zumindest in Deutschland, für ca. 60 % des Massenmüllaufkommens. Allein die durch die Zementproduktion getätigten CO_2-Emissionen sind größer als die des gesamten Weltluftverkehrs.[1] Ähnliche Vergleiche könnte man für andere Baustoffe anführen. Aus alledem wird deutlich, dass das Bauwesen wie kein anderer Industriezweig Verantwortung für künftige Generationen übernehmen muss. Aus den vorstehend genannten Zahlen wird zudem deutlich, dass das Bauwesen auch angesichts seiner relativ niedrigen, leicht anzuhebenden technologischen Standards die wohl größte Hebelwirkung bei der Bewältigung der vor uns liegenden Probleme haben kann.

Um diese globalen ökologischen und demografischen Herausforderungen bewältigen zu können, müssen wir auch im Bauwesen neue Wege gehen. Ein wichtiges Hilfsmittel hierfür ist das im Folgenden beschriebene Prinzip des Ultraleichtbaus.

Leichtbau als Vorstufe des Ultraleichtbaus. Leichtbau ist das Arbeiten am Minimalen, die Suche nach der leichtestmöglichen Struktur. Er erfordert das präzise Erfassen und Beschreiben aller Einwirkungen sowie eine bestmögliche Abbildung und Prognose des Strukturverhaltens unter den zu berücksichtigenden Einflussgrößen. Dort, wo Einwirkungen, Material- und Strukturverhalten nicht mehr präzise fassbar sind, erfordert er die bestmögliche Eingrenzung der Streuungskorridore sowie das Erstellen von Sensitivitätsanalysen, *fail-safe* Konzeptionen etc. Dies alles macht ihn zu einem der am schwierigsten zu beherrschenden, wahrscheinlich aber auch zu einem der schönsten Teilbereiche des Bauingenieurwesens wie auch der Architektur.

Leichtbau ist andererseits, ähnlich wie Fritz Leonhardt es aus anderem Anlass schrieb, eine „Forderung unserer Zeit."[2] Die Umwelt, die für die zwei Milliarden Menschen, die heute jünger als 16 Jahre alt sind, in den kommenden 16 Jahren gebaut werden muss, entspricht ungefähr der gesamten gebauten Umwelt von 1930.[3] Die mit diesen anstehenden Bauaufgaben einhergehenden Massenströme sind mit den bisherigen Mitteln und Methoden aller Voraussicht nach nicht mehr zu bewältigen. Muss doch pro Jahr für 125 Millionen Menschen ein Wohnplatz, ein Arbeitsplatz und die zugehörige Infrastruktur gebaut werden. Ein finanzielles, ein Ressourcen- und ein Organisationsproblem. Wohnen, Arbeiten und Infrastruktur für 125 Millionen Menschen bedeutet, Deutschland mit seinen gut 80 Millionen Einwohnern jedes Jahr 1,5-mal neu zu bauen. Jahr für Jahr.

Wie viel Baustoffe benötigt man für diese Aufgabe? Orientiert man sich am deutschen Standard (demzufolge auf jeden Bürger unseres Landes anteilig je ca. 480 to Baustoffe entfallen), müssten wir für die genannten 125 Millionen Menschen pro Jahr 60 Milliarden to Baustoffe herstellen, transportieren und verbauen (und irgendwann auch wieder entsorgen). Auf ein einfaches Bild übertragen bedeutet dies: Würde man entlang des 40.000 Kilometer langen Äquators eine 30 cm breite Wand errichten, die 60 Mrd to wiegen soll, so müsste sie 2.000 Meter hoch sein. Selbst wenn wir diesen 125 Millionen Menschen nicht einen deutschen Lebensstandard zubilligen, sondern lediglich den in der Flüchtlingshilfekonvention der Vereinten Nationen verankerten (also 4,5 m² Wohnraum pro Person), dann ist die Jahr für Jahr zu bauende Äquatorwand immer noch 200 Meter hoch. Auch dies ist nicht möglich, wenn man die dazu erforderlichen Stoffströme ansieht. Eine drastische Reduktion der eingesetzten Ressourcen und damit eine Hinwendung zum Leichtbau sowie eine weitestgehende Recyclingfähigkeit unserer Bauwerke werden deshalb zwingend. Den Architekten und Ingenieuren unserer Zeit erwächst hieraus eine enorme Aufgabe und Verantwortung.

Leichtbau hat in unterschiedlichen Wissenschafts- und Industriebereichen eine lange Tradition. Da er immer dann zwingend wird, wenn Dinge zu bewegen sind, ist er im Flugzeugbau, im Automobil- und im Maschinenbau auf breiter Basis beheimatet. Im Bauwesen war Leichtbau immer dann wichtig, wenn große Spannweiten zu überbrücken oder hohe Gebäude zu errichten waren.[4] Im Bereich der weitgespannten Flächentragwerke war und ist er ein Muss.

Kategorien im Leichtbau. Man unterscheidet im Leichtbau drei grundlegend verschiedene Kategorien, die beim Entwerfen von Leichtbaukonstruktionen auf unterschiedliche Art miteinander kombiniert werden: Materialleichtbau, Strukturleichtbau und Systemleichtbau.[5] Unter Materialleichtbau versteht man die Verwendung von Baustoffen, bei welchen der Quotient aus einer Materialeigenschaft (wie z.B. der Festigkeit)

1 Prozentangaben nach Recherchen des ILEK bzw. der DGNB zwischen 2005–2010. Vgl. auch Margarido, Fernanda: „Environmental Impact and Life Cycle Evaluation of Materials", in: *Materials for Construction and Civil Engineering. Science, Processing, and Design*, Heidelberg/New York/London 2015, 799–836 oder Pérez-Lombard, Luis/Ortiz, José/Pout, Christine: „A Review on Buildings Energy Consumption Information", in *Energy and Buildings* 40, 3 (2008), 394–398.

2 Leonhardt, Fritz: „Leichtbau. Eine Forderung unserer Zeit", in: *Bautechnik* 18, 36/37 (1940), 413–423.

3 Vgl. Sobek, Werner: „Gebäudehüllen – Wie weiter?", in: *Bautechnik* 91, 7 (2014), 506–517.

4 Vgl. Sobek, Werner: „Zum Entwerfen im Leichtbau", in: *Bauingenieur* 70, 7/8 (1995), 323–329.

5 Vgl. ebd.

This essay is devoted to the issue of how continued developments in the domain of light load-bearing structures can contribute to a shift in our ideas about the limitations and potentials of architectural construction. The building industry today is responsible for about 35 percent of energy consumption, about 35 percent of emissions, about 60 percent of resource depletion, and, at least in Germany, for about 60 percent of the mass waste created. Just the CO_2 emissions from cement production alone are higher than those produced in the entire global air transportation.[1] Similar comparisons can be made for other building materials. All this makes clear that the building industry, like no other sector, must assume responsibility for future generations. The figures cited above also illustrate how the building industry, not least thanks to its relatively low and easy-to-raise technological standards, may well have the greatest leverage effect in coping with the problems we are facing.

In order to meet these global ecological and demographic challenges, those of us involved in the building industry must also strike out in new directions. An important means of achieving this is the principle of ultra-lightweight construction as described in the following.

Lightweight Construction as a Precursor to Ultra-Lightweight Construction. Lightweight construction involves working in a minimalist way, seeking the lightest possible structure. It requires precise analysis and description of all influencing factors, as well as an optimal picture and prognosis of structural performance under the influencing variables warranting consideration. In areas where influencing factors, material behavior, and structural performance are no longer precisely ascertainable, it is important to achieve the best possible definition of scattering parameters and also to conduct sensitivity analysis, create fail-safe concepts, et cetera. Due to such considerations, this field is one of the most difficult-to-master—but probably also one of the most exciting—subfields of both structural engineering and architecture.

On the other hand, lightweight construction is a "requirement of our times," as Fritz Leonhardt wrote in a different context.[2] The environment which must be created within the coming sixteen years for the two billion people who are presently younger than sixteen years of age roughly correlates with the entire built environment in 1930.[3] The mass flows accompanying these pending building ventures will presumably not be manage-

able using our current means and methods, especially considering that housing, workspace, and related infrastructure must be built for 125 million people each year. This signifies a financial, resource-related, and organizational problem. Generating housing, workspace, and infrastructure for 125 million people is comparable to rebuilding Germany, with its over 80 million inhabitants, 1.5 times each year. Year after year.

How much building material is needed for this task? If we orient our calculations to the German standard (approx. 480 tons of building material per capita for residents of Germany), then we would have to produce, transport, and use (and then later dispose of) 60 billion tons of building material per year for the figured 125 million people. To simplify this picture, it would mean that if we were to erect a 30-centimeter-high wall along the 40,000-kilometer-long equator that is to weigh 60 billion tons, then it would have to be 2,000 meters high. Even if we do not grant these 125 million people a German standard of life but rather the one anchored in the Refugee Convention of the United Nations (namely, 4.5 m² per person), then the year-for-year necessary equator wall would still have to be 200 meters high. But even this is not possible if we consider the necessary flows of material. This makes it imperative to drastically reduce the resources employed and thus to steer toward lightweight construction, in addition to ensuring that our buildings become as recyclable as possible. These circumstances present the architects and engineers of our time with an enormous challenge and responsibility.

Lightweight construction has enjoyed a long tradition in various scientific and industrial sectors. Because a sense of urgency inevitably arises when it comes to moving things, lightweight construction is endemic to aerospace, automotive, and mechanical engineering on a broad basis. In the building

1   Percentage figures based on research conducted by the Institute for Lightweight Structures and Conceptual Design (ILEK) and the German Sustainable Building Council (DGNB) between 2005 and 2010. Also see Fernanda Margarido, "Environmental Impact and Life Cycle Evaluation of Materials," in *Materials for Construction and Civil Engineering: Science, Processing, and Design* (Heidelberg, New York, and London, 2015), pp. 799–836, and Luis Pérez-Lombard, José Ortiz, and Christine Pout, "A Review on Buildings Energy Consumption Information," *Energy and Buildings* 40, no. 3 (2008), pp. 394–98.

2   Fritz Leonhardt, "Leichtbau: Eine Forderung unserer Zeit," *Bautechnik* 18, nos. 36–37 (1940), pp. 413–23.

3   See Werner Sobek, "Gebäudehüllen – Wie weiter?" *Bautechnik* 91, no. 7 (2014), pp. 506–17.

und dem spezifischem Gewicht des Werkstoffs möglichst groß ist. Der bekannteste derartige Verhältniswert ist die Reißlänge, also diejenige Länge, unter der ein hängendes Bauteil unter seiner Eigengewichtsbelastung reißt. Im Strukturleichtbau widmet man sich der Aufgabe, eine gegebene Belastung mit einer möglichst gewichts*armen*, gar gewichts*minimalen* Struktur zu gegebenen Auflagerpunkten zu leiten. Es gilt im Strukturleichtbau also, geeignete Kräftepfade innerhalb eines üblicherweise durch Restriktionen beschränkten Entwurfsraumes zu entwickeln. Der Strukturleichtbau umfasst dementsprechend die Kategorien der Form- wie auch der Topologieoptimierung. Unter Systemleichtbau versteht man das Prinzip, in einem Bauteil neben der lastabtragenden Funktion (Strukturleichbau) auch noch andere Funktionen wie z.B. Schall- oder Wärmeschutz zu integrieren. Flugzeugflügel, die neben der Erfüllung aerodynamischer Anforderungen gleichzeitig Tragwerk und Treibstoffbehälter sind, stellen klassische Beispiele für den Systemleichtbau dar.

Formfindung. Das im Struktur- wie im Systemleichtbau erforderliche Entwerfen gewichts*armer* Kräftepfade ist ohne Hilfsmittel selbst im ebenen Fall nur mit Können und viel Erfahrung möglich. Das Entwerfen gewichts*armer* Strukturen im dreidimensionalen Raum wie auch das Entwerfen gewichts*minimaler* Strukturen erfordert die Hinzuziehung von Hilfsmitteln, die *in summa* als Formfindungsmethoden bezeichnet werden.[6] Man unterscheidet experimentelle und mathematisch-numerische Formfindungsmethoden. Die experimentellen Methoden lassen sich generell durch mathematisch-numerische Methoden abbilden. Letztere haben neben dem Vorteil einer hohen Genauigkeit in der Aussage bezüglich den in der Tragstruktur auftretenden Spannungen oder der Strukturgeometrie selbst allerdings den Nachteil einer geringeren Anschaulichkeit, weswegen man die experimentellen Methoden gern an den Anfang der Entwurfsarbeit stellt und erst in der zweiten Phase des Entwurfs zu den mathematisch-numerischen Methoden übergeht.

Allen Formfindungsmethoden ist gemein, dass sie eine als optimal erscheinende oder bezeichnete Geometrie einer tragenden Struktur auf der Basis eines dieser Formfindung zugrunde gelegten Lastfalls, dem sogenannten „formbestimmenden Lastfalls", erzeugen.

Der Verlust des formbestimmenden Lastfalls. Die in den vergangenen Jahrzehnten stetig verbesserte Erfassung und Beschreibung der Einwirkungen auf die Bauwerke, die Steigerung der Baustofffestigkeiten bei gleichzeitiger Reduktion der Toleranzbreiten, dramatisch verbesserte Berechnungsmethoden etc. erlauben es, Strukturen mit immer geringer werdenden Abmessungen zu bauen. Ein Blick auf die formschönen und nicht nur tragwerkstechnisch als optimal empfundenen Betonschalen von Heinz Isler zeigt, dass diese bei einer Schalendicke von durchschnittlich vielleicht 15 cm noch ein Eigengewicht von immerhin 375 kg/m² aufweisen. Dies ist eine im Vergleich zu

üblichen Schnee- und Windlasten große Zahl. Heute ließen sich vergleichbare Strukturen aus ultrahochfesten Betonen mit weniger als 100 kg/m², eine Kohlefaser-Rippenschale mit einem Eigengewicht von weniger als 30 kg/m² realisieren. Schalen wie die (deutlich kleinere) „Stuttgarter Glasschale"[7] haben bei einem Dicke/Spannweitenverhältnis von 1:850 eine Glasdicke von nur noch 10 mm und damit ein Gewicht von lediglich 25 kg/m². War es also ursprünglich nicht falsch, insbesondere bei Schalentragwerken den Lastfall Eigengewicht als formbestimmenden Lastfall zu verwenden, so ist dieser Ansatz heute aufgrund der erwähnten Entwicklungen zu hinterfragen, wenn nicht gar unzulässig. Im Vergleich zu den übrigen Einwirkungen wurde das Eigengewicht bei leichten Tragwerken immer häufiger zur *quantité négligeable*. Damit aber stellt sich die Frage, was denn der zukünftig einer Formfindung zugrunde zu legende Lastfall sein kann und/oder ob es diesen überhaupt noch gibt.

Dieser Verlust des formbestimmenden Lastfalls bedeutet nicht nur den Verlust einer grundlegenden Komponente der klassischen Formfindungsverfahren, er stellt vielmehr die gesamte bisher beim Entwurf von leichten Tragwerken angewandte Methodik in Frage, denn wenn die Strukturform nicht mehr zwingend aus einem eindeutigen Belastungsszenario resultiert bzw. resultieren kann, dann rückt eine mehr oder weniger willkürliche Wahl der Strukturgeometrie in den Bereich des Erwägbaren.

In der Diskussion um die Lösung des Problems tauchte zunächst der Vorschlag auf, die Formfindung extrem leichter Tragwerke bei Abwesenheit eines formbestimmenden Lastfalls auf einer Multi-Parameter-Optimierung, z.B. einer Pareto-Optimierung, zu basieren. Dieses Konzept wäre trotz all seiner Komplexität sicherlich umsetzbar, es wäre jedoch bezüglich der erreichbaren Ergebnisse einem gleichzeitig vom Autor formulierten alternativen Ansatz stets unterlegen. Letzterer besagt: „Wenn ein formbestimmender Lastfall angesichts multipler, teilweise nicht gekannter äußerer Beanspruchungen bzw. Beanspruchungskombinationen nicht mehr eindeutig identifizierbar ist, dann muss die Struktur selbst während ihrer Lebenszeit auf diese Belastungen so reagieren können, dass sie jedweder auftretenden Beanspruchung auf optimale Weise genügt. Dies wird durch die Manipulation von Spannungs- und/oder Verformungsfeldern in der Struktur möglich."[8]

6   Vgl. ebd.

7   Vgl. Sobek, Werner/Blandini, Lucio: „Die ‚Glaskuppel' – Prototyp einer rahmenlosen selbsttragenden Glasschale", in: *Beratende Ingenieure* 35,11/12 (2005), 23–28.

8   Sobek, Werner: „terra incognita mea", in: Institut für Statik und Dynamik der Tragwerke (Hg.): *17. Dresdner Baustatik-Seminar. Ingenieurwissen und Vorschriftenwerk.* Dresden 2013, 5–18.

4 See Werner Sobek, "Zum Entwerfen im Leichtbau," *Bauingenieur* 70, nos. 7–8 (1995), pp. 323–29.

5 Ibid.

6 Ibid.

7 See Werner Sobek and Lucio Blandini, "Die 'Glaskuppel': Prototyp einer rahmenlosen selbsttragenden Glasschale," *Beratende Ingenieure* 35, nos. 11–12 (2005), pp. 23–28.

industry, it has always been important when large spans must be bridged or high buildings erected.[4] In the field of wide-span surface structures, lightness is and has always been a must.

Lightweight Construction Categories. In the field of lightweight construction, we fundamentally distinguish between three different categories that can be intercombined in various ways when designing light structures: lightweight construction related to materials, structures, and systems.[5] Material lightness involves the use of building materials where the quotient of a material property (e.g., strength) and the specific weight of the material is as large as possible. The most well-known ratio value is the breaking length, that is, the length at which a hanging structural element tears under the load of its own weight. Structural lightness is focused on the task of channeling a certain load to given support points using a structure that is as *light*weight, or even *minimal*weight, as possible. So structural lightness aims to develop suitable strength fields within what is usually a design space limited by restrictions and, accordingly, encompasses the categories of form and topology optimization. Systemic lightness deals with the principle of also integrating, in addition to the load-bearing function (structural lightness), other functions into a building component, such as sound or thermal insulation. Aircraft wings are a classic example of systemic lightness, for they not only meet aerodynamic demands but are also a load-bearing structure and gas tank at the same time.

Form-Finding. The design of *light*weight strength fields so necessary in structural and systemic lightness without auxiliary means is only possible, even in smooth cases, with a great deal of skill and experience. The design of *light*weight structures in three-dimensional space, and also the design of *minimal*weight structures, requires the enlistment of auxiliary means that are *in summa* called form-finding methods.[6] We differentiate between experimental and mathematical-numerical methods of form-finding. The experimental approaches are generally illustrated by the mathematical-numerical methods. The latter have the advantage of expressing high precision of the tension arising in the load-bearing structure or the structural geometry itself, but the disadvantage of reduced clarity, which is why it is customary to carry out the experimental approaches toward the beginning of the design work before moving on to the mathematical, numerical methods in the second design phase.

What all form-finding methods have in common is the fact that they generate the geometry of a load-bearing structure—a geometry that appears to be or is deemed optimal—on the basis of one of the load cases providing the foundation for this form-finding, the so-called "form-determining load case."

Loss of the Form-Determining Load Case. In recent decades, improvements have been continually made to the analysis and description of the factors influencing building, the enhancement of building-material strengths with a concurrent reduction of tolerance margins, dramatically improved calculation methods, et cetera, which makes it possible to erect structures with ever-smaller dimensions. A look at Heinz Isler's concrete shells, which are considered optimal not only in terms of their load-bearing functions, but also in terms of their elegant design, actually display a net weight of 375 kg/m² at an average shell thickness of about 15 centimeters. This is a high number as compared to typical snow and wind loads. Today it is possible to build comparable structures made of ultra-high-performance concrete with less than 100 kg/m² net weight, or even a carbon-fiber, ribbed-shell structure with less than 30 kg/m². Shells like the (considerably smaller) *Stuttgarter Glasschale* (Stuttgart Glass Shell)[7] feature glass that is only 10 millimeters thick and thus a

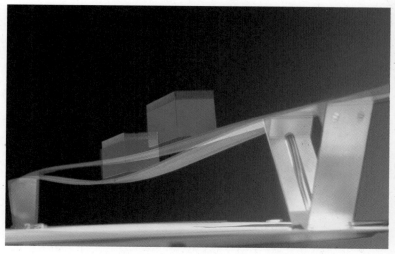

2

„Stuttgarter Träger", Sobek et al., Stuttgart, 2002 © ILEK, Stuttgart

Mit dem aktiven Eingreifen in die Spannungs- und/ oder Verformungsfelder einer Struktur verlässt man den Bereich des traditionellen Bauens und damit auch jenen des traditionellen Leichtbaus. Der „Leichtbau mit Material" wird durch einen „Leichtbau mit Energie" ergänzt. Hierdurch werden Strukturen ermöglicht, die mit bisherigen Methoden nicht realisierbar wären – Strukturen, die jenseits des bisher Möglichen liegen. Der Autor wählte deshalb für diese Art des Leichtbaus den Begriff „Ultraleichtbau".

„Non plus ultra" lautete ein Grundsatz der Seefahrer schon zu Zeiten der Griechen und Römer. Gemeint war: Fahre nie über den Felsen von Gibraltar bzw. dessen nordafrikanisches Pendant (beide bezeichnete man ja auch als die Säulen des Herakles) hinaus, denn dahinter liegt die *terra incognita*, das Nicht-Gekannte, das Ende der Welt. Bis dahin, aber nicht darüber hinaus! Erst im 15. Jahrhundert verlor diese Regel an Wirkungskraft. „Plus ultra" stand fortan im spanischen Wappen auf einem geschwungenen Band, das sich um die Säulen des Herakles windet. „Darüber hinaus!". Ähnlich ist es mit dem Ultraleichtbau. Er steht jenseits der bisher erkundeten, gekannten Gebiete; er steht jenseits dessen, was mit den Methoden des klassischen Leichtbaus möglich war und ist. Erstmals werden jetzt Spannungs- und/oder Verformungsfelder manipuliert, erstmals überwinden tragende Strukturen den Status der konstanten, invarianten physikalischen Eigenschaften.

Über die Existenz von Spannungsfeldern. Der Grundansatz des Ultraleichtbaus, die unter verschiedenen Lasteinwirkungen in einer Struktur entstehenden Spannungsfelder durch ein aktives Eingreifen so zu manipulieren, dass in der Struktur stets ein möglichst homogener, von Spannungsspitzen befreiter Beanspruchungszustand entsteht, führt auf die Frage, welche Spannungsfelder in einer Struktur überhaupt existieren können. Die Diskussion wird hier, der Einfachheit halber, am Beispiel der Membranschalen, also ausschließlich normalkraftbeanspruchter dünnwandiger Kontinua, geführt.

Die in einer Membranschale irgendeiner bestimmten Geometrie unter irgendeinem bestimmten Lastfall möglichen Spannungs- und damit auch Verformungsfelder werden durch

weight of only 25 kg/m² at a span-width ratio of 1:850. So even though it was not originally misguided to use the load case of net weight as a form-determining load case, especially when it comes to shell load-bearing structures, today this approach is questionable due to the developments cited above, if not totally inadmissible. As compared to other influencing factors, net weight has become more and more a *quantité négligeable* when dealing with lightweight load-bearing structures. Yet this fields the question as to what the load case predicating a form-finding process might be in the future and/or whether this even still exists.

This loss of form-determining load case not only implies the loss of a fundamental component used in classic form-finding processes; it also questions the entire methodology applied in the design of lightweight load-bearing structures to date. For if the structural form does not necessarily result, or is able to result, from a clear load scenario any longer, then a more or less arbitrary choice of structural geometry enters the sphere of feasibility.

In discourse seeking a solution to this problem, the suggestion first arose to base the form-finding of extremely lightweight load-bearing structures on multi-parameter optimization when a form-determining load case is absent. Despite all its complexity, this concept would surely be practicable, but it would always prove inferior to this author's concurrently developed alternative approach in terms of attainable results. The latter involves the following: "When a form-determining load case is no longer identifiable due to multiple, sometimes unknown external strains or combinations of strains, then the structure itself must be able to react to these loads, even during its lifetime, in such a way that it addresses any arising strains in an optimal way. This is achieved through the manipulation of stress fields and/or deformation fields within the structure."[8]

Actively intervening in such stress fields and/or deformation fields within a structure entails abandoning the realm of traditional architecture, and thus also that of traditional lightweight construction. "Lightweight construction with material" becomes supplemented by "lightweight construction with energy." This makes it possible to build structures that would not have been feasible using previous methods—structures that transcend what was hitherto possible. It is for this reason that the author selected the term "ultra-lightweight construction" for this kind of lightweight construction.

The phrase "non plus ultra" denotes a tenet already held by seafarers in Greek and Roman times. It meant: never sail beyond the Rock of Gibraltar or its northern African equivalent (they were of course also known as the Pillars of Hercules), for situated beyond is the *terra incognita*, the unknown land, the end of the world. That far, but no further! It was not until the fifteenth century that this rule lost effect. From that point on, "plus ultra" was written in the Spanish crest along a flowing ribbon curling around the Pillars of Hercules. "Further beyond!" The same applies to ultra-lightweight construction. It rests beyond the previously explored or known fields, situated beyond everything that was and is possible using the methods of classic lightweight construction. Now, for the first time, stress and/or deformation fields are controlled, and load-bearing structures are able to surmount, also for the first time, the state of constant, invariant physical properties.

On the Existence of Stress Fields. The basic approach of ultra-lightweight construction involves the manipulation of stress fields arising within a structure under the exertion of various pressures by actively intervening in such a way that strain conditions within the structure are as homogenous as possible without peaks of tension. This gives rise to the question as to which stress fields are even able to exist within a structure. Here, this discussion will be carried out, for the sake of simplicity, based on the example of membrane shells, that is, solely on thin-walled continua subjected to the strain of normal forces.

The stress fields, and thus also deformation fields, possible within a membrane shell of any determined geometric form under any determined load case are self-determined by the stiffness factors of the support and by the stiffness distribution in the shell itself.[9] Thanks to an (artificial) manipulation of support stiffness and/or stiffness distribution within the shell itself, different stress fields can be generated within the shell. Relevant to the stress fields in this case is that they must meet equilibrium conditions, but also that, at any given spot on the

8   Werner Sobek, "terra incognita mea," in *17. Dresdner Baustatik-Seminar: Ingenieurwissen und Vorschriftenwerk*, ed. Institut für Statik und Dynamik der Tragwerke (Dresden, 2013), pp. 5–18.

9   See Werner Sobek, *Auf pneumatisch gestützten Schalungen hergestellte Betonschalen* (diss., Universität Stuttgart, 1987).

die Steifigkeiten der Auflager und durch die Steifigkeitsverteilung in der Schale selbst bestimmt.[9] Durch eine (künstliche) Manipulation der Auflagersteifigkeiten und/oder der Steifigkeitsverteilung in der Schale selbst lassen sich unterschiedliche Spannungsfelder in der Schale erzwingen. Für die Spannungsfelder gilt dabei, dass sie sowohl die Gleichgewichtsbedingungen zu erfüllen haben wie auch dass, an jedem einzelnen Punkt der Schale, die beiden vorhandenen Hauptspannungen größer bzw. kleiner als die durch das Material aufnehmbaren Zug- bzw. Druckspannungen sein müssen. Die Mannigfaltigkeit möglicher Spannungsfelder in der Schale wird also durch ein System von Gleichungen (Forderung nach Gleichgewicht) und ein System von Ungleichungen (Forderung nach „Aufnehmbarkeit") bestimmt.

An Stelle einer Manipulation der Steifigkeiten kann eine Manipulation der Kraftfelder in einer Membranschale auch durch gezielt eingebrachte *in-plane*-Beanspruchungen und/oder durch gezielt manipulierte Auflagerkräfte erfolgen. In beiden Fällen bzw. Kombinationen davon sind erneut die vorstehend beschriebenen Gleichungs- und Ungleichungssysteme zu erfüllen. Der Komplex der Ungleichungen eröffnet hierbei wiederum eine Mannigfaltigkeit von Lösungen, d.h. eine Mannigfaltigkeit erzeugbarer Spannungsfelder. Mit Hilfe einer geeigneten Aktuatorik, die im Auflagerbereich und/oder in der Membranschale selbst eingebracht ist, lässt sich nun ein Spannungsfeld, das zu dieser Mannigfaltigkeit gehört, so erzeugen, dass seine Überlagerung mit einem aus einer natürlichen Belastung in der Schale auftretenden Spannungsfeld zu einem „idealen" Spannungsfeld führt. Als ideal kann man beispielsweise Spannungsfelder bezeichnen, die eine von Spannungsspitzen freie, möglichst homogene Spannungsverteilung, sogar eine *fully-stressed*-Qualität aufweisen.

Über die Manipulation von Spannungsfeldern zum Ultraleichtbau. Die Frage, wie eine Aktuatorik zu platzieren ist, um mit ihr ein bestimmtes Spannungsfeld erzeugen zu können, ist Gegenstand der Forschung der in diesem Feld eng kooperierenden Forschungsstätten, dem Institut für Leichtbau Entwerfen und Konstruieren (ILEK) und dem Institut für Systemdynamik (ISYS), beide Universität Stuttgart.[10]

Die Frage, ob denn nicht über die Möglichkeit der gezielten Manipulation der Spannungsfelder und der damit einsparbaren Materialmengen hinaus nicht noch eine Methodik zur Findung der Form selbst zu entwickeln wäre, ist mehr als berechtigt – allerdings auch von großer Komplexität. Das ILEK arbeitet an dieser Fragestellung, auch hier zusammen mit anderen Instituten der Universität Stuttgart.[11]

9   Vgl. Sobek, Werner: *Auf pneumatisch gestützten Schalungen hergestellte Betonschalen*, Diss., Universität Stuttgart 1987.

10 Einen Einblick in diese Arbeiten bietet Neuhaeuser, Stefan/Weickgenannt, Martin/Witte, Christoph/Haase, Walter/Sawodny, Oliver/Sobek, Werner: „Stuttgart SmartShell – A Full Scale Prototype of an Adaptive Shell Structure", in: *Journal of the International Association for Shell and Spatial Structures* 54, 178 (2013), 259–270; Sobek, Werner: „Adaptive Systems. New Materials and New Structures", in: Bell, Michael/Buckley, Craig (Hg.): *Post-Ductility. Metals in Architecture and Engineering*. New York 2012, 129–133.

11 Vgl. Sobek, Werner/Teuffel, Patrick: „Adaptive Systems in Architecture and Structural Engineering", in: *Smart Systems for Bridges, Structures, and Highways*, Bellingham 2001, 36–45.

12 Vgl. Weilandt, Agnes/Lemaitre, Christine/Sobek, Werner: „Adaptive Systeme – visionäre Brückenkonstruktionen", in: *Deutsche Bauzeitung* 140,2 (2006), 66–67.

Zeitabhängige Spannungsfelder, wie sie durch zeitabhängige Belastungssituationen entstehen, können durch geeignete, wiederum zeitabhängige Manipulationen so beeinflusst werden, dass ganz bestimmte Spannungen und/oder Verformungen an ausgewählten Punkten der Struktur nicht über- oder unterschritten werden. Ein anschauliches Beispiel hierfür ist der bereits im Jahr 2004 gebaute Stuttgarter Träger, der ein Brückenmodell darstellt, bei dem sich die Brücke unterhalb des Radwerks einer über sie fahrenden Lokomotive nicht verformt.[12] Der Auflagerabstand der Brücke beträgt 1.800 mm. Der Aluminiumstreifen, auf dem eine Spielzeuglokomotive fährt, ist 3 mm dick, d.h. das Dicke-/Spannweitenverhältnis der Brücke beträgt 1:600. Durch eine von der Position der Lokomotive auf der Brücke abhängige gezielte Horizontalverschiebung eines der beiden Auflager wird es möglich, die Lokomotive trotz der enormen Schlankheit der Konstruktion stets horizontal fahren zu lassen (Abb. 2).

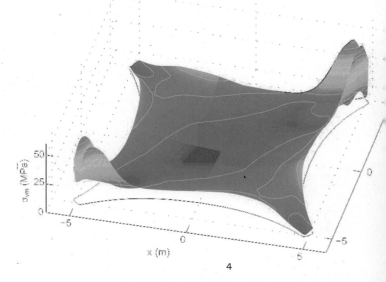

4

„Smart Shell", ILEK/ISYS, Spannungsfelder vor der Manipulation | Stress fields before manipulation, Stuttgart, 2012 © ILEK, Stuttgart

shell, the two existing principle points of stress must be larger or smaller than the tensile and compressive stress that can be absorbed by the material. So the manifoldness of potential stress fields within the shell is determined by a system of equality (need for balance) and a system of inequality (need for "absorbability").

In place of a manipulation of stiffness qualities, it is possible to also manipulate the fields of force in a membrane shell through purposefully introduced in-plane strains and/or through purposefully manipulated support forces. In both cases or combinations, the aforementioned equality and inequality systems must be addressed once again. Here, in turn, the complex of inequalities spawns manifold solutions, that is, manifold generatable stress fields. With the help of a suitable actuation system incorporated into the support area and/or into the membrane shell itself, it is now possible to generate a stress field associated with this manifoldness in such a way that its superimposition against a stress field arising from a natural load in the shell results in an "ideal" stress field. For example, we might use the term ideal to denote stress fields which display a stress distribution that avoids peaks of tension and is as homogenous as possible, even exhibiting a fully stressed quality.

On the Manipulation of Stress Fields in Ultra-Lightweight Construction. The issue of how an actuation system should be positioned in order to generate a particular stress field is the subject of studies conducted by two research institutions closely cooperating in this field: the Institute for Lightweight Structures and Conceptual Design (ILEK) and the Institute for System Dynamics (ISYS), both based at the University of Stuttgart.[10]

The question as to whether it would be feasible to self-develop another form-finding methodology, above and beyond the possibilities presented by the targeted manipulation of stress fields and the concomitant reduction of necessary materials, is more than justified—though it is indeed very complex. The ILEK is working on this explorative question with various other institutes at the University of Stuttgart.[11]

Time-dependent stress fields, as arise through time-dependent load situations, can be influenced through suitable yet also time-dependent manipulations in such a way that very specific levels of stress and/or deformation are not exceeded or undercut at selected points within the structure. An illustrative example of this is the *Stuttgarter Träger*, already built in the year 2004, which represents a bridge model in which the bridge does not warp under the rail wheels of the locomotive traveling directly above.[12] The distance between the bridge supports is 1,800 millimeters. The aluminum strip on which a toy locomotive runs is 3 millimeters thick, which means that the bridge's ratio of thickness to span is 1:600. A specific horizontal displacement of one of the two supports, dependent on the position of the locomotive on the bridge, makes it possible to

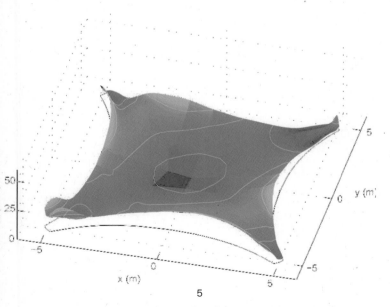

„Smart Shell", ILEK/ISYS, Spannungsfelder nach der Manipulation | Stress fields after manipulation, Stuttgart, 2012 © ILEK, Stuttgart

10 An overview of this work is provided by Stefan Neuhaeuser, Martin Weickgenannt, Christoph Witte, Walter Haase, Oliver Sawodny, and Werner Sobek, "Stuttgart SmartShell: A Full Scale Prototype of an Adaptive Shell Structure," *Journal of the International Association for Shell and Spatial Structures* 54, no. 178 (2013), pp. 259–70; Werner Sobek, "Adaptive Systems: New Materials and New Structures," in *Post-Ductility: Metals in Architecture and Engineering*, ed. Michael Bell and Craig Buckley (New York, 2012), pp. 129–33.

11 See Werner Sobek and Patrick Teuffel, "Adaptive Systems in Architecture and Structural Engineering," in *Smart Systems for Bridges, Structures, and Highways* (Bellingham, 2001), pp. 36–45.

12 See Agnes Weilandt, Christine Lemaitre, and Werner Sobek, "Adaptive Systeme – visionäre Brückenkonstruktionen," *Deutsche Bauzeitung* 140, no. 2 (2006), pp. 66–67.

Zur vertieften Untersuchung der sich im Ultraleichtbau ergebenden Möglichkeiten wurde im Jahr 2012 am ILEK die sogenannte *SmartShell* gebaut (Abb. 1). Die *SmartShell* ist eine vier Zentimeter dicke, aus vier Lagen kreuzweise verleimter Stäbchen bestehende Holzschale, die auf vier Fußpunkten ruht. Der Abstand der Fußpunkte beträgt ca. 10 m, die Spannweite über die Diagonale beträgt damit mehr als 14 m. Mit ihrem Dicke/Spannweiteverhältnis von 1:250 ist die *SmartShell* die wohl dünnste jemals gebaute Holzschale signifikanter Größenordnung. Drei der vier gelenkig gelagerten Fußpunkte der *SmartShell* können mit Hilfe einer Hochgeschwindigkeitshydraulik (Abb. 3) so im Raum bewegt werden, dass die Schale statische wie dynamische Beanspruchungen innerhalb eines Bruchteils einer Sekunde kompensiert. Abb. 4 und 5 zeigen eindrücklich, wie bei der *SmartShell* ein belastungsbedingt inhomogenes Spannungsfeld durch Erzeugung eines „aktiven" Spannungsfeldes kompensiert werden kann.

Die Stuttgarter *SmartShell* stellt heute sicherlich weltweit das am weitesten fortgeschrittenste adaptive bzw. ultraleichte Schalentragwerk dar und dokumentiert die enormen Einsparpotenziale an Baustoffen. Gegenüber einer konventionellen Auslegung liegt das mit der *SmartShell* erzielte Materialeinsparpotenzial bei mehr als 70 %. Gleichzeitig stößt man durch die gezielte Manipulation des Tragverhaltens in neue Dimensionen der Gebrauchstauglichkeit wie auch der Robustheit vor.

Zusammenfassung. Durch den immer häufiger festzustellenden Verlust des formbestimmenden Lastfalls stellt sich die Frage nach einem neuen Satz von Formfindungsmethoden, mit welchen extrem leichte Tragwerke zukünftig entworfen werden können. Einen vielversprechenden Ansatz liefert die aktive Manipulation von Spannungs- und/oder Verformungsfeldern in tragenden Strukturen aller Art – sei es bei Brücken, weitspannenden Dächern oder Hochhäusern. Bei diesem Ansatz ist zunächst die Existenz bzw. die Mannigfaltigkeiten der in einer Struktur möglichen Spannungsfelder zu klären, bevor geeignete Aktuatoren so platziert werden, dass die Überlagerung der von ihnen erzeugten Spannungsfelder mit den durch „natürliche" Einflüsse erzeugten Spannungsfeldern zu homogenisierten Spannungsfeldern (*fully stressed*) erfolgt. Während die Mannigfaltigkeiten in der Existenz von Spannungsfeldern mit Hilfe von Gleichungs- bzw. Ungleichungssystemen beschreibbar ist, befindet sich die Forschung zu Platzierung und Technologie der Aktuatoren genauso in den Anfängen wie im Bereich der Entwicklung vollständiger und konsistenter Formfindungsmethoden für den Ultraleichtbau. Die mit dem Ultraleichtbau erzielbaren Masseneinsparpotenziale von häufig 60 % und mehr, die damit verbundenen Einsparpotenziale an grauer Energie (*embodied energy*), die aus ihm resultierenden Verbesserungen des Gebrauchstauglichkeits- oder des Ermüdungsverhaltens etc. lassen es jedoch mehr als sinnvoll, ja sogar zwingend erscheinen, den eingeschlagenen Weg weiter zu beforschen. Ad ultra!

always have the locomotive travel horizontally despite the incredible slimness of the construction (fig. 2).

As part of an in-depth investigation into the possibilities presented by ultra-lightweight construction, the so-called *SmartShell* was built in 2012 at ILEK (fig. 1). The *SmartShell* is a four-centimeter-thick wooden shell featuring four rods glued together perpendicularly in layers and resting on four base points. The distance between the base points is approx. 10 meters, and the span along the upper diagonal thus more than 14 meters. With its ratio of thickness to span at only 1:250, the *SmartShell* is likely the thinnest wooden shell of significant scale ever built. Three of the four hinged base points of the *SmartShell* can be spatially adjusted, using a high-speed hydraulic system (fig. 3), in such a way that the shell compensates for both static and dynamic strains within a fraction of a second. Figures 4 and 5, in turn, impressively show how, in the case of the *SmartShell*, a stress-induced inhomogeneous stress field can be compensated by the generation of an "active" stress field.

Today, the *SmartShell* in Stuttgart is surely the most progressive adaptive or ultra-lightweight shell structure in the world. It documents the enormous potential for conserving building materials. In contrast to a conventional design, the material-savings potential achieved by the *SmartShell* surpasses 70 percent. At the same time, we enter new dimensions of both serviceability and robustness thanks to the targeted manipulation of structural performance. ∎

Summary. An increasing prevalence of loss of form-determining load case gives rise to the question of a new set of form-finding methods for use in the design of extremely light structures. A promising approach is found in the manipulation of stress fields and/or deformation fields in all kinds of load-bearing structures—be it bridges, wide-span roofs, or high-rises. With this approach, it is vital to first analyze the existence or the manifoldness of the stress fields potentially present within a structure before suitable actuators are situated in a way that allows the superimposition of the stress fields they generate against the stress fields engendered from "natural" influences to create homogenized (fully stressed) stress fields. While such manifoldness in the existence of stress fields is describable with the aid of equality and inequality systems, research on the positioning and the technology of actuators is in its early stages, as are thorough and consistent form-finding methods for ultra-lightweight construction in a development context. The mass economization potential achievable using ultra-lightweight construction methods (often 60 percent or more), the related possible savings of embodied energy, the resulting improvements in serviceability or fatigue performance, et cetera, indeed make it seem more than reasonable—yes, even imperative—to continue research in the direction of this new path. Ad ultra! ∎

Translation: Dawn Michelle d'Atri

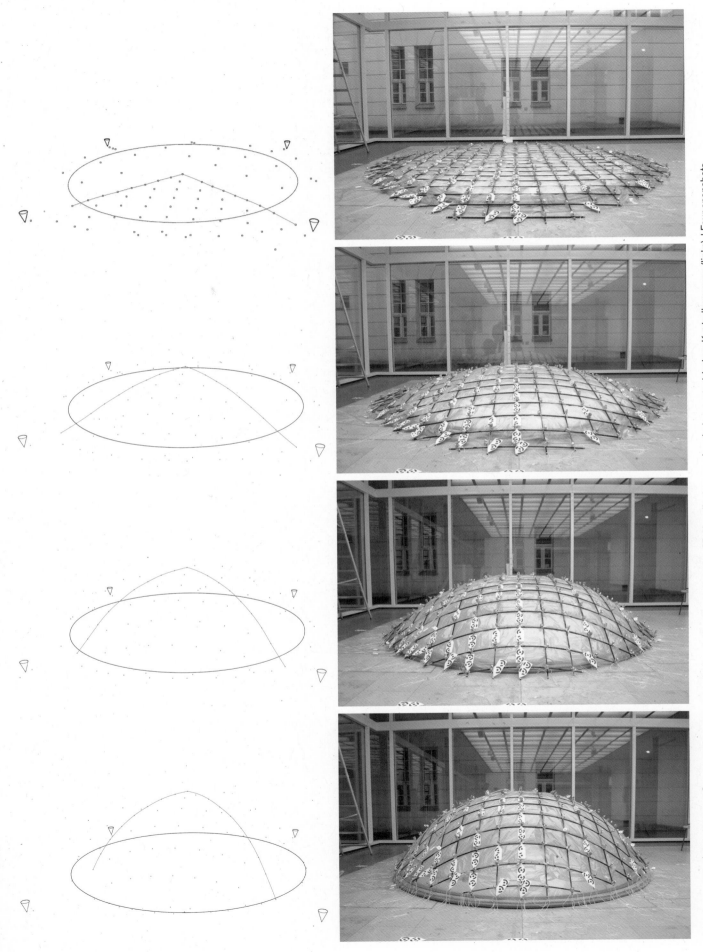

1 Vier Momentaufnahmen des Aufrichtungsprozesses (rechts) und die entsprechenden 3D Koordinaten aus der photogrammetrischen Kontrollmessung (links). | Four snapshots from the erection process (right) and photogrammetric 3D point cloud data (left), Berlin © Fachgebiet für Konstruktives Entwerfen und Tragwerksplanung [KET], UdK Berlin

Große Verformungen
Über das Entwerfen von vorbeanspruchten Gitterschalen

Large Deformations
On the Design of Strained Grid Shells

Christoph Gengnagel | Gregory Quinn

Die Minimierung von Verformungen ist in der Regel ein wesentliches Ziel des Tragwerksentwurfs. Die Anwendung elastischer Biegung als Formgebungsprozess (*active bending*)[1] bedingt demgegenüber die Bestimmung und Kontrolle sehr großer Verformungen. Der Einsatz der elastischen Biegung zur Generierung von beliebig gekrümmten Stab- und Flächenelementen ist eine bewährte Konstruktionstechnik der traditionellen Architektur. Die wichtigste Motivation ist dabei die einfache Herstellungsmöglichkeit von einfach und doppelt gekrümmten Strukturen. Die Formgebung erfolgt dabei ausschließlich im elastischen Bereich, führt aber natürlich zu einer signifikanten Vorbelastung der Strukturen. Eines der kühnsten Beispiele des 20. Jahrhunderts für diese Bauweise in Bezug auf Innovation und Dimension ist die 1975 errichtete Gitterschale der Multihalle Mannheim,[2] (Abb. 2) die die Bauweise unter dem Begriff „Elastische Gitterschale" bekannt machte, der präziser durch den Begriff „vorbeanspruchte Gitterschale" (*strained grid shell*) ersetzt wird, da im Langzeitverhalten Kriechen einen Abbau der elastischen Spannungen verursacht.

Die Zunahme der Anwendungen von Faserverbundwerkstoffen im Bauwesen und vor allem neue Möglichkeiten der computergestützten Formfindung, Analyse und Simulation von biege-elastisch geformten Strukturen eröffnen der traditionellen Technik neue bauliche Einsatzmöglichkeiten. Weitgespannte Gitterschalen sind dabei der Gegenstand einer Vielzahl von Forschungsprojekten. Dem gegenüber steht eine zwar zunehmende, in der Summe aber relativ geringe Anzahl gebauter Projekte mit Spannweiten, die deutlich unter der vor 40 Jahren realisierten Multihalle liegen (Abb. 3). In diesem Kontext beschäftigt sich das Fachgebiet für Konstruktives Entwerfen und Tragwerksplanung mit der Weiterentwicklung der Formfindung, der Konstruktion und der Optimierung der Montageprozesse von vorbeanspruchten Gitterschalen als potenzielle Tragwerke für schnell errichtbare weitgespannte Konstruktionen.

Vorbeanspruchte Gitterschalen. Definitionen und Begriffe. Vorbeanspruchte Gitterschalen sind Stabwerksschalen, die drei Besonderheiten aufweisen: eine Struktur übereinanderliegender durchlaufender Stäbe, die Verwendung einer biege-elastischen Formgebung zur Erzeugung einfach oder doppelt gekrümmter Geometrien und eine Rotationsmöglichkeit der Stabwerksknoten in der Tangentialebene zur Schalenoberfläche im

1 Vgl. Lienhard, Julian/Alpermann, Holger/Gengnagel, Christoph/Knippers, Jan: „Active Bending. A Review on Structures Where Bending Is Used as a Self-Formation Process", in: *International Journal of Space Structures* 28, 3 (2013), 187–196.

2 Vgl. Burkhardt, Berthold/Bächer, Max/Otto, Frei (Hg.): *Multihalle Mannheim. Dokumentation über die Planungs- und Ausführungsarbeiten an der Multihalle Mannheim*, Stuttgart 1978, 38.

The minimization of deflections is usually a fundamental goal in structural engineering design. In contrast, the application of elastic bending as a forming process ("active bending") depends on the definition and control of very large deflections. Making use of elastic bending to form beam or surface elements is a well established construction method within vernacular architecture. The key motivation for this method is the simplest possible production of singly and doubly curved structures. The forming occurs strictly within the elastic limit of the material, but subsequently leads to the creation of significant residual stresses within the structure. One of the boldest examples of this construction method in terms of innovation and scale is the 1975 grid shell roof for the Mannheim exhibition hall (Multihalle) (fig. 2) which popularized the method under the term "elastic grid shell" – a term that can now be replaced with the more precise "strained grid shell" due to the fact that elastic strain tends to creep away after time.

The increased application of fiber reinforced materials along with novel computational tools for the form finding, analysis and simulation of elastically bent structures now offer new technological opportunities for the built environment. Large span grid shells are the subject of numerous research projects. In contrast, despite the moderate increase in frequency of grid shell buildings, their numbers remain low and their spans have never since achieved or exceeded that of the Multihalle, which was built 40 years ago (fig. 3). In this context, the further development of form finding, fabrication techniques and optimizing the erection of strained grid shells for wider application as rapidly deployable long-span structures is a focal research topic the Department for Structural Design and Technology [KET

Strained Grid Shells: Definition and Terminology
Strained grid shells exhibit three unique characteristics: continuous and overlapping laths, the application of elastic bending to achieve singly or doubly curved geometries and a rotational degree of freedom in the nodes normal to the shell surface during erection. Normally, strained grid shells are made from two layers of overlapping and orthogonally aligned beam elements which form a mesh of squares. For larger strained grid shells it is common to use four layers of laths in order to increase the shell's final out-of-plane bending stiffness, hence also increasing global buckling resistance. After completion of the grid forming, stabilization of the squares is necessary in order to achieve shear stiffness in the surface and subsequently to lock the form and activate structural shell behavior (fig. 4). This can be achieved by the addition of a third layer of diagonal members which

angulate the grid or by crossed cable elements in tension.
...anging the node from pinned to rigid after forming also of-
...s a method of form stabilization. However, this is at the cost
...increased bending stresses in the members which are already
...ited in bending stiffness by design. A further option is the use
...a membrane as a form stabilizing element.[3] This approach is
...t of our research and is expanded upon in section 3.

Depending on whether the edge length of the mesh
...onstant or variable, one differentiates between regular and
...gular grid shells.[4] In combination with the rotational freedom
...he pinned nodes, a curved regular grid is able to be fully
...veloped onto a flat plane. This makes it possible to assemble
...structure fully as a flat grid prior to erection. An irregular
...d shell on the other hand necessitates a partly or fully incre-
...ntal assembly of individual members. Irregular grid shells
...therefore be designed to avoid laths with excessive curva-
...es or to adapt mesh density to internal forces in the mem-
...rs. Another advantage is the additional artistic freedom.

**Form Finding, Grid Topology and Structural Be-
...vior.** After erection, the final geometry of both regular and
...gular grid shells is in a state of static equilibrium under self-
...ight which is influenced by the residual stresses caused dur-
... forming. In both approaches, the grid approximates a user-
...ined target surface dependent on maximum possible curva-
...es. Due to the high levels of stresses arising from the form-
... process, the design of the shape should permit shell action
...der all external loading conditions. The familiar gravity-in-
...ced hanging form is not necessarily the best option for light-
...ight structures such as grid shells; the most suitable shape is
...ally generated as a thrust network from load cases combining
...mmetric wind and snow loads. During the design phase the
...nsity of the grid is selected in relation to the section height of
...e laths during forming and to the section area for the transfer
...normal forces in the final state.

1   See Julian Lienhard, Holger Alpermann, and Christoph Gengnagel, "Active Bending: A Review on Structures Where Bending Is Used as a Self-Formation Process," *International Journal of Space Structures* 28, no. 3 (2013), pp. 187–96.

2   See Berthold Burkhardt, Max Bächer, and Frei Otto (ed.), *Multihalle Mannheim. Dokumentation über die Planungs- und Ausführungsarbeiten an der Multihalle Mannheim* (Stuttgart, 1978), p. 38.

3   See Christoph Gengnagel and Elisa Lafuente-Hernández, "Elastische Gitterschalen. Stabilisierung durch Gewebemembrane," *Stahlbau* 83, no. 11 (2014), pp. 799–805.

4   Elisa Lafuente-Hernández, Stefan Sechelmann, Thilo Rörig and Christoph Gengnagel, "Topology Optimisation of Regular and Irregular Elastic Gridshells by Means of A Non-linear Variational Method," *Advances in Architectural Geometry* (2012), pp. 147–60.

Aufbauprozess. In der Regel werden vorbeanspruchte Gitter-schalen aus zwei sich kreuzenden Stabscharen, die ein Vierecks-maschennetz bilden, hergestellt. Für weitgespannte vorbean-spruchte Gitterschalen ist der Einsatz von vier Stabscharen üb-lich, um die Biegsteifigkeit der Schale im Endzustand zu erhö-hen und damit das globale Beulverhalten zu verbessern. Nach Abschluss der Formgebung ist der Aufbau einer Schubsteifig-keit in der Fläche zur Fixierung der Form und der Herstellung einer Schalentragwirkung notwendig (Abb. 4). Das kann durch die Addition einer dritten Stabschar erfolgen, die als Druck- und Zugstäbe die finale Form der Vierecksmaschen des Gitterwerks stabilisiert oder durch sich kreuzende Seilsysteme erreicht werden. Eine Modifikation der Stabwerksknoten in biegesteife Verbin-dungen nach der Formgebung bietet ebenfalls die Möglichkeit einer Stabilisierung der Form, verursacht dafür aber eine weite-re hohe Biegebeanspruchung des Stabwerks unter externen Be-anspruchungen und ist durch die planmäßig geringe Biegestei-figkeit der Stäbe begrenzt. Eine weitere Option ist der Einsatz einer Membran als formstabilisierendes und aussteifendes Ele-ment.[3] Dieser Ansatz ist Teil unserer Forschung und wird im Abschnitt 3 weiter erläutert.

In Abhängigkeit von konstanten oder veränderlichen Seitenlängen der Maschen des Gitters wird zwischen regelmäßi-gen (*regular*) und unregelmäßigen (*irregular*) vorbeanspruchten Gitterschalen unterschieden.[4] Ein regelmäßiges Gitter erlaubt in Kombination mit der Rotationsfähigkeit der Kreuzungsknoten in der Tangentialebene zur gekrümmten Fläche, eine Abwick-lung des einfach oder doppelt gekrümmten Stabwerks in der Ebene. Damit ergibt sich die Möglichkeit einer vollständigen Vor-montage des Gitters am Boden und eine anschließende Verfor-mung in die räumliche Zielgeometrie. Ein unregelmäßiges Git-ter erfordert demgegenüber einen teilweisen oder vollständigen inkrementellen Aufbau aus Einzelstäben. Dafür bieten unregel-mäßige Gitter das Potenzial Bereiche mit Stäben großer Krüm-mung zu vermeiden, oder aufgrund hoher Belastung das Gitter lokal zu verdichten. Ein weiterer Vorteil ist der gestalterische Freiraum.

Formfindung, Gittertopologie und Tragverhalten.
Sowohl für regelmäßige als auch unregelmäßige Gitterschalen stellt die Endgeometrie nach der Montage des Stabwerks eine Gleichgewichtsform unter Eigengewicht dar, die durch die in-neren Beanspruchungen während des Aufbauprozesses beein-flusst wird. Grundsätzlich ist in beiden Fällen die Annäherung an vorgegebene beliebige Zielgeometrien in Abhängigkeit von den dafür notwendigen maximalen Krümmungen der Stäbe mög-lich. Aufgrund der hohen Beanspruchung aus der Formgebung ist jedoch die Wahl einer Form sinnvoll, die eine weitgehende Schalentragwirkung unter allen weiteren äußeren Einwirkungen

3   Vgl. Gengnagel, Christoph/Lafuente-Hernández, Elisa: „Elastische Gitterschalen. Stabilisierung durch Gewebemembrane", in: *Stahlbau* 83, 11 (2014), 799–805.

4   Vgl. Lafuente-Hernández, Elisa/Sechelmann, Stefan/Rörig Thilo/Gengnagel, Christoph: „Topology Optimisation of Regular and Irregular Elastic Gridshells by Means of a Non-linear Variational Method", in: *Advances in Architectural Geometry* (2012), 147–160.

erlaubt. Die bekannte, sich unter Schwerkraft einstellende Hängeform ist dabei nicht zwingender Weise die beste Option, da sich für Leichtbaukonstruktionen wie Gitterschalen in der Regeln die sinnvollste Form aus Kombinationen von Stützflächen für unterschiedliche asymmetrische Wind- und Schneebelastungen ergibt. Die Dichte des Gitters im Entwurf resultiert dabei aus den möglichen Querschnittshöhen im Aufbauprozess und notwendigen Querschnittsflächen zur Lastabtragung unter Normalkraftbeanspruchung im Endzustand.

Als Schalentragwerke können vorbeanspruchte Gitterschalen bei einer ausreichenden einfachen oder doppelten Krümmung äußere Einwirkungen senkrecht oder in der Ebene der Schalenfläche weitgehend über Normalkräfte abtragen. Die Traglast wird hierbei entscheidend durch die Eigenspannung aus dem Formgebungsprozess beeinflusst. Entscheidend für die Größe dieser Eigenspannung ist das Verhältnis von E-Modul, Querschnittshöhe und Krümmungsradius. Große Krümmungen, d.h. kleine Biegeradien verursachen große Spannungsanteile, ebenso wie Werkstoffe mit einem hohen E-Modul oder Querschnitte mit großen Bauhöhen. Letztendlich erfordert der Entwurf einer Gitterschale ein sorgfältiges Abwägen zwischen einer hohen Verformbarkeit im Aufbauprozess und einer ausreichenden Verformungsbeschränkung im Endzustand.

Werkstoffe, Konstruktion und Montageprozesse.
Die Auswahl der einsetzbaren Werkstoffe konzentriert sich damit auf Materialien, die über einen geringen Elastizitäts-Modul und/oder über sehr hohe Biegezugfestigkeiten verfügen.[5] Dementsprechend eignen sich Faserverbundwerkstoffe wie Naturholz, Holzwerkstoffe, naturfaserverstärkte Kunststoffe (NFK), Bambus, glasfaserverstärkte Kunststoffe (GFK) und kohlefaserverstärkte Kunststoffe (CFK) insbesondere für den Bau von vorbeanspruchten Gitterschalen. Die bisher am häufigsten verwendeten Werkstoffe sind verschiedene Naturhölzer und glasfaserverstärkte Kunststoffe.

Konstruktive Herausforderungen bei der Realisierung von vorbeanspruchten Gitterschalen sind die Längsstöße der Stäbe, die Kreuzungspunkte der Stabscharen und eine Anpassung der Hüllkonstruktion an die grundsätzliche weiche Struktur. Die Längsstöße dürfen nur geringe Änderungen der Biegesteifigkeit der Stäbe verursachen, um Diskontinuitäten in der Krümmung zu vermeiden. Die Kreuzungspunkte müssen eine freie Rotation in der Tangentialebene ermöglichen, ungewollte Einspannungen vermeiden und zueinander exzentrisch verlaufende Normalkräfte übertragen. Für die Hülle eigenen sich vor allem biegeweiche Werkstoffe wie Gewebemembrane und Folien oder kleinteilige Systeme von beweglich gelagerten Modulen wie Schindeln aus Holz oder Kunststoff.

Given sufficient single or double curvature, strained grid shells can transfer all external loads perpendicular to or in the plane of the surface primarily via normal forces in the laths. The load-bearing capacity of the shell is decisively influenced by the amount of residual stresses in the laths from forming. The magnitude of these residual stresses is dependent on the Young's modulus, the section height, and the bending radius. Large curvatures (i.e. small radii) cause large residual bending stresses, as do laths with high stiffness (i.e. large Young's modulus or deep sections). Ultimately, the design of strained grid shells demands a delicate balance between a high level of deformability during the erection and a sufficient resistance to deformation in the end state.

Materials, Construction and Erection. Due to the reasons discussed, suitable materials are limited to those with a low Young's modulus but a high ultimate bending strength.[5] As such, the most suitable family of materials are fibrous composites such as natural timber, laminated veneer lumber (LVL), natural fiber reinforced plastics (NFRP), bamboo, glass fibre reinforced plastics (GFRP), and carbon fiber reinforced plastics (CFRP). Until now, the most common materials used for strained grid shells have been natural timber and GFRP.

Fabrication challenges for strained grid shells include the need for load-bearing and elegant in-line joints in the long laths, the nodal connector design and adapting cladding to the inherently soft structure. The in-line connections must not exhibit big changes to the bending stiffness of the laths so as to avoid discontinuities in lath curvatures. The nodal connectors must facilitate free rotation perpendicular to the shell surface, avoid unwanted rigidity and transfer eccentrically-aligned normal forces between the laths. Most suitable for the cladding are materials with very low bending stiffness such as woven fabric membranes and films or modular systems of deformation-friendly parts such as shingles made of wood or plastic.

The erection method for all strained grid shells realized to date can be split into three categories: "lift up", "push up" and "ease down".[6] A fourth category, "inflate", comprises a novel erection method which makes use of air-inflated membrane cushions as temporary falsework for the structure (fig. 5). Various concepts for pneumatic falsework and formwork are

5   Vgl. Gengnagel, Christoph/Lafuente-Hernández, Elisa/Bäumer, Ralf: „Natural-Fibre-Reinforced Plastics in Actively Bent Structures", in: *Proceedings of the ICE – Construction Materials* 166, 6 (2013), 365–377.

5   See Christoph Gengnagel, Elisa Lafuente-Hernández, and Ralf Bäumer, "Natural-Fibre-Reinforced Plastics in Actively Bent Structures," *Proceedings of the ICE - Construction Materials* 166, no. 6 (2013), pp. 365–77.

6   Gregory Quinn, Christoph Gengnagel, and Chris Williams, "Comparison of Erection Methods for Long-Span Strained Grid Shells," *Proceedings of the International Association for Shell and Spatial Structures (IASS) Symposium*, Future Visions, 17.–20. August, Amsterdam 2015.

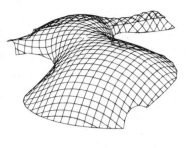

Kontinuum-schale · Seilnetz

Gitterschale

Vorbeanspruchte Gitterschale

Verformung

Links: Vergleich des Verformungsverhaltens unterschiedher Schalentypen gegenüber Seilnetzen nach Burkhardt al (1978), rechts: Schematische Darstellung Multihalle annheim | Comparison of load bearing behavior of fferent types of shells and cable structures by Burkhardt al (1978) (left), schematic illustration of the Multihalle annheim (right), Berlin © Fachgebiet für Konstruktives ntwerfen und Tragwerksplanung [KET], UdK Berlin

) Übersicht über die bisher gebauten Beispiele für voreanspruchte Gitterschalen, Vergleich der Spannweiten, es Gitterrasters, des Konstruktionsprinzips und der Werk-offe der elastisch verformten Gitterstäbe | Overview of isting strained grid shell buildings showing span, grid ze, construction details and material, Berlin © Fachgebiet r Konstruktives Entwerfen und Tragwerksplanung [KET], dK Berlin

) Konzepte zur Aussteifung von vorbeanspruchten itterschalen: a. druck- und zugfeste Diagonalstäbe, Zugdiagonale, c. biegesteife Verbindungen (Rahmen-ppel), d. Membranversteifung | Concepts of bracing r strained grid shells: a. diagonal compression/tension embers, b. bracing cables, c. rigid nodes, d. membrane straint, Berlin © Fachgebiet für Konstruktives Entwerfen nd Tragwerksplanung [KET], UdK Berlin

) Schematische Darstellung der bekannten Montage-ethoden für vorbeanspruchte Gitterschalen: a. „lift up", „push up", c. „ease down" und d. der neue Ansatz „inflate" | chematic representation of established erection methods „lift up," b. "push up," c. "ease down" as well as d. the novel ethod "inflate", Berlin © Fachgebiet für Konstruktives Ent-erfen und Tragwerksplanung [KET], UdK Berlin

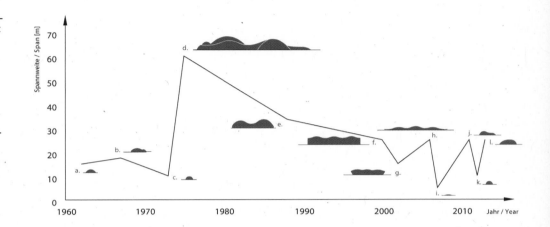

Spannweite / Span [m]

Jahr / Year

Grid Size / Material

a.	b.	c.	d.	e.	f.
Essen Pavilion (D) Essen 1962 Hemlock Pine	German Pavilion (CA) Montreal 1967 Hemlock Pine	Seibu (JP) Tokyo 1973 Aluminium	Multihalle Mannheim (D) Mannheim 1975 Hemlock Pine	Nara Silk Road Expo (J) Nara 1988 Cryptomeria (Jap. Ceder)	Japan Pavilion (D) Hannover 2000 Paper / Cardboard

g.	h.	i.	j.	k.	l.
Weald & Downland (UK) Sussex 2002 Oak	Savill Garden (UK) Berkshire 2006 Larch	Chiddingstone Orangery (UK) Kent 2007 Green Chestnut	Soliday Pavilion (F) Paris 2011 GFRP	Flying Dome (D) Berlin 2012 GFRP	Creteil Church (F) Creteil 2013 GFRP

3

 a
 b
 c
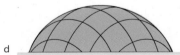 d

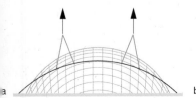 a
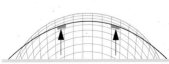 b
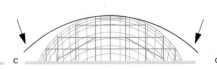 c
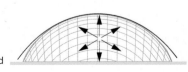 d

Die Montagemethoden der bisher realisierten vorbeanspruchten Gitterschalen lassen sich drei Kategorien zuordnen: „lift up", „push up" und „ease down".[6] Eine vierte Kategorie, „inflate", umfasst Montagekonzepte, die auf der Anwendung von luftgefüllten oder luftgestützten Gewebemembranen als pneumatisches Lehrgerüst beruhen (Abb. 5). Unterschiedlichste Konzepte pneumatischer Schalungen werden seit langem im Bereich der Kontinuumsschalen aus Stahlbeton eingesetzt. Dem gegenüber ist das einzig bekannte Beispiel für die teilweise Montage einer Stabwerksschale großer Spannweite aus Stahl mit Hilfe einer pneumatischen Schalung der Bau des 114 m Union Tank Car Dome in Wood River, Illinois (1960).[7] Für vorbeanspruchte Gitterschalen wurde diese Möglichkeit bisher noch nicht eingesetzt. Hier setzen die eigenen Forschungen und Entwicklungen an, die in Abschnitt 4 vorgestellt werden.

Neue Entwurfsmethoden und Konstruktionsformen. Die einfachste Methode zur Definition geeigneter Gittertopologien ist die sogenannte „Kompassmethode",[8] bei der ein Gitternetz gleicher Kantenlänge definiert wird. Dabei erfolgt keine Optimierung hinsichtlich kritischer Krümmungsradien der Stäbe. In einem Kooperationsprojekt zwischen dem Fachgebiet für Konstruktives Entwerfen und Tragwerksplanung (KET) der UdK Berlin und dem Institut für Mathematik der TU Berlin wurde dafür eine Methode namens *Variatonal Principles* entwickelt, die eine deutliche Verbesserung in Bezug auf die Reduktion der maximalen Krümmungen und damit der Ausnutzung der Stabquerschnitte durch die Formgebung erlaubt.[9] Insbesondere beim Einsatz von unregelmäßigen Gittern ist eine Anwendung dieser Methode zu empfehlen, die gegenüber anderen Ansätzen wie z.B. *Genetic Algorithms*[10] deutlich bessere Ergebnisse in Bezug auf die Annäherung an unterschiedliche Zielgeometrien erreicht.

Der Formfindungsprozess für vorbeanspruchte Gitterschalen unterscheidet sich im Vergleich zu der bekannten Formfindung von Membranflächen durch die Vorgabe einer Zielgeometrie. Diese kann geometrisch definiert oder über ein Hängemodell durch ein Kräftegleichgewicht ermittelt werden. Die final entstehende Form der vorbeanspruchten Gitterschale stellt in Abhängigkeit der Biege- und Dehnsteifigkeit der Stäbe und der Gittertopologie eine Annäherung an diese „ideale" Geometrie dar. Die Simulation dieser Formgenerierung durch computergestützte Verfahren ist Gegenstand verschiedener Forschungs-

well established for continuum shells made of reinforced concrete. Furthermore, the only known example of the partial erection of a large span steel grid shell by means of pneumatic falsework was the 114 m Union Tank Car Dome in Wood River Illinois (1960).[7] For strained grid shells, this method has not yet been employed. Proprietary research and development in this field is expanded upon in section 4.

Novel Design Methodologies and Construction Concepts. The simplest method for defining suitable grid topologies is the so-called compass method[8] in which a grid of equal edge lengths is generated. No optimization relating to critical lath curvatures takes place in the compass method. A new method, called the Variational Principles Method, which offers significant improvements by its ability to reduce peak curvature and subsequent residual stresses in the laths was developed in a collaborative project between the Department of Structural Design and Technology [KET] at the University of Arts Berlin and the Institute of Mathematics at the Technical University Berlin.[9] This method is particularly beneficial for the design irregular grid shells as it offers significant advantages in terms of approximating target geometries over alternative optimization methods (such as genetic algorithms).[10]

The form finding of strained grid shells differentiate itself from the form finding of membrane structures in the definition of a target surface which can be defined purely by geometric criteria or alternatively from a hanging model in force equilibrium. The resultant shape of the strained grid shell approximates this "ideal" geometrical target dependent on the bending and axial stiffness of the laths as well as the grid topology. Such computational form finding is the subject of several research projects.[11] Generally, the process can be divided into two steps: deformation of the developed (flat) grid into its target geometry by means of given boundary conditions (such as shaping forces or pulling cables) and a subsequent relaxation of the grid to determine a final equilibrium position under self weight. The shape of the shell and the method of stabilization can therefore have a great influence on the shell's ability to approach its target geometry.

Prototype 1 – Irregular Grid. The original motivation for the development of a first prototype with a span of ten meters was the search for a suitable structural system for a temporary planetarium to be suspended in the main atrium of the Berlin University of Technology. The architectural concept comprises a suspended projection surface viewable from below in all directions

6   Quinn, Gregory/Gengnagel, Christoph/Williams, Chris: „Comparison of Erection Methods for Long-Span Strained Grid Shells", in: *Proceedings of the International Association for Shell and Spatial Structures (IASS) Symposium*, Future Visions, 17.–20. August, Amsterdam 2015.

7   Vgl. Parke, Gerard A. R./Howard, M. C. M. (Hg.): *Space Structures 4*, London 1993.

8   Burkhardt/Bächer/Otto: *Multihalle Mannheim*, 38 (wie Anm. 2).

9   Vgl. Lafuente Hernández/Sechelmann/Rörig/Gengnagel: „Topology Optimisation" (wie Anm. 4).

10   Bouhaya, Lina/Baverel, Oliver/Caron, Jean-Francois: „Optimization of Gridshell Bar Orientation Using A Simplified Genetic Approach", in: *Structural and Multidisciplinary Optimization* 50,5 (2014), 839–848.

s. Since the old building could only sustain very small loads
he designated hanging points, it was necessary to radically
imize the self-weight of the structure. Our proposal was a
rid structure made from a strained grid shell covered by an
er and inner membrane skin. Stabilization of the membranes
to be achieved by application of an underpressure between
n so that the upper layer is pulled to make contact with the
l and the bottom membrane is suspended in midair creating
erfect hemisphere for the projection surface.

The process is based on the assumption of a geomet-
lly prescribed target geometry (in this case a hemisphere)
n which the grid is placed. Following this, the grid topology
iodified by the optimization tool VaryLab which implements
Variational Principles Method (fig. 7). The goal is to achieve
id topology with a regular distribution of laths, a minimiza-
i of curvatures and a close approximation of the target sur-
. An irregular grid requires not only a partial pre-bending
he laths but also an iterative addition of some laths after the
ning process. The convergence towards the target geometry
ss successful than with a regular grid.[12]

In order to evaluate the effect of bending stiffness of
laths and the connection design on the final geometry, the
ning process was simulated. Two different modeling methods
the connections were compared with results from a realized
sical model in order to evaluate their effect on the grid's
ormation behavior. Both modeling approaches account for
metric eccentricities between the layers of laths. In addition

7   See Gerard A. R. Parke and M.C.M. Howard (eds.), *Space Structures 4*,
    London 1993.

8   Burkhardt, Bächer and Otto, *Multihalle Mannheim*, p. 38 (see note 2).

9   See Lafuente Hernández, Sechelmann, Rörig and Gengnagel: "Topology
    Optimisation" (see note 4).

10 Lina Bouhaya, Oliver Baverel, and Jean-Francois Caron, "Optimization of
    Gridshell Bar Orientation Using a Simplified Genetic Approach," *Structural
    and Multidisciplinary Optimization* 50, no. 5 (2014), pp. 839–48.

11 See Cyril Douthe, Jean-Francois Caron, and Oliver Baverel, "Gridshell
    Structures in Glass Fibre Reinforced Polymers," in *Construction and
    Building Materials* 24 (2010), pp. 1580–89; Elisa Lafuente Hernández,
    Oliver Baverel, and Christoph Gengnagel, "On the Design and Construction
    of Elastic Gridshells with Irregular Meshes," *International Journal of Space
    Structures* 28, no. 3 (2013), pp. 161–74; Sigrid Adriaenssens, Philippe
    Block, Diederick Veenendaal, and Chris Williams, (eds.), *Shell Structures
    for Architecture: Form Finding and Optimization* (London and New York,
    2014), pp. 89–101 and Bernadino D'Amico, Abdy Kermani, Hexin Zhang,
    "Form Finding and Structural Analysis of Actively Bent Timber Grid
    Shells," *Engineering Structures* 81 (2014), pp. 195–207.

12 The development of the grid topology is explained in detail in Bouhaya,
    Baverel, and Caron "Optimization of Gridshell Bar Orientation" (see note 10)
    and Adriaenssens, Block, Veenendaal, Williams, *Shell Structures for
    Architecture* (see note 11).

projekte.[11] In der Regel erfolgt der Prozess in zwei Schritten:
Zunächst kommt es zu Verformungen des ebenen Gitters in
die Zielgeometrie durch unterschiedliche Randbedingungen
(Formgebungskräfte, virtuelle Zugseile etc.) und danach zu einer anschließenden „Relaxation", bei der sich unter Eigengewicht
die finale Form einstellt. Dabei kann in Abhängigkeit von der
Form der Schale die vorhergehende Erzeugung einer Schubsteifigkeit der Gitterfläche durch Auskreuzungen etc. einen großen
Einfluss auf eine gute Annäherung an die Zielgeometrie haben.

Prototyp 1 – unregelmäßiges Gitter. Anlass für die
Entwicklung eines ersten Prototyps mit zehn Metern Spannweite war die Suche nach einem geeigneten Konstruktionssystem
für ein temporäres Planetarium im Lichthof der TU Berlin. Das
architektonische Konzept sah eine von allen Seiten zugängliche,
im Raum schwebende Halbkugel als Projektionsfläche vor. Da
das Bestandsbauwerk nur sehr geringe Belastungen in den möglichen Auflagerpunkten erlaubte, bestand die Notwendigkeit,
das Gesamtgewicht der Konstruktion radikal zu minimieren.
Als Lösung wurde von uns eine hybride Struktur aus einer zweilagigen Membran mit einer innenliegenden Gitterschale vorge-
schlagen. Eine Stabilisierung der Membranen durch Unterdruck
sollte ein Ansaugen der äußeren Hülle an das Stabwerk, in Kombination mit einem freien Schweben der inneren Membrane ermöglichen und damit auf einfache Weise eine perfekte Halbku-
gelfläche für die Projektion erzeugen.

Die Entwicklung der Gittertopologie basiert auf der
Annahme einer geometrisch bestimmten Zielgeometrie (in diesem Fall eine Halbkugeloberfläche), über die ein definiertes Gitter gelegt wird. Im Anschluss wird unter Anwendung der im
Optimierungswerkzeug VaryLab implementierten *Variatonal
Principles*-Methode das Gitter verändert (Abb. 7). Das Ziel ist
eine Gittertopologie mit einer möglichst gleichmäßigen Verteilung von Stäben minimaler Krümmungen bei bestmöglicher Annäherung an die Zielfläche. Das unregelmäßige Gitter erfordert
nicht nur ein teilweises Vorkrümmen der Stäbe in der Ebene,
sondern auch ein additives und iteratives Hinzufügen einiger
Stäbe im Aufbauprozess oder nach Abschluss der Formgebung.
Die Annäherung an die Zielgeometrie ist im Vergleich zu einem
regelmäßigen Gitter schwächer.[12]

Nach der geometrischen Optimierung des Gitters
wird in einem zweiten Schritt die biegeelastische Formgebung
simuliert, um die sich einstellende Geometrie unter Berücksichtigung der Biegsteifigkeit der Querschnitte und der Verbindungs-

11 Vgl. Douthe, Cyril/Caron, Jean-Francois/Baverel, Oliver: „Gridshell
    Structures in Glass Fibre Reinforced Polymers", in *Construction and
    Building Materials* 24 (2010), 1580–1589; Lafuente-Hernández, Elisa/
    Baverel, Oliver/Gengnagel, Christopher: „On the Design and Construction
    of Elastic Gridshells with Irregular Meshes", in: *International Journal of
    Space Structures* 28, 3 (2013), 161–174; Adriaenssens, Sigrid/Block,
    Philippe/Veenendaal, Diederick/Williams, Chris (Hg.): *Shell Structures
    for Architecture: Form Finding and Optimization*, London/New York 2014,
    89–101 sowie D'Amico, Bernadino/Kermani, Abdy/Zhang, Hexin: „Form
    Finding and Structural Analysis of Actively Bent Timber Grid Shells", in:
    Engineering Structures 81 (2014), 195–207.

12 Zur Entwicklung der Gittertopologie siehe auch Bouhaya/Baverel/
    Caron: „Optimization of Gridshell Bar Orientation" (wie Anm. 10)
    sowie Adriaenssens/Block/Veenendaal/Williams: *Shell Structures for
    Architecture* (wie Anm. 11).

6

(6) Längsstöße (links) wurden durch Aluminiumhülsen mit Sechskant-anschluss realisiert, verdrehbare Rohrschellen (Mitte) dienten zur Verbindung der zwei bis drei Gitterlagen und die Enden der Gitterstäbe wurden durch einfache Rohrschellen mit Gewindestift am Holzring (rechts) festgeschraubt. | In-line connections (left) were achieved by means of bolted aluminium sleeves, rotating manacles connected the two or three layers of bars at their intersections (middle) and bar ends were secured to the wooden ring beam by means of a single clamp and bar (right). Berlin © Fachgebiet für Konstruktives Entwerfen und Tragwerksplanung [KET], UdK Berlin

(7) Verschiedene Gittertopologien einer Halbkugelfläche: regelmäßig – erzeugt durch die „Kompass Methode" (links) und „Variational Method" (Mitte) sowie unregelmäßig – erzeugt durch die „Variational Method" (rechts) | Different grid shell topologies for a hemisphere: a regular grid generated by the compass method (left) and by the variational method (middle) as well as an irregular grid generated by the variational method (right). Berlin © Fachgebiet für Konstruktives Entwerfen und Tragwerksplanung [KET], UdK Berlin

(8) Numerische Simulation des Formgebungsprozesses des Stabwerks zur Bestimmung der Materialspannung im ebenen Zustand und während der Formgebung. | Numerical simulation of the erection process of the grid to analyse the material stresses at its starting flat position and during deployment. Berlin © Fachgebiet für Konstruktives Entwerfen und Tragwerksplanung [KET], UdK Berlin

(9–12) Kontrollierter Belastungstest, Aufbauprozess und „unkontrollierter" Belastungstest Prototyp 1 | Construction process uncontrolled and controlled load test prototype 1, Berlin © Fachgebiet für Konstruktives Entwerfen und Tragwerksplanung [KET], UdK Berlin

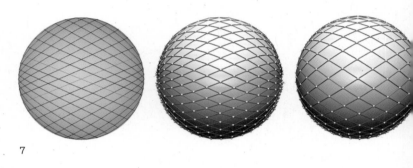

7

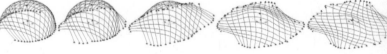

8

9

knoten zu bestimmen. Zur Evaluierung des Einflusses der Verbindungen auf das Verformungsverhalten wurden zwei Modellierungsalternativen entwickelt und die Resultate mit den Messergebnissen an der realisierten Stabwerkskuppel verglichen. Beide Modellierungen berücksichtigen die Exzentrizität der Stabverbindungen in den Kreuzungspunkten. Neben einer starren Verbindung über ein Koppelelement wurde durch den Einsatz von Federelementen auch der Einfluss der Nachgiebigkeit der Verbindung auf das Tragverhalten untersucht. Für die Simulationen wurde die FEM Software SOFiSTiK (geometrische nichtlinear, 3. Ordnung) verwendet (Abb. 8). Die Formfindung erfolgte nach der von Lienhard et al. vorgeschlagenen Methode.[13]

Für die Realisierung wurden GFK Stäbe von 20 mm Durchmesser und einer Wandstärke von 3 mm eingesetzt (pultrudiert Typ MR, Matten/Roving-verstärkt, E-Modul (Biegung) = 25.000 MPa, Biegefestigkeit = 250 MPa). Die entwickelten Verbindungslösungen entstanden aus Modifikationen vorhandener einfacher Edelstahlrohrkupplungen für die Kreuzungspunkte und Aluminiumhülsen für die Längsstöße der 6 m langen Einzelstäbe (Abb. 6). Die Kraftübertragung in axialer Richtung erfolgt in beiden Fällen über eine Klemmwirkung.

Der Aufbau verlief in den folgenden Schritten: Vormontage des Vierecksmaschengitters aus gekrümmten Stäben am Boden, Formgebung des Gitters durch Auflagerverschiebung, inkrementelles Hinzufügen der dritten Stabschar und damit Herstellung finalen Form und Schalentragwirkung. Zur Minimierung des konstruktiven Aufwands und des Materialeinsatzes wurden durch das Hinzufügen der dritten Lage von Stäben planmäßig nicht alle Vierecksmaschen durch Diagonalstäbe ausgesteift. Im Anschluss erfolgten mehrere Kontrollmessungen der Geometrie vor und nach unterschiedlichen Belastungen (Abb. 9–12) mit Hilfe eines 3D Scanners (FARO Laser Scanner FOCUS[3D]).

Prototyp 2 – regelmäßiges Gitter mit Membranversteifung. Trotz dieser Optimierung zwischen ausreichender Tragfähigkeit und konstruktivem Aufwand blieb die nachträgliche Montage der dritten Stabschar im Vergleich zum Aufrichtungsprozess des Gitters aus den ersten beiden Stabscharen sehr aufwendig. Aus dieser Erfahrung und dem Wunsch einer weiteren Minimierung des Materialeinsatzes entstand die Idee für einen weiteren Prototypen, bei dem eine Membranhülle allein die aussteifende Funktion übernehmen sollte. Erste Studien über die Möglichkeit aussteifende Druck- Zugstäbe und Seildiagonalen durch eine Gewebemembran zu ersetzen[14] und Überlegungen zur Traglasterhöhung durch Formstabilisierung des Gitters durch die Membran führten zur Entwicklung und Realisierung eines zweiten Prototypen mit 5 m Spannweite.

to a fully-fixed coupling element, a spring connector which a counts for compliance in the node was simulated. For the simu tions (3rd order geometrically non-linear behavior), the FEM s ware package SOFiSTiK was used (fig. 8). The forming was p formed according to the method as proposed by Lienhard et a

For the physical realization GFRP tube sections w 20 mm diameter and 3 mm wall thickness were used (pultru type MR, mat/roving reinforcement, E = 25,000 MPa, bendi strength = 250 MPa). The connections were modified steel ma cles and the in-line connections to join the 6 m long bars we made from simple aluminum sleeves (fig. 6). The axial force transfer is achieved in both cases by means of friction clampin

The erection of the grid shell adopted the followi steps: assembly of the rectangular grid of curved bars on the ground, forming via displacement of support points, increm tal addition of third layer of bars and subsequent activation the final shell action. In order to reduce the demands on asse bly, not all grid squares were triangulated by the addition of third layer. Finally, the geometry and deformations were me sured before and after loading (figs. 9–12) by means of a 3D scanner (FARO Laser Scanner FOCUS[3D]).

Prototype 2 – Regular Grid with Membrane Re straint. Despite the optimization between sufficient load-be ing capacity and ease of construction, the addition of the thi layer of bars proved to be quite laborious in comparison wit the erection of the grid of the first two layers. Based on thi experience and the desire to further reduce the material usag the idea for a second prototype was born in which a membra skin takes over the role of grid shell stabilization. A second prototype with 5 m span was developed in order to investiga the structural performance implications of replacing diagona bracing members of cables with a membrane skin.[14]

In contrast to the first prototype with its irregula grid, the second prototype could be fully assembled on a flat plane before erection. After that the grid shell was erected ar the support points were fixed. After initial measurements, th membrane was added. The simulation of the hybrid grid shell split into two parts: First the forming of the bars to their tar position, without relaxation, is simulated.[15] Then the membra

13 Vgl. Lienhard, Julian/Schleicher, Simon/Knippers, Jan: „Bending-Active Structures. Research Pavilion ICD/ITKE", in: Nethercot, David/Pellegrino, Sergio et. al. (Hg.): *Proceedings of the International Symposium of the IABSE-IASS: Taller Longer Ligther*, London 2011.

14 Lafuente-Hernández, Elisa/Gengnagel, Christoph: „A New Hybrid. Elastic Gridshells Braced by Membranes", in: de Temmermann, Nils/ Brebbia, Carlos A. (Hg.): *Mobile and Rapidly Assembled Structures IV*, WIT Transactions of the Built Environment, Bd. 136, Ashurst 2014, 157–169.

13 See Julian Lienhard, Simon Schleicher, and Jan Knippers, "Bending-Active Structures. Research Pavilion ICD/ITKE," in *Proceedings of the International Symposium of the IABSE-IASS: Taller Longer Lighter*, ed. David Nethercot and Sergio Pellegrino (London, 2011).

14 Elisa Lafuente-Hernández and Christoph Gengnagel, "A New Hybrid: Elastic Gridshells Braced by Membranes," in *Mobile and Rapidly Assem Structures IV*, ed., Nils de Temmermann and Carlos A. Brebbia, WIT Transactions of the Built Environment, Bd. 136 (Ashurst, 2014), 157–1

15 A detailed description of the simulation can be found in Gengnagel Lafuente-Hernández, "Elastische Gitterschalen" (see note 3).

ctivated and its interaction with the grid is established. Fol-
ving this, the forming forces and boundary conditions for the
d are removed so that the composite action with the mem-
ne causes the structure to find a new state of equilibrium.
ure 13 shows the FE model with and without membrane as
ll as the stresses resulting from the forming process.

The numerical analysis focused on the influence of
type of interaction between the grid and membrane on the
erall structural performance. Once again the nodal connec-
ns between the bars were simulated as both fixed coupling
ments and as compliant spring elements. The contact between
membrane and the grid was also simulated with two types
spring elements. The values for spring stiffness were deter-
ned partly by interpretation of the results from prototype 1
d partly from by calibration of experimental data from pro-
ype 2. A relatively low value of 0.01 kN/m was used for the
tropic pre-stressing of the membrane.

To evaluate the stabilizing effect of the membrane,
hybrid structure was loaded asymmetrically. The simulation
mpared various modeling methods for the nodal connectors
ween the bars and for the connections between membrane
d grid. Numerical studies have shown that the stabilizing ef-
t of membranes is expected primarily for asymmetric loading;
sequently the physical experiment was loaded as such. Dis-
cements in the prototype exhibited rather large deviations
en compared with the numerical simulation, even at the
ming stage. The experimental results for both cases (with and
hout clamping between membrane and nodes) exhibited
ilar deviations. Larger deviations between the physical and
nerical models could be observed primarily towards the lower
d of the structure (fig. 16). In the rest of the structure, there
s good convergence in deformation results between the physi-
and numerical models. Generally, the spring elements, which
resent the compliance of the nodal connectors, can be calibrat-
to satisfactory levels of precision. Despite this, there was still
irly large difference between the maximum deflection in the
ysical and numerical models which was due to the lack of ef-
ive simulation of friction between the bars and the membrane.

Conclusions. Unlike unstrained grid shells, strained
d shells exhibit great dependencies between construction de-
ing, form finding and structural performance. In light of this,
necessary to develop and calibrate specific engineering models
their numerical simulation. The potential for membrane re-
int of a strained grid shell has been validated. The forming

Im Gegensatz zum ersten Prototyp mit unregelmä-
ßigem Gitter konnte das Stabwerk des zweiten Prototyps entsprechend der numerisch ermittelten Topologie vollständig am
Boden vormontiert werden. Im Anschluss erfolgten der Aufrichtungsprozess und die Fixierung der Randknoten. Nach einer ersten Vergleichsmessung der Stabwerksgeometrie wurde
die Membran montiert. Die Modellierung des hybriden Gesamt-
tragwerks erfolgt in zwei Teilen: Zuerst wird die Formgebung
der Gitterschale ohne eine Relaxation simuliert.[15] Dann erfolgt
die Formfindung der Membran für diese Gittergeometrie und
die Herstellung der Verbindung von Stabwerk und Membrane.
Im Anschluss werden erst die Formgebungskräfte der Gitterschale entfernt und es stellt sich in der Interaktion zwischen Stabwerk und Membran die finale Geometrie ein. Abbildung 13 zeigt
das FEM-Model mit und ohne Membran sowie die aus dem
Formgebungsprozess resultierenden Vergleichsspannungen im
Stabwerk.

Die numerische Analyse fokussierte sich auf die Untersuchung des Einflusses auf das Tragverhalten der Verbindungsknoten des Stabwerks und der Membran. Die Verbindungen des
Stabwerks wurden zu diesem Zweck erneut als Koppel- und
Federelemente simuliert, die beide die Exzentrizität der Kraftübertragung berücksichtigen. Der Kontakt zwischen den Stäben
und der Membran wurde ebenfalls durch zwei Typen von Fe-
dern simuliert. Die Werte der Federsteifigkeiten des Stabwerks
wurden zum Teil aus den Resultaten der Untersuchungen des
Prototyps 1 übernommen, zum Teil durch Kalibrierungen mit
Testergebnissen aus Experimenten am Prototyp 2 gewonnen.
Für die isotrope Vorspannung der Membran wurde der relativ
niedrige Wert 0.01 kN/m gewählt.

Zur Abschätzung der aussteifenden Wirkung der
Membran für das Stabwerk wurde die hybride Konstruktion
einseitig belastet. Die Simulationen erfolgten mit Modellierungs-
varianten der Knotenverbindungen der Stäbe und der Verbindung zwischen Stabwerk und Membran. Da aufgrund von numerischen Untersuchungen die aussteifende Wirkung der Gewebemembran im Wesentlichen für asymmetrische Belastung
erwartet wurde, erfolgte im physischen Experiment nur eine entsprechende Belastung in den Knoten der Gitterschale. Die Struktur zeigt schon relativ große Abweichungen zwischen numerischer Simulation und Messwerten am physischen Prototyp in der
Formgebung. Die Messwerte weisen für beide Fälle (ohne und
mit Klemmwirkung in der Verbindung Membran/Stabwerk) ein
ähnliches Muster auf. Die größeren Abweichungen befinden sich
im unteren Drittel des Stabwerks (Abb. 16). In den restlichen Bereichen zeigen die numerischen Simulationen und die Messergeb-
nisse am physischen Prototyp eine gute Übereinstimmung. Grundsätzlich kann durch eine Kalibrierung der Federsteifigkeiten der
nachgiebigen Verbindungen das Verformungsverhalten des Simu-
lationsmodells dem des Experimentalbaus deutlich angeglichen

---

15 Eine ausführliche Beschreibung der Simulation ist nachzulesen in
   Gengnagel/Lafuente-Hernández: „Elastische Gitterschalen" (wie Anm. 3).

werden. Trotzdem bleiben aufgrund der nicht ausreichend modellierbaren Kraftübertragungen zwischen Membran und Stabwerkwerk durch Reibung deutliche Unterschiede zwischen den maximalen Verformungswerten der numerischen und physischen Prototypen.

Schlussfolgerungen. Im Gegensatz zu nicht vorbeanspruchten Stabwerksschalen weisen die relativ weichen Strukturen der vorbeanspruchten Gitterschalen eine hohe Abhängigkeit zwischen konstruktiver Ausbildung, Formfindung und Tragverhalten auf. Entsprechend ergibt sich eine starke Notwendigkeit der Entwicklung und Kalibrierung spezifischer Ingenieurmodelle für die rechnerische Simulation. Das Potenzial einer Membranversteifung von vorbeanspruchten Gitterschalen bestätigt sich grundsätzlich. Die Belastungstests zeigen durch die Ausrichtung der entstehenden Falten in Aussteifungsrichtung die Aktivierung der Membran an. Die Realisierung des Prototyps demonstrierte jedoch gleichzeitig die Schwierigkeit einer Abstimmung der entspannten Biegeform des Stabwerks und damit der Knoten als Befestigungspunkte für die Membran sowie dem Zuschnitt der Membranhülle. Aus den herstellungsbedingten Imperfektionen ergaben sich schon Faltenbildungen vor der Belastung der Struktur, die dann bei der Belastung zu größeren Verformungen führten. Zusammenfassend zeigt sich, dass für den Entwurf und die Entwicklung vorbeanspruchter Gitterschalen insbesondere beim Einsatz einer Membranversteifung zu einem sehr frühen Zeitpunkt wichtige konstruktive Details geklärt und in physischen Prototypen getestet werden müssen. Damit ergibt sich die Möglichkeit einer Kalibrierung der numerischen Simulation und damit einer ausreichend genauen Abbildung des komplexen Tragverhaltens der hybriden Systeme.

Optimierung der Montageprozesse. Die Montage einer vorbeanspruchten Gitterschale beinhaltet mehrere Herausforderungen. Zum einen bedeutet die vorteilhafte Möglichkeit der Vormontage des gesamten Stabwerks im ebenen Zustand am Boden im Umkehrschluss die vertikale und horizontale Bewegung des gesamten Viereckmaschengitters als kinematisches System in die finale Form. In diesem Zustand ist die Struktur aus den extrem schlanken und biegeweichen Stäben nicht nur beweglich, sondern wird aufgrund der fehlenden Schalentragwirkung durch das Eigengewicht in der Regel hoch biegebeansprucht. Es entsteht das Risiko einer Überbeanspruchung einzelner Stäbe. Der Montageprozess wird zusätzlich durch die steigenden Anforderungen aus Arbeitsschutzbestimmungen erschwert. So ist eine Überkopfmontage eines beweglichen Systems nicht mehr zulässig.[16] Weiterhin werden für die Montage der dritten Stabschar oder eines anderen Aussteifungssystems Arbeitsbühnen und Sicherungssysteme nötig. Damit stellt sich die

of fold lines in the direction of stabilizing forces in the physical experiment demonstrates the structural activation of the membrane. However, the realization of the prototype also shows the difficulty in coordinating the strained grid shape with the precise location of fixing points as well as the membrane cutting pattern. Imperfections during assembly and construction had already resulted in the creation of some initial fold lines which later led to even larger deformations under loading. In conclusion, the early testing of joints and details is very important for the design and development of strained grid shells, especially with membrane restraint. In this way, a calibration of the simulation model can be carried out ensuring an accurate representation of the complex hybrid structure.

Optimization of the Erection Process. The erection of strained grid shells presents several challenges. Primarily, the beneficial ability to assemble a grid flat on the ground means that a vertical repositioning of the kinematic grid into its final shape is necessary. In this state, the grid is not only extremely flexible due to its pinned connections and slender laths, but also is likely to be subjected to large bending stresses under its own self-weight due to the absence of shell stabilizing elements. This causes a risk of overstressing in individual laths. Furthermore, the erection process of strained grid shells is hindered by modern health and safety legislations which forbid working underneath a temporarily supported structure.[16] Also, scaffolding platforms and safety measures are usually necessary when adding grid stabilization elements (such as struts or cables). As such, this puts into question the claim of rapid deployablility often associated with strained grid shells. The use of pneumatic false work as an air-supported or air-inflated structure in this case offers an interesting answer to this question, particularly for large strained grid shells with spans over 30 m. Further expected benefits include: the distributed support of the soft grid shell during forming, the support and restraint of the shell during the addition of shell stabilization elements and the provision of a safe walk-on working surface during construction and finally the reuse of the erection membrane as an architectural envelope. The reuse of the erection membrane can also be considered for the stabilization of the grid shell. Proof of the concept's feasibility would greatly expand the spectrum of building applications for strained grid shells and provide a new and fascinating example of holistic lightweight engineering.

16 Vgl. Harris, Richard/Romer, John/Kelly, Oliver/Johnson, Stephen: „Design and Construction of the Downland Gridshell", in: *Building Research & Information* 31,6 (2003), 427–454.

Case study: Comparison of the "lift up", "push up", and "ease down" erection methods. The first known example of a *timber* strained grid shell was the experimental prototype by Frei Otto, built in Essen in 1962. This 15 m grid shell was erected by means of a single mobile crane with cables attached to individual points ("lift up"). More recent examples of strained grid shells such as the Soliday Festival and Creteil Church grid shells, made from GFRP tubes with spans of up to 25 m, also employed this erection method. This erection method has the benefit of speed and low levels of site work, however there are also several disadvantages: Cables, even when branched off into clusters of fixing points introduce large point loads and subsequent stress concentrations into the structure. The addition of the shell stabilization elements requires additional scaffolding platforms and safety equipment. For spans over 30 m at least two mobile cranes are necessary.

Originally, the Multihalle Mannheim was planned to be erected using four 200 tonne cranes, but eventually a system of jacking towers was devised ("push up" method) by the contractors and engineers in order to cut costs.[17] The grid, made from timber laths, was pushed up incrementally by spreader beams on the end of jacking towers up to 17 m high. Nowadays, erecting an unstable structure abovehead in this manner is no longer permitted due to changes in health and safety legislation.

Within this context, a new erection method was developed: "ease down".[18] In this method the grid is assembled at the height of the crown on top of a scaffolding platform. By incrementally removing and modifying the underlying scaffold, the grid is lowered under gravity in a controlled manner to achieve its doubly curved target shape. An advantage is the constant distributed support of the grid and subsequent elimination of the risk of overstressing the laths during forming. The slow and controlled easing down of the laths allows for a high level of precision. Disadvantageous are the high demands in scaffolding and the overall slowing down of processes and subsequently the loss of the rapid deployability seen in other strained grid shells.

See Richard Harris, John Romer, Oliver Kelly and Stephen Johnson, "Design and Construction of the Downland Gridshell," *Building Research & Information* 31, no. 6 (2003), pp. 427–54.

Edmund Happold and Ian Liddell, "Timber Lattice Roof for the Mannheim Bundesgartenschau," *Structural Engineer* 53, no. 3 (1975), pp. 99–135.

This method was developed by Buro Happold and used for example during the construction works of the Weald & Downland Centre and Savill Gardens.

Anwendbarkeit der Bauweise ausgerechnet als Konzept für schnell und einfach errichtbare Strukturen grundsätzlich in Frage. Hier bietet der Einsatz pneumatischer Schalungen als luftgestützte oder luftgefüllte Konstruktionen eine interessante Antwort, insbesondere bei der Entwicklung weitgespannter Schalentragwerke mit Spannweiten über 30 m. Erwartete Vorteile sind die gleichmäßige und kontinuierliche Stützung des biegeweichen Gitters im Formgebungsprozess, die Sicherung von Geometrie und Struktur während des Hinzufügens des Aussteifungssystems, das Bereitstellen einer begehbaren Arbeitsfläche in allen Montageschritten und schlussendlich das Potenzial der Nutzung der Montagehilfe als spätere Hülle des entstehenden Hallenbauwerks. Grundsätzlich denkbar ist auch die Verwendung der Membran als Aussteifungssystem. Ein Nachweis der Umsetzbarkeit des gesamten Potenzials würde das Anwendungsspektrum der Bauweise stark vergrößern und sie erneut zu einem faszinierenden Beispiel eines ganzheitlichen Leichtbaus machen.

Case Study: Ein Vergleich von „lift up", „push up", und „ease down" in einer Fallstudie. Ein erstes Beispiel für die vorbeanspruchte Gitterschale aus Holz war ein von Frei Otto und seinem Team entwickelter experimenteller Prototyp in Essen 1962. Die Gitterschale mit einer Spannweite von 15 m wurde mit Hilfe eines einzelnen Mobilkrans durch das Emporziehen des Gitters an einzelnen Punkten („lift up") errichtet. Auch für die letzten Beispiele vorbeanspruchter Gitterschalen größerer Spannweite (bis zu 25 m) wie dem „Soliday Festival Pavilion" und der „Creteil Church" wurde diese Montageart gewählt. Vorteile der Methode sind die Schnelligkeit des Aufbaus und ein relativ geringer Einsatz von Gerüsten und Arbeitsplattformen. Nachteile sind vor allem die geringe Anzahl von möglichen Haltepunkten, die zu hohen Punktlasten des biegeweichen Gitters und damit zu großen Spannungskonzentrationen führen. Das Hinzufügen der Aussteifung erfordert letztendlich den Einsatz von Arbeitsbühnen und entsprechender Sicherungstechnik. Für Spannweiten über 30 m würde der Einsatz von mehr als zwei Mobilkränen notwendig sein.

Für die Errichtung der Multihalle Mannheim waren dementsprechend ursprünglich vier schwere Mobilkräne (200 t) vorgesehen. Aus Kostengründen erfolgte die Änderung des Montagekonzepts in die „push up"-Methode.[17] Das Gitter aus Vollholzlatten wurde mit Gabelstaplern und bis zu 17 m hohen Gerüsttürmen langsam nach oben gedrückt und erhielt auf diese Weise nach und nach seine Form. Diese Art der Überkopfmontage eines beweglichen Systems ist aus sicherheits- und arbeitsschutzrechtlichen Gründen heute nicht mehr anwendbar.

Aus diesen neuen Rahmenbedingungen entstand eine neue Montagemethode: „ease down".[18] Bei diesem Vorgehen

17 Happold, Edmund/Liddell, Ian: „Timber Lattice Roof for the Mannheim Bundesgartenschau", in: *Structural Engineer* 53, 3 (1975), 99–135.

18 Diese Montagemethode wurde von Buro Happold entwickelt und kam z.B. beim Bau des Weald & Downland Centre und Savill Gardens zur Anwendung.

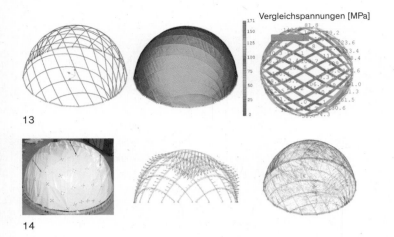

Vergleichspannungen [MPa]

13

14

(13) Simulation der Formgebungsschritte von Gitter und Membran, sowie die resultierenden Vergleichsspannungen des nicht ausgesteiften Stabwerks aus der Formgebung. | Simulation of the grid shell forming and membrane activation, as well the resultant stresses in the grid from forming, Berlin © Fachgebiet für Konstruktives Entwerfen und Tragwerksplanung [KET], UdK Berlin

(14) Links: Faltenbildung am verformten Prototyp 2 bei asymmetrischer Lastverteilung, rechts: Verformung und Verteilung der Membrankräfte in numerischen Modellen. | Development of fold lines on the deformed prototype under assymetric loading (left), deformation and distribution of membrane forces in numerical models prototype 2 (right), Berlin © Fachgebiet für Konstruktives Entwerfen und Tragwerksplanung [KET], UdK Berlin

(15) Maximale Spannung (obere Faser) in den Holzstäben für drei verschiedene Montagemethoden, maximale Biegezugspannung für C40 Holz in rot als Grenzspannung, Spannweite und Stich der Gitterschale für die Fallstudie, eine Lage Holzlatten 50 × 50 mm | Maximum stress in the timber laths for three different erection methods, ultimate strength cut-off line for C40 timber shown in red, span and pitch of case study test dome made from a single layer of 50 × 50 mm timber laths. Berlin © Fachgebiet für Konstruktives Entwerfen und Tragwerksplanung [KET], UdK Berlin

(16) Außenansicht sowie Verbindungsdetails der Hybridkonstruktion – Prototyp 2 mit Verbund von Gitter und Membran. | External perspective and connection details of the hybrid structure prototype 2 exhibiting composite action between membrane and grid, Berlin © Fachgebiet für Konstruktives Entwerfen und Tragwerksplanung [KET], UdK Berlin

(17) Anpassung des proportionalen Eigengewichts des skalierten physischen Modells durch zusätzliche 104 g an jedem Knoten entsprechend der dimensionslosen Analyse. | Increased self weight of the grid shell by means of an additional 104 g at each node to account for scaled physical properties according to dimensional analysis, Berlin © Fachgebiet für Konstruktives Entwerfen und Tragwerksplanung [KET], UdK Berlin

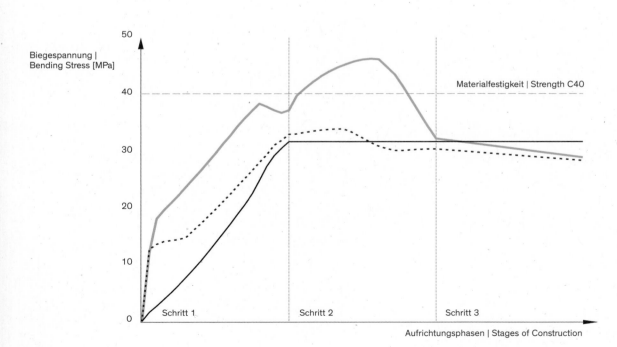

Lift Up – Max. Stress

Push Up – Max. Stress

Ease Down – Max. Stress

10 m

30 m

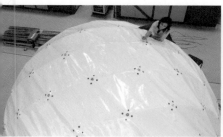

wird das Gitter in Scheitelhöhe der finalen Geometrie auf eine Arbeitsbühne gelegt. Durch den langsamen Rückbau des Arbeitsgerüsts senkt sich die Gitterschale unter Schwerkraft zu den Auflagerlinien hin und erhält auf diese Weise ihre doppelt gekrümmte Form. Vorteile sind hierbei die permanente gleichmäßige Stützung des Gitters und damit die weitgehende Vermeidung von Spannungsspitzen. Das langsame Ablassen erlaubt weiterhin auch geometrische Korrekturen und damit eine hohe Präzision der Ausführung. Nachteilig sind der enorme Rüstungsaufwand sowie die große Verlangsamung des Arbeitsprozesses und damit der weitgehende Verlust der Vorteile der Bauweise gegenüber anderen bekannten Gitterschalenkonstruktionen.

Zur besseren Beurteilung der Auswirkung der Montagemethoden auf die Vorbelastung der Gitterschalen aus dem Aufrichtungsprozess erfolgte eine numerische Fallstudie. Als Beispiel diente erneut eine Gitterschale mit der Geometrie einer Hemisphere (Spannweite 30 m, Stichhöhe 10 m, Maschenweite 1 m). Die Konstruktion bestand aus zwei Lagen von Vollholzstäben (E-Modul E= 7970 N/mm^2) mit einem quadratischen Querschnitt von 50 x 50 mm. Die Gittertopologie wurde mit der Kompassmethode ermittelt. Für die Verbindungsknoten wurde unter der Orientierung an der Knotenkonstruktion des Weald & Downland Centre ein Gewicht von ca. 400 kg angenommen.

Die Anzahl der Haltepunkte bei der Anwendung der „lift up"- oder „push up"-Methode wird von sehr unterschiedlichen Parametern bestimmt. Um eine sinnvolle Vergleichbarkeit zu gewährleisten, wurden für die Fallstudie 12 Haltepunkte definiert. Für die Simulationen wurde erneut die FEM Software SOFiSTiK eingesetzt. Durch die gewählte rotationssymmetrische Form konnte zur Erhöhung der Rechengeschwindigkeit und Stabilität der Simulation das Modell auf ein Viertel der Schale mit den entsprechenden Auflagerbedingungen reduziert werden. Der Formgebungs- und Montageprozess umfasst drei Schritte: 1. Aufrichtung (*Erection*), 2. Bewegung der Stabenden zu den Auflagern (*Beam ends to supports*), 3. Relaxation (*Relax*).

Das Resultat der Analyse zeigt eine deutliche Überbeanspruchung der Stäbe während des Montageprozesses mit Hilfe der „lift up"-Methode (Abb. 15). Die maximale Spannungsbelastung der Stäbe ist dabei deutlich höher als ihre spätere Beanspruchung durch äußere Einwirkung bei einer vorhandenen Schalentragwirkung. Die Biegezugfestigkeit des Materials wird somit im Aufbauprozess überschritten, was zur Folge hat, dass auch das Risiko eines Stabversagens sehr wahrscheinlich wird. Der Vergleich zeigt ebenfalls, dass die „ease down"-Methode nicht nur die am besten kontrollierbare und präziseste Methode ist, sondern hierbei auch das Spannungsniveau im Formgebungsprozess am niedrigsten ausfällt.

A case study was carried out in order to evaluate th[e] effect of erection method on lath stresses during erection. On[ce] again a grid shell with constant double curvature proved valu[-] able for the case study (span 30 m, pitch 10 m, grid spacing 1 [m]). The dome was made of a single layer of timber laths (assume[d] Young's Modulus, E = 7970 N/mm2) with a square cross secti[on] of 50 x 50 mm. The simple mesh grid topology was generate[d] manually using the compass method. The assumed node weig[ht] of 400 kg is based on a slightly modified and lighter version [of] the steel bolt and plate node from the Weald & Downland gri[d] shell.

While the number of lifting points for cables in th[e] "lift up" method or spreader beams in the "push up" metho[d] arbitrary and dependent on subjective design choices, a sensi[ble] total of 12 lifting points were defined in order to ensure a fai[r] comparison between the erection methods. For the simulatio[n] the FE package SOFiSiTiK was used again. In order to incre[ase] speed and stability of the calculation in the case study, only [a] quarter of the grid shell was simulated by means of appropri[ate] support conditions. The erection was divided into three separa[te] stages: 1) Erection, 2) Beam ends to supports, and 3) Relax.

As can be observed in figure 15, the simulations sh[ow] categorically that, of the established erection methods, the "l[ift] up" method is most likely to result in an overstressing of th[e] laths during erection. The maximum stress of the laths for th[e] "lift up" method is significantly higher during erection than [in] the shell's final state. So much so, that the ultimate strength [of] the material is exceeded which can lead to breakages or perm[a-] nent damage of the laths. The results also clearly demonstrat[e] that the "ease down" method is the most controlled, the mos[t] precise, but also the least strenuous on the laths.

Novel Erection Method: Pneumatic Falsework.
The practical benefits of strained grid shells, such as low ma[-] terial usage and fabrication simplicity, are undermined by th[e] methods typically used for their erection. The "lift up" meth[-] od causes high localized stresses in the laths, "push up" is no[t] in keeping with current health and safety restrictions, and th[e] "ease down" method contradicts the original concept of rapi[d] deployability for strained grid shells due to its slow and cost[ly] erection process. It seems that a solution with great applicati[on] potential is the use of air-inflated or air-supported membran[es] for the erection of strained grid shells: "inflate". The 20th cen[tu-] ry is littered with interesting and successful examples of the a[p-] plication of pneumatic formwork and falsework and remains [a] topic of research.[19] The erection by means of "a huge pneuma[tic] nylon bag"[20] of the exciting 114 m steel grid dome for the Uni[on] Tank Car Company in Wood River Illinois in 1960 demonstra[tes] emphatically the potential of the method for large spans.

A physical model was used to perform a first ever erection of a strained grid shell by means of pneumatic falsework. The scale of the physical model is one tenth (1:10) of the full-scale case study. Dimensional analysis, which makes use of the Buckingham Pi theorem, is a method for establishing dimensionless variable groups in order to reproduce physical behavior in scaled models. Although computational simulation has advanced significantly since Mannheim, there is still a place for physical modeling of very complex systems such as this one. The dimensionless group used for the scaling of this model was:

$$\frac{\omega S^3}{\left(\frac{EI}{\alpha}\right)}$$

Where ω is the load per unit area, S the span, EI the bending stiffness of the members, and α the member spacing.[21] The above dimensionless group prioritizes bending stiffness which, during the erection, is the dominant behavioral property.

The erection by means of pneumatic falsework for this shell geometry worked extremely well (figs. 1, 17). Both the flat lattice and the uninflated cushion were positioned in the centre of the circular test area before inflation. During inflation the shell remained almost perfectly central with very small sideways deviation. This is due to the distribution of self-weight loading and the inherently stable form of the rotationally symmetric cushion. An important goal of the experiment was the generation of comparative results from numerical simulations. In order to develop the proposed method further, a prerequisite for further studies of different shapes and boundary conditions is the development of a computational simulation method with a satisfactory level of precision.

FEM is a very popular tool for structural engineering simulations. Founded on principles of continuum mechanics it defines the translation, rotation and deformation of solid bodies. This technology can provide accurate solutions to complex

Neuartige Aufrichtungsmethodik: Pneumatisches Lehrgerüst. Die Analyse der bekannten Aufbauverfahren zeigt, dass alle Konzepte mit wesentlichen Nachteilen verbunden sind, die einen stärkeren Einsatz der Bauweise insbesondere für große Spannweiten verhindern. Eine Montage über „lift up" verursacht sehr hohe Vorbeanspruchungen, das „push up" Konzept widerspricht aktuellen Arbeits- und Sicherheitsvorschriften und die „ease down"-Methode stellt durch den sehr aufwendigen und langwierigen Montageprozess den ursprünglichen Gedanken eines einfach und schnell errichtbaren Strukturkonzepts in Frage. Als eine Lösung mit hohem Anwendungspotenzial erscheint der Einsatz luftgestützter und luftgefüllter Membrankonstruktionen – „inflate". Die Konstruktionsgeschichte des 20. Jahrhunderts zeigt eine ganze Reihe interessanter und erfolgreicher Beispiele pneumatischer Schalungen für Stahlbetonschalen, die auch weiterhin Gegenstand aktueller Forschung bleiben.[19] Der Aufbau des 114 m spannenden stählernen Kuppelbaus der Union Tank Car Company in Wood River, Illinois von 1960 mit Hilfe des „huge pneumatic nylon bag"[20] demonstriert nachdrücklich das Potenzial der Methode im Anwendungsfeld mittlerer und großer Spannweiten.

In einer Machbarkeitsstudie wurde deshalb die Methode auf Ihre Anwendbarkeit für vorbeanspruchte Gitterschalen in numerischen Simulationen und physischen Experimenten untersucht. Das physische Modell wurde in seinen geometrischen und mechanischen Eigenschaften im Maßstab 1:10 skaliert. Für die Dimensionsanalyse wurde das Buckingham π-Theorem verwendet. Das Verfahren ermöglicht das Aufstellen dimensionsloser Variablengruppen zur Simulation physikalischer Eigenschaften in skalierten Modellen. Für die Skalierung der 30 m Kuppel wurde folgende Gleichung verwendet:

$$\frac{\omega S^3}{\left(\frac{EI}{\alpha}\right)}$$

Dabei ist ω Last per Flächeneinheit, S die Spannweite, EI die Biegesteifigkeit der Stabelemente und α Elementabstand.[21] Die oben aufgeführte dimensionslose Gruppe priorisiert die Biegesteifigkeit, als wichtigste Eigenschaft für Verhalten während des Aufrichtungsprozesses.

Die experimentelle Überprüfung des pneumatischen Aufrichtungsprozesses der halbkugelförmigen skalierten Gitterschale durch eine luftgestützte Membran erfüllten die Erwartungen (Abb. 1, 17). Das Acrylstabgitter und die darunter angeordnete Membran wurden auf einem kreisförmigen Testfeld ausgelegt. Während der anschließenden Befüllung behielt das Stabwerk bis auf eine geringe seitliche Bewegung nahezu vollständig seine zentrale Form. Gründe dafür sind die rotations-

9 See Gregory Quinn and Christoph Gengnagel, "A Review of Elastic Grid Shells, Their Erection Methods and the Potential Use of Pneumatic Formwork," in *Mobile and Rapidly Assembled Structures IV*, pp. 129–43 (see note 14).

0 Dennis Sharp, *Twentieth Century Architecture. A Visual History* (Mulgrave, 2002), p. 216.

1 See Adriaenssens, Block, Veenendaal and Williams, *Shell Structures for Architecture* (see note 11).

19 Vgl. Quinn, Gregory/Gengnagel, Christoph: „A Review of Elastic Grid Shells, their Erection Methods and the Potential Use of Pneumatic Formwork", in: *Mobile and Rapidly Assembled Structures IV*, 129–143 (wie Anm. 14).

20 Sharp, Dennis: *Twentieth Century Architecture. A Visual History*, Mulgrave 2002, 216.

21 Vgl. Adriaenssens/Block/Veenendaal/Williams: *Shell Structures for Architecture* (wie Anm. 11).

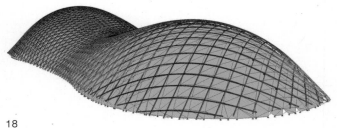

18

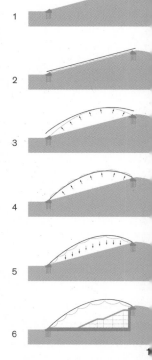

1

2

3

4

5

6

(18) Hybrides FE-Gesamtmodell (Stabwerk, Membrane, Kontaktfedern) | Hybrid FE model (grid shell, membrane and contact springs), Berlin © Fachgebiet für Konstruktives Entwerfen und Tragwerksplanung [KET], UdK Berlin

(19) Schema des Montageprozesses: 1. Herstellung der Landschaftsarchitektur und der Auflager 2. Auslegen der Membran 3. Luftzufuhr und Anheben des Gitters 4. Sicherung der Stabenden am Auflager und punktuelle Befestigung der Membran an den Gitterknoten 5. Ablassen der Luft, Durchschlagen der Membran unter Eigengewicht bzw. Auflast 6. Aushub und Herstellung der inneren Hallenarchitektur. | Scheme of the erection process: 1. Initial landscaping and foundation ring 2. Installation of deflated flasework and assembly of developed (flat) grid shell 3. Inflation 4. Securing of beam ends to supports and securing membrane to select points on grid shell 5. Deflation and snap-through of membrane from one equilibrium state to another application of dominant self-weight to shell 6. Final excavation, structural work and finished in dry working environment, Berlin © Fachgebiet für Konstruktives Entwerfen und Tragwerksplanung [KET], UdK Berlin

(20) Modellstudie für eine Veranstaltungshalle, vorbeanspruchte Gitterschale mit 100 m Spannweite, Material Stabwerk Bambus oder GF. | Model of the performance hall, strained grid shell, 100 m span, material of the grid bamboo or GFRP, Berlin © Fachgebiet für konstruktives Entwerfen und Tragwerksplanung [KET], UdK Berlin

(21) Simulation des Vorgangs der pneumatischen Stabilisierung der Membran (oben), Simulation des Abgleitens des Stabwerks (unten). | Simulation of the inflation process of the membrane (above), simulation of sliding effects of the grid (below), Berlin © Fachgebiet für Konstruktives Entwerfen und Tragwerksplanung [KET], UdK Berlin

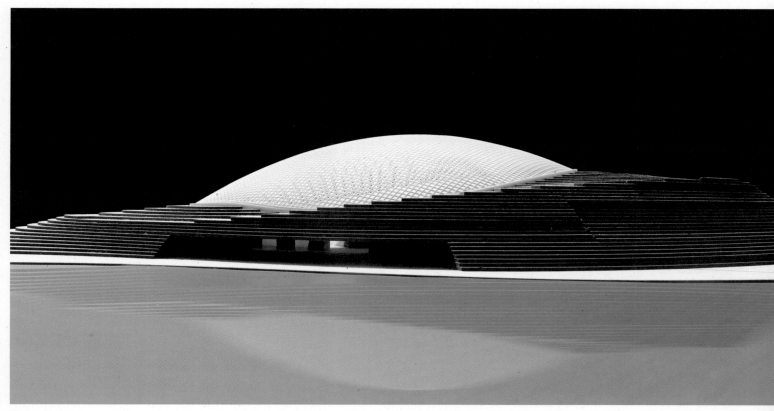

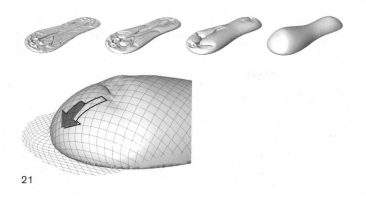

21

questions. However, geometrically and materially non-linear simulations can be slow and cumbersome. Furthermore, certain behaviors, such as contact interaction, can also be a big challenge. In contrast the special effects and gaming industry have developed algorithms designed to provide real-time simulations whose aim is to look real but may not necessarily be founded on the laws of physics. One such tool (Kangaroo) was used to simulate the inflation process of the pneumatic cushion. The fast simulation allows a detailed analysis of the complex inflation behavior of the initially deflated and crumpled cushion as well as its interaction with the bending grid mechanism above it. This simulation also shows how the grid shell needs substantial restraint (such as cables or direct connections to the membrane) in order to prevent it sliding off the cushion (fig. 21).

A different type of simulation is necessary in order to determine precise internal forces and interaction behavior between the grid and inflated cushion in its end-state after inflation. The chosen simulation method (SOFiSTiK) must be able to accurately represent the following:

- Very large deformations
- Accurate calculation of embedded stresses in the laths after forming
- Contact interaction (and friction) between the grid shell and underlying pneumatic falsework
- Reactive adaptation of surface air pressure inside the cushion in response to changing and unevenly distributed external loading

symmetrische Form und die entsprechende gleichmäßige Verteilung des Eigengewichts des Gitters. Eine wichtige Zielstellung des Experiments war die Generierung von Vergleichsdaten für eine entsprechende computergestützte Simulation. Die Entwicklung einer ausreichend präzisen Simulationsmethode bildet die Voraussetzung für weitere Studien zu unterschiedlichen Formen und Randbedingungen zur Weiterentwicklung des Aufrichtungskonzepts.

FEM ist eine in der Tragwerksplanung weit verbreitete Simulationsmethode. Sie basiert auf den Prinzipien der Kontinuumsmechanik und ist auf die Bestimmung der Verschiebung ausgerichtet, mit der Translation, Rotation und Verformungen von Festkörpern beschrieben werden können. Die Ergebnisse weisen in der Regel eine hohe Präzision in der Darstellung des mechanischen Verhaltens auf. Allerdings kann ihre Implementierung in der Simulation von geometrischer und materieller Nichtlinearität auch zu sehr rechenintensiven und damit langsamen Prozessen führen. Die Modellierung von Kontaktphänomenen stellt eine weitere Herausforderung dar. Demgegenüber sind die Simulationswerkzeuge der „Special Effects"- und „Game"-Industrie auf die Darstellungen von Bewegungen in Echtzeit ausgerichtet. Basierend auf Anwendungen von Vektor-Algorithmen ist hier eine hohe Qualität der qualitativen Visualisierung von physischen Phänomenen möglich. Die präzise quantitative Auswertungsmöglichkeit von mechanischen Kenngrößen tritt dabei in der Regel in den Hintergrund. Eine dieser Werkzeug-Umgebungen (Kangaroo) wurde zur Simulation des Aufrichtungsprozesses eingesetzt. Die schnelle Simulation der am Boden liegenden, sich langsam entfaltenden Membran und die Abbildung ihrer form- und belastungsabhängigen pneumatischen Stabilisierung erlaubt zum einen die für den Entwurfsprozess notwendigen Prüfungen unterschiedlicher Formvarianten und gleichzeitig auch die Beobachtung und Analyse von Effekten der Interaktion zwischen Stabwerk und Membran. So kann das Risiko des Abgleitens des Stabwerks gut dargestellt und entsprechende Strategien zur konstruktiven Sicherung entwickelt werden (Abb. 21).

Die Ermittlung des Endzustands des hybriden Systems aus beweglichem Stabwerk und Membran nach Abschluss der Formgebung und die für eine Dimensionierung notwendige exakte Ermittlung der durch den Formgebungsprozess entstehenden Eigenspannungen des Stabwerks erfordert einen anderen Modellierungsansatz. Die gewählte FE-Anwendung (SOFiSTiK) muss dabei folgende Phänomene und mechanische Größen hinreichend genau abbilden:

- sehr große Verformungen
- Eigenspannungen in den Balkenelementen aus dem Formgebungsprozess und Eigengewicht
- Kontaktinteraktion (und Reibung) zwischen dem Stabwerk und der darunter angeordneten Membran
- reaktive Anpassung des Innendrucks des pneumatischen Lehrgerüsts an sich ändernde externe Belastungen

Die Simulation muss nicht den exakten Bewegungs-ablauf darstellen, dafür aber alle Elemente des Systems entsprechend ihrer Materialeigenschaften und alle statischen Randbedingungen berücksichtigen. Durch das schrittweise Vorgehen wird eine ausreichende Konvergenz des Rechenmodells erreicht. In einem ersten Schritt wird das ebene Stabwerk durch virtuelle Zugelemente in die Zielgeometrie verformt („*elastic cable approach*")[22]. Nach der Annäherung des Gitters an die Zielgeometrie erfolgt die Aktivierung der darunter angeordneten Membrane und virtuellen Kontaktfedern zwischen der Membrane und dem Gitter. Die Definition der Federkonstante beinhaltet eine angepasste Arbeitslinie mit einer hohen Steifigkeit unter Druck und null Steifigkeit unter Zug. Reibung kann bis zu einer gewissen Größenordnung durch eine Erhöhung der lateralen Steifigkeit der Kontaktfedern simuliert werden.

Da die räumliche Orientierung der Federelemente nicht nach jeder Iteration in SOFiSTiK aktualisiert wird, kann der Kontakt zwischen pneumatischem Lehrgerüst und Membran nur bei geringen relativen Verformungen präzise simuliert werden. Insgesamt besitzt die mit SOFiSTiK entwickelte Simulierungsmethode eine ausreichende Genauigkeit, um alle notwendigen Parameter zur Entwurfsentwicklung abzubilden. Abbildung 18 zeigt das hybride Gesamtmodell in Interaktion. Bemerkenswert ist der „*skirting effect*" – das Abheben der Stäbe im unteren Randbereich des Gitters, verursacht durch die Eigenspannungen aus dem Formgebungsprozess der Stäbe. Der Innendruck für die untersuchte Schalenkonstruktion reicht bis ca. 0,2 kN/m² (2 mbar) für eine Belastung der Membran durch das Eigengewicht des Stabwerks. Das ist geringfügig niedriger als der typische Innendruck einer klassischen Traglufthalle und deutlich niedriger als der erforderliche Innendruck für die pneumatische Schalung einer Stahlbetonschale (3,5 – 10 kN/m2)[23]. Die Ergebnisse dieser ersten Experimente zeigen, dass bei einem ausreichend großen Luftvolumen der Innendruck für die pneumatische Aufrichtung relativ gering zu halten ist und damit die Anforderungen an Ausführung und Handhabung einfach sind.

Zusammenfassung und Ausblick. Vorbeanspruchte Gitterschalen sind Tragwerke, die sich vor allem für leichte, weitgespannte, temporäre Konstruktionen eignen, bei welchen das Attribut einer schnellen und robusten Montage eine entscheidende Rolle spielt. Für die Weiterentwicklung der Bauweise stehen mittlerweile eine Vielzahl computergestützter Verfahren zur Formfindung und Strukturanalyse zur Verfügung. Der

While the simulation does not need to recreate th inflation process, accurate residual stresses in the laths must accounted for. The iterative calculation approximates a satist tory convergence for the model. The developed (flat) grid sh is first pulled to its target position by means of single-eleme cables with very low transient stiffness properties such that under increasing load increments of pre-stress they shorten length; i.e. the elastic cable approach.[22] Once the laths have be pulled to their target position, the underlying pneumatic me brane cushion is activated. Also activated are contact springs between the grid and the membrane elements. The contact springs are defined with a custom working law such that the are very stiff under compression and have zero stiffness und tension. Friction can be simulated to an extent by applying a lateral stiffness to the contact springs.

Since the orientation of spring elements is not updated after each iteration in SOFiSTiK, the contact between pneumatic falsework and grid shell can be simulated with acc racy only if small deflections occur. Nonetheless, the develop simulation methodology within the SOFiSTiK FEM environm is accurate and provides a valid means to determine all the n essary variables for the completion of such a design. Figure 1 shows the interaction of the hybrid structure. Evident is th "skirting" effect at the perimeter of the grid shell due to its e bodied residual stresses from forming. The internal air pressu for a shell spanning around 60 m ranges from 0 to about 2 mb (0.2 kN/m²) when considering only self-weight of the syster This is slightly lower than typical pressures necessary for air supported membrane structures (0.25–1.0 kN/m²) and signif cantly lower than pressures required for air-supported false work for concrete shells (3.5–10 kN/m2).[23] These initial findin show that, as long as the shell volume remains large, internal air-pressures for the pneumatic erection of strained grid shel are low and subsequently easily produced and maintained.

Summary and Foresight. Strained grid shells are well suited as lightweight long-span temporary structures fo which a fast and robust erection plays an essential role. A wi range of computational tools now exist for their developmen analysis, and form finding. The propriety method for optimi ing grid shell topology in order to reduce critical curvatures means of the variational principle delivers good results and f cilitates the development of irregular strained grid shells. Th

22 Lienhard/Schleicher/Knippers: „Bending-Active Structures" (wie Anm. 13).

23 Vgl. van Hennik, Petra C./Houtman, Rogier: „Pneumatic formwork for irregular curved thin shells", in: Onate, Eugenio/Kröplin, Bernhard (Hg.): *Textile Composites and Inflatable Structures II*, Dortrecht 2008, 99–116.

otential use of a membrane to stabilize a grid shell has been
lidated, however, a need for the optimization of nodal design
as been identified. By comparing deflection behavior from
oth physical and numerical simulations, it is possible to cali-
ate the latter. The use of spring elements to simulate connec-
ons has been shown to be advantageous. The calibration of
pring stiffness can result in good convergence between simu-
tions and physical prototypes. Investigations on the improve-
ent of erection methods for strained grid shells have demon-
rated the high potential for the use of pneumatic falsework.
his method could offer an answer to some of the barriers fac-
g the more widespread adoption of large-span strained grid
ells.

One potential application for some of the innova-
ons discussed in this article is the structural and architectural
roposal developed for the main exhibition hall for the 2019
eijing Horticultural Show in collaboration with the Chinese
rchitecture Design and Research Group (CADG Co.Ltd).
he proposed structure for the main exhibition hall is a pre-
ressed grid shell made from natural bamboo (or GFRP tubes)
ith a maximum span of 100 m (fig. 20). The shape was devel-
ped by a combination of focused architectural intent (circu-
r in plan), parametric form-finding (digital hanging model)
d optimization of compressive force flow (Carlotta approxi-
ation). The grid shell is to be erected by means of pneumat-
formwork, and. in its final geometry, it is to be stabilized and
vered by the same membrane that had been used for its erec-
on (fig. 19). Thus the overall concept results in a novel and
listic example of lightweight structural engineering. ∎

anslation: Gregory Quinn

eigene Ansatz der geometrischen Optimierung des Gitters in
Hinblick auf die Reduzierung kritischer Krümmung bei der
Annäherung an eine Zielgeometrie mit Hilfe der *Variational
Principle*-Methode zeigt sehr gute Ergebnisse und erlaubt auch
die Entwicklung von vorbeanspruchten Gitterschalen mit einem
unregelmäßigen Gitter. Das Potenzial einer Membranversteifung von vorbeanspruchten Gitterschalen bestätigt sich grundsätzlich. Allerdings besteht ein großer Optimierungsbedarf im
konstruktiven Bereich. Durch die Vergleichsmöglichkeit des
Verformungsverhaltens vom physischen Prototypen mit den
entwickelten numerischen Modellen konnte die Modellierung
der Stabwerksknoten abgeglichen und optimiert werden. Die
Simulation der Verbindungen durch Federmodelle erweist sich
hierbei als deutlich vorteilhaft. Durch die Einstellung entsprechender Federsteifigkeiten kann eine relativ gute Übereinstimmung im Verformungsverhalten zwischen Simulation und Ergebnissen der Prototypen erreicht werden. Die Untersuchungen zur Frage einer Verbesserung der Montageprozesse konnten ein hohes Entwicklungspotenzial im Einsatz pneumatischer
Lehrgerüste oder Schalungen nachweisen. Damit könnte eine
der entscheidenden Fragen, die derzeit einen stärkeren Einsatz
der Bauweise im Bereich der temporären und mobilen weitgespannten Bauten verhindert, beantwortet werden.

Der in Kooperation mit der Chinese Architecture
Design and Research Group (CADG Co LtD.) entwickelte Entwurf für eine temporäre Veranstaltungshalle im Rahmen der
2019 Beijing Horticultural Show bietet die Möglichkeit einer
Überführung und Erprobung der bisherigen Forschungsergebnisse in die Praxis. Das Hallentragwerk bildet eine vorbeanspruchte Gitterschale aus Bambus oder GFK Rohren mit einer maximalen Spannweite von ca. 100 m (Abb. 20). Die Geometrie der
Schale entstand aus einer Kombination von gestalterischen Ideen
und Formfindungsstudien mit Hilfe von digitalen Hängemodel-
len. Die einer Kalotte ähnliche Form ermöglicht einen maßgeb-
lichen Lastabtrag äußerer Einwirkungen durch Druckkräfte.
Für die Montage ist der Einsatz eines pneumatischen Lehrgerüsts geplant. Die dafür verwendete Membran soll im Anschluss
als Dachhülle und aussteifendes Element dienen (Abb. 19). Das
Gesamtkonzept bietet die Möglichkeit der Schaffung eines
neuen Beispiels für eine ganzheitliche Leichtbauweise. ∎

Lienhard, Schleicher, and Knippers, "Bending-Active Structures" (see
note 13).

See Petra C. van Hennik and Rogier Houtman, "Pneumatic formwork
for irregular curved thin shells," in *Textile Composites and Inflatable
Structures II*, ed., Eugenio Onate and Bernhard Kröplin (Dortrecht, 2008),
pp. 99–116.

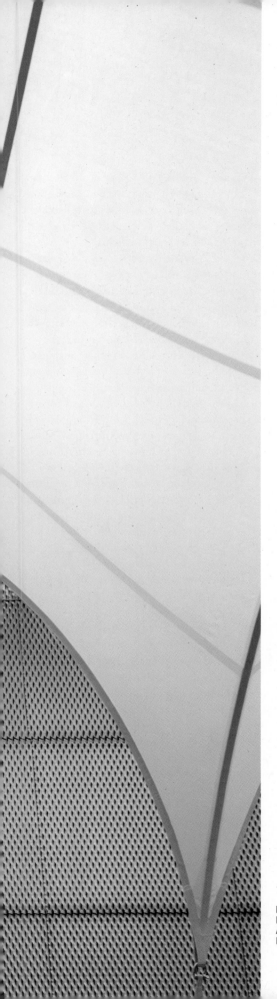

The Potentials of Parametrics in the Design of Modern Lightweight Structures

Potenziale für den modernen Leichtbau durch parametrische Planungsmethoden

Julian Lienhard

1

K+B Architekten/Arch²²/str.ucture GmbH/Rohlfing Stahlbau GmbH/A. Arnegger GmbH,
Deployed and retracted membrane structure in Metzgergasse, Buchs, Switzerland |
Aus- und zugefahrenes Membrantragwerk in der Metzgergasse Buchs, Schweiz,
November 28, 2014 © Photo: B. Göllnitz

Lightweight structures as a typology for optimized and material-efficient architecture can nowadays only rarely be realized as a purely structure driven form. The digital manufacturing processes as well as technical and physical construction requirements in increasingly complex architectural contexts are too important to let solely structural aspects determine the design process. Today, the potential of lightweight structures unfolds itself through enormous developments in digital simulation and planning and fabrication methods, resulting in the integration of structural and functional requirements in the design process.

A maximum of structural and functional integration is achieved when interdisciplinary and iterative work is firmly anchored in the planning process. Today, the parametric model is available as a new form of communication between architects and engineers, allowing geometrical variations which are informed by structural considerations. By automating the interaction of structure and form in the design model, multi-criteria optimizations become possible. Beyond geometrical and structural considerations, further functional relationships from fabrication and building physics for example, may be included in the digital design process.

After some introductory reflections on the potential of digital planning methods in lightweight design, two case studies will be discussed in this paper.

Lightweight Potentials in Digital Design Processes.
From the perspective of lightweight engineering, any analysis of the potentials of parametrics inevitably starts with the principal of form being dictated by the flow of forces. In its purest sense, this approach is deterministic, leading to only one optimal structural solution within a given set of boundary conditions. In the context of shell and membrane structures we speak of "form-finding" when the setting of the physical boundary conditions leads to a single geometric solution. Parametric design, however, unveils its potentials in a non-deterministic process in which form may be informed by structural criteria rather than by predefined ones.

Abstracted information on structural behavior has been essential to engineering before the common availability of computational simulation methods and still forms the basis of an engineer's education. In his book *Logik der Form* (The Logic of Form), Eduardo Torroja describes the necessity of being educated and trained with a profound knowledge of material and structural behavior in order to influence the development of any design process.[1] Torroja refers to structural design as heuristic,

Der Leichtbau als Überbegriff für strukturoptimiertes und materialeffizientes Bauen lässt sich heute nur noch selten in einer rein diesem Ziel untergeordneten Weise umsetzten. Von zu großer Bedeutung sind digitale Fertigungsmethoden sowie technische und bauphysikalische Anforderungen in architektonisch immer komplexer werdenden Zusammenhängen, als dass die Tragstruktur allein den Entwurfsprozess bestimmen kann. Das Potenzial des Leichtbaus entfaltet sich heute durch enorme Fortschritte in den digitalen Simulations- und Planungsmethoden und der dadurch möglichen Integration struktureller und funktionaler Anforderungen in den Entwurfsprozess.

Ein Maximum an struktureller und funktionaler Integration wird dann erreicht, wenn interdisziplinäres und iteratives Arbeiten fest in den Planungsprozessen verankert sind. Als neue Kommunikationsform zwischen Architekten und Ingenieuren steht heute das parametrische Modell zur Verfügung, welches geometrische Varianz ausgehend von strukturellen Grundannahmen ermöglicht. Durch das Automatisieren der Form-Strukturzusammenhänge im Entwurfsmodell wird eine weitreichende Optimierung der Interaktion von Form und Struktur in Hinblick auf mehrere Kriterien möglich. Über geometrische und statische Ansätze hinaus lassen sich weitere funktionale Zusammenhänge aus beispielsweise bauphysikalischen Überlegungen berücksichtigen. Nach einigen einleitenden Reflexionen zum Potenzial digitaler Planungsmethoden im Leichtbau werden in diesem Aufsatz einige Vorgehensweisen an konkreten Fallbeispielen diskutiert.

Das Potenzial digitaler Entwurfsprozesse für den Leichtbau. Aus Sicht des Leichtbaus wird man die Potenziale parametrischen Entwerfens zunächst nach jenem Prinzip analysieren, dass der Kräfteverlauf die Form bestimmt. In seiner reinsten Ausprägung handelt es sich dabei um einen deterministischen Ansatz, der für eine bestimmte Menge von Randbedingungen eine einzige, optimale Tragwerkslösung kennt. Bei Schalen- und Membrantragwerken spricht man in diesem Fall von „Formfindung". Dagegen entfaltet das parametrische Entwerfen sein Potenzial in einem nicht-deterministischen Prozess, in dem die Form eher von strukturellen Kriterien als von vorgegebenen Bedingungen bestimmt wird.

Abstrakte Informationen über das Verhalten von Tragstrukturen bildeten vor der allgemeinen Zugänglichkeit rechnergestützter Simulationsmethoden die Grundlage der Statik und stehen immer noch im Zentrum der Bauingenieursaus-

implying that the development of optimal solutions is impossible. Rather, practical abstractions of structures must be used to understand their load bearing mechanisms and design accordingly.[2] The question asked today is whether a part of this engineering knowledge may be translated into an abstract set of rules and formulas that may be integrated in a digital design process. This would require a certain logic in the behavior of complex structures and lead to a typology-based approach in the design of structures. Such an approach was, for example, already successfully implemented in the design of compression shells by integrating the logics of vector statics in computational design tools.[3]

A typology-based categorization of basic structural systems has played an important part in developing analytical calculation techniques that help analyze structures on the basis of abstract static systems. What was a great achievement at the time meant that the logic of structural typologies was largely influenced by the restricted capacities of analytical calculation methods. In today's engineering praxis, analytical calculation methods are still an important basis for initial approximations and simplified check calculations of complex computational analysis models. However, there is no longer a need to design a structure to satisfy exclusively analytical calculation methods. New analytical approaches from engineers like Timoshenko in the 1950s[4] lead to the development and general availability of "Finite Element Methods" (FEM)[5] which created the basis of modern computational mechanics. These advances lead to a general availability of spatial-framework and FEM programs, which offer new degrees of complexity and efficiency in the design of structures. Jan Knippers links the fact that such potentials have not yet been fully explored in building construction, with typology-based model thinking: "Engineers are trained in 'model thinking', in knowing all these typologies and then choosing and applying the most appropriate one for a given design task … The introduction of computational design offers the potential to break through these barriers of model thinking (thinking in discrete typologies) in structural engineering."[6] The prospect of using

bildung. In seinem Buch *Logik der Form* betrachtet Eduardo Torroja solide Grundkenntnisse in Material- und Tragwerkverhalten als Grundvoraussetzung für jegliche Einflussnahme auf Gestaltungsprozesse.[1] Torroja beschreibt den Tragwerksentwurf als heuristischen Vorgang und unterstellt damit die Unmöglichkeit der Entwicklung optimaler Lösungen. Vielmehr gelte es, das Trageverhalten und das ihm gemäße Entwerfen anhand von praktischen Tragwerksabstraktionen verstehen zu lernen.[2] Die Frage, um die es heute geht, ist die, ob sich nicht ein Teil dieses bautechnischen Wissens in einen abstrakten Regel- und Formelbestand übersetzen und in ein digitales Entwurfsverfahren integrieren ließe. Dies setzt eine gewisse Logik im Verhalten komplexer Tragwerke voraus und würde zu einer typologischen Methode des Tragwerkentwurfs führen. Eine solche Methode wurde bereits erfolgreich beim Entwurf von Druckschalen eingesetzt, indem man die Logik der Vektorstatik in Tools computerbasierten Entwerfens integrierte.[3]

Eine typologiebasierte Kategorisierung grundlegender Tragwerkssysteme spielte eine wichtige Rolle für die Entwicklung analytischer Berechnungsverfahren zur Tragwerksanalyse mithilfe von abstrahierten statischen Systemen. Diese seinerzeit große Errungenschaft hatte zur Folge, dass die Logik von Tragwerktypologien in hohem Maß von den beschränkten Möglichkeiten analytischer Berechnungsmethoden bestimmt war. In der heutigen Praxis von Bauingenieuren bilden analytische Berechnungsmethoden zwar immer noch eine wichtige Grundlage für erste Approximationen und das einfache Nachrechnen komplexer computerbasierter Analysemodelle, aber der Tragwerksentwurf muss nicht mehr ausschließlich analytischen Berechnungsmethoden genügen. In den 1950er Jahren führten neue, von Ingenieuren wie Tymoschenko eingeführte analytische Ansätze[4] zur Entwicklung der „Finite-Elemente-Methode" (FEM),[5] die die Basis des modernen computergestützten Ingenieurwesens bildet. Diese Fortschritte führten zu einer allgemeinen Verfügbarkeit von Stabwerks- und FEM-Programmen, die neue Komplexitäts- und Effizienzgrade bei der Gestaltung von Tragwerken ermöglichen. Jan Knippers führt den Umstand, dass diese Potenziale in der Baukonstruktion noch nicht voll ausgeschöpft wurden, auf ein von Typologien geleitetes Modelldenken zurück: „Ingenieure sind darauf getrimmt, in Modellen zu denken, alle Typologien zu kennen und dann die für

1 Eduardo Torroja, *Logik der Form* (Munich, 1961).

2 See ibid., p. 17.

3 See Philippe Block, Matthias Rippmann, and Tom Van Mele, "Structural Stone Surfaces: New Compression Shells Inspired by the Past," *AD – Architectural Design* 85, no. 5 (2015), pp. 74–79.

4 See Steven Timoshenko and James Norman Goodier, *Theory of Elasticity* (New York, 1951).

5 See Klaus Jürgen Bathe, "Finite Element Method," in *Wiley Encyclopedia of Computer Science and Engineering*, ed. Benjamin W. Wah (New York, 2008), pp. 1–12.

6 Jan Knippers, "From Model Thinking to Process Design," *AD – Architectural Design* 83, no. 2 (2013), p. 77.

1 Torroja, Eduardo: *Logik der Form*, Übers. von Gerhard Metzger, München 1961.

2 Vgl. ebd., 17.

3 Vgl. Block, Philippe/Rippmann, Matthias/Van Mele, Tom: „Structural Stone Surfaces. New Compression Shells Inspired by the Past", in: *AD – Architectural Design* 85, 5 (2015), 74–79.

4 Vgl. Timoshenko, Steven/Goodier, James Norman: *Theory of Elasticity*, New York 1951.

5 Vgl. Bathe, Klaus Jürgen: „Finite Element Method", in: Wah, W. Benjamin (Hg.): *Wiley Encyclopedia of Computer Science and Engineering*, New York 2008, 1–12.

FEM software environment to break free from traded expressions of structure is starting to unfold in what Bollinger et al. (2010) refer to as nonlinear structures:

"The finite element method (FEM) allows the examination of structures beneath the scale of parts that dissolves traditional structural engineering typological building blocks. Structural behaviour relies more on a network of interconnected elements than on simple structural typologies. … Analysis data is fed back into the generative model and serves as a design driver rather than the basis for mere post-rationalisation."[7] This potential also opens new questions on the role of structural engineers and their working methods: If everything is possible, what are the criteria for developing a functional and efficient structural system? Current trends of including physical behavior in computational parametric design tools are starting to develop new methodologies that may also contribute to the unveiling of new potentials in structural design. Yet, the capacity and accuracy of analyzing physical behavior with FEM goes far beyond typical physics-based modeling environments. However, FEM is, in parts, still too elaborate but at the same time not interactive enough to be included easily in a design process. How can physical-based computational modeling and finite element modeling be combined in a design methodology without one hindering the other?

A solution may be found when bringing together multiple design and simulation environments, thus linking the possibility to integrate basic structural rules in a digital design process with a material-based approach that explores the power of modern FEM software. The design and engineering of lightweight structures could benefit from open parametric design environments which bear the potential of linking previously isolated design and simulation software.

The following two case studies show how such integration of planning and engineering tools may be achieved. The projects described focus on the linkage of several design environments in isolated software packages through the open parametric design environment Rhino Grasshopper.

Case Study 1: Parametric Design in a Bending Active Structure. At the end of July 2010 the Institute of Computational Design (ICD) and the Institute of Building Structures and Structural Design (ITKE) at the University of Stuttgart realized a temporary research pavilion made of plywood. The design of the pavilion was the result of a student workshop which

die jeweilige Planungsaufgabe passendste auszuwählen und anzuwenden … Die Einführung computerbasierten Entwerfens birgt die Möglichkeit, diese Beschränkungen des Denkens in Modellen (diskreten Typologien) bei der Tragwerkskonstruktion zu durchbrechen."[6] Die Möglichkeit einer Überwindung von gängigen Tragwerksformen zeichnet sich erstmals in den von Bollinger et al (2010) beschriebenen nicht-linearen Tragwerken ab: „Die Finite-Elemente-Methode (FEM) ermöglicht die Analyse von Tragwerken unterhalb des Maßstabs der Teile, sodass die typologischen Bauteile der traditionellen Tragwerksplanung aufgelöst werden. Das Trageverhalten beruht dabei nicht auf einfachen Tragwerkstypologien, sondern eher auf einem Netzwerk miteinander verbundener Teile. […] Die Analysedaten werden wieder in das generative Modell eingespeist und dienen als Impulsgeber für den Entwurf statt als bloße Basis für eine nachträgliche Rationalisierung."[7] Dieses Potenzial wirft auch neue Fragen über die Rolle von Bauingenieuren und ihre Arbeitsmethoden auf: Wenn alles möglich ist, worin bestehen dann die Kriterien für die Entwicklung einer funktionalen und effizienten Tragstruktur? Mit dem aktuellen Trend, physikalische Eigenschaften in computergestützte parametrische Entwurfsverfahren miteinzubeziehen, entstehen neue Methoden, die auch neue Potenziale der Tragwerksplanung freisetzen können. Die Möglichkeiten und die Genauigkeit der Analyse physikalischen Verhaltens mittels FEM gehen zwar über die gängiger physikalischer Modellierungsprogramme weit hinaus, allerdings ist die FE-Methode zum Teil immer noch zu komplex und zugleich zu wenig interaktiv, um problemlos in den Entwurfsprozess integrierbar zu sein. Wie lassen sich also computergestützte physikalische Modellierung und Finite-Elemente-Modellierung in einem Entwurfsverfahren zusammenbringen?

Eine Lösung ist vielleicht die Verknüpfung mehrerer Entwurfs- und Simulationsumgebungen, was die Möglichkeit zur Integration statischer Grundregeln in den digitalen Entwurfsprozess mit einem materialbasierten Ansatz verbindet, der das Leistungsvermögen moderner FEM-Software nutzt. Offene parametrische Planungsumgebungen, die das Potenzial besitzen, die bis dato getrennte Entwurfs- und Simulationssoftware miteinander zu verbinden, könnten Entwurf und Konstruktion von Leichtbaustrukturen wesentlich voranbringen.

Die folgenden zwei Fallbeispiele zeigen, wie sich eine solche Integration von Entwurfs- und Konstruktionswerkzeugen bewerkstelligen lässt. Die beschriebenen Projekte stützen sich auf die Verbindung mehrerer eigenständiger Entwurfsprogramme durch die offene parametrische Planungsumgebung Rhino Grasshopper.

Fallbeispiel 1: Parametrisches Entwerfen eines biegeaktiven Tragwerks. Ende Juli 2010 realisierten das Institut für Computerbasiertes Entwerfen (ICD) und das Institut für Tragkonstruktionen und Konstruktives Entwerfen (ITKE) der Uni-

focused on the integration of physical experiments and computational design tools to develop bending-active structures.

The pavilion demonstrates an alternative approach to computational design where the generation of form is directly influenced by the characteristics of the material. The structure is entirely based on the elastic bending behavior of 6.5 mm thick birch plywood strips. The strips were robotically manufactured as planar elements, and subsequently connected to coupled arch systems with approx. 4 m span (figs. 2–3). A radial arrangement and interconnection of the self-equilibrating arch system led to the torus shaped design of the pavilion. Due to the reduced structural height, the connection points weaken the coupled arch system. In order to prevent these local points from reducing the structural capacity of the entire pavilion, the locations of the connection points between the strips need to change along the structure, resulting in 80 different strip patterns constructed from more than 500 geometrically unique parts.

The shifting of the connection points and adaptation of the boundary conditions of the given site was made possible by a parametric design model that includes all relevant materials and geometric constraints given by the coupled arch system. For the parametric definition of the structure, a geometric equivalence system was based on observations of geometric rules and B-Splines approximation. Here, students of the design class built a series of 2D test strips which were scanned and analyzed for the repetition of geometric rules. A basic principle was determined that showed a constant angle between the arch segments. By analyzing basic elastica curves, the control points of the B-Splines could be fitted by a trend-line function; based on these approximations, a parametric design model was programmed including all relevant material and geometric constraints given by the coupled arch system. Basic structural formulas such as the relationship between local bending curvature $1/r$ and bending moment M in equation (1)[8] were included in the script to control the utilization of the bent plywood strips in the form-finding process.

versität Stuttgart einen temporären Forschungspavillon aus Sperrholz. Der Entwurf des Pavillons erfolgte im Rahmen eines Studierendenworkshops zur Entwicklung biegeaktiver Tragwerke durch die Verbindung physikalischer Experimente und computerbasierter Entwurfsmethoden.

Der Pavillon verkörpert eine alternative Vorgangsweise computerbasierten Entwerfens, bei dem die Formgenerierung direkt von den Materialeigenschaften beeinflusst wird. Das Tragwerk ergibt sich ausschließlich aus dem elastischen Biegeverhalten 6,5 mm dicker Birkensperrholzstreifen. Die Streifen wurden robotisch als ebene Bauteile gefertigt und anschließend zu einem gekoppelten Bogensystem von ca. 4 m Spannweite verbunden (Abb. 2–3). Die radiale Anordnung und die Kopplung des sich selbst stabilisierenden Bogensystems führte zur Torusform des Pavillons. Wegen der geringen statischen Höhe schwächen die Verbindungsstellen zwischen den Streifen das gekoppelte Bogensystem. Um zu verhindern, dass dies das Tragverhalten der gesamten Schale schwächt, muss sich die Position dieser Stellen auf der Oberfläche unregelmäßig verschieben, was 80 verschiedene Streifenformen, bestehend aus über 500 geometrisch unterschiedlichen Teilen, erfordert.

Die Verschiebung der Verbindungsstellen und die Einpassung der vom Bauort vorgegebenen Randbedingungen wurde durch ein parametrisches Planungsmodell ermöglicht, das alle relevanten materiellen und geometrischen Beschränkungen des gekoppelten Bogensystems beinhaltete. Die parametrische Definition der Tragstruktur erfolgte durch ein geometrisches Äquivalenzsystem, das auf Beobachtung geometrischer Regeln und einer darauf aufbauenden B-Spline-Approximation beruhte. Hierzu bauten die Studierenden der Entwurfsklasse eine Reihe von 2D-Teststreifen, die auf die Wiederholung geometrischer Regeln hin geprüft und analysiert wurden. Es wurde ein Grundprinzip ermittelt, das einen konstanten Winkel zwischen den Bogensegmenten ergab. Durch Analyse grundlegender Elastica-Kurven ließen sich die Kontrollpunkte der B-Splines mit einer Trendlinienfunktion anpassen; ausgehend von diesen Approximationen wurde ein parametrisches Entwurfsmodell unter Berücksichtigung aller durch das gekoppelte Bogensystem gegebenen relevanten Material- und Geometriebeschränkungen programmiert. Außerdem wurden in das Skript auch statische Grundformeln wie die Beziehung zwischen lokaler Biegelinie $1/r$ und Biegemoment M in Gleichung (1)[8] miteinbezogen, um die Auslastung der gebogenen Sperrholzstreifen im Formfindungsprozess zu kontrollieren.

7   Klaus Bollinger, Manfred Grohmann, and Oliver Tessmann, "Structured Becoming: Evolutionary Processes in Design Engineering," *AD – Architectural Design* 80, no. 4 (2010), pp. 34–39.

8   See Demeter G. Fertis, *Nonlinear Structural Engineering: With Unique Theories and Methods to Solve Effectively Complex Nonlinear Problems* (Berlin and Heidelberg, 2006), p. 9.

6   Knippers, Jan: „From Model Thinking to Process Design", in: *AD – Architectural Design* 83, 2 (2013), 77. (Übersetzung: W.P.)

7   Bollinger, Klaus/Grohmann, Manfred/Tessmann, Oliver: „Structured Becoming. Evolutionary Processes in Design Engineering", in: *AD – Architectural Design* 80, 4 (2010), S. 34–39.

8   Vgl. Fertis, Demeter G.: *Nonlinear Structural Engineering. With Unique Theories and Methods to Solve Effectively Complex Nonlinear Problems*, Berlin/Heidelberg 2006, 9.

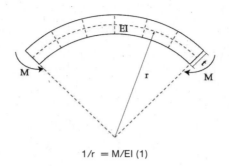

$$1/r = M/EI \text{ (1)}$$

with r: bending radius [m], M: bending moment [kNm], E: Young's modulus [kN/m²]; I Moment of inertia [m⁴] /
wobei r: Biegeradius [m], M: Biegemoment [kNm], E: Elastizitätsmodul [kN/m²]; I Flächenträgheitsmoment [m⁴]

This computational design model became one of the essential interfaces which helped to coordinate and mediate various design and fabrication factors. While this purely geometric model was an abstraction of the actual equilibrium shape, which also neglects additional deformation due to dead load, it already gave feedback about the range of design possibilities made available by this process. More importantly, it also defined the unrolled geometry of the strips, including all connection points. This information was directly transferred into the input geometry of the finite element model and the cutting patterns, which were also automatically created for the robotic manufacturing. Given the unrolled geometry and connection points of the coupled arches, it was possible to form-find the pavilion structure by reassembling the system from its planar state and elastically bending it into its three-dimensional equilibrium state (figs. 2–3).

The parametric setup in figure 4 was used as a central information model and design tool in which three main optimization criteria were taken into account:

1. Structural behavior → control of minimum bending radii and shift of local weak points in the connection details on the surface
2. Shading → maximum transparency while providing complete sun and rain cover
3. Manufacturing → control of element size and location of connection details in the tension zones

The ICD/ITKE research pavilion 2010 presents an untypical approach to lightweight structures. Here, bending stress is not avoided but instrumentalized to give the slender building components additional stiffness. Because of the curved geometry and flexural pre-stress of the interconnected supporting elements,

Dieses computerbasierte Entwurfsmodell bildete eine der wesentlichen Schnittstellen für die Koordination und Vermittlung der verschiedenen Entwurfs- und Fertigungsfaktoren. Auch wenn dieses rein geometrische Modell eine Abstraktion der tatsächlichen Gleichgewichtsform war, die zudem die zusätzliche Verformung durch das Eigengewicht unberücksichtigt ließ, so lieferte sie doch bereits ein Feedback über die Bandbreite der in dem Prozess verfügbaren Entwurfsmöglichkeiten. Noch wesentlicher war, dass er auch die ebene Streifengeometrie einschließlich aller Verbindungsstellen vorgab. Diese Information wurde direkt in die Eingangsgeometrie des FE-Modells und die ebenfalls automatisch erzeugten Schnittmuster für die robotische Fertigung eingespeist. Ausgehend von der ebenen Streifengeometrie und den Verbindungsstellen der gekoppelten Bögen erfolgte dann die Formfindung der gekoppelten Pavillonstruktur, indem das System aus dem ebenen Zustand neu zusammengesetzt und elastisch in seine dreidimensionale Gleichgewichtsform gebogen wurde (Abb. 2–3).

Das in Abbildung 4 dargestellte parametrische Setup wurde als zentrales Informationsmodell und Entwurfswerkzeug verwendet, wobei drei Optimierungskriterien berücksichtigt wurden:

1 Trageverhalten → Kontrolle der kleinsten Biegeradien und Verschiebung der lokalen Schwachpunkte in den Verbindungsdetails auf der Oberfläche.
2. Beschattung → Maximale Transparenz bei komplettem Sonnen- und Regenschutz.
3. Fertigung → Kontrolle der Elementgrößen und Anordnung der Verbindungsdetails in den Zugzonen.

Der Forschungspavillon ICD/ITKE 2010 verfolgt einen untypischen Ansatz im Leichtbau: Hier wird Biegespannung nicht vermieden, sondern dazu genutzt, den dünnen Bauteilen zusätzliche Steifigkeit zu verleihen. Die gekrümmte Geometrie und die Biegevorspannung der miteinander verbundenen tragenden Teile ermöglicht den Bau extrem leichter und zugleich

2

(2–3) "ICD/ITKE Research Pavilion" | Forschungspavillon 2010,
Stuttgart, 2010 © Photos: J. Lienhard

3

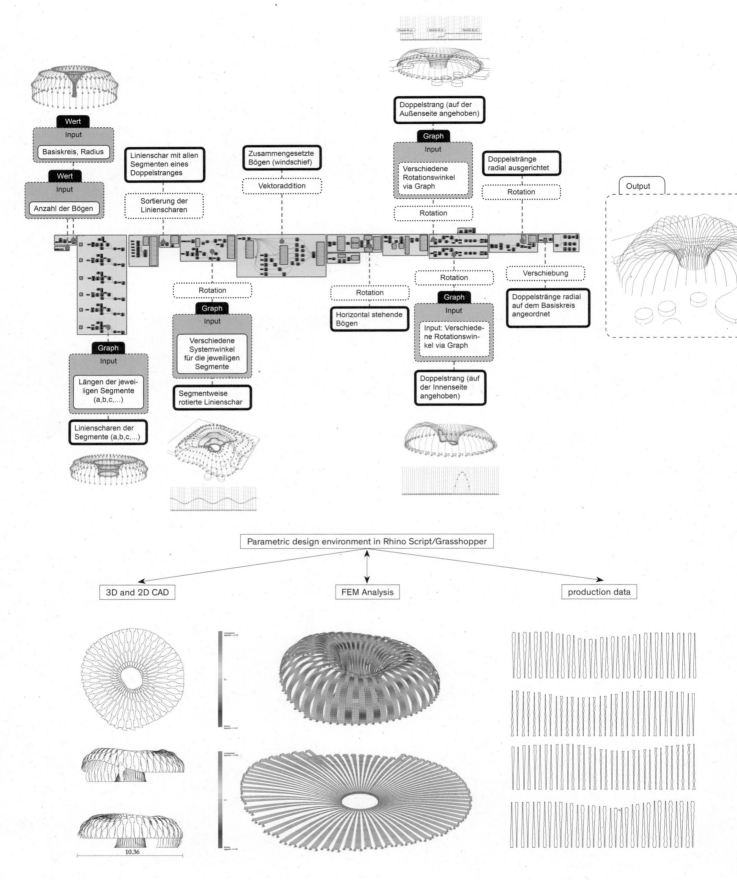

"ICD/ITKE Research Pavilion" | Forschungspavillon 2010: Coupled parametric design and analysis setup in Rhino Grasshopper |
Gekoppeltes parametrisches Entwurfs- und Analyse-Setup in Rhino Grasshopper, Stuttgart, 2010 © Illustration of Parametric Design Environment
by Project Team ICD/ITKE Pavilion | Darstellung der parametrischen Entwurfsumgebung des Projektteams Forschungspavillon ICD/ITK

it is possible to create an extremely light and at the same time very stiff supporting structure. Such bending-active structures may reach extremely complex geometries based on the nonlinear deformation of post buckling shapes. It is in connection with modern computational design and analysis methods that we may carry this design approach to go beyond the complexity of single-layered gridshells, still using the advantage of generating complex curved geometries from linear or planar construction components.

Case Study 2: Parametric Design in a Classic Lightweight Structure.

In 2014 a retractable membrane roof was realized in a close collaboration between Nikolai Kugel from arch[22] and the engineers of str.ucture GmbH. The foldable membrane roof spans over the 50 m long pedestrian street Metzgergasse in the center of Buchs, Switzerland. In its deployed state the membrane takes on an undulating shape, pronounced by sharp ridges and valleys with an average height of 6.50 m above street level. The retracted membrane is collected under a parking bridge at the northern end and serves as an entrance arch to the street (figs. 5–7). The convertible roof is opened and closed longitudinally along four parallel rails. During deployment, the membrane is transversely pre-stressed to provide optimal stability for wind loads at all times.[9] With its interdisciplinary planning team of architects and engineers this project continues the unique Stuttgart lightweight tradition, in which the close working collaboration between architects, engineers, and technicians is the basis of an iterative design methodology.

Today the interdisciplinary approach to lightweight design is advanced through the new potentials presented by computational design tools. While most of the projects such as the case study above and research in the field of computational design promote geometric and topologic complexity, the growing availability of tools that connect various design environments also offers a huge potential for the interdisciplinary design of classic lightweight structures.

For the retractable membrane roof, the authors used a combination of existing and custom programmed tools in the parametric design environment Rhino Grasshopper to connect all modeling environments used for the architectural design, membrane form-finding, and FEM analysis. This approach was aimed at finding the optimum solution in a restricted design space defined by functional, structural, and aesthetic criteria. A parametric environment was set up which fully couples the geometric

steifer Tragwerke. Solche biegeaktiven Tragwerke können überaus komplexe, auf nichtlinearen Beulformen beruhende Geometrien annehmen. Mithilfe moderner computerbasierter Entwurfs- und Analysemethoden können wir mit diesem Ansatz auch über die Komplexität einlagiger Gitterschalen hinausgehen, dabei aber immer noch die Vorteile der Herstellung komplexer gekrümmter Geometrien aus geraden oder ebenen Bauteilen nutzen.

Fallbeispiel 2: Parametrisches Entwerfen bei einem klassischen Leichtbau.

2014 wurde in enger Zusammenarbeit zwischen Nikolai Kugel von arch[22] und den Ingenieuren der str.ucture GmbH ein wandelbares Membrandach realisiert. Das faltbare Membrandach überspannt die 50 m lange Metzgergasse im Zentrum der Stadt Buchs in der Schweiz. Im ausgefahrenen Zustand nimmt die Membran eine Wellenform mit ausgeprägten Graten und Kehlen bei einer mittleren Höhe von 6,50 m über dem Straßenniveau an. Im zugefahrenen Zustand wird die Membran unter einem Schutzdach am Nordende geparkt und dient dort als Eingangstorbogen (Abb. 5–7). Das wandelbare Dach wird in Längsrichtung entlang von vier parallelen Schienen aus- und zugefahren. Beim Ausfahren wird die Membran in Querrichtung vorgespannt, um optimale Stabilität gegen Windlasten zu bieten.[9] Mit seinem interdisziplinären Planungsteam aus Architekten und Ingenieuren steht dieses Projekt in der Stuttgarter Leichtbautradition, in der die enge Zusammenarbeit von Architekten, Ingenieuren und Technikern seit jeher die Basis einer iterativen Entwurfsmethodik bildet.

Durch die neuen Potenziale computerbasierter Entwurfsverfahren wird dieser interdisziplinäre Zugang zum Entwerfen von Leichtbauten heute weiter entwickelt. Auch wenn die meisten Projekte, wie das oben beschriebene Fallbeispiel und die Forschung auf dem Gebiet computerbasierten Entwerfens auf geometrische und topologische Komplexität setzen, so birgt die wachsende Verfügbarkeit von Tools zur Verbindung verschiedener Entwurfsprogramme ebenso großes Potenzial für die interdisziplinäre Planung klassischer Leichtbauten.

Für das wandelbare Membrandach verbanden die Planer sämtliche für den architektonischen Entwurf, die Membranformfindung und die FE-Analyse benutzten Modellierungsprogramme mit einem Mix aus existierenden und selbstprogrammierten Tools in der parametrischen Planungsumgebung Rhino Grasshopper. Zweck dieses Ansatzes war, in einem beschränkten, durch funktionale, strukturelle und ästhetische Kriterien definierten Entwurfsrahmen die optimale Lösung zu finden. Es wurde eine parametrische Umgebung erstellt, die die geometrische Definition des Dachs innerhalb der bestehenden Architektur, die Formfindung der Membranflächen und die anschließende FE-Analyse vollständig miteinander verknüpft. Dieses

9   See Julian Lienhard and Nikolai Kugel, "Design of a Retractable Membrane Roof in Buchs, CH," in *Proceedings of the IASS Symposium* (Amsterdam, 2015), n.p.

9   Vgl. Lienhard, Julian/Kugel, Nikolai: „Design of a Retractable Membrane Roof in Buchs, CH," in: *Proceedings of the IASS Symposium*, Amsterdam 2015, o. S.

definition of the roof within the existing architecture, the form-finding of the membrane surfaces and the subsequent FEM analysis. This model parametrically defines all geometric boundary conditions, the topology of the roof in terms of number and position of elements, as well as the curvature-force relationships of the membrane edge conditions defined in the basic structural equation (2).[10]

Modell beinhaltet die parametrische Definition sämtlicher geometrischer Randbedingungen, der Topologie des Dachs hinsichtlich Anzahl und Lage seiner Elemente sowie der in der statischen Grundgleichung (2) gegebenen Krümmungs-Kraft-Beziehungen.[10]

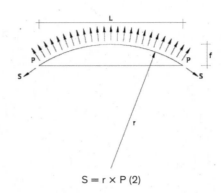

$$S = r \times P \ (2)$$

with S: edge cable force [kN], r: edge cable radius [m],
mit S Randseilkraft [kN], r Randseilradius [m] und P Membranvorspannung [kN/m]

This setup was particularly helpful in this project because many design iterations were needed to harmonize all functional, structural, and aesthetic demands. In particular the anchorage of the rail system on the adjacent buildings was a challenge. Here the ability to parametrically define different topological and geometrical solutions for the roof and immediately evaluate them in terms of support reactions played a key role in finding a system that would satisfy all functional, structural, and aesthetic demands. Figure 8 illustrates the parametric setup in which three main optimization criteria were taken into account:

1. Structural behavior → minimization of support reactions
2. Shading → maximum transparency while providing complete sun and rain cover
3. Collision → control of package size of the retracted membrane

The retractable membrane of the Metzgergasse in Buchs presents a novel rail and cable driving system which enables the functional integration of retraction, pre-stressing, and load bearing in one single mechanism. This integral approach

Dieses Setup war bei diesem Projekt insofern besonders hilfreich, als es vieler Iterationen bedurfte, um alle funktionalen, statischen und ästhetischen Anforderungen in Einklang zu bringen. Eine besondere Herausforderung bildete die Verankerung des Schienensystems an den umliegenden Gebäuden. Dabei spielte die Möglichkeit, verschiedene topologische und geometrische Lösungen für das Dach auszuprobieren und diese sofort hinsichtlich ihrer Auflagerreaktionen zu bewerten, eine Schlüsselrolle für die Findung eines Systems, das sämtlichen funktionalen, strukturellen und ästhetischen Anforderungen genügte. Abb. 8 veranschaulicht das parametrische Setup, in dem folgende drei Hauptoptimierungskriterien berücksichtigt wurden:

1. Trageverhalten → Minimierung der Auflagerreaktionen
2. Beschattung → Maximale Transparenz bei vollständigem Sonnen- und Regenschutz
3. Kollision → Kontrolle der Paketgröße der zugefahrenen Membran

Das einziehbare Membrandach über der Metzgergasse in Buchs weist ein neues Schienen- und Seilzugsystem auf, das die funktionale Integration von Raffen, Vorspannen und Lastabtragen in einem einzigen Mechanismus ermöglicht. Dieser

10 See Jan Knippers, Jan Cremers, Markus Gabler, and Julian Lienhard, *Construction Manual for Polymers + Membranes* (Munich, 2011), p. 145.

10 Vgl. Knippers, Jan/Cremers, Jan/Gabler, Markus/Lienhard, Julian: *Atlas Kunststoffe + Membranen*, München 2010, 145.

5

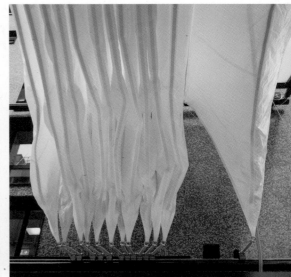

6

7

(5–7) K+B Architekten/Arch[22]/str.ucture GmbH/
Rohlfing Stahlbau GmbH/A. Arnegger GmbH,
Deployed and retracted membrane structure
in Metzgergasse, Buchs, Switzerland |
Aus- und zugefahrenes Membrantragwerk in der
Metzgergasse Buchs, Schweiz, 2014
(5–6) November 28, 2014 © Photo: B. Göllnitz
(7) December 1, 2014 © Photo: J. Lienhard

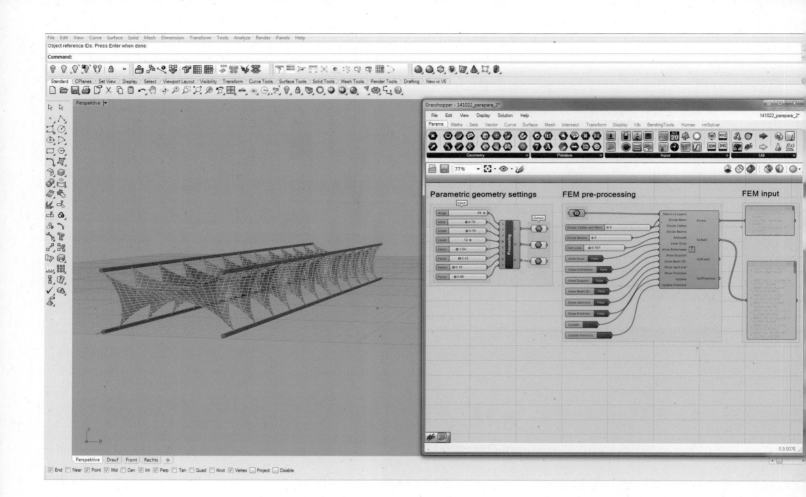

Parametric design environment in Rhino Grasshopper

3D and 2D CAD   FEM Analysis   production data

von Mises stresses (sigma-v)
max. |sigmav-BEAM| approx. 135.37 MPa
reliable values only via AQB!
max. |sigmav-QUAD| approx. 22.72 MPa

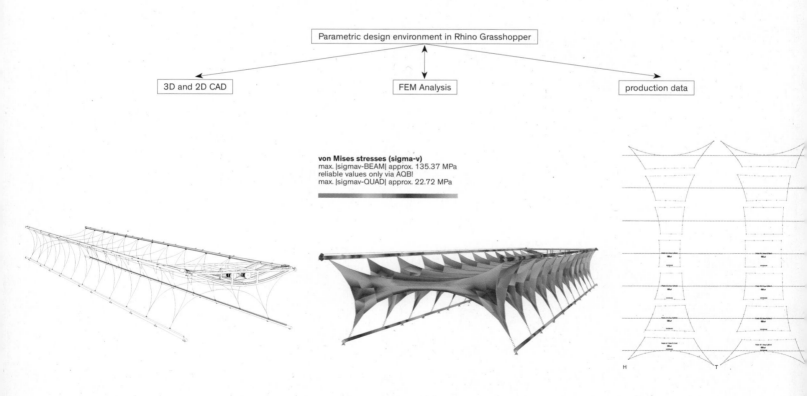

Coupled parametric design and analysis setup in Rhino Grasshopper for the membrane structure in Metzgergasse Buchs. |
Gekoppeltes parametrisches Entwurfs- und Analyse-Setup in Rhino GH für das Membrantragwerk in der Metzgergasse, Buchs, Stuttgart, 2014 © str.ucture GmbH

was systematically embedded in the design and engineering processes which are connected in a parametric environment. As such, the project challenges the use of computational design tools to advance in efficiency and interdisciplinary rather than in mere geometric complexity. The project team is consistently developing the technology of retractable membrane structures to advance structural optimization and functional design of these unique lightweight structures. Current work involves the inclusion of post-processing in structural design and detailing in architectural design in the parametric environment. The aim is to include all planning aspects from form-finding to production in a single and parametrically connected design environment.

The Next Challenge. The two structures discussed as case studies above have been the results of a fast growing new development in lightweight structures. Rivka and Robert Oxman refer to their convergence of design, engineering, and architectural technologies as a "new structuralism."[11] Furthermore, they challenge the integrity of their design approach when introducing the term "parametric design thinking."[12]

Within the context of "parametric design thinking" an integral link between the computational design of a structure and its manufacturing may be seen in the detailing. Arnold Walz, in his essay on new planning processes, describes the digital detail as the logic conclusion of digital design and manufacturing techniques.[13] The inexpensiveness of manufacturing geometrically unique parts enables the inclusion of assembly information in a digital detail by means of local geometric differentiation and coding.

A practical approach to such detailing is the joining with form fit cog connections. This approach has already started to be explored in timber structures with highly differentiated mortise and tenon connections[14] and five axis milled joints for complex timber structures.[15] With the help of these connection techniques, complex three-dimensional geometry may be

integrale Ansatz wurde systematisch in den in einer parametrischen Programmierumgebung miteinander verbundenen Entwurfs- und technischen Planungsprozess eingebettet. So gesehen ist das Projekt eine Aufforderung, computerbasierte Entwurfsmethoden nicht nur zur Steigerung geometrischer Komplexität, sondern auch zur Steigerung von Effizienz und Interdisziplinarität einzusetzen. Das Projektteam entwickelt die Technologie einziehbarer Membrantragwerke im Sinn einer strukturellen Optimierung und funktionalen Gestaltung weiter. Zurzeit arbeitet es daran, die Analyseprozesse der Tragwerksplanung und die architektonische Detailplanung in die parametrische Programmumgebung einzubeziehen. Ziel ist es, sämtliche Planungsschritte von der Formfindung bis zur Fertigung in einer einzigen parametrischen Entwurfsumgebung zu vereinen.

Die nächste Herausforderung. Die beiden als Fallbeispiele vorgestellten Tragwerke sind das Ergebnis einer sich rasch weiterentwickelnden Bewegung im modernen Leichtbau. Rivka und Robert Oxman bezeichnen die Verschmelzung von Formgebung, Bauingenieurwesen und architektonischen Technologien als einen „neuen Strukturalismus",[11] und formen in dem Zusammenhang den Begriff des „parametrisches Entwurfsdenkens".[12]

Im Kontext des „parametrischen Entwurfsdenkens" kann die Detailplanung als integrales Bindeglied zwischen dem rechnergestützten Entwurf eines Bauwerks und seiner Fertigung gesehen werden. Arnold Walz beschreibt in einem Aufsatz über neue Planungsprozesse das digitale Detail als logische Folge digitalen Entwerfens und digitaler Fertigungsverfahren.[13] Die kostengünstige Herstellung geometrisch einzigartiger Bauteile ermöglicht die Einbindung von Produktions- und Montageinformationen in das digitale Detail mithilfe lokaler geometrischer Differenzierung und Codierung.

Ein praktischer Ansatz solcher Detailplanung ist das Arbeiten mit formschlüssigen Zahnverbindungen. Dieser Ansatz wurde bereits in Holztragwerken mit hochdifferenzierten Zapfenverbindungen[14] und 5-achs-gefrästen Verbindungen für komplexe Holztragwerke erprobt.[15] Mithilfe dieser Verbindungstechniken können komplexe dreidimensionale Geometrien aus individuellen zweidimensionalen Bauteilen gefertigt werden. In der lokalen Differenzierung der Verbindungsdetails enthalten

11 Rivka Oxman and Robert Oxman, "New Structuralism: Design, Engineering and Architectural Technologies," *Architectural Design* 80, no. 4 (2010), pp. 14–23.

12 Rivka Oxman, "Theory and Design in the First Digital Age," *Design Studies* 27, no. 3 (2006), pp. 229–65.

13 See Arnold Walz, "Neue Prozesse in der Planung und Ausführung von Bauwerken," *Detail: Zeitschrift für Architektur* 6 (2015), pp. 548–51.

14 See Tobias Schwinn and Achim Menges, "Fabrication Agency: Landesgartenschau Exhibition Hall," *AD Architectural Design* 85, no. 5 (2015), pp. 92–99.

15 See Fabian Scheurer et al.,"Design for Assembly: Digital Prefabrication of Complex Timber Structures," in *Beyond the Limits of Man: Proceedings of the IASS 2013 Symposium*, ed. Jan B. Obrebski and Romuald Tarczewski (Wroclaw, 2013), p. 161.

11 Oxman, Rivka/Oxman, Robert: „New Structuralism. Design, Engineering and Architectural Technologies", in: *Architectural Design* 80, 4 (2010), 14–23.

12 Oxman, Rivka: „Theory and Design in the First Digital Age", in: *Design Studies* 27, 3 (2006), 229–265.

13 Vgl. Arnold Walz, „Neue Prozesse in der Planung und Ausführung von Bauwerken", in: *Detail. Zeitschrift für Architektur* 6 (2015), 548–551.

14 Vgl. Schwinn, Tobias/Menges, Achim: „Fabrication Agency. Landesgartenschau Exhibition Hall", in: *AD Architectural Design* 85, 5 (2015), 92–99.

15 Vgl. Scheurer, Fabian et al.: „Design for Assembly – Digital Prefabrication of Complex Timber Structures", in: Obrebski, Jan B./Tarczewski, Romuald (Hg.): *Beyond the Limits of Man. Proceedings of the IASS 2013 Symposium*, Wrocław 2013, 161.

built from individual two-dimensional parts. The individual parts bear all geometric information of the global geometry in the local differentiation of the connection details. This geometric information, saved within the cutting pattern of a detail's individual parts, enables the manufacturing, joining and erection of complex freeform geometries without the need of costly and time consuming templates. Highly efficient digital manufacturing techniques such as milling for timber, or laser-cutting in steel may be used to produce and code the individual elements. The use of such joining techniques in steel structures is currently being developed by the author together with Arnold Walz from *designtoproduction* in the development of a digital steel node for complex gridshell structures (figs. 9–12).

Using digital design and manufacturing methods in its full capacity, thus also rethinking traded connection details, suddenly poses a totally new challenge to structural engineers. Now we are being challenged by the design of connection methods which are not covered by any building codes. Computationally expensive analyses with finite volume elements, including nonlinear connection and material models are necessary to the engineering of such details. While the modeling of the node may again be controlled and connected to the FEM environment through parametric design tools, it is the actual computational analysis of individual nodes which is challenging.

In this light, the commonly expressed fear that the integration of engineering software in digital design tools may make an engineer's work dispensable seems inappropriate. We may rather see that engineers are faced with exciting new challenges by integrating their basic knowledge in parametric design processes, on the one hand, and simulating highly complex structures and details on the other. In an ideal case this may lead to naturally integrated structure-form and production relationships in design and detailing of structures; both aspects that have always been true to lightweight structures. ∎

die individuellen Bauteile die gesamte geometrische Information für die Globalgeometrie. Diese zusammen mit dem Schnittmuster für die individuellen Teile eines Details abgespeicherte geometrische Information ermöglicht die Fertigung, Fügung und Montage komplexer Freiformgeometrien ohne den Einsatz kostspieliger und zeitraubender Schablonen. Hocheffiziente digitale Fertigungsverfahren wie das Fräsen (bei Holz) und das Laserschneiden (bei Stahl) können zur Produktion und Codierung individueller Bauteile eingesetzt werden. Die Verwendung solcher Verbindungstechniken bei Stahltragwerken wird derzeit vom Verfasser und Arnold Walz von *designtoproduction* in Form eines digitalen Stahlknotens für komplexe Gitterschalen entwickelt (Abb. 9–12).

Die volle Nutzung digitaler Entwurfs- und Fertigungsmethoden bis hin zum Überdenken geläufiger Verbindungsdetails stellt Bauingenieure vor völlig neue Herausforderungen. Eine solche Herausforderung besteht heute im Entwurf von Verbindungsmethoden, die durch keinerlei Bauvorschriften gedeckt sind. Für die Herstellung solcher Details sind rechnerisch aufwändige Finite-Volumen-Analysen mit nichtlinearen Kontakt- und Materialmodellen erforderlich. Während die Modellierung des Knotens auch hier wieder mittels parametrischer Entwurfswerkzeuge gesteuert und mit der FEM-Umgebung verbunden werden kann, stellt die tatsächliche computergestützte Analyse der einzelnen Knoten die eigentliche Herausforderung dar.

So gesehen ist die oft geäußerte Angst unbegründet, dass die Einbindung von Statiksoftware in digitale Entwurfswerkzeuge die Arbeit von Bauingenieuren überflüssig machen könnte. Wir dürften vielmehr erleben, dass Bauingenieure durch die Integration ihres grundlegenden Wissens in parametrische Planungsprozesse und die Simulation hochkomplexer Tragwerke und Details aufregenden neuen Herausforderungen gegenüberstehen. Im Idealfall kann dies zu natürlich integrierten Struktur-Form- und Produktionszusammenhängen beim Entwurf und in der Detailplanung von Tragwerken führen – beides Aspekte, die im Leichtbau immer schon gegolten haben. ∎

Übersetzung: Wilfried Prantner

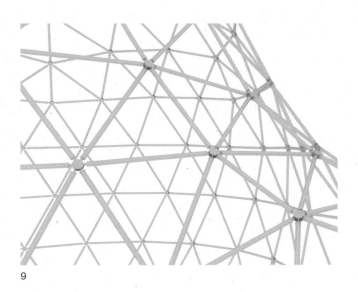

9

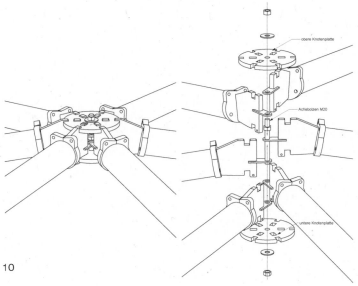

10

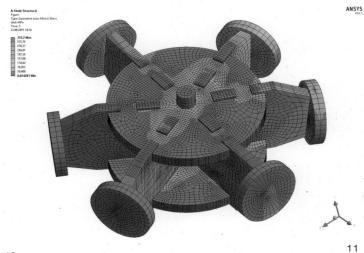

11

12

(9–12) "Saurierpark Bautzen": Concept of a digital detail by
designtoproduction and str.ucture GmbH. Material nonlinear analysis
with finite volumes and test specimen of a digital steel node. Work in
progress for an ETFE dome with Velabran GmbH | Entwurf eines digitalen
Details von designtoproduction und str.ucture GmbH. Materiell nichtlineare
Analyse mit finiten Volumen und Probestück eines digitalen Stahlknotens.
Work-in-progress für eine ETFE-Kuppel gemeinsam mit Velabran GmbH),
Stuttgart, 2015 © str.ucture GmbH

1

„Schalentragwerke aus UHPC – Dünnwandige gekrümmte Bauteile aus hochfesten Betonen für eine innovative Schalenbauweise":
Prototyp aus neun 5 cm dicken, doppelt gekrümmten UHPC Fertigteilen | "Shell Structures Made of UHPC: Thin Double-Curved Structural Elements
Made of High-Strength": Prototype made of nine five cm thick double-curved UHPC elements,
Graz, 2015 © Robert Schmid

Concrete Shells:
A Structural Adventure

Stefan Peters | Andreas Trummer
unter Mitarbeit von | in Collaboration with
Felix Amtsberg und | and Gernot Parmann

„Strukturelle Angelegenheiten" sind vor allem eines – integrativ. Sie lassen sich nicht allein durch Tragsysteme, Materialien oder ausgewählte Fertigungsverfahren erfassen, sondern sind das Ergebnis des Zusammenwirkens unterschiedlichster Disziplinen, ein Zusammenspiel verschiedenster Experten und Generalisten. Tragwerkslehre- oder Tragwerksentwurfsinstitute an Architekturfakultäten bieten einen idealen Nährboden für dieses Zusammenspiel. An der Schnittstelle zwischen Architektur und Tragwerksplanung eröffnen sie Raum für innovative Experimente und darüber hinausgehende Prototypenentwicklungen. Die Tatsache, dass Forschungen zu Fertigungsprinzipien wie beispielsweise der Robotik vermehrt Einzug in die Architekturschulen gehalten haben, erweitert die Möglichkeiten zusätzlich. Als übergeordnetes Ziel dieser Erweiterung des Themenspektrums ist die konzeptionelle Entwicklung von neuen Baupraktiken und die Neuinterpretation und Verbesserung von bewährten Bauprozessen zu nennen. Das Bauen als umfassenden Prozess vom Entwurf bis zur Fertigung und Errichtung zu verstehen, ist kein neuer Ansatz. Bedingt durch eine zunehmende Spezialisierung in der Lehre und Forschung als auch in der Bauindustrie und dem Baugewerbe in den letzten Dekaden, verlor das holistische Verständnis des Konstruierens jedoch immer mehr an Bedeutung. In seinem Beitrag „Fragwürdige Baukultur" zeichnet Fritz Leonhardt, Professor für Massivbau an der Universität Stuttgart von 1957–1974, ein durchwegs skeptisches Bild einer mangelhaften Baukultur.[1] Er sah die Lösung in der engen Zusammenarbeit und gleichberechtigten Partnerschaft von Architekten und Ingenieuren ab dem Beginn der ersten Entwurfsphase. Leonhardt konstatiert in diesem Zusammenhang deutliche Schwächen in der Ingenieur- und Architekturausbildung. Bei den Ingenieuren den besonderen Lehrschwerpunkt im Bereich von Mechanik und Statik, bei den Architekten die fehlende Vorbereitung auf die Zusammenarbeit mit Fachingenieuren. Auch die Berufsbezeichnung Statiker oder Tragwerksplaner artikuliert laut Leonhardt ein beschränktes Tätigkeitsfeld, wo vielmehr generalistische Aspekte vorherrschen: „Baustoffkunde, Bauphysik, Bodenmechanik, Tragwerkslehre, die Baumethoden bis hin zum Handwerklichen muss der gute Ingenieur beherrschen."[2] Vor dem Hintergrund digitaler Fertigungsmöglichkeiten und parametrischer Planungstools, die unter dem Begriff des „,Neostrukturalismus' digitaler Prägung"[3] diskutiert werden, erweitert sich dieses Handlungsfeld nochmals.

Die Potenziale integrativer Innovationen sind am Institut für Tragwerksentwurf (ITE) der Technischen Universität Graz in den vergangenen Jahren zu Experimenten und Prototypenentwicklungen im Bereich des Betonschalenbaus sowie zur Konzeptionierung neuer Fertigungsprinzipien genutzt worden, die im Folgenden genauer dargestellt werden.

Betonschalen. Der Werkstoff Beton und sein Einsatz in den letzten 100 Jahren hat die Baukultur weltweit über die Maßen beeinflusst. Obwohl Zement und Zuschlagsstoffe regional gewonnen werden, ist die Verbindung von Stahl und Beton und die dazugehörige Schalungstechnik heute zu einer Selbstverständlichkeit geworden, die weltweit unterschiedlichen regionalen Bedürfnissen angepasst wird. So ist Beton nicht nur mengenmäßig eines der meistgenutzten Verbrauchsgüter, auch baukulturell hat Ortbeton regionale Bautraditionen überholt und bietet gemeinsam mit der Schalungs- und Rüsttechnik ein globales Werkzeug zur schnellen und robusten Errichtung von Infrastrukturen.

Die Schalenbauweise ist dabei die Königsdisziplin des Stahlbetonbaus. Die grundsätzlich freie Formbarkeit und die wirtschaftliche Erstellung eines Verbundwerkstoffes direkt vor Ort sind Eigenschaften, die keine andere Bauweise mit sich bringt. Durch die richtige Formgebung und die dadurch günstige Beanspruchung aus überwiegend Membrankräften lassen sich mit Stahlbeton sehr große Schlankheiten und damit hohe Materialeffizienzen realisieren. Beide Charakteristika unterscheiden sich in hohem Maße von biegebeanspruchten Standard-Stahlbetonbauteilen, wie sie für einen Großteil der Bauaufgaben eingesetzt werden. Jedoch ist zu beobachten, dass die Blütezeit der Betonschalenkonstruktionen anscheinend längst vorüber ist. In der Regel wird der baugeschichtliche Niedergang der Stahlbetonschalen mit den hohen Herstellkosten in Verbindung gebracht.[4] Illustrierend hierfür ist die Tatsache, dass fast alle der über 800 Bauten von Felix Candela im Zeitraum der 1950–60er Jahre realisiert wurden und für das Ende dieses Booms vor allem die steigenden Mindestlöhne in Mexiko Mitte der 1960er verantwortlich gemacht werden. Die Kosten für die Erstellung aufwendiger, arbeitszeitintensiver Großschalungen stehen somit in einem ungünstigen Verhältnis zu dem eigentlich niedrigpreisigen Werkstoff Stahlbeton. Hinzu kommt, dass die Schalungskonstruktionen nach dem einmaligen Herstellprozess in der Regel nicht wiederverwendet werden können.

1 Leonhardt, Fritz: „Fragwürdige Baukultur", in: ders./Ziesel, Wolfdietrich (Hg.): *IngenieurBauKunst*, Wiener Akademiereihe, Bd. 26, Wien 1989, 30–44.

2 Ebd., 39.

3 Valena, Tomáš: „Strukturalismus reloaded?", in: Wagner, Anselm/Senarclens de Grancy, Antje (Hg.): *Was bleibt von der „Grazer Schule"?*, Berlin 2012, 202–213, hier 208.

4 Vgl. Michel, Matthias/Knaack, Ulrich: „Grundlagen zur Entwicklung adaptiver Schalungssysteme für frei geformte Betonschalen und Wände", in: *Bautechnik* 91,12 (2014), 845–853, hier 846.

"Structural affairs" are first and foremost one thing: integrative. They cannot be understood to be just load-bearing systems, materials, or specific production methods but are actually the result of an interplay between divergent disciplines, a synergy between various experts and all-rounders. Structural

2

Heinz Isler, Norwich Aquapark: Ausführung einer Schale in Ortbetonbauweise. Heinz Isler (Vordergrund) mit dem Bauunternehmer Heinz Bösiger (links) | Construction of a shell using in-situ concrete. Heinz Isler (front) together with the contractor Heinz Bösiger (left), Norwich/UK, 1990 © John Chilton

design or structural design institutes in architecture departments provide an ideal breeding ground for this synergy. At the juncture between architecture and structural-design planning, structural affairs fosters space for innovative experiments and even for prototype development. The fact that research on production principles like robotics has increasingly made inroads into architecture schools further enhances the possibilities. Worth naming here as an overarching goal of this expansion of the thematic spectrum is the conceptual development of new building practices and the reinterpretation and improvement of established construction processes. Building as a comprehensive process ranging from design to production and construction is not a new approach. Yet due to increasing specialization over recent decades in teaching and research, but also in the building industry and the construction business, the holistic conception of building has continued to lose meaning over time. In his contribution "Fragwürdige Baukultur" (Questionable Building Culture), Fritz Leonhardt, professor of solid construction at the University of Stuttgart from 1957 to 1974, sketches a consistently skeptical picture of a flawed building culture.[1] He saw the solution in the close collaboration and balanced partnership between architects and engineers starting from the very beginning of the design phase. In this context, Leonhardt identified clear deficiencies in the education of engineers and architects: for engineers, the special teaching emphasis in the fields of mechanics and statics, and for the architects, the failure to prepare them for collaboration with specialized engineers. Moreover, the professional designations "structural designer" or "structural engineer" articulate a limited field of activity, according to Leonhardt, where more generalized aspects actually prevail: "materials science, building physics, soil mechanics, structural design—a good engineer must master all building methods, including craftsmanship."[2] Against the backdrop of digital production methods and parametric planning tools, which are discussed under the umbrella term "'neo-structuralism' of a digital nature,"[3] this space of agency expands yet more.

1 Fritz Leonhardt, "Fragwürdige Baukultur," in *IngenieurBauKunst*, ed. Fritz Leonhardt and Wolfdietrich Ziesel, vol. 26: *Wiener Akademiereihe* (Vienna, 1989), pp. 30–44.

2 Ibid., p. 39.

3 Tomáš Valena, "Strukturalismus reloaded?," in *Was bleibt von der „Grazer Schule"?*, ed. Anselm Wagner and Antje Senarclens de Grancy (Berlin, 2012), pp. 202–13, esp. p. 208.

Baugeschichtlich betrachtet erlaubten bereits die Entwicklung des Gewölbebaus und die dazu erforderlichen Techniken des Gerüstbaus die Loslösung von natürlich begrenzten Bauteilgrößen zur Überbrückung großer Spannweiten. Damit gelang ein revolutionärer Schritt in der Baukultur. Zur Herstellung von Steingewölben dienten Bausätze individuell bearbeiteter Natursteine, die quasi fugenlos aneinandergesetzt an ihren Kontaktflächen Kräfte von Stein zu Stein durch die Struktur ableiteten. Erst die Entwicklung des Betons und folgend des Stahlbetons führte zu einer signifikanten Veränderung dieser Bauweise. Die Betongusstechnik erlaubt den Bau von fugenlosen, gegossenen dünnwandigen und biegesteifen Schalenbauwerken (Abb. 2). Nicht umsonst bezeichnete der Schweizer Ingenieur Heinz Isler, der sein Arbeitsleben vorrangig den Betonschalen widmete, die dünnwandige steife Schalenmembran als „das leistungsfähigste Konstruktionsprinzip im stofflichen Universum."[5] Zur Realisierung dieser Schalentragwerke ist aber – sofern man die möglichen Herstellungsmethoden nicht auf das Verfahren von aufgeschütteten Erdhügeln als Schalungsunterseite reduzieren will – zum einen sowohl ein Gerüst als auch eine tragende, doppelt gekrümmte Schalung notwendig (Abb. 3).

Die Geschichte des Schalenbaus wird diesbezüglich durch die kreative Suche nach effektiven Bauweisen und wirtschaftlichen Herstellungsverfahren geprägt. Stellvertretend für die Pionierarbeit der Entwicklung der ersten dünnen Betonschale stehen die von Walther Bauersfeld, Franz Dischinger und der Baufirma Dyckerhoff & Widmann entwickelten Netzwerkkuppeln mit Spritzbetonauftrag. Durch die Konzeption eines Stabgitters aus dreieckigen Maschen und extrem dünnen Stahlstäben gelang der Bau eines formgebenden, mittragenden, „verlorenen Gerüsts", das gleichzeitig leicht, stabil und zudem einer der Vorläufer der modernen Gitterschalen war. In Verbindung mit einem feinmaschigen Drahtgewebe und dem neu entwickelten Torkret-Verfahren wurden die nur wenige Zentimeter dicken Betonschalen aufgespritzt. Die notwendige innere Abschalung wurde aus großformatigen, versetzbaren Holzschalungsfeldern gebildet (Abb. 4).

Pier Luigi Nervi (1891–1979) schlug einen alternativen Weg ein. Nach der Gründung einer eigenen Baufirma im Jahre 1920 entwickelte Nervi eine Bauweise für Schalentragwerke, die auf den Einsatz von Halbfertigteilen aus Beton setzte. Die Fertigteile wurden auf einem Gerüst versetzt und die Fugen mit Ortbeton vergossen. Aus 30 Jahren Tätigkeit resümiert Nervi: „Die Vorfertigung scheint mir immer noch die Bauart zu sein, die strukturmäßig und architektonisch die meisten Mög-

lichkeiten bietet."[6] Die realisierten, teilweise oder gänzlich vorgefertigten Schalen, wie beispielsweise die Sporthalle Palazzetto dello Sport von 1956/57, verdeutlichen das technische und gestalterische Potenzial dieser Bauweise (Abb. 5).

Ein weiterer Ansatz ergab sich Mitte des 20. Jahrhunderts durch die Nutzung von Luftdruck in Verbindung mit textilen Schalhäuten. Im Jahr 1942 wurde Wallace Neff das Patent zu einer pneumatisch gestützten Schalung erteilt. Bei diesem Verfahren wird eine Schalhaut durch Überdruck in Form gebracht und der Beton mittels Torkretieren auf die Schalung aufgebracht. Dieses Verfahren, das über 1.200 Schalen hervorbrachte,[7] beeinflusste über Dekaden die Entwicklung weiterer Ingenieure wie Haim Heifetz oder Heinz Isler. Sowohl durch Heifetz' „Domecrete-Verfahren" als auch durch die Entwicklungen von Isler, die sich nicht nur mit der Produktion von Membranschalungen, sondern auch mit innovativen Verfahren zur Formfindung durch Hängemodelle auseinandersetzten, konnten Betonschalen schnell und wirtschaftlich in großen Mengen realisiert werden. Die vielen Beispiele von Schalentragwerken für Gewerbe- und Industrieanwendungen, die als Zeichen einer markttauglichen Lösung verstanden werden können, zeigen das Potenzial dieser neuen Möglichkeiten auf. Gleichzeitig führen aber

5 Isler, Heinz: „Moderner Schalenbau", in: *Arcus* 18 (1992), 50–66, hier 50.

6 Pier Luigi Nervi, zitiert nach Rühle, Herrmann: „Wie wurden Schalen gebaut? Ein erlebter Rückblick", in: *Arcus* 18 (1992), 32–49, hier 42.

7 Vgl. Sobek, Werner: *Auf pneumatisch gestützten Schalungen hergestellte Betonschalen*, Stuttgart 1987, 9.

3

Heinz Isler, Tennishalle Düdingen: Lehrgerüst und Grundstruktur einer mehrfach verwendbaren, doppelt gekrümmten Schalung | Falsework and basic structure of a multiple-use, double-curved shell, Düdingen, 1978 © gta Archiv, ETH Zürich: Nachlass Heinz Isler

4

Dyckerhoff und Widmann/Ingenieur Franz Dischinger, Zeiss-Planetarium:
Grundgerüst einer torkretierten Netzwerkkuppel |
Skeletal structure of a gunited networked dome, Jena, 1925
© Archiv Frank Döbert, Jena

In fact, the shell-building approach is the supreme discipline of reinforced concrete construction. Its fundamentally free formability and the economical production of a composite material directly on site are qualities that no other construction method can match. The correct molding and the resulting favorable strain mostly from membrane forces make it possible to create very thin elements using reinforced concrete, which results in high states of material efficiency. Both characteristics strongly differ from standard reinforced concrete constructions that are subjected to bending stress as are used in most construction projects. However, it must be noted that the heyday of concrete shell construction has apparently long since passed. In general, the architectural decline of reinforced-concrete shells is associated with high production costs.[4] This is illustrated by the fact that almost all of the eight hundred plus buildings by Felix Candela were built in the time frame of the 1950s and 1960s, and that the growing minimum wage in Mexico during the 1960s was made responsible for the end of this boom in particular. The costs related to producing elaborate, work-intensive, large-scale formwork were thus incommensurate with the actual low-price material of reinforced concrete. What is more, the formwork constructions could not usually be reused after the unique production process.

From an architectural-historical perspective, the development of vault construction and the related framing techniques allowed for a departure from naturally limited element sizes when bridging large spans. This represented a revolutionary step in building culture. In constructing stone vaults, building kits made of individually processed natural stone were implemented, placed almost seamlessly along their contact surfaces and thus channeling force from stone to stone throughout the structure. It was not until the invention of concrete and, subsequently, also reinforced concrete that a significant change in this building approach evolved. Concrete casting technology allowed for the construction of seamless, cast, thin-walled, and bend-proof shell structures (fig. 2). It was not without reason that the Swiss engineer Heinz Isler, who primarily devoted his work life to concrete shell structures, called the thin-walled, rigid shell membranes "the most capable construction principle in the material universe."[5] However, when building such shell

In the Institute of Structural Design (ITE) at Graz University of Technology, the potentials presented by integrative innovation have been applied in recent years to experiments and prototype development in the field of concrete shell construction and also to the conceptualization of new production principles, which will be presented in more detail in the following.

Concrete Shells. Concrete as a material and its implementation over the past one hundred years has influenced building culture almost beyond measure. Although cement and aggregates are obtained regionally, the connection between steel and concrete, and the related formwork technology, has today become absolutely standard and adapted to different regional needs throughout the world. As such, concrete is not only one of the most used commodities in terms of volume. When it comes to building culture, in-situ concrete has superseded regional building traditions and offers, together with formwork and scaffolding technology, a global tool for quickly erecting robust infrastructures.

4   See Matthias Michel and Ulrich Knaack, "Grundlagen zur Entwicklung adaptiver Schalungssysteme für frei geformte Betonschalen und Wände," *Bautechnik* 91, no. 12 (2014), pp. 845–53, esp. p. 846.

5   Heinz Isler, "Moderner Schalenbau," *Arcus* 18 (1992), pp. 50–66, esp. p. 50.

5
Pier Luigi Nervi, Palazzetto dello Sport: „Ferrozement" – Elemente | elements, Rom | Rome, 1956–57
© MAXXI Museo Nazionale Delle Arti Del XXI Secolo, Roma, MAXXI Architecture Collection. Pier Luigi Nervi Archive

die Randbedingungen einer durch Pneumatik oder durch physische Modellbildung erzeugten Formensprache auch zu Einschränkungen in der individuellen architektonischen Gestaltung.

Besonders vor dem Hintergrund des Aufblühens der Stahlgitterschalen in den letzten beiden Dekaden kann festgehalten werden, dass weniger die Schalenbauweise selbst, sondern vielmehr die Entwurfs- und Produktionsbedingungen ausschlaggebend für die Akzeptanz einer Bauweise sind. Doppelt gekrümmte Stahlgitterschalen sind längst zu einem eigenen hochentwickelten Element in der Architektur geworden, insbesondere für schlanke weit gespannte Dachkonstruktionen (Abb. 6). Die Konstruktionen überzeugen durch Eleganz und Leichtigkeit, ihre Verbreitung ist aber bei näherer Betrachtung nicht durch eine besonders kostengünstige Herstellung zu begründen. Hochpräzise Bausätze aus individuell gefrästen und geschraubten Stahlteilen, welche meist auf große Gerüstkonstruktionen für die Errichtung angewiesen sind, bringen Baukosten mit sich, zu denen auch der Bau von Stahlbetonschalen bei Weitem möglich zu sein scheint.

Die Verbreitung der Stahlgitterschalen geht einher mit der Entwicklung digitaler Planungswerkzeuge. Zum einen ermöglichen heute digitale Entwurfsprozesse vielfältigere Schalenformen, die während der Ära der Betonschalen noch nicht

möglich waren. Zum anderen ermöglichen parametrisch aufgebaute Werkstattzeichnungssätze die schlafwandlerisch sichere Verwaltung zigtausender, in ihren Abmessungen individuelle Bauteile wie Knoten, Stäbe oder Glasscheiben innerhalb eines Projekts.

Schalentragwerke aus UHPC. Auf Seiten der Betontechnologie sind ultrahochfeste Betone (UHPC) eine der wesentlichen Innovationen der letzten Jahrzehnte. Hohe Druckfestigkeiten und ein überaus dichtes Gefüge schaffen ideale Voraussetzungen für ihren Einsatz bei filigranen vorgefertigten Bauteilen. Die Vorteile liegen auf der Hand: Das dichte Gefüge erhöht die Robustheit und den Widerstand gegen chemische und klimatische Einwirkungen. Die hohe Festigkeit erlaubt die Reduktion des Materialverbrauchs und weist damit ein globales ressourcenschonendes Potenzial auf. Angesichts dieser Vorteile stellt sich auch die Frage nach effektiveren Entwurfs- und Fertigungsprozessen, also genauer gesagt nach Formgebungsverfahren für Beton, die geometrisch individuelle Entwurfsansätze und materialgerechte Konstruktionsweisen vereinen.

Die oben beschriebenen Umstände waren die zentrale Motivation am Institut für Tragwerksentwurf (ITE), an neuartigen Bauweisen für Betonschalen zu forschen, mit dem Ziel, diese Bauweise zurück in den Fokus von Planern und ausführenden Firmen zu rücken. In einem von der österreichischen Forschungsförderungsgesellschaft (FFG) geförderten Projekt mit dem Titel „Schalentragwerke aus UHPC – Dünnwandige gekrümmte Bauteile aus hochfesten Betonen für eine ressourcenschonende innovative Schalenbauweise" wurde dazu ein Fertigungsprozess entworfen, der die Nutzung eines Industrieroboters für die Fertigung und die Verwendung neuer Materialien wie hochfesten Beton und Carbonbewehrung vorsieht. Die

6
Murphy Jahn Architects/Werner Sobek Group/seele group, Engelsmann beratende Ingenieure, Mansueto Library: Stahl-Glas-Gitterscha Steel-glass grid shells, Chicago, 2011 © Rainer Viertlböck

structures it is necessary—so long as the objective is not to reduce the feasible production methods to the process of using heaped earthen mounds as a formwork base—to have both framing and supporting, double-curved formwork (fig. 3).

In this respect, the history of shell construction has been impacted by the creative quest for effective construction methods and economical production techniques. Representative of the pioneering work in the development of the first thin concrete shells are the gridshell domes made using shotcrete designed by Walther Bauersfeld, Franz Dischinger, and the construction firm Dyckerhoff & Widmann. Thanks to the concept of a bar grate featuring triangular mesh and extremely thin steel rods, it became possible to construct a form-lending, load-sharing "lost framework" that was simultaneously light, stable, and also one of the precursors to modern grid shells. In connection with a finely woven wire mesh and the newly developed gunite method, concrete shells just a few centimeters thick were molded. The necessary inner formwork was created from large-format, adjustable segments of timber formwork (fig. 4).

Pier Luigi Nervi (1891–1979) took an alternate path. After founding his own construction company in the year 1920, Nervi developed a method of building shell structures that was based on the use of semi-finished concrete elements. These precast elements were moved to a frame and the joints were filled with in-situ concrete. After thirty years of working in this field, Nervi remarked: "Prefabrication still seems to be the only building practice to offer the most possibilities both structurally and architecturally."[6] The realized shells, in part or totally prefabricated, such as the sports arena Palazzetto dello Sport of 1956–57, illustrate the technical and design-related potential of this building method (fig. 5).

Another approach evolved in the mid-twentieth century through the implementation of air pressure in conjunction with fabric formwork shells. In the year 1942, Wallace Neff obtained a patent for pneumatically supported formwork. This method involves using excess pressure to shape a formwork shell before using guniting to apply the concrete to the formwork. This process has given rise to over 1,200 shells[7] and influenced the development of other engineers for decades, including Haim Heifetz and Heinz Isler. Concrete shells could be produced quickly and economically in large batches using Heifetz's "Domecrete method" or developments by Isler, which explored not only the production of membrane formwork but also innovative form-finding techniques using suspended models. The many examples

of shell structures for commercial and industrial applications, which may be considered the sign of a market-feasible solution, illustrate the potential of these new possibilities. Yet at the same time, the edge conditions of a form language engendered through pneumatics or physical modeling also lead to limitations in terms of individual architectural design.

Especially considering the rise of steel grid shells over the past two decades, it should be noted that the design and production conditions, rather than the shell-building method itself, are decisive for the acceptance of a building approach. Double-curved steel grid shells have long since become an autonomous, highly development element in the context of architecture, especially for use in thin, broadly spanned roof constructions (fig. 6). These structures are convincing thanks to their elegance and lightness, though upon closer consideration their prevalence cannot be explained by production costs that are particularly inexpensive. Highly precise building kits comprised of individually milled and bolted steel parts, which are usually reliant upon frame construction during the building process, go hand in hand with certain construction costs, with reinforced-concrete shells clearly counting among them.

The prevalence of steel grid shells has been accompanied by the development of digital planning tools. On the one hand, today's digital design processes enable the creation of more diversified shell forms that were not possible during the era of concrete shells. On the other hand, parametrically structured blueprints facilitate the absolutely secure administration of umpteen thousands of dimensionally individualized structural components like nodes, rods, or panes of glass within a project.

Shell Structures Made of UHPC. From the perspective of concrete technology, ultra-high performance concrete (UHPC) is one of the most significant innovations of recent decades. High-pressure resistance and an especially dense texture provide the ideal preconditions for its implementation in more delicate precast structural elements. The advantages are quite obvious: the dense texture heightens robustness and the resistance against chemical and climatic exposure. The high strength enables a reduction of material use and thus demonstrates global resource-saving potential. In view of these advantages, the question arises as to which design and production

6   Pier Luigi Nervi, cited in Herrmann Rühle, "Wie wurden Schalen gebaut? Ein erlebter Rückblick," *Arcus* 18 (1992), pp. 32–49, esp. p. 42.

7   See Werner Sobek, *Auf pneumatisch gestützten Schalungen hergestellte Betonschalen* (Stuttgart, 1987), p. 9.

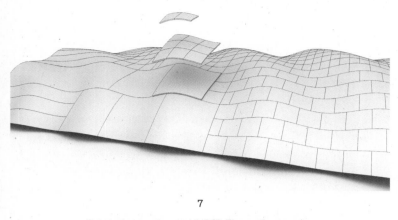

7

Schalentragwerke aus UHPC": Elementierung einer
Freiformgeometrie und Auswahl eines zu realisierenden Mockups |
"Shell Structures Made of UHPC": Concrete element management
of free-from geometry and selection of a mock-up,
Graz, 2014 © ITE, TU Graz

Forschungen werden auf Basis der Zusammenarbeit mit einem
großen Konsortium mit Partnern der Technischen Universität
Graz (TU Graz) als auch aus der Industrie betrieben. Die Zusammensetzung der Akteure zeigt das breite Spektrum, das für
Entwicklungen dieser Art notwendig ist: Architekten, Tragwerksplaner, Materialtechnologen, Roboterentwickler, ausführende Firmen sowie verschiedene materialproduzierende Unternehmen. Vor allem die Koordination der Teilnehmer sowie
die Zusammenführung der einzelnen Innovationspotenziale
sind ein wesentlicher Aspekt, der die Gestaltung dieses erfolgreichen Projektes mitbestimmt.

Die Grundidee des Projekts war es, Betonschalen
nicht am Stück vor Ort auf einer großen besonders aufwendigen
Schalungskonstruktion zu betonieren, sondern aus präzisen Fertigteilen zusammenzusetzen. Dies bedingt zunächst eine Unterteilung der doppelt gekrümmten Flächen in Einzelteile, deren
Abmessungen sich an Transport- bzw. im vorliegenden Fall an
Laborrandbedingungen orientieren. Setzt man voraus, dass es
sich um freie Geometrien ohne einen bestimmten Symmetrie-
bezug handelt, so ergibt das schnell eine hohe Anzahl an geometrisch individuellen Einzelteilen ohne Wiederholungen (Abb. 7).
Sobald Betongussformen sich aber nicht mehr aus ebenen Schal-
tafeln zusammensetzen lassen, gewinnt die Frage nach der Herstellung der Form an Bedeutung.

Variabler Formtisch für Fertigteile. Konventionel-
lerweise würden die Schalungen für die zu gießenden gekrümmten Betonplatten aus extrudierten Kunststoffen gefräst werden.
Dies hat aber den Nachteil, dass für jedes Element eine zweitei-
lige Schalung aufwendig hergestellt wird, die nach dem einmaligen Betoniervorgang nicht mehr benötigt bzw. entsorgt wird.
Der Vergleich mit Erfahrungswerten aus anderen Projekten hat
gezeigt, dass diese Vorgangsweise nicht nur im Hinblick auf den
Ressourcenverbrauch, sondern vor allem auch wirtschaftlich sehr
ungünstig ist. Insbesondere die zum Erreichen einer Sichtbeton-
qualität notwendige Schalungsoberfläche bedingt lange Fräs-

zeiten und erzeugt somit hohe Herstellungskosten. Aus diesen
Gründen wurde im Projekt die Idee eines verstellbaren Form-
tisches favorisiert, welcher möglichst einfach die Erzeugung unterschiedlicher doppelt gekrümmter Oberflächen ermöglichen
sollte. Es war von Anfang an ein zentrales Ziel, ein einfaches
und robustes Werkzeug zu schaffen, welches die raue Umgebung
eines Fertigteilwerkes lange Zeit unbeschadet würde überstehen
können. Damit waren alle Varianten mit einer großen Vielzahl
kleiner, vermeintlich anfälliger, elektrischer oder hydraulischer
Antriebe bereits von vorneherein ausgeschieden.

Untersucht wurden letztendlich zwei Varianten: Ein
sogenannter Spindeltisch und ein sogenanntes Pixelfeld. Beide
jeweils motorisch extern durch einen Industrieroboter angetrieben bzw. verstellbar. Der Industrieroboter ist technisch losgelöst
von der Schalung und im weiteren Fertigungsablauf auch für
andere Arbeitsvorgänge einsetzbar. Beim Spindeltisch ist eine
elastisch verformbare Oberfläche mit gelenkig gelagerten Köpfen fest verbunden. Diese Köpfe sind wiederum an Spindeln be-
festigt, die in gleichen geeigneten Abständen ein orthogonales
Feld ergeben. Durch das Verfahren der Spindelköpfe in ihrer
Längsachse wird diese Oberfläche zwangsverformt, um eine
doppelte Krümmung zu erzeugen (Abb. 8–11). Als Oberflächen-
material wurden Bleche, Holzwerkstoffe, Elastomerplatten und
mineralisch gebundene Platten untersucht.

Das Pixelfeld ist hingegen aus einzelnen Kunststoff-
stäben mit quadratischem Querschnitt, den sogenannten Pixeln,
zusammengesetzt, welche in Stablängsrichtung einzeln verschieb-
bar sind (Abb. 9). Orientierende Versuche brachten die Er-
kenntnis, dass mit dem Konzept des Pixelfeldes in erheblich
kürzerer Zeit kontrollierbare Ergebnisse erzielt werden würden.
Die Möglichkeit zur exakten Einstellung zweiachsiger Krümmungen, beeinflusst durch die Biegesteifigkeit des Oberflächen-
materials und den Abstand der Spindeln, wurde bei der technisch hochinteressanten Lösung des Spindeltisches nicht im
Zeitrahmen des Forschungsprojektes erwartet.

Bei der Variante Pixelfeld verschiebt ein Industrieroboter Kunststoffstäbe in horizontaler Richtung um eine Fertig-
teilgeometrie einzustellen. Die dann fixierten Pixel dienen in
weiterer Folge als Untergrund für eine elastische Schalhaut. Im
vorliegenden Fall wurde dafür eine 10 mm dicke Elastomermatte mit Shore-Härte SH 40 verwendet (Abb. 8). Überlegungen
zur möglichst schnellen Wiederverwendung der Universalscha-
lung sowie zur Trennung dieser mechanischen Vorrichtung von
dem Betoniervorgang machten die Einführung eines zusätzlichen Arbeitsschrittes in dem angestrebten Verfahren sinnvoll:
Die Abnahme von Formen aus Quarzsand. Dabei wird auf die
Elastomermatte eine Schicht aus gebundenem Formsand, wie
er normalerweise in der Gießereitechnik verwendet wird, auf-

processes would be more effective, that is, which concrete-related form-finding processes successfully unite geometrically unique design approaches and materially sound construction methods.

The circumstances described above were the primary motivation for conducting research at the Institute of Structural Design (ITE) on new structural approaches for designing concrete shells, with the objective of moving this construction method back into the focus of architects and collaborating companies. In one of the projects supported by the Austrian Research Promotion Agency (FFG), titled "Shell Structures Made of UHPC: Thin Double-Curved Structural Elements Made of High-Strength Concrete for an Innovative, Resource-Saving Shell-Building Method," a production process was designed that provides for the use of an industrial robot in manufacturing and the application of new materials like high-strength concrete and carbon reinforcement. Research is being conducted on the basis of collaboration within a large consortium with partners from Graz University of Technology and the building industry. The constellation of involved individuals indicates what a broad spectrum is necessary for such developments: architects, structural design planners, materials technologists, robot designers, executing companies, and various material-producing firms. Especially the coordination of participants and the joining of individual innovation potentials are essential aspects that have helped to shape the design of this successful project.

The basic idea of the project was not to go ahead and produce concrete shells on site in a large, especially elaborate formwork construction, but rather to assemble it from precisely produced prefabricated elements. This initially involved dividing the double-curved surfaces into individual components with dimensions aligned to transport conditions or, in this particular case, to laboratory conditions. If we assume that we are dealing with free geometric forms without any specific symmetrical relations, then a high number of geometrically unique component parts will result without repetition (fig. 7). Yet once concrete molds can no longer be assembled from planar formwork panels, the question of producing this form gains in importance.

Variable Molding Table for Precast Elements. Conventionally, formwork for the yet-to-be-poured, curved concrete slabs were milled from extruded plastics. However, this has the disadvantage that two-part formwork must be elaborately produced for each element, which is then no longer needed after a single concrete-pouring process and must be discarded. A comparison with experience gained from other projects has shown that this approach is very unfavorable, not only in terms of resource consumption, but even more so from the perspective of economics. Especially the formwork surface necessary for attaining high-quality exposed concrete requires long milling periods, which thus significantly ups the production costs. It is for this reason that our project favors the idea of an adjustable molding table that is designed to facilitate the creation of different double-curved surfaces as efficiently as possible. One of the main goals from the outset was to create a simple and robust tool that can withstand the rough environment of a facility producing prefabricated elements for extended periods of time without wear and tear. Thus, all variants with a large number of small, surely more susceptible electric or hydraulic drive systems were eliminated from the very beginning.

Two variants were ultimately investigated: a so-called pinfield and a so-called pixel field. Both are externally controllable or adjustable via an industrial robot. This industrial robot is technically detached from the formwork and implementable for other work processes in the subsequent production stages. The pinfield features an elastically formable surface connected to flexibly mounted heads. These heads, in turn, are attached to evenly distributed threaded pins resulting in an orthogonal field. This constellation of pin nodes in their longitudinal axis forces the surface to become deformed in order to generate a double curvature (fig. 8–11). Various surface materials were explored, including sheet metal, wooden composites, elastometer panels, and mineral-bound panels.

The pixel field, by contrast, consists of individual plastic rods with a square cross-section profile, the so-called pixels, which are each slidable along the longitudinal section of the rod (fig. 9). Explorative attempts arrived at the awareness that the pixel field concept would be able to obtain more controllable results in a much shorter time frame. The possibility of precisely adjusting biaxial curvatures, influenced by the flexural rigidity of the surface material and the spacing between the threaded pins, in this highly interesting technical solution had not been anticipated during the time frame set for the research project.

In the case of the pixel field scenario, an industrial robot moves plastic rods in a horizontal direction with the aim of adjusting a prefabricated geometric element. The pixels set in this way in turn serve as the base for an elastic formwork shell. In this particular case, a ten-millimeter-thick elastomer mat with a Shore hardness of SH 40 was used (fig. 8). Reflection on the very quickest reuse of the universal formwork and on the separation of this mechanical device from the concrete-laying process showed that it would make sense to add an additional step in the envisaged system: the integration of forms

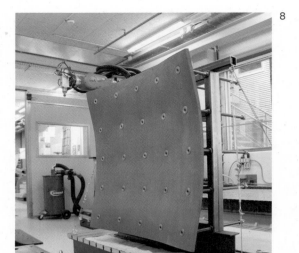

8

9

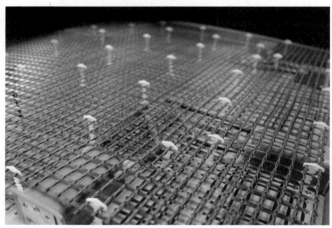

10

11

(8–11) „Schalentragwerke aus UHPC":
(8) Spindeltisch mit einer 25 mm dicken Elastomermatte, SH 40
(9) Pixelfeld vor dem Abformen
(10) CFK Bewehrungskorb
(11) Fertige Formhälften vor dem Verschließen, Graz, 2014 © TU Graz

(8–11) "Shell Structures Made of UHPC":
(8) Threaded pin framework with a twenty-five-millimeter-thick elastomer mat, SH 40
(9) Pixel field prior to molding
(10) CFRP reinforcement grid
(11) Completed half mold before closure, Graz, 2014 © TU Graz

gebracht und verdichtet. Diese Maßnahme hat mehrere Vorteile: Der Formsand ist schnell abbindend und belegt daher den Formtisch nur kurz. So kann dieser nach kurzer Zeit wiederverwendet werden, bei gleichzeitiger Wiederverwendbarkeit des Formsandes. Die erzielte Oberflächenqualität ist sehr hoch. Die ausgehärteten Sandformen bieten eine vergleichsweise hohe Festigkeit und sind durch eine zusätzliche Verstärkung in Form einer Holzunterkonstruktion aus Brettsperrholz ohne weiteres transportierbar. Gleichzeitig bieten sie die Möglichkeit mittels Holzschrauben Aussparungselemente für Einbauteile einfach zu befestigen. Nach heutigem Kenntnisstand besteht die begründete Hoffnung, damit ein Schalmaterial gefunden zu haben, das die Möglichkeiten der Sichtbetonherstellung ganz grundsätzlich erweitern wird (Abb. 11).

Die Randabschalung der zweiteiligen Sandformen erfolgt durch ein Elastomervollprofil, welches über Stahldorne in seiner Lage fixiert wird und ein Aufmaß an den Elementfugen von 5–10 mm erzeugt. Betoniert werden die Elemente schließlich stehend, das heißt, einer der Ränder bleibt ohne Abschalung und dient als Einfüllöffnung. Als Beton kommt ein stahlfaserbewehrter UHPC mit dem Bindemittel Nanodur Compound 5941 der Firma Dyckerhoff zum Einsatz, welcher mit einer zweilagigen Kohlefasergelegebewehrung kombiniert wird. Um die Gelege möglichst präzise in ihrer Lage mit 5 mm Abstand zur Oberfläche zu fixieren, wurden eigens für das Projekt Abstandhalter entwickelt, welche elastisch zwischen die Oberflächen der Sandformen geklemmt werden konnten (Abb. 10).

Da es sich um eine prototypische Anwendung handelt, wurden alle Halter mit einem 3D-Drucker aus dem Material Polyactide (PLA) ausgedruckt. Die auf diese Weise hergestellten Schalenelemente verblieben nach dem Betonieren für mindestens einen Tag in ihren Schalungen und wurden zunächst zwischengelagert.

Verbindung. Alternative Konzepte sind auch für das Fügen von schlanken, hochfesten Betonfertigteilen notwendig. Herkömmliche Vergussmethoden, wie sie Nervi praktizierte, werden weder den Materialeigenschaften des UHPC noch dem ästhetischen Anspruch gerecht. Vielmehr muss man Anleihen bei den historischen Steinmetzarbeiten im Gewölbebau nehmen, die eine Kraftübertragung an den Kontaktflächen zulässt. Im Vergleich zu historischen Gewölben, die ihre Gesamtstabilität aus vergleichsweise hohen Bauteildicken, dem hohen Eigengewicht und der damit verbundenen „Vordrückung" des Systems schöpften, wird die fehlende Auflast durch eine mechanische Vorspannung der Fugen, wie aus dem Betonbau bekannt, ersetzt. Voraussetzung ist zunächst eine sehr genaue Passung der einzelnen Elemente zueinander. Der nächste Arbeitsschritt ist daher von wesentlicher Bedeutung für die Präzision der Fertig-

made of silica sand. Here, a layer of thickened molding sand, as is customarily used in casting techniques, is applied to the elastomer mat and solidified. This measure has several advantages: the molding sand quickly sets and thus only briefly occupies the molding table, which means that both the table and the molding sand can be reused after just a very short time. The targeted surface quality is very high. The hardened sand molds offer comparatively high stability and are easily transportable with additional reinforcement through a wooden substructure fashioned from plywood. At the same time, they make it possible to effortlessly fasten recessed elements for embedded parts with wooden screws. According to what we know today, there is genuine hope that a material for molds has been found that will absolutely expand the possibilities inherent to exposed-concrete production in a fundamental way (fig. 11).

The edge formwork of the two-part sand molds is created using an elastomer section that is fixed in place with steel spikes and takes on dimensions along the element joints of five to ten millimeters. The concrete is ultimately poured upright, which means that one of the edges lacks formwork and serves as a filling hole. The concrete employed here is steel-fiber-reinforced UHPC with the binding agent Nanodur Compound 5941 by the Dyckerhoff company, which is combined with a two-ply carbon-fiber reinforcement. In order to fixate the grid in as precise of a way as possible in its positioning at a distance of five millimeters from the surface, spacers were developed specifically for this project, which can be elastically clamped between the sand molding surfaces (fig. 10). Since this case involves a prototypical application, all spacers were printed with a 3D printer using the material polylactide (PLA). The shell elements created through this process remain in their formwork for at least a day after the concrete pouring, after which they are put into interim storage.

Connecting. Alternative concepts are also necessary for joining thin, high-strength precast concrete elements. Conventional pouring methods, like those practiced by Nervi, cannot do justice to the properties of the UHPC material or meet aesthetic demands. What is more, it is necessary to borrow from the historical stonemasonry vault work, which allowed for a transmission of force along the contact surfaces. Yet in the present case, as compared to the historical vaults, which drew their overall stability from comparatively high component thickness,

teile: Die Ränder der Elemente werden nass beschliffen. Es ist zum derzeitigen Entwicklungsstand ein Abtrag von fünf bis zehn Millimeter pro Fuge erforderlich. Durch die Verwendung eines diamantbesetzten Schleifstifts und Wasserinnenkühlung konnten Abtragsraten in einer Größenordnung von einem Millimeter pro Bearbeitungsgang erreicht werden (Abb. 12–14).

Die beschliffenen Kantenflächen stellen komplexe, im Raum gekrümmte, streifenartige Flächen dar. Wesentlicher Ausgangspunkt für diesen Arbeitsschritt ist ein System aus drei immer gleich zueinander liegenden, in die Platten integrierten Kontaktpunkten. Dieses Hilfskoordinatensystem stellt die Schnittstelle zwischen den CAD/CAM-Daten und den realen Rohteilen dar und ermöglicht es, die auf einen Tisch aufgespannten Platten und ihre Ränder im Raum immer wieder richtig überlagern zu können. Durch den digitalen Workflow entstehen Potenziale zur Verbesserung der Prozesssicherheit. Um diese ausschöpfen zu können sind Forschungsprojekte unter Einbeziehung von Informatikern in Planung. Dies ist ein weiteres Indiz dafür, wie viele unterschiedliche Expertisen für die Abbildung innovativer Entwurfs- und Fertigungsprozesse notwendig werden.

Finaler Schritt im Forschungsprojekt war der Aufbau eines Mock-Ups aus neun doppelt gekrümmten Fertigteilplatten (Abb. 13). Diese stellen einen Ausschnitt eines größeren Schalendachs dar, welches im Projektverlauf als eine Art Case Study diente. Es handelt sich dabei bewusst um kein Zitat bekannter Schalenformen, sondern es verweist auf Freiformen, die Hybride zwischen membranbeanspruchten und biegebeanspruchten Tragwerken darstellen. Damit kommt auch der Wunsch zum Ausdruck, im Rahmen des Projekts Prozesse zu entwickeln und zu überprüfen, welche eine möglichst breite Anwendung zulassen, ohne die architektonische Formensprache einzuschränken. Die neun einzelnen Platten wurden dazu mittels einer am Labor für konstruktiven Ingenieurbau der TU Graz eigens für das Projekt entwickelten Schraubverbindung kraftschlüssig miteinander verbunden. Im Betonquerschnitt verankerte, zu sogenannten „Ankerbügeln" gebogene Bewehrungseisen ermöglichten die Einleitung von Zugkräften und somit die Überdrückung der Betonquerschnitte durch Vorspannen der Schraubverbindung. Grundlage sowohl für die Auslegung der Schraubverbindungen als auch des Betons und der Bewehrung waren eine Berechnung der Beanspruchungen auf Finite-Elemente-Basis.[8] Wesentlich für das Gelingen des letzten Arbeitsschrittes war eine hohe Präzision in allen vorausgehenden Prozessen.

Um produktionsbedingte Abweichungen von der Sollgeometrie zu dokumentieren, wurden diese Schritte vom Einstellen des Pixelfeldes, über die Sandformen bis hin zu den fertigen Betonbauteilen mittels eines 3D-Scanners auf die Differenz

high net weight, and the related inner pressure of the system, the missing load is replaced by a mechanical pre-stressing of the joints as found in concrete building contexts. The initial requirement is that the individual elements fit together very closely. So the next work step is essential for ensuring precision of the prefabricated elements: the edging of the elements is ground in a wet state.

At the present stage of development, the removal of five to ten millimeters from each joint is necessary. Thanks to the use of a diamond-tipped grinding tool and waterchannel cooling, it is possible to attain removal rates of around one millimeter per processing stage (figs. 12–14).

The ground edges are in fact complex, spatially curved, and strip-like surfaces. An essential point of departure for this working step is a system with three equally spaced contact points integrated into the panels. This auxiliary coordinate system represents the interface between the CAD/CAM data and the real raw elements, making it possible to spatially overlay the panels spanned across a table and their edges repeatedly. The digital workflow process fosters potential for improving process safety, and research projects involving computer scientists are in the planning stages with the aim of tapping into this potential. This is a further indication of how many different expertise areas are becoming necessary for implementing innovative design and production processes.

The final step in the research project was the construction of a mock-up from nine double-curved prefabricated panels, which represent a section of a larger shell roof that served as a kind of case study during the project (fig. 13). This was expressly not meant to reference familiar shell forms, but rather free forms as hybrids between structures subject to both membrane and bending strain. This also lends expression to a desire to develop and test processes in the scope of this project that permit the

8   Vgl. Santner, Gerhard/Peters, Stefan/Trummer, Andreas/Freytag, Bernhard: „Prefabricated Non-Standard Shell Structures Made of UHPC – Structural Connections", in: Concrete – Innovation and Design (2015), 209–210.

13

2

2–14) „Schalentragwerke aus UHPC":
2) ABB Industrieroboter bei der Bearbeitung der Fugen
3) Fugen an den Außenkanten
4) Zusammenbau des Mockups aus neun Elementen,
Graz 2015 © TU Graz

2–14) "Shell Structures Made of UHPC":
2) ABB industrial robot working on the joints
3) Processed joints
4) Assembly of the mock-up from nine elements
Graz 2015 © TU Graz

14

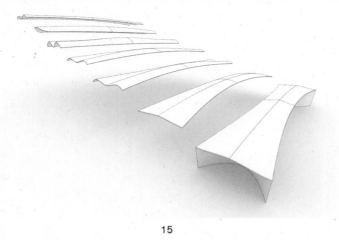

15

„Tragwerke aus ultraschlanken Betonfertigteilen – Entwurf eines schalenartigen Betondaches in Fertigteilbauweise", Geometriestudien zur Formfindung für eine weitgespannte UHPC-Überdachung, Graz, 2014 © ITE, TU Graz

zwischen digitalem Modell und realem Werkstück überprüft. Dabei konnte festgestellt werden, dass der gesamte Fertigungsprozess mit hoher Verlässlichkeit und Genauigkeit erfolgt. Die Plattenstärke und Formgenauigkeit der Sichtflächen, die neben dem Einstellen des Tisches noch von den Toleranzen der aufgelegten Elastomermatten und dem Ausrichten der beiden Schalhälften beeinflusst wird, kann mit einer Toleranz von ± 0,8 mm beziffert werden. Dennoch ist zur Kontrolle der Zuverlässigkeit ein automatisiertes Feedbacksystem in Planung, welches Erkennung und gegebenenfalls erforderliche Korrekturen vollautomatisiert ermöglicht. Die Kontaktflächen wurden mit einer Genauigkeit von ± 0,3 mm gefräst. Im Verlauf des Forschungsprojektes konnte festgestellt werden, dass viele der neu eingeführten und überprüften Prozessabläufe ein hohes Potenzial für eine Verwendung in der Baupraxis haben.

Insbesondere die Verwendung von Formsand für eine innovative Schaltechnik, als auch die hochpräzise Nachbearbeitung von schlanken Betonfertigteilen versprechen neue Möglichkeiten im Betonbau. Dass der Trend durchaus zur Realisierung großformatiger, ultraschlanker Fertigteile gehen könnte, zeigt sich anhand einer Case Study für die Firma Max Bögl. Die schlanke Dachkonstruktion aus vier 10 m langen, 2,5 m breiten und 5 cm dicken, doppelt gekrümmten Fertigteilplatten soll zukünftig beweisen, dass die hier beschriebenen technischen Innovationen auch wirtschaftlich Bestand haben werden (Abb. 15).

Neue Horizonte. Ein großer Teil der im Rahmen des Forschungsprojektes angestellten Untersuchungen widmete sich der Suche nach einer effizienten Art und Weise, doppelt gekrümmte Schalungen für individuelle Bauteile mit geringen Stückzahlen herzustellen. Grundsätzlich ist der Schalungsaufwand für einfache wie für komplexe Bauteile sowohl in technischer als auch in wirtschaftlicher Hinsicht dominant. In der Regel lassen herkömmliche Betonierverfahren auch nur die Erstellung homogener Bauteilquerschnitte zu. Materialeigenschaften können über den Querschnitt nicht verändert werden, Aussparungen können ohne zusätzliche Schalungskörper nicht realisiert werden. Ein Schritt in die Zukunft könnte das Betonieren mit einem Minimum an Schalungsaufwand sein, orientiert an 3D-Print-Technologien. Es ist zu überprüfen, ob diese Technologien im Hinblick auf Materialeigenschaften und Dichte die Herstellung heterogener Querschnitte ermöglichen kann. Am ITE wurde im Jahr 2015 hierzu ein Forschungsprojekt mit dem Titel „Coebro – Additive Fabrication of Concrete Elements by Robots" gestartet. ▪

Das FFG Bridge-Projekt „UHPC Schalentragwerke"
dient als Basis für diesen Beitrag und wurde von
einem Konsortium aus folgenden Industriepartnern
und Instituten der TU Graz bearbeitet:

ABB AG
BASF Performance Products GmbH
Dyckerhoff AG
Max Bögl Bauservice GmbH & Co. KG
nomotec Anlagenautomationstechnik GmbH
SGL Technologies GmbH

Institut für Betonbau, TU Graz
Labor für Konstruktiven Ingenieurbau, TU Graz
Institut für Materialprüfung und
Baustofftechnologie, TU Graz
Institut für Tragwerksentwurf, TU Graz

broadest possible application without limiting the architectural language of form. The nine individual panels were then force-fittingly interconnected using a screw connection method specially developed for the project in the Laboratory for Structural Engineering at Graz University of Technology. Reinforcement bars anchored in the concrete cross-section and curved to create so-called "anchor brackets" enable the introduction of tensile forces and thus the application of excess pressure to the concrete cross-sections by pre-stressing the screw connection. Providing the foundation for the design of both the screw connections and the concrete plus reinforcement was a calculation of the loads on the basis of finite elements.[8] Essential for the success of this last step is high precision in all of the preceding processes.

In order to document production-related deviations from the target geometry, the various steps in the entire process—including pixel field adjustments, sand molds, and also the completed concrete elements—were evaluated using a 3D scanner to identify any discrepancies between the digital model and the actual workpiece. This approach allowed us to determine that the entire production process plays out with high reliability and precision. The panel thickness and the dimensional accuracy of the visible surfaces, which is influenced, aside from the orientation of the table, by the tolerance levels of the employed elastomer mats and the alignment of the two shell halves, can be figured at a tolerance level of ± 0.8 millimeters. Nonetheless, an automated feedback system for controlling reliability is in the planning stages, which would ensure that the process of identification and, where applicable, the necessary corrections are carried out automatically. The contact surfaces were milled with precision of ± 0.3 millimeters. Over the course of the research project, we were able to note that many of the newly introduced and tested process workflows display high potential for application in building practice.

The use of molding sand for innovative formwork technology, but also the highly precise refinishing of thin prefabricated concrete elements, hold promise for new opportunities in concrete building. A case study for the company Max Bögl for instance shows that there may be a trend toward the realization of large-format, ultra-thin prefabricated elements.

The thin roof structure made of four double-curved prefabricated panels (10 meters long, 2.5 meters wide, and 5 centimeters thick) will demonstrate in the future that the technical innovations described here are also economically feasible in the long term (fig. 15).

New Horizons. A large portion of the analyses conducted in the scope of the research project were devoted to the quest for an efficient means of producing double-curved formwork for individual structural elements in low quantities. Basically, the formwork requirements for simple and complex structural components are both technically and economically predominant. Conventional concrete-pouring methods generally only permit the creation of homogeneous component cross-sections. Material properties cannot be adjusted beyond the cross-section, and recesses cannot be realized without additional formwork elements. A step toward the future might involve laying concrete with just a minimum of formwork, oriented to 3D printing technologies. It will be important to examine whether these technologies, with a view to material properties and density, can facilitate the production of heterogeneous cross-sections. To this end, a research project titled "Coebro: Additive Fabrication of Concrete Elements by Robots" was initiated in 2015 at the Institute of Structural Design (ITE). ∎

Translation: Dawn Michelle d'Atri

The FFG bridge project "UHPC Schalentragwerke" has served as a basis for this contribution and was developed by a consortium of the following industrial partners and institutes at Graz University of Technology:

ABB AG

BASF Performance Products GmbH

Dyckerhoff AG

Max Bögl Bauservice GmbH & Co. KG

nomotec Anlagenautomationstechnik GmbH

SGL Technologies GmbH

Institut für Betonbau, TU Graz

Labor für Konstruktiven Ingenieurbau, TU Graz

Institut für Materialprüfung und

Baustofftechnologie, TU Graz

Institut für Tragwerksentwurf, TU Graz

8 See Gerhard Santner, Stefan Peters, Andreas Trummer, and Bernhard Freytag, "Prefabricated Non-Standard Shell Structures Made of UHPC – Structural Connections," in *Concrete – Innovation and Design* (2015), pp. 209–10.

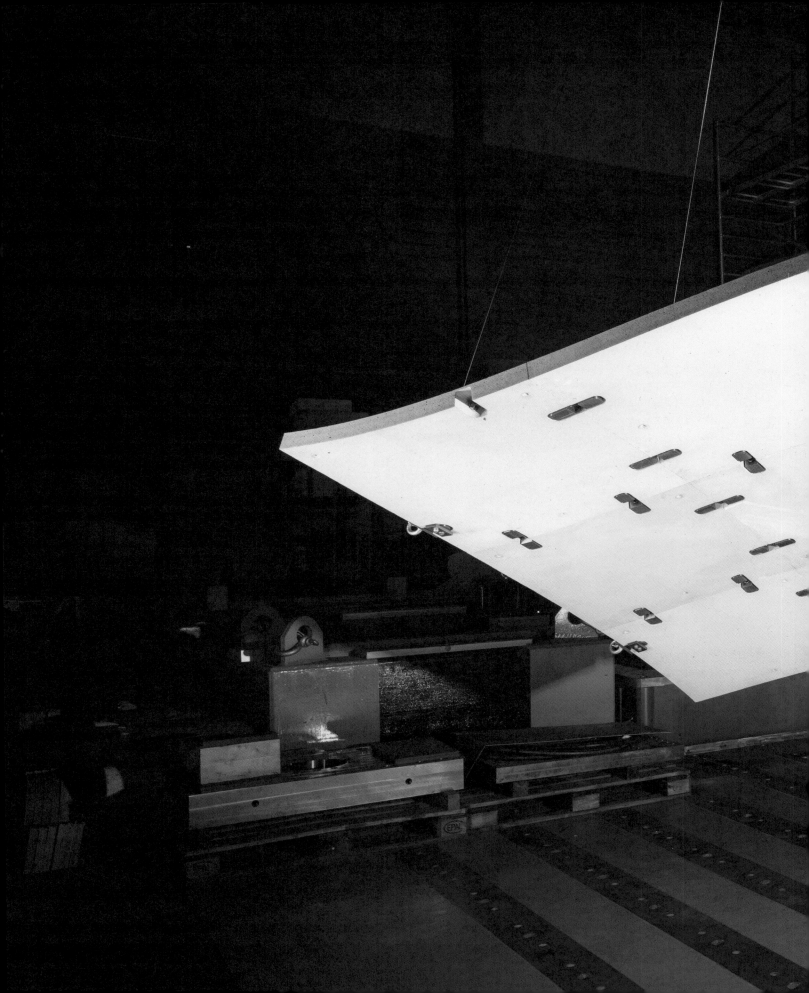

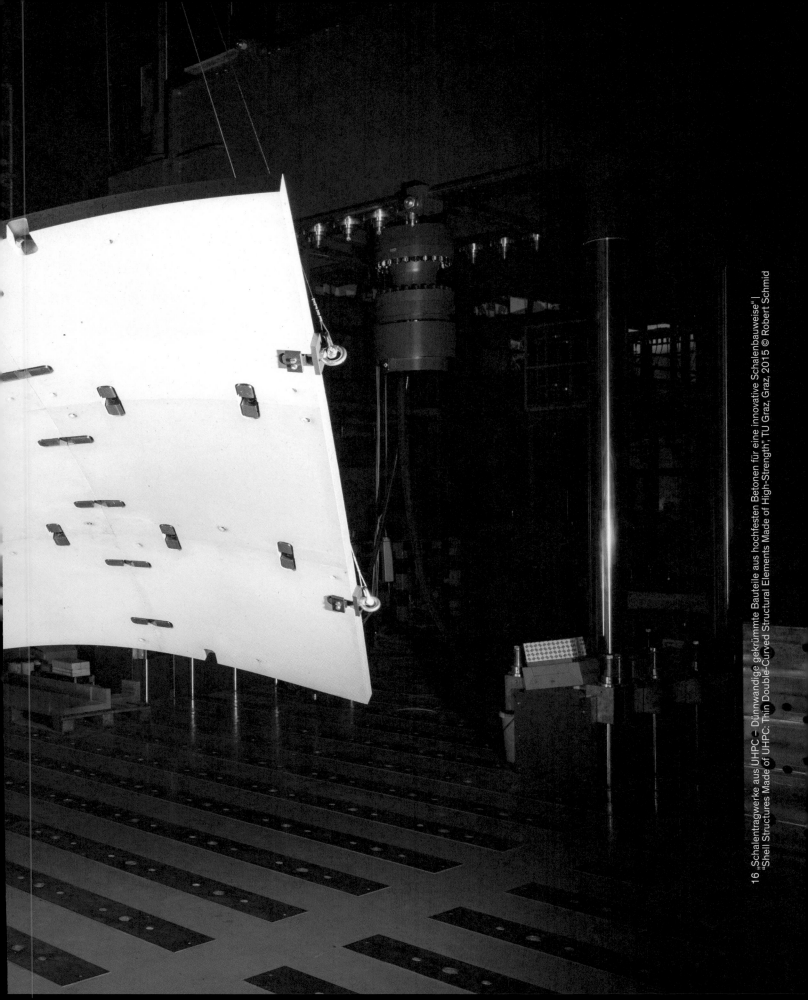

16 „Schalentragwerke aus UHPC – Dünnwandige gekrümmte Bauteile aus hochfesten Betonen für eine innovative Schalenbauweise" |
"Shell Structures Made of UHPC: Thin Double-Curved Structural Elements Made of High-Strength", TU Graz, Graz, 2015 © Robert Schmid

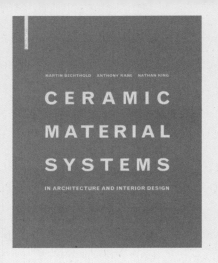

Keramische Bausysteme in Architektur und Innenarchitektur | Ceramic Material Systems in Architecture and Interior Design
Martin Bechthold/Anthony Kane/
Nathan King
Basel: Birkhäuser, 2015
Deutsch/Englisch, 224 Seiten,
zahlreiche Abbildungen in Farbe |
German/English, 224 pages,
numerous color illustrations
ISBN 978-3-0356-0279-1
EUR 69,95 | EUR 69.95

Die bunte Welt der Architekturkeramik

Andreas Trummer

Keramische Bauelemente sind uns allen vertraut. Ob Dach- oder Mauerziegel, Sanitäreinrichtungen oder Wandfliesen, sie spielen sowohl in der Architektur als auch in der Baukultur eine bedeutende, wenn auch nicht gerade viel beachtete, Rolle. Historisch können Keramikelemente sogar als ein erstes Massenprodukt der Bautechnik angesehen werden und boten so Module für tragende Bauteile sowie für hochwertige, langlebige glasierte Oberflächen. Heute wird Keramik in vielen Fällen mit geklebten Fliesen im Sanitärbereich gleichgesetzt. Dort findet man heute auch die Mehrzahl der Keramikanwendungen, die Eigenschaften wie Dauerhaftigkeit, Feuchtebeständigkeit und Nichtbrennbarkeit positiv hervorheben.

Die „Architekturkeramik" spielte lange eine untergeordnete Rolle und fand bis dato keinen Eingang in die Fachliteratur. Das Autorenteam rund um Martin Bechthold greift diese Thematik auf und legt mit dem Buch *Keramische Materialsysteme* ein längst fälliges und in dieser Form einmaliges Dokument über den Stand der Technik dieser sich rasch entwickelnden Technologie vor. Dabei legen die Autoren den Schwerpunkt auf keramische Erzeugnisse, die relativ dünn also fliesenartig und bei hohen Temperaturen dauerhaft gebrannt sind. Das sind Keramiktafeln für Verkleidungen und Bedachungen sowie Wand und Bodenfliesen.

Martin Bechthold ist Professor für Architekturtechnologie an der Graduate School of Design (GSD) der Harvard University und gründete dort die Design Robotics Group und die Material Processes und Systems Group. Seine Auseinandersetzung mit Materialsystemen und digitalen Fertigungsprozessen ist durch eine detaillierte Analyse manueller, gewerblicher und industrieller Fertigungsmethoden geprägt. Prototypische Prozessanwendungen folgen dem Prinzip der Erweiterung der individuellen architektonischen Ausdrucksmöglichkeiten unter Einbeziehung aktueller oft digitaler Tendenzen im Architekturentwurf und der Fertigung.

Anthony Kane war wissenschaftlicher Mitarbeiter der Material Processes and Systems Group und ist aktuell am Institute for Sustainable Infrastructure als Vice President tätig. Im Zentrum seiner Forschungsarbeit stehen die Nachhaltigkeit unserer gebauten Umwelt und aktuelle Fertigungsverfahren.

Nathan King ist Assistenzprofessor für Architektur an der School of Architecture + Design der Virginia Tech. Er promovierte an der Harvard GSD, ist Mitbegründer der Design Robotics Group und beschäftigte sich intensiv mit technologischen Innovationen in Kunst, Architektur, Design und Bildung.

Systematisch werden, nach einem knappen historischen Abriss, in 13 Kapiteln Materialeigenschaften, Fertigungsprozesse und Anwendungsbereiche für den Innen- und Außenbereich vorgestellt. Der technologische Abschnitt wird durch eine Betrachtung der Stoffströme und Lebenszyklen abgeschlossen. Die folgenden Kapitel heben anhand einer Vielzahl von realisierten Fallstudien die Potenziale des Materials Keramik und der individuellen Oberflächengestaltung durch Glasuren und Reliefs hervor. Das Ornamentale und die zeitgenössische Interpretation der zwei- und dreidimensionalen Mosaike werden durch den Einsatz neuer Technologien wie Robotertechnik umgesetzt und verknüpfen so traditionelles Handwerk mit aktuellen Planungs- und Fertigungsmethoden. Das Kapitel 10 widmet sich beispielsweise den thermischen und hygroskopischen Eigenschaften des Materials, die durch die Porosität gesteuert werden können. Die Fallstudien zeigen den Einsatz von Verschattungselementen sowie Beispiele für die Nutzung des Effekts der Verdunstungskühlung für den Innenraum als auch für den Außenraum und somit für den urbanen Maßstab. Das Kapitel 11 fragt etwa nach den Grenzen der Individualisierung der Form im industriellen und gewerblichen Kontext. Der Einsatz von Extrusionsverfahren, Schlickerguss, Press- und Slumpingverfahren bietet die Möglichkeit zur Herstellung von Kleinserien und damit dem Architekten und Planern ein breites Feld für den Entwurf von Gebäudehüllen mit Unikatcharakter. Wobei speziell auf das Potenzial der farblichen Gestaltung durch hochwertige Glasuren hingewiesen wird. Die gewählten Beispiele dokumentieren einen hohen Grad an Individualität bei gleichzeitiger Berücksichtigung der Produktionsmittel. Kapitel 12 zeigt schließlich Experimente und Entwicklungen der Design Robotics Group der Graduate School of Design der Harvard University, die die hohe Expertise und tiefe Auseinandersetzung mit keramischen Fertigungsverfahren und robotergestützter Automatisierung mit architektonischen Entwurfsansätzen dokumentieren. Die Beispiele reichen von digital generierten Verlegemustern für Wandfliesen, über die Darstellung von Entwurfs- und Fertigungsprozessen von Verschattungselementen bis zu einer Studie über lastabtragende Keramik-Beton-Verbundschalen. Interessante experimentelle Ergebnisse weiterer Forschungseinrichtungen und Studios ergänzen ideal diese kreative und hochwertige Auseinandersetzung mit Form, Material und Technologie. Das abschließende Kapitel zeigt eine Auswahl von interessanten Produktinnovationen im Bereich von Veredelungsverfahren wie Beschichtungen und Designelemente wie Öfen oder auch kurioses wie Keramikschränke.

Das vorliegende Buch ist ein Fachbuch im besten Sinne. Es ist von Architekten verfasst, die sich auf eigene Erfahrung stützen und sich nicht scheuen materialtechnologische Aspekte und Fragen der modernen Fertigung zu thematisieren. Aus diesem Blickwinkel werden präzise recherchierte internationale Beispiele vorgestellt und thematisch geordnet. Somit bleibt die Kernfrage nach der Architekturanwendung über das gesamte Buch präsent und eröffnet dabei sukzessive neue technologische Ansätze. Die wissenschaftliche und experimentelle Arbeit der Autoren ist von der Verknüpfung von Fragen des Entwurfs und der digitalen robotergestützten Fertigung geprägt und weist damit weit über Frage der Materialität hinaus. Das Projekt Keramik-Beton-Verbundschale (S. 197–198), das in Kooperation mit der TU Graz entstanden ist, nutzt präzise traditionelle Fertigungsmethoden (Schlickerguss) zur Herstellung von dreidimensionalen Fliesen, die im Verbund mit hochfestem Beton zu einer lastabtragenden, schalenartigen Struktur vergossen werden. So wird ein Ausblick auf mögliche tragende Anwendungen erlaubt, die historische Bezüge nicht scheuen und moderne Entwurfswerkzeuge ohne Dogma integrieren. So wird ein lust-

voller Streifzug durch eine neue bunte Welt der Architekturkeramik eröffnet, der den Leser dazu einlädt das Studierzimmer zu verlassen und die Arbeit in der Werkstätte aufzunehmen. ∎

The Colorful World of Architectural Ceramics

Structural elements made of ceramics are familiar to us all. They play a significant though often little heeded role, both in architecture and in building culture—be it roof tiles, bricks, sanitary installations, or wall tiles. Historically, ceramic elements may even be considered as one of the first products to be mass-produced in a structural engineering context, thus offering modules for load-bearing elements and also for premium, durable glazed surfaces. Today, ceramics are frequently equated with tiles laid in sanitary facilities. It is here that the majority of ceramic applications can be found today, positively emphasizing properties like durability, moisture resistance, and non-combustibility.

"Architectural ceramics" has long played a tangential role, still today remaining largely unexplored in specialist literature. A team of authors working with Martin Bechthold has now taken up this subject, presenting, with their book *Ceramic Material Systems*, a long-overdue and unique document about the current state of this rapidly developing technology. The authors focus on ceramic products that are relatively thin, similar to tiles, and continuously fired at high temperatures: ceramic panels as wall and roof coverings, but also wall and floor tiles.

Martin Bechthold is professor for architecture technology in the Graduate School of Design (GSD) at Harvard University and founded the Design Robotics Group and the Material Processes und Systems Group. His investigation of material systems and digital production processes is characterized by a detailed analysis of

manual, commercial, and industrial production methods. Prototypical process applications follow the principle of expanding individual architectural possibilities of expression under consideration of current tendencies, often of digital nature, in the context of architectural design and production.

Anthony Kane was a research associate in the Material Processes and Systems Group and is currently serving as Vice President of Research and Development at the Institute for Sustainable Infrastructure. His research focus is placed on the sustainability of our built environment and current production methods.

Nathan King is Assistant Professor for Architecture in the School of Architecture + Design at Virginia Tech. He earned his doctorate at Harvard Graduate School of Design, is one of the co-founders of the Design Robotics Group, and is committed to intensively exploring technological innovations in art, architecture, design, and building.

Systematically introduced in thirteen chapters, following a brief historical summary, are material properties, production processes, and application areas for both interior and exterior contexts. The technological section concludes with reflection on material flows and life cycles. The subsequent chapters, citing a number of realized case studies, highlight the potentials of the material ceramics and the individualized surface design using glazing and reliefs. Ornamental motifs and the contemporary interpretation of two- and three-dimensional mosaics are created with the use of new technologies like robotics and thus link traditional craftsmanship with current planning and production approaches. Chapter 10, for example, is devoted to the thermic and hygroscopic properties of ceramics, which can be controlled through porosity. Related case studies show the implementation of shading elements and also examples of how the effect of evaporative cooling can be used in both interior and exterior space, thus proving suitable for the urban scale. Chapter 11 for instance probes the boundaries of form individualization in an industrial and commercial context. The employment of extrusion processes, slip casting, or press and slumping methods provides an opportunity to produce small series and thus offers architects and planners a broad field for designing building shells of unique nature. Here, special mention is made of the potential of color design using premium-grade glazing. The selected examples document a high degree of individuality while simultaneously taking means of production into account. Finally, Chaper 12 presents experiments and developments created in the Design Robotics Group at Harvard University's Graduate School of Design that document the advanced expertise and deep exploration of ceramic-related production methods and robot-supported automation as relates to architectural design approaches. The examples range from digitally generated installation patterns for wall tiles to the representation of design and production processes for shading elements or even to a study on load-absorbing, ceramic-concrete composite shells. Interesting experimental results of other research facilities and studios ideally supplement this creative and high-quality investigation of form, material, and technology. The final chapter shows a selection of interesting product innovations in the context of finishing processes such as coatings and design elements like stoves or even curiosities like ceramic cupboards.

The book under review here is a specialist publication in the very best sense. It is written by architects who are able to lean on their own experience and are not afraid to thematize material-technological aspects and questions related to modern production. From this vantage point, well-researched international examples are introduced and arranged according to theme. This allows the key question of architectural application to remain present throughout the entire book and thus successively gives rise to new technological approaches. The authors' scientific and experimental work is characterized by a correlation between design questions and those related to digital robot-supported production, therefore extending considerably beyond the question of materiality. The project "Ceramic-concrete composite shell" (pp. 197–98), developed in cooperation with Graz University of Technology, uses precise traditional production methods (slip casting) to manufacture three-dimensional tiles that are cast as a composite with high-strength concrete to create a load-absorbing, shell-like structure. This offers a perspective on possible load-bearing applications that embrace historical references and integrate modern design tools undogmatically. A relishing foray through a new colorful world of architectural ceramics results, inviting the reader to leave the world of study to start tooling around the workshop. ∎

Andreas Trummer (Translation: Dawn Michelle d'Atri)

**The Robotic Touch. How
Robots Change Architecture**

Fabio Gramazio/Matthias Kohler/
Jan Willmann (Hg. | eds.)

Zürich | Zurich: Park Books AG, 2014

Englisch, 488 Seiten, 649 Farb- und
261 SW-Abbildungen, Hardcover |
English, 488 pages, 649 color and
261 b/w illustrations, hardcover

ISBN 978-3-906027-37-1

EUR 48,00 | EUR 48.00

Industrieroboter – Unsere neuen Baumeister?

Felix Amtsberg

„Wie verändern Roboter die Architektur?" dieser Frage widmet sich das Buch „The Robotic Touch" und beleuchtet die eigenen Arbeiten der Herausgeber. Diese wurden an der von Fabio Gramazio und Matthias Kohler besetzten Professur für Architektur und Digitale Fabrikation am Departement Architektur der ETH Zürich, in dem 2005 eingerichteten Labor für nichtstandartarisierte Fabrikationstechnik in der Architektur erdacht und realisiert.

Als Pioniere der Integration des Industrieroboters im architektonisch entwerferischen Kontext, haben die Verfasser einen erheblichen Beitrag zur heutigen Präsenz dieses Themas geleistet und diese Entwicklung maßgeblich mitgeprägt. Von dieser Position, welche sich unter anderem auch in der im Appendix befindlichen Weltkarte[1] (S. 484–487) widerspiegelt, lassen die Verfasser die vergangenen 8 Jahre Revue passieren und nutzen dieses Buch für eine Zwischenschau.

Bildgewaltig und pittoresk zugleich werden 33 Projekte präsentiert, und somit fast das gesamte am Lehrstuhl entstandene Werk aufgezeigt. Konzeptbeschreibende Grafiken, Bilder des Fertigungsprozesses und stimmungsvolle Detailaufnahmen dominieren diesen Teil. Die textliche Beschreibung ist kurz gehalten und reduziert sich auf die wichtigsten Eckdaten (Art des Projektes, Mitarbeiter, kurze Beschreibung des Arbeitsprozesses, architektonische Intention, Wirkung und Variationen, etc.).

Auf den ersten Blick verwundert die Struktur des Buches. Rein chronologisch geordnet, wirken die Arbeiten gleich gewichtet, unerheblich ob es sich beispielsweise um ein Realisierungsprojekt einer 2.600 m² großen Überdachung handelt (S. 250–259), oder um ein mit Studierenden erarbeitetes Sitzmöbel aus verschiedenen Schäumen (S. 168–177). Nur schwer oder gänzlich unerkennt-

lich ist im Buch, ob die Projekte im Sinne der Verfasser verliefen, ob sie aus einem vorangegangenen Projekt resultierten oder ob sie zu einem neuen Konzept führten.

Die Reflexion der Arbeit erfolgt in den fünf Essays, welche die strenge Chronologie der Projekte durchbrechen und sie (mittels direkter Referenz) quasi in sich aufnehmen. Dies ist ein bewusst gewählter Aufbau, der den Leser zu einem „nomadic and active reading" (S. 10), also einem freien Umherschweifen im Buch anregen soll. Sollte man eine solche Art des Lesens in Betracht ziehen, ist es jedoch hilfreich, wenn eine vorherige Auseinandersetzung mit den Projekten und den Autoren stattgefunden hat, will man sich bei der Auseinandersetzung mit den inhaltlich dicht gepackten Aufsätzen, ihren Fußnoten und den referenzierten Projekten nicht verirren.

Gelingt dies allerdings, eröffnet sich eine tiefgehende Auseinandersetzung der Autoren mit der Positionierung des Roboters als „das quintessenzielle generische Produktionswerkzeug" (S. 105), verbindendes Element zwischen digitalem Design und materialisierter Architektur. Unter den Titeln „Thriving Digital Materiality", „The Robot", „A New Physis of Construction", „Code, Language, Design" und „Reality Matters" wird die These aus verschiedenen Perspektiven betrachtet. Dabei wird die Geschichte der gescheiterten Robotik im Bauwesen aufgenommen und deren Gründe (teuer, komplizierte Bedienung, unflexibel da auf jeweils eine Anwendung spezialisiert) erörtert, um den eigenen Ansatz zu prüfen und zu kontrastieren. Besonders interessant ist auch die umfangreiche Metamorphose die der Roboter durchläuft. Sind es anfangs noch die Eigenschaften des direkten Informationstransport oder die Präzision der platzierten Bauelemente wie bei dem bisher wohl bekanntesten Projekt von Gramazio & Kohler, der robotisch geschichteten Ziegelfassade in Gantenbein (S. 16 und S. 66–75), sind es später die zahlreichen Weiterentwicklungen. Beispielhaft ist hier die Mobilisierung zu nennen, zuerst durch die Positionierung auf einer Linearachse, dann in einem Container verschifft, auf Ketten frei beweglich und in Form von Quadcoptern in die Luft befördert. Die teils dafür implementierte Sensorik lässt den Roboter mit anderen Maschinen interagieren oder ermöglicht Reaktionen auf einen

---

1 Dieser zeigt den ständigen Zuwachs der bis zu diesem Zeitpunkt eingerichteten Roboterlabore an den Architekturschulen dieser Welt und ordnet sie in chronologischer Reihenfolge, das eigene Labor steht an erster Stelle.

materiellen Zustand, wie das kontinuierliche Ent-schalen des aushärtenden Betons (S. 410–421) oder das Zusammenfügen von Materialien bisher unbekannter Geometrie (S. 422–429).

Aus den verschiedenen Perspektiven lassen die Forschungsbeispiele und die essayistischen Analysen insgesamt auf ein Fazit schließen: Die scheinbaren gegensätzlich orientierten Phänomene „digital" und „real" werden durch den Roboter, so das Argument der Verfasser, zusammengeführt und ermöglicht der digitalen Architektur so einen neuen radikalen Ansatz für die Raison d'être der Architektur, ihrer „physischen Realisierung" (S. 381). Es könne ein Umdenken von kulturellem Maßstab erfolgen und die schon tot geglaubte digitale Ära der Architektur doch noch eingeläutet werden.

Nimmt man die Fragestellung „How Robots Change Architecture" ernst, sind die Bemühungen, eine befriedigende Antwort zu finden,

zu kurz gegriffen. Zwar wird in den Essays auf andere Projekte und Beispiele verwiesen, nicht aber auf die zweifellos zahlreich vorhandenen Beiträge, beispielsweise jener Hochschulen, die sich, wie im Appendix und auf der Weltkarte ersichtlich (S. 484–487), seit geraumer Zeit mit diesem Thema auseinandersetzen und eine Antwort mitgestalten.

Das eigentliche Ziel des Buches, die eigene Haltung darzulegen und zu zeigen, dass man diese nicht nur theoretisch erdacht hat, sondern auch praktisch verfolgt, sie weiterentwickelt und so am Leben erhält, wird sehr wohl erreicht. Ob sich allerdings weitere Entwicklungen im Sinne der Autoren abzeichnen, bleibt abzuwarten. Zwar haben die Industrieroboter die Architektur und vor allem die Architekturschulen erreicht, der Roboter als Vermittler im entwerferischen Kontext ist aber nach wie vor eine Randerscheinung – wenn auch eine leuchtende. ∎

Industrial Robots: Our New Master Builders?

"How do robots change architecture?" is the question to which the book *The Robotic Touch* is devoted, highlighting the authors' own work, which was conducted by the Chair of Architecture and Digital Fabrication, currently occupied by Fabio Gramazio and Matthias Kohler, in the Department of Architecture at ETH Zurich. It is here that the laboratory for non-standardized fabrication technology in architecture was conceived and established in 2005.

As pioneers in the integration of industrial robots in an architectural, design-related context, the authors have made a significant contribution to the current prevalence of this topic, while also having substantially helped to shape this development. From this position, which is mirrored, among other places, in the world map found in the appendix (pp. 484–87), the authors review the past eight years and use this book as an opportunity to form an interim view.

Thirty-three projects are presented with visuals that are both stunning and picturesque, thus showing almost all of the work originating in the Chair. Concept-describing graphics, pictures of production processes, and ambient detail views dominate this section. The text descriptions are kept short and reduced to the most essential basic data (type of project, collaborators, short description of the working process, architectural intention, effect, and variations, etc.).

At first glance, the structure of the book seems a bit puzzling. Arranged purely chronologically, the works appear to be equally weighted, regardless of whether the realization of a project involving roofing that spans 2,600 m² (pp. 250–59) is mentioned or seating furniture made of various foams created by students (pp. 168–77). It is really quite or even totally impossible to determine whether the projects presented in the book were aligned to the interests of the authors or not, whether they resulted from preceding projects, or whether they ended up leading to a new concept.

Reflection on the work is found in the five essays, which pierce the stringent chronology of the projects and basically embrace them (by way of direct reference). This is a purposely selected structure that is meant to inspire "nomadic and active reading" in the reader (p. 10) or to encourage one to freely meaner through the book. Yet if one is to adopt such a reading approach, it is helpful to already know enough about the projects and the authors, since an exploration of the essays with their densely packed content, the related footnotes, and the reference projects may well otherwise cause one to lose one's bearings.

However, if the reader succeeds in this, then a deeply rooted exploration on the part of the authors emerges, positioning robots as "the quintessential generic production tool" (p. 105), as a connecting element between digital design and materialized architecture. This theory is examined from various perspectives with chapter titles like "Thriving Digital Materiality," "The Robot," "A New Physis of Construction," "Code,

Language, Design," and "Reality Matters." For example, the history of failed robotics in the building industry is thematized and the reasons for this discussed (too expensive, complicated operation, inflexible due to specialization in a single application area) in order to examine and contrast the authors' own work. Especially interesting is the extensive metamorphosis of the robots over time. Evident in the early stages were still the features of direct information transport or precision placement of structural elements, as seen in what is likely the most well-known project by Gramazio & Kohler with the robotically layered brick façade in Gantenbein (pp. 16 and 66–75), while later there were countless further developments. An example worth citing here is mobilization, first through positioning on a linear axis, then shipped by sea in a container, freely moveable on chains and transported through the air using quadcopters. The sensor technology sometimes implemented in such contexts allows the robots to interact with other machines or even facilitate reactions to a material state like the continual stripping of hardening concrete (pp. 410–21) or the uniting of materials of previously unknown geometric dimensions (pp. 422–29).

Taken as a whole, the research examples and the essayistic analyses lead to one conclusion despite the various perspectives: the authors argue that the seemingly polarized phenomena of "digital" and "real" are merged through the robots, which lends digital architecture a radically

new approach for the raison d'être of architecture, for its "physical realisation" (p. 381). This opens the door to a rethinking of cultural standards; and the digital era of architecture, long considered to be dead, may well yet still be heralded.

If we take the question of "how robots change architecture" seriously, then the efforts to arrive at a satisfactory answer in the book fall short. The essays do mention other projects and examples, but they fail to reference the many contributions doubtlessly in existence, such as at the universities which—as shown in the appendix and on the world map (pp. 484–87)—have been exploring this topic for some time now and participated in formulating a response.

The actual goal of the book—to present the authors' own stance and to show that they have not only spent time theorizing on the subject but have also pursued it in practice and thus kept it alive—has indeed been reached. However, it remains to be seen whether further developments will play out in accordance with the authors' visions. Although industrial robots have already reached the architecture context, and especially architecture schools, the concept of robots as mediators in a design-related context still remains a peripheral phenomenon—though certainly a bright one. ∎

Felix Amtsberg (Translation: Dawn Michelle d'Atri)

**Die Stadt. Vom antiken Athen
bis zu den Megacitys.
Eine Weltgeschichte in
Geschichten**
Rainer Metzger
Wien | Vienna: Brandstätter, 2015
Deutsch, 272 Seiten, 70 Farb-
abbildungen, Hardcover |
German, 272 pages, 70 color
illustrations, hardcover
ISBN: 978-3-85033-881-3
EUR 24,90 | EUR 24.90

Urbane Gleichzeitigkeit von Gegenwart und Vergangenheit

Anselm Wagner

Bis vor kurzem waren die beiden wortge-wandtesten Kunsthistoriker deutscher Zunge in der Provinz, nämlich in Karlsruhe zuhause: Wolfgang Ullrich, der 2015 überraschend seine Professur an der Hochschule für Gestaltung nie-derlegte, und der eine Spur weniger bekannte, aber ebenso vielschreibende Rainer Metzger, der seit 2004 an der Kunstakademie lehrt. Beide ver-stehen es, originäres Denken und komplexe Sach-verhalte auf plastische, fast schon journalistische Weise sprachlich zuzuspitzen, und tatsächlich hat Metzger, der in München studierte und sich bei Beat Wyss in Stuttgart habilitierte, viele Jahre als Kunstkritiker gearbeitet. Sein Erstlingswerk, die van Gogh-Monografie bei Taschen,[1] die er mit 27 Jahren schrieb, ist – obwohl als populärer Bild-band geplant – bis heute das beste und erhellendste, was es zu dieser Kultfigur der Moderne zu lesen gibt, und seither kreist Metzgers Denken und Schreiben um das Problem der Modernität, das ihn auch seit seiner verstärkten Hinwendung zur Kulturgeschichte umtreibt.

Metzgers neuestes Werk *Die Stadt* globali-siert gewissermaßen die Grundidee einer Reihe von Städtemonografien, die er in den letzten Jah-ren im Brandstätter-Verlag herausgegeben hat und die immer den Hochphasen der jeweiligen Metropolen gewidmet sind: München um 1900, Berlin in den goldenen 20er-Jahren, London in den *roaring sixties*.[2] Hervorgegangen aus kultur-geschichtlichen Vorlesungen für seine StudentIn-nen an der Karlsruher Kunstakademie, adressiert Metzgers Stadtgeschichte kein wissenschaftliches Fachpublikum, sondern interessierte Laien, ist also im besten Sinn des Wortes ein Sachbuch, ohne nur im mindesten auf intellektuelle Schärfe und zugespitzte Thesen zu verzichten.

Anders als traditionelle Gesamtdarstellun-gen zum Thema wählt Metzger auch hier kurze neuralgische Phasen aus den Geschichten von Großstädten, denen immer eine prominente Fi-gur als Cicerone dient – das Athen des Sokrates, das London des Samuel Pepys, das New York des Jacob Riis usw. Mit diesem biografischen Zu-griff macht Metzger einerseits 2.500 Jahre Stadt-geschichte bewältigbar und hält andererseits die LeserInnen bei der Stange, denen ausgewählte Tie-fenbohrungen städtischer Kultur vorgelegt wer-den, ohne dass sie sich durch Materialgebirge wie jene der klassischen Vorgänger Lewis Mumford[3] oder Leonardo Benevolo[4] kämpfen müssen. Kom-primierung und Verknappung ist aber nicht nur Methode, sondern auch zentrales Thema: „Städte verkörpern die Maximalisierung des Lebens", stellt Metzger eingangs fest; „Verdichtung und Ver-mischung machen sie aus" (S. 8). Und mit Bezug auf Elias Canetti: „Eine Glanzzeit ist buchstäblich eine Stoßzeit" (S. 9). Die „culture of congestion", die Rem Koolhaas für Manhattan und generell das 20. Jahrhundert postuliert hat,[5] verkörpert für Metzger somit das Städtische schlechthin.

Die Auswahl der „Cicerones" – durchwegs Künstler und Intellektuelle – ist einerseits den per-sönlichen Interessen und Kenntnissen des Autors geschuldet, bringt aber auch seine Überzeugung zum Ausdruck, dass es gebildete, weltgewandte, kreative, individualistische, durchaus auch im Simmelschen Sinn blasierte[6] – eben: urbane – Köp-fe sind, die eine Großstadt ausmachen. Metzgers Stadt ist die Stadt des Kulturbetriebs. Deshalb fehlen Politiker, Unternehmer, Kaufleute, Hand-werker oder Proletarier unter seinen Cicerones, ohne die eine Stadt zwar schlecht vorstellbar, aber sehr wohl darstellbar ist. Wenn es ein vergleichba-res Unternehmen gibt, dann noch am ehesten das 20 Jahre ältere (und wesentlich umfangreichere)

1 Vgl. Metzger, Rainer/Walther, Ingo F.: *Vincent van Gogh: Sämtliche Werke*, 2 Bde., Köln 1989.

2 Vgl. Metzger, Rainer: *Berlin – die 20er Jahre*, Wien 2006; ders., *München – die große Zeit um 1900*, Wien 2008; ders., *Swinging London – The Sixties. Leben und Kultur 1956–1970*, Wien 2012.

3 Vgl. Mumford, Lewis: *The City in History. Its Origins, its Transformations, and its Prospects*, New York 1961; dt. *Die Stadt. Geschichte und Ausblick*, Köln, Berlin 1963.

4 Vgl. Benevolo, Leonardo: *Storia della città*, 4 Bde., Bari 1975; dt. *Die Geschichte der Stadt*, Frankfurt/M. 1982; engl. *The History of the City*, London 1980.

5 Koolhaas, Rem: *Delirious New York. A Retroactive Manifesto for Manhattan*, Rotterdam 1994, 123ff; dt. *Delirious New York. Ein retroaktives Manifest für Manhattan*, Aachen 2011, 120–124.

6 Vgl. Simmel, Georg: *Die Großstädte und das Geistes-leben*, in: ders., *Aufsätze und Abhandlungen 1901–1908*, Bd. 1, Gesamtausgabe, Bd. 7, Frankfurt/M. 1995, 116–131, hier 121f.

Fleisch und Stein von Richard Sennett,[7] das eine Globalgeschichte der Stadt ebenfalls anhand exemplarischer Episoden und mit einem thematischen Fokus – hier dem Verhältnis von Körperkonzepten und Architektur – entwickelt hat. Aber Sennett ist Soziologe, und die Gesellschaft als Ganzes ist bei Metzger mehr Folie individuellen Künstlerschicksals (wie Mozarts Wien) als Subjekt der Handlung. Auch steht Sennetts historische Position, wiewohl sie ein Modethema der 1990er-Jahre, den Körper, aufgreift, dem kulturkritischen, vergleichsweise normativ von der Gegenwart auf die Vergangenheit gerichteten Blick Metzgers entgegen, für den etwa der Flaneur keine Erfindung des 19. Jahrhunderts darstellt, sondern bereits mit Sokrates im antiken Athen die Weltbühne betritt und damit erstmals Urbanität im eigentlichen Sinne hervorbringt: "Sokrates", fasst Metzger die Meinung des Komödiendichters Aristophanes über dessen Zeitgenossen zusammen, "trägt den Kopf ein wenig hoch, wenn er umhergeht; Blasiertheit, Selbstbewusstsein bis an die Grenze zum Schnöseligen gehörten schon damals zur urbanen Kondition." (S. 21). Geradezu konträr fallen daher die Urteile von Sennett und Metzger zur christlichen Stadt des Mittelalters aus. Erzeugt sie für ersteren in ihrer "Dualität von Mitleid und Innerlichkeit"[8] eine neue soziale, aber auch architektonische Qualität, ist sie für letzteren lediglich ein Kampfbegriff provinzieller Fanatiker, die der von ihnen abgelehnten antiken Stadtkultur den Todesstoß versetzen. Metzgers urbane Intellektualität kann sich – wenn überhaupt – nur im Widerstand gegen die kirchliche Anti-Urbanität bilden; das zeigt er plastisch am Schicksal von Abélard und Héloïse (dass auf dem Buchcover trotzdem groß eine Kirche, die Berliner Kaiser-Wilhelm-Gedächtniskirche, abgebildet ist, erstaunt dann doch etwas). Ganz anders Sennett, der denselben Abélard mit den Worten zitiert, dass "Städte Konvente für Verheiratete sind … Städte werden … von Barmherzigkeit zusammengehalten. Jede Stadt ist eine Bruderschaft."[9] Und noch etwas macht Metzger

7   Vgl. Sennett, Richard: *Fleisch und Stein. Der Körper und die Stadt in der westlichen Zivilisation*, Berlin 1997; amerik. *Flesh and Stone: The Body and the City in Western Civilization*, New York 1994.

8   Sennett, *Fleisch und Stein*, 117 (wie Anm. 7).

9   Ebd.

anders: Seine Städtereise beschränkt sich nicht auf den Westen, sondern umfasst auch Südamerika und Afrika (nur die islamische und die ostasiatische Stadt fehlen, aber die wären wohl mit ähnlichen Verdikten wie jenen über das christliche Mittelalters bedacht worden).

Die große Herausforderung bestand für Metzger darin, in den knapp 20 Seiten jedes Kapitels nicht nur den jeweiligen Cicerone als historische Figur zum Leben zu erwecken, sondern durch diesen auch die jeweilige Metropole in ihrer Eigenart und historischen Stellung greifbar zu machen. Vor allem bei den antiken und modernen Beispielen gelingt ihm dies ganz außerordentlich gut. So wird etwa mittels der rivalisierenden literarischen Zirkel im Rom des Horaz, die um die Gunst politisch einflussreicher Mäzene buhlen, die Repräsentationskultur der augusteischen Zeit mit ihrem komplexen Machtgefüge greifbar. Oder es werden die Ambivalenzen der "vergoldeten" Vergnügungskultur Berlins der 1920er-Jahre herausgearbeitet, die, geprägt von kleinen Angestellten, laut Metzger "eine Art Proto-Pop" hervorgebracht hat (S. 207) und die er aus dem Blickwinkel der jüdischen Dichterin Mascha Kaléko (und mit Hilfe der Analysen Siegfried Kracauers) betrachtet. Metzgers Analysen zielen aber nicht nur auf Spezifisches, sie haben auch immer Prinzipielles im Visier: So heißt es über die malerischen bzw. literarischen Versuche von Èdouard Manet und Charles Baudelaire im Paris der *Belle Epoque*, "Gegenwart und Vergangenheit in Simultanität zu bringen", dass darin "die Dimensionen urbaner Erfahrung zur Deckung [kommen], denn auch die Stadt zu durchwandern bedeutet, zwischen dem Entfernten und dem Unmittelbaren, zwischen Distanz und Konkretheit Relationen herzustellen: Spurensicherung zu betreiben" (S. 170). Bei diesem postmodernen Bekenntnis versteht es sich von selbst, dass der Autor für die moderne Stadt des CIAM, die er pejorativ "modernistisch" nennt, bei aller (oder gerade wegen) seines Faibles für das Baudelairsche moderne Leben nur vernichtende Kritik übrig hat: Die Charta von Athen nennt er "das berüchtigste Gebräu aus der Hexenküche des Modernismus" (S. 223). Richtigerweise erkennt er in den klassischen Bauten der Moderne, von der Villa Savoye bis zur Villa Tugendhat, "Fanale der Individualität" und mangelnde "Massentauglich-

keit" (ebd.); dass sich damit aber ein Prinzip des urbanen Intellektuellen gegen das Urbane selbst richtet, diesen Schluss zieht er dann doch nicht.

Der Band ist grafisch schön gestaltet, wenngleich der Popularisierung etwas zu sehr gehuldigt wird. Griffige Textpassagen, wie es bei Zeitschriften üblich ist, nochmals in großen roten Lettern ins Blatt zu setzen, wäre nicht nötig gewesen. Kleine inhaltliche Fehler – so besitzt der Wiener Narrenturm keinen zentralen Kontrollraum zur Überwachung der Zellen, taugt also nicht als Beleg für das aufklärerische Paradigma der Öffnung und Erschließung (S. 146); am Farnsworth House wurde nicht ab 1946, sondern erst ab 1949 gebaut (S. 220); Pietro Maria Bardi starb nicht 2002, sondern bereits 1999 (S. 238) – hätte ein aufmerksameres Lektorat verhindern können. Diese Mängel vermögen aber den Gesamteindruck eines außergewöhnlich anregenden und spannend zu lesenden Buches, das sowohl als Einführung wie als Vertiefung in die Geschichte der Stadt zu dienen vermag, nur unwesentlich zu trüben. ∎

Urban Simultaneity of Present and Past

Until recently, the two most eloquent art historians writing in German language resided in the rather provincial town of Karlsruhe: Wolfgang Ullrich, who in 2015 unexpectedly gave up his professorship at the University of Arts and Design, and the slightly less famous though just as prolific Rainer Metzger, who has taught at the Art Academy since 2004. Both understand how to linguistically sharpen original thought and complex subject matter in a vivid, almost journalistic way, and Metzger, who studied in Munich and earned his post-doc qualification lecture under Beat Wyss in Stuttgart, actually worked for many years as an art critic. His debut work, the Van Gogh monograph published by Taschen,[1] which he wrote at age twenty-seven, is still today the best and most illuminating material written about this modernist cult figure,

1   See Metzger, Rainer/Walther, Ingo F: *Vincent van Gogh: Sämtliche Werke*, 2 vols., Cologne 1989.

despite it having been planned as a mainstream picture volume. Ever since, Metzger's thinking and writing has revolved around the problem of modernity, which has also occupied his mind since his increased orientation toward cultural history.

Metzger's newest work *Die Stadt* (The City) in a way globalizes the basic idea of a series of urban monographs that he has edited in recent years for the Brandstätter publishing company, books focused on the boom phases of the respective metropolises: Munich around 1900, Berlin in the golden twenties, and London in the roaring sixties.[2] Arising through cultural-historical lectures held for his students at the Art Academy in Karlsruhe, Metzger's urban history addresses not an expert audience but rather interested laypersons, so it is a nonfiction book in the best possible sense, yet without forgoing any intellectual acuity or pointed theses in the least.

Deviating from the traditional overall view on the topic, Metzger here too selects short neuralgic phases from the histories of metropolises that have always had a prominent figure serving as cicerone: the Athens of Socrates, the London of Samuel Pepys, the New York of Jacob Riis, and so forth. With this biographical approach, Metzger makes 2500 years of urban history palatable while also keeping the readers engaged. They are presented with select immersions into urban culture, yet without having to slog their way through piles of material, as has been the case for classic predecessors like Lewis Mumford[3] or Leonardo Benevolo.[4] Yet densification and scarcity go beyond simply being a method to also arise as a main topic: "Cities epitomize the maximization of life," notes Metzger early on; "they are represented by densification and amalgamation" (p. 8). And with reference to Elias Canetti: "A golden age is literally a rush hour" (p. 9). The "culture of congestion" that Rem Koolhaas postulated for Manhattan and for the twentieth century in general[5] thus utterly embodies urbanity in Metzger's eyes.

The selection of the "cicerones"—artists and intellectuals without exception—goes back to the author's personal interests and knowledge areas, but it also lends expression to his conviction that erudite, sophisticated, creative, individualistic, and (indeed in a Simmelian sense) blasé[6]—basically: urban—minds are what constitute a metropolis. Metzger's city is one of cultural bustle, which is why his cicerones do not include any politicians, entrepreneurs, merchants, craftsmen, or proletarians, without whom a city is hardly conceivable but still certainly renderable. If there is a comparable undertaking then it would likely be the twenty-year-older (and considerably more comprehensive) *Flesh and Stone* by Richard Sennett,[7] which elaborated a global history of the city, also citing exemplary episodes with a thematic focus, particularly on the relationship between body concepts and architecture. But Sennett is a sociologist, and in Metzger's case society as a whole is more of a backdrop for individual artistic destinies (like Mozart's Vienna) than a subject of agency. Sennett's historical position, despite picking up on a fashionable theme of the 1990s, the body, likewise stands opposed to Metzger's cultural-critical, comparatively normative view reaching from the present into the past. To Metzger, the flaneur, for example, is not a contrivance of the nineteenth century but had already entered the world stage in ancient Athens with Socrates, thus first giving rise to urbanity in the proper sense: "Socrates," as Metzger summarizes the opinion of the comic playwright Aristophanes, "carried his head rather high when he walks around; a blasé attitude and self-confidence taken to the point of snootiness were already characteristic of the urban condition back then" (p. 21). Indeed, Sennett and Metzger offer quite opposite assessments of the medieval Christian city. For the former, there was a new social but also architectural quality evident in the city's "Christian duality of compassion and inwardness,"[8] while for the latter, it was merely a battle cry of provincial fanatics who dealt the death blow to the antique urban culture they so disliked. Metzger's urban intellectuality can only form—if at all—in opposition to ecclesiastical anti-urbanity, which he vividly demonstrates in the example detailing the fate of Abélard and Héloïse (the fact that a church is nonetheless displayed on the cover, the Kaiser-Wilhelm-Gedächtniskirche in Berlin, is really a bit puzzling). Sennett takes a totally different approach, citing the words of this very Abélard: "cities are 'convents' for married people. … Cities are … bound together by charity. Every city is a fraternity."[9] And Metzger views yet another issue differently: his journey through cities is not limited to the West but rather also encompasses South America and Africa (only the Islamic and East Asian cities are missing, but they would likely have been imbued with similar verdicts as the Christian Middle Ages).

The big challenge for Metzger was a dual one: bringing to life the respective cicerone as historical figure in the brief twenty pages of each chapter; and using this figure to make each metropolis tangible in terms of its uniqueness and historical framework. In this he succeeds exceptionally well when it comes to the ancient and modern examples. For instance, the culture of representation during the Augustan Age with its complex power structure is made tangible through mention of Horace's rivaling literary circles in Rome, which courted the favor of the politically influential art patrons. Also explored are the ambivalences of Berlin's "gilded" culture of pleasure in the 1920s, which, according to Metzger, gave rise to "a kind of Art Proto-Pop" (p. 207) and which he looks at from the angle of the Jewish poet Mascha Kaléko (and with the help of analyses by Siegfried Kracauer). Yet Metzger's analyses target not only specific information but also keep in mind fundamental issues: the painterly and literary efforts of Èdouard Manet and Charles Baudelaire, for example, in Paris of the *Belle Epoque* "bring present and past into a state of simultaneity," allowing "the dimensions of urban experience to be covered [here], for traipsing through the city means establishing relations between remote and proximate things, between distance and concreteness: seeking evidence" (p. 170). In the case of this postmodern creed, it is obvious that the author harbors only intense criticism for CIAM's modern city, which he pejoratively calls "modernist," despite (or precisely because of) his predilection for Baudelairean modern life: he calls the Athens Charter "the most infamous concoction from the witches' kitchen of modernism" (p. 223). In the classic buildings of modernism—from the Villa Savoye to the Villa Tugendhat—Metzger recognizes, and rightly so, "the beacon of individuality" and insufficient "mass suitability" (ibid.). However, he stops short of arriving at the conclusion that this would imply a principle of urban intellectualism being directed toward urbanity itself.

The volume boasts appealing graphics, even if popularization is paid a bit too much homage. Catchy text passages set to paper in large red lettering, as usually seen in magazines, would not have been necessary here. Small errors in content could have been caught by a more attentive copy-editor, such as the fact that Vienna's Narrenturm (Fool's Tower) does not have a central control room for monitoring the cells, so it cannot possibly serve as evidence of the paradigm of opening and closing during the Enlightenment (p. 146); Farnsworth House was built starting in 1949 rather than in 1946 (p. 220); and Pietro Maria Bardi already passed away in 1999, not in 2002 (p. 238). Nonetheless, such shortcomings only minimally tarnish the overall impression of an extraordinarily inspiring book that is exciting to read and may serve both as an introduction and as a deeper immersion into the history of the city. ∎

Anselm Wagner (Translation: Dawn Michelle d'Atri)

2   See Metzger, Rainer: *Berlin – die 20er Jahre*, Vienna 2006; Metzger, Rainer: *München – die große Zeit um 1900*, Vienna 2008; Metzger, Rainer: *Swinging London – The Sixties. Leben und Kultur 1956–1970*, Vienna 2012.

3   See Mumford, Lewis: *The City in History. Its Origins, Its Transformations, and Its Prospects*, New York 1961; German edition: *Die Stadt: Geschichte und Ausblick*, Cologne, Berlin 1963.

4   See Benevolo, Leonardo: *Storia della città*, 4 vols., Bari 1975; English edition: *The History of the City*, London 1980; German edition: *Die Geschichte der Stadt*, Frankfurt/M. 1982.

5   Koolhaas, Rem: *Delirious New York: A Retroactive Manifesto for Manhattan*, Rotterdam 1994, pp. 123ff.; German edition: *Delirious New York: Ein retroaktives Manifest für Manhattan*, Aachen 2011, pp. 120–24.

6   See Simmel, Georg: *The Metropolis and Mental Life*, in: *Georg Simmel on Individuality and Social Forms: Selected Writings*, ed. Donald N. Levine, Chicago, London 1971, pp. 324–39. German edition: *Die Großstädte und das Geistesleben*, in: *Aufsätze und Abhandlungen 1901–1908*, vol. 1, Frankfurt/M. 1995, pp. 116–31.

7   See Sennett, Richard: *Flesh and Stone: The Body and the City in Western Civilization*, New York 1994. German edition: *Fleisch und Stein: Der Körper und die Stadt in der westlichen Zivilisation*, Berlin 1995.

8   Sennett, *Flesh and Stone*, p. 170.

9   Ibid.

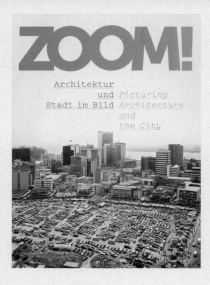

Zoom!
Architektur und Stadt im Bild |
Picturing Architecture and the City
Andres Lepik/Hilde Strobl (Hg. | eds.)
Köln | Cologne, Verlag der
Buchhandlung Walther König, 2015
20 × 28 cm, 208 Seiten, deutsch/
englisch, 225 Abbildungen in
Farbe und S/W, broschiert |
20 × 28 cm, 208 pages, German/
English, 225 color and b/w
illustrations, paperback
ISBN: 978-3-86335-735-1
EUR 29,80 | EUR 29.80

Picturing Architecture

Margareth Otti

Architektur und Stadt im Bild: Unprätentiös und nonchalant klingt der Titel der Publikation zur Ausstellung im Architekturmuseum der TU München in der Pinakothek der Moderne, so als wäre die Verbindung von Architektur und Fotografie nicht kompliziert, vielschichtig und oft fragwürdig in ihren Zielen. Der Katalog versammelt Bildserien von 18 FotografInnen mit dem Anspruch, eine Grundlage für die Neubewertung der aktuellen Architekturfotografie zu bieten. Architekturfotografie neu: Nicht als Teil einer Vermarktungsmaschinerie und nicht als ausschließlich im Kunstkontext funktionierend. Für die Herausgeber steht die soziale Dimension von Architektur und gebautem Raum im Fokus; sie sehen Architekturfotografie als Basis für eine Auseinandersetzung mit den sozialen, ökonomischen und politischen Rahmenbedingungen der globalen Gesellschaft. Entstanden ist ein spannendes Panoptikum, das bauliche Auswirkungen politischer Systeme und sozialer Missstände anhand von beeindruckenden Bildserien rund um den Globus dokumentiert: Leerstehende kleine Geschäfte in der ländlichen Oberpfalz (Ulrike Myrzik und Manfred Jarisch), gebaute Normalität in deutschen Städten (Peter Bialobrzeski), Monumente der Sozialistischen Moderne in Osteuropa (Roman Bezjak), scheinbar unschuldige Blicke auf Orte, an denen Asylsuchende unmenschlich behandelt wurden (Eva Leitolf), geballtes Leben auf engstem Raum in den Mega-Cities (Julian Röder, Lard Buurman, Rufina Wu und Stefan Canham), Absurditäten eines manischen Wohnungsbaus (Livia Corona und Simona Rota), Tankstellen in Wien (Stefan Oláh) u.v.m. Die teilweise ironischen und kritischen Bilder unterstreichen deutlich, wie weit die gebaute Wirklichkeit und die konventionellen Fotografien von Architektur in den Hochglanzmagazinen auseinanderklaffen.

Das Buch beinhaltet neben der beeindruckenden Auswahl an spannenden Fotografien einen einführenden Kommentar von Andres Lepik, den ausführlichen Essay der Ausstellungskuratorin Hilde Strobl mit dem Titel „Die Macht der Bilder – Das Verhältnis von Architektur und Gesellschaft in der Fotografie" und zwei Texte von Jutta von Zitzewitz zu Fotografie und Urbanisierung und Axel Sowa, der sich dem heiß-kalten Thema der Affekte in der Fotografie widmet. Der Band ist übersichtlich strukturiert und leicht zu handhaben: Zweiseitige Einführungen erläutern die lesenswerten Intentionen der Fotografinnen; das hellblaue Papier dieser Intros erleichtert das suchende Blättern. Die Autorin der Einführungen bleibt jedoch ungenannt; man möchte schon erfahren, wer die Fragen in den Interviews formuliert hat. Die abgebildeten Fotografien, manche davon großformatig, sind von durchwegs guter Qualität. Ihnen folgen die Biografien der Fotografinnen und Bildnachweise. Insgesamt ein Buch, das man gerne zur Hand nimmt, liest und anschaut, um sich von den Geschichten hinter den Bildern überraschen zu lassen.

Den Auftakt der Fotografenriege macht natürlich Iwan Baan, der, von Rem Koolhaas'scher Beauftragung geadelt, zu einem Star der Architekturfotografie aufstieg. Der erläuternde Text zu seinen Bildern ist Großteil jener seines TED-Vortrags, der in den *social medias* die Runde machte.[1] Seine Serie zeigt die Welt der Zabbaleen, der für die Müllsammung und -trennung zuständigen Menschen in Kairo und deren informell organisiertes und bildlich auf Müll gebautes Viertel, ebenso wie ihre dekorativ überladenen Wohnungen. Die Fotografien sind mit erkennbarem Respekt den Zabbaleen gegenüber aufgenommen. Trotzdem ist offensichtlich, wer durch die Gunst des Geburtsortes auf der Butterseite gelandet ist: Die Betrachter der Bilder und der Fotograf. Schon länger wird der sogenannte *ruin/slum/poverty porn* kritisiert. Woher kommt die Lust, informelle, aufgrund von Armut improvisierte, verfallende oder zerstörte Bauwerke zu betrachten? Ein voyeuristischer Impuls und demzufolge die visuelle Ghettoisierung der Abgebildeten kann den Fotografen (als Erben der *muckraker*, der investigativen Fotojournalisten des 19. Jh. mit sozialreformatorischen Zielen) als auch den Betrachtern vorgeworfen werden. Andererseits bereiten die Bilder bestenfalls den Boden für kollektives *Reclaiming*: Verdrängtes wird sichtbar gemacht, das Leben an den Rändern der Gesellschaft dokumentiert, Komplizenschaft mit den abgebildeten Menschen formiert – darauf weisen Andres Lepik und Jutta von Zitzewitz in ihren Texten hin. Die Schaulust am Leben der Anderen entsteht vielleicht auch aus dem Überdruss an zu sauberen, zu menschenleeren, zu perfekten Bildern und Bauten. Wenn Architekturfotografie *„lifts the building out of time"*[2] und „Zeit" als Gegner von Architektur verstanden wird, entsteht das Verlangen, die zeitliche Dimension in der Architekturfotografie und der Architektur wieder zuzulassen.[3]

„Book for Architects" nennt Wolfgang Tillmans seine subjektive und lustige Empfehlung an Architekten. 450 Bildtafeln zeigen in Arrangements Momentaufnahmen und Alltagsarchitekturen, wie zum Beispiel Warteschlangen vor Damentoiletten. Das „Book" ist eigentlich eine Videoinstallation, und naturgemäß sind in Büchern abgebildete Videoinstallationen nicht sehr ergötzend. Falls man die Ausstellung nicht besuchen konnte, kann man die Ironie und den Witz der Bildtafeln auf den Abbildungen im Buch nur erahnen. Aber sie zeigen dennoch, wie sehr Architekten in ihrem manieristischen Designfetischismus gegenwärtig am Kontext, am Alltag und den Lebensrealitäten der Menschen vorbeiplanen. Das ist vielleicht der interessanteste Aspekt der Publikation *Zoom!*: Die Frage, was der

Auftrag der Architekturfotografie und die Aufgabe von Architektur gegenwärtig angesichts dieser gewaltigen Entwicklungen von Armut, Überbevölkerung, Migration, Unterbezahlung, Arbeitslosigkeit, Landflucht usw. sein kann und muss. Und es ist nicht der utopische Wunsch der Essayisten, die Fotografien mögen vielleicht einen sozialen Wandel auslösen, sondern es ist der vehemente Aufruf an die Architektenschaft, sich endlich von den weltfremden, überplanten Chichi-Bauten zu lösen und sich jenseits jedes Star-Architektentums endlich den wirklichen Problemen der Menschen und der Unperfektheit der Welt zuzuwenden. Und sich Wolfgang Tillmans' Ratschlag zu Herzen nehmen: „Bei noch so guter Planung und Organisation muss man wissen, wann man diese aufgeben muss, um Möglichkeiten zuzulassen" (S. 170). ▪

1   Baan, Iwan: *Originelle Häuser an unerwarteten Orten*, September 2013, https://www.ted.com/talks/iwan_baan_ingenious_homes_in_unexpected_places?language=de, (Stand: 19.07.2015).

2   Connah, Roger: *How Architecture Got Its Hump*, Cambridge/Mass. 2001, 44.

3   Siehe dazu: Till, Jeremy: *Architecture Depends*, Cambridge/Mass. 2009, 77–115.

Picturing Architecture

Architektur und Stadt im Bild (Picturing Architecture and City): the title of the publication for the exhibition at the Architekturmuseum of the TU Munich in the Pinakothek der Moderne sounds unpretentious and nonchalant, almost as if the connection between architecture and photography were not complicated, multifaceted, and often dubious in terms of its objectives. The catalogue compiles image series by eighteen photographers with an aim to offer a foundation for the reassessment of current architectural photography. Architectural photography from a new angle: not as part of a marketing machine and not only operating in an art context. The focus of the editors is trained on the social dimension of architecture and built space; they consider architectural photography to be a basis for exploring the social,

economic, and political parameters of global society. This has resulted in an exciting panopticon that documents ways in which political systems and social grievances impact architecture, citing impressive image series from around the globe: small empty stores in the rural Upper Palatinate region (Ulrike Myrzik and Manfred Jarisch), built normality in German cities (Peter Bialobrzeski), monuments to socialist modernism in Eastern Europe (Roman Bezjak), seemingly innocent views of places where asylum seekers have been inhumanely treated (Eva Leitolf), life concentrated in the smallest possible space in megacities (Julian Röder, Lard Buurman, Rufina Wu, and Stefan Canham), absurdities of manic housing (Livia Corona and Simona Rota), gas stations in Vienna (Stefan Oláh), and many more. Pictures that are at times ironic and critical clearly underscore the extent to which built reality and conventional photographs of architecture diverge in high-gloss magazines.

Aside from an impressive selection of fascinating photographs, the book also contains introductory commentary by Andres Lepik, an extensive essay by exhibition curator Hilde Strobl titled "The Power of Images: The Relationship between Architecture and Society in Photography," two texts by Jutta von Zitzewitz (on photography and urbanization) and Axel Sowa (on the hot/cold issue of affects in photography). The volume is arranged in a clear way and is easy to handle: two-paged introductions outline the interesting intentions of the photographers, while the light-blue paper used for these intros eliminates the need to leaf through the pages while searching. Yet the author of the introductions remains unnamed, and we really would like to know who phrased the interview questions. The photographs shown, some of which are large-format, are of consistently good quality and precede the photographers' biographies and the image credits. On the whole, the book is a pleasure to hold, read, and peruse, allowing oneself to be surprised by the stories behind the pictures.

The prelude to the lineup of photographers is of course occupied by Iwan Baan, who, ennobled by a commission by Rem Koolhaas, has advanced to the status of architectural-photography star. The explanatory text accompanying his pictures makes up a large part of his TED lecture, which has made the rounds in social media.[1] His series shows the world of the Zabbaleen, people in Cairo responsible for collecting and separating garbage, and their informally organized district that was literally erected from rubbish, but also

their decoratively cluttered apartments. The photographs were clearly taken while showing respect toward the Zabbaleen. Still, it is obvious who has landed on the sunny side of life thanks to place of birth: the beholders of the images and the photographer. The so-called "ruin/slum/poverty porn" has been criticized for some time now. Where does the desire originate to view informal architectural structures that, due to poverty, are improvised, decaying, or destroyed? A voyeuristic impulse and therefore a visual ghettoization of the rendered subject can be blamed on both the photographer (as heir to the muckraker, the investigative photojournalist of the nineteenth century with social-reformatory goals) and the viewers. On the other hand, at best the images provide fertile soil for collective reclaiming: repressed elements come to light again, life at the margins of society is documented, complicity with the rendered people is cemented—which is pointed out by Andres Lepik and Jutta von Zitzewitz. Curiosity about the lives of others perhaps also arises from the surfeit of clean, too perfect images and buildings devoid of human life. If architectural photography "lifts the building out of time,"[2] and "time" is understood to be an adversary of architecture, then the desire to embrace the temporal dimension of architectural photography and architecture springs up once again.[3]

Wolfgang Tillmans calls his subjective and humorous recommendations for architects the *Book for Architects*, with 450 plates that show, in arrangements, snapshots and everyday architectures such as, for example, queues in front of the ladies' toilet. The "book" is actually a video installation, and of course video installations depicted in books are not very captivating. If unable to visit the exhibition, then one can only surmise

the irony and humor inherent to the plates and illustrations in the publication. However, they do show how strongly architects, with their mannerist design fetishism, are presently ignoring people's contexts, everyday life, and living conditions during the planning process. This could be the most interesting aspect of the book *Zoom!*: the question as to what the mission of architectural photography and architecture's present task could and must be in light of the massive increase in poverty, overpopulation, migration, underpayment, unemployment, rural exodus, et cetera. And it is not the utopian desire of the essayists that the photographs might incite social change; rather, it is a vehement appeal to the architecture world to finally disengage from the unworldly, overplanned chichi structures and to finally move beyond starchitects to instead turn toward real human problems and the imperfections of the world. Let us take Wolfgang Tillmans's advice to heart: "No matter how good the planning and the organization, you have to know when to give them up, when to allow for possibilities" (p. 170). ▪

Margareth Otti (Translation: Dawn Michelle d'Atri)

1   Baan, Iwan: *Originelle Häuser an unerwarteten Orten*, September 2013, https://www.ted.com/talks/iwan_baan_ingenious_homes_in_unexpected_places?language=de, (accessed July 19, 2015).

2   Connah, Roger: *How Architecture Got Its Hump*, Cambridge, MA, 2001, p. 44.

3   On this, see Till, Jeremy: *Architecture Depends*, Cambridge, MA, 2009, pp. 77–115

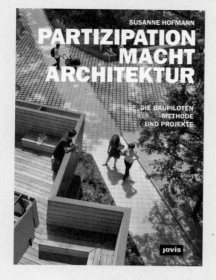

Partizipation macht Architektur. Die Baupiloten – Methode und Projekte
Susanne Hofmann (Hg. | ed.)
Berlin: Jovis, 2014
Deutsch, 256 Seiten, 200 Farb- und 25 SW-Abbildungen, broschiert | German, 256 pages, 200 color and 25 b/w illustrations, paperback
ISBN 978-3-86859-302-0
EUR 29,80 | EUR 29.80

Form folgt Fiktion

Nino Bijelić

Lässt sich Architektur in partizipativen Entwurfsprozessen entwickeln und kann sie zugleich die von Vitruv postulierten Anforderungen Konstruktion, Schönheit und Nützlichkeit erfüllen? Welche unterschiedlichen Beteiligungsmodelle wandten Architekten in den vergangenen Jahrzehnten an und welche Schlüsse können wir daraus ziehen? In der hier diskutierten Publikation *Partizipation macht Architektur* beschreibt die Autorin Susanne Hofmann aufschlussreich ihre theoretischen Überlegungen über die Sinnhaftigkeit von Partizipation in der Architektur. Sie geht dabei auch auf den akademischen Diskurs ein und zeigt praxisorientierte Anleitungen und Methoden, die sie im Zuge ihrer eigenen Praxis entwickelt hat.

Zunächst wirft sie einen Blick auf existierende Planungsstrategien in partizipativen Entwurfsprozessen. Beginnend mit dem „Design Methods Movement" in den 1960er Jahren, beschreibt Hofmann Ansätze bei denen sich Nutzer überwiegend in vorgegebene Systeme einbringen (z.B. *A Pattern Language*, 1977). Diese waren rationalisierte Entwurfsverfahren mit mehr oder weniger starken ästhetischen Vorgaben seitens der Architekten. Innerhalb dieser Systeme wiederum konnten sich die Nutzer entfalten. Es stellte sich aber auch heraus, dass zu große Freiräume in der Planung ohne architektonische Expertise bei Nutzern zu Überforderung führen (S.13).

Schrittweise nähert sich Hofmann auf theoretischer Ebene ihrem eigenen Zugang an. Sie formuliert den architektonischen Entwurf als *gemeinsamen Erkenntnisprozess* bei dem sowohl das *Nutzer-* als auch das *Architektenwissen* zusammenwirken müssen. Es dürfe dabei keine Wertigkeit verliehen werden, das benötigte Wissen für den Entwurfsprozess und die Planung kenne keine Hierarchien. Dabei sei das Nutzerwissen eine besondere Art des Wissens, da es sich aus der alltäglichen Nutzung von Gegenständen oder Räumen ergibt. Dies sei für den Entwurfsprozess auch entscheidend, denn daran bemesse sich der Gebrauchswert der Architektur[1] (S. 18).

Hofmann betont daher die „vertrauensvolle Interaktion zwischen Bauherrn beziehungsweise Nutzern und Architekten". Das Entwerfen sei nämlich ein komplexer und integrativer Prozess, der „nicht ohne eine subjektive und intuitiv-emotionale Komponente" auskomme (S. 19).

Das entscheidende Element ist die Form der Kommunikation zwischen Architekt und Nutzer. Studien haben gezeigt, dass Nutzer zuerst die Atmosphäre eines Raumes oder Gebäudes untersuchen und erst dann die materielle und bauliche Beschaffenheit während es bei Architekten genau umgekehrt ist[2] (S. 21).

Daraus leitet sich die Schlussfolgerung ab, dass Kommunikationsinstrumente mit einer hohen atmosphärischen und spielerischen Wirkung die höchste Verständigungsqualität haben. Hofmann geht einen Schritt weiter und bezeichnet Raumwahrnehmung und Atmosphäre als „Mittel der Kommunikation". Die leibliche und sinnliche Erfahrung von Räumen spielt dabei die entscheidende Rolle, denn diese machen sowohl Architekten als auch Nutzer (S. 23).

Folglich beschreibt Hofmann die Atmosphäre als partizipative Entwurfsstrategie. Diese gäben Experten und Laien die Möglichkeit über Raumqualitäten miteinander zu kommunizieren. Für den Prozess sei wichtig, dass er je nach Ausgangslage konzipiert werden müsse. Das wichtigste Instrument für die Verständigung sei die gemeinsame Entwicklung einer Geschichte (Fiktion). Über Atmosphäre und gemeinsamer Fiktion entwickelten die Baupiloten das architektonische Konzept „Form follows fiction". Einfließende Wünsche oder Ideen werden dabei gemeinsam „interpretiert und reflektiert" und daraus wiederum lassen sich Entscheidungen für den Entwurf ableiten (S. 26 ff).

Im Anschluss an die theoretische Einführung beschreibt Hofmann übersichtlich die einzelnen Methodenbausteine der Baupiloten, eingeteilt in die Kategorien Atmosphäre, Nutzeralltag, Wunschforschung und Rückkopplung. Diese

1 Hahn, Achim: „Über das Beschreiben der Wohndinge. Ein soziologischer Exkurs zum Barwert von Architektur", in: *Wolkenkuckucksheim*. Heft 2, 1997, 4f.

2 Rätzel, Daniela: *Erwachsenenbildung und Architektur im Dialog. Ein Beitrag zur dialogorientierten Konzeption von Räumen in der Erwachsenenbildung*, Hamburg 2006, S. 197.

Anleitungen beinhalten genaue Beschreibungen über Sinn und Zweck der Übung und können je nach Anforderung oder Situation angewendet werden. Sehr praktisch sind die tabellarischen Aufstellungen der einzelnen Methoden (S. 44 ff) sowie Anleitungen zur Herstellung von Spielesets die man in Kombination mit den Methodenbausteinen verwenden kann (S. 108 ff). Den letzten und längsten Abschnitt widmet Hofmann den Projekten der Baupiloten die mit den zuvor beschriebenen Methoden entwickelt wurden. Die Vielfältigkeit dieser teils mit Preisen ausgezeichneten Projekte ist ebenso beeindruckend wie inspirierend: Es beinhaltet Projekte die von der Pike auf von den Baupiloten entwickelt wurden, als auch Sanierungen, Neu- oder Umbauten bis hin zu kleineren Adaptierungen (S. 116 ff).

Hofmann stellt die grundsätzliche Frage nach Sinnhaftigkeit, Nutzen und Wirkung von Partizipationsprozessen. Oftmals gebe es Vorurteile dagegen oder sie würden als Alibi, Selbstzweck oder ökonomisch zu aufwendig bezeichnet (S. 8). Tatsächlich kann man immer wieder bei öffentlichen Bauvorhaben beobachten, dass kommunale Entscheidungsträger und/oder beauftragte Planer ein Unbehagen haben, wenn sie sich auf Bürgerbeteiligungen einlassen. Oftmals traut man sich nicht über den Willen der Bevölkerung hinweg zu entscheiden, andererseits weiß man nicht recht mit einer breiten Mitsprache umzugehen oder die Ergebnisse zu interpretieren.

Anstatt sich auf die praktischen Möglichkeiten und Chancen eines Beteiligungsprozesses zu konzentrieren werden zahlreiche Publikationen mit partizipativen Themen von einem – manchmal mehr, manchmal weniger – starken politischen Element getragen. Susanne Hofmann schafft es aber, gänzlich ohne politische Statements auszukommen, dafür aber sehr sachlich und präzise zu argumentieren. Die Erläuterung ihrer Methoden liegt dabei im Vordergrund. Sie legt maximalen Wert auf die Verständlichkeit ihrer Methodenbausteine und deren praktische Anwendbarkeit im Entwurfs- oder Planungsprozess.

Hofmann, seit 2009 Professorin für partizipatives Entwerfen und Konstruieren an der TU Berlin, initiierte dort 2003 das Studienreformprojekt „Die Baupiloten", das sie seit 2014 als unabhängiges Büro mit Fokus auf partizipativ entwickelte Architektur führt. 2012 promovierte Susanne Hofmann zum Thema „Atmosphäre als partizipative Entwurfsstrategie". Auf der Grundlage ihrer Dissertation entstand dieses Buch.

Dieses Buch ist für all jene empfehlenswert die an Beteiligungsprozessen oder alternativen Entwurfsmethoden interessiert sind, oder aber auch in ihrer Praxis damit zu tun haben. Es bietet einen Überblick über theoretische und praktische Überlegungen der Baupiloten, sehr praktisch anwendbare Methoden und pädagogische Impulse sowie eine Übersicht realisierter internationaler Projekte. ∎

Form Follows Fiction

Is it possible to develop architecture through participatory design processes? And can it simultaneously meet the demands of construction, beauty, and utility postulated by Vitruvius? Which different participation models have architects turned to in recent decades, and what related conclusions may we draw? In the publication discussed here, *Partizipation macht Architektur* (Participation Makes Architecture), the author Susanne Hofmann insightfully describes her theoretical reflections on the benefits of participation in architecture. In the process, she delves into academic discourse on the subject and highlights the practice-oriented instruction and methods that she has developed over the course of her own praxis.

Initially, she sheds light on existing planning strategies in participatory design processes. Starting with the Design Methods Movement in the 1960s, Hofmann details the approaches by which users primarily participate in predefined systems (e.g., *A Pattern Language*, 1977). These were rationalized design techniques with more or less strongly defined aesthetic parameters on the part of the architect. The users could, in turn, evolve within these systems. However, it turned out that too much leeway in the planning process led to overload in the case of users without architectural expertise (p. 13).

Step by step, Hofmann arrives at her own access strategy on a theoretical level. She posits architectural design as a *joint cognitive process* where both *user knowledge* and *architect knowledge* must interact. Here, as the author notes, it is important that no values are assigned, for the necessary knowledge for the design process and the planning know no hierarchies. In fact, the user knowledge is a special kind of knowledge, for it originates from the everyday utilization of objects or spaces, which is also decisive for the design process because the utilitarian value of architecture[1] is measured as such (p. 18).

It is for this reason that Hofmann emphasizes the "trusting interaction between client or users and the architects." She considers design to be a complex and integrative process that cannot manage "without a subjective and intuitive-emotional component," (p. 19).

The decisive element is the form of communication between architect and user. Studies have shown that users first examine the atmosphere of a room or building before considering its material or structural nature, while for architects it is precisely the opposite (p. 21).[2]

This gives rise to the conclusion that instruments of communication with strong atmospheric or ludic effects have the highest quality of shared understanding. Hofmann take this one step further and deems spatial perception and atmosphere to be "means of communication." The corporal and sensory experiencing of spaces plays a decisive role here, for such experiences are made by both architects and users (p. 23).

Consequently, Hofmann describes the atmosphere as a participatory design strategy that gives experts and laypeople an opportunity to communicate with one another through qualities of space. For this process it is important that it be conceptualized with each respective point of departure in mind. The author also asserts that the most important instrument for shared understanding is the joint development of a story (fiction). The architectural firm Baupiloten developed the architectural concept of "form follows fiction," which involves atmosphere and mutually created fiction. Influential desires or ideas are jointly "interpreted and reflected," which in turn makes way for decisions related to the design (pp. 26ff.).

Tying into the theoretical introduction, Hofmann provides a clear description of the individual methodological components employed by the Baupiloten, divided into the categories of atmospheres, users' everyday life, *Wunschforschung*, and feedback. These instructions contain precise specifications of the exercise's intent and purpose and can be freely applied depending on the need or situation. The tabular summaries on the individual methods prove to be very practical (pp. 44ff.), as are the instructions for producing game sets that can be used in combination with the methodological components (pp. 108ff.). The last and longest section is devoted to Baupiloten projects that have been developed with the methods already described. The diversity of these projects, many

of which have been awarded prizes, is equally impressive and inspiring: it features projects developed by the Baupiloten from scratch, but also renovations, new buildings, conversions, or even more small-scale adaptations (pp. 116ff.).

Hofmann poses the fundamental question of the meaningfulness, utility, and impact of participatory processes. She notes that many related preconceptions exist, or that such processes have been considered an excuse, an end in itself, or too economically extravagant (p. 8). When it comes to public building projects, it is indeed evident that municipal policymakers and/or commissioned planners tend to be uneasy about allowing citizens to participate in the process. Often the involved individuals are reluctant to disregard the will of the people when making decisions, but on the other hand they are unsure of how to deal with such broad participation or how to interpret the results.

Instead of concentrating on the practical possibilities and opportunities presented by a participatory process, many publications devoted to participation-related themes are focused on a—sometimes more, sometimes less—pronounced political element. Yet Susanne Hofmann succeeds in completely avoiding political statements while presenting her arguments in a very factual and precise way. The explanation of her methods takes center stage here. She places maximum value on the comprehensibility of her methodological

components and their practical application in the design or planning process.

Hofmann, who has been professor for participatory design and construction at the Technische Universität Berlin since 2009, initiated the study reform project "Die Baupiloten" (The Building Pilots) there in 2003, which she has headed since 2014 as independent firm with a focus on architecture developed through a participatory approach. In 2012, Susanne Hofmann earned her doctorate on the topic "Atmosphäre als partizipative Entwurfsstrategie" (Atmosphere as Participatory Design Strategy). The book *Partizipation macht Architektur* is based on her dissertation.

This book is recommendable to anyone who is interested in participatory processes or alternative design methods, or who already deals with these issues in their architectural practice. It offers an overview of theoretical and practical considerations explored by the Baupiloten, highly applicable practical methods, and pedagogic impulses, as well as an overview of already realized international projects. ∎

Nino Bijelić (Translation: Dawn Michelle d'Atri)

1   Hahn, Achim: "Über das Beschreiben der Wohndinge. Ein soziologischer Exkurs zum Barwert von Architektur", Wolkenkuckucksheim, 2 (1997), pp. 4–5.

2   Rätzel, Daniela: *Erwachsenenbildung und Architektur im Dialog: Ein Beitrag zur dialogorientierten Konzeption von Räumen in der Erwachsenenbildung*, Hamburg 2006, p. 197.

**SALVATORE PISANI,
ELISABETH OY-MARRA (Hg.)**

Ein Haus wie Ich

Die gebaute Autobiographie
in der Moderne

[transcript]

**Ein Haus wie Ich. Die gebaute
Autobiographie in der Moderne**

Salvatore Pisani/Elisabeth
Oy-Marra (Hg. | eds.)
(Mainzer Historische Kultur-
wissenschaften, Bd. | vol. 14)
Bielefeld: transcript, 2014
Deutsch, 309 Seiten,
15 SW-Abbildungen, broschiert |
German, 309 pages,
15 b/w illustrations, paperback
ISBN 978-3-8376-2222-5
EUR 34,99 | EUR 34.99

Von Seelenpalästen und Lebensgehäusen

Petra Eckhard

Anonym und unpersönlich sollten sie sein, Expression und Sinnbild einer raumgefassten Avantgarde. Unter dem treffenden Schlagwort der „Neuen Sachlichkeit" wurde den meisten Neubauten ab den 1920er Jahren der kollektive Stempel der nackten Zweckmäßigkeit aufgedrückt. Das asketische Ordnungssystem des *International Style* lies dem räumlichen Ausdruck von Individualität nur wenig Platz und reduzierte das Individuum auf eine austauschbare Variable. Vor diesem Hintergrund moderner Subjektivierungsstrategien wirkt der Buchtitel des von Salvatore Pisani und Elisabeth Oy-Marra herausgegebenen Sammelbands *Ein Haus wie Ich: Die gebaute Autobiographie in der Moderne* gleichermaßen paradox wie originell, denn die Herausgeber wenden sich damit bewusst jenen modernen Bauten und Projekten zu, an welchen das architektonische Postulat der zweckmäßigen Ordnung von Subjekt und Objekt scheinbar spurlos vorübergegangen zu sein scheint.

Der Sammelband ist aus einer gleichnamigen Tagung hervorgegangen, die im Oktober 2011 an der Johannes Gutenberg Universität Mainz am Forschungsschwerpunkt Historische Kulturwissenschaften stattgefunden hat. Er versammelt Beiträge unterschiedlicher Disziplinen, in welchen Architektur als Akt der Subjektivierung bzw. „Selbsterzählung" (S. 11) verhandelt wird. Dabei verstehen die Herausgeber die Beziehung von Haus und Subjekt in der Denktradition Ernst Blochs als reziprok: Einerseits schreibt sich das Subjekt durch persönliche Erfahrungen oder Manierismen in das Haus bzw. sein Interieur ein, gleichzeitig bringt dieses das Individuum erst hervor. Pisanis Text öffnet die Thematik, indem er zunächst die Frage nach dem Verhältnis zwischen Wohnstätte und Selbstreflexion stellt und danach für den Band zentrale Leitbegriffe wie „Ich-Architektur" klar definiert sowie anschaulich im zeitlich-kulturellen Bezugsrahmen der Moderne kontextualisiert. Diese Eingrenzung des Themas situiert die Beiträge in einem kulturellen Klima, in welchem

Wohnarchitektur nicht bloß als Ort der Selbstwahrnehmung sondern auch als Ausdruck einer Entfremdung des Subjekts aufgefasst wird: „Die Verabschiedung der Vorstellung eines autonomen, kohärenten Selbst zugunsten seiner Aufspaltung und Erweiterung zu einem multiplen Ich zog eine Rekonzeptualisierung des Hauses und seiner Beziehungsfähigkeit des Selbst nach sich", so Pisani (S. 11). Letztendlich entpuppt sich Pisanis Text aber weniger als „Einführung" sondern vielmehr als unabhängiger Beitrag mit eigenen Fallstudien. Vergeblich sucht man nach einer Erklärung zur thematischen Gruppierung der Beiträge und ihrer Relevanz für eine bandübergreifende These. So wird es dem Leser und der Leserin etwas erschwert, der heterogenen und interdisziplinären Zusammensetzung des Bandes eine strukturelle Logik abzugewinnen.

Der Grund dafür ist das breite disziplinäre und methodische Spektrum der versammelten Texte, die (auto-)biografische Bauformen philosophischer, sprachlicher, architektonischer und literarischer Natur verhandeln. Das Spannen eines kontinuierlichen roten Fadens wird allerdings schon dadurch erschwert, dass sich die Gattung der (Auto-)Biografie einer klaren disziplinären Zuordnung entzieht. Nicht umsonst hat Virginia Woolf das Genre einmal als einen „einen Bastard, eine unsaubere Kunstform"[1] geschimpft, sprenge es doch alle Grenzen zwischen Literatur-, Geschichts- und Kulturwissenschaften. Und obwohl auch der Gegenstand und Begriff des „Gebauten" im Band diffus bleibt – die Beiträge verhandeln physische Innen- und Außenräume als auch Denk- und Erinnerungsarchitekturen – findet sich der Wohnbegriff als thematischer Anker, womit es den Herausgebern schließlich gelingt, die Textform der (Auto-)Biografie sprichwörtlich als Konstruktion des Subjektiven und damit als Erkenntnismodell für raumorientierte Disziplinen nutzbar zu machen.

Aufgrund der Unschärfe, die auch der Epochenbegriff der Moderne mit sich bringt, und die es auch erlaubt, Goethe und Gehry gleichsam als Baumeister eines modernen Ichs zu subsumieren, werden im Folgenden jene Beiträge exemplarisch

1   Zitiert nach Bernhard Fetz: *Die Biografie. Zur Grundlegung ihrer Theorie*, Berlin/New York 2009, 7.

herausgestellt, die das Zeitfenster der klassischen Moderne, auf das auch Pisani in seinem oben genannten Zitat Bezug nimmt, beleuchten.

Als zweiter einleitender Text fungiert Kurt W. Forsters Beitrag mit dem Titel „In den eigenen vier Wänden". Thematisiert werden die entlegenen Rückzugsorte berühmter Schriftsteller, die Forster als „Gehäuse ihrer Individualität" (S. 46) definiert. Forster interpretiert beispielsweise Curzio Malapartes Villa auf einem „dramatischen" Felssporn Capris als „symbolische Geographie [ihres] Besitzers" (S. 48), die Malapartes multiple und widersprüchliche Identitäten architektonisch verkörpert und ihn gleichzeitig als komplexes und von der Irrationalität der Kriegsmaschinerien gezeichnetes modernes Subjekt ausweist.

Das erste Hauptkapitel trägt den Titel „Wohnen im Haus der Sprache" und versucht in Anspielung auf Heideggers vielzitiertes Denkbild zwei Beiträge auf einen Nenner zu bringen, in welchen die Sprache als Gehäuse eines schriftstellerischen Selbst fungiert.

Aufbauend auf Heideggers philosophischem Ansatz, der das Wohnen als dem Sein inhärent begreift, widmet sich Ursula Pia Jauch in eloquenter Manier den Raumverhältnissen, die durch das Denken inszeniert werden. Wer den im Kapiteltitel suggerierten Bezug zur Sprache erwartet wird enttäuscht, findet sich das „Haus der Sprache" lediglich in einigen Verweisen auf Heideggers *Sein und Zeit* wieder. Klarer einordnen lässt sich hingegen der zweite Beitrag, verfasst von Katharina Siebenmorgen, der „Überlegungen zu Franz Kafkas ‚Der Bau'" anstellt und das moderne, paranoide Ich in einem Textgefängnis situiert. Die autodiegetische Erzählinstanz in Kafkas Kurzgeschichte findet sich in einer symbiotischen Beziehung mit seiner labyrinthischen, konstant im Bau befindlichen unterirdischen Wohnstätte, die laut Siebenmorgen, als Legitimation des in der Moderne totgeglaubten Autors, als „Grabmal … und den Ort seiner Wiederauferstehung" (S. 94) gelesen werden kann.

Dass obsessives Bauen zum Zweck der Selbstlegitimation eines schöpferischen Ichs nicht nur fiktiver Natur sein kann, zeigt Gregor Wedekinds Text zu Ferdinand Chevals phantastischem *Palais Idéal* im französischen Hauterives. Wedekind definiert die aus natürlichen Fundstücken wie Steinen, Muscheln oder Fossilien konstruierte Architektur als „Gehäuse des Selbst" (S. 169), das Cheval als einfachen Mann – genauer gesagt als Landbriefträger – und gleichzeitig als genialen Erbauer seiner eigenen Traumwelt ausweist. Ähnlich wie bei Kafka kommt der Prozess des Bauens einer Selbstbekundung gleich, die im Palast eingegliederten Mausoleum zu ihrem Ende gelangen sollte.

Die radikalste Position vertritt Matthias Müller in seinem Beitrag „Vom Haus ‚wie Wir' zum Haus ‚wie Ich'", indem er den Kontext des autobiografischen Bauens wieder auf eine kollektive Perspektive rückführt, gleichzeitig aber dem Gebauten eine unheimliche Eigendynamik zuschreibt. Erst durch den Dekonstruktivismus, so Müller, wird Architektur wieder zugunsten einer individuellen Geschichte, die einem Ort innewohnt, entsystematisiert. Diese Entsystematisierung führe laut Müller zu einer notwendigen, generationsübergreifenden „Wir"-Perspektive, die zeitgenössische Architektur nicht nur projektiv sondern auch historisch versteht und damit eine „konfrontative Differenz" (S. 242) zur identitätslosen Wohnarchitektur darstellt. Damit identifiziert Müller auch indirekt das Problem der Definition von Autorenschaft (auto-)biografischer Architektur und spannt den Bogen zurück zu Pisanis zentraler Ausgangsfrage nach der Konstitution der Schnittstelle zwischen menschlichem Individuum und Baukörper.

Sofern der zukünftige Hausherr nicht selbst zum Baumeister seines eigenen Hauses wird, wie im Falle des Landbriefträgers Cheval oder Kafkas Höhlentier, fällt dem Architekten die zentrale Rolle des Mediators zwischen dem Ich und dem Haus zu. Inwiefern dann Gebautes noch *auto*biografische Relevanz erfährt, bleibt, zumindest aus architektonischer Sicht, im Band unbeantwortet. In jedem Fall zeigt die Publikation aber die Vielschichtigkeit und lebendige Dynamik auf, in welcher Wohnstätte und modernes Subjekt miteinander kommunizieren. Vor allem die Fragestellung nach der subjektiven Dimension einer klassischen Architekturmoderne ist als positiv zu bewerten und inspiriert ein alternatives Verständnis von moderner Architektur. Diese spannende Rekonzeptualisierung sollte vor allem auch die Autobiografieforschung vor neue (Bau-)Aufgaben stellen. ∎

On Spiritual Palaces and Life Shells

Anonymous and impersonal—expression and emblem of a spatially composed avant-garde—was what they were meant to be. Under the apt catchword "Neue Sachlichkeit" (New Objectivity), most of the new buildings erected from the 1920s onward were given the collective stamp of naked practicality. The ascetic order of the International Style left little room for spatial expression of individuality and in fact reduced the individual to an interchangeable variable. Against this backdrop of modern subjectification strategies, the book title selected for the anthology *Ein Haus wie Ich: Die gebaute Autobiographie in der Moderne* (A House Like Me: The Built Autobiography in Modernism) by Salvatore Pisani and Elisabeth Oy-Marra is as paradoxical as it is original, for the editors have thus purposely turned toward those modernist buildings and projects that seem to have totally missed the architectural postulate of practical order for subject and object.

The anthology results from an eponymous conference held in October 2011 at the Johannes Gutenberg University in Mainz, focused on the research topic "historical cultural sciences." It compiles contributions from various disciplines in which architecture is negotiated as an act of subjectification or "self-narrative" (p. 11). Here, the editors view the relationship between building and subject as reciprocal in the conceptual tradition of Ernst Bloch: on the one hand, the subject is inscribed through personal experiences or mannerisms into the building or its interior, while at the same time the building influences the construction of the individual. Pisani's essay embraces this theme in that he clearly defines key terms like *Ich-Architektur* (ego architecture) which are pivotal for the volume, clearly contextualizing them in the temporal-cultural reference frame of modernism. This narrowing of the topic situates the contributions in a cultural climate where housing architecture is viewed not merely as a place for self-perception but also as an expression of an alienation of the subject. On this, Pisani notes: "Letting go of the idea of an autonomous, coherent self in favor of its division and expansion to a multiple ego implied a reconceptualization of the building and its capacity for relationships with the self" (p. 11). However, Pisani's text ultimately turns out to be less of an "introduction" than an independent contribution featuring several case studies. Readers search in vain for an explanation of the thematic grouping of the contributions and their relevance for a comprehensive theme spanning beyond this particular volume. And it becomes somewhat difficult for readers to derive a structural logic from the heterogeneous and interdisciplinary composition of the book.

The reason for this is the broad disciplinary and methodological spectrum of the compiled text material, which negotiates the (auto)biographical constructions of philosophical, linguistic, architectural, and literary nature. And it becomes difficult to thread a red ribbon through this material because the genre of the (auto)biography already eludes unequivocal classification within a particular discipline. It was not without reason that Virginia Woolf once called this genre "a bastard, an impure art,"[1] for it disrupts all boundaries between the literary, historical, and cultural sciences. And although the subject and concept of "the built" remains vague in the volume—the contributions explore physical interior and exterior spaces and also architectures of thought and memory—the concept of housing remains a thematic anchor, ultimately allowing the editors to literally utilize the text form of (auto)biography as a subjective construction and thus as an epistemological model for spatially oriented disciplines.

Due to this vagueness accompanying the epochal term of modernism, which even permits the assertion of both Goethe and Gehry as master builders of a modern ego, those contributions that shed light on the time frame of classic modernism, to which Pisani also refers in the citation quoted above, are singled out for discussion in the following.

Serving as a second introductory text is Kurt W. Forster's essay titled "In den eigenen vier Wänden" (In Our Own Four Walls). Thematized here are the remote retreats of famous authors, deemed by Forster to be "housing of their individuality" (p. 46). Forster thus interprets Curzio Malaparte's famous villa built on a "dramatic" crag of rock on the Isle of Capri as a "symbolic geography [of its] owner" (p. 48), architecturally embodying Malaparte's multiple and contradictory identities while simultaneously identifying him as a complex modern subject marked by the irrationality of war machinery.

The first main chapter carries the title "Wohnen im Haus der Sprache" (Dwelling in the House of Language) and attempts, in allusion to Heidegger's oft-cited concept, to reduce two contributions to a common denominator, with language functioning as housing for the authorly self. Building on Heidegger's philosophical approach that inherently equates *Wohnen* (dwelling) with *Sein* (being), Ursula Pia Jauch eloquently writes about spatial relations staged through the act of thought. Those readers expecting to find the link to language suggested in the chapter title may well be disappointed, for the "house of language" is present only in a few references to Heidegger's *Being and Time*. The second contribution, "Überlegungen zu Franz Kafkas 'Der Bau'" (Reflections on Franz Kafka's "The Burrow"), written by Katharina Siebenmorgen, however, is much easier to classify, as it situates the modern, paranoid ego in a textual prison. The autodiegetic narration in Kafka's short story engages in a symbiotic relationship with his labyrinthine underground residence that is constantly under construction. According to Siebenmorgen, this dwelling can be read as legitimation for the author who was presumed dead during modernism, as a "tomb … and site of his resurrection" (p. 94).

The fact that obsessive building for the purpose of self-legitimating the creative ego is not only of fictitious nature is demonstrated by Gregor Wedekind's essay on Ferdinand Cheval's fanciful *Palais Idéal* in the French town of Hauterives.

1   Cited from Bernhard Fetz, *Die Biografie: Zur Grundlegung ihrer Theorie* (Berlin and New York, 2009), p. 7.

Wedekind defines this architectural edifice, constructed using found material like stones, shells, or fossils, as "housing of the self" (p. 269), which identifies Cheval both as a simple man—or, more precisely, as a rural postman—and as an ingenious building of his own dream world. Similar to Kafka, the process of building equates to a demonstration of self, which will ultimately end in a mausoleum integrated into the palace.

The most radical position is taken by Matthias Müller in his contribution "Vom Haus 'wie Wir' zum Haus 'wie Ich'" (From a House "Like Us" to a House "Like Me"). The author traces the context of autobiographical building back to a collective perspective, while simultaneously ascribing an uncanny momentum to the built structures. According to Müller, it was first through deconstructivism that architecture started to become desystemized in favor of an individual history indwelling a site. He goes on to note that this desystemization later led to a necessary, generation-spanning "we" perspective that contemporary architecture views as both projective and historical, thus representing a "confrontational contrast" (p. 242) to housing architecture stripped of identity. Müller therefore also indirectly identifies the problem of defining authorship for (auto)biographical architecture and ties back into Pisani's main opening question as to the constitution of the interface between human individual and building structure.

So long as the future homeowner does not become the master builder of his own house, as in the case of Cheval the rural postman or Kafka's burrowing rodent, then the architect is assigned the central role of mediators between the ego and the building. In this volume it remains unanswered as to whether "the built" is yet to experience *auto*biographical relevance, at least from an architectural perspective. In any case, the publication highlights the complexity and vivid dynamism through which dwelling and modern subject intercommunicate. Especially the question of the subjective dimension in the zeitgeist of classic architectural modernism may be positively assessed and inspires an alternative understanding of modern architecture. This exciting reconceptualization should definitely inspire new (building) tasks, especially in the context of autobiography research. ∎

Petra Eckhard (Translation: Dawn Michelle d'Atri)

**Metageschichte der Architektur.
Ein Lehrbuch für angehende Archi-
tekten und Architekturhistoriker**
Andri Gerber
Bielefeld: Transcript, 2014
Deutsch, 318 Seiten, zahlreiche
Abbildungen, broschiert |
German, 318 pages, numerous
illustrations, paperback
ISBN 978-3-8376-2944-6
EUR 29,99 | EUR 29.99

Geschichte konstruieren

Antje Senarclens de Grancy

Die Inhalte und Methoden von vier Semestern Lehre an der Universität Liechtenstein nimmt Andri Gerber in seinem Buch zum Ausgangspunkt, um seine Vorstellung einer „Metageschichte" im Sinnes eines Metawissens „über das Machen, das Konstruieren oder Entwerfen der Geschichte" zu erläutern.

Dem Autor, der mittlerweile als Dozent der ZHAW (Zürcher Hochschule für Angewandte Wissenschaften) unterrichtet und an einer Habilitation über Städtebau als Wissensgeschichte arbeitet, ging es in der Lehre nicht nur darum, Wissen über die Geschichte als solche zu generieren, sondern den Studierenden auch die Subjektivität des Schreibens der Architekturgeschichte im Sinne eines Entwerfens dieser Geschichte zu vermitteln. Deshalb versuchte er ihnen zu zeigen, *wie* er selbst Geschichte schreibt. Dies sei notwendig, um in einer a-historischen Zeit den eigenen Standpunkt bestimmen zu lernen. Als lehrmethodische Ergänzung nutzte Gerber Diagramme, die von den Studierenden zur Re-Organisation des Gelehrten erstellt wurden und als (leider nicht kommentierte) Illustrationen im Buch Eingang gefunden haben.

Bei der Wahl des Buchtitels setzt der Autor sich selbst die Latte hoch, indem er den von dem amerikanischen Literaturwissenschaftler Hayden White geprägten Begriff *Metahistory* aufgreift – was er aber erst im Schlusswort durch den Hinweis, die „Schwere" des Titels, wohl auch des Untertitels, sei „bis zu einem gewissen Grad ironisch", relativiert.

Gerber unternimmt es in seinem Buch, „vier Geschichten des gleichen Gegenstandes", nämlich der Architektur, zu erzählen und wählt dazu jeweils eine andere Perspektive, die als vier „Lektionen" den Ergebnissen von je einem Semester Lehre entsprechen. Er unterzieht dabei so unterschiedliche Autoren wie Hans Sedlmayr und Manfredo Tafuri einer Relektüre und verwendet für seine Argumentation breit gefächerte Quellen, die von sonst noch wenig bearbeiteter architekturtheoretischer Literatur der frühen

Moderne bis zu Filmen (Christopher Nolans „Inception") und Belletristik (Ken Folletts „Säulen der Erde") der Gegenwart reichen.

Im ersten Abschnitt untersucht der Autor, wie Architekten auf die Geschichte Bezug nehmen bzw. wie sie sich selbst bei der Entwurfsarbeit in ihrem Verhältnis zur Geschichte verorten. Nach dem Hinweis darauf, dass sich der in der Moderne zelebrierte Bruch mit der Geschichte bereits im 17. Jahrhundert abzuzeichnen beginnt, wählt er eine Reihe – ausschließlich „nachmoderner" – Architekten aus. Der Bogen reicht von Louis Kahn, in dessen Arbeit die historischen Referenzen noch ablesbar bleiben, aber in etwas Neues transformiert werden, bis zu Ricardo Bofill, der angesichts des Fehlens eines technologischen Fortschrittes den Standpunkt vertritt, man dürfe sich bei der Geschichte bedienen, um das Beste daraus zu machen.

Die zweite „Lektion" befasst sich mit der Geschichte der Architektur als Disziplin im Sinne der Architektenausbildung und damit des Wissens, über das der Architekt sein Berufsbild artikulieren konnte. Es ging dabei, so Gerber, letztlich um das Streben der Architekten nach Autonomie, indem diese sich von den am Bauprozess beteiligten Auftraggebern und Instanzen zu emanzipieren suchten. Gezeigt wird dies in einem kurzen Überblick von den Akademien der Renaissance bis zu Ausbildungsstätten des 20. Jahrhunderts (Bauhaus, Harvard). Der Autor merkt an, dass der Streit zwischen Architekten und Ingenieuren im 19. Jahrhundert nur dazu gedient habe, den eigentlichen Konflikt zwischen „freien" Architekten und jenen in Staats-, kommunalen oder bauunternehmerischen Diensten zu verschleiern.

Das dritte Kapitel handelt von der Geschichte des Architektur Machens und setzt damit den Fokus auf Entwurfsinstrumente und -methoden. Im Entwurfsprozess der Architektur, die je nach Ansatz zwischen Kunst, Wissenschaft und Handwerk oszilliert, würden Machen und Denken parallel laufen und einander in unterschiedlicher Intensität abwechseln. Im Zuge der Trennung zwischen Entwurf und Ausführung und mit Einführung von Papier und Bleistiftmine als neuen Medien sei erst in der Renaissance die „denkende Hand" (Juhani Pallasmaa) des Architekten als Übersetzerin von der Idee zur Form frei. Im parametrischen Zugang der Gegenwart liege die entwerferische Haltung hingegen sowohl im Schreiben des Programms als auch im Aussuchen einer der unzähligen vorgeschlagenen Lösungen.

Mit dem letzten Abschnitt sucht Gerber das über die Architektur Nachdenken anhand von drei Themen – Metapher, Raum und Utopie – zu thematisieren. Er stellt „Raum" als den blinden Fleck der Architektur vor und zeigt auf, dass die Untersuchung des „räumlichen Wissens" zentraler Bestandteil der Architekturausbildung sein sollte. Der Aspekt der Produktion des Raumes sei wichtig, komme aber gegenüber jenem der Raumwahrnehmung in der Regel zu kurz. Am Beispiel von Architekten wie Fritz Schumacher, Bernard Tschumi und Peter Zumthor skizziert Gerber schließlich eine mögliche Raumtheorie. Nicht ganz schlüssig erscheint der Zusammenhang mit den folgenden, zum Teil von Gastautoren bearbeiteten Themen der Metapher, der Utopie, der Tektonik (Urs Meister) und – noch mehr aus dem Rahmen fallend – dem abschließenden, fragmentarisch wirkenden Text über „Criticism without Critics" im Zeitalter von Google Images (Alberto Alessi).

Gerbers Ansatz, die Beschäftigung mit der Architekturgeschichte an eine Reflexion über den Historiker – der Autor bleibt konsequent bei der männlichen Schreibweise – und dessen Vorgangsweise methodisches Vorgehen zu koppeln, ist höchst relevant für eine zeitgemäße Hochschullehre. Interessant ist auch, dass die eigenen Lehrinhalte nicht isoliert vorgestellt, sondern auch der Kontext, d.h. die Arbeitsfelder einiger Kollegen miteinbezogen werden. Im Sinne von Gerbers Meta-Perspektive wäre jedoch noch gewinnbringender gewesen, nicht nur deren Texte den eigenen anzufügen, sondern auch die Interaktionen zwischen den Lehrenden zu beschreiben. Weitgehend unerwähnt bleibt im Buch hingegen die politische Dimension des Architekturgeschichtsschreibens, die auf Machtverhältnisse beruhenden Prozesse der Bedeutungszuschreibung und Ein- und Ausschlussverfahren der ArchitekturhistorikerInnen, etwa im Sinne einer Kanonbildung.

Abschließend ist anzumerken, dass sich das, was als „große" Theorie im Buchtitel (ironisch) angekündigt wird, als – jedoch größtenteils sehr lesenswerte – Sammlung von Einzelaspekten erweist. In seinem Schlusswort merkt der Autor selbstkritisch an, er sei „hin und hergerissen" gewesen, dem Buch eine „größere Tiefe und Vielfalt der Themen zu geben". Sein Text wirke etwas asymmetrisch und variiere zwischen tieferen und oberflächlicheren Abschnitten. In seinem Charakter schwankt der leider stellenweise unfertig und übereilt abgeschlossen wirkende Band tatsächlich zwischen einem Lehrbuch für Studierende, einer Reflexion des zum Teil experimentellen Lehrprozesses sowie einer teilweise bereits an anderer Stelle publizierten Aufsatzsammlung zur eigenen Theorie des Schreibens von Architekturgeschichte. Einige Überarbeitungsschritte hätte der Band nicht zuletzt auch im Hinblick auf die Fülle von Tippfehlern und auf fehlende Jahreszahlen in den Endnoten vertragen. ∎

Constructing History

In his book, Andri Gerber takes as a point of departure the content and methods from four semesters of teaching at the University of Liechtenstein in order to elucidate his idea of a "metahistory" in the sense of metaknowledge "about the act of making, constructing, or designing history."

The author, who is now a lecturer at the Zurich University of Applied Sciences (ZHAW) and is working on his habilitation on the topic of urban development as history of knowledge, was concerned in his teaching not only with generating knowledge about history as such, but also with conveying to the students the subjectivity of writing architectural history in the sense of designing this history. It is for this reason that he tried to show them *how* he himself writes history. Gerber considered this necessary for learning to determine one's own stance in this ahistorical time. He employed diagrams as an educational-methodological supplement, created by the students to reorganize the taught material. These diagrams made their way into the book *Metageschichte der Architektur* (Metahistory of Architecture) as illustrations, though sadly without commentary.

In selecting the book title, the author himself set the bar high by borrowing the term "metahistory" coined by the American literary scholar Hayden White—which is not relativized until the conclusion, with a note stating that the "gravity" of the title, and likely also the subtitle, was likely meant "ironically to a certain extent."

In his book, Gerber sets out to tell "four stories about the same subject," that is, about architecture, and to this end he selects different perspectives, which as four "lessons" each correspond to the results of one semester of teaching material. He thus subjects various authors, such as Hans Sedlmayr and Manfredo Tafuri, to a rereading and uses in his argumentation a wide range of sources extending from architectural-theoretical literature of early modernism (as of yet rarely explored) to films (Christopher Nolan's *Inception*) and fiction (Ken Follett's *Pillars of the Earth*) from the present day.

In the first section, the author examines the ways in which architects make reference to history, or how they localize themselves in relationship to history during the design process. After noting that the rift with history celebrated during modernism was already starting to become evident in the seventeenth century, Gerber selected a series of—exclusively "postmodern"—architectural structures. The gamut spans from Louis Kahn, whose work still shows evidence of historical references while transforming them into something new, to Ricardo Bofill, who asserts the stance that, due to a lack of technological progress, it is acceptable to draw on history in order to make the best of the situation.

The second "lesson" deals with the history of architecture as a discipline in the sense of architectural education, and thus with the knowledge that an architect was able to articulate in terms of occupational profile. According to Gerber, the issue ultimately involved architects' pursuit of autonomy, which they sought through emancipation from the clients and authorities participating in the building process. This is illustrated in a brief overview of the academies in existence during the Renaissance all the way up to the educational facilities of the twentieth century (Bauhaus, Harvard). The author notes that the conflict between architects and engineers during the nineteenth century only served to obfuscate the actual conflict between "free" architects and those working in the service of state, municipal, or private construction commissioners.

The third chapter concerns the history of architectural activity and thus places a focus on instruments and methods of design. The author observes that, in the architectural design process, which oscillates between art, science, and craftsmanship depending on the approach taken, action and thought run in parallel and alternate in varying degrees of intensity. It was in the Renaissance—as a separation arose between design and execution, and when paper and pencil lead were introduced as new media—that the "thinking hand" (Juhani Pallasmaa) of the architect was liberated as a translator of idea to form. Gerber goes on to say that, in today's parametric context, a design-related position rests both in writing the program and in selecting one of the countless suggested solutions.

In the last section, Gerber seeks to thematize the act of thinking about architecture based on three topics: metaphor, space, and utopia. He introduces "space" as the blind spot of architecture and asserts that the investigation of "spatial knowledge" should be a key component of architectural education. He notes that the aspect of spatial production is important, but that it generally tends to get short-changed in comparison to spatial perception. Citing architects like Fritz Schumacher, Bernard Tschumi, and Peter Zumthor, Gerber sketches a potential theory of space. What seems less coherent is the relationship between the ensuing topics, some of which are explored by guest authors: metaphor, utopia, tectonics (Urs Meister). And the concluding text deviates even more: the seemingly fragmentary essay about "Criticism without Critics" in the age of Google Images (Alberto Alessi).

Gerber's strategy of coupling analysis of architectural history with reflection on the historian and his—the author consistently maintains the masculine form throughout—methodological approach is highly relevant for contemporary academic teaching. It is also interesting how the author's own teaching content is presented not in an isolated way, but rather in context, meaning that the fields of work of several colleagues are also included. However, in terms of Gerber's metaperspective it would have been helpful not only to attach their texts to his own, but rather to describe the interaction between the teachers. Remaining largely unmentioned in the book is the political dimension of architectural writing, the processes of meaning ascription based on power relations and the inclusion and exclusion strategies adopted by architectural historians, for instance in the sense of canon formation.

In conclusion, it bears noting that the "big" theory (ironically) heralded in the book title in fact proves to be a collection of individual aspects—though for the most part very worth reading. In his closing remarks, the author self-critically mentions that he was "torn" about giving the book "greater depth and diversity of themes." His own essay seems rather asymmetrical and varies between deeper and more superficial sections. In terms of character, the publication, which is unfinished in places and hastily completed, indeed does oscillate between being a textbook for students, reflection on the partially experimental teaching process, and a collection of essays (some of which have already been published elsewhere) on the author's own theory of writing architectural history. The volume would have benefited from several stages of revision, not least because of the many typos and the missing dates in the endnotes. ∎

Antje Senarclens de Grancy
(Translation: Dawn Michelle d'Atri)

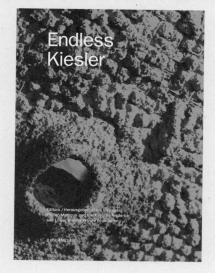

Endless Kiesler

Klaus Bollinger/Florian Medicus/
Österreichische Friedrich und Lillian
Kiesler Privatstiftung | The Austrian
Frederick and Lillian Kiesler Private
Foundation (Hg. | eds.)
Edition Angewandte
Basel: Birkhäuser, 2015
Deutsch/Englisch, 362 Seiten,
ca. 230 SW- und Farbabbildungen,
Hardcover | German/English,
362 pages, ca. 230 b/w and
color illustrations, hardcover
ISBN 978-3-0356-0624-9
EUR 29,95 | EUR 29.95

Endless … is more!

Stefan Fink

Im „Kiesler-Jahr" 2015 – Geburts- und To-destag Friedrich Kieslers jährten sich zum 125sten bzw. 50sten Mal – veröffentlichte das Architektur-institut der Wiener Universität für Angewandte Kunst gemeinsam mit der Österreichischen Fried-rich und Lillian Kiesler Privatstiftung einen bei Birkhäuser erschienenen Sammelband, der sich unter dem Titel „Endless Kiesler" mit diesem nach wie vor faszinierenden und auch polarisierenden österreichisch-amerikanischen Künstler, Designer und Architekten auseinandersetzt. Im Fokus der einzelnen Beiträge steht dabei aber nicht etwa der „Schrein des Buches" bei Jerusalem, Kieslers ein-ziges realisiertes Großprojekt, dessen Fertigstel-lung im Todesjahr des Architekten folglich 2015 genau 50 Jahre zurücklag, sondern das nie reali-sierte „Endless House". Dieser „Entwurf" eines organisch geformten Einfamilienhauses, dessen früheste Varianten aus 1950 datieren, beschäftig-te Kiesler bis in die 1960er und verarbeitet Kon-zepte, die er bereits in den 1920ern formuliert hat-te – wesentlich ist hier vor allem die Vorstellung von „Endlosigkeit" bzw. eines „endlosen Raumes". Als ungebaute Architekturikone – von Simon Unwin beispielsweise zu den „twenty buildings every architect should understand"[1] gezählt – fes-tigte das „Endless House" schon in der zeitgenös-sischen Rezeption Kieslers Ruf als „greatest non-building architect of our time"[2], wie es Philip Johnson formulierte.

Folgend auf die drei Vorworte von Gerald Bast, Hani Rashid und Klaus Bollinger, der ge-meinsam mit Florian Medicus und der Kiesler-Gesellschaft als Herausgeber fungiert, nähert sich „Endless Kiesler" über eine architekturhistorische und -theoretische Analyse dem „Endless House" und seinem Architekten an. Kieslers Philosophie, der „Correalismus", wird in den Beiträgen von Jill Meißner, Laura M. McGuire und Gerd Zillner dabei ebenso behandelt wie verschiedene seiner weiteren Architekturprojekte. Vermittelt wird dabei ein guter Einstieg in Kieslers Kosmos und in die Auseinandersetzung mit seinem „Magnum Opus", jedoch kaum Neuigkeitswert.[3] Außerdem ergeben sich durch das mehrmalige Aufrollen der Geschichte und Hintergründe des „Endless House" auch zahlreiche Wiederholungen und damit letztlich Redundanzen. Lediglich Gerd Zillner bietet in seinem „Versuch, eine endlose Geschichte nachzuzeichnen" (S. 98), Neues und Faszinierendes zur Genese des Projekts – bis hin zum anekdotenhaft geschilderten letzten ge-scheiterten Anlauf einer Realisierung, den Kiesler schlussendlich selbst zum Scheitern brachte und dabei auch vor Waffengewalt nicht zurückschreck-te, wie durch eine abgebildete Skizze inklusive Einschusslöcher dokumentiert wird. Das Ar-chiv der Kiesler-Stiftung dürfte jedenfalls noch zahlreiche weitere Schätze für weitere Forschun-gen bergen.

Einen nächsten Schwerpunkt des Buches bilden Beiträge, die sich mit dem Thema der kon-struktiven Umsetzung des „Endless House" aus-einandersetzen: Florian Medicus zeigt Bezüge zu Hermann Finsterlin, Erich Mendelsohn sowie Schalentragwerken in Stahlbeton von Robert Maillart, Felix Candela oder Eero Saarinen auf und widmet sich gemeinsam mit Gerd Zillner der Aufarbeitung der konkreten Vorschläge zur Re-alisierung von Kieslers Entwurf durch das Büro Severud-Elstad-Krueger aus dem Jahr 1959. Mehr als 50 Jahre später erfolgte im Rahmen der Semi-narreihe „Unbuildable?!" auch an der „Ange-wandten" eine Bearbeitung des „Endless House" hinsichtlich der Realisierbarkeit. 2010 und 2014 entstanden so Tragwerksentwürfe, die zeitgenös-sische Möglichkeiten der rechnerunterstützen Strukturanalyse und -optimierung nutzen. Auch diese Projekte werden durch Abbildungen do-kumentiert und in Beiträgen von Arne Hofmann und Clemens Preisinger sowie wiederum Florian Medicus ausführlich beschrieben. Trotz der beein-druckenden Ergebnisse stellt sich hier die Frage nach der Sinnhaftigkeit einer derartigen Heran-gehensweise, denn auch die gegenwärtigen An-

1   Vgl. Unwin, Simon: *Twenty Buildings Every Architect Should Understand*, London u.a. 2010, 51–60.

2   Johnson, Philip: *Three Architects*, in: *Art in America* 48, 1 (1960), S. 70.

3   Für eine umfangreiche Darstellung von Leben und Werk Friedrich Kieslers vgl. z.B. Bogner, Dieter (Hg.): *Friedrich Kiesler. Architekt, Maler, Bildhauer, 1890–1965*, Wien 1988.

sätze für eine Konkretisierung unterstreichen, was schon die historischen nahe legen: Das „Endless House" triumphierte letztlich durch seine Nicht-Realisierung. Andererseits erweist sich zumindest die Gestaltungslehre Kieslers als durchaus zeitgemäß und Hofmann und Preisinger gehen wohl nicht unbegründet davon aus, „dass diese deduktive Vorgehensweise, Strukturen virtuell wachsen zu lassen, ganz in Kieslers Sinn gewesen wäre" (S. 278).

Bleiben noch drei singuläre und höchst lesenswerte Beiträge, die weitere Perspektiven auf Kiesler und das „Endless House" aufzuzeigen: Sanford Kwinter stellt eine Verbindung zur Wahrnehmungspsychologie von J. J. Gibson her und widmet sich u.a. Kieslers Projekt einer „Vision Machine", Pedro Gadanho beleuchtet die aktuellen wissenschaftlichen sowie kuratorischen Aktivitäten rund um Friedrich Kiesler, und Brian Hatton skizziert einen literaturwissenschaftlichen Zugang. Jeder dieser verhältnismäßig kurzen Texte zeigt, wie vielfältig und produktiv die Auseinandersetzung mit Kiesler sein kann und ermöglicht zahlreiche weitere Anknüpfungen.

Ein absolutes Highlight des Buches stellt schließlich das Quellenmaterial dar: Enthalten ist die erstmals veröffentlichte Transkription eines Auftritts von Kiesler im Rahmen der Sendung „Camera Three", der 1960 auf CBS ausgestrahlt wurde sowie der Text „The Endless House: a man-built cosmos". Auch die zahlreichen zum Teil bisher unveröffentlichten Zeichnungen, Pläne und Fotografien stellen einen großen Mehrwert der Publikation dar.

Quasi als „Anhang" fungieren dann noch einige „künstlerische Beiträge", die unter anderem von Hani Rashid, Olafur Eliasson, Hans Hollein, Jürgen Mayer H. oder Heimo Zobernig stammen. Anhand der Abbildungen und der mehr oder weniger aussagekräftigen Begleittexte sollen hierbei vielfältige Bezüge zu Kiesler hergestellt werden, was jedoch nicht immer überzeugend gelingt. Als anregende „Abrundung" des Buches funktioniert dieser Part aber durchaus.

Wie wird die Publikation nun ihrem primären Gegenstand gerecht? Das Buch, das konzeptionell und strukturell dem „Endless House" entspricht, wurde möglicherweise bereits 1966 veröffentlicht und stammt von Kiesler selbst: „Inside the Endless House. Art, People and Architecture:

A Journal", erschienen bei Simon and Schuster in New York. „Endless Kiesler" könnte aber durchaus als „Galaxy" aufgefasst werden, wie Kiesler seine Rauminstallationen nannte, die einzelne Kunstwerke unterschiedlichster Gattungen zu einer vielschichtigen Konfiguration vereinten. Der Sammelband ließe sich dann als „Environment" interpretieren, das trotz seiner Begrenztheit endlose Bezüge aufzeigt und weiter anregt. Ein Fazit, das – ganz im Stil Kieslers – auch in Form einer Abwandlung des klassischen Mies'schen Slogans ausgedrückt werden könnte: Endless is more! ∎

Endless ... is more!

In the "Kiesler Year" 2015—it was the 125th and 50th anniversaries of Friedrich Kiesler's birth and death respectively—the Institute of Architecture at the University of Applied Arts Vienna, in collaboration with the Austrian Frederick and Lillian Kiesler Private Foundation, released an anthology published by Birkhäuser. Bearing the title *Endless Kiesler*, it is devoted to the still fascinating and ever polarizing Austrian-American artist, designer, and architect. Yet the individual contributions are not focused on the "Shrine of the Book" near Jerusalem, Kiesler's only built large-scale project, which was completed in the year of the architect's passing, which in 2015 was then exactly fifty years before. Instead, the book thematizes the never-built *Endless House*. Kiesler was engaged with "designing" an organically formed single-family home, the earliest variant of which dates back to 1950, well into the 1960s. He worked with concepts that he had already drafted in the 1920s—but the most essential aspect here is the idea of "infinity" or an "endless space." As an unbuilt architectural icon—which Simon Unwin, for example, considers one of the "twenty buildings every architect should understand"[1]—the *Endless House* solidified Kiesler's reputation in contemporary reception as the "greatest non-building architect of our time,"[2] as Philip Johnson phrased it.

Following the three introductory texts by Gerald Bast, Hani Rashid, and Klaus Bollinger,

with the latter taking on the role of editor along with Florian Medicus and the Kiesler Foundation, *Endless Kiesler* approximates *Endless House* and its architect through architectural-historical and -theoretical analyses. Kiesler's philosophy, that of "Correalism," is explored in contributions by Jill Meißner, Laura M. McGuire, and Gerd Zillner, along with many of his other architectural projects. A good entry into Kiesler's cosmos is conveyed here and in the analysis of his "magnum opus," yet it has hardly any novelty value.[3] Also arising through the repeated telling of the history and background of the *Endless House* are countless repetitions and thus ultimately also redundancies. Only Gerd Zillner, in his "attempt to retrace an endless story" (p. 98), offers something new and fascinating on the genesis of the project—including the anecdotally rendered last failed attempt at project realization, which Kiesler himself ultimately doomed, not even shrinking from the use of armed force, as a sketch including bullet holes illustrates in the book documents. The archive of the Kiesler Foundation

1   See Simon Unwin, *Twenty Buildings Every Architect Should Understand* (London et al., 2010), pp. 51–60.

2   Philip Johnson, "Three Architects," *Art in America* 48, no. 1 (1960), p. 70.

3   For a comprehensive rendering of the life and work of Friedrich Kiesler, see, for example, Dieter Bogner, ed., *Friedrich Kiesler: Architekt, Maler, Bildhauer, 1890–1965* (Vienna, 1988).

likely harbors many such treasures for continued research.

One of the book's next points of emphasis are the contributions dealing with the topic of the structural implementation of the *Endless House*: Florian Medicus makes reference to Hermann Finsterlin, Erich Mendelsohn, and the shell structures made of reinforced concrete by Robert Maillart, Felix Candela, and Eero Saarinen. He and Gerd Zillner also examine concrete ideas on the realization of Kiesler's design fielded by the firm Severud-Elstad-Krueger in the year 1959. More than fifty years later—as part of the seminar series "Unbuildable?!"—an adaptation of the *Endless House* was undertaken at the "Angewandten" (University of Applied Arts) with a view to its feasibility. In 2010 and 2014, structural designs were created that employed contemporary opportunities for computer-aided structural analysis and -optimization. These projects were also documented by photographs and extensively described in essays by Arne Hofmann and Clemens Preisinger, but also by Florian Medicus. Despite the impressive results, here the question arises as to the usefulness of such an approach, for even contemporary concepts of concretization underscore what the historical concepts suggested: the *Endless House* ultimately triumphed by not being built. On the other hand, Kiesler's design theory at least proved to be up-to-date, so Hofmann and Preisinger do not assume without reason "that

this deductive approach of letting structures grow virtually would have been entirely in keeping with Kiesler's intentions" (p. 278).

Three unique and highly readable contributions remain, offering further perspectives on Kiesler and the *Endless House*: Sanford Kwinter establishes a connection to J. J. Gibson's psychology of perception and explores, for example, Kiesler's project of a "vision machine"; Pedro Gadanho illuminates the current scientific and curatorial activities related to Friedrich Kiesler; and Brian Hatton delineates a perspective based on literary studies. Each of these relatively brief texts shows how diversified and productive the analysis of Kiesler can be, while also fostering numerous other connections.

Finally, an absolute highlight of the book is its source material: included is the transcription of an appearance by Kiesler, published here for the first time, on the show "Camera Three" which was broadcast by CBS in 1960, as well as the text "The Endless House: A Man-Built Cosmos." The many drawings, plans, and photographs, many of which had previously also remained unpublished, likewise lend this publication significant added value.

Functioning quasi as "appendix" are several "artistic contributions" originating from Hani Rashid, Olafur Eliasson, Hans Hollein, Jürgen Mayer H., and Heimo Zobernig, among others. The idea here is to draw multifaceted references

to Kiesler based on the illustrations and more or less expressive accompanying texts, but this is not always convincingly achieved. However, this section does serve to "round out" the book in a rather fascinating way.

So does the publication actually do justice to its primary subject? The book, which conceptually and structurally equates the "Endless House," may even have been published already in 1966 and originates from Kiesler himself: *Inside the Endless House: Art, People and Architecture, A Journal*, published by Simon & Schuster in New York. Yet *Endless Kiesler* may certainly be viewed as a *Galaxy* (the name Kiesler used for his spatial installation) that unites individual artworks from widely varying genres to create a multilayered configuration. The anthology could thus easily be interpreted as an "environment" which, despite its finite nature, evinces an endless string of references and continues to inspire. This is a conclusion that—absolutely in line with Kiesler's style—could also be expressed in the form of a variation on the classic Miesian slogan: Endless is more! ∎

Stefan Fink (Translation: Dawn Michelle d'Atri)

**Atlas of the
Functional City**

THOTH Publishers/gta Verlag

**Atlas of the Functional City.
CIAM 4 and Comparative
Urban Analysis**

Evelien van Es/Gregor Harbusch/
Bruno Maurer/Muriel Pérez/
Kees Somer/Daniel Weiss (Hg. | eds.)
Bussum/Zürich | Zurich:
TOTH/gta Verlag, 2014
Englisch, 480 Seiten, 750 Abbil-
dungen (Farbe, SW), Hardcover |
English, 480 pages, 750 color and
b/w illustrations, hardcover
Infografik: Studio Joost Grootens
ISBN 978-3-85676-338-1
EUR 89,50 | EUR 89.50

The Unpublished Book

Susan Kraupp/Teresa Klestorfer

Drei Generationen von Veröffentlichungen können inzwischen zum Thema CIAM 4 zurückverfolgt werden. Nach einer direkten Berichterstattung in Fachzeitschriften und einer anschließenden Eigenrezeption der ersten Generation (Gropius, Sert, Eesteren, Corbusier, Giedion u.a.) sowie einer weiteren Aufarbeitung des Themas Ende der 1970er bzw. Anfang der 1980er Jahre mit einer differenzierten Perspektive, einer nicht mehr so unversehrten Postmoderne (wie etwa Thilo Hilbert, Martin Steinmann) können wir schließlich auf eine Reihe von Publikationen zurückblicken, die nach 2000 die diskursiven Aspekte dieses Ereignisses unter die Lupe nehmen (z.B. Mumford, Eric Paul).

Die hier besprochene Publikation füllt eine bisher offene Lücke: der *Atlas of the Functional City* macht es sich zum Ziel, erstmals den im vierten Kongress der CIAM „Die Funktionale Stadt" definierten und ausgeführten methodischen Zugang der vergleichenden Stadtanalyse unter die Lupe zu nehmen und dieses gleich in Wort und Bild. Essays von Herausgebern und Experten setzten sich theoretisch mit den hier angewandten Methoden und Kartierungen auseinander. Im ersten Kapitel „City Analyses", werden erstmals die tatsächlich erstellten Karten zur Schau gestellt und besprochen. Der Versuch einer Ergebnisabbildung, (auch hier wieder über Dokumente und Essays) und schließlich eine differenzierte Verzeichnissammlung von Quellen und Kartierungen runden das Bild ab.

Die Zusammenarbeit des gta Archiv/ETH Zürich (hier vor allem Gregor Harbusch, Bruno Maurer, Muriel Pérez, Daniel Weiss) mit der Van Eesteren-Fluck & Lohuizen Foundation (Evelien van Es, Kees Somer) ermöglichte die Publikation. Der Titel *Atlas of the Functional City* gibt Auskunft zu Thema („CIAM 4 and Comparative Urban Analysis") und zur medialen Ausrichtung („Atlas" of the Functional City) der hier besprochenen Veröffentlichung.

Der *Atlas of the Functional City* gliedert sich in Einleitung, drei Hauptkapitel und in ein umfangreich geordnetes und grafisch aufgearbeitetes Verzeichnis. Den zwei Vorwörtern von den Leitern der „Van Eesteren-Fluck & Van Lohuizen Foundation" und des „Institute for the History and Theory of Architetcture" (gta) an der ETH Zürich, namentlich Maurits de Hoog und Vittorio M.Lampugnani, welche u.a. die zugezogenen Archive vorstellen, folgt die Einleitung von Weiss, Harbusch und Maurer, stellvertretend für das Herausgeberteam.

Themen der Einleitung sind Ort, Zeit und Definition des legendären vierten CIAM Kongresses, abgehalten zwischen 29. Juli und 31. August 1933 an Bord des Passagierschiffes „Patris II", auf einer Reise von Marseille nach Athen und zurück. Titel und Thema ist „Die funktionale Stadt", sowie die Erlangung eines Einblickes in die Organisation, den Stand und die Defizite der damaligen Stadt (S. 11). Als Ausgangspunkt zur Diskussion und der vergleichenden Analyse sollen 34 Fallbeispiele aus 18 Ländern herangezogen werden, welche vorab anhand von standardisierten Vorgaben durch jeweils den einzelnen Ländern zugeordneten Gruppen an Experten ausgeführt wurden (S. 16).

Die Arbeitsmethode wird aufgesetzt von Cornelis van Eesteren, welcher auch an Hand eines modellhaften Planes von Amsterdam und ergänzt durch Richtlinien, die Form und Regeln der Kartierung vorgibt: Jede Analyse soll aus drei Karten aufgebaut werden, zu jeweils den Themen Funktion, Verkehr und regionale Einbindung. Ein Begleitschreiben in Form eines Berichtes, Luftbilder und charakteristische Fotografien der analysierten Stadt ergänzen die Produktion der Kartierungen (S. 15).

Politische Perspektiven, Auswirkung und Werbewert des Kongresses werden angesprochen, ebenso wie die ideologischen Verflechtungen bei gleichzeitigem Versuch diese auszuklammern. Der unbestechliche Glaube an die Rolle des modernen Architekten in der Gestaltung der zukünftigen Gesellschaft und einer funktionierenden Stadt wird hervorgehoben, divergierende Positionen herausgearbeitet (S. 12–15).

230 Paneele in der Größe von 120 x 120 cm bzw. 120 x 60 cm werden in dieser Form produziert (S. 18) und in dieser Publikation abgebildet und besprochen. Zur damaligen Zeit von einigen Kritikern als zu simplizistisch kritisiert, ergibt

die Sammlung eine kollektive Arbeit mit selbst-kritischer Haltung, welche es schafft, 18 Länder und 34 Städte der damaligen Zeit gegenüberzustellen und zu diskutieren. Und dies soweit standardisiert, dass ein Vergleich und eine Diskussion erst möglich wurde. Durch diese Publikation wird erstmals das besprochene Quellmaterial einem größeren Publikum und hiermit auch weiterer Forschung zugänglich gemacht.

Die Hauptkapitel des Buches enthalten Aufsätze zu verwendeten Methoden, gefolgt von vergleichenden Stadtanalysen aus 18 Ländern und 34 Städten und abschließend einer Zusammenfassung der Resultate in Wort, Bild und weiteren Essays.

Im Kapitel „Essays" bespricht Enrico Chapel die Karte als analytisches Werkzeug (S. 27), Vincent van Rossem diskutiert die Position von van Eesteren in der damaligen Stadtplanung (S. 38), während Sokratis Georgiadis eine Theorie zur vorgefundenen Methode rekonstruiert. Ute Schneider bespricht Konzept, Produktion und Sprache der Karten (S. 60), Somer Kees Beitrag filtert das Thema der Resultate und die Art der Veröffentlichung, Sophie Wolfrum schließlich konzentriert sich auf eine kritische Schau des Konzeptes „Zoning".

Die anschließenden Stadtanalysen sind nach Ländern gruppiert. Hier folgt die Beschreibung der bearbeitenden Gruppen und die Analyse der Städte. Vorschläge, Resultate bzw. Auswirkungen der Analyse folgen, Karten und Fotografien, manchmal ergänzt durch vergrößerte Ausschnitte, ergänzen und umrahmen die Texte.

Im letzten Kapitel „Results", welche u.a. die Resultate des CIAM 4, auch bekannt als „Die Charta von Athen", bespricht, macht Evelien van Es auch die dem CIAM 4 folgende Ausstellung von 1935 in Amsterdam zum Thema, eine Ausstellung welche erstmals die besprochenen Resultate zur Schau stellte. Ihren Artikel selbst bezeichnet sie als „eine Rekonstruktion". Diese Bezeichnung könnte stellvertretend für dieses Buch stehen. Die Rekonstruktion in diesem Werk erfolgt auf vier Ebenen: rekonstruiert wird ein historisches Ereignis, eine Methodendiskussion anhand von Essays, Kartierungen als historische Diskursträger und schließlich die Kommunikation der Resultate in Form der „Rekonstruktion" einer Ausstellung.

Eine erstmalig vollständige Präsentation der hier gesammelten historischen Plandaten wird in diesem Buch ergänzt durch Essays, welche in Dokumentation und methodischer Kritik Einblick schaffen in die Auseinandersetzung mit dem reichen Planmaterial des vierten CIAM-Kongresses.

Die klare Strukturierung des Bandes ermöglicht einen einfachen Überblick über die komplexen Inhalte. Da dieser „Atlas" seinen Fokus eigentlich auf einen „Bilder-Diskurs" legt, wird im Buch noch einmal eine Metaebene sichtbar, die den Bedarf nach einer Auseinandersetzung mit dem Themenfeld „Planungstheorie" deutlich macht. Dieses Buch stellt eine Basis für weitere Forschungen dar. ∎

The Unpublished Book

By now, three generations of publications can be traced back to the topic of CIAM 4. After the first reports on the subject in professional journals and the subsequent reception by the first generation (Gropius, Sert, Eesteren, Corbusier, Giedion, among others), then further treatment of the theme in the late 1970s and early 1980s offering a more differentiated perspective, followed by a not-so-intact postmodernism (for instance Thilo Hilbert and Martin Steinmann), we can now finally look back on a series of publications that, after 2000, have examined the discursive aspects of this development (e.g., Mumford, Eric Paul).

The publication discussed here fills a previously open gap: the *Atlas of the Functional City* pursues the objective of analyzing, for the first time, the methodological approach of the comparative urban analysis defined and implemented in the fourth CIAM congress "The Functional City," in both word and image. Essays by the editors and other experts theoretically explore the methods and mapping applied here. In the first chapter "City Analyses," the actually created maps are exhibited and discussed for the very first time. The attempt to present results (here, too, through documents and essays) and to ultimately provide a differentiated index of collected sources and maps round out the overall picture.

Collaboration between the gta Archiv/ETH Zurich (especially Gregor Harbusch, Bruno Maurer, Muriel Pérez, Daniel Weiss) and the Van Eesteren-Fluck & Lohuizen Foundation (Evelien van Es, Kees Somer) made the publication possible in the first place. The title *Atlas of the Functional City* provides information about the topic (CIAM 4 and Comparative Urban Analysis) and the mediatic slant ("Atlas" of the Functional City) of the book under review here.

The *Atlas of the Functional City* is divided into an introduction, three main chapters, and an extensively arranged and graphically rendered index. The preface by Weiss, Harbusch, and Maurer, representing the editing team, follows the two introductory texts by Maurits de Hoog and Vittorio M. Lampugnani, the respective heads of the Van Eesteren-Fluck & Van Lohuizen Foundation and the Institute for the History and Theory of Architecture (gta) at ETH Zurich, who for instance introduce the newly adopted archives.

Topics covered by the preface include the site, period, and definition of the legendary fourth CIAM congress, which was held between July 29 and August 31, 1933, about a passenger ship called *Patris II* traveling from Marseille to Athens and back. The title and topic was "The Functional City," as well as the attainment of an overview of the organization, the state, and the deficits of the city back then (p. 11). The starting point for the discussion and the comparative analysis were to be thirty-four case studies from eighteen countries, which were carried out by groups of experts in each country on the basis of standardized provisions (p. 16).

The work method was drafted by Cornelis van Eesteren based on an exemplary blueprint of Amsterdam and supplemented by guidelines defining the form of and rules for mapping: each analysis was to be founded on three maps, each focused on the topics of function, traffic, and regional integration. An accompanying paper in the form of a report, aerial images, and characteristic photographs of the analyzed city complemented the map production (p. 15).

The political perspective, effects, and advertising value of the congress are addressed, but also the ideological interdependencies, while simultaneously trying to exclude them. The unerring belief in the role of the modern architect in designing future society and a functioning city is emphasized in the volume, with diverging positions provided in detail (pp. 12–15).

Presented in this form, rendered and discussed in the publication, are 230 panels with dimensions of 120 x 120 or 120 x 60 centimeters (p. 18). Criticized at the time by several reviewers as being too simplistic, the collection yields collective work with a self-critical stance, which succeeds in juxtaposing and debating eighteen countries and thirty-four cities from that time—and this in such a standardized way that comparison and discussion even became possible in the first place. Thanks to this publication, the reviewed source material is now made accessible to a broad audience for the first time, thus also facilitating further research.

The main chapter of the book contains essays about the employed methods, followed by comparative urban analyses from the eighteen countries and thirty-four cities, as well as a final summary of the results in words, images, and further essays.

In the chapter "Essays," Enrico Chapel discusses the map as an analytical tool (p. 27), Vincent van Rossem explores the position of Cornelis van Eesteren in the urban planning of that time (p. 38), and Sokratis Georgiadis reconstructs a theory on the found method. Ute Schneider reviews the concept, production, and language of maps (p. 60), the contribution by Somer Kee filters the topic of results and the type of publication, while Sophie Wolfrum concentrates on a critical view of the concept of "zoning."

The subsequent urban analyses are grouped according to country. A description of the work groups and the analysis of the cities is then given, followed by suggestions and results or effects of the analysis, maps and photographs, sometimes supplemented by enlarged sections that complement and frame the texts.

In the last chapter "Results," which also includes the results of CIAM 4, also known as the "Athens Charter," Evelien van Es discussed the 1935 exhibition in Amsterdam held after CIAM 4, where the reviewed results were put on display for the first time. She herself deems her essay "a reconstruction," a term that could actually apply to the entire book. The reconstruction in this work takes place on four levels: a historical event is reconstructed, along with a methodological discussion based on essays, maps as carriers of historical discourse, and, finally, communication of the results in the form of the "reconstruction" of an exhibition.

A presentation of the historical planning data collected, rendered in full for the first time here, is supplemented by essays which, through documentation and methodological critique, offer insight into the exploration of the rich planning material of the fourth CIAM congress.

The clear structure of the volume facilitates a simple overview of the complex content matter. Since this "atlas" is actually focused on a "pictorial discourse," a metalevel once again becomes evident in the book, identifying the need for an analysis of the thematic field of "planning theory." This publication thus lays a foundation for continued research. ∎

Susan Kraupp and Teresa Klestorfer
(Translation: Dawn Michelle d'Atri)

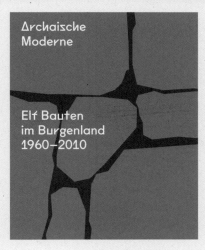

**Archaische Moderne.
Elf Bauten im Burgenland
1960–2010**

Albert Kirchengast/
Norbert Lehner (Hg. | eds.)
Otto Kapfinger/Christian Reder
(Autoren | authors)
Zürich | Zurich:
Park Books AG, 2015
Deutsch, 191 Seiten, 100 Farb-
und 54 SW-Fotos, 21 Farb- und
13 SW-Zeichnungen, Hardcover |
German, 191 pages, 100 color
and 54 b/w photos, 21 color and
13 b/w drawings, hardcover
ISBN 978-3-906027-70-8
EUR 38,00 | EUR 38.00

Archaische Moderne. (K)ein Widerspruch?

Kathrin Hirsch

Archaische Moderne. Altertümlich und neuzeitlich. Widersprüchlich erscheint der Titel des 2015 von Albert Kirchengast und Norbert Lehner herausgegebenen Buches nur, bis sich sein Inhalt offenbart. Es bildet einen Architekturatlas, der das von Gegensätzen geprägte Burgenland und die elf angeführten Bauten wie Fäden in einem kulturellen Stoff miteinander verwebt und dem Leser als gemeinsames Bild präsentiert. Um das Grenzgebiet zwischen Österreich und Ungarn, ein Land der Übergänge und Kontraste, sowie die Zusammenhänge der Bauwerke miteinander und ihres Standortes zu vermitteln, geben die Autoren Otto Kapfinger und Christian Reder Einblick in die burgenländische Geschichte, seine zoologischen, vegetativen, aber vor allem kulturellen Besonderheiten wie auch ausführliche Berichte zu den Entstehungsgeschichten der besagten Bauten. Begleitet werden die Texte von Nikolaus Korabs keineswegs beschönigenden, aber idyllisch anmutenden Bilderreihe der Bauwerke im heutigen Zustand.

So manch eins versteckt sich in den Büschen, wie das Sommerhaus von Roland Rainer in St. Margarethen. Manch anderes präsentiert sich stolz am Oggauer Felsrücken, wie das Dellacher Wohnhaus von Raimund Abraham. Die jeweiligen Zugänge der Baukünstler, die Gestalt und der Ausdruck der in diesem Architekturführer genannten Gebäude könnten dabei zum Teil nicht unterschiedlicher sein. Doch ob man nun die skulpturalen Formungen des aus Beton gefertigten, expressionistischen Pfarrzentrums von Günther Domenig & Eilfried Huth, oder die asketisch anmutenden Bildhauerunterkünfte, eine Kombination von Sandsteinmauerwerk und kreativ eingesetzten Betonfertigteilen von Johann Georg Gsteu betrachtet, sie alle repräsentieren gemeinsam, aber auf individuelle Weise die Nachkriegsmoderne im Raum Burgenland. In manchen Fällen, wie dem Atelier-Ensemble für die Familie Prantl oder auch der Ausstellungshalle für die Werke der Bildhauerin Maria Biljan-Bilger in Sommerein wird deutlich, dass außergewöhnliche Bauwerke keineswegs als endgültig gedacht und gebaut werden müssen. Im Gegenteil, die stückweise Zusammenführung von Grundstücksteilen, architektonischen Elementen und Landschaftsgestaltung ließ Raum für neue Ideen und Lösungsansätze für die wandelnden Bedürfnisse der Bauherren. Bei den angeführten Projekten von Ernst Hiesmayr, Friedrich Kurrent oder auch Roland Rainer fällt besonders die enge freundschaftliche Verbindung zwischen Bauherren und Architekten ins Auge. Die Architekturen sind in enger Zusammenarbeit entstanden und wohl nicht zuletzt deswegen die bedeutsamen Bauwerke geworden, die sie heute darstellen. Neben den jeweiligen Architekten und Bauherren der elf Bauten kommen auch gegenwärtig im burgenländischen Raum tätige Architekten, Architekturpublizisten, Landschafts- und Stadtplaner zu Wort und diskutieren über die dargestellten Bauwerke, deren Bedeutung zur Zeit ihrer Entstehung sowie heute und über die aktuellen Herausforderungen der österreichischen Baukultur.

Für Albert Kirchengast stellt die Materie dieser Publikation keine Neuheit dar, setzte er sich doch bereits 2007 mit der Initiative zur Unterschutzstellung von „Haus Dellacher" für dessen Erhalt ein und verfasste zudem für das *GAM.05* unter dem Titel „Archaische Architektur" einen Beitrag zu Raimund Abrahams Lebenswerk. In diesem Fall bezieht sich der Begriff der „Archaik" allerdings auf die streng geometrische Formensprache des Architekten. Zusammen mit Kirchengast initiierte Norbert Lehner, der als Redakteur im ORF Landesstudio Burgenland neben wirtschaftlichen und landespolitischen auch für Beiträge aus kulturellen und historischen Themengebieten verantwortlich ist, 2012 die Veranstaltung „8 Bauten – Diskussionsrunde mit Architekten" im Rahmen des Vereins *Architektur Raum Burgenland*, die sich in Form eines kollektiven Interviews im Buch wiederfinden. Die Organisation trat bereits als Herausgeber der Publikation *Neue Architektur in Burgenland und Westungarn* (2004) von Otto Kapfinger auf, der gemeinsam mit Christian Reder die Herausgeber in der textlichen Aufbereitung und Verfassung der einzelnen Beiträge unterstützte. Christian Reder wies in seiner Publikation *Bedrohte Moderne Burgenland_* *panopticon 01 – Am Beispiel Haus Dellacher in Oberwart von Raimund Abraham* (2013, hrsg. von *Architektur Raum Burgenland*), insbesondere auf die paradoxe Situation hin, dass architektonische Meisterwerke zwar international bedeutend, aber trotzdem vom Abriss bedroht sein können. Mit ihrem nunmehr gemeinschaftlich verfassten Werk konnten alle vier Autoren auf ihre bisherige Forschungstätigkeit und Erfahrung zurückgreifen und eine Lücke im bisherigen Forschungsstand zum architektonischen Kulturraum Burgenland schließen.

Aufgrund ihrer bis über Österreichs Grenzen hinaus wirkende Tragweite finden sich die ausgewählten Bauwerke bereits in Friedrich Achleitners Standardwerk der Architekturführer.[1] Jedoch wurden die burgenländischen Bauten zuvor noch nie gemeinsam präsentiert und miteinander wie auch mit ihrer Umgebung in Beziehung gesetzt. Es geht klar hervor, dass ein anderes Gebiet die hier angeführten Gebäude niemals in dieser Weise hätte hervorbringen können. Gerade in dieser Verbundenheit zeigt sich die Wichtigkeit, den burgenländischen Kulturraum nach den anonymen Bauten, wie sie Roland Rainer schon 1961 in „Anonymes Bauen: Nordburgenland" dargestellt hat, aufs Neue mit seiner extravaganten Architektur zu präsentieren. Mit den Bildreihen des aktuellen Zustandes der Bauwerke, alten Skizzen und Zeitungsausschnitten verweisen die Autoren bewusst auf den Alterungsprozess, den diese Gebäude bereits durchlaufen haben. Indem auch Architekten und BauherrInnen zu Wort kommen, wird ein direkter Einblick in Entstehung, Geschichte und persönliche Bedeutung der Gebäude vermittelt.

Das Buch *Archaische Moderne* verweist auf bisher noch nicht wahrgenommene Zusammenhänge zwischen den Bauwerken und den Menschen, die diese miteinander verbinden. Das Burgenland wird als außergewöhnlicher Schnittpunkt beleuchtet, der in Europa Ost und West nicht nur geschichtlich und politisch voneinander trennt, auch im Tier- und Pflanzenreich ergibt sich im pannonischen Raum eine einmalige Überschneidung von Arten aus verschiedenen Regionen.

1 Achleitner, Friedrich: *Österreichische Architektur im 20. Jahrhundert. Ein Führer in vier Bänden*, Bd. 2, Salzburg, Wien 1983.

Das dünn besiedelte Land bot indes auch für Künstler in der zweiten Hälfte des 20. Jahrhunderts einen Ort, wo sie in einer pittoresk ländlichen Atmosphäre einen gemeinsamen Austausch führen und ihre Ideen entfalten konnten. In der verschlafenen Idylle entstanden verstreut beispielgebende Architekturen unterschiedlichster Art, deren Resonanz bis weit über die österreichischen Grenzen hinausgeht. Eben diese Spannung der Gegensätze fangen Kirchengast und Lehner in der Publikation ein und spiegeln dies bereits in dem scheinbar kontradiktorischen Titel *Archaische Moderne* wider. Somit ist ein völlig neuer Atlas geschaffen, der diesen Architekturschatz wieder in Erinnerung ruft und auf eine tiefgreifende Weise zugänglich macht. ∎

Archaic Modernism: A Contradiction (or Not)?

Archaic modernism. Ancient and contemporary. The title of this book edited by Albert Kirchengast and Norbert Lehner, released in 2015, appears contradictory—but only until its content is revealed. It forms an architectural atlas that interweaves the Austrian state of Burgenland, characterized by contrasts, and the eleven featured buildings like threads in a cultural fabric, presented to the reader as a coherent picture. The authors Otto Kapfinger and Christian Reder set out to depict the border area between Austria and Hungary, a land of transitions and contrasts, as well as the correlations among the buildings and their respective locations. To this end, they offer insight into the history of the Burgenland region, its zoological, vegetative, and, especially, its cultural highlights, while also providing extensive reports on the genesis of the featured buildings. The text material is accompanied by Nikolaus Korab's photographic series showing the buildings in their present state, idyllic yet certainly not glossed over.

An occasional building hides in the thicket, like the summerhouse by Roland Rainer in St. Margarethen, while another might proudly present itself along a rocky crest near the town of Oggau, like the Dellacher House by Raimund Abraham. The respective approaches taken by the architects, or the design and expression of each building cited in this architectural guide, in many cases could not be more dissimilar. Yet regardless of which structure we consider—the sculptural forms of the expressionistic parish building by

Günther Domenig and Eilfried Huth or the austere-looking accommodations for sculptors, a combination of sandstone masonry and creatively deployed prefabricated concrete elements by Johann Georg Gsteu—all represent, jointly yet individualistically, postwar modernism in the Burgenland region. In certain cases, such as the studio ensemble for the Prantl family or the exhibition hall in Sommerein for the works of sculptor Maria Biljan-Bilger, it becomes clear that extraordinary architectural structures by no means need to be conceived and built in a finite way. On the contrary, the piecemeal merging of plot sections, architectural elements, and landscape design makes way for new ideas and solutions so as to address the shifting needs of the owner. In the case of the featured projects by Ernst Hiesmayr, Friedrich Kurrent, or even Roland Rainer, a close, amicable relationship between client and architect is evident. The architectural structures were created through close collaboration and have become the important buildings they are today not least because of this interaction. Aside from the respective architects and clients of the eleven buildings, a variety of architects, architecture critics, and landscape or urban planners working in the Burgerland area discuss the represented structures, their meaning both at the time of erection and today, but also the current challenges faced by Austrian building culture.

For Albert Kirchengast, the subject matter explored in this publication is nothing new, for in 2007 he was already advocating the the preservation of the Dellacher House with an initiative developed for this express purpose. He wrote a related contribution to *GAM.05* called "Archaic Architecture" in honor of Raimund Abraham's lifework. In this case, however, the term "archaic" refers to the architect's strict geometric language of form. Norbert Lehner, who as an editor for the ORF studio in Burgenland has been responsible for cultural and historical topics areas along with economic and state-political ones, initiated, together with Kirchengast, the event "8 Bauten: Diskussionsrunde mit Architekten" (8 Buildings: Roundtable Discussion with Architects) in 2012 under the aegis of the Architektur Raum-Burgenland association, which reappears in the book in the form of a multiparty interview. The organization already edited the publication *Neue Architektur in Burgenland und Westungarn* (2004) by Otto Kapfinger, who in conjunction with Christian Reder supported the editors in the textual preparation and writing of the individual contributions. In his publication *Bedrohte Moderne Burgenland_panopticon 01 – Am Beispiel Haus Dellacher in Oberwart von Raimund Abraham* (2013, ed. Architektur Raum Burgenland), Christian Reder placed special emphasis on identifying the paradoxical situation that architectural masterpieces of international renown may still be in danger of demolition. In the collaboratively penned *Archaische Moderne*, all four authors were able to draw on their previous research activity and experience, thus closing the gap in the previous state of research on architectural-cultural space in Burgenland.

The selected buildings, due to their importance spanning beyond Austria's borders, were already included in Friedrich Achleitner's standard architectural guide.[1] However, the Burgenland structures have never before been presented together and set into context both with one another and in their own environment. It is clearly evident that no other region could have spawned the featured buildings in the same way. This affinity in particular demonstrates the importance of newly presenting Burgenland cultural space and its extravagant architecture with a view to the anonymous buildings already depicted by Roland Rainer in 1961 in *Anonymes Bauen: Nordburgenland* (Anonymous Construction: North Burgland). With the image series showing the current state of the buildings, old sketches, and newspaper clippings, the authors purposefully highlight the aging process that these structures have already experienced. In allowing architects and building contractors to also have their say, direct insight into the creation, history, and personal meaning of the buildings is conveyed.

The book *Archaische Moderne* points out previously unexplored relationships between the architectural structures and the people involved. Burgenland is illuminated as a special junction that goes beyond separating Eastern and Western Europe historically and politically to also display a unique cross-section of animals and plants in this Pannonian space. In the meantime, the too thinly settled land offered artists a place for lively exchange and ideas in a picturesque rural atmosphere during the second half of the twentieth century. Exemplary architectures of all kinds sprung up throughout the sleepy idyll, resonating far beyond the Austrian borders. It is precisely this suspense of opposites that Kirchengast and Lehner capture in their publication, already mirrored in the seemingly contradictory title *Archaische Moderne*. This has given rise to a totally new atlas that once again calls to memory these architectural treasures, making them accessible in a profound way. ∎

Kathrin Hirsch (Translation: Dawn Michelle d'Atri)

1   Achleitner, Friedrich: *Österreichische Architektur im 20. Jahrhundert: Ein Führer in vier Bänden*, vol. 2, Salzburg and Vienna 1983.

Faculty News

AUS DER FAKULTÄT
Faculty News

Faculty

Aus: „Der Raum gehört nicht mir", Ausstellung und Videoinstallation |
From: *Der Raum gehört nicht mir*, exhibition and video installation, 2008
© Christian Fröhlich

Nachruf auf Giselbert Hoke
* 12. September 1927 | † 18. April 2015

Giselbert Hoke war ein Künstler und Lehrer von außergewöhnlicher Gestaltungskraft. Er unterrichtete neben seiner künstlerischen Arbeit beinahe vierzig Jahre: an der TU Graz, an der Internationalen Sommerakademie Salzburg und an den Sommerakademien in Brtonigla (Kroatien) und Halbenrain (Österreich). Seine Gedanken und Werke gründeten in seiner Erfahrung und zielten unmittelbar auf seine Lebenswelt. Hoke misstraute künstlerischen und intellektuellen Moden, er verachtete alles Spekulative, und er zeigte auf, was ihm von Wert war. Tradierte, scheinbar gesicherte Werte galten ihm nur dann, wenn sie auch seinen Maßstäben standhielten. Werkstattarbeit, Malreisen und Gespräche dienten ihm dazu, sich diese Welt anzueignen, deren Schönheit und deren Grausamkeit er kennenlernte. Nie akzeptierte er Oberflächlichkeit. Er legte Wert auf genaues Spüren und Aufmerksamkeit, sich selbst und dem Anderen gegenüber. Sein Wirken war prägend. Von großer Zeitlosigkeit und von großer Aktualität. ∎

Eugen Hein

Obituary, Giselbert Hoke
* September 12, 1927 | † April 18, 2015

Giselbert Hoke was an artist and teacher of extraordinary design force. Besides creating art, he taught for almost forty years: at Graz University of Technology, at the Salzburg International Summer Academy of Fine Arts and at the summer academies in Brtonigla, Croatia, and Halbenrain, Austria. His thoughts and works were rooted in his experience and directly targeted his lifeworld. Hoke distrusted artistic and intellectual trends; he distained anything speculative, and he called attention to things he considered valuable. Traditional, seem-

ingly secured values were only heeded if they met hi standards. Workshop activity, painting trips, and con versations helped him to appropriate this world, whos beauty and cruelty he encountered. Never did he acce superficiality. Hoke valued precise sensing and mind fulness, toward both himself and others. His work wa formative. Of great timelessness and great topicality.

Eugen Hein

Wolfgang Purt © Andreas Trummer

Nachruf auf Wolfgang Purt
* 24. August 1971 | † 4. Juli 2015
... einfach für „Wolfi"

Dass ich einmal einen Nachruf für ihn schreibe sollte, war natürlich nie zwischen uns ausgemacht, umg kehrt jedoch schon – warum nur – schwer zu verkraft

Es war im Mai 1993, als Wolfi bei meinem erst internationalen Architekturworkshop in Rovinj (Istri Kroatien), bei dem er als Student teilnahm, in einer schm len Gasse auf mich zu rannte, mich heftig umarmte u zu mir sagte: „Professor, zu dir muss ich ‚du' sagen." pisch Wolfi! Seine Emotionalität, seine Begeisterung fähigkeit, die immer auch auf andere übergesprunge ist, seine tiefgründigen Gedankengänge, nicht nur übe die Architektur, waren der Beginn unseres 20-jährig intensiven Ringens um die Architektur, speziell der Wohnbau und um das Leben generell, sowie einer wu derbaren Freundschaft und einer fast symbiotischen Beziehung.

Nach diesem Workshop habe ich ihn als Studie assistenten, später als Assistenten in mein Wohnbautea geholt, in das er stets innovative Impulse verschieder ter Art eingebracht hat, und von da an war er bei all m nen Lehrveranstaltungen mein Begleiter.

Das gesamte Team hat polarisiert, er ganz beso ders, unsere Lehre und unser Lernen von den Studier

war stets bestimmt durch Motivation und Leiden-
haft, und durch das Ringen um Wissen – frei nach
istoteles: „Lehren und Lernen heißt nicht einen Kü-
l vollfüllen, sondern ein Feuer entfachen."

Wolfi hat wesentlich zum großen Erfolg dieses
ohnbauteams beigetragen. Philosophie, Psychologie,
rhaltensforschung, Gehirnforschung etc. flossen in
e Lehre ein, alles war für ihn und uns Architektur. Am
utlichsten wurde das bei unseren Rovinj-Workshops,
3. beim Thema: „Phönix … aus der Asche", verbren-
n, reflektieren, neu orientieren. Für alle TeilnehmerIn-
n waren diese Workshops, sowie der am Donauschiff,
 ganz besonderer unvergesslicher, vielfältig lehrrei-
er Abschnitt in ihrem Studium.

Neben seiner Begeisterung zur Architektur galt
ne ganze Liebe seiner Tochter Nahome, wir haben uns
 über sie unterhalten, er war ein großartiger Vater.
gäbe noch so viel mit Wolfi zu diskutieren, er fehlt
s sehr, leider ist er viel zu früh von uns gegangen.
le Studierende, die Mitglieder des Wohnbauteams,
ne Familie und Freunde und ich werden ihn nie ver-
ssen, so wird er weiterleben. ∎

nsjörg Tschom
emaliger Vorstand des Instituts für Wohnbau)

Obituary, Wolfgang Purt
∗ August 24, 1971 | † Juli 4, 2015
… simply for "Wolfi"

That I would ever need to write an obituary for
n—which was of course never discussed between us,
t vice versa—is difficult to fathom and was quite im-
ssible to predict.

It was in May 1993 that Wolfi—at my first interna-
nal architecture workshop in Rovinj (Istria, Croatia),
which he participated as a student—ran up to me in a
rrow alleyway, gave me a big hug, and said: "Profes-
r, to you I must say 'du' [informal address]." Typical
olfi! His emotional nature, his capacity for enthusiasm,
nich always infected those around him, and his deep
ins of thought, not just about architecture, marked the
ginning of our intense, twenty-year-long grappling
th architecture, especially housing, and with life in
neral, as well as a wonderful friendship and an almost
mbiotic relationship.

After this workshop, I brought him into my
using team as a student assistant and later as an As-
tant Professor, where he always contributed inno-
ive impulses of the most varied kinds. From then

on he accompanied me to all of my classes. The entire
team had a polarizing effect, Wolfi most especially. Our
teaching and the way we learned from our students was
always characterized by motivation and passion, and
by a wrestling for knowledge—to paraphrase Aristotle:
"Teaching and learning is not the filling of a pail, but
the lighting of a fire."

Wolfi made a significant contribution to the success of this housing team. Philosophy, psychology, behavioral research, brain research, et cetera, all flowed
into the educational process—to him and us, everything
was architecture. This was most evident in our Rovinj
workshops, for example the topic "Phoenix … Rising
from the Ash," burning, reflection, reorientation. For
all participants, these workshops, similar to the one on
the Danube ship, were very special, unforgettable periods of study, multifaceted in various ways.

Besides his enthusiasm for architecture, his whole
love was devoted to his daughter Nahome. We spoke of
her often, and he was an amazing father. There was so
much left to discuss with Wolfi. We miss him so much.
Sadly, he left us much too early. So many students, members of the housing team, his family and friends, and I
will never forget him—he will remain alive in our mem-
ories. ∎

Hansjörg Tschom
(Former Chair of the Institute of Housing)

Bas Smets © tweewaters

Gastprofessor Bas Smets

Bas Smets war im Wintersemester 2015/16 Gastprofessor am Institut für Architektur und Landschaft. Er
unterrichtete das Master Studio „SUPER.DRY: Learning
from the Desert in Africa" sowie das zugehörige Wahl-
fach „LandLab:CASE", in denen es um das Thema

Desertifikation ging. Die Studierenden entwickelten
hybride Architekturen in der Sahelzone, in die sie einfache innovative Technologien sowie kooperative lokale Praktiken integrierten, um zukunftsweisende, wider-
standsfähige Systeme innerhalb dieses spezifischen Öko-
systems zu generieren. Am 3. November 2015 hielt Bas
Smets einen Vortrag mit dem Titel „The Invention of
Landscape" im Rahmen der Vortragsreihe Architectural
Research der Doctoral School of Architecture sowie der
Vorlesung Landschaftsarchitektur an der TU Graz.

Bas Smets hat sich auf die Konzeption von Land-
schaftsstrategien und Projekten im öffentlichen Raum
spezialisiert. Ausgehend vom präzisen Lesen des Bestan-
des macht er mit seinen Projekten Landschaften sichtbar, die bisher unentdeckt waren. Diese Projekte erstrecken sich über alle Maßstäbe, von territorialen Visionen zu infrastrukturellen Landschaften, von Stadt-
zentren zu privaten Gärten.

Seinen Master in Architektur und Bauingenieurwesen erhielt Bas Smets an der Universität Leuven, eine postgraduale Qualifikation in Landschaftsarchitektur
an der Universität Genf. Er unterrichtete Landschaftsarchitektur an der La Cambre School of Architecture in
Brüssel, an der Ecole Spéciale d'Architecture in Paris
und der Ecole Nationale Supérieure d'Architecture in
Versailles. Regelmäßig hält er Vorträge an verschiedenen
Institutionen wie der Harvard Graduate School of Design, der Ecole Polytechnique Fédérale de Lausanne,
dem Berlage Institute in Rotterdam und dem Pavillon
de l'Arsenal in Paris. 2008 wurde er mit dem Französischen Preis für junge LandschaftsarchitektInnen „Les
Nouveaux Albums des Jeunes Architectes et des Paysagistes" ausgezeichnet. Sein Büro in Brüssel, welches
er 2007 gründete, beschäftigt derzeit 15 ArchitektInnen
und LandschaftsarchitektInnen und entwickelte bisher
20 Projekte in acht Ländern. 2015 erschien seine aktuelle Publikation *Landscape Stories*. ∎

Anne Oberritter

Visiting Professor Bas Smets

In winter semester 2015–16, Bas Smets was a
visiting professor at the Institute of Architecture and
Landscape. He taught the master studio "SUPER.DRY:
Learning from the Desert in Africa" and the accompanying elective "LandLab:CASE" that covered the topic of desertification. The students developed hybrid
architectures in the Sahelian zone, in which they integrated simple, innovative technologies and cooperative
local practices in order to generate future-oriented,
robust systems within this specific ecosystem. On

November 3, 2015, Bas Smets held a lecture titled "The Invention of Landscape" as part of the lecture series "Architectural Research" at the Doctoral School of Architecture and also taught a class in landscape architecture at Graz University of Technology.

Bas Smets is specialized in the conception of landscape strategies and projects in public space. Based on a precise analysis of the situation, his projects help to make landscapes visible that had been previously undiscovered. These projects range across all dimensions, from territorial visions to infrastructural landscapes, from city centers to private gardens.

Bas Smets earned his master's in architecture and civil engineering from the University of Leuven and a postgraduate qualification in landscape architecture from the University of Geneva. He taught landscape architecture at the La Cambre School of Architecture in Brussels, at the Ecole Spéciale d'Architecture in Paris, and the Ecole Nationale Supérieure d'Architecture in Versailles. He regularly gives lectures at various institutions, such as the Harvard Graduate School of Design, the Ecole Polytechnique Fédérale de Lausanne, the Berlage Institute in Rotterdam, and the Pavillon de l'Arsenal in Paris. In 2008, he was awarded the French prize for young landscape architects "Les Nouveaux Albums des Jeunes Architectes et des Paysagistes." His firm in Brussels, which Smets founded in 2007, currently employs fifteen architects and landscape architects and has already developed twenty projects in eight countries. In 2015, his current book *Landscape Stories* was published. ∎

Anne Oberritter

Gastprofessor Kai Strehlke

Kai Strehlke war im Sommersemester 2015 Gastprofessor am Institut für Architektur und Medien. Er unterrichtete das Masterstudio „Der Hohe Sitz", das den Forschungsbereich der digitalen Fabrikation moderner Holzverbindungen in Kombination mit räumlichen Fachwerken an die TU Graz brachte. Die Themen, mit denen sich die Studierenden auseinandersetzten, waren der Werkstoff Holz, Mass Customization, digitale Fabrikation und das Programmieren von aktuellen CNC Maschinen, die Holz bearbeiten. Ziel der Lehrveranstaltung war es, mit Holz aus der Region ein studentisches Projekt im Maßstab 1:1 umzusetzen. Dieses sollte durch Kooperationspartner in Zusammenarbeit

mit der TU Graz gefertigt werden und seinen finalen Standort im Forst von Mayr-Melnhof in der Steiermark finden.

Kai Strehlke studierte Architektur an der Eidgenössischen Technischen Hochschule (ETH) in Zürich, Schweiz und am Zentrum für Umweltplanung und Technologie (CEPT) in Ahmedabad, Indien. Nach dem Abschluss mit dem Master of Computer Aided Architectural Design forschte und lehrte er an der ETH Zürich mit Maia Engeli und Ludger Hovestadt.

Ab 2005 arbeitete Kai Strehlke für das Architekturbüro Herzog & de Meuron in Basel, wo er die Abteilung für Digitale Technologien aufbaute und leitete. Er integrierte den digitalen Workshop mit verschiedenen CNC-Technologien im Büro und sein Team unterstützte verschiedene Projekte von den geometrischen Aspekten bis zum parametrischen Entwurf. Im Jahr 2008 dissertierte er mit dem Thema „Das digitale Ornament in der Architektur, seine Generierung, Produktion und Anwendung mit Computer-gesteuerten Technologien" an der ETH Zürich. Zurzeit arbeitet er bei der Schweizer Firma Blumer-Lehmann. ∎

Milena Stavrić

Kai Strehlke © Kai Strehlke

Visiting Professor Kai Strehlke

Kai Strehlke was visiting professor at the Institute of Architecture and Media in summer semester 2015. He taught the master design studio "The High Seat," which brought the research field of digital fabrication with wood connectors in timber frame construction to Graz University of Technology. During the semester, the following topics were introduced to the students: material wood, mass customization, digital fabrication,

and the programming of CNC machines. The aim of t[...] studio was to build one student's project in the scale [...] using regional wood and with the support of local par[...] ners and TU Graz. The final project is now located i[...] a forest belonging to Mayr-Melnhof in Styria.

Kai Strehlke studied architecture at the Swiss Federal Institute of Technology in Zurich (ETHZ), Switzerland, and the Center for Environmental Plan[...]ning & Technology (CEPT) in Ahmedabad, India. A[...]ter graduating with a master's in computeraided arch[...]tectural design, he researched and lectured at the cha[...] of CAAD at ETH Zurich with Maia Engeli and Ludg[...] Hovestadt.

Since 2005 he has been working for the architec[...]tural office of Herzog & de Meuron in Basel where h[...] built up and leads the Department of Digital Techno[...]ogies. At the firm, he integrated a digital workshop w[...] different CNC technologies, and his team has support[...] various projects on geometric issues and parametric d[...] sign. In 2008, he finished his PhD at ETHZ with the theme "The Digital Ornament in Architecture, Its Ge[...]eration, Production and Application with Computer[...] Controlled Technologies." He is currently working [...] the Swiss company Blumer-Lehmann. ∎

Milena Stavrić

Gastprofessor Armin Linke

Armin Linke war im Wintersemester 2015/16 Gastprofessor am Institut für Zeitgenössische Kunst[...] Er konzipierte Form und Inhalt des neuen „Lab for Visual Practice", das sich zukünftig als weiteres trager[...] des Element des Instituts für Zeitgenössische Kunst versteht. Als Eröffnungsveranstaltung des neuen Labors leitete er den Workshop „The Appearance of Tha[...] Which Cannot Be Seen", der sich damit beschäftigte[...] wie fotografische Praxis als diskursives Werkzeug Aus[...] einandersetzungen über Wahrnehmungen von Raum[...] und dessen Gestaltung befördern kann.

Armin Linke lehrt an der staatlichen Hochschu[...] für Gestaltung Karlsruhe. Als Fotograf und Filmema[...]cher vereint er vielfältige aktuelle Techniken und Tec[...]nologien der Bildbearbeitung, um dabei Grenzen zw[...]schen Fiktion und Realität in Frage zu stellen. Seine künstlerische Praxis befasst sich sowohl mit den unter[...] schiedlichen Möglichkeiten im Umgang mit fotogra[...]fischen Archiven und deren jeweiliger Erscheinungs[...]

form als auch mit den Verflechtungen und transforma-
ven Kräften urbaner und architektonischer Räume
owie der menschlichen Interaktion mit diesen Umge-
ungen und deren Funktionen. ▪

homas Munz

Armin Linke © Armin Linke

Visiting Professor Armin Linke

Armin Linke was visiting professor at the Insti-
ute for Contemporary Art (IZK) during winter se-
ester 2015–16. He conceptualized the form and con-
nt of the Institute's new lab unit for photo and video,
hich has been emerging as another cornerstone of the
ZK. He also taught the workshop "The Appearance of
hat Which Cannot Be Seen" as an inaugural session of
e new lab dealing with questions of how photographic
ractice can be understood as a tool to trigger debates
ound the perception of space and its design.

Armin Linke teaches at Karlsruhe University of
rts and Design. As a photographer and filmmaker, he
ombines a range of contemporary image-processing
chnologies in order to blur the borders between fic-
on and reality. His artistic practice is concerned with
fferent possibilities of dealing with photographic ar-
nives and their respective manifestations, as well as with
e interrelations and transformative powers between
rban, architectural, or spatial functions and the human
eings interacting with these environments. ▪

homas Munz

Antonia Majača-Friedman © Antonia Majača-Friedman

Gastprofessorin
Antonia Majača-Friedman

Antonia Majača-Friedman war im Sommersemester 2015 und Wintersemester 2015/16 Gastprofes-
sorin am Institut für Zeitgenössische Kunst. Dabei initiierte sie den Forschungszweig „Knowledge Forms
and Forming Knowledge", der sich als zentrales Element in der zukünftigen Entwicklung des Institutspro-
fils darstellt. Zudem konzipierte und organisierte sie
die internationale Konferenz „Limits and Horizons of
Transdisciplinary Art-Based Research", die sich mit
der Frage beschäftigte, welche Arten von Wissensproduktion zeitgenössische Kunst tatsächlich leisten kann.
Im Rahmen des Masterstudios am Institut für Zeitgenössische Kunst unterrichtete sie Seminare wie „The
Recondite Archive: In Search of a Form that Speaks",
das darauf zielte, kritische und „sprechende" Architekturen von Öffentlichkeit in verborgenen Archiven
zu erkunden, sowie „Politics of Exposure: Common
Research, Public Investigation", über die Analyse künstlerischer, räumlicher, kuratorischer und militanter Formen in Forschung und Lehre geht.

Majača-Friedman ist als Forscherin und Kuratorin mit diskursiven Projekten, Ausstellungen und Veröffentlichungen beschäftigt, die an den Schnittstellen
von wissenschaftlicher Forschung, Politik- und Kultur-
theorie sowie künstlerischer Praxis angesiedelt sind.
Darüber hinaus ist sie die Gründerin von DeLVe (Institute for Duration, Location and Variables), war als
Kuratorin am ISCP in New York und an der Platform
Garantie in Istanbul tätig. Sie erhielt Stipendien und
Preise, wie etwa das Goldsmiths College Stipendium
und den Allan Little Memorial Preis sowie Auszeichnungen der Getty Foundation, Fundación Cisnero
und der Foundation for Art Initiatives (FfAI).

Am Institut für Zeitgenössische Kunst wird sie
ihre Arbeit in Zukunft mit dem Forschungsprojekt

„The Incomputable – Art in the Age of Algorithms"
fortführen, das vom Programm zur Entwicklung und
Erschließung der Künste (PEEK) sowie dem Wissen-
schaftsfond (FWF) von 2016 bis 2019 unterstützt wird. ▪

Thomas Munz

Visiting Professor
Antonia Majača-Friedman

Antonia Majača-Friedman was visiting professor
at the Institute for Contemporary Art (IZK) during
summer semester 2015 and winter semester 2015–16.
She has initiated the research thread "Knowledge Forms
and Forming Knowledge," which has been vital to the
wider development of the Institute's expanding profile.
She has conceived and organized the international conference "Limits and Horizons of Transdisciplinary Art-
Based Research," which centered around the question
of what kind of knowledge contemporary art actually
generates. She was teaching seminars in the framework
of the IZK master Studio, such as "The Recondite Archive: In Search of a Form that Speaks," which had the
aim to find critical and "speaking" architecture of pub-
licness in hidden archives as well as "Politics of Exposure: Common Research, Public Investigation" about
the analysis of artistic, spatial, curatorial, and militant
forms of research and learning.

Majača-Friedman is a researcher and curator engaged in discursive, exhibition, and publishing projects
located at the intersection of academic research, political and cultural theory, and the sphere of art production.
She is the founder of the DeLVe Institute for Duration,
Location and Variables. She was a resident curator at
the ISCP, New York and Platform Garanti, Istanbul
and has received scholarships, grants, and prizes such
as the Goldsmiths College Grant and the Allan Little
Memorial Prize, as well as from the Getty Foundation,
Fundación Cisnero, and the Foundation for Art Initiatives (FfAI).

Her work at the Institute for Contemporary Art
will continue in the future with the research project "The
Incomputable – Art in the Age of Algorithms" supported
by the Program for Arts-based Research (PEEK) of the
Austrian Science Fund (FWF) from 2016 to 2019. ▪

Thomas Munz

Dissertationen

Martin Brabant (2015), *Zentralität. Im dispersen Stadtraum*, Institut für Städtebau; 1. Gutachter: Grigor Doytchinov, 2. Gutachter: Reinhold Lazar; 209 Seiten, Deutsch.

Martin Emmerer (2015), *Architektur Routine(n). Maschinelle Evaluierung architektonischer Entwurfslösungen auf Grundlage einer formalisierten Gebäudespezifikation*, Institut für Architektur und Medien; 1. Gutachter: Urs Hirschberg, 2. Gutachter: Ludger Hovestadt; 195 Seiten, Deutsch.

Franz Xaver Forstlechner (2014), *Dünnwandige Tragkonstruktionen aus Carbonbeton. Beitrag zur Steigerung der Ressourceneffizienz im Massivbau*, Institut für Tragwerksentwurf; 1. Gutachter: Stefan Peters, 2. Gutachter: Viet Tue Nguyen; 150 Seiten, Deutsch.

Ferdinand Oswald (2015), *Reduce A/C. Reduzierung der Klimaanlagennutzung in Wohnhochhäusern in subtropischen und tropischen Klimaregionen*, Institut für Architekturtechnologie; 1. Gutachter: Roger Riewe, 2. Gutachter: Werner Sobek; 681 Seiten, Deutsch.

Sanela Pansinger (2015), *Flughafenstandort – Stadtentwicklung. Das Dazwischen als Abstellraum?*, Institut für Städtebau; 1. Gutachter: Grigor Doytchinov, 2. Gutachter: Andreas Voigt; 579 Seiten, Deutsch.

Daniel Podmirseg (2015), *Up! Beitrag vertikaler Farmen zur Steigerung der Gesamtenergieeffizienz von Städten*, Institut für Gebäude und Energie; 1. Gutachter: Brian Cody, 2. Gutachter: Nirmal Kishnani; 430 Seiten, Englisch.

Ivan Redi (2015), *Transdisziplinäre Design-Zusammenarbeit. Ermöglichen von Innovationen in der Architekturpraxis durch die transdisziplinäre Zusammenarbeit über das Internet*, Institut für Architekturtheorie, Kunst- und Kulturwissenschaften; 1. Gutachter: Anselm Wagner, 2. Gutachter: Marcos Novak, 3. Gutachter: Kas Oosterhuis; 214 Seiten, Englisch.

Stefan Siebenhofer (2015), *Hausmühlen in Murau. Analyse von Form, Funktion und Potenzial dezentralisierter Energiequellen am Bauernhof*, Institut für Architekturtheorie, Kunst- und Kulturwissenschaften; 1. Gutachter: Holger Neuwirth, 2. Gutachter: Hans Gangoly; 278 Seiten, Deutsch. ∎

Dissertations

Martin Brabant (2015), *Centrality: Within Disperse Urban Space*, Institute of Urbanism; 1st reviewer: Grigor Doytchinov, 2nd reviewer: Reinhold Lazar; 209 pages, German.

Martin Emmerer (2015), *Architektur Routine(n): Machinic Evaluation of Architectural Design Solutions Based on a Formalized Building Specification*, Institute of Architecture and Media; 1st reviewer: Urs Hirschberg, 2nd reviewer: Ludger Hovestadt; 195 pages, German.

Franz Xaver Forstlechner (2014), *Thin-Walled Supporting Structures Made of Carbon-Concrete: Contribution to Improve Resource-Efficiency of Structural-Concrete*, Institute of Structural Design; 1st reviewer: Stefan Peters, 2nd reviewer: Viet Tue Nguyen; 150 pages, German.

Ferdinand Oswald (2015), *Reduce A/C: Reducing the Utilization of Air Conditioning in High-Rise Buildings in Subtropical and Tropical Climate Regions*, Institute of Architecture Technology; 1st reviewer: Roger Riewe, 2nd reviewer: Werner Sobek; 681 pages, German.

Sanela Pansinger (2015), *Airport Site – Urban Development: The In-Between as a Storeroom?*, Institute of Urbanism; 1st reviewer: Grigor Doytchinov, 2nd reviewer: Andreas Voigt; 579 pages, German.

Daniel Podmirseg (2015), *UP! Contribution of Vertical Farms to Increase the Overall Energy Efficiency of Cities*, Institute of Buildings and Energy; 1st reviewer: Brian Cody, 2nd reviewer: Nirmal Kishnani; 430 pages, English.

Ivan Redi (2015), *Transdisciplinary Design Collaboration: Enabling Innovation in Architectural Practice Through Transdisciplinary Collaboration over the Internet*, Institute of Architectural Theory, Art History and Cultural Studies; 1st reviewer: Anselm Wagner, 2nd reviewer: Marcos Novak, 3rd reviewer: Kas Oosterhuis; 214 pages, English.

Stefan Siebenhofer (2015), *Water-Mills in Murau: Analysis of Form, Function, and Potential of Decentralized Energy Sources in Agriculture*, Institute of Architectural Theory, Art History and Cultural Studies; 1st reviewer: Holger Neuwirth, 2nd reviewer: Hans Gangoly; 278 pages, German. ∎

Habilitation

Franziska Hederer (2015), *An den oszillierenden Rändern der Architektur_Werkzeuge zur Raumwahrnehmung*, Institut für Raumgestaltung; Kommission: Hans Gangoly, Irmgard Frank, Petra Petersson, Daniel Gethmann, Benjamin Schmid; 266 Seiten, Deutsch.

Das übergeordnete Thema der Habilitationsschrift *An den oszillierenden Rändern der Architektur_Werkzeuge zur Raumwahrnehmung* ist das wissenschaftlich-künstlerische Fach „Raumwahrnehmung und experimentelles Entwerfen" als Teilgebiet der Raumgestaltung Raumwahrnehmung ist elementare Grundlage jedes architektonischen Entwerfens. Es ist eine forschende Tätigkeit, die den Raum auskundschaftet. Je nach Ausbildung des Wahrnehmungssensoriums werden letztendlich Dichte und Intensität des gebauten Raums beeinflusst.

Kern der Untersuchungen ist das unmittelbare Erleben und Erfahren von Raum ausgehend von der Hypothese: Es gibt keine Distanziertheit, wir sind immer involviert. Aus dieser involvierten Perspektive heraus ist es möglich, sich methodisch ein implizites Wissen über den Raum anzueignen, das sich nachhaltig auf diverse Entwurfsentscheidungen auswirkt und diese mitbestimmt. In angewandten Raumexperimenten, die mit der künstlerischen Methode des Performativen arbeiten, erfolgt eine Annäherung an räumliche Dimensionen wie Enge und Weite, Rhythmus und Dynamik, Licht und Schatten, Dichte und Leere, an die Materialität des Raums, aber auch an seine lebendigen Strukturen. Der Wahrnehmende verschafft sich aus der direkten Interaktion mit dem Raum einen Überblick über gesamträumliche Zusammenhänge, die nicht nur gebaute Strukturen betreffen, sondern den Raum übergeordnet als Ort des Lebens wahrnehmbar machen, dem insbesondere zwischenmenschliche Beziehungen und Handlungsräume inhärent sind. Stimmungen und Atmosphären räumlicher Konstellationen werden mittels performativer Methoden ausfindig gemacht und auf ihr Wirksamwerden befragt. Mittels unterschiedlicher Praktiken des Im-Raum-Seins wird eine Ausbildung und Sensibilisierung des Wahrnehmungssensoriums erreicht. Wesentliches Moment dieser performativen Praktiken ist das Aufspüren von Verhältnismäßigkeiten und Beziehungen von am Raum beteiligten Entitäten. Grenzziehungen spielen dabei ebenso wie Grenzauflösungen eine wesentliche Rolle. Dadurch kann Neues zum Vor

…hein kommen und Unbekanntes zutage treten, das …n Wahrnehmungsschatz bereichert und so auch das …issen über den Raum aus der Erfahrung heraus er…eitert.

Theoretisch begleitet wird das Fach „Raumwahr…hmung und experimentelles Entwerfen" von der Actor…etwork-Theory, wie sie von Bruno Latour beschrie…n wird. Er vertritt in dieser Theorie einen Raumbe…iff, den er auf das Sozialräumliche bezieht, und der …n einem Netzwerk und dem Zusammenwirken von …enschen, Dingen und Sachen im Raum ausgeht. Ein …aumbegriff, der sich nicht nur auf die statischen Mo…ente des objektiv fassbaren gebauten Raums bezieht, …ndern mit Dynamiken, Diskontinuitäten und Verän…erlichkeiten des Raumgefüges operiert und den Raum …s sozio-kulturelle Größe versteht. Seine Theorie, die …en stark handlungsorientierten Praxisbezug aufweist, …eht methodisch in unmittelbarem Zusammenhang mit …m performativen Gestalten von Räumen. Die Perfor…ance, in die das wahrnehmende Subjekt selbst verwoben …, ist ein Mittel, um zu einem besseren, umfassenderen …erständnis von Raum zu gelangen sowie ein eigenstän…ges Denken über Raum zu entwickeln. Man gewinnt …ne neue, veränderte Wahrnehmung des Alltäglichen. … der Architektur, die als Darstellungsraum für Reprä…ntanz und Dauer steht, hat diese Raumauffassung aber …s heute kaum Fuß gefasst, da es ihr an Beständigkeit …d Verlässlichkeit mangelt. Gleichzeitig trägt sie das …otenzial in sich, Neues und Unbekanntes zum Vor…hein kommen zu lassen, was für Entwurfsprozesse …nd damit letztendlich auch für die zu entwerfenden …ebäude von ursächlicher Bedeutung ist. Dahingehend …t Raumwahrnehmung als forschende Methode, die …it performativen Mitteln operiert, zu begreifen und …ird als Grundlage für entwerfendes Agieren vermittelt. …ie Arbeit selbst versteht sich als eine Art „Werkzeug…mmlung" für Entwurfsprozesse, die von der Erfah…ng des eigenen Körpers im Raum ausgehen. Dieses …rfahrungswissen wird in Bezug zu theoretischen Vor…ellungen zum Raum gesetzt, welche diesen als Spiel…um und Möglichkeitsfeld begreifen. Geht man davon …s, dass wahrnehmungsbasierte Entwurfsprozesse von …r gegenseitigen Annäherung von Praxis und Theorie …andeln, so bietet diese Arbeit Möglichkeiten und Ideen …r genau diese Annäherung. Sie positioniert sich an der …hnittstelle von Wissenschaft und Kunst und liefert …nen Beitrag zur Grundlagenforschung im Bereich des …ractice-based sowie des arts-based-research. ▪

Habilitation

Franziska Hederer (2015), *At the Oscillating …oundaries of Architecture: Tools for Spatial Perception*,

Institute of Spatial Design; Committee: Hans Gangoly, Irmgard Frank, Petra Petersson, Daniel Gethmann, Benjamin Schmid; 266 pages, German.

The primary topic of the habilitation thesis *At the Oscillating Boundaries of Architecture: Tools for Spatial Perception* is the scientific-artistic subject "Spatial Perception and Experimental Design" as a subfield of spatial design. Spatial perception is the basic foundation for any kind of architectural design. It is a research activity that explores space. The density and intensity of the built space is influenced by how well attuned the perceptual sensorium proves to be.

At the heart of the investigation here is the immediate act of experiencing and assimilating space based on this hypothesis: "There is no such thing as detachment; we are always involved." From this involved perspective it is possible to methodologically adopt implicit knowledge about space that impacts and partially determines diverse design decisions over time. In applied spatial experiments that work with the artistic method of the performative, there is an approximation of spatial dimensions like confinement and expanse, rhythm and dynamism, light and shadow, density and vacuity, the materiality of space, but also its vibrant structures. The person doing the perceiving, by directly interacting with the space, obtains an overview of the overall spatial context. This pertains not only to the built structures, but also lends a sense of perception to the space in its superordinate role as living site, to which interpersonal relationships and spaces of agency are inherent in particular. Moods and atmospheres of spatial constellations are detected using performative methods and explored as to their ability to become effective. Using various practices of engaging with space, the perceptual sensorium is developed and sensitized. The essential moment of such performative practices lies in the tracing of proportionalities and relations between the entities involved in the space. Demarcations play a vital role here, as does the dissolution of boundaries, allowing something new to arise and something unknown to manifest which enriches the treasure of perception and thus also expands knowledge about the space from an experiential base.

The subject "Spatial Perception and Experimental Design" is theoretically accompanied by actor-network theory as described by Bruno Latour. In these theoretical reflections, he asserts a concept of space which is related to the social-spatial context and which presupposes a network and also interaction between people, things, and concerns in space. This is a spatial concept that not only references the static moments of the objectively tangible built space, but also operates with the dynamics, discontinuities, and variability of the spatial fabric, viewing space as possessing sociocultural magnitude. His theory, which evinces a strongly action-oriented aspect of practice, is closely proximate to the performative designing of spaces when it comes to methodology. Performance, in which the perceiving subject himself is entangled, is a means of arriving at a better, more comprehensive understanding of space and of developing independent thought about space. One obtains a new and changed perception of everyday life. In architecture, which serves as a space for rendering representation and continuity, this conception of space has hardly gained a foothold since it lacks stability and reliability. At the same time, it carries within itself the potential to spawn new and unknown aspects, which holds causal relevance for design processes and thus ultimately also for the buildings being designed. To that effect, spatial perception is to be understood as a research method that operates through performative means, forming a foundation for design activity. The thesis itself is conceived as a kind of "tool collection" for design processes that are based on the experiencing of one's own body in space. This experiential knowledge is placed in correlation with theoretical conceptions of space, which consider it to be a space for exploration and a field of potentiality. If we assume that perception-based design processes deal with the mutual approximation of practice and theory, then this habilitation work offers opportunities and ideas for precisely this approximation. It is positioned at the junction between science and art, making a contribution to foundational research in the area of practice- and arts-based research. ▪

Publications

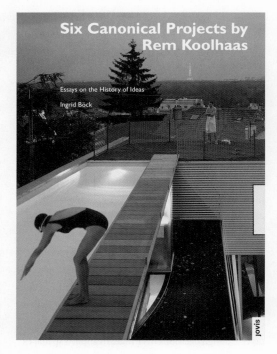

Six Canonical Projects by Rem Koolhaas. Essays on the History of Ideas

Ingrid Böck
architektur + analyse 5
Berlin: Jovis, 2015
Englisch, 368 Seiten, broschiert |
English, 368 pages, softcover
138 Farb- und SW-Abbildungen |
138 color and b/w illustrations
ISBN 978-3-86859-219-1
EUR 29,80 | EUR 29.80

Rem Koolhaas (geb. 1944) zählt seit den 1970er Jahren zur internationalen Architektur-Avantgarde. Neben zahlreichen weltweiten Auszeichnungen wurde er im Jahr 2000 mit dem Pritzker-Preis für sein Lebenswerk geehrt. Im vorliegenden Buch werden erstmals Koolhaas' zahlreiche Bauten und Projekte mithilfe seines umfangreichen theoretischen Werks interpretiert, das sich aus Polemiken, Manifesten, kulturwissenschaftlichen Büchern wie *Delirious New York* und sogenannten Entwurfspatenten zusammensetzt. Zwischen Theorie und Praxis hat Koolhaas eine evolutionäre Entwurfsmethode entwickelt, wobei eine Idee in mehreren Projekten angewendet, unterschiedlich mit anderen kombiniert und so immer weiter entwickelt worden ist. Das Buch verbindet dieses Architekturwissen nicht nur mit der Ideengeschichte der Konzepte, sondern interpretiert auch die Funktion des Autors/Architekten – und seine Originalität – im aktuellen Diskurs neu.

Veröffentlicht mit großzügiger Unterstützung des österreichischen Fonds zur Förderung der wissenschaftlichen Forschung (FWF). ▪

Ingrid Böck war von 2008 bis 2012 Universitätsassistentin und ist seit 2016 Projektassistentin am Institut f Architekturtheorie, Kunst- und Kulturwissenschafte Der fünfte Teil der *architektur + analyse* Reihe ist ein adaptierte Form ihrer Dissertation.

Rem Koolhaas (b. 1944) has been a part of the international architecture avant-garde since the 1970s In addition to having received numerous distinctions worldwide, in the year 2000 he was awarded the Pritzk Architecture Prize for his lifework. In the book *Six Canonical Projects by Rem Koolhaas*, many of his stru tures and projects are interpreted for the first time wit the aid of his comprehensive theoretical work that in cludes various polemics, manifestos, and cultural-scien books like *Delirious New York* and the so-called "desi patents." Koolhaas has developed an evolutionary de sign method that engages both theory and practice, wi one idea applied to several projects and combined wi other projects in various ways, so as to continually evol anew. The book by Ingrid Böck not only associates th knowledge of architecture with the ideational history of the related concepts, but also reinterprets the func tion of the author/architect—and his originality—in the context of current discourse.

Published with the generous support of the Austrian Science Fund (FWF). ▪

Ingrid Böck was Assistant Professor in the Institute of Architectural Theory, Art History and Cultural Studi from 2008 to 2012 and has been a project assistant in the same institute since 2016. The fifth volume of the *architektur + analyse* series is an adapted form of her dissertation.

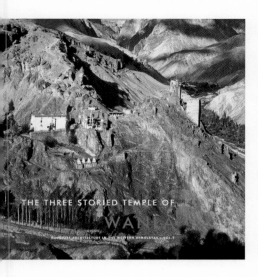

The Three Storied Temple of Wanla

Carmen Auer/Holger Neuwirth
Buddhist Architecture in the Western Himalayas 2
Graz: Verlag der TU Graz, 2015
Englisch, 205 Seiten, kartoniert |
English, 205 pages, paperback
ISBN 978-3-85125-391-7
EUR 78,00 | EUR 78.00

Das Dorf Wanla am Ufer des Yalpola Flusses, einem südlichen Nebenfluss des Indus, befindet sich westlich von Leh, der Hauptstadt von Ladakh, in einer Entfernung von 68 km Luftlinie. Wanla liegt auf einer Höhe von 3.260 m und bietet gegenüber den höheren Regionen in Ladakh ein milderes Klima mit angenehmeren Lebens- und Wohnbedingungen. Auf dem schmalen Bergrücken über der Siedlung dominieren die Ruinen der alten Burganlage den nordwestlichen Abbruch.

Der dreistöckige Tempel ist durch seine rot und weiß bemalten Mauern als Sakralbau weithin sichtbar und ist heute der zentrale Punkt in der Burganlage. Ein schmaler Pfad erlaubt die rituelle Umwandlung. Obwohl Wanla in einer Zone mit sehr hohem Erdbebenrisiko liegt, hat der Tempel mehr als 700 Jahre überdauert.

Die einzigartige Lage in der Burganlage und die Hinweise auf den Stifter in der Tempelinschrift verweisen auf eine Bestimmung als Palastkapelle und als dreistöckige Initiationskapelle. Im Vergleich mit ähnlichen dreistöckigen Sakralbauten kann der Tempel in Wanla als eine typologisch einzigartige Palastkapelle bezeichnet werden.

Der Tempel in Wanla zeigt sich auch heute in seiner weitgehend originalen Form. Seit seiner Bauzeit ist er ein Bauwerk der Drikung Kagyu Schule, einem Zweig der Kagyupa Schule des tibetischen Buddhismus. Auf der Grundlage der spezifischen Forschungsergebnisse befasst sich die Bauwerksanalyse in erster Linie mit der

Vielschichtigkeit der buddhistischen Architektur des Westlichen Himalaja; im Besonderen mit den Beziehungen sowohl zwischen den baulichen Aspekten wie Konstruktionsprinzipien und Materialien, als auch den inhaltlichen und ästhetischen Bezügen wie Proportion und Form. Diese Elemente sind in gleicher Weise der Architektur inhärent, wie auch der bildenden Kunst, den Skulpturen und Malereien.

Seit 1999 war Holger Neuwirth für mehrere Forschungsprojekte für die Dokumentation, Analyse, Rekonstruktion und andere Aspekte im Zusammenhang mit der Erhaltung der Sakralarchitektur aus dem 10. bis 15. Jahrhundert im westlichen Himalaja verantwortlich. Diese Projekte wurden vom Österreichischen Fonds zur wissenschaftlichen Forschung (FWF) finanziert. MitarbeiterInnen der Technischen Universität Graz haben die Arbeiten unter seiner Leitung durchgeführt. Eine erste Feldforschung an der Tempelanlage begann 1998 mit der finanziellen Unterstützung durch Edoardo Zentner, Zürich. Mit der Unterstützung durch den FWF konnte diese Forschung in den Jahren 2000, 2003, 2004, 2005 und 2009 fortgesetzt werden. Mit diesem Buch werden die während der Projektdauer gewonnenen Ergebnisse dargestellt. ∎

Carmen Auer und **Holger Neuwirth** lehren und forschen am Institut für Architekturtheorie, Kunst- und Kulturwissenschaften.

The settlement of Wanla is located in Western Ladakh on the Yalpola River, a southern tributary of the Indus River, about 68 kilometers linear distance from Leh. At an altitude of 3,260 meters, the climate is somewhat milder than in higher regions and offers more comfortable living conditions. The small mountain ridge above the settlement of Wanla is dominated by the imposing ruins of an ancient castle complex that are mainly situated on a rocky crag on the northwestern side.

With its walls painted in red and white, the three-storied temple is easily recognized as a sacred building. Today it is the center of the whole complex. The path around the temple allows the ritual circumambulation. Despite the fact that Wanla is located within an active seismic zone, this temple has survived for over 700 years.

The solitary position of the temple within the castle and the hints of its founder in the temple inscription indicate that the temple may have been used as both a palace chapel and a three-storied initiation chapel. Compared to other three-storied temple buildings, Wanla temple can be even described as a typologically unique palace chapel.

The temple of Wanla appears today almost in its original form. Since its construction, the temple has been a monument of the Drikung Kagyu school, a sub-school of the Kagyupa school of Tibetan Buddhism. The analysis, which was based on specific research results, primarily sheds light on the complexity of Buddhist architecture in the Western Himalayas, especially on the connections between building aspects such as construction principles and materials as well as aspects related to content and aesthetics like proportion and shape. Those elements are equally inherent to architecture as they are to visual arts, sculptures, and paintings. Since 1999 Holger Neuwirth has been in charge of several research projects focusing on the documentation, analysis, reconstruction, and other aspects related to the preservation of sacred architecture from the tenth to fifteenth centuries in the Western Himalayas. The projects in question were funded by the Austrian Science Fund (FWF). Members of Graz University of Technology conducted the work under Neuwirth's guidance. A first field research project focused on the temple complex and its surroundings was started in 1998 with the financial aid of Edoardo Zentner, Zurich. With the help of FWF, this research continued in 2000, 2003, 2004, 2005, and 2009. This book presents the cumulative data gathered during the research programs. ∎

Carmen Auer and **Holger Neuwirth** teach and conduct research in the Institute of Architectural Theory, Art History and Cultural Studies.

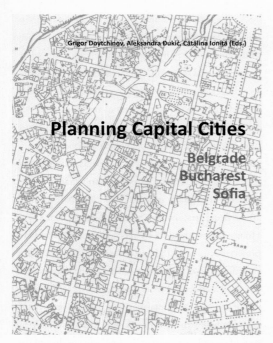

Planning Capital Cities.
Belgrade, Bucharest, Sofia

Grigor Doytchinov/Alexandra Dukić/
Cătălina Ioniță (Hg. | eds.)
Graz: Verlag der TU Graz, 2015
Englisch, 289 Seiten, kartoniert |
English, 289 pages, paperback
ISBN 978-3-85125-398-6
EUR 32,00 | EUR 32.00

Das Ziel der Publikation ist es, der Frage nach der Einheitlichkeit der Planung von Belgrad, Bukarest und Sofia nachzugehen und analoge Ideen als Zeichen einer Einheit zu erkennen. Die Annahme, dass der Städtebau der drei Hauptstädte semantische Verbindungen aufweist, beruht auf einigen Rahmenbedingungen, die Argumente für die kulturelle Vernetzung liefern: Der primäre Faktor ist die räumliche Nähe als Voraussetzung für Koexistenz und Interferenzen. Der sekundäre Faktor ist die vergleichbare Stadtgeschichte. Beide Faktoren sind die Voraussetzung für Ähnlichkeiten in der Raumorganisation und des urbanen Erbes im breitesten Sinn. Einige historische Fakten bieten überzeugende Argumente für die Analogien der drei Städte bzw. ihre Unterscheidung von den zentral- und westeuropäischen Hauptstädten sowie ihre Betrachtung als verwandte Forschungsobjekte: die vormoderne, osmanische Periode; die verspätete Infiltrierung der kapitalistischen Wirtschaftsformen und die verzögerte Nationenbildung; die seit dem 19. Jahrhundert dominierenden kulturellen Einflüsse Europas und letztendlich die instabile geopolitische Ordnung der Region, die auf den Städtebau reflektiert. Der Über-blick ist chronologisch und hebt phasenweise die semantischen Annäherungen und Distanzierungen des Städtebaus der Hauptstädte hervor. ∎

Grigor Doytchinov arbeitete ab dem Jahr 1992 am Institut für Städtebau der TU Graz und war ab Oktober 2004 A.o. Universitätsprofessor; seit September 2015 befindet er sich im Ruhestand.

Die AutorInnen bzw. HerausgeberInnen | The authors or editors: **Mihai Alexandru, Aleksandra Djukić, Grigor Doytchinov, Maria Duda, Hristo Ganchev, Harald Heppner, Cătălina Ioniță, Eva Vaništa Lazarević, Mirjana Roter-Blagojević, Nikola Samardžić, Monica Sebestyen, Angelica Stan, Miruna Stroe, Hannes Swoboda, Andrea Udrea, Yani Valkanov, Milena Vukmirović**

The aim of the publication *Planning Capital Cities* is to detect some uniform ideas in the urbanism of Belgrade, Bucharest, and Sofia and to point out equal ideas as marks of this uniformity. The assumption that the urbanism of the three capitals shows semantic links is based on some frame conditions, offering arguments for a cultural unification: the primary factor for the similarity is the regional neighborhood as a factor for coexistence and interference. The secondary factor is the comparable urban history. Both factors are a precondition for a similar urban spatial organization and a cultural heritage in its broad sense. Some historical facts offer convincing arguments for the analogy and, respectively, their differentiation from the Central and Western European capitals and examination as related objects of research: the Ottoman rule as the pre-modern period, the delayed infiltration of the capitalist economy and nation-building, the European cultural influences, dominating since the nineteenth century, and finally the unstable geopolitical order of the region, which reflects on the principles of urbanism. The review is carried out chronologically and takes a phased approach to highlighting the approximation and dissociation of the ideas in the urbanism of the capital cities. ∎

Grigor Doytchinov worked in the Institute of Urban Design at Graz University of Technology starting in 1992 and as of October 2004 assumed the role of university professor before retiring in September 2015.

Raum_atmosphärische Informationen. Architektur und Wahrnehmung

Irmgard Frank (Hg. | ed.)
Zürich | Zurich: Park Books, 2015
Deutsch, 208 Seiten, gebunden |
German, 208 pages, hardcover
206 farbige und 98 SW-Abbildungen, Grafiken und Pläne | 206 color and 98 b/w illustrations, graphics, and plans
ISBN 978-3-906027-95-1
EUR 48,00 | EUR 48.00

Architektur kann aus vielerlei Richtungen und unter vielen Aspekten betrachtet werden. Selten jedoch werden Fragen nach dem atmosphärischen Gehalt eines Gebäudes oder Raumes gestellt. Wie erleben Raumnutzer ihr unmittelbares Umfeld, welchen „Charakter", welche besonderen Eigenschaften hat ein Gebäude, haben die darin eingeschriebenen Räume? Was ist Atmosphäre, mit welchen architektonischen Mitteln kann sie erzeugt werden? Irmgard Frank vom Institut für Raumgestaltung der Technischen Universität Graz geht der Frage nach, wie und wodurch sich der architektonische Raum in seiner Qualität, Beschaffenheit und Atmosphäre konstituiert und wirksam wird. Im Zentrum steht die Frage nach der architektonischen Übersetzung, ein Vorgang, der immer eng an spezifische Raumideen gekoppelt ist. Gegliedert in die drei Kapitel Raum, Material und Licht präsentiert das Buch Textbeiträge und Projektanalysen, die jeweils mit einem „atmosphärischen Seismografen" abschließen.

Irmgard Frank ist Architektin und Designerin und seit 1998 als Professorin für Raumkunst und Entwerfen an der Technischen Universität Graz tätig.

Mit Beiträgen von | With contributions by: **Matthias Burghardt, Irmgard Frank, Claudia Gerhäusser, Franziska Hederer, Albert Kirchengast, Margaret Maile Petty, Paul Pritz, Birgit Schulz, Martina Tritthart**

Architecture can be viewed from diverse perspectives while taking many different aspects into consideration. However, it is rare that questions arise as to the atmospheric substance of a building or room. How do room users experience their immediate environment? And which "character," which special qualities, does a building or the rooms within it have? Irmgard Frank from the Institute of Spatial Design at Graz University of Technology discusses the question of how and in which ways architectural space constitutes and becomes operative in terms of quality, nature, and atmosphere. The focus here is on the issue of translation into an architectural context, a process that is always closely tied to specific spatial concepts. Arranged in three chapters devoted to space, material, and light, the book presents text contributions and project analyses that each conclude with an "atmospheric seismograph." ▪

Irmgard Frank is an architect and designer who has served as professor for interior design and design at Graz University of Technology since 1998.

Ziegel im Hochbau. Theorie und Praxis

Sonderband Baukonstruktionen
Anton Pech (Hg. | ed.)/Hans Gangoly/
Peter Holzer/Peter Maydl
Basel: Birkhäuser, 2015
Deutsch, 414 Seiten, gebunden |
German, 414 pages, hardcover
187 SW- und 150 farbige Abbildungen |
187 b/w and 150 color illustrations
ISBN 978-3-0356-0606-5
EUR 72,00 | EUR 72.00

Der Sonderband der Reihe *Baukonstruktionen* stellt die Anwendung des Baumaterials Ziegel im Hochbau und im speziellen im Ziegelmauerwerk dar.

Nach einem Abriss der Architekturgeschichte, in dem die wesentlichen historischen Ziegelbauten von der Antike bis heute dargestellt werden, bietet das Buch eine Vielfalt an Informationen in einer systematischen Struktur: eine kompakte Materialkunde, Faustformeln und Grundlagen zur Bauphysik und zur Gebäudephysik, Anwendungen im Verbund für Tragmodelle sowie Baustoff-, Bauteil- und Bauwerksprüfungen.

Weitere Kapitel sind der Mauerwerksbemessung gewidmet sowie der Ausführung und Verarbeitung von Wand, Fassade, Decke und Dach (mit Checklisten für die Bauabnahme). Ein abschließendes Kapitel zur Nach-

haltigkeit geht auf die Umweltfreundlichkeit der Herstellung und den Lebenszyklus ein und bietet Anwendungsbeispiele der Gebäudezertifizierung.

Das Buch wendet sich an Praktiker, die einen aktuellen Überblick in kompakter Form benötigen. ▪

Hans Gangoly ist seit 2007 Professor für Gebäudelehre und lehrt und forscht am Institut für Gebäudelehre der TU Graz.

This special edition from the series *Baukonstruktionen* features the use of bricks as a material in building construction, with a particular focus on brick masonry.

Following a summary of architectural history, which details the most important historical brick structures from ancient times to the present day, the book offers a trove of information presented in a systematic structure: compact materials science, empirical formulas and fundamentals of structural physics and building physics, applicative use in the contexts of structural models or testing of building materials, elements, and of the structure itself.

Other chapters are devoted to masonry dimensioning or the execution and processing of walls, façades, ceilings, and roofing (with checklists for building inspection). A final chapter on sustainability touches on environmentally friendly production and lifecycles, offering examples related to building certification.

The book targets practitioners who are interested in a current overview in compact form. ▪

Hans Gangoly has been professor for building theory since 2007 and conducts research at the Institute of Building Structure and Housing Construction Theory at Graz University of Technology.

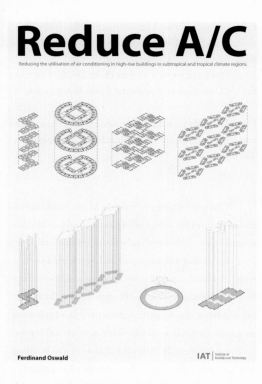

Reduce A/C

Reducing the utilisation of air conditioning in high-rise buildings in subtropical and tropical climate regions

Ferdinand Oswald

IAT | Institute of Architecture Technology

Reduce A/C – Reducing the Utilisation of Air Conditioning in High-Rise Buildings in Subtropical and Tropical Climate Regions

Ferdinand Oswald (Autor | Author)
Ferdinand Oswald/Roger Riewe (Hg. | eds.)
Graz: Verlag der TU Graz, 2015
Englisch, ca. 300 Seiten, kartoniert |
English, approx. 300 pages, paperback
ISBN 978-3-85125-430-3

Der hohe Energieverbrauch und die Aufheizung der Städte sind wesentliche Nachteile der Klimaanlagen. In Zukunft ist mit einer weiteren Verdichtung in den Metropolen der subtropischen und tropischen Regionen und somit einer Vergrößerung der angesprochenen Problematik zu rechnen.

In der Arbeit werden zunächst verschiedene Begriffe definiert, insbesondere jener der Behaglichkeit. Es wird untersucht, von welchen Parametern die Behaglichkeit abhängig ist und ob man diese überhaupt messen kann. Diese Begriffsanalyse mündet sodann in eine der zielführenden Fragen: Wie kann in den Tropen und Subtropen ein angenehmes, behagliches Raumklima erreicht werden? Daraus ergibt sich die Hauptfragestellung, mit welchen architektonischen Mitteln eine ausreichende Qualität der Behaglichkeit hier auch ohne den Einsatz von Klimaanlagen erzielt werden kann. In dem Buch *Reduce A/C* werden sodann folgende unterschiedliche Detailfragen beantwortet, wie traditionelle und moderne architektonischen Mittel und Technologien die Behaglichkeit im Innenraum unter Nutzung der bestehenden Witterung verbessern können, ohne dass die negativen Eigenschaften des Air-Conditioning in Kauf genommen werden müssen; wie Architekten den Einsatz solcher Technologien und traditionellen Konzepte begünstigen oder überhaupt erst ermöglichen können und welche Faktoren bereits im Frühstadium der Planung eines Gebäudes zu berücksichtigen sind, um den Einsatz von Klimaanlagen zu minimieren. Dies wird anhand der Analyse von traditionellen und zeitgenössischen Projekten an sechs verschiedenen Klimastandorten in den Tropen und Subtropen ausführlich dargestellt.

Das Buch *Reduce A/C* ist die Dissertationsschrift von Ferdinand Oswald am Institut für Architekturtechnologie und wurde betreut vom Institutsvorstand Professor Roger Riewe; Professor Werner Sobek war Zweitgutachter. ▪

Ferdinand Oswald ist Universitäts-Projektassistent und **Roger Riewe** Professor für Hochbau und Entwerfen; beide lehren und forschen am Institut für Architekturtechnologie. **Werner Sobek** ist Vorstand des Instituts für Leichtbau, Entwerfen und Konstruieren an der Universität Stuttgart.

High energy consumption and the warming of urban spaces are two strong disadvantages of air conditioners. In the future it is to be expected that metropolises located in subtropical and tropical regions will become increasingly dense, which will in turn simply exacerbate the problem.

This publication starts out by defining various terms, especially the concept of comfort. The author explores the parameters on which comfort is dependent. This terminological analysis thus leads to one of the pertinent questions: How can we achieve a pleasant and comfortable indoor climate in the tropics and subtropics? This leads to the main explorative question of which architectural means might be employed in order to ensure sufficient quality of comfort without using air conditioners. In the book *Reduce A/C*, the following detailed issues are addressed: how traditional and modern architectural methods and technologies might improve comfort in interior space by taking prevailing weather conditions into account, yet without having to accept the negative characteristics related to air conditioning; how architects can encourage the use of such technologies and traditional concepts, or even facilitate them in the first place; and which factors need to be considered in the early planning stages of a building project in order to reduce the need for air conditioning. These topics are discussed in detail based on an analysis of traditional and contemporary projects at six different climatic sites.

The book *Reduce A/C* is a dissertation publication by Ferdinand Oswald at the Institute of Architectural Technology, with Professor Roger Riewe from the Institute board serving as advisor and Professor Werner Sobek as second assessor. ▪

Ferdinand Oswald is university project assistant and **Roger Riewe** is professor for construction and design principles; both teach and conduct research in the Institute of Architectural Technology. **Werner Sobek** is head of the Institute for Lightweight Structures and Conceptual Design at the University of Stuttgart.

Awards

Fuß- und Radwegbrücke in Stuttgart-Vaihingen

Engelsmann Peters Beratende Ingenieure GmbH, Stuttgart erhält eine Auszeichnung beim **Ingenieurpreis des Deutschen Stahlbaus 2015** in der **Kategorie Brückenbau**

Fuß- und Radwegbrücke Stuttgart-Vaihingen | Pedestrian and cycling bridge Stuttgart-Vaihingen © Engelsmann Peters

Die Fuß- und Radwegbrücke in Stuttgart-Vaihingen wurde beim Ingenieurpreis des Deutschen Stahlbaus 2015 in der Kategorie Fußgängerbrücken ausgezeichnet. Objektplanung und Tragwerksplanung lagen in der Hand des Büros Engelsmann Peters Beratende Ingenieure. Das in Stahlbauweise ausgeführte Brückenbauwerk ersetzt eine abgängige Holzbrücke an derselben Stelle und führt über eine in einem Einschnitt gelegene S-Bahn-Trasse. Form und Konstruktion sind abgeleitet aus der ganzheitlichen Verknüpfung von gestalterischen Überlegungen mit funktionalen, statisch-konstruktiven und fertigungstechnischen Randbedingungen. Das Bauwerk zeichnet sich durch eine sorgfältige Gestaltungs- und Detailplanung aus.

Die bestehenden Widerlager wurden für den Neubau verwendet und entsprechend angepasst. Die gegensinnig gekrümmte Brückengradiente überwindet einen Höhenunterschied von 1,60 m über eine Gesamtlänge von 27,5 m. Das Tragsystem der Brücke wurde als statisch bestimmt gelagerter Einfeldträger konzipiert. Der Querschnitt besteht aus einem mehrzelligen Hohlkasten mit einer oben angeordneten Gehwegplatte und einem darunter liegenden Rumpf mit veränderlichem dreieckigem Querschnitt. Breite und Höhe des Rumpfes nehmen in gleichem Maß ab, sodass die geneigten Seitenbleche wirtschaftlich aus ebenen Blechen gefertigt werden konnten. Der dreieckige Rumpf mündet beidseitig über den Brückenlagern in Querträger, welche die Torsionsbeanspruchungen aus dem Hohlkasten über die Lager in die Brückenwiderlager einleiten. In den Querträgern erfolgt auch die Verankerung des 50 mm dicken Zugbandes, das entlang der Unterkante des Rumpfes verläuft. Der Hohlkasten wird durch regelmäßig angeordnete Querschotte

stabilisiert, welche in Verbindung mit in Brückenlängsrichtung angesetzten Steifen die geometrischen Abmessungen der Beulfelder reduzieren. Die Geländerkonstruktion wurde mit Rücksicht auf die Umgebung maximal transparent mit einer vorgespannten Seilnetzfüllung ausgebildet. Nach den Sicherheitsvorgaben der Bahn wurde beidseitig unmittelbar über jeder Oberleitung ein Berührschutz angeordnet, der als auskragende Glaskonstruktion bewusst zum gestaltprägenden Element entwickelt wurde. Die ungewöhnliche Farbgebung leistet zusätzlich einen Beitrag zur Gestaltqualität. Entstanden ist ein filigranes Bauwerk, bei dem Konstruktion und Gestaltung in optimaler Weise zu einer Einheit verschmelzen. ∎

Standort: Schwarzbachstraße/Hagelsbrunnenweg, Stuttgart-Vaihingen
Bauzeit: 2013 bis 2014
Bauherr: Stadt Stuttgart, vertreten durch das Tiefbauamt
Objektplanung und Tragwerksplanung: Engelsmann Peters Beratende Ingenieure GmbH, Stuttgart
Prüfingenieur: Dr.-Ing. Bernd-Friedrich Bornscheuer, Stuttgart
Bauausführung: Stahlbau Urfer GmbH, Remseck

Valerie Spalding

Pedestrian and Cycling Bridge Stuttgart-Vaihingen

Engelsmann Peters Beratende Ingenieure GmbH, Stuttgart is awarded the **German Steel Construction Engineering Prize 2015** in the **category Bridge Construction**

The pedestrian and cycling bridge in the Vaihingen district of Stuttgart was awarded the German Steel Construction Engineering Prize 2015 in the category Pedestrian Bridge Construction. Site planning and structural engineering were carried out by the firm Engelsmann Peters Beratende Ingenieure. The bridge structure, executed using steel construction methods, replaces a wooden bridge that was, until recently, situated in the same place and now runs above a recessed city train line. The form and construction of the bridge are derived from a holistic nexus of design considerations and functional, static-structural, and production-related ancillary conditions. The structure is distinguished by precise, detailed design planning.

The existing abutments were used for the new structure and adapted accordingly. The bridge gradients, which curve in opposite directions, overcome a height different of 1.60 meters across an overall length of 27.5 meters. The structural system of the bridge was conceived with the integration of statically determined single-span girders in mind. The cross-section is composed of a multicellular hollow box with a walkway panel situated above a bridge body featuring a variable triangular cross-section. Width and height of the body both taper off to an equal degree, allowing the inclined side panels to be manufactured in an economical way from flat sheet metal. The triangular body flows into cross-girders on both sides above the bridge bearings, directing torsional stress from the hollow box into the bridge abutments via the bearings. The 50-millimeter-thick tie rod, which runs along the entire lower edge of the bridge body, is anchored in the cross-girders. The hollow box is stabilized through regularly arranged transverse bulkheads, which reduce the geometric dimensions of the buckling fields in connection with the rigidity achieved in the longitudinal direction of the bridge. Taking the surrounding environment into consideration, the balustrade construction was made as transparent as possible with a prestressed tensile-structure panel. In meeting the safety regulations for the nearby railway, mandatory contact guards were installed above each overhead line, purposely developed as a distinctive design element featuring a projecting glass construction. The unusual coloring additionally contributes to the design quality. An elegant structure results, with construction and design optimally blending into a single unit. ∎

Site: Schwarzbachstraße/Hagelsbrunnenweg, Stuttgart-Vaihingen
Building period: 2013 to 2014
Client: Stadt Stuttgart, represented by the Tiefbauamt
Site planning and structural engineering: Engelsmann Peters Beratende Ingenieure GmbH, Stuttgart
Inspection engineer: Dr.-Ing. Bernd-Friedrich Bornscheuer, Stuttgart
Construction work: Stahlbau Urfer GmbH, Remseck

Valerie Spalding

Projektteilnehmer „facade4zeroWaste" | Project participants "facade4zeroWaste" © IAT

Europäischer Recycling Preis 2015
Fassadenforschungsprojekt vom **Institut für Architekturtechnologie** in Kooperation mit **Sto** gewinnt

Die EU fordert vom Bausektor in fünf Jahren 70 Prozent der Baustoffe wiederverwertbar zu machen; Fassaden – die „Hüllen" unserer Gebäude – sind dabei ein zentraler Hebel. Ein Team vom Institut für Architekturtechnologie der TU Graz leistete gemeinsam mit dem Fassaden-Dämmsystemhersteller Sto Pionierarbeit: Im Projekt „facade4zeroWaste" entwickelten sie ein trennbares und wiederverwertbares Fassadendämmsystem als Weiterentwicklung des aktuell vorherrschenden Wärmedämm-Verbundsystems WDVS. Dafür bekamen sie nun den Europäischen Recycling Preis 2015 verliehen.

Innenaufnahme | Indoor Shot © Walter Bohatsch

In Zusammenarbeit mit dem WDVS-Hersteller S ging das Team der TU Graz um Institutsleiter Roge Riewe und Ferdinand Oswald neue Wege: Anstatt w bisher üblich geklebt, werden die einzelnen Fassaden schichten des „facade4zeroWaste"-Systems unter der Ve wendung von Klettflächen und eines eigens entwicke ten Befestigungsdübels montiert. „Das bringt ökologis gesehen zwei große Vorteile: Die System-Bestandteil lassen sich zum einen einfach montieren und demonti ren, voneinander trennen und in hohem Maße wiede verwerten. Wir benötigen im Gegensatz zum klassische WDVS keine Verklebung, produzieren weniger Müll u es fällt weniger Abwasser an", schildert Roger Riewe Die Klettflächen lassen sich auch nach der Demontag wiederverwenden – entweder für dasselbe oder für ei anderes Gebäude. „Das ist auch im Sanierungsfall in teressant: So kann die Fassade auch nachträglich noch mit zusätzlicher Dämmung und Klett-Applikation ve sehen werden", so Ferdinand Oswald. Das neuartige Fassadensystem punktet mit weiteren Vorteilen: Es b siert auf den Grundzügen vorherrschender Wärmedämr Verbundsysteme, das heißt, Baufachkräfte sind nicht m gänzlich neuen Montageabläufen und Materialien ko frontiert. Die Fassade lässt sich zudem zügig verarbeit und montieren, spart damit Lohnkosten und verkürz auzeiten. Im Rahmen des Projekts wurden vier Patente gemeldet. ∎

ojektleitung und Koordination TU Graz: **Roger Riewe** d **Ferdinand Oswald, Institut für Architekturtech- ologie**

rdinand Oswald

European Recycling Award 2015

Façade Research Project by the **Institute of Archi- ectural Technology** in cooperation with **Sto** wins the **European Recycling Award 2015**

The EU is now requiring the building industry make 70 percent of all building materials recyclable ithin a period of five years; façades—the "shells" of ur buildings—are a key lever in this respect. A team om the Institute of Architectural Technology at Graz niversity of Technology has carried out pioneering ork together with the façade and insulation systems m Sto: in the project "facade4zeroWaste," they devel- ed a separable and reusable façade insulation system a further development of the currently prevailing com- osite heat insulation system (WDVS). The team received e European Recycling Award 2015 for their efforts.

In collaboration with the WDVS-producer Sto, e team at Graz University of Technology headed by oger Riewe, institute chair, and Ferdinand Oswald ok a new approach: instead of the previously em- oyed method of affixing the individual façade layers, e "facade4zeroWaste" system is mounted using Velcro rfaces and a specially developed fastening pin. As Roger ewe notes, "This offers two major advantages from ecological perspective: the system components are sy to assemble and disassemble or separate, while also eing highly recyclable. As opposed to classic WDVS, e can do completely without glue, thus producing less rbage and a minimal accrual of wastewater." The Velcro rfaces can also be reused after they have been taken wn—either for the same building or a different one. ccording to Ferdinand Oswald, "This is also impor- nt in the case of renovation: this way the façade can so be retrospectively fitted with additional insulation d Velcro applications." The novel façade system like- ise offers other advantages: it is based on the essential atures of conventional composite heat insulation sys- ms, meaning that construction experts are not con- onted with totally new assembly procedures and ma-

terials. The façade is also swiftly handled and assembled, thus saving wage costs and shortening construction peri- ods. Four patents were filed in the scope of this project. ∎

Project management and coordination at Graz University of Technology: **Roger Riewe** and **Ferdinand Oswald, Institute of Architectural Technology**

Ferdinand Oswald

Das GAD15 Sujet | The GAD15 theme © Armin Stocker

GAD Award 2015
Verleihung des **13. Grazer Architektur Diplompreises der Architekturfakultät** der **TU Graz**

Seit 2003 wird jährlich der Grazer Architektur- diplompreis von der Architekturfakultät ausgelobt und verliehen. Diese aktuelle Leistungsschau der Abschluss- arbeiten gibt Studierenden die Möglichkeit, ihre Arbei- ten einer interessierten Öffentlichkeit, einer internatio- nal besetzten Jury und der Fachpresse vorzustellen.

Auf Einladung der Architekturfakultät und der Organisatoren – in diesem Jahr zeichnete das Institut für Architekturtechnologie unter der Leitung von Roger Riewe für die Ausrichtung des Grazer Architektur Di- plompreises verantwortlich – tagte die aus Sonja Gasparin (Gasparin & Meier, Villach), Wolfgang Novak (Anah, Berlin) und André Poitiers (André Poitiers Architekt GmbH, Hamburg) bestehende Jury am 9. Oktober 2015

im Hörsaal 2 an der Alten Technik. Die von Armin Stocker und dem GAD-Team des IAT konzipierte Schau stellte die Exponate in eine Abfolge aus Flächen und Räumen. Nachdem der erste der beiden GAD-Abende im Headquarter des Grazer Lichtspezialisten XAL mit einem Vortrag von André Poitiers seinen Höhepunkt fand, standen am zweiten Veranstaltungstag die Projek- te im Mittelpunkt der Aufmerksamkeit. Aus den insge- samt 26 nominierten Master-Arbeiten wurden vier Pro- jekte von der GAD-Jury nach mehreren Wertungsdurch- gängen und intensiven Diskussionen ausgezeichnet. Her- vorgehoben wurde von der Jury vor allem die Vielfalt und Bearbeitungsintensität der Abschlussarbeiten. Un- ter den Auszeichnungen befanden sich in diesem Jahr zwei GAD Awards. Katharina Rabanser mit ihrer Arbeit *unten – Stadthybrid mit Tiefgang* (betreut von Peter Hammerl) und David Kriechmair mit einem *Forschungs- zentrum für Desertifikation* (betreut von Roger Riewe) wurden jeweils mit einem GAD Award gewürdigt. Des Weiteren wurde Hannah Feichtinger (*Prekäres Wohnen*; Betreuung Andreas Lichtblau) der Hollomey-Reisepreis und Selina Mirkovic (*The Life within*; Betreuung Roger Riewe) der Tschom-Wohnbaupreis verliehen. Neu in diesem Jahr war die Kategorie des Publikumspreises. Nach der Präsentation der in die engere Auswahl ge- kommenen und letztendlich ausgezeichneten Projekte – die Moderatoren des Abends, Roger Riewe und Armin Stocker, ließen die Projekte auf einem Laufsteg auffah- ren und effektvoll in Szene setzen – wurde das Publi- kum zur Jurierung des Publikumspreises gebeten. Nach einer Stunde intensiver Stimmenverteilung ging das von Andreas Lechner betreute Projekt *Naš Dom – ein Par- lamentsgebäude für Bosnien & Herzegowina*, entwickelt von Tobias Gruber, als Sieger aus dem Rennen um den ersten Publikumspreis in der Geschichte des GAD Awards hervor. Die Juroren unter der Leitung von Sonja Gasparin stellten die auf dem Laufsteg präsentierten Projekte vor und überreichten gemeinsam mit den Sponsoren der Hauptpreise die diesjährigen GAD Awards. Den Be- gründern und Namensgebern der Stiftungspreise war es auch in diesem Jahr ein Anliegen, die Auszeichnungen persönlich an die Verfasser der prämierten Projekte zu überreichen und das Publikum mit Anekdoten rund um ihr Schaffen und die Stiftung der Preise zu unterhalten. Das anschließende GAD Awards 15-Fest wurde von Gisela Kurath mit Suppen und Brot, von Daniela Andersen aka Mama Feelgood mit Musik und von den Mitgliedern des Zeichensaals Blume mit Getränken bis in die frühen Morgenstunden versorgt. ∎

Die Siegerprojekte des **GAD Awards 15**:
GAD Award 2015: David Kriechmair: „MONGOLIA. Forschungszentrum für Desertifikation"
GAD Award 2015: Katharina Rabanser: „unten – Stadthybrid mit Tiefgang"

Die GAD15 Jury, von links nach rechts: Sonja Gasparin, André Poitiers, Wolfgang Novak | The GAD15 jury, from left to right: Sonja Gasparin, André Poitiers, Wolfgang Novak © Wolf-Dietrich Kodella

Tschom Wohnbaupreis: Selina Mirkovic: „Grosswohn-siedlung. The life within"
Hollomey Reisepreis: Hannah Feichtinger: „Prekäres Wohnen. Analyse unterschiedlicher Formen von Gefängnisarchitektur unter Berücksichtigung aktueller Tendenzen"
GAD Publikumspreis: Tobias Gruber: „Naš Dom. Ein Parlamentsgebäude für Bosnien & Herzegowina"

Armin Stocker

GAD Awards 2015

Presentation of the 13th Graz Architecture Diploma Award of the Faculty of Architecture at Graz University of Technology

Since 2003 the Graz Architecture Diploma Award has been awarded annually by the Faculty of Architecture. It offers a current overview of students' final projects, enabling them to introduce their work to an interested public, a jury of international experts, and the trade press.

Upon invitation of the Faculty of Architecture and the involved organizers—this year the Institute of Architecture Technology (IAT) headed by Roger Riewe assumed responsibility for organizing the selection process for the Graz Architecture Diploma Award—the jury met on October 9, 2015, in Lecture Hall 2 of the Main Building (Alte Technik). Jury members were: Sonja Gasparin (Gasparin & Meier, Villach), Wolfgang Novak (Anah, Berlin), and André Poitiers (André Poitiers Architekt GmbH, Hamburg). The exhibition, conceptualized by Armin Stocker and the GAD team of IAT, presented the exhibits along a sequence of surfaces and spaces. Following the first of the two GAD evenings, which took place in the headquarters of the Graz lighting specialists XAL with a lecture by André Poitiers as

highlight, the second event day was focused on the projects themselves. From a total of twenty-six nominated master's projects, four were selected by the GAD jury for distinction, following several evaluation rounds and intense discussion. The jury particularly emphasized the variety and intensity of the effort seen in the final projects. This year, two GAD Awards were given out to Katharina Rabanser with her work *unten – Stadthybrid mit Tiefgang* (below – Urban Hybrid with Depth, advisor: Peter Hammerl) and David Kriechmair with his *Forschungszentrum für Desertifikation* (Research Center for Desertification, advisor: Roger Riewe). Further, Hannah Feichtinger (*Prekäres Wohnen* [Precarious Housing]; advisor: Andreas Lichtblau) received the Hollomey Travel Stipend and Selina Mirkovic (*The Life Within*; advisor: Roger Riewe) the Tschom Housing Award. New this year was the Audience Prize category. After the presentation of the projects that had made it into the shortlist and were ultimately distinguished—the evening's moderators, Roger Riewe and Armin Stocker, had the projects presented on stage, effectively showing them off—the audience was asked to take over the selection of the Audience Prize. After an hour of intense voting, the project *Naš Dom – ein Parlamentsgebäude für Bosnien & Herzegowina* (Naš Dom – A Parliament Building for Bosnia & Herzegovina), developed by Tobias Gruber with advising by Andreas Lechner, emerged as the winner for the first Audience Prize in the history of the GAD Award. The jurors, headed by Sonja Gasparin, introduced the projects shown on stage and presented this year's GAD Awards together with the sponsors of the main prizes. This year, the founders and the namesakes of the foundation awards were also interested in personally bestowing prizes on the creators of the featured projects and in entertaining the audience with anecdotes related to their activity and the prize awarding. The subsequent GAD Awards 2015 festival lasted into the early morning hours and featured soup and bread by Gisela

Jurierung des Publikumspreises in der GAD15 Ausstellung | Judging the Audience Prize at the GAD15 exhibition © Fabian Reisenberger

Kurath, music by Daniela Andersen aka Mama Feelgood and beverages by members of the Zeichensaal Blume. ∎

The **winning projects** of the **GAD Awards 2015**:
GAD Award 2015: David Kriechmair, *MONGOLIA: Forschungszentrum für Desertifikation* (Research Center for Desertification)
GAD Award 2015: Katharina Rabanser, *unten – Stadthybrid mit Tiefgang* (Below – Urban Hybrid with Depth)
Tschom Housing Award: Selina Mirkovic, *Grosswohnsiedlung: The Life Within* (Large-Scale Housing Development: The Life Within)
Hollomey Travel Award: Hannah Feichtinger, *Prekäres wohnen: Analyse unterschiedlicher Formen von Gefängnisarchitektur unter Berücksichtigung aktueller Tendenzen* (Precarious Housing: Analysis of Various Forms of Prison Architecture while Considering Current Tendencies)
GAD Audience Prize: Tobias Gruber, *Naš Dom: Ein Parlamentsgebäude für Bosnien & Herzegowina* (A Parliament Building for Bosnia & Herzegovina)

Armin Stocker

BREATHE.AUSTRIA
Der Österreich-Pavillon der Expo 2015 in Milano wurde **mehrfach international ausgezeichnet**
www.breatheaustria.at

Der Österreichbeitrag auf der Expo 2015 in Mailand erfreute sich beim internationalen Publikum großer Beliebtheit und wurde mit mehr als 2,4 Millionen BesucherInnen zum Publikumsmagneten. Bereits kurz nach der Eröffnung im Mai 2015 wurde der Pavillon mit dem „Social Media Award" als „best pavilion" ausgezeichnet. Das italienische Umweltministerium hat ebenfalls breathe.austria im Rahmen des „Towards a sustainable Expo"-Awards als Leader in der Kategorie „Design & Materials" prämiert. Und im Oktober 2015 wurde das gelungene Ausstellungskonzept vom „Bureau International des Expositions" mit dem „Gold Award" ausgezeichnet.

Zuletzt konnte breathe.austria auch beim „Shenzhen Design Award for Young Talents" überzeugen, welcher von der Shenzhen City of Design Promotion Association (SDPA) in Kooperation mit den UNESCO City of Design Komitees ausgeschrieben war. Unter dem diesjährigen Motto „Transformation: The Mission of Design" hat das Konzeptteam team.breathe.austria – Klaus K. Loenhart, Karlheinz Boiger, Lisa Maria Enzenhofer, Andreas Goritschnig, Markus Jeschaunig, Bernhard

König und Anna Resch – mit dem hochdotierten Grand Award erneut einen international anerkannten Preis für ein Projekt gewonnen. Im Mai 2016 wird die offizielle Preisverleihung im Rahmen einer Ausstellung am UNESCO-Hauptsitz in Paris stattfinden. ∎

Lisa Maria Enzenhofer

team.breathe.austria © Daniele Madia

BREATHE.AUSTRIA

The **Austrian Pavilion** of the **Expo 2015** in Milan has received **numerous accolades internationally**
www.breatheaustria.at

The Austrian contribution to Expo 2015 in Milan enjoyed great popularity with an international audience and, with more than 2.4 million visitors, was a major attraction. Shortly after its opening in May 2015, the Austrian Pavilion was given the "Social Media Award" "best pavilion." The Italian Ministry of Environment also distinguished breathe.austria as a leader in the category "Design & Materials" as part of the "Towards a Sustainable Expo" awards. And in October 2015, the successful exhibition concept was distinguished with the "Gold Award" by the Bureau International des Expositions.

Most recently, breathe.austria received the "Shenzhen Design Award for Young Talents," which was announced by the Shenzhen City of Design Promotion Association (SDPA) in cooperation with the UNESCO City of Design committee. The conceptual team of team.breathe.austria—Klaus K. Loenhart, Karlheinz Boiger, Lisa Maria Enzenhofer, Andreas Goritschnig, Markus Jeschaunig, Bernhard König, and Anna Resch—has thus once again won another prestigious national prize, the Grand Award under this year's motto "Transformation: The Mission of Design," for its project. In May 2016, the official awards ceremo-

ny will be held in Paris in the scope of an exhibition at the UNESCO headquarters. ∎

Lisa Maria Enzenhofer

Herbert Eichholzer Architekturförderungspreis 2015. „Rethink Schoolbus_Learning in the Truck"

Organisiert vom **Institut für Raumgestaltung** fand die **Preisverleihung** im **HDA – Haus der Architektur Graz** statt

Der Eichholzer-Preis für Architekturstudierende an der TU Graz konnte 2015 beweisen, dass die Auseinandersetzung mit aktuellen und gesellschaftspolitischen Problemstellungen in der Architektur zu den wichtigsten Aufgaben des Berufes und der Ausbildung zählen.

Die Aufgabenstellung griff einen Teilaspekt der tief in Gesellschaft und alltägliches Leben eingreifenden Veränderungen in Europa auf. Mit Rethink Schoolbus wurde nach einem mobilen, umsetzbaren und handhabbaren Lernraum gefragt, der die Integration von AsylwerberInnen im ländlichen Raum unterstützen kann.

Irmgard Frank, Leiterin des Instituts für Raumgestaltung und Mitausloberin des Wettbewerbs, erklärte die Preisträgerwahl der Jury mit der Relevanz des äußeren Erscheinungsbildes, das weder mit einem „billigen" Image, noch mit dem Vorwurf von Luxus und Design in Zusammenhang gebracht werden solle. Gleichfalls wichtig sei die räumliche Differenzierung, das Angebot verschiedener Raumqualitäten von Rückzugsorten bis zu Orten für Begegnung zwischen AsylwerberInnen und Ortsansässigen. Schlüssig somit, dass der erste Preisträger mit einer farbigen Hülle einen besonders heiteren Eindruck hinterlässt und der zweite Preis über einen Klappmechanismus in verschiedenen Konfigurationen unterschiedliche Räume anbietet. Erweiternde inhaltliche Antworten auf die Aufgabenstellung geben Anerkennungs- und Sonderpreis. In der Anerkennung wird ein offenes Lern-/Lehrkonzept räumlich umgesetzt, aufbauend auf dem Gedanken, dass es um Integration in mehrere Richtungen geht. Der Vorschlag formuliert nicht, wie Sprache und Lerninhalte zu den AsylwerberInnen kommen, sondern schlägt laut Preisträger vor, „wie Ortsansässige und bestehende Nachbarschaften in den Lernraum einbezogen werden können." Mit dem Sonderpreis wurde einer politischen Haltung Rechnung getragen, die die Aufgabenstellung des Wettbewerbs kritisch hinterfragt. Die Ereignisse um den Tod von 72 Flüchtlingen in einem Sattelschlepper in Österreich verschoben im September nicht nur die Deutung

der Aufgabenstellung, sondern machten klar, dass wir als Gesellschaft und als Individuen direkt aufgefordert sind, tätig zu werden, Position zu beziehen. Umso stärker sind alle 22 Einreichungen zu sehen, in denen räumliche Antworten formuliert wurden – konkret genug um diese umzusetzen und gleichfalls offen genug, um die interdisziplinäre theoretisch-soziale Diskussion des Themas zu ermöglichen.

„In allen Belangen gelungen und reflektiert", so das Prädikat eines Besuchers am Abend der Preisverleihung am 18. November 2015 im HDA Graz. Das lag auch an dem interdisziplinären und sorgfältig diskutierenden Podium. Mark Gilbert erwähnte, dass „… wir wohl alle wollen, dass die aktuellen Probleme weggehen, dass aber die Menschen bleiben können." „Die Beteiligung aller Disziplinen wird gebraucht. Die Architektur hat in diesem Kontext die Aufgabe, Gemeinschaft zu organisieren", so Stadträtin Lisa Rücker, die sich insbesondere für die vorausschauende Aufgabenstellung des Wettbewerbs bedankte. „Die Idee wurde zum richtigen Zeitpunkt in den Raum gestellt, es geht hier grundlegend um Zukunft." Im Kern stellte das Podium zum Abschluss fest, dass es um die Alltagsdinge gehen muss, wie man sich begrüßt und wie man einander Respekt vermittelt. Architektonisch bliebe zu erwähnen, dass Stadt und Kontext ebenso eine wichtige Rolle spielen, wie das Angebot an Räumen selbst. Ein Aspekt, der für Gesellschaften generell wichtig ist und bleiben wird. ∎

Podium: **Lisa Rücker** (Stadträtin für Kultur, Umwelt und Gesundheit), **Elisabeth Juranek** (Stadt Graz Bildung und Integration), **Irmgard Frank** (TU Graz), **Milica Tomic** (TU Graz), **Mark Gilbert** (Architekt), **Johannes Hagendorfer** (Caritas Steiermark), **Gottfried Prasenc** (Architekt), **Andreas Trummer** (TU Graz)

Jury: **Elisabeth Juranek** (Stadt Graz Abteilung für Bildung und Integration), **Johannes Hagendorfer** (Caritas Steiermark), **Gottfried Prasenc** (gaft & onion Architektur), **Andreas Trummer** (TU Graz, Institut für Tragwerksentwurf), **Milica Tomic** (TU Graz, Institut für Zeitgenössische Kunst), **Irmgard Frank** (TU Graz, Institut für Raumgestaltung)

Ausstellung der Wettbewerbsbeiträge im HDA | Exhibition by the competition participants at HDA Graz © IRG, Paul Pritz

Organisatoren: **Irmgard Frank, Franziska Hederer,**
Matthias Gumhalter, Alexander Freydl (TU Graz,
Institut für Raumgestaltung)

Die **Siegerprojekte** des **Herbert Eichholzer Architek-**
turförderungspreises: 1. Preis: **Martin Maurer**; 2. Preis:
Wolfgang Windisch, Klemens Sailer, David Wernig;
Anerkennungspreis: **Gabriel Tschinkel, Alexander**
Gebetsroither, Thomas Hörmann; Sonderpreis:
Gerd Telesklav

Claudia Gerhäusser

Preisträger mit Kulturstadträtin Lisa Rücker und Professorin Irmgard Frank |
Award winners with City Councillor for Culture
Lisa Rücker and Professor Irmgard Frank © IRG, Paul Pritz

Herbert Eichholzer Architecture Award 2015. "Rethink Schoolbus: Learning in the Truck"

Organized by the **Institute of Spatial Design**,
the **Awards Ceremony** was held at the **HDA – Haus**
der Architekur in Graz

The Eichholzer Award for architecture students
at Graz University of Technology in 2015 successfully
proved that architecture's role in exploring current and so-
ciopolitical issues counts among the most important en-
deavors of the profession and the education of architects.

The conceptual task involved a partial aspect of
the changes in Europe rooted deep within society and
currently impacting everyday life. The "Rethink Schoolbus" competition set out to find a mobile, feasible, and
practicable learning space for supporting the integration
of asylum seekers in rural areas.

Irmgard Frank, head of the Institute of Spatial
Design and member of the award team, explained the
jury's selection of a winner by touching on the relevance
of external appearance, which was meant to be associated
neither with a "cheap" image nor with the accusation of
luxury and design. Likewise important, according to
Frank, is spatial differentiation—offering various different qualities of space—from places for retreat to places
for encounter between refugees and locals. So it makes
sense that the first prize went to a project that leaves behind an especially buoyant impression with its bright-
ly colored shell, and the second prize to a project that
fosters different spaces using a folding mechanism in
various configurations. Elaborative content-related responses to the task were given by the winners of the
Recognition and Special Awards. The Recognition Award
went to a project implementing an open learning/teaching
concept through spatial means, rooted in the idea that

integration goes in more than one direction. The award
winners note that, instead of defining how language and
learning content should reach the refugees, the proposal
instead suggests ways in which "locals and existing neigh-
borhoods can be integrated into the learning environment." The Special Prize honored a political stance and
thus went to a project that criticized the conceptual task
of the competition. The event related to the death of sev-
enty-two refugees in a semitruck in Austria last September not only shifted the meaning of the task but also
made it clear that we—both as a society and as individuals—are directly called upon to take action and to adopt
a clear position. For this reason, all of the twenty-two
submissions must be considered strong for formulating spatial solutions along with concrete plans for implementing the solutions, while simultaneously being
open enough to facilitate interdisciplinary theoretical-
social discussion on the topic.

"Successful and well reflected in all respects" was
the rating given by an attendee of the awards ceremony
on November 18, 2015, at HDA Graz. This also had to
do with the interdisciplinary and thorough podium discussion. Mark Gilbert mentioned that "… we probably
all want all of the current problems to go away but the
people to stay." City Councillor Lisa Rücker, who expressed special gratitude for the prescient conceptual
formulation of the competition, also noted that "Participation from all disciplines is needed. In this context architecture is given the task of organizing community." She
added that "the idea was fielded at just the right point in
time, for here we are essentially dealing with the future."
The podium discussion concluded with the observation
that everyday life must be at the focus of attention, how
we encounter one another and convey a sense of respect.
To be noted from an architectural perspective is that city
and context must play just as important of a role as the

actual availability of rooms—an aspect that is important
for society in general and will always remain so. ∎

Podium: **Lisa Rücker** (City Councillor for Culture, Environ-
ment, and Health), **Elisabeth Juranek** (City of Graz, Edu-
cation and Integration), **Irmgard Frank** (TU Graz), **Milica**
Tomic (TU Graz), **Mark Gilbert** (architect), **Johannes**
Hagendorfer (Caritas Association, Styria), **Gottfried**
Prasenc (architect), **Andreas Trummer** (TU Graz)

Jury: **Elisabeth Juranek** (City of Graz, Department of
Education and Integration), **Johannes Hagendorfer**
(Caritas Association, Styria), **Gottfried Prasenc** (gaft &
onion Architektur), **Andreas Trummer** (TU Graz, Institute
of Structural Design), **Milica Tomic** (TU Graz, Institute fo
Contemporary Art), **Irmgard Frank** (TU Graz, Institute
of Spatial Design)

Organizers: **Irmgard Frank, Franziska Hederer, Matthia**
Gumhalter, Alexander Freydl (TU Graz, Institute of
Spatial Design)

The **projects winning** the **Herbert Eichholzer Archi-**
tecture Award: 1st Prize: **Martin Maurer**; 2nd Prize:
Wolfgang Windisch, Klemens Sailer, David Wernig;
Recognition Prize: **Gabriel Tschinkel, Alexander**
Gebetsroither, Thomas Hörmann; Special Prize:
Gerd Telesklav

Claudia Gerhäusser

Tradition and Invention – Piran Days of Architecture Piranesi Award 2015

Die Piran Days of Architecture sind eine jährlich
stattfindende 1–2 tägige Konferenz im slowenischen
Städtchen Piran direkt an der Adria. In jedem Jahr werden unter einem Motto, welches immer wiederkehren-
de Aspekte der Architektur aufgreift, aktuelle Fragen
und zukünftige Entwicklungspotenziale zur Diskussion
gestellt. Das Thema der 2015 zum 33. Mal stattfindende
Veranstaltung lautete "Tradition and Invention".

Internationale GastreferentInnen, u.a. Boris Bežan,
Sonja Gasparin, Beny Meier, Idis Turato, Meritxell Inaraja,
András Ferkai, José Esteves de Matos und David Lorente
Ibáñez erörterten am 21. November 2015 im Rahmen vo
Vorträgen und Podien das Thema intensiv. In Form vor
Werkberichten ziehen die ArchitektInnen Bezüge zwi

chen ihrer Arbeit im Spannungsfeld von Tradition und Neuerfindung. So ergab die Konferenz ein Kaleidoskop verschiedener Aspekte, welches die Vielfältigkeit und Präsenz dieser Urfragen in jeder Architekturaufgabe darlege ohne Anspruch auf Vollständigkeit zu proklamieren.

Die Architekturfakultät der TU Graz ist mittlerweile regelmäßiger Teilnehmer der im Rahmen der Konferenz stattfindenden Verleihung des Piranesi Award und der Student's Honorable Mention. 2011 und 2013 wurden bereits Arbeiten ausgezeichnet. Die Jurierung der eingereichten Projekte erfolgt immer parallel zur Konferenz durch eine Jury, die sich aus den ReferentInnen zusammensetzt. Die Nominierung der studentischen Arbeiten wird von Partnerinstituten in verschiedenen europäischen Ländern durchgeführt. Wie schon die Jahre zuvor wurden die Studierendenprojekte der TU Graz vom Institut für Architekturtechnologie ausgewählt. „Faculty Selectors" waren Prof. Roger Riewe und Univ.-Ass. Marcus Stevens. Diesmal wurden die Projekte von Lisa-Sophie Winklhofer „The Networked Hybrid Berlin" und Andreas F. Rosian „Museum für Fotografie Graz" eingereicht. Die Student Honorable Mention ging an die Trieste Faculty of Architecture. Eine Ausstellung aller eingereichten Arbeiten fand bis Dezember 2015 im Monfort Portoroz statt. ▪

Marcus Stevens

Tradition and Invention – Piran Days of Architecture Piranesi Award 2015

The Piran Days of Architecture is a conference in the Slovenian city of Piran direct along the Adriatic Sea which takes place for one to two days annually. Each year, topical issues and potentials for future development are discussed under a particular motto that takes up recurring aspects of architecture. The theme of the 2015 event, held for the 33rd time, was "Tradition and Invention."

International visiting speakers—including Boris Bežan, Sonja Gasparin, Beny Meier, Idis Turato, Meritxell Inaraja, András Ferkai, José Esteves de Matos, and David Lorente Ibáñez—intensely focused on the theme on November 21, 2015, through lectures and podium discussions. In the form of project reports, the architects drew connections between their work in the charged interplay between tradition and reinvention. So the conference resulted in a kaleidoscope of various aspects that presented the manifold nature and presence of these basic questions in each and every architectural task, yet without making any kind of claim to thoroughness.

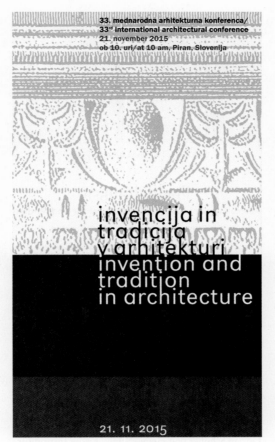

33. mednarodna arhitekturna konferenca/
33rd international architectural conference
21. november 2015
ob 10. uri/at 10 am, Piran, Slovenija

invencija in
tradicija
v arhitekturi
invention and
tradition
in architecture

21. 11. 2015

The Faculty of Architecture at Graz University of Technology is now a regular participant in the conferment of the Piranesi Award and the Student Honorable Mention, which takes place as part of the conference. In 2011 and 2013, awards were already given to Graz-based projects. The judging of the submitted projects always takes place in parallel to the conference by a jury that is made up of conference speakers. The nomination of the student works is carried out by partner institutions in various European countries. As in the previous years, the student projects from Graz University of Technology were selected by the Institute of Architecture Technology. The "Faculty Selectors" were Prof. Roger Riewe and Univ.-Ass. Marcus Stevens. This time, projects were submitted by Lisa-Sophie Winklhofer, "The Networked Hybrid Berlin," and Andreas F. Rosian, "Museum für Fotografie Graz." The Student Honorable Mention went to the Trieste Faculty of Architecture. An exhibition on the submitted works ran through December 2015 in Monfort Portorož. ▪

Marcus Stevens

IAHH Goldmedaille

Professor **Peter Schreibmayer** vom **Institut für Architekturtechnologie** erhielt die **IAHH Goldmedaille** für sein lebenslanges Engagement im Bereich „Humane Habitat Movement"

Neben seinen Forschungstätigkeiten auf dem Gebiet der experimentellen und vernakulären Architektur leitete Prof. Peter Schreibmayer Projekte am Rizvi College of Architecture, in welchen Themen wie erdbebensicheres Bauen in Latur sowie die nachhaltige Gemeinschaftsentwicklung in den Slums von Mumbai behandelt wurden. Die Auszeichnung wurde von IAHH Präsident Prof. Akhtar Chauhan im Rahmen der 18. International Conference on Human Habitat, die von 12.–14. Februar 2016 vom Rizvi College of Architecture Mumbai organisiert wurde, überreicht. ▪

Martina Plank

IAHH Gold Medal

Peter Schreibmayer from the **Institute of Architecture Technology** was honored with the **IAHH Gold Medal** for Life-Time Contribution to Humane Habitat Movement

In addition to his research in experimental and vernacular architecture, Prof. Peter Schreibmayer conducted projects with the Rizvi College of Architecture on the issues of earthquake resistant rural housing in Latur and slum housing and community development in Mumbai. The medal was handed over by Prof. Akhtar Chauhan, the Founder President of IAHH, during the 18th International Conference on Humane Habitat (ICHH) hosted by the Rizvi College of Architecture Mumbai, India from February 12–14, 2016. ▪

Martina Plank

© IAHH

Exhibitions

2D Postkarte | 2D postcard © Milena Stavrić

Stadtfaltungen

Ausstellung des **Instituts für Architektur und Medien** in Kooperation mit dem **Museum der Wahrnehmung/MUWA** in Graz

Die Ausstellung „Stadtfaltungen" war eine Kooperation des Museums der Wahrnehmung/MUWA und des Instituts für Architektur und Medien. Sie wurde am 24. Jänner 2015 im Beisein von etwa 130 BesucherInnen von Milena Stavrić eröffnet.

Angelehnt an die Lehre des Pädagogen Friedrich Fröbel befassten sich Studierende des ersten Semesters des Bachelorstudiums Architektur in der Lehrveranstaltung „Darstellungsmethoden" mit unterschiedlichen Papierfalttechniken. Unter der Leitung von Milena Stavrić, Florian Schober und Heimo Schimek vom Institut für Architektur und Medien entwickelten die Studierenden gefaltete Objekte, die sie alle selbst entwarfen und mit Hilfe unterschiedlicher Grafikprogramme am Computer modellhaft umsetzten. Der letzte Schritt des Faltens erfolgte nach dem Stanzen der Faltvorlagen mit dem Lasercutter in unterschiedliche Papier- und Kartonarten.

In der Lehrveranstaltung ging es um die Entwicklung eines Verständnisses für Proportionen, für Körper und wie diese von der Idee über die Skizze in einen Entwurf übergeführt werden konnten. Auch die formale Gestaltung war ein wesentlicher Punkt, mit dem sich die Studierenden befassen mussten.

Bei der Eröffnung gab Milena Stavrić in einem Kurzvortrag einen Überblick über die Semesterplanung der Lehrveranstaltung und die Art und Weise, wie die Studierenden von den Lehrenden angeleitet wurden. Alle Fähig- und Fertigkeiten, die die Studierenden zur Lösung der Übungsaufgaben benötigten, wurden in den Übungseinheiten während der Lehrveranstaltung vermittelt und in Hausübungen vertieft. Faltmodelle, wie eine Stadt zum Weiterfalten oder ein Stadtgrundriss mit vorgestanzten Faltvorlagen luden die BesucherInnen ein, selbst die Erfahrung des Papierfaltens auszuprobieren und kreativ tätig zu sein.

Im Rahmen der Ausstellung „Stadtfaltungen" im MUWA wurden Workshops zu Faltexperimenten für Schulklassen vom 24.1.–15.2.2015 angeboten. Die Ausstellung selbst konnte vom 24.1.–30.1.2015 besucht werden.

Der Pädagoge Friedrich Fröbel (1782–1852) notierte über die Bedeutung des Papierfaltens: „ … aus dem stetig Ungeformten, oder aus dem ungeformten Stetigen durch drei Brüche und drei Schnitte, die gesetzmäßigste und einfachste Form, das Geviert, entsteht. Diese Erscheinung fordert die strengste, mehrseitige Beachtung." ▪

Milena Stavrić

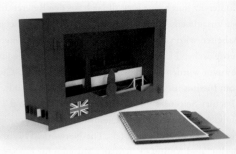

London – 3D Modell und Broschüre | London – 3D model and brochure © Milena Stavrić

Urban Folds

Exhibition by the **Institute of Architecture and Media** in cooperation with the **Museum der Wahrnehmung (MUWA)** in Graz

The exhibition *Stadtfaltungen* (Urban Folds) was a cooperation between the Museum der Wahrnehmung (MUWA) and the Institute of Architecture and Media. It was opened on January 24, 2015 by Milena Stavrić in the presence of around 130 visitors.

Inspired by the teachings of pedagogue Friedrich Fröbel, the students spent the first semester of their bachelor's program in architecture occupied with various paper-folding techniques in the class "Methods of Representation." Under the direction of Milena Stavrić, Florian Schober, and Heimo Schimek from the Institute of Architecture and Media, the students developed folded objects which they all designed individually and then successfully transferred to the computer using various graphics programs. The last folding step took place after the punching of the folding templates with the laser cutter, using various kinds of paper and cardboard.

The class set out to develop an understanding for proportions, for bodies, and how they can be transposed from idea to design via sketching. Formal design was also an essential point that the students considered.

At the exhibition opening, Milena Stavrić gave a short talk that provided an overview of the semester planning of the class and the ways in which the students were instructed by the teachers. All skills and abilities that the students needed for solving the exercises were mediated during the class and explored in depth in homework assignments. Folding models, like a folding city or a city layout with prepunched folding templates, invited the visitors to try out the experience of paper folding themselves and to engage in creative pursuits.

As the pedagogue Friedrich Fröbel (1782–1852) once noted about the meaning of paper folding: "The remarkable thing in this is, that the most symmetrical and simplest form, the square, results from the unshaped surface by means of three creases and three cuts. This phenomenon demands the strictest consideration on several sides." ∎

Milena Stavrić

Expositif 2015
Fotografie-Wettbewerb von Architekturstudierenden für Architekturstudierende an der TU Graz

„Expositif" ist ein jährlich stattfindender Fotografie-Wettbewerb von Architekturstudierenden für Architekturstudierende an der TU Graz. Seit 2015 gibt es ebenfalls eine Kurzfilm-Sparte. Die Ausstellung fand im März/April 2015 mit dem Thema „architecture & motion" bereits zum dritten Mal statt und erfreute sich wie jedes Jahr großer Beliebtheit, sowohl bei den Studierenden als auch beim Lehrpersonal und außenstehenden Besuchern. Zu den üblichen Wettbewerbsmodalitäten gibt es stets auch eine eigens zu dem jeweiligen Thema konzipierte Ausstellung im Foyer der Alten Technik der TU Graz, bei der alle Einsendungen präsentiert und die besten Arbeiten ausgezeichnet werden.

Das Ausstellungskonzept sowie das dafür passende Design werden gemeinschaftlich erarbeitet und aufgebaut. Im Jahr 2015 zählte das Team 30 Personen. Zusätzlich zu den Ausstellungsflächen werden jedes Jahr auch diverse Aufenthalts-Sitz-Lernmöglichkeiten im selben Design errichtet, um aus dem selten genutzten Foyer eine spannende Begegnungs- und Verweilzone zu machen, die von Studierenden, Lehrenden und Ausstellungspublikum genutzt wird.

Der Wettbewerb richtet sich nicht nur an fortgeschrittene FotografInnen und FilmemacherInnen, sondern soll auch EinsteigerInnen die Chance geben, ihre Arbeiten zu präsentieren, daher ist eines unserer Hauptaugenmerke auch die Ausstellung aller Einsendungen. Ebenfalls in diesem Zusammenhang werden vor und während der Ausstellung Workshops zum Thema Film und Fotografie von anderen Studierenden angeboten.

Kleinraum, ein Kollektiv der Architekturstudierenden der TU Graz, will mit seinen Projekten einerseits ein außerschulisches Arbeiten von Studierenden fördern und andererseits jedem/jeder Interessierten eine Plattform bieten, um seine/ihre Arbeiten zu präsentieren sowie seine/ihre Fähigkeiten gemeinsam zu verbessern. Des Weiteren will Kleinraum auch die räumliche Nutzung sowie die Funktion der Universität erweitern und aufzeigen, dass es auch fernab vom Unialltag möglich ist, an der TU Graz Projekte in Eigeninitiative zu verwirklichen. ∎

Benjamin Schmid (Kleinraum)

Blick in die drehbare Ausstellung | View of the rotatable exhibition
© Konstantin Knauder

Expositif 2015
Photography competition by architecture students for architecture students at Graz University of Technology

"Expositif" is a photography competition by architecture students for architecture students held annually at Graz University of Technology. Since 2015 there has also been a short film category. The third related exhibition took place in March and April 2015 on the topic "architecture & motion" and, like every year, enjoyed great popularity, among students, teachers, and outside visitors. In addition to the usual competition modalities, there is always an exhibition held in the foyer of the Main Building (Alte Technik) at TU Graz, developed especially for the respective theme, presenting all submissions and awarding prizes to the best work.

Both the exhibition concept and the appropriate design are jointly conceived and built. The team in the year 2015 involved thirty individuals. In addition to the exhibition spaces, each year diverse possibilities for lingering, sitting, and learning are detailed as part of the same design process. This turns the rarely used lobby into an exciting zone of encounter and pause, which is used by students, teachers, and the exhibition audience.

The competition not only targets advanced photography and filmmakers. It is also meant to give those new

to the field a chance to present their work, which is why one of our main objectives is to exhibit all submissions.

Also in this context, workshops on the topics of film and photography are held by fellow students before and during the exhibition.

Kleinraum, a collective of architecture students at Graz University of Technology, sets out with its projects to promote student activity outside of the classroom, as well as to offer a platform to anyone who is interested in presenting his or her work or to collaboratively improve his or her skills. Moreover, Kleinraum intends to expand the spatial utilization and the function of the university, showing that it is also possible to realize projects related to the TU Graz away from everyday university life through the strength of personal initiative. ∎

Benjamin Schmid (Kleinraum)

Landschaft ist überall!
Ausstellung/Symposium zur Landschaftsarchitektur in Österreich

Nachdem die Ausstellung und das Symposium „Landschaft ist überall!" im Haus der Architektur in Graz im Frühjahr 2014 zahlreiche Besucher angezogen hat, ist die Ausstellung 2015 auf Wanderschaft gegangen und in zwei weiteren Bundesländern präsentiert worden: Im Frühjahr 2015 war sie im Rahmen der Veranstaltung „Im Freien … Tagung und Ausstellung zur Landschaftsarchitektur in Österreich" vom 12.3.–17.04.2015 im Architektur Haus Kärnten zu sehen. Im Sommer 2015 wurde sie im Kontext der Oberösterreichischen Landesgartenschau in Bad Ischl in den Stallungen im Kaiserpark präsentiert. Die Fachgruppe Ingenieurbüros der Wirtschaftskammern plant die Veranstaltung zu institutionalisieren, mit dem Ziel, Landschaftsarchitektur in Österreich publik zu machen und die Profession zu stärken. ∎

Veranstalter: Fachgruppe Ingenieurbüros der Wirtschaftskammern Steiermark, Oberösterreich und Kärnten in Kooperation mit dem Haus der Architektur Graz, dem Architektur Haus Kärnten sowie der oberösterreichischen Landesgartenschau in Bad Ischl

Kuration und Design der Ausstellung: Anne Oberritter und **Michela Thaler**, Institut für Architektur und Landschaft in Kooperation mit **Marcus Stevens**, Institut für Architekturtechnologie

Anne Oberritter

Landscape Is Everywhere!

Exhibition/Symposium on
landscape architecture in Austria

After the exhibition and symposium *Landschaft ist überall!* (Landscape Is Everywhere!), held at Haus der Architektur in Graz in spring 2014, attracted countless visitors, the exhibition went on tour in 2015 to be shown in two other Austrian states. In spring 2015 it was presented as part of the event "Im Freien … Tagung und Ausstellung zur Landschaftsarchitektur in Österreich" from March 12 to April 17, 2015, at Architektur Haus Kärnten. In summer 2015 it was then on show in the context of the Upper Austrian State Horticultural Show in Bad Ischl at the Kaiserpark stables. The chamber of commerce expert group on engineering firms plans to institutionalize the event, with the goal of giving landscape architecture more publicity in Austria and strengthening the profession. ∎

Event organizer: Expert group on engineering firms by the chambers of commerce in Styria, Upper Austria, and Carinthia in cooperation with the Haus der Architektur Graz, the Architektur Haus Kärnten, and the Upper Austrian State Horticultural Show in Bad Ischl

Curating and design of the exhibition: Anne Oberritter and **Michela Thaler,** Institute of Architecture and Landscape in cooperation with **Marcus Stevens,** Institute of Architecture Technology

Anne Oberritter

GEFALTETE [raum] Strukturen. Im Zwischenraum zweier Sprachen entwickelt sich neuer Raum …

Ausstellung des **Instituts für Architektur und Medien** in Kooperation mit dem **Museum der Wahrnehmung/MUWA**, Graz

Unter dem Titel „Gefaltete [raum] Strukturen" wurden im Museum der Wahrnehmung MUWA in Graz Studierendenarbeiten der Lehrveranstaltung *„Entwerfen Spezialisierter Themen"* vom Sommersemester 2015 präsentiert. Unter der Leitung von Milena Stavrić und Martin Frühwirth und Mitarbeit von Albert Wiltsche und Markus Bartaky vom Institut für Architektur und Medien (IAM) der TU Graz haben Studierende gefal-

Kleinformatfaltungen in Vitrinen | Small-format folds in display cases
© Milena Stavrić

tete Raumstrukturen am Computer digital entwickelt, am Lasercutter geschnitten und anschließend mit Hand gefaltet.

In der Ausstellung wurden im steten Wechsel die Ergebnisse aller LehrveranstaltungsteilnehmerInnen gezeigt. Die Arbeiten wurden als raumgreifende Faltarbeit konzipiert und reichten vom Kleinformat (25 x 30 cm) bis hin zum Fassadenelement (70 x 70 cm).

Tesselated Origami, linear-rigid folding oder curved folding sind spezielle Begriffe in der Faltkunst, die sich immer wieder in den studentischen Arbeiten widerspiegelten. Diese faszinierenden räumlichen Gebilde, die mit Licht und Schatten spielen, konnten von 14.5.–9.10.2015 im MUWA besichtigt werden.

Eingebunden in das EU-Projekt „FRÖBEL 2020" ist „Gefaltete [raum] Strukturen" nun die dritte Ausstellung in Serie der seit 2013 bestehenden Kooperation zwischen dem MUWA und dem Institut für Architektur und Medien. Die Ausstellung war auch Teil des Architektursommers 2015 und Milena Stavrić hielt zur Lehrveranstaltung sowie zur Ausstellung im MUWA am 26. Juni 2015 einen Vortrag. Für Oktober 2016 ist eine weitere Ausstellung in diesem Rahmen geplant.

Aufgrund des großen Interesses der BesucherInnen wurde diese Ausstellung bis Ende Februar 2016 verlängert. Aktuell sind Ergebnisse von Studierenden der Architekturfakultät aus Novi Sad/Serbien zu sehen, wo die vergleichbare Lehrveranstaltung „Digitale Techniken, Design und Produktion in Architektur und Städte-

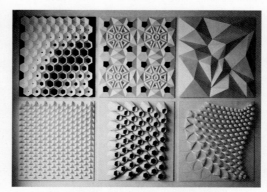

Faltmodelle 70 × 70 cm | Folding models 70 × 70 cm
© Milena Stavrić

planung" für Postgraduate-Studierende in Kooperation zwischen der TU Graz und der Universität in Novi Sad angeboten wurde. ∎

Milena Stavrić

FOLDED [spatial] Structures: In the Interstitial Space between Two Languages a New Space Develops …

Exhibition of the **Institute of Architecture and Media** in cooperation with the **Museum der Wahrnehmung/MUWA**, Graz

Under the title *Gefaltete [raum] Strukturen* (Folded [spatial] Structures), student projects from the class "Designing Specialized Topics" from summer semester 2015 were presented at the Museum der Wahrnehmung (MUWA) in Graz. Supervised by Milena Stavrić and Martin Frühwirth, along with Albert Wiltsche and Markus Bartaky, from the Institute of Architecture and Media (IAM) at TU Graz, the students digitally developed folded spatial structures using a computer, cut them out of paper using laser technology, and finally folded them by hand.

In the exhibition, the results of all student projects from the class were alternatingly shown. The projects were conceived as space-encompassing folding work and ranged from small format (25 x 30 cm) to façade element size (70 x 70 cm).

Tesselated origami, linear-rigid folding, and curved folding are special terms found in the folding arts, which were repeatedly reflected in the student works. These fascinating spatial entities, which played with light and shadow, could be viewed from May 14 to October 9, 2015, at MUWA.

Gefaltete [raum] Strukturen, which is a part of the EU project "FRÖBEL 2020," is now the third exhibition in a series of collaborative projects starting in 2013 between the MUWA and the Institute of Architecture and Media. The exhibition was also part of the Architecture Summer 2015, and Milena Stavrić a lecture for the class and at the MUWA exhibition on June 26, 2015. Another exhibition related to this project is planned for October 2016.

Thanks to considerable interest on the part of the visitors, this exhibition was extended to the end of February 2016. On show at present are the results of student projects from the Faculty of Architecture in Novi Sad, Serbia, where the comparative class "Digital echnologies, Design, and Production in Architecture nd Urban Planning" is being held for postgraduate udents in cooperation with Graz University of Technology and the University of Novi Sad. ▪

Milena Stavrić

CERAMIC RE:VISION

Ausstellung des **Instituts für Tragwerksentwurf**
im **designforum Steiermark** im Rahmen
eines Master-Entwurfsstudios

Keramik hat als Baustoff eine lange Tradition. An er TU Graz ging man zukünftigen Nutzungen auf den rund und fand dabei vielfältige und interessante Lösun- en. Ziel der Lehrveranstaltung „Ceramic Re:Visions" m Institut für Tragwerksentwurf der Technischen Uni- ersität Graz, die in enger Kooperation mit der Ort- reinschule und der Harvard GSD durchgeführt wurde, ar die Entwicklung eines Bausystems, das mit einer egrenzten Anzahl von keramischen Modulen eine pannweite von 8 bis 10 Meter überdachen kann. Die pannenden Entwürfe der Studierenden wurden von 0.5.–20.6.2015 in einer Ausstellung im designforum teiermark am Andreas-Hofer-Platz 17 präsentiert. ▪

onzept und Leitung: **Stefan Peters, Andreas rummer, Martin Bechthold**
ooperationspartner: **TONDACH GLEINSTÄTTEN AG,** **rtweinschule BAUTECHNIK_KUNST&DESIGN_** **ERAMIK ART CRAFT, Harvard University – Graduate chool of Design, CREATIVE INDUSTRIES STYRIA MBH, designforum STEIERMARK**

ndreas Trummer

CERAMIC RE:VISION

Exhibition of the **Institute of Structural Design** at
designforum Steiermark as part of
a master design studio

Ceramics as a building material looks back on a ong tradition. At Graz University of Technology, the uture uses of this material were investigated, resulting n many diverse and interesting solutions. The objective f the class "Ceramic Re:Visions" in the Institute of tructural Design at TU Graz, carried out in close co- peration with the Ortweinschule and Harvard GSD, as to develop a structural system that can roof a span

of 8 to 10 meters with a limited number of ceramic modules. The fascinating student designs were presented at an exhibition in designforum Steiermark at Andreas-Hofer-Platz 17 from May 20 to June 20, 2015. ▪

Concept and supervision: **Stefan Peters, Andreas Trummer, Martin Bechthold**
Cooperation partners: **TONDACH GLEINSTÄTTEN AG, Ortweinschule BAUTECHNIK_KUNST&DESIGN_ KERAMIK ART CRAFT, Harvard University – Graduate School of Design, CREATIVE INDUSTRIES STYRIA GMBH, designforum STEIERMARK**

Andreas Trummer

DER HOHE SITZ

Ausstellung am **Institut für Architektur und Medien**
im **Sommersemester 2015**
im Rahmen des Master-Entwurfsstudios

Der Forschungsbereich, der mit einem 20-köpfi- gen Studierendenteam ausgelotet wurde, ist der Entwurf

und die Fabrikation moderner Holzverbindungen in Kombination mit räumlichen Holzfachwerken. Wir sind der Leistungsfähigkeit traditioneller europäischer und internationaler Zimmermannsmethoden auf den Grund gegangen.

Kann die mit der Knotenausbildung zwangsläufig einhergehende Schwächung des Holzquerschnitts den- noch einen Mehrwert bringen? Die Themen, mit denen wir uns auseinandergesetzt haben, sind der Werkstoff Holz, Mass Customization, Digitale Fabrikation und das Programmieren von aktuellen holzbearbeitenden Maschinen.

Das Versuchsobjekt, an dem wir all diese grund- legenden Ideen entwickelt und auch in die Realität um- gesetzt haben, ist „DER HOHE SITZ", ein Aussichts- turm in der Landschaft, der den NutzerInnen einen ande- ren Blickwinkel auf die Landschaft und seine Umgebung ermöglicht. Er kann als kurzzeitiger Rückzugsort für die Naturbeobachtung dienen, oder auch für Jagdzwecke eingesetzt werden. Für die Studierenden wurde der kom- plette Kreislauf von der Planung bis zur Realisierung ermöglicht.

DER HOHE SITZ wurde im Rahmen des Wald- fests am Grazer Hauptplatz am 10. Juni 2015 einer breiten Öffentlichkeit präsentiert, bevor er am endgültigen Auf- stellungsort in Hinterlainsach nahe St. Michael in der Obersteiermark positioniert wurde. Das Projekt wurde für den steirischen Holzbaupreis nominiert. ▪

Konzept und Leitung: **Kai Strehlke, Christian Freißling**
Kooperationspartner: **Forstbetrieb Franz Mayr-Melnhof-Saurau, Hans Hundegger AG, Holzbau Tschabitscher GmbH, HTBLVA Graz-Ortweinschule**

Christian Freißling

Finaler Aufstellungsort Hinterlainsach | Final exhibition site Hinterlainsach © Christian Freißling

Waldfest am Grazer Hauptplatz | Waldfest at the main square in Graz
© Ramona Winkler

THE HIGH SEAT

Exhibition at the **Institute of Architecture and Media**
in **summer semester 2015**
in the scope of the master design studio

The research area, which was explored by a twenty-person student team, involved the design and fabrication of modern wooden joints in combination with spatial timber framing. We set out to investigate the performance of traditional European and international carpentry methods.

Can the weakening of the wooden cross-sections, which inevitably goes hand in hand with the presence of knots in the wood, nonetheless provide added value? The topics explored included wood as a material, mass customization, digital fabrication, and the programming of present-day woodworking machines.

The test object, which we all used to develop these fundamental ideas and also realized in real life, is "DER HOHE SITZ" (The High Seat), a lookout tower outdoors which enables its users to attain a different view of and perspective on the landscape and its surrounding environment. It can also serve as a temporary place of retreat for observing nature or for hunting purposes. For the students, the full circle from planning to realization was made possible.

DER HOHE SITZ was presented to a broad public as part of the Waldfest in the main city square in Graz on June 10, 2015, before moving to its final exhibition site in Hinterlainsach near St. Michael in Upper Styria. The project was nominated for the Styrian Timber Construction Prize. ∎

Concept and supervision: **Kai Strehlke**, **Christian Freißling**
Cooperation partners: **Forstbetrieb Franz Mayr-Melnhof-**

Saurau, Hans Hundegger AG, Holzbau Tschabitscher GmbH, HTBLVA Graz-Ortweinschule

Christian Freißling

The Living Archive: Marco Wenegger © IZK

The Living Archive: Über das Sammeln, Klassifizieren und Erinnern in der Gegenwartskunst

Ausstellung des **Instituts für Zeitgenössische Kunst** im **HDA – Haus der Architektur**
im Rahmen des Architektursommers

Die Begriffe Architektur und Archiv stammen beide vom griechischen Wort „arche" ab, was „Anfang", „Ursprung», „Quelle der Aktion" und damit auch die Ursache von allen Dingen bezeichnet. Arche impliziert außerdem ein Potenzial, sei es das Fundament eines Gebäudes oder eine Sammlung von Objekten, das erst durch Nutzung oder Gebrauch entfaltet werden kann. Sammlungen und Archive sind nie unschuldig. Sie sind subjektiv gefärbt, aufgeladen mit Bedeutungen, die sich durch ihren Entstehungsprozess oder durch die Ansätze ihrer Produzenten ergeben haben. Sie werden dadurch zu Manifestationen politischer Narrative jener Zeit, die sie hervorgebracht hat. In den letzten zwei Jahrzehnten rückte in diesem Kontext die Beschäftigung mit entsprechenden Objekten – Dokumente, Bilder, Geräusche, Geschichten, Materialien – zunehmend in das Zentrum der Auseinandersetzung mit zeitgenössischer Kunst.

Durch die Artikulierung des IZK-Archivs einerseits und die erfolgte kunstbasierte Forschung in verschiedenen Archiven rund um Graz andererseits wurde es möglich, einigen bis dahin vorherrschenden Narrativen entgegenzuwirken und alternative Wahrheiten darzulegen.

Die abschließende Ausstellung präsentierte Konzepte für die Entwicklung eines physischen sowie digitalen Archivs mit der Absicht, die vielfältigen Aspekte der Archivierung selbst in Frage zu stellen und diese öffentlich zu machen. Die Veranstaltung vereinte Theorie und Praxis durch eine Reihe von Vorträgen, Work-

shops, Lesegruppen und geladenen Referenten wie di Wiener Künstlerin Anna Artaker sowie Forschungseinheiten unter anderem in den Archiven des Universalmuseums Joanneum, der Camera Austria, < rotor Zentrum für zeitgenössische Kunst, dem Botanische Garten Graz, dem Diözesanarchiv Graz Seckau, der TU Graz und dem Steiermärkischen Landesarchiv. ∎

Konzept: **Lina Džuverović**, **Dejan Marković**, **Simon Oberhofer** und **Nayari Castillo-Rutz**

Dejan Marković

The Living Archive: On Collecting Classifying and Remembering in Contemporary Art

Exhibition by the **Institute of Contemporary Art** a **HDA** during Architecture Summer

The terms architecture and archive both come from the Greek word *arche*, meaning the "beginning, "origin," "source of action," or the foundations which provide the conditions of the possibility of a thing, without having properties of its own. Arche, then, im plies potential, be it the foundations of a building or a collection of objects, and it is only through use that the potential can be realized.

Collections and archives are never innocent. They are subjective, loaded with the combined meaning of small decisions made along the way in their making, shaped by their makers' world views, revealing dominant political narratives of the time of their creation. Objects of all kinds—documents, images, sounds, stories, found materials—have taken center stage in the arena of contemporary art over the past two decades.

Through the articulation of the Institute of Con temporary Art archive, on the one hand, and doing art based research in the different archives around Graz, o the other, an opportunity was opening for countering

The Living Archive: Laura Krometsek © IZK

...therto dominant narratives by delving into existing ...urces to reveal new truths.

The final exhibition presented concepts of the de-...lopment of a physical and a digital archive intended ...question the diverse aspects of archiving and make ...ese public.

The course combined theory and practice through ...series of lectures, workshops, reading groups and in-...ted lecturers such as Viennese artist Anna Artaker ...well as held research sessions in the archives of the ...luseum Joanneum, Camera Austria, < rotor > center ...r contemporary art, The Botanical Gardens, Diözesan-...chiv Graz Seckau, TU Graz, and Steiermärkisches ...andesarchiv, among others. ∎

Concept: **Lina Džuverović**, **Dejan Marković**, **Simon** ...berhofer and **Nayarí Castillo-Rutz**

...ejan Marković

Semesterausklang beim Sommerfest „Graz Open Architecture 15" | End of Semester Summer Festival "Graz Open Architecture 15" © Ramona Winkler

Gesamtmodell der Hofhausübung, der größten Teilübung des Gestalten und Entwerfen Seminars im Sommersemester | Comprehensive model of the courtyard building exercise from the largest partial project in the design seminar during summer semester © KOEN

GRAZ OPEN ARCHITECTURE 15

Semesterausklang und **Sommerfest** der **Architektur-fakultät der TU Graz** am **Campus Alte Technik**

Bereits zum zweiten Mal riefen zum Ausklang des Sommersemesters 2015 das Dekanat, die Institute sowie die Zeichensäle der Architekturfakultät an der TU Graz eine Ausstellung von Studierendenarbeiten des letzten Studienjahres mit anschließendem Sommerfest ins Le-en. Alle, die sich für Architektur, Bildung, Kunst und ...ultur interessieren, waren am 3. Juli 2015 ab 11.00 Uhr ...ei freiem Eintritt zur Präsentation spannender Studie-...endenprojekte und zum Semesterabschlussfest einge-...den. Die Institute am Campus der Alten Technik öff-...eten ihre Türen in der Rechbauerstraße 12, der Tech-...ikerstraße 4 sowie der Lessingstraße 25. Auch auf die

Präsentationen in Park und Innenhof der Alten Tech-nik durfte man gespannt sein. Erneut spielte das Wetter mit und präsentierte sich mit hochsommerlich heißen Temperaturen und strahlendem Sonnenschein.

Die Veranstaltung wurde dieses Jahr als Teil des Architektursommers 2015 präsentiert, weshalb das Haus der Architektur (HDA) mit einem Informationsstand vertreten war. Erneut waren es wieder Studierende der Architektur-Zeichensäle, die das perfekte Setting für Gespräche und Austausch mit musikalischer Unter-malung und kulinarischem Angebot organisierten. Neben kühlen Getränken gab es die „Fried Friends BBQ Session / 100% homemade" und ab 14.00 Uhr vielseitige Klangerlebnisse.

Auch heuer wurde der Skizzenbuchpreis 2015 des Instituts für Grundlagen der Konstruktion und des Ent-werfens an die Architekturstudierenden des 2. Semesters verliehen. Von den folgenden Nominierten (Valentin Gigler, Amar Hadzalic, Nora Hoti, Beatrice Koch,

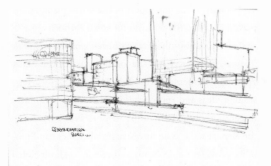

Handskizze Alexanderplatz Berlin von Helga Kovács | Hand-drawn sketch of Alexanderplatz Berlin by Helga Kovács © Helga Kovács

Natalie Kofler, Helga Kovács, Sabrina Kraßnig, Marie Kremer, Karla Mise-Dzaferovic, Barbara Moser, Andreas Pegrin, Caroline Schmidhofer, Petra Stambolija, Nikolay Stoyanchev, Magdalena Strah und Melanie Ulz) wurden schließlich drei Preisträgerinnen auserkoren: Helga Kovács, Magdalena Strah und Nora Hoti. Herzlichen Glückwunsch! ∎

Martina Plank

GRAZ OPEN ARCHITECTURE 15

End of Semester Summer Festival in the **Faculty of Architecture** at **Graz University of Technology** at the **Alte Technik Campus**

In 2015 for the second time, the office of the dean, the institutes, and the design halls of the Department of Architecture at Graz University of Technology called to life the end of semester festivities with an exhibition of student work from the past study year followed by a summer festival. Anyone with an interest in architecture, education, art, and culture was invited to view the presen-tation of exciting student projects and enjoy the End of Semester Summer Festival admission free on July 3, 2015, starting at 11 a.m. The institutes at the Alte Technik Cam-pus opened their doors at Rechbauerstraße 12, Techniker-straße 4, and Lessingstraße 25. The presentations in the park and the inner courtyard of the Main Building (Alte

Technik) proved exciting—it was a bright summer day with pleasantly high temperatures.

This year, the event was presented as part of the Architecture Summer 2015, which is why the Haus der Architektur (HDA) was represented by an information booth. Again, students from the architecture design halls organized the perfect setting for conversation and exchange with a musical background and culinary delights. In addition to cooled beverages, there was the "Fried Friends BBQ Session / 100% homemade" and, starting at 2 p.m., multifarious sound experiences.

This year also saw the awarding of the Sketchbook Prize 2015 by the Institute of Construction and Design Principles to second-semester architecture students. Three prizewinners were selected from the following nominees (Valentin Gigler, Amar Hadzalic, Nora Hoti, Beatrice Koch, Natalie Kofler, Helga Kovács, Sabrina Kraßnig, Marie Kremer, Karla Mise-Dzaferovic, Barbara Moser, Andreas Pegrin, Caroline Schmidhofer, Petra Stambolija, Nikolay Stoyanchev, Magdalena Strah und Melanie Ulz): Helga Kovács, Magdalena Strah, and Nora Hoti. Congratulations! ∎

Martina Plank

(orte) zwischen global und lokal
Ausstellung der Studierenden der TU Graz
für das Flughafenumfeld Klagenfurt im
Architektur Haus Kärnten – Klagenfurt

Das Institut für Städtebau der TU Graz präsentierte von 3.7.–17.7.2015 im Architektur Haus Kärnten – Klagenfurt mit der Unterstützung der Abteilung Stadtplanung vom Magistrat Klagenfurt die studentischen Ideen und Ansätze der städtebaulichen Einbettung des Flughafens Klagenfurt, der nicht nur als Infrastrukturelement und als Mobilitätsträger für Wirtschaft und Politik auf globaler und lokaler Ebene gesehen wird, sondern auch Potenzial zur qualitativen städtebaulichen Entwicklung besitzt. Denn ein robustes Flughafenumfeld kann ein wesentlicher Faktor bei der Standortsicherung von Flughäfen sein. Oft handelt es sich im Flughafenumfeld um einen eher formlosen Kontext, der nur eine schnelle Zugänglichkeit zu Gütern und Personen ermöglicht. Obwohl diese räumlichen Strukturen den alltäglichen Bedarf erfüllen könnten, wäre eine andere Raumorganisation mit Lebensqualität, Gedächtniswert und eigenem genius lovi doch durchaus möglich. Dadurch wandelt sich das Flughafenumfeld zum Aktivierungsfeld mit eigenen Potenzialen, zu einem neuen urbanen Baustein der Stadtentwicklung. Diese Transformation führt zu einem Verlust an vertrauten städtischen Formen; gleichzeitig treten aber neue Räume, Strukturen und Akteure auf.

Das Thema ist Teil der Forschungsarbeit „Flughafenstandort – Stadtentwicklung. Das Dazwischen als Abstellraum?", die nicht nur den Klagenfurter Flughafenstandort, sondern auch weitere Flughafenstandorte wie Innsbruck, Graz, Linz und Salzburg und ihre jeweilige Auswirkung auf die Stadtentwicklung betrifft. ∎

Mit Arbeiten von **Robert Aumayr**, **Armin Baumgartner**, **Lisa Benedikt**, **Kerstin Berger**, **Christoph Dexl**, **Muris Kalic**, **Lucas Leopold Kober**, **Dominik Wolfgang Koll**, **Kristina Lilie**, **Dejan Malic**, **Markus Monsberger**, **Andreas Passler**, **Florian Scheucher**, **Julia Schneider**, **Philipp Switil** und **Philip Waldhuber**

Leitung und Organisation: **Sanela Pansinger** in Zusammenarbeit mit der Abteilung Stadtplanung vom Magistrat Klagenfurt und Architektur Haus Kärnten – Klagenfurt

Sanela Pansinger

(orte) zwischen global und lokal | (places) between global and local
© Sanela Pansinger

(places) between global and local
Exhibition by Students of Graz University of Technology for the Klagenfurt airport environment at Architektur Haus Kärnten – Klagenfurt

The Institute of Urbanism at Graz University of Technology, with the support of the urban planning department of the Klagenfurt municipal authority, presented the exhibition *(orte) zwischen global und lokal* ([places] between global and local) at Architektur Haus Kärnten – Klagenfurt from July 3–17, 2015, featuring student ideas and approaches for the urban-planning integration of the Klagenfurt Airport. Not only does the airport serve as an infrastructural element and mobility provider for economy and politics on both global and local levels; it also holds the potential for qualitative urban development, since a robust airport environment can be a crucial factor in securing an airport site. Often an airport environment involves a more formless context that facilitates only quick access to goods and persons. Although these spatial structures can fulfill everyday needs, a different spatial organization featuring quality of living, memory value, and its own genius lovi is certainly feasible. This turns the airport environment into a field of activation with its own potential, into a new urban building block for urban development. This transformation leads to a loss of familiar urban forms; at the same time, however, new spaces, structures, and players emerge.

This issue is part of the research work "Flughafenstandort – Stadtentwicklung: Das Dazwischen als Abstellraum?" (Airport Location – Urban Development: The In-Between as Storeroom?), which not only thematizes the airport site in Klagenfurt, but also other airport locations like Innsbruck, Graz, Linz, and Salzburg, and their respective impact on urban development. ∎

With works by **Robert Aumayr**, **Armin Baumgartner**, **Lisa Benedikt**, **Kerstin Berger**, **Christoph Dexl**, **Muris Kalic**, **Lucas Leopold Kober**, **Dominik Wolfgang Koll**, **Kristina Lilie**, **Dejan Malic**, **Markus Monsberger**, **Andreas Passler**, **Florian Scheucher**, **Julia Schneider**, **Philipp Switil**, **Philip Waldhuber**

Supervision and organization: **Sanela Pansinger** in collaboration with the urban planning department of the Klagenfurt municipal authority and Architektur Haus Kärnten – Klagenfurt

Sanela Pansinger

Die Holzschwelle
Ausstellung des Instituts für Architektur und Medien in Kooperation mit dem Schloss Lackenbach im Burgenland

Die Ausstellung „Die Holzschwelle" war eine Kooperation des Schlosses Lackenbach mit dem Institut für Architektur und Medien an der TU Graz. Sie wurde vor etwa 100 BesucherInnen im Schloss Lackenbach am 5. Juli 2015 eröffnet. Studierende des Instituts für Architektur und Medien der TU Graz wurden im Rahmen der Lehrveranstaltung „Entwerfen spezialisierter Themen" unter der Leitung von Milena Stavrić und Albert Wiltsche von Esterhazy Immobilien zu einem Wettbewerb eingeladen, um Ideen für einen ansprechen

Ausstellung der Konzepte im Park Lackenbach | Concept exhibits
for Park Lackenbach © Milena Stavrić

The Wooden Threshold

Exhibition by the **Institute of Architecture and
Media** in cooperation with the
Schloss Lackenbach in Burgenland

The exhibition *Die Holzschwelle* (The Wooden
Threshold) was a cooperative project between the castle Schloss Lackenbach and the Institute of Architecture and Media at Graz University of Technology. It
was opened on July 5, 2015, at Schloss Lackenbach in
front of about 100 visitors. Students from the Institute
of Architecture and Media at TU Graz were invited—as
part of the class "Designing Specialized Themes" headed by Milena Stavrić and Albert Wiltsche of Esterhazy
Real Estate—to participate in a competition to develop
ideas for an attractive entry point for the handcar station
at Schlosspark Lackenbach.

The design drafts and all competition models were
exhibited at Schloss Lackenbach from July 5 to September 30, 2015. The show featured seven concepts developed by students in the form of posters and models,
conveying the different aesthetic facets of this project.
The objective of the competition was to demonstrate
the impressive new possibilities presented by wood as
a unique, tried-and-tested material in the context of
contemporary architecture. During the project design
phase, several extended options were elaborated that
could perhaps be realized at a later time. In terms of
further architecture structures, the Schlosspark will in
future surely be perceived not only as an exciting nature experience, but also as offering, thanks to new
small-scale wooden sculptures, various opportunities
for engaging in diversified activities or simply relaxing
amid the greenery. In addition to the new park concept,
select design interventions can thus also contribute to
enhanced utilization opportunities throughout the entire castle grounds.

Das gebaute Siegerprojekt „Die Holzschwelle" | The built winning project
"Die Holzschwelle" © Milena Stavrić

The so-called "Holzschwelle," designed by the
students Armin Baumgartner and Armin Karner, was
selected as the winning project and erected by all students
together. As a passable threshold and new, modern eyecatcher, it is meant to invite visitors to take the local handcar tour and passersby to visit Schloss Lackenbach.

New accents are emphasized through modern
architecture, which is also evident in the finished "Holzschwelle." A sense of architectural harmony merges
with logical practicability. The realized concept fulfills
all important preconditions related to basic feasibility
while also adhering to the predefined budget. This
project gave students the opportunity to accompany
and implement a real building project from parametric
design planning all the way through to realization. ∎

Milena Stavrić

Waldbad

Raumgreifende **Installation** der **Mitglieder des
team.breathe.austria** beim
Europäischen Forum Alpbach 2015

Im Rahmen des Europäischen Forum Alpbach 2015
wurde vom team.breathe.austria mit der raumgreifen-
den Installation Waldbad ein atmosphärischer Bezug
zum österreichischen Beitrag an der Expo in Mailand
im leerstehenden Hallenbad erlebbar gemacht. Das
leere Schwimmbecken, gefüllt mit mehr als 600 Jung-
gehölzern, wurde zur Bühne und Ausgangspunkt für
Veranstaltungen rund um das Thema Food, Waste und
Lebensmittel als Ressource.

Durch das Waldbad wurde im Kontext des Themas des Forums Alpbach 2015 „UnGleichheit" auch
Luft, Klima und Atmosphäre als verbindendes Medium
zwischen allen Lebewesen auf dem Planeten Erde auf
künstlerische Weise sinnlich erlebbar gemacht. Der Jung-
wald fungierte als Ressource für frische Luft und schuf
ein ganzheitliches Erlebnis im ehemaligen Hallenbad.
Die Bäume wurden von den Tiroler Landesforstgärten
und der Baumschule Rath in Niederösterreich zur Verfügung gestellt, um dieses einzigartige Erlebnis zu ermöglichen. Nach dem Forum Alpbach wurden die Bäume
den AlpbacherInnen als Dank für 70 Jahre Gastfreund-
schaft geschenkt und in Alpbach verpflanzt.

Das Konzept des Jungwalds bildete drei repräsen-
tative österreichische Waldökotypen wie den nassen
Fichten-Tannenwald, den Zirben-Lärchenwald und
die Vorwald-Strauchzone ab und generierte mit technischer Unterstützung mittels Hochdrucknebeldüsen
ein einzigartiges Eintauchen in das hybride Atembad.

---

en Eingangsbereich einer Draisinen-Haltestelle in den
chlosspark Lackenbach zu entwickeln.

Die Entwurfszeichnungen sowie alle Modelle des
Vettbewerbs waren vom 5.7.–30.9.2015 im Schloss
ackenbach ausgestellt. In der Ausstellung wurden sie-
en Konzepte der Studierenden in Plakat- und Modell-
rm präsentiert. Sie vermittelten unterschiedliche ästhe-
sche Eigenschaften dieses Projekts. Die Intention des
Vettbewerbs war es, die imposanten, neuen Möglichkei-
n des einzigartigen und altbewährten Materials Holz
der zeitgenössischen Architektur aufzuzeigen. Im
ahmen des Projektentwurfs wurden mehrere Erwei-
rungsmöglichkeiten ausgearbeitet, die auch zu einem
äteren Zeitpunkt eventuell noch realisiert werden kön-
en. Im Falle von weiteren Konstruktionsbauten kann der
chlosspark zukünftig nicht nur als spannendes Naturer-
bnis wahrgenommen werden, sondern aufgrund wei-
rer kleiner Holzskulpturen unterschiedliche Möglich-
eiten zu abwechslungsreichen Aktivitäten bieten oder
nfach zum Verweilen im Grünen einladen. Durch punk-
uelle Design-Eingriffe kann so neben einem neuen Kon-
ept für den Park auch eine Erweiterung der Nutzungs-
öglichkeiten der gesamten Schlossanlage entstehen.

Die sogenannte „Holzschwelle", eine Arbeit der
tudenten Armin Baumgartner und Armin Karner, wur-
e als Siegerprojekt ausgewählt und von allen Studieren-
en vor Ort selbst aufgebaut. Sie soll als Durchgangs-
chwelle und neuer, moderner Blickfang dienen und
äste der örtlichen Draisinen-Tour sowie Passanten
um Besuch des Schlosses Lackenbach einladen.

Mit moderner Architektur werden bewusst neue
kzente gesetzt, die sich auch in der Fertigstellung der
Holzschwelle" zeigen. Architektonische Harmonie ver-
indet sich mit logischer Zweckmäßigkeit. Die realisier-
e Idee erfüllt alle wichtigen Voraussetzungen in Bezug
uf eine einfache Realisierbarkeit unter Einbehaltung des
orgegebenen Budgetrahmens. Mit diesem Projekt wur-
e den Studierenden die Möglichkeit gegeben, ein reales
auprojekt von der parametrischen Entwurfsplanung
is zur Realisierung zu begleiten und umzusetzen. ∎

Milena Stavrić

Zahlreiche AktivistInnen und DenkerInnen nutzten den Raum für Diskussionen, Workshops und Konzerte. So nahm u.a. auch Vivienne Westwood das Waldbad zum Anlass, einen Workshop in Alpbach dem Erhalt der Regenwälder zu widmen. Zum Abschluss fand im Rahmen der Baukulturtage ein KünstlerInnengespräch mit Mitgliedern des team.breathe.austria zum Thema Luft als Nahrungsmittel im Waldbad statt. Nicht zuletzt konnte die Installation die Debatte um die Neunutzung des Leerstands hervorbringen und die Diskussionen für eine Wiederinstandsetzung des Alpbacher Schwimmbads anregen. ∎

Einladung und Unterstützung durch Europäisches Forum Alpbach

Idee: team.breathe.austria; verantwortlich: **Lisa Maria Enzenhofer, Andreas Goritschnig, Markus Jeschaunig, Bernhard König, Karlheinz Boiger**

Sponsoren: Bäume: **Anton Rath** (Baumschule & Gärtnerei), **Christian Annewanter** (Tiroler Landes- und Forstgärten); Nebeltechnik: **Alfred Janousek** (Firma Raintime); Sound: **Sam Auinger** (Büro Auinger); Exhibition Boards supported by: **Georg Eder** (Bilderrahmen.at); Print supported by: **Kleinhans** (Wien)

Many thanks to: European Forum Alpbach; **Tobias Judmaier** (Issmich.at); Studio Magic (Graz)

Lisa Maria Enzenhofer/Bernhard König

Forest Pool

Space-encompassing **installation** by the **members of team.breathe.austria** at the **European Forum Alpbach 2015**

As part of the European Forum Alpbach 2015, a space-encompassing installation called Waldbad (Forest Pool) by team.breathe.austria, situated in an empty indoor swimming pool, made experienceable an atmospheric reference to the Austrian contribution to the Expo in Milan. The empty pool, filled with more than 600 young trees, became a stage and point of departure for events related to the topics of food, waste, and foodstuffs as resource.

In the context of the theme of the Forum Alpbach 2015 "UnGleichheit" (InEquality) and thanks to the Waldbad, air, climate, and atmosphere as a connecting medium between all forms of life on Planet Earth became senorially experienceable. The young forest functioned

Waldbad © team.breathe.austria: Lisa Maria Enzenhofer

as a resource for fresh air and fostered a holistic experience in the former indoor pool area. The trees were provided by the Tyrolean forestry gardens and the Rath tree nursery in Lower Austria so as to make this unique experience possible. After the Forum Alpbach, the trees were donated to the residents of Alpbach as thanks for seventy years of hospitality and were replanted there.

The concept of the young forest reflected three representational Austrian forest ecotypes: the moist spruce and fir forest, the Swiss stone pine and larch forest, and the pioneer woodlands and bush zone. With the technical support of high-pressure fogging nozzles, it engendered a unique immersion in the hybrid breathing pool.

Numerous activists and thinkers used the space for discussion, workshops, and concerts. For example, Vivienne Westwood selected the Waldbad as a place for holding a workshop in Alpbach dedicated to the preservation of rainforests. At the end of the installation period, as part of the Baukulturtage (Building Culture Days), an artists' talk was held with team.breathe.austria on the topic of air as nourishment in the Waldbad. Not least, the installation succeeded in sparking discourse about the new utilization of vacant structures and in encouraging discussion about repairing and renovating the Alpbach pool. ∎

Invitation and support by the European Forum Alpbach

Idea: team.breathe.austria; responsible individuals: **Lisa Maria Enzenhofer, Andreas Goritschnig, Markus Jeschaunig, Bernhard König, Karlheinz Boiger**

Sponsors: Trees: **Anton Rath** (tree nursery and gardening), **Christian Annewanter** (Tyrolean horticulture and forest); Fog technology: **Alfred Janousek** (Raintime company); Sound: **Sam Auinger** (Auinger office); Exhibition boards supported by: **Georg Eder** (Bilderrahmen.at); Print supported by: **Kleinhans** (Vienna) Many thanks to: European Forum Alpbach; **Tobias Judmaier** (Issmich.at); Studio Magic (Graz)

Lisa Maria Enzenhofer/Bernhard König

Events/ Projects

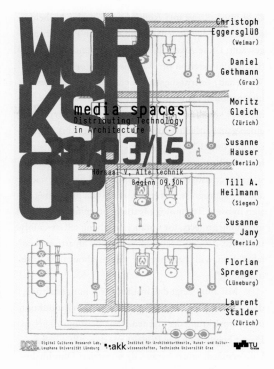

WORKSHOP

media spaces
Distributing Technology
in Architecture

3/15

Hörsaal V, Alte Technik
Beginn 09.30h

Christoph
Eggersglüß
(Weimar)

Daniel
Gethmann
(Graz)

Moritz
Gleich
(Zürich)

Susanne
Hauser
(Berlin)

Till A.
Heilmann
(Siegen)

Susanne
Jany
(Berlin)

Florian
Sprenger
(Lüneburg)

Laurent
Stalder
(Zürich)

DCRL Digital Cultures Research Lab, Leuphana Universität Lüneburg   akk Institut für Architekturtheorie, Kunst- und Kulturwissenschaften, Technische Universität Graz   TU Graz

Media Spaces. Distributing Technology in Architecture

Workshop organisiert vom **Institut für Architekturtheorie, Kunst- und Kulturwissenschaften** der TU Graz sowie dem **Digital Culture Research Lab** der Leuphana Universität Lüneburg

Am 28. März 2015 fand an der TU Graz der internationale Workshop „Media Spaces. Distributing Technology in Architecture" statt. Die Veranstaltung wurde in Kooperation von Daniel Gethmann vom Institut für Architekturtheorie, Kunst- und Kulturwissenschaften an der TU Graz mit Florian Sprenger vom Digital Culture Research Lab an der Leuphana Universität Lüneburg organisiert. Die Vorträge der WorkshopteilnehmerInnen aus Österreich, Deutschland und der Schweiz analysierten aus architekturtheoretischer, medienwissenschaftlicher und wissenschaftshistorischer Perspektive die Konsequenzen der Installation technischer Infrastrukturen in Gebäuden seit dem Ende des 19. Jahrhunderts. Spätestens mit der seinerzeitigen Einführung von Thomas Edisons *Electric Distribution System* wurden elektrische Infrastrukturen zu grundlegenden Gebäudebestandteilen und damit zu architektonischen Elementen, deren materielle Verteilung erkennbare Veränderungen im architektonischen Raumprogramm herbeiführte und klassische architektonische Elemente wie Wände und Öffnungen durchlässig werden ließ. Materielle Infrastrukturen (wie Kabel, Schalter und Stecker bis zu den heutigen drahtlosen Netzwerken und ubiquitärem Computing) durchqueren seitdem die Gebäude, verlaufen durch Wände und zwischen Stockwerken hindurch,

wo sie ein zumeist unsichtbares Netzwerk elektrischer und elektronischer Distributions- und Kommunikationswege bilden, das entfernte Räume miteinander verbindet. Der Workshop „Media Spaces. Distributing Technology in Architecture" analysierte soziale, kulturelle und architektonische Konsequenzen dieser infrastrukturellen Aufrüstung von Gebäuden und Städten, die beim Workshop als materielle Grundlage unserer informationstechnischen Übertragungskultur der Gegenwart und ihrer architektonischen Herausforderungen hervorgehoben wurde. ∎

ReferentInnen: **Christoph Eggersglüß** (Weimar), **Daniel Gethmann** (Graz), **Moritz Gleich** (Zürich), **Susanne Hauser** (Berlin), **Till A. Heilmann** (Siegen), **Susanne Jany** (Berlin), **Florian Sprenger** (Lüneburg), **Laurent Stalder** (Zürich)

Daniel Gethmann

Media Spaces: Distributing Technology in Architecture

Workshop organized by the **Institute of Architectural Theory, Art History and Cultural Studies** at Graz University of Technology and the **Digital Culture Research Lab** at Leuphana University of Lüneburg

On March 28, 2015, the international workshop "Media Spaces: Distributing Technology in Architecture" was held at Graz University of Technology. The event was organized by Daniel Gethmann from the Institute of Architectural Theory, Art History and Cultural Studies at TU Graz in collaboration with Florian Sprenger from the Digital Culture Research Lab at Leuphana University of Lüneburg. The lectures by workshop participants from Austria, Germany, and Switzerland analyzed the consequences of installing technical infrastructures in buildings since the late nineteenth century from the perspective of architectural theory, media science, and the history of science. Since the introduction of Thomas Edison's "Electric Distribution System" at the latest, electrical infrastructures became basic components in buildings and thus also architectural elements whose material distribution gave rise to clear changes in architectural spatial programs, thus also allowing classic architectural elements like walls and openings to become permeable. Ever since, material infrastructures (from cables, switches, and plugs to the present-day wireless networks and ubiquitous computing) have been traversing buildings, running through walls and between stories, where they usually have formed an invisible network of electrical and electronic paths of distribution and communication interconnecting distant rooms. The workshop "Media Spaces: Distributing Technology in Architecture" analyzed the social, cultural, and architectural ramifications of this infrastructural setup of buildings and cities, which was emphasized in the workshop as the material foundation for our information-technology culture of transmission today and its related architectural challenges. ▪

Lecturers: **Christoph Eggersglüß** (Weimar), **Daniel Gethmann** (Graz), **Moritz Gleich** (Zurich), **Susanne Hauser** (Berlin), **Till A. Heilmann** (Siegen), **Susanne Jany** (Berlin), **Florian Sprenger** (Lüneburg), **Laurent Stalder** (Zurich).

Daniel Gethmann

Ausstellung von amm auf der Ventura Lambrate 2015 Mailand |
Exhibition by amm at Ventura Lambrate 2015 in Milan
© Institut für Raumgestaltung

amm – architektInnen machen möbel 2015

Die Möbelwerkstatt des
Instituts für Raumgestaltung stellt auf der
Möbelmesse Ventura Lambrate in Mailand aus
www.facebook.com/architektenmachenmoebel
www.designpioneers.advantageaustria.org

Mit *amm* war das Institut für Raumgestaltung auch 2015 in Mailand auf der Möbelmesse vertreten und konnte Arbeiten der Studierenden einer internationalen Öffentlichkeit präsentieren. Für die Ventura Lambrate Academies ausgewählt, stellte man diesmal in einem besonders jungen, innovativen und experimentellen Kontext aus und repräsentierte dabei die TU Graz unter internationalen Universitäten aus den Bereichen

Gestaltung, Kunst und Architektur. Einzelne Möbelprototypen wurden zudem für die Austrian Pioneers ausgewählt. Diese Ausstellung der WKÖ und des bmwfw (Bundesministerum für Wissenschaft, Forschung und Wirtschaft) vertritt die österreichische Designlandschaft international. Dem Institut für Raumgestaltung geht es bei *amm* vor allem um das Arbeiten mit Prototypen und einen ganzheitlichen Ansatz vom Entwurf bis zur Umsetzung im 1:1 Maßstab, oder – wie es in der Darstellung der Ventura Lambrate 2015 heißt: „… to set the stage for crossovers between design and fields of science and social progress, material research and pioneering design hybrids. Technology features prominently where intriguing projects, for instance involving self-assembly furniture, programmable materials and an artisanal collaboration, will challenge our visions about the future of design."

Mit *amm* zeigt das Institut für Raumgestaltung, dass es sich lohnt, Studierenden Einblick in Produktion und Vermarktung der eigenen Designleistung zu geben. Damit begibt sich das Projekt aus dem alltäglichen Universitätskontext heraus, demonstriert Durchhaltevermögen, Enthusiasmus und Lust am Experiment. Dahinter steht, wie so oft, ein engagiertes Team. ▪

Leitung: Institut für Raumgestaltung: **Irmgard Frank**
Projektteam amm – architektInnen machen Möbel:
Claudia Gerhäusser, **Matthias Gumhalter**, **Rainer Eberl**
Studierendenarbeiten: **Christina Cabrales**, **Lisa Marie Hafner**, **Clara Hamann**, **Peter Hörzenauer**, **Pia-Maria Lackner**, **Cordula Meiler**, **Luca Zsófia Mudry**, **Michael Münzer**, **Adrian Paul**, **Louise Savalle**, **Romana Schlager**, **Razan Smadi**, **Marina Stölzl**, **Gabriel Tschinkel**, **Tatiana Voozarova**, **Patrick Zoister**

Institut für Raumgestaltung

amm – architektInnen machen möbel 2015

The furniture studio of the **Institute of Spatial Design** exhibits work at the **furniture trade fair Ventura Lambrate** in Milan
www.facebook.com/architektenmachenmoebel
www.designpioneers.advantageaustria.org

The Institute of Spatial Design was once again represented at the furniture trade fair in Milan, this time by *amm*, and presented student work to an international audience. Selected for Ventura Lambrate Academies, this year an especially young, innovative, and experimental context informed the exhibition activity, with Graz University of Technology present among other

Ausstellung von amm auf der Ventura Lambrate 2015 Mailand |
Exhibition by amm at Ventura Lambrate 2015 in Milan
© Institut für Raumgestaltung

international universities from the areas of design, art, and architecture. Individual furniture prototypes were moreover, selected for the Austrian Pioneers. This exhibition by WKÖ and the Federal Ministry of Science Research and Economy (bmwfw) represented the Austrian design landscape internationally. To the Institute of Spatial Design, *amm* places special focus on working with prototypes and developing a holistic approach from design to implementation on a 1:1 scale. Or, as the Ventura Lambrate 2015 statement asserted this year: "… to set the stage for crossovers between design and fields of science and social progress, material research and pioneering design hybrids. Technology features prominently where intriguing projects, for instance involving self-assembly furniture, programmable materials and an artisanal collaboration, will challenge our visions about the future of design."

With *amm* the Institute of Spatial Design shows that it pays to give students insight into the production and marketing of their own design work. As such, the project moves beyond the everyday university context, demonstrating resilience, enthusiasm, and a passion for experimentation. All supported by, as is so often the case, a devoted team. ▪

Supervision: Institute of Spatial Design, **Irmgard Frank**
Project team amm – architektInnen machen Möbel:
Claudia Gerhäusser, **Matthias Gumhalter**, **Rainer Eberl**

Collaborating students: **Christina Cabrales, Lisa Marie Hafner, Clara Hamann, Peter Hörzenauer, Pia-Maria Lackner, Cordula Meiler, Luca Zsófia Mudry, Michael Münzer, Adrian Paul, Louise Savalle, Romana Schlager, Razan Smadi, Marina Stölzl, Gabriel Tschinkel, Tatiana Voozarova, Patrick Zoister**

Institute of Spatial Design

Sehr gut besuchter Vortrag im Juni 2015 | A very well visited lecture in June 2015 © Matthias Hausleitner

How to Rise. Vom Studierenden zum Professor – ein Leitfaden
Vortragsreihe des
Architekturzeichensaals 5 der TU Graz

Der Architekturzeichensaal 5 hat mit der Vortragsreihe „How to Rise" ein neues Format an der TU Graz entwickelt. Bereits zum sechsten Mal berichteten ProfessorInnen der Architekturfakultät über ihren Werdegang vom Studierenden bis in die Gegenwart. In gemütlicher Atmosphäre gab es für das interessierte Publikum die Möglichkeit, den Gedankengängen der Vortragenden zu folgen. Nach der Erläuterung von Brian Codys Idee des „Design from first principles" nahm Kai Strehlke die ZuhörerInnen mit auf eine Reise an die ETH Zürich zu Herzog & de Meuron, während die Thematik des Ornaments mit Simone Hain diskutiert wurde. Im Mai wurden Hans Gangoly als ehemaligem Absolventen der Architekturfakultät der TU Graz auch ganz konkrete Fragen gestellt: „Wo haben Sie Kontakte zum Architektenkreis in Graz geknüpft?", „Was war der Auslöser für die Selbständigkeit?" und „Wie waren die Bedingungen an der Fakultät zu Ihrer Studienzeit?". In Kunstgeschichte, Philosophie und klassischer Archäologie ausgebildet gab uns Anselm Wagner einen kleinen Einblick in sein vielfältiges Berufsleben und bestritt gemeinsam mit Klaus K. Loenhart, der seine internationalen Erfahrungen in der Studienzeit und später im Beruf mit uns teilte, einen interessanten Sommerabend. Dekan Stefan Peters präsentierte handgezeichnete Pläne ge-

meinsam mit einigen Tensegrity Arbeitsmodellen zu seiner Diplomarbeit aus dem Stuttgarter Bauingenieurstudium. Bei allen Vorträgen wurde ausgiebig diskutiert, nachgefragt und im Anschluss bei Speis und Trank noch in persönlichen Gesprächen die eine oder andere Thematik angesprochen.

Die Veranstaltungsreihe wurde gut besucht und aus diesem Interesse ergibt sich die Chance, sie weiter fortzuführen und inhaltlich zu erweitern. Hiermit wollen wir uns herzlich bei den bisherigen Vortragenden bedanken, die ihre Zeit für Vorbereitung und Vortrag zur Verfügung gestellt haben.

In der Organisation waren alle Mitglieder des Kollektivs AZ5 beteiligt: Horia Brad, Annalisa Cammelli, Teresa Gross, Matthias Hausleitner, Jana Holzmann, Angelika Krainer, Christoph Räuschenböck, Paul Schenck, Patrick Vinicki und Ramona Winkler. ▪

Jana Holzmann/Ramona Winkler für den AZ5

How to Rise: From Student to Professor – A Manual
Lecture series by the **Architecture Design Hall 5**
at Graz University of Technology

With the lecture series "How to Rise," the Architecture Design Hall 5 has developed a new format at Graz University of Technology. Already for the sixth time, professors from the Faculty of Architecture reported on their careers from their student days up to the present. In a comfortable atmosphere, the interested audience was given the opportunity to follow the thought processes of the lecturers. After Brian Cody's elucidated his idea "design from first principles," Kai Strehlke took the listeners on a journey from the ETH Zurich to Herzog & de Meuron, while Simone Hain discussed the theme of ornamentation. In May, Hans Gangoly as a former graduate of the Faculty of Architecture fielded very concrete questions: "How did you

Tensegrity zum Anfassen | Touchable tensegrity © Paul Schenck

go about gaining contact to the architectural circle in Graz?"; "What was your catalyst for becoming self-employed?"; and "What conditions prevailed in the Faculty during your years of study here?" Anselm Wagner, who is specialized in art history, philosophy, and classic archaeology, offered insight into his diversified professional life and provided an interesting summer evening together with Klaus K. Loenhart, who detailed his international experience gained during his study period and later as a professional. Dean Stefan Peters presented layouts that he had drafted by hand, together with several tensegrity work models, for his diploma thesis from his days of studying civil engineering in Stuttgart. All lectures were followed by detailed discussions, questions, and finally food and beverages with one-on-one conversations about one topic or another.

The event series enjoyed popularity with many visitors, with this interest providing an opportunity to continue the series and expand its content base. At this juncture, we would like to extend our gratitude to all of our lecturers who spent valuable time preparing and giving their presentations.

All members of the collective AZ5 were involved in the organization: Horia Brad, Annalisa Cammelli, Teresa Gross, Matthias Hausleitner, Jana Holzmann, Angelika Krainer, Christoph Räuschenböck, Paul Schenck, Patrick Vinicki, and Ramona Winkler. ▪

Jana Holzmann/Ramona Winkler for the AZ5

Designmonat 2015
Zwei Projekte des Instituts für Gebäudelehre
in Zusammenarbeit mit **Creative Industries Styria**
zum Programmschwerpunkt
„Gestaltung des öffentlichen Raums"

Der Designmonat Graz rückte dieses Jahr die Gestaltung des öffentlichen Raums als zentralen Programmschwerpunkt in den Mittelpunkt. Im Zuge dessen kooperiert das Institut für Gebäudelehre mit den Creative Industries Styria. Am Platz vor dem Hauptveranstaltungsort des Designmonats Graz, der designHalle am Lazarettgürtel, kam ein Konzept zur Umsetzung, das den Ort mit einer Installation aus überdimensionalen Schreibtischlampen sehr deutlich in den Blickpunkt des Interesses rückte und so für die notwendige Aufmerksamkeit sorgte.

Ein weiterer Beitrag zur Auseinandersetzung mit dem öffentlichen Raum war ein Workshop zur Neugestaltung des Rösselmühlparks. Diesem Projekt ging eine Initiative von Stadträtin Elke Kahr voran, die diesen Raum gewählt hatte. Für sie war wichtig, dass auch Stadtteile, die nicht im Fokus von Politik und Tourismus stehen, von solchen Initiativen profitieren und eine gestalterische Aufwertung erfahren. Die Studierenden stellten sich bei dem fünftägigen Workshop die Frage, wie Räume in einem städtischen Kontext funktionieren und auf welch unterschiedliche Art und Weise sie von verschiedensten Akteuren benutzt werden. Anhand des konkreten Ortes – der Rösselmühlpark unmittelbar vor der denkmalgeschützten Postgarage – wurden Projekte entwickelt die zeigen, wie eine wenig gestaltete städtische Restfläche in einen städtischen Platz/Park mit Aufenthaltsqualität transformiert werden kann, der als Ort der Begegnung sowohl für die unterschiedlichen Bevölkerungsgruppen vor Ort aber auch für die Besucher des Clubs zu jeder Tages- bzw. Nachtzeit funktioniert.

Die entstandenen Entwürfe wurden im Rahmen des Designmonats Graz im Palais Thinnfeld präsentiert und die besten Arbeiten von einer Jury bestehend aus Elke Kahr (Stadträtin), Christine Radl (Stadtbaudirektion Graz), Christian Sprung (Stadtlabor Graz), Guido Granitz (Geschäftsführer Postgarage) sowie Bernd Peter (Holding Graz) im Palais Thinnfeld prämiert. Das Projekt *Spielwiese Rösselmühlpark* der Studierenden Benjamin Jehli, Filip Drndarevic, Tobias Fink und Mak Pavelić wurde dabei zum Sieger gekürt. ∎

Leitung und Konzept Workshop Neugestaltung Rösselmühlpark: **Markus Bogensberger** (Haus der Architektur Graz) und **Gernot Reisenhofer** (Institut für Gebäudelehre)
Konzept Installation Vorplatz designHalle: **Hans Gangoly, Sarah Posch** (Institut für Gebäudelehre)

Gernot Reisenhofer

Design Month 2015
Two projects from the **Institute of Design and Building Typology** in collaboration with **Creative Industries Styria** with the programmatic focus **"Design in Public Space"**

The Design Month 2015 in Graz highlighted "Design in Public Space" as the main programmatic focus. To this end, the Institute of Design and Building Typology collaborated with Creative Industries Styria. On the square in front of the main Design Month venue in Graz, the designHalle at Lazarettgürtel, a concept was implemented that directed strong attention to the site of interest with an installation made of oversized desk lamps, which aptly garnered attention.

A further contribution to the exploration of public space was a workshop on the redesign of Rösselmühl Park. This project was preceded by an initiative by City Councillor Elke Kahr, who had selected the space in question. She felt it was important that urban districts which are not the focus of politics and tourism benefit

Installation des Instituts für Gebäudelehre am Platz vor der desginHalle für den Designmonat 2015 | Installation of the Institute of Design and Building Typology at the square in front of the designHalle for Design Month 2015 © Institut für Gebäudelehre

from such initiatives and experience a sense of enhancement through design. During the five-day workshop, the students posed the question as to how spaces function in an urban context, exploring the different ways in which such spaces are used by various individuals. Projects were developed based on the concrete site—Rösselmühl Park, situated immediately proximate to the Postgarage which is protected as a historical monument—demonstrating how a relatively unused and undesigned urban space can be transformed into an city square/park with quality of stay, and how it can also function as a place of encounter, both for the various demographic groups living there and for visitors to the club at any time of day or night.

The developed designs were presented at Palais Thinnfeld as part of the Design Month in Graz, with the best projects lauded at Palais Thinnfeld by a jury comprised of Elke Kahr (City Councillor), Christine Radl (Director of City Planning, Graz), Christian Sprung (City Laboratory, Graz), Guido Granitz (Manager, Postgarage), and Bernd Peter (Holding Graz). The winning project was *Spielwiese Rösselmühlpark* (Rösselmühl Park Playground) by the students Benjamin Jehli, Filip Drndarevic, Tobias Fink, and Mak Pavelić. ∎

Supervision and concept: Workshop Redesign Rösselmühl Park: **Markus Bogensberger** (Haus der Architektur Graz) and **Gernot Reisenhofer** (Institute of Design and Building Typology)
Concept and installation: Forecourt of the designHalle: **Hans Gangoly, Sarah Posch** (Institute of Design and Building Typology)

Gernot Reisenhofer

Installation des Instituts für Gebäudelehre am Platz vor der desginHalle für den Designmonat 2015 | Installation of the Institute of Design and Building Typology at the square in front of the designHalle for Design Month 2015 © Institut für Gebäudelehre

Breathe.Austria
Österreich-Beitrag auf der **EXPO 2015** in **Mailand**

Die EXPO 2015 fand unter dem Thema „Feeding the Planet, Energy for Life" in Mailand statt. Mit breathe.austria konnte sich ein interdisziplinäres Team rund um das Institut für Architektur und Landschaft der TU Graz im Wettbewerb für die Österreich-Beteiligung an der Weltausstellung durchsetzen. Breathe.austria rückte das Lebensmittel Nr. 1 in den Mittelpunkt: Luft zum Atmen. Dafür wurde ein 560 Quadratmeter großes, dicht bepflanztes Waldstück angelegt, das österreichische Waldökotypen nachbildet. Der Pavillon bildete den Rahmen um diese Waldlandschaft und fungierte als Gefäß für dessen Performanz. Die Vegetation mit 50 bis zu 12 m hohen Bäumen, mehr als 15.000 Kleingehölzen und Stauden und 120 Quadratmetern Moosflächen erzeugte dabei 62,5 kg frischen Sauerstoff pro Stunde, mit dem der Bedarf von 1800 AusstellungsbesucherInnen versorgt werden könnte. Dieser Effekt wurde im Pavillon durch Verdunstungskühlung, jedoch ohne Klimageräte, technisch unterstützt. So lag die gefühlte Temperatur im Pavillon (UTC) im Sommer ca. 5° C niedriger als im Außenraum. Die sinnlich wahrnehmbare, intensive, frische Waldatmosphäre wurde so zum Ausstellungsmedium für die BesucherInnen.

Der Österreich-Pavillon steht für das Zusammendenken von Technologie und natürlichen Lebensumgebungen und öffnet auf diese Weise Möglichkeiten für zukünftige Entwicklungen. So kann der integrale Einsatz von Landschaft urbane Umgebungen mit genügend Sauerstoff und kühler Luft versorgen. Mit dem Pavillon wurde ein Ort geschaffen, der scheinbar unvereinbares – Technologie und natürliche Vielfalt – verbindet und zugleich klimaaktiv wirkt.

Eine großflächige Fotovoltaikanlage am Dach des Pavillons und eine Solar-Skulptur aus Grätzelzellen (Farbstoffsolarzellen) erzeugten zudem so viel Energie, wie der Pavillon verbrauchte.

Österreich hat in Mailand gezeigt, wie man mit hybriden Systemen aus Natur und Technik ökologisch erfolgreich sein kann.

breathe.austria © team.breathe.austria/Photo: Daniele Madia

Das Projekt breathe.austria wurde bereits mehrfach ausgezeichnet, u.a. für sein nachhaltiges Architekturkonzept. Unterschiedliche Medien weltweit, wie auch die Social Media Manager der EXPO, wählten ihn zum schönsten Pavillon und zählten ihn zu den „must visits" in Mailand. ■

Projektteam: team.breathe.austria, terrain:architekten und landschaftsarchitekten BDA (**Klaus K. Loenhart**) mit Agency in Biosphere (**Markus Jeschaunig**), Hohensinn Architektur ZT GmbH (**Karlheinz Boiger**), LANDLAB, i_a&l, TU Graz (**Andreas Goritschnig** und **Bernhard König**), Lendlabor Graz (**Anna Resch** und **Lisa Maria Enzenhofer**) und **Alexander Kellas**, Engelsmann Peters Ingenieure (**Stefan Peters**), transsolar (**Wolfgang Kessling**), BOKU Wien IBLB (**Bernhard Scharf**), Buero Auinger (**Sam Auinger**)

Lisa Maria Enzenhofer/Bernhard König

breathe.austria
Austrian Contribution to the **EXPO 2015** in **Milan**

The EXPO 2015 held in Milan was devoted to the topic "Feeding the Planet, Energy for Life." With breathe.austria, an interdisciplinary team from the Institute of Architecture and Landscape at Graz University of Technology won the competition to create Austria's contribution to the world exhibition. The project breathe.austria placed the number one source of nourishment center stage: air to breathe. A grove of trees was planted to create 560 m² of dense forest representative of Austrian forest ecotypes. The pavilion created the framework for this wooded landscape and functioned as a receptacle for its performance. The vegetation featured 50 trees, each up to 12 meters high, more than 15,000 shrubs and perennials, and 120 m² of moss, thus producing 62.5 kilograms of fresh air each hour, meeting the needs of 1,800 exhibition visitors. This effect was technically supported in the pavilion by evaporative cooling, but without air treatment systems. As such, the felt temperature in the pavilion (UTC) was approx. 5 degrees centigrade lower in the summer than outside. The sensorially perceptible, intense, fresh forest atmosphere thus became an exhibition medium for the visitors.

The Austrian Pavilion represented the conceptual interplay between technology and natural living environments, opening, in this way, possibilities for future developments. The idea is to take an integral approach to integrating landscape into urban environments so as to ensure sufficient oxygen supply and cool air. The pavilion created a place for connecting seemingly irreconcilable elements—technology and natural diversity—while simultaneously fostering an active climatic effect.

A large-scale photovoltaic system installed on the roof of the pavilion and a solar sculpture made of Grätzel cells (dye-sensitized solar cells) moreover generated all of the energy that the pavilion required.

breathe.austria © team.breathe.austria/Photo: Daniele Madia

In Milan, Austria showed how it is possible to attain ecological success using hybrid systems integrating both nature and technology.

The project breathe.austria has received numerous awards, not least for its sustainable architectural concept. Various global media, including the EXPO's Social Media Manager, selected it as the most beautiful pavilion and counted it among the "must visits" in Milan. ▪

Project team: team.breathe.austria, terrain:architekten, and landschaftsarchitekten BDA (**Klaus K. Loenhart**) with Agency in Biosphere (**Markus Jeschaunig**), Hohensinn Architektur ZT GmbH (**Karlheinz Boiger**), LANDLAB, i_a&l, TU Graz (**Andreas Goritschnig** and **Bernhard König**), Lendlabor Graz (**Anna Resch** and **Lisa Maria Enzenhofer**) and **Alexander Kellas**, Engelmann Peters Ingenieure (**Stefan Peters**), transsolar (**Wolfgang Kessling**), BOKU Wien IBLB (**Bernhard Scharf**), Buero Auinger (**Sam Auinger**)

Lisa Maria Enzenhofer/Bernhard König

Modell der Grazer Oper – Ansicht Kaiser-Josef-Platz | Modell of the Graz Opera House: view from Kaiser-Josef-Platz © Marion Starzacher

Modellhafte Rekonstruktion des Portikus der Grazer Oper
Kooperationsprojekt der **TU Graz** und der **Universität Graz** im Studienjahr 2014/15

Die Grazer Oper, zwischen 1870 und 1914 von den Architekten Helmer und Fellner errichtet, ist in ihrer ursprünglichen Bauform ein qualitätsvolles, zeitgeschichtlich bedeutendes Gebäude. Nach einem Bombenschaden im Jahr 1944 kam es mit dem Abriss des Portikus zu einer Verstümmelung des Baukörpers, sodass die Proportionen und die Hauptachsen im Zusammenspiel keine Harmonie mehr ergaben.

Der Verein Denkmal Steiermark hat sich eine Rekonstruktion des Portikus nach den ursprünglichen

Plänen als Aufgabe gestellt und mit Recherchen sowie öffentlichen Informationsveranstaltungen begonnen. Im WS 2014/15 wurde im Rahmen des Seminars Kunst der Steiermark von Margit Stadlober, Fachbeirätin im Verein Denkmal Steiermark, für den Modellbau der Grazer Oper eine Kooperation mit der entsprechenden Lehrveranstaltung von Marion Starzacher aufgenommen. Im Rahmen der Vorlesungsübung Architektur- und Kunstgeschichte, einer Lehrveranstaltung im ersten Semester des Bachelorstudiums Architektur TU Graz, haben wir uns mit der modellhaften Rekonstruktion des Opernhauses beschäftigt.

Als Grundlage für den Modellbau dienten neben bildlichen Darstellungen, den Originalplänen von Fellner und Helmer, in erster Linie die Aufmaßpläne der frühen 1950er Jahre, die im Stadtarchiv Graz aufbewahrt werden. Beim intensiven Planstudium stellte sich heraus, dass neben dem Abriss des Portikus auch verschiedene dekorative Elemente der Fassade entfernt worden sind, woraus sich ein sachlicheres formales Fassadenbild entwickelt hat. Das Modell, das im Maßstab 1:100 mit einem abnehmbaren Portikus gebaut wurde, soll einen Eindruck der ursprünglichen Baukörpergestalt veranschaulichen.

Am 2. Mai 2015 wurde das Rekonstruktionsmodell der Grazer Oper im Zuge der Pressekonferenz zum „Klanglicht" an den Intendanten der Grazer Oper, Bernhard Rinner, durch Friedrich Bouvier, Margit Stadlober, Marion Starzacher, Stefan Schuster und Philipp Glanzner übergeben. Das Modell ist vor dem Spiegelsaal im Grazer Opernhaus ausgestellt und zusätzlich wurde eine Broschüre über den Rekonstruktionsprozess herausgegeben und öffentlich aufgelegt. Das historische Planmaterial und die bildlichen Darstellungen wurden uns vom Stadtarchiv Graz, dem Stadtmuseum Graz zur Verfügung gestellt, weitere Abbildungen entstammen dem Privatarchiv Bernhard Reismanns, alle Zeichnungen sowie der Text wurden vom Projektteam angefertigt. ▪

Projektteam: **Marion Starzacher**, **Philipp Glanzner**, **Stefan Schuster**, **Lisa Marlen Erben**, **Jana Rieth**, **Nadja Sabine Dunkler**, **Lina Doseva**, **Jakov Cecura** und **Annalisa Cammelli**

Mit freundlicher Unterstützung von: KOEN – Institut für Grundlagen der Konstruktion und des Entwerfens – Modellbauwerkstatt (http://www.koen.tugraz.at), Verein Denkmal Steiermark (http://www.denkmal-steiermark.at)

Margit Stadlober (Seminar: Kunst der Steiermark), **Marion Starzacher** (Vorlesungsübung: Architektur- und Kunstgeschichte)

Marion Starzacher

Modell der Grazer Oper mit Portikus, Personen von links nach rechts: | Model of the Graz Opera House with Portico, people from left to right: P. Glanzner, S. Schuster, M. Starzacher, M. Stadlober, F. Bouvier, B. Rinner © Marion Starzacher

Model-Based Reconstruction of Graz Opera Portico
Collaborative project between **Graz University of Technology** and the **University of Graz** during the academic year 2014–15

The Graz Opera House, built between 1870 and 1914 by Helmer and Fellner architects, is a quality building of historical import in its original structural form. After suffering damage from bombing in the year 1944, it was necessary to tear down the portico, which dismembered the structural body such that the proportions and the main axes no longer engaged in harmonious interplay.

The Verein Denkmal Steiermark, a Styrian association for monument preservation, decided to adopt the cause of reconstructing the portico according to the original plans. They started conducting research and hosting public informational events. During winter semester 2014–15, as part of the seminar "Art in Styria" by Marion Starzacher, a cooperative relationship was initiated with Margit Stadlober, member of the Verein Denkmal Steiermark advisory board, for making a model of the Graz Opera House in class. As part of the course "History of Architecture and Art," a first-semester class in the bachelor's architecture program at TU Graz, we devoted ourselves to the model-based reconstruction of the opera house.

Serving as the main basis for the model building activity, besides visual representations like the original blueprints by Fellner and Helmer, were the site-measurement plans from the early 1950s, stored in the Graz City Archive. After intensively studying the plans, it became clear that, in addition to the demolition of the portico, various decorative elements had been removed from the façade, which led to a more sober and formal façade visage. The model, which was built at a scale of

1:100 with a removable portico, was meant to give a visual impression of the original structural form.

On May 2, 2015, the reconstruction model of the Graz Opera House was presented to the artistic director of the Graz Opera, Bernhard Rinner, by Friedrich Bouvier, Margit Stadlober, Marion Starzacher, Stefan Schuster and Philipp Glanzner at the press conference for "Klanglicht." The model is exhibited in front of the Mirror Hall at the Graz Opera House. Also, a brochure about the reconstruction process was printed and publicly distributed. The historical plan materials and the graphic renderings were provided to us by the Graz City Archive and the Stadtmuseum Graz, with further pictures originating from the private archive of Bernhard Reismann. All drawings and text were created by the project team. ■

Project team: **Marion Starzacher, Philipp Glanzner, Stefan Schuster, Lisa Marlen Erben, Jana Rieth, Nadja Sabine Dunkler, Lina Doseva, Jakov Cecura,** and **Annalisa Cammelli**

With the friendly support of: KOEN – Institut für Grundlagen der Konstruktion und des Entwerfens – Modellbauwerkstatt (www.koen.tugraz.at), Verein Denkmal Steiermark (www.denkmal-steiermark.at)

Margit Stadlober (Seminar: Art in Styria), **Marion Starzacher** (Course: History of Architecture and Art)

Marion Starzacher

Graz Architecture Lectures
Eine **Veranstaltung** der **Architekturfakultät**, organisiert vom **Institut für Architekturtheorie, Kunst- und Kulturwissenschaften**

Die Graz Architecture Lectures sind als dichte Packung von Gastvorträgen konzipiert, die jedes Jahr an einem Tag im Mai stattfinden. Sie bieten einen Überblick über die Arbeits- und Forschungsschwerpunkte der Institute der Architekturfakultät, welche die Vortragenden nominieren. Kein gemeinsames Thema, aber der Anspruch, ein Forum für „the state of the art" des internationalen Architekturdiskurses zu bieten, bildet die inhaltliche Klammer. Am 21. Mai 2015 stellten zehn internationale ArchitektInnen ihre neuesten Projekte und Forschungen in der Stadtplanung und -forschung, der Architekturtheorie, der sozialen Praxis von Archi-

tektur, der Schnittstelle Architektur-Kunst und im Digital Design vor. Es ging also auch diesmal um einen umfassenden, integralen Architekturbegriff, der das soziokulturelle Leben in allen Bereichen betrifft. ■

Programm:

Allison Dutoit (Gehl Architects Kopenhagen): Cities for People (Institut für Städtebau)

Matthias Böttger (Kunstuniversität Linz, DAZ Berlin): spekulation/transformation (Institut für Gebäude und Energie)

Stephan Trüby (TU München): Ökonomie der Architektur (Institut für Architekturtheorie, Kunst- und Kulturwissenschaften)

Ole W. Fischer (University of Utah/Salt Lake City, TU Wien): After Modernity? – Preliminary Thoughts on the Post-Contemporary (Institut für Architekturtheorie, Kunst- und Kulturwissenschaften)

Alexander Hagner (gaupenraub+/- Wien, TU Wien): Architektur anders (Institut für Wohnbau)

Axel Buether (Bergische Universität Wuppertal): Gestaltungsprinzipien einer Farbensprache der Moderne (Institut für Raumgestaltung)

Wilfried Kuehn (Kuehn Malvezzi Berlin): KOMUNA FUNDAMENTO (Institut für Raumgestaltung)

Johanna Meyer-Grohbrügge (June14 Meyer Grohbrügge & Chermayeff Berlin, New York): For a Different Kind of Relationship (Institut für Architektur und Landschaft)

Gernot Riether (Kennesway State University Marietta/Georgia): The Digital Design Build Studio (Institut für Architektur und Medien)

Russell Loveridge (ETH Zürich): Collaborative Design Fabrication (Institut für Tragwerksentwurf)

Anselm Wagner

Graz Architecture Lectures
An **event** by the **Faculty of Architecture**, organized by the **Institute of Architectural Theory, Art History and Cultural Studies**

The Graz Architecture Lectures were conceived as a dense constellation of guest lectures that take place each year in May. They offer an overview of the work and research priorities of the institute´s of the Faculty of Architecture, which determine who gives the lectures. Instead of a common theme, in terms of content there is a claim to offering a forum for the "the state of the art" of international architectural discourse. On May 21, 2015, ten international architects introduced their newest projects and research activity in the fields of urban planning and research, architectural theory, social practice in architecture, the interface between architecture and art, and digital design. This time it also involved a comprehensive, integral concept of architecture that pertains to sociocultural life in all realms. ▪

Program:

Allison Dutoit (Gehl Architects, Copenhagen): "Cities for People" (Institute of Urbanism)

Matthias Böttger (University of Art and Design Linz, DAZ Berlin): "speculation/transformation" (Institute of Buildings and Energy)

Stephan Trüby (TU Munich): "Economy of Architecture" (Institute of Architectural Theory, Art History and Cultural Studies)

Ole W. Fischer (University of Utah, Salt Lake City, Utah, TU Vienna): "After Modernity? – Preliminary Thoughts on the Post-Contemporary" (Institute of Architectural Theory, Art History and Cultural Studies)

Alexander Hagner (gaupenraub+/- Vienna, TU Vienna): "Architecture Different" (Institute of Housing)

Axel Buether (University of Wuppertal): "Design Principles of a Color Language of Modernism" (Institute of Spatial Design)

Wilfried Kuehn (Kuehn Malvezzi, Berlin): "KOMUNA FUNDAMENTO" (Institute of Spatial Design)

Johanna Meyer-Grohbrügge (Meyer Grohbrügge & Chermayeff Berlin, New York): "for a different kind of relationship" (Institute of Architecture and Landscape)

Gernot Riether (Kennesway State University, Marietta, Georgia): "The Digital Design Build Studio" (Institute of Architecture and Media)

Russell Loveridge (ETH Zurich): "Collaborative Design Fabrication" (Institute of Structural Design)

Anselm Wagner

Messestände beim Detail- und Firmenforum K4 2015 | Trade-fair stand at the Detail and Company Forum K4 2015 © IAT

Detail- und Firmenforum
Firmenmesse und Workshop organisiert vom **Institut für Architekturtechnologie**

Erstmalig wurde im Sommersemester 2015 im Rahmen der Lehrveranstaltung Konstruieren 4 ein Detail- und Firmenforum veranstaltet, welches die Studierenden des Bachelorstudiengangs mit einschlägigen Herstellern von Bauprodukten in Kontakt brachte. Wie bei einer Baumesse konnten sich die Studierenden, aber auch andere Interessierte am 19. Juni 2015 im Foyer der Alten Technik ausgiebig über Bauprodukte informieren und mit den Firmenvertretern über Detaillösungen zu ihren Übungsprojekten diskutieren. Im ersten Teil der Veranstaltung führten die Hersteller kurz in die Produkteigenschaften und ihre Einsatzgebiete ein. Die Firma Schüco kam sogar im eigenen Showroom-Truck. Im zweiten Teil wurde begleitend zu den Firmenständen ein Workshop mit allen Lehrbeauftragten der Übung abgehalten, bei dem intensiv und gruppenübergreifend

Workshop beim Detail- und Firmenforum K4 2015 | Workshop at the Detail and Company Forum K4 2015 © IAT

Details und Ausführungsplanungen der einzelnen Projekte diskutiert wurden und Hersteller hinzugezogen werden konnten. Es fand ein intensiver Austausch der Studierenden, Lehrenden und Hersteller statt, der die Lehrveranstaltung bereicherte und den Studierenden neben den bereits etablierten Baustellenexkursionen in der Übung einen weiteren Blick in die Planungsrealität gewährte. Für ihre Teilnahme und finanzielle Unterstützung ist zu danken: Schüco, Wienerberger, Doka, Schöck, Sto, Röfix, Eternit, Synthesa, Gaulhofer, Prefa, Knauf, Mayr Mellnhof Holz, Rieder, Progeo und Möding. Eine Fortsetzung für 2016 ist geplant. ▪

Marcus Stevens

Detail and Company Forum
Company trade fair and workshop organized by the **Institute of Architecture Technology**

During summer semester 2015, the Detail- und Firmenforum (Detail and Company Forum) was held for the first time in the framework of the "Construction 4" course. The event brought students in the bachelor's program into contact with relevant producers of building products. Like at a building-industry trade fair, both students and interested persons could obtain extensive information about building projects in the lobby of the Main Building (Alte Technik) on June 19, 2015, and also discuss detailed solutions to their class projects with company representatives. During the first part of the event, the manufacturers briefly introduced the product features and the applicable fields of application. The Schüco company even arrived with their own showroom truck. During the second part, a workshop with all teachers supplemented the company booths, intensely discussing, across the various groups, details and implementation planning for the individual projects, with company representatives joining in at times. An intense exchange ensued among the students, instructors, and manufacturers, which enriched the class experience and provided the students, in addition to the already conducted construction-site excursions, with a broader view of planning reality. Gratitude is extended to the following for their participation and financial support: Schüco, Wienerberger, Doka, Schöck, Sto, Röfix, Eternit, Synthesa, Gaulhofer, Prefa, Knauf, Mayr Mellnhof Holz, Rieder, Progeo, and Möding. The event will be continued in 2016. ∎

Marcus Stevens

Stefan Nuncic © Stefan Nuncic

PAVILLON – Dance Meets Structure. Intervention KV Fönfrisur
Kooperation des **Internationalen Tanztheaterfestivals Graz** mit dem **Architekturzeichensaal Kulturverein Fönfrisur**

Im Zuge des Architektursommers 2015 entstand eine Zusammenarbeit des Internationalen Tanztheaterfestivals Graz mit dem Grazer Architekturzeichensaal Kulturverein Fönfrisur (KV Fönfrisur).

Ziel der Kooperation war der Entwurf eines Tanzpavillons im öffentlichen Raum. Den Ausgangspunkt für den Pavillon bildete eine quadratische, regelmäßige Dachstruktur aus Textilbahnen. Sieben der 22 Dachsegel wurden bis kurz über den Boden verlängert. Dadurch

entstanden sechs Zwischenräume, in denen an vier aufeinanderfolgenden Tagen unterschiedliche Choreografien stattfanden.

Der Standort – am Platz des Palais Meran – und die städtebauliche Situation bedingten eine fürs Publikum umläufige Zugänglichkeit. Der Pavillon bot dem Betrachter vom 11.7.–19.7.2015 jeweils zwei in sich idente Ansichten. Erst in Überlagerung mit dem Tanz, der Möglichkeit des Betrachters, sich um den Pavillon zu bewegen und der materiellen und strukturellen Transparenz bot sich eine Varianz an Situationen.

Tagsüber stand der Pavillon der Öffentlichkeit zur Verfügung und wurde als schattenspendende Struktur und Öffentlichkeitsbühne genutzt.

Für uns, den KV Fönfrisur, war es einerseits interessant, eine Architekturinstallation einem öffentlichen Publikum zu präsentieren und sich andererseits mit einer Typologie zu beschäftigen, die Tanz – die intensivste Auseinandersetzung mit Raum – ermöglicht. ∎

Jakob Gigler/Cesar Marini/Stefan Nuncic (KV Fönfrisur)

PAVILLON – Dance Meets Structure: Intervention KV Fönfrisur
Cooperation between the **International Dance Theater Festival Graz** and the **Architecture Design Hall Kulturverein Fönfrisur**

As part of the Architecture Summer 2015, a cooperative relationship arose between the International Dance Theater Festival Graz and the Graz-based Architecture Design Hall Kulturverein Fönfrisur (KV Fönfrisur).

The objective of collaboration was the design of a dance pavilion in public space. The point of departure for the pavilion was a square, regular roof structure made of textile strips. Seven of the twenty-two roof sails were extended to reach just above the ground. This gave rise to six interstitial spaces in which various choreographed pieces played out over four successive days.

The site—at Palais Meran square—and the urban-planning situation fostered a sense of accessibility from all side for the visitors. From July 11–19, 2015, the pavilion offered to the beholder two basically identical views. A variance of situations was offered first through superimposition with dance, with the opportunity for the beholder to move through the pavilion, and second through the material and structural transparency.

During the day, the pavilion was freely accessible to the public and used as a shade-giving structure and public stage.

For us, the KV Fönfrisur, is was interesting, on the one hand, to present an architectural installation to a broad public and, on the other, to explore a typology that facilitates dance, which is the most intense way of engaging with space. ∎

Jakob Gigler/Cesar Marini/Stefan Nuncic (KV Fönfrisur)

Konferenz im Künstlerhaus, Halle für Kunst & Medien | Conference at the Künstlerhaus, Halle für Kunst & Medien © IZK

„Limits and Horizons of Transdisciplinary Art-Based Research"
Konferenz organisiert vom **Institut für Zeitgenössische Kunst** in Zusammenarbeit mit **The New Centre for Research & Practice** und **Open Modes Graz** im **Künstlerhaus**, Halle für Kunst & Medien

Globale Gegenwartskunst hat in den letzten Jahrzehnten eine Verschiebung erlebt, bei der forschungsbasierte Praxis zu einer aktuellen und erfolgreichen Erscheinung geworden sind. Diese methodische Erweiterung, die häufig als eine Form der „Wissensproduktion" apostrophiert wird, hat das Institut für Zeitgenössische Kunst (IZK) in den Seminaren und Veranstaltungen zum derzeitigen Forschungsschwerpunkt „Knowledge Forms and Forming Knowledge" weiter untersucht.Die Konferenz im Künstlerhaus beschäftigte sich mit Fragen wie: Welche Arten von Wissen produziert zeitgenössische Kunst und wo kann sie dieses tatsächlich verorten? Wenn zeitgenössische Kunst zuweilen als Territorium subjektiver Interpretierbarkeit definiert wird, wie kann dieses Wissen die kritische Unterscheidung zwischen Meinung und Wissen befördern? Wie ist das epistemologische Verhältnis künstlerischer Transdisziplinarität hinsichtlich der vielfältigen Felder, aus denen diese ihre konzeptuellen und praxisnahen Ressourcen bezieht? Wie verändern sich künstlerisch generierte Wissensformationen unter dem Einfluss der Destabilisierung anthropozentrischer Grundlagen der Epistemologie, dem Anwachsen maschinenbasierter Intelligenz und durch das Erkennen der disziplinären Grenzen der Geisteswissenschaften? ∎

Die Konferenz, die im Juli 2015 stattfand, wurde von **Antonia Majača-Friedman** gemeinsam mit **Mohammad Salemy** und **Patricia Reed** kuratiert.

TeilnehmerInnen: **Jason Adams**, **Julieta Aranda**, **Bassam El Baroni**, **Benjamin Bratton**, **Anselm Franke**, **Adam Kleinman**, **Rachel O'Reilly**, **Ana Teixeira Pinto**, **Keith Tilford**, **Milica Tomić**, **Jelena Vesic**, **Vladimir Jeric** und **Rijin Sahakian**

Antonia Majača-Friedman/Thomas Munz

Knowledge Forms and Forming Knowledge - Limits and Horizons of Transdisciplinary Art-Based Resear...
[▶] The New Centre for Research & Practice Organizers

Konferenz im Künstlerhaus, Halle für Kunst & Medien | Conference at the Künstlerhaus, Halle für Kunst & Medien © IZK

"Limits and Horizons of Transdisciplinary Art-Based Research"

Conference organized by the **Institute for Contemporary Art** in collaboration with **The New Centre for Research & Practice** and **Open Modes Graz** at the **Künstlerhaus**, Halle für Kunst & Medien

Global contemporary art has witnessed a shift in the last decades, where research-based practices have become a celebrated and prolific form. Witnessing this methodological expansion, which is often referred to as a form of "knowledge production", the Institute for Contemporary Art (IZK) has investigated this notion through courses and events within its current research focus "Knowledge Forms and Forming Knowledge".

The conference at Künstlerhaus was pursuing questions such as: What kind of knowledge does contemporary art actually generate and what can it ramify? When many of the principles behind contemporary art

celebrate the discipline as a territory for subjective interpretability, how can this knowledge transcend the limits of the personal to articulate crucial distinctions between opinion and knowing? How does artistic transdisciplinarity function in epistemic relation to the manifold fields from which they draw conceptual and practical resources? How are the forms of knowledge that art generates transformed by the destabilization of the anthropocentric foundations of epistemology, the rise of machine cognition and recognition of the limits of disciplinary humanities? ∎

The conference held in July 2015 was curated by **Antonia Majača-Friedman** in collaboration with **Mohammad Salemy** and **Patricia Reed**

Participants: **Jason Adams**, **Julieta Aranda**, **Bassam El Baroni**, **Benjamin Bratton**, **Anselm Franke**, **Adam Kleinman**, **Rachel O'Reilly**, **Ana Teixeira Pinto**, **Keith Tilford**, **Milica Tomić**, **Jelena Vesic**, **Vladimir Jeric**, and **Rijin Sahakian**

Antonia Majača-Friedman/Thomas Munz

„Borders + Boundaries"

Joint-Studio des **Instituts für Architekturtechnologie** der TU Graz und dem **Gerald D. Hines College of Architecture** der University of Houston

Im Sommersemester 2015 nahmen 17 Architekturstudierende aus Graz und 14 KollegInnen aus Houston am Joint Studio „borders + boundaries" zwischen dem Institut für Architekturtechnologie der TU Graz und dem Gerald D. Hines College of Architecture der University of Houston (UoH) teil. Die Studierenden aus den USA und ihr Professor Dietmar Fröhlich reisten dafür im Juni für drei Wochen nach Graz. Die Planungsaufgabe war ein 15.000 m² großes, grenzüberschreitendes Sportzentrum an der österreichisch-slowenischen Grenze in Bad Radkersburg und Gornja Radgona. In einer viertägigen Exkursion erlangten die 31 Studierenden tiefe Einblicke in die historische Entwicklung des Gebiets und das notwendige Hintergrundwissen über den aktuellen Kontext der innereuropäischen Grenzen.

In einem anschließenden Studio-Workshop wurden in Gruppenarbeit zehn Masterpläne ausgearbeitet. Anschließend wurden die Projekte in ständiger Koordination mit GruppenkollegInnen auf der anderen Seite des Atlantiks ausgearbeitet. Die teilnehmenden Studierenden konnten somit nicht nur ihr Fachwissen erwei-

Gemeinsames Arbeiten am IAT | Collaborative work at IAT © IAT

tern, sondern auch neue Soft-Skills und interkulturelle Kompetenzen erwerben. Das Joint Studio wurde vom Büro für Internationale Beziehungen und Mobilitätsprogramme der TU Graz finanziell und logistisch unterstützt. Am 11. August 2015 wurden die Ergebnisse an der University of Houston in den USA vor einer internationalen Jury – bestehend aus Dietmar Fröhlich, Marta Rodriguez, Fernando Brave und Bruce Webb von der UoH sowie Prof. Roger Riewe und Marisol Vidal Martinez von der TU Graz – präsentiert. Eine Ausstellung der Arbeiten fand Ende September an der University of Houston statt, eine Publikation über das Joint Studio ist seit Oktober 2015 am IAT erhältlich. ∎

Marisol Vidal

"Borders + Boundaries"

Joint-Studio of the **Institute of Architecture Technology** at Graz University of Technology and the **Gerald D. Hines College of Architecture** at the University of Houston

In summer semester 2015, seventeen architecture students from Graz and fourteen from Houston took part in the joint studio "borders + boundaries," a collaborative project involving the Institute of Architec-

Ausflug in die Südsteiermark | Excursion to southern Styria © IAT

ture Technology at Graz University of Technology and the Gerald D. Hines College of Architecture der University of Houston (UoH). To this end, the students from the USA and their professor Dietmar Fröhlich traveled to Graz for three weeks in June. The planning task involved a border-spanning sports arena with an area of 15,000 m² at the Austria-Slovenia border in Bad Radkersburg and Gornja Radgona. During a four-day excursion, the thirty-one students were able to gain deep insight into the historical development of the area, along with the necessary background knowledge about the current context of inner-European borders.

A studio workshop followed, where ten master plans were prepared in groups. The projects were then elaborated through continual cooperation with group members on the other side of the Atlantic. The participating students were thus not only able to expand their specialized knowledge, but also to gain new soft skills and intercultural competence. The joint studio was financially and logistically supported by the Office of International Relations and Mobility Programs at Graz University of Technology. On August 11, 2015, the results were presented in the US by an international jury—comprised of Dietmar Fröhlich, Marta Rodriguez, Fernando Brave, and Bruce Webb from UoH and also Prof. Roger Riewe and Marisol Vidal Martinez from TU Graz—at the University of Houston. An exhibition of the work was held in late September at the University of Houston, and a publication about the Joint Studio has been available since October 2015 at the Institute of Architecture Technology. ∎

Marisol Vidal

© MOJO Fullscale Studio NPO

Angola Community Health Center, Kisumu, Kenia

Ein **Projekt** von **MOJO Fullscale Studio NPO** in Zusammenarbeit mit dem **Institut für Architektur und Landschaft** und der **NGO Make Me Smile Kenya**
www.mojoproject.org | www.ial.tugraz.at
www.makemesmile-kenya.org

Das diesjährige Projekt des Vereins „MOJO Fullscale Studio NPO" wurde in Kisumu, Kenia realisiert. Es ist ein „Health Center" – eine Kleinambulanz mit Apotheke, die zur medizinischen Versorgung der im Umkreis lebenden Bevölkerung dienen soll. Dieses Projekt entsteht unter der planerischen und baulichen Leitung von „MOJO Fullscale Studio NPO" in Kooperation mit der österreichischen NGO „Make me Smile Kenya"

sowie der örtlichen „Angola Community" und soll den Zugang zu medizinischer Versorgung ermöglichen.

Das notwendige Raumprogramm wurde um einen Innenhof angeordnet, der einerseits im Gebäude eine Gliederung in öffentliche und private Zonen schafft und andererseits die Aufenthaltsqualität in den Wartebereichen erhöht. Der Innenhof ist mit indigenen Heilpflanzen begrünt und soll altes, in Vergessenheit geratenes Wissen über die heilenden Wirkungen der heimischen Pflanzen wieder aufleben lassen.

Gemeinsam mit unseren Partnern vor Ort soll das „Make me Smile Health Center" mit seinem nachhaltigen Konzept zu einer Vorzeigeinstitution vor Ort werden. ∎

Planung: **Studierende der Architekturfakultät der TU Graz (MOJO Team 2015)**
Leitung: **Gernot Kupfer, Magdalena Lang**
Studierende: **Peter Baumann, Maximilian Boos, Jakob Buchgraber, Marlene Gratzer, Matthias Hausleitner, Gjelane Jupa, Maria Kougia, Sabrina Krexhammer, Johannes Moosbrugger, El Basan Morina, Anna Srpova, Benjamin Starz, Christoph Thambauer, Ivana Zivadinovic**
Volontäre: **Theresa Böck, Alexander Kupfer**

Magdalena Lang (MOJO Team)

Das Baustellenteam | The construction team
© Make Me Smile Kenya NGO

Angola Community Health Center, Kisumu, Kenya

A **project** by **MOJO Fullscale Studio NPO** in collaboration with the **Institute of Architecture and Landscape** and **NGO Make Me Smile Kenya**

www.mojoproject.org | www.ial.tugraz.at

www.makemesmile-kenya.org

This year's project by the MOJO Fullscale Studio NPO association was realized in Kisumu, Kenya. It is a health center—a small outpatient clinic with pharmacy that is designed to provide medical support to the nearby population. This project was planned and built by MOJO Fullscale Studio NPO in cooperation with the Austrian NGO Make Me Smile Kenya and the local Angola Community with the intention of ensuring access to health care.

The necessary spatial program was set in an inner courtyard, which allowed the areas to be partitioned into public and private zones within the building, on the one hand, while also enhancing quality of stay in the waiting areas, on the other. The inner courtyard was planted with indigenous healing plants and is meant to revive forgotten knowledge about the healing effects of native flora.

Together with our partners on site, the Make Me Smile Health Center is meant to become an example of a sustainable concept. ∎

Planning: **Student from the Faculty of Architecture at Graz University of Technology (MOJO Team 2015)**
Supervision: **Gernot Kupfer, Magdalena Lang**
Students: **Peter Baumann, Maximilian Boos, Jakob Buchgraber, Marlene Gratzer, Matthias Hausleitner, Gjelane Jupa, Maria Kougia, Sabrina Krexhammer, Johannes Moosbrugger, El Basan Morina, Anna**

Srpova, **Benjamin Starz, Christoph Thambauer, Ivana Zivadinovic**
Trainees: **Theresa Böck, Alexander Kupfer**

Magdalena Lang (MOJO Team)

Licht im Fokus
Forschungsprojekte 2015 im **Lichtlabor** des **Instituts für Raumgestaltung**

Mit den Forschungsprojekten im Lichtlabor des Instituts für Raumgestaltung wird kontinuierlich an der Präsenz des Themas Licht als Gestaltungselement gearbeitet. Sowohl die wissenschaftliche Untersuchung als auch die räumliche Anwendung von Licht und Leuchte decken das weite Spektrum der Beziehung zwischen Licht, Raum und Mensch ab. Im Jahr des Lichts 2015 präsentiert sich das Institut folgerichtig im Kontext der Lichtforschung und der Lichtgestaltung. Zwei Vorträge der Forschungsbeteiligten reflektieren über den akademischen Kontext hinaus die Bedeutung und Inhalte der Arbeiten am Institut.

Tagung Licht (20.–21.3.2015). Anlässlich des internationalen Jahres des Lichts 2015 fand eine Ausstellung und Tagung am Universalmuseum Joanneum statt. Organisiert wurde die Tagung „Licht" durch das Institut für Kunst im öffentlichen Raum Steiermark. Es waren international renommierte Vortragende aus dem In- und Ausland zu den Themengebieten Kulturgeschichte, Kunst, Architektur, Planung, Medizin und Historie eingeladen. Durch das Tagungsprogramm führte Prof. Dr. Sabine Flach vom Institut für Kunstgeschichte der Universität Graz.

In diesem Rahmen präsentierte Dr. Birgit Schulz das Institut für Raumgestaltung/Raum- und Lichtlabor mit Lichtprojekten aus Lehre und Forschung. Es wurden Lichtprojekte verschiedener Lehrveranstaltungen vorgestellt, die mit Studierenden und Lehrenden der letzten Jahre bis heute durchgeführt wurden (Lehrende:

Birgit Schulz © Joanneum

Claudia Gerhäusser © HDA – Haus der Architektur

Prof. Frank, Gerhäusser, Hederer, Pritz, Schöberl, Schulz, Tritthart). Im Bereich der Lichtforschung wurden zwei interdisziplinär mit der Lichtindustrie durchgeführte Studien gezeigt, deren Fokus die Wirkung von Licht auf die Psyche und das Wohlbefinden des Menschen im realräumlichen Kontext war („Multisensorisches Licht", „Besseres Licht im Krankenhaus").

Human Centric Lighting (16. September 2015). Am Vortragsabend „Human Centric Lighting", einer Veranstaltung gemeinsam mit dem HDA, der Steiermärkischen Krankenhaus Ges. und dem weltweit präsenten Leuchtenhersteller XAL im Architektursommer, standen die Abhängigkeit des Menschen vom Licht und daraus folgende Designentwicklungen im Zentrum. Claudia Gerhäusser vertrat das Institut für Raumgestaltung mit dem Vortrag „Mensch – Licht – Raum", der die Stärken und Netzwerke der interdisziplinären Forschungsprojekte des Instituts darstellte. Der Vortrag vermittelte grundlegend, dass natürliches Licht als dynamisch bezeichnet wird, künstliche Beleuchtung in der alltäglichen Anwendung jedoch statisch ist. Künstliche Beleuchtung unterstützt den natürlichen Biorhythmus des Menschen nicht, was sich negativ auf das Befinden des Menschen auswirken kann. Mittler zwischen Licht und biologischem Rhythmus ist das Auge. Anhand dieses Themas wurde deutlich, wie sich universitäre Forschung in Planungs- und Produktionspraxis einschreibt. Die Botschaft des Abends fiel entsprechend klar aus: Licht ist prominenter Designgegenstand, der sich tief in die psychisch-biologischen Prozesse des Menschen einmischt. Ebenso klar wurde, dass Designer und Architekten bereits ihre Arbeit an dem Thema aufgenommen haben. ∎

Institut für Raumgestaltung

Focus on Light
Research projects 2015 in the **Light Laboratory** of the **Institute of Spatial Design**

In the research projects at the Light Laboratory in the Institute of Spatial Design, the presence of the theme of light as design element is continually being explored. Both the scientific investigation and the spatial application of light and lighting cover the broad spectrum of relations between light, space, and people. In the Year of Light 2015, the institute accordingly presented itself in the context of light research and light design. Two lectures by involved researchers reflected beyond the academic context on the meaning and content of the work being conducted at the institute.

Conference on Light (March 20–21, 2015). On the occasion of the International Year of Light 2015, an exhibition and a conference were held at the Universalmuseum Joanneum in Graz. The conference "Light" was organized by the association Art in Public Space Styria. Internationally renown lectures from both Austria and abroad were invited to address thematic areas like cultural history, art, architecture, planning, medicine, and history. The conference program was headed by Prof. Dr. Sabine Flach from the Institute of Art History at the University of Graz.

In this framework, Dr. Birgit Schulz from the Institute of Spatial Design and the Space and Light Laboratory presented teaching and research projects focused on light. Light-related projects from various classes were introduced, carried out by students and teachers in recent years and still today (instructors: Prof. Frank, Gerhäusser, Hederer, Pritz, Schöberl, Schulz, Tritthart). In the area of light research, two interdisciplinary studies conducted in collaboration with the lighting industry were shown, with a focus on the effects of light on the mind and the well-being of people in real-spatial contexts ("Multisensorial Light", "Improved Lighting in Hospitals").

Human Centric Lighting (September 16, 2015). The evening of the lecture "Human Centric Lighting," an Architecture Summer event put on in conjunction with the HDA, the Steiermärkische Krankenhaus Gesellschaft, and the global lighting producer XAL, was focused on human dependence on light and related design developments. Claudia Gerhäusser represented the Institute of Spatial Design with her lecture "People – Light – Space," which outlined the strengths and networks related to the institute's interdisciplinary research projects. The lecture fundamentally conveyed that natural light is dynamic, while artificial light is static in the context of everyday use. Artificial lighting does not support humans' natural biorhythm, which can have a negative effect on

well-being. The eye serves as intermediary between light and biological rhythm. This topic evidenced the ways in which university-based research becomes inscribed in the practices of planning and production. The message of the evening was clear: light is a prominent design element that deeply intervenes in the mental-biological processes of each person. Also evident was that both designers and architects are already embracing this topic. ∎

Institute of Spatial Design

Diskussionsrunde mit Studierenden im Forum Stadtpark | Discussion group with students at Forum Stadtpark © Lena Prehal

Im Transitraum leben. Zur räumlichen Situation in Flüchtlingsunterkünften

Eine **Diskussionsrunde** im **Forum Stadtpark** mit VertreterInnen des **Instituts für Architekturtheorie, Kunst- und Kulturwissenschaften**

Traumatische Fluchterlebnisse, Ungewissheit und monate- oder oft jahrelanges Warten auf den Asylbescheid gehören zu den psychischen Belastungen von Flüchtlingen. Organisierte Unterkünfte bieten temporären Schutz, ziehen aber räumliche Enge, eingeschränkte Privatsphäre und den Verlust von Selbstbestimmtheit nach sich. Eine von Studierenden mitgestaltete Diskussionsrunde im Forum Stadtpark ging als Teil der Veranstaltungsreihe „Architektur in Serie" am 15. Oktober 2015 der Wohnsituation in Flüchtlingsquartieren nach und erkundete die räumlichen Herausforderungen, alltäglichen Abläufe und Spielräume für deren BewohnerInnen.

Als Einstieg boten Interviews aus dem Videoprojekt „Warteräume. Eine visuelle Recherche in den Flüchtlingsunterkünften Tirols" von Robert Gander und Günter Richard Wett Informationen aus der Perspektive der AsylwerberInnen. Zwei konkrete Beispiele dienten als weitere Grundlage für das Gespräch: die von Matthias

Dielacher geleitete Flüchtlingshilfe Deutschfeistritz, eine seit Jahren im ländlichen Bereich bestehende Heimstruktur des Diakoniewerks Steiermark, sowie das von Alois Krammer vertretene, neu eingerichtete Wohnprojekt „come in – Wohnen und Begleitung für geflüchtete Jugendliche" am Firmenareal des Grazer Messtechnik-Herstellers Anton Paar GmbH, für das ein städtisches Bürogebäude als Flüchtlingsheim adaptiert wurde. Gerald Ressi, Psychiater des Vereins Omega (Transkulturelles Zentrum für psychische und physische Gesundheit und Integration), gab Einblicke in seine therapeutische Arbeit in verschiedenen Flüchtlingsunterkünften.

Der Abend fand im Rahmen des von Antje Senarclens de Grancy und Anselm Wagner am akk – Institut für Architekturtheorie, Kunst- und Kulturwissenschaften geleiteten Masterstudios „Ein Flüchtlingslager in der Südsteiermark" statt, bei der das historische Lager Wagna bei Leibnitz aus dem Ersten Weltkrieg und die daraus hervor gegangene, heute rund 5000 EinwohnerInnen zählende Marktgemeinde als konkretes Beispiel und Versuchsfeld dienen, um über das Thema Flüchtlingslager nachzudenken. Themen wie Ordnung und Kontrolle, Hygiene und individueller Raumbedarf sowie architektonische und organisatorische Lösungen stehen dabei im Zentrum. ∎

Antje Senarclens de Grancy

Living in Transit Space: On the Spatial Situation in Refugee Shelters

A **panel discussion** at **Forum Stadtpark** with representatives from the **Institute of Architectural Theory, Art History and Cultural Studies**

Traumatic experiences of fleeing, uncertainty, and months or even years of waiting to have asylum approved are among the reasons behind the psychological strain experienced by refugees. Organized shelters offer temporary protection but also involve tight spaces, limited privacy, and the loss of self-directed life. A discussion panel run in part by students at Forum Stadtpark as part of the event series "Architecture in Series" on October 15, 2015, traced the housing situation in refugee quarters and explored the residents' spatial needs, everyday routines, and room for play.

An introduction was provided by interviews from the video project "Visual Research in Refugee Shelters in Tyrol" by Robert Gander und Günter Richard Wett with information presented from the perspective of the asylum seekers. Two concrete examples served as a further basis for discussion: the refugee aid center run by

Matthias Dielacher in the town of Deutschfeistritz, a residential structure belonging to the Styrian Diakonie branch that has existed in rural areas for years; and the newly erected housing project "come in – Housing and Advising for Refugee Youth" represented by Alois Krammer, situated at the business premises of the Graz producer of measuring technology Anton Paar GmbH, where a city office building was transformed into a home for refugees. Gerald Ressi, psychiatrist for the Omega association (a transcultural center for psychological and physical health and integration), gave insight into his therapy work at various refugee homes.

The evening was part of the master studio "A Refugee Camp in Southern Styria" headed by Antje Senarclens de Grancy and Anselm Wagner at the Institute of Architectural Theory, Art History and Cultural Studies (akk). Here, the historical Wagna camp near Leibnitz from the First World War and the resulting market town, with a present population of around 5,000 inhabitants, served as a concrete example and testing ground for reflecting on the topic of refugee camps. The focus here was on themes like order and control, hygiene and individual spatial needs, or architectural and organizational solutions. ▪

Antje Senarclens de Grancy

Climatecture:
The Performance of Climate, Landscape, and Architecture
Symposium des **Instituts für Architektur und Landschaft** im **Österreich-Pavillon** auf der **EXPO Milano 2015**

Klima – der dynamische Zyklus des Wetters an einem bestimmten Standort – bestimmt unsere Lebensbedingungen und unsere soziale, politische und gebaute Realität. Heute, in einer Zeit, die durch den Klimawandel und seine Folgen stark beeinflusst wird, gewinnt Klima als Entwurfswerkzeug für die zukünftige Architektur und urbanes Design mehr und mehr an Bedeutung. Klima prägt die Landschaft und die gebaute Umwelt entscheidend, bestimmt unseren Lebensstil und unsere sozialen Praktiken. Klimawandel, vom Menschen verursacht, hat bereits zu einer geografischen Verschiebung der Klimazonen geführt, was die natürliche und die gebaute Umwelt sowie sozioräumliche Konstellationen auf der ganzen Welt unmittelbar beeinflusst. Weltweit sind ArchitektInnen, LandschaftsarchitektInnen und IngenieurInnen mit der Erzeugung von neuen räumlichen

Prototypen beschäftigt die in der Lage sind, eine Verbesserung sowohl der lokalen Mikroklimata als auch der globalen Klimabedingungen zu erreichen. Neben Form, Raum und Technologie verdient die performative Wirkung von Vegetation besondere Aufmerksamkeit. Nur durch die Vorahnung des Klimawandels und seiner Folgen, durch neue performative Ansätze, können wir unsere Gesellschaft auf die Folgen vorbereiten.

Am Abend des 16. Oktober 2015 startete Philippe Rahm das Symposium mit einem Festvortrag zum Thema „Constructing Atmospheres". Während der Vorträge und Diskussionsrunden am Samstag warfen sechs Projektbeteiligte und WissenschafterInnen Licht auf ihre beruflichen Schwerpunkte, indem sie zwei verschiedene Themen behandelten: In der Früh gab es eine Diskussion über die Verbesserung des Innen- und Außenklimas; am Nachmittag verlagerte sich der Schwerpunkt auf die Vegetation und die gebaute Umwelt. ▪

Ort: Österreich-Pavillon, EXPO Milano 2015

Hauptvortrag: Freitag, 16. Oktober 2015 von 20.00–21.00 Uhr, **Philippe Rahm**
Themenbezogene Vorträge: Samstag, 17. Oktober 2015 von 10.30-15.00 Uhr, **Klaus K. Leonhart** (team.breathe. austria), **Wojciech Czaja** (Moderator), **Bernhard Scharf** (BOKU Vienna), **Wolfgang Kessling** (Transsolar), **Joachim Schulz-Granberg** (FH Münster, Architekturschule), **Almut Grüntuch-Ernst** (TU Braunschweig), **Stefano Boeri** (Architekt)

Organisator: TU Graz, **Institut für Architektur und Landschaft**

Externe Sponsoren: Österreichisches Kulturforum Mailand; Bundesministerium für Verkehr, Innovation und Technologie; Advantage Austria

Diederik de Koning

Climatecture: The Performance of Climate, Landscape, and Architecture
Symposium of the **Institute of Architecture and Landscape** at the **Austrian Pavilion**, **EXPO Milano 2015**

Climate—the dynamic cycle of weather at a particular site—determines our living conditions and our social, political, and built reality. Today, in a period that is strongly influenced by climate change and its consequences, climate as a design tool is gaining more and more importance for future architecture and urban design. Climate decisively shapes the landscape and the built environment, determining our lifestyle and our social practices. Climate change, caused by human activity, has already led to a geographical shift of climate zones, which directly affects the natural and the built environment as well as sociospatial constellations all over the world. Globally, architects, landscape architects, and engineers are engaged in generating new spatial prototypes that are able to achieve an improvement of both the local microclimates and global climate conditions. Besides form, space, and technology, the performative agency of vegetation deserves special attention. Only by anticipating climate change and its consequences, through new performative approaches, can we prepare our societies for the consequences ahead.

On the evening of Friday, October 16, 2015, Philippe Rahm kicked off the symposium with a keynote lecture on "Constructing Atmospheres." During the lecture and discussion sessions on Saturday, six practitioners and scholars shed light on their professional engagements in dealing with two distinct topics: in the morning, the debate centered on improving indoor and outdoor climates; in the afternoon, the focus shifted to vegetation and the built environment. ▪

Location: Austrian Pavilion, EXPO Milano 2015

Keynote lecture: Friday, October 16, 2015, 8 to 9 p.m., **Philippe Rahm**
Topical lectures: Saturday, October, 17, 2015, 10:30 a.m. to 3 p.m., **Klaus K. Leonhart** (team.breathe.austria), **Wojciech Czaja** (moderator), **Bernhard Scharf** (BOKU

Vienna), **Wolfgang Kessling** (Transsolar), **Joachim Schulz-Granberg** (Münster School of Architecture), **Almut Grüntuch-Ernst** (TU Braunschweig), **Stefano Boeri** (architect)

Organizer: TU Graz, Institute of Architecture and Landscape

External sponsors: Österreichisches Kulturforum Mailand; Austrian Ministry for Transport, Innovation and Technology; Advantage Austria

Diederik de Koning

Grigor Doytchinov stellt das jüngst erschienene Buch *Planning Capital Cities* vor | Grigor Doytchinov introduces his most recent book, *Planning Capital Cities* © Georgi Petev

---

South Eastern Europe: The Unknown Urbanism

Internationales **Symposium** zum Schwerpunkt Stadtentwicklung in Südosteuropa, veranstaltet vom **Institut für Städtebau**

Das Symposium „South Eastern Europe: The Unknown Urbanism" fand am 6. Oktober 2015 an der TU Graz statt und bildete einen würdigen Rahmen, um den Professor für Städtebau Grigor Doytchinov in den Ruhestand zu verabschieden.

Nach einer Einführung durch Joost Meuwissen wurden in Beiträgen über die historische und aktuelle Entwicklung von Bukarest (Catalina Ionita, Ion Mincu Universität Bukarest) und Belgrad (Alexandra Djukic,

G. Doytchinov mit J. Meuwissen, Vorstand des Instituts für Städtebau, U. Krießmann, Bibliothek der TU Graz und zwei der Vortragenden im Symposium A. Djukić, Professorin für Städtebau an der Universität Belgrad und C. Ioniță, Assistentin an der Ion Mincu Universität Bukarest | G. Doytchinov with J. Meuwissen, Chair of the Institute of Urbanism, U. Krießmann, TU Graz library, and two lecturers at the symposium: A. Djukić, professorin for urbanism at the University of Belgrade, and C. Ioniță, associate at Ion Mincu University Bucharest © Georgi Petev

Universität Belgrad) die charakteristischen Entwicklungsphasen der ähnlichen Randbedingungen unterworfenen Hauptstädte und ihre Hintergründe aufgezeigt. Einen besonderen – insbesondere gestalterischen – Aspekt zeigte die Analyse der Planung von Ujlipotvaros in Budapest aus den 30er Jahren des 20. Jahrhunderts auf (Rudolf Klein, Szent Istvan Universität, Budapest). Andrej Smid (Marburg; Dissertant am Institut für Städtebau, TU Graz) erläuterte seine Analyse unterschiedlicher Städte des ehemaligen Jugoslawiens, in der er versucht, durch Luftbildauswertungen anhand der jeweiligen Anteile von signifikanten Bautypologien bzw. historischen und aktuellen Bauphasen am Stadtgefüge typische „Fingerprints" zu erstellen, die die untersuchten Stadtstrukturen charakterisieren.

Anschließend an das Symposium wurde das im Juni dieses Jahres erschienene Buch *Planning Capital Cities: Belgrade, Bucharest, Sofia* vorgestellt. Nach einer Einführung durch Frau Ulrike Krießmann, Verlag der TU Graz, erläuterte Grigor Doytchinov als Mitherausgeber die Ziele der Publikation und die vielfältigen Beiträge, die in einem engen Zusammenhang mit dem Thema des Symposiums stehen.

Zum Abschluss der Veranstaltung dankt Prof. Joost Meuwissen als Vorstand des Instituts für Städtebau in einer launigen Rede Grigor Doytchinov für sein 23-jäh-

riges Wirken in Lehre und Forschung am Institut. Die „Standing Ovations" der in reicher Zahl anwesenden Freunde, Studierenden, AbsolventInnen und KollegInnen von innerhalb und außerhalb der Technischen Universität Graz zeigten seine Beliebtheit. ∎

Johann Zancanella

South Eastern Europe: The Unknown Urbanism

International **symposium** on the topic of urban development in southeastern Europe, organized by the **Institute of Urbanism**

The symposium "South Eastern Europe: The Unknown Urbanism" was held on October 6, 2015, at Graz University of Technology. It provided a fitting framework for saying good-bye to Grigor Doytchinov, professor of urbanism, upon his retirement.

After an introduction by Joost Meuwissen, the characteristic development phases of the two featured capital cities, which are subjected to the same framework conditions, and their backgrounds were explored based on two contributions about the historical and present-day development of Bucharest (Catalina Ionita, Ion Mincu University in Bucharest) and Belgrade (Alexandra Djukic, University of Belgrade). A special aspect, especially in terms of design, is apparent in the analysis of the planning of the Ujlipotvaros neighborhood in Budapest from the 1930s (Rudolf Klein, Szent Istvan University, Budapest). Andrej Smid (Marburg; doctoral candidate at the Institute of Urbanism, TU Graz) conducted an analysis of different cities in former Yugoslavia, detailing his attempts to detect typical "fingerprints" that are characteristic of the investigated urban structures by interpreting aerial photographs based on the respective share of significant building typologies or historical and current building phases in the urban fabric.

Following the symposium, the book *Planning Capital Cities: Belgrade, Bucharest, Sofia*, released in June 2015, was introduced. After opening remarks by Ulrike Krießmann from TU Graz publishing, Grigor Doytchinov as co-editor detailed the goals of the publication and the many contributions, which closely relate to the topic of the symposium.

In concluding the event, Prof. Joost Meuwissen as Chair of the Institute of Urbanism gave an enjoyable talk thanking Grigor Doytchinov for twenty-three years of teaching and research at the institute. The many standing ovations given by the numerous friends, students, graduates, and colleagues from within and outside of Graz University of Technology attested to his popularity. ∎

Johann Zancanella

November Talks 2015/ Positionen zur zeitgenössischen Architektur
Vortragsreihe am **Institut für Architekturtechnologie** in Kooperation mit der **Sto-Stiftung**

Unter der Leitung und Moderation von Prof. Roger Riewe fanden die November Talks in diesem Jahr bereits zum fünften Mal statt. Wieder waren vier international bekannte ArchitektInnen aus Praxis und Lehre aufgerufen, ihre Positionen zur zeitgenössischen Architektur in einem 45-minütigen Vortrag und einer anschließenden Diskussionsrunde darzulegen. Geladen waren Walter Angonese (Kaltern, Italien), Krešimir Rogina (Penezić & Rogina architects, Zagreb, Kroatien), Christoph Gantenbein (Christ&Gantenbein, Basel, Schweiz) und Donatella Fioretti (BFM Architekten, Berlin, Deutschland).

Der Südtiroler Walter Angonese eröffnete die November Talks 2015 mit einem kurzweiligen Vortrag, in dem er seine Haltung über das Bauen im ländlichen Raum pointiert vermittelte. Losgelöst von den gegensätzlichen Positionen Design- und folkloristischer Tourismusarchitektur bewegt er sich selbstbewusst im Zwischenraum. Dabei reichen die Ansätze seiner Werke von überspitzter Pragmatik mit einer dosierten Portion Ironie bis hin zu stimmungsvoller Architektur zwischen Kunst und Kultur.

Krešimir Rogina von Penezić & Rogina architects aus Zagreb setzte die Vortragsreihe mit einem anspruchsvollen Beitrag fort. Ihren fundierten theoretischen Hintergrund leiten Penezić & Rogina aus der Geschichte her. Ihrer Ansicht nach emanzipiert sich Architektur heute vom Raum. Im digitalen Zeitalter müsse Wahrnehmung über das Visuelle hinausgehen und Architektur als abstraktes Medium verstanden werden. Praktisch überzeugte dieser theoretische Ansatz vor allem in den konzeptuellen Projekten von Penezić & Rogina auf der Biennale in Venedig.

Den vorläufigen Höhe- und Schlusspunkt der November Talks 2015 setzte Christoph Gantenbein von Christ&Gantenbein aus Basel. Das Büro definiert für sich den Begriff der Nachhaltigkeit neu: Es gehe weniger um einen ökologischen Aspekt des Wortes Nachhaltigkeit, sondern vielmehr um Architektur, die überdauert und ihren Autor nicht mehr braucht. Sie führt ein Erbe fort, ist zeitlos, anonym, fügt sich in den Kontext, nutzt abstrakte Typologien und einfache, klare Formen. Diese Thesen untermauerte Gantenbein mit einer Reihe von so überzeugenden und beeindruckenden Projekten, dass

dieses junge Büro wohl kaum im ausgeführten Sinn „anonym" bleiben wird.

Der vierte und letzte Vortrag von Donatella Fioretti von BFM Architekten aus Berlin musste leider krankheitsbedingt abgesagt werden. Es bleibt zu hoffen, dass Frau Fioretti zu einem anderen Zeitpunkt doch noch an der TU Graz zu hören sein wird.

Videomitschnitte aller Vorträge stehen auf der Institutshomepage zur Verfügung. Eine Publikation in Form einer Broschüre mit Transkriptionen der Vorträge und Diskussionsrunden, sowie den Biografien und Darstellungen ausgesuchter Werke der ArchitektInnen wird ebenfalls in Kürze erhältlich sein.

Ein besonderer Dank ergeht an die Sto-Stiftung für die großzügige finanzielle Unterstützung der November Talks. ∎

Markus Stangl

November Talks 2015/Positions on Contemporary Architecture
Lecture series at the **Institute of Architecture Technology** in cooperation with the **Sto Foundation**

The November Talks were held in 2015 for the fifth time, this year headed and moderated by Prof. Roger Riewe. Once again, four internationally renown architects with practical and teaching experience were invited to present their positions on contemporary architecture in a forty-five-minute speech and a subsequent round of discussion. The invited lecturers were Walter Angonese (Kaltern, Italy), Krešimir Rogina (Penezić & Rogina architects, Zagreb, Croatia), Christoph Gantenbein (Christ&Gantenbein, Basel, Switzerland), and Donatella Fioretti (BFM Architekten, Berlin, Germany).

Walter Angonese from southern Tyrol opened the November Talks 2015 with a diverting lecture in which he pointedly expressed his stance on building in rural space. Detached from the contrasting positions of design architecture and folklorist architecture of tourism, he confidently navigates the space in between. The ap-

November Talks 2015: Christoph Gantenbein © IAT

proaches taken in his work range from exaggerated pragmatism with a dose of irony to atmospheric architecture between art and culture.

Krešimir Rogina from Penezić & Rogina architects in Zagreb continued the lecture series with a discerning contribution. Penezi´c & Rogina draw their well-substantiated theoretical background from history. In their view, architecture is emancipating itself from space today. In the digital age, perception must be understood as extending beyond the visual realm, and architecture as an abstract medium. This theoretical approach proved especially convincing in the conceptual projects of Penezić & Rogina at the Venice Biennale.

For the time being, the climax and conclusion of the November Talks 2015 was the lecture by Christoph Gantenbein from Christ&Gantenbein in Basel. The office reinterprets the term sustainability, asserting that it is less the ecological aspect of the word sustainability and more the concept of architecture that survives, no longer needing its creator. It continues a legacy, is timeless, anonymous, adapts to the respective context, uses abstract typologies and simple, clear forms. Gantenbein substantiated these theories with a series of highly convincing and impressive projects, showing that this young firm will hardly remain "anonymous" itself.

The fourth and last lecture by Donatella Fioretti from BFM Architekten in Berlin unfortunately had to be cancelled due to illness. It is our hope that Ms. Firoretti will come to speak at Graz University of Technology at a later date.

Video footage of all lectures is accessible on the institute homepage. A publication in the form of a leaflet with transcriptions of the lectures and discussions, as well as biographies and representations of selected works by the architects, will be made available.

Special thanks are extended to the Sto Foundation for their generous financial support of the November Talks. ∎

Markus Stangl

Der Palast von Santa Rosa Xtampak
Ein **Forschungsprojekt** einer **interdisziplinären Gruppe** von Geodäten und Architekten rund um **Hasso Hohmann**

Ein langjähriges Forschungsprojekt zu einem der eindrucksvollsten und herausragendsten Gebäudekom-

Rückansicht des Palasts Santa Rosa Xtampak | Back view of the Santa Rosa Xtampak palace © Hasso Hohmann

plexe der Maya-Architektur wurde im Jahr 2015 abgeschlossen. Eine interdisziplinäre Forschergruppe von Architekten und Geodäten dokumentierte und rekonstruierte den Palast von Santa Rosa Xtampak, der im mexikanischen Bundesstaat Campeche liegt. Das Projekt wurde von Nicholas Hellmut, Direktor der *Foundation for Latin American Anthropological Research*, initiiert und 1989 von Hasso Hohmann beim FWF erfolgreich beantragt.

Zwei ehemalige Studierende der Geodäsie, Erwin Heine und Andreas Reiter, erfassten zunächst die damals schwer zugängliche Ruine des Palastes geodätisch und legten mit ihren drei Grundrissen, vier Ansichten, zahlreichen Schnitten und einem digitalen 3D-Modell sowie einem Höhenschichtenplan die Grundlage für ihre Diplomarbeiten, die Dissertation von Heine und für eine detaillierte architektonische Rekonstruktion. Nach weiteren Messungen in den späten 1990er und frühen 2000er Jahren, sowie der Freilegung des Palastes durch archäologische Grabungen entstand eine umfassende Architekturdokumentation, durch die er vollständig dargestellt werden konnte.

Zu diesem Zweck wurden auch Vermessungen von George F. Andrews, einem amerikanischen Forscher zur Maya-Architektur, und Auswertungen von Fotografien der archäologischen Stätte von Hasso Hohmann für die Vervollständigung der Pläne herangezogen. Aus dem vorhandenen Material ergibt sich, dass es sich bei dem Palastkomplex um eine Kombination von profaner und sakraler Architektur handelt, die auf einem terrassierten künstlichen Hügel angelegt wurde. Faszinierend sind die Kombination dieser zwei Architekturkategorien und die

von Architekturstilelementen aus dem Río Bec-, Chenes- und Puuc. Der Komplex bestand aus sieben Tempelpyramiden, mit vier echten Tempeln und drei Pseudotempeln, kombiniert mit 21 Profanbauten unterschiedlicher Größenordnung. Über zwei Treppenhäuser wurde der in drei Ebenen gegliederte Palast erschlossen. Für den Bau des Komplexes muss es einen Generalplan gegeben haben; an dessen Umsetzung dürften mehrere Bauherren einflussreicher Familien mitgewirkt haben.

Nach einer neuerlichen Intensivphase konnte das zeichnerische Rekonstruktionsprojekt zum Palast von Santa Rosa Xtampak mit über 70 großformatigen Zeichnungen in Graz zum Abschluss gebracht werden. Das Forschungsinteresse richtete sich dabei insbesondere auf die Beziehungen zwischen Form, Funktion und Konstruktion der unterschiedlichen Architekturelemente des Maya Palastes. Eine Buchpublikation ist in Vorbereitung und soll im Jahr 2016 erscheinen. ∎

Hasso Hohmann

The Palace of Santa Rosa Xtampak
A **research project** by an **interdisciplinary group** of geodesists and architects associated with **Hasso Hohmann**

A long-term research project on one of the most impressive and outstanding building complexes in Maya architecture was completed in the year 2015. An interdisciplinary group of researchers made up of architects and geodesists documented and reconstructed the palace

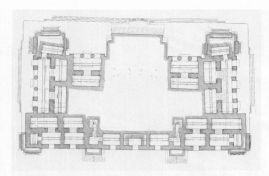

(Erdgeschossgrundriss oder) Grundriss des Palasts Santa Rosa Xtampak |
(Ground floor layout or) floor plan of the Santa Rosa Xtampak palace
© Hasso Hohmann

of Santa Rosa Xtampak, which is located in the Mexican state of Campeche. The project was initiated by Nicholas Hellmut, director of the Foundation for Latin American Anthropological Research, and funding successfully obtained by Hasso Hohmann from the Austrian Science Fund (FWF) in 1989.

Two former students of geodesy, Erwin Heine and Andreas Reiter, initially analyzed the hard-to-access ruins of the palace using geodesic methods. With their three layouts, four views, countless sections, a digital 3D model, and an altitude plan, they gathered material that was to form the basis for their diploma theses, Heine's dissertation, and for a detailed architectural reconstruction. Further surveying in the late 1990s and early 2000s, along with the excavation of the palace through archaeological digs, ultimately gave rise to comprehensive architectural documentation, allowing the palace to be rendered in full.

To this end, surveying data by George F. Andrews, an American researcher specialized in Mayan architecture, was included in the analysis, along with evaluated photographs of the archaeological site taken by Hasso Hohmann, so as to complete the plans. The available material allows the conclusion to be drawn that the palace complex is a combination of profane and sacral architecture situated on a terraced, man-made hill. Fascinating is the combination of these two architectural categories and that of architectural elements of Río Bec, Chenes, and Puuc style. The complex was comprised of seven temple pyramids, with four real temples and three pseudo temples, combined with twenty-one profane structures in various sizes. The three stories of the palace were accessible via two stairwells. There must have been a master plan for the building of the complex; most likely, several master builders hired by influential families participated in the building process.

After a more recent intesive phase, the drafted reconstruction project of Santa Rosa Xtampak palace was finally concluded in Graz with over seventy large-format drawings. The research interest here lies especially in the relationships between form, function, and construction of the various architectural elements of this Mayan palace. A book publication is in preparation and will be released in the year 2016. ∎

Hasso Hohmann

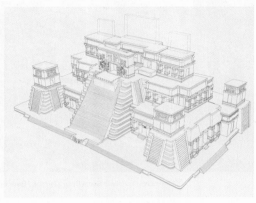

Zeichnerisch rekonstruierte Vorderansicht des Palasts |
Drawing reconstructing the front view of the palace
© Hasso Hohmann

---

proHolz STUDIERENDENWETTBEWERB. StadtHOCHSITZ [Graz]
proHolz STUDENT TROPHY 2016 in Kooperation mit dem Institut für Tragwerksentwurf

proHolz Steiermark in Zusammenarbeit mit den bundesweiten proHolz Organisationen und der Holzbau Austria unter der fachlichen Begleitung der TU Graz (Institut für Tragwerksentwurf) vergibt 2016 zum ersten Mal die proHolz STUDENT TROPHY. Diese wird für interdisziplinär entwickelte Projekt- und Seminararbeiten vergeben, die sich sowohl gestalterisch als auch konstruktiv durch einen bemerkenswerten Umgang mit dem Werkstoff Holz auszeichnen.

Das Thema beschäftigt sich mit dem Entwurf einer temporären turmartigen Holzstruktur mit Aussichtsplattform(en). Türme sind vertikal orientierte Bauwerke, die mit großer Anziehungskraft unsere Naturlandschaften und städtischen Landschaften prägen. Diese Bauwerke erlauben uns, neue Perspektiven und Standpunkte einzunehmen, sie ermöglichen uns eine neue Art von Weitsicht und heben uns aus dem gewohnten Umfeld in eine ungewohnte Exponiertheit. Dienten diese Bauwerke ursprünglich zur Beobachtung z.B. bei Brandereignissen und als Wahrzeichen und Landmarks, so wurden sie in den 1950er Jahren beispielsweise als Funk-türme gebaut. Immer ist aber auch die Lust am Ausblick Teil des Programms.

Hier setzt die erste proHolz STUDENT TROPHY an und konfrontiert Studierende in ganz Österreich mit folgender Fragestellung: „Entwerfen und entwickeln Sie eine temporäre begehbare Holzstruktur mit Aussichtsplattform(en), die durch das Material Holz sowie die Bauweise und Fügung selbst zum Anziehungspunkt wird." Die Holzstruktur soll im Laufe des Jahres an drei unterschiedlichen Standorten innerhalb der Stadt Graz auf- und wieder abgebaut werden und somit das Einnehmen von neuen Perspektiven im Stadtraum erlauben. ∎

Andreas Trummer

proHolz STUDIERENDENWETT-BEWERB. StadtHOCHSITZ [Graz]
proHolz STUDENT TROPHY 2016 in cooperation with the Institute of Structural Design

proHolz Styria, in collaboration with other pro-Holz organizations throughout the country and also Holzbau Austria, accompanied by specialized advising from the TU Graz (Institute of Structural Design), awarded the first proHolz STUDENT TROPHY in 2016. This prize honors interdisciplinarily developed projects and seminar work that are notable in terms of both design and construction involving the material of wood.

The theme deals with the design of a temporary tower-like wooden structure with a lookout platform(s).

Towers are vertically oriented structures that lend a strong appeal to our natural landscapes and cityscapes. Such structures allow us to adopt new perspectives and standpoints; they foster a new sense of vision and liberate us from our familiar surroundings into an unfamiliar state of exposure. While these structures originally served the purpose of observation, for example in the case of forest fires, and as symbols or landmarks, in the 1950s the first radio towers were built. Yet the desire to experience a vista is also always part of the program.

The first proHolz STUDENT TROPHY took this as its starting point and confronted students throughout Austria with the following explorative task: "Design and develop a temporary accessible wooden structure with a lookout platform(s) that itself becomes an eyecatcher due to the material of wood as well as the structural design and construction." The wooden structure will be erected at three different sites within the City of Graz over the course of the year, thus allowing new perspectives in urban space to be embraced. ∎

Andreas Trummer

Archi tectural

Graz University of Technology
Lecture Series **Architectural Research**

13/10
HS L „Porr" 19 Uhr
Daniel Wetzel
Rimini Protokoll, Berlin
One Archive: One Document

03/11
Aula (Alte Technik) 19 Uhr
Bas Smets
Graz University of Technology/
Bureau Bas Smets, Brussels
The Invention of Landscape

19/11
HS II Alte Technik 19 Uhr
Milica Tomić
Graz University of Technology
**Returns of Knowledge:
Art, Violence and
Subjugated Knowledge**

26/11
HS L „Porr" 19 Uhr
Marc Hoppermann
UNStudio, Amsterdam
Research by Design

03/12
HS II Alte Technik 19 Uhr
Andreas Fuchs
FAT LAB Stuttgart /
University of Applied Sciences RheinMain Wiesbaden
**New Adventures in Research
and Development**

14/01
HS V Alte Technik 19 Uhr
Carlotta Daró
Ecole nationale supérieure d'architecture Paris Malaquais (ENSAPM)
The Geometry of Sound: On Gustave Lyon Acoustician

akk TU

Sigrid Adriaenssens ist Tragwerksentwerferin und Juniorprofessorin am Department of Civil and Environmental Engineering der Princeton Universität (USA), wo sie das Form Finding Lab leitet. Zudem ist sie Fakultätsmitglied der School of Architecture der Princeton University. Sie hat zum Thema Leichtbau an der University of Bath (UK) promoviert und war außerdem als Projektingenieurin für Jane Wernick Associates (London) und Ney+Partners (Brüssel) tätig. Zu ihren aktuellen Forschungsinteressen zählen die Techniken der numerischen Formfindung sowie das kräftebasierte Modellieren von Strukturen. Sie ist Mitautorin der Bücher: *Shaping Forces: Laurent Ney* (2010) und *Shell Structures for Architecture: Form Finding and Optimization* (2014), sowie die Preisträgerin des Alfred Rheinstein '11 Awards (2015) und des Tsuboi Awards (2015).

Martin Bechthold ist Kumagai Professor of Architectural Technology an der Harvard Graduate School of Design (GSD), Leiter des dort ansässigen Doktoratsprogramms („Doctor of Design") sowie Co-Leiter des Masterprogramms „Master in Design Engineering" an der Harvard Universität. Seine materialbasierte Forschung entwickelt neue architektonische Anwendungen und Prototypen, die er auch in seinem aktuellen Buch *Ceramic Material Systems*, erschienen bei Birkhäuser, dokumentiert. Bechthold leitet außerdem ein Kooperationsprojekt zwischen der GSD und Wissenschaftlern des Wyss Institute for Biologically Inspired Engineering, das auf die Entwicklung von neuen adaptiven Materialsystemen für Gebäude abzielt. Vom Wyss Institute wurde er zu einem Fakultätsmitglied ernannt.

Philippe Block ist außerordentlicher Professor für Architektur und Tragwerk am Institut für Technologie in der Architektur an der ETH Zürich, an der er gemeinsam mit Tom Van Mele die Block Research Group (BRG) leitet. Die Forschung der BRG konzentriert sich unter anderem auf grafische und algorithmische Formfindung, Optimierung und Fabrikation von doppeltgekrümmten Flächentragwerken. Philippe Block studierte Architektur und Bauingenieurwesen an der Vrije Universiteit Brussel in Belgien und erhielt seinen PhD 2009 vom Massachusetts Institute of Technology (MIT) in Cambridge, USA. Als Gründungspartner von ODB (Ochsendorf DeJong & Block LLC 2009) erstellt er international Gutachten im historischen Baubestand und entwickelt innovative unbewehrte Stein- und Ziegeltragwerke.

Max Bögl ist Gesellschafter und Aufsichtsrat der Firmengruppe Max Bögl. Sein Architekturstudium absolvierte er an der TU München und der EPF Lausanne bei Luigi Snozzi. 1997 erfolgte gemeinsam mit Andreas Gierer die Gründung von Bögl Gierer Architekten in München. In seiner Arbeit verbinden sich klassische architektonische Themen wie die Lektüre des Ortes und der Begriff des Maßstabs mit aktuellen Entwicklungen der Vorfertigung in der Bauausführung, insbesondere im Betonfertigteilbau.

Stefan Bögl ist als Vorstand in der Firmengruppe Max Bögl für den Geschäftsbereich Wind, Produktion und Forschung und Entwicklung zuständig. Er hat an der Fachhochschule Regensburg Maschinenbau mit der Erweiterung zum Schweißfachingenieur studiert und ist seit 2003 Leiter des F&E Bereichs der Firmengruppe Max Bögl, in welchem u.a. die „Feste Fahrbahn Bögl" – ein Fahrweg für Hochgeschwindigkeitseisenbahnen, das Hybridturm-System Max Bögl für Windkraftanlagen mit großen Nabenhöhen, die Segmentbrücke mit direkt befahrbarer Oberfläche, sowie diverse Entwicklungen mit hochfestem, selbstverdichtendem Beton realisiert wurden. Diese Produkte zeichnet ein hoher Vorfertigungsgrad mit präzisen Bauteilabmessungen sowie eine automatisierte Serienfertigung aus.

Stephan Engelsmann ist Professor für konstruktives Entwerfen und Tragwerkslehre im Studiengang Architektur an der Staatlichen Akademie der Bildenden Künste Stuttgart. Er studierte Bauingenieurwesen an der Technischen Universität München und Architektur an der University of Bath. Nach einer Tätigkeit im Ingenieurbüro Dr. Kupfer war er wissenschaftlicher Assistent am Institut für Konstruktion und Entwurf II der Universität Stuttgart und promovierte bei Prof. Dr. Jörg Schlaich und Prof. Dr. Kurt Schäfer über integrale Betonbrücken. Von 1999–2007 arbeitete er als Projektleiter im Ingenieurbüro Werner Sobek Ingenieure GmbH & Co. KG, Stuttgart. Gemeinsam mit Stefan Peters gründete er 2007 das Ingenieurbüro Engelsmann Peters Beratende Ingenieure mit Niederlassungen in Stuttgart und Graz. Er ist seit 2012 Vorstandsmitglied der Bundesingenieurkammer und seit 2014 Präsident der Ingenieurkammer Baden-Württemberg. Zu seinen wichtigsten realisierten Projekten zählen die Staatsbibliothek Berlin, die Glaskuppel über dem Landtag Schleswig-Holstein in Kiel, der ZOB Schwäbisch Hall, breathe.austria – Österreichischer Pavillon EXPO Milano 2015, der ZOB Pforzheim sowie die Fuß- und Radwegbrücke Stuttgart-Vaihingen.

Andreas Fuchs ist seit 2009 Professor für Baustofflehre, Baukonstruktion und Entwerfen im Fachbereich Architektur an der HSRM Wiesbaden. 2004 gründete er gemeinsam mit Stefan Behling das Forschungsinstitut IBK Forschung + Entwicklung und 2009 das FAT LAB in Stuttgart. Das FAT LAB arbeitet gemeinsam mit Firmen der Bauindustrie an der Entwicklung innovativer und zukunftsweisender Systemlösungen für die Architektur. Zahlreiche realisierte Prototypen auf internationalen Fachmessen wurden regelmäßig mit Preisen, z.B. StoVentro SmartFlex (German Design Award 2016) und Schüco Parametric System (Reddot Design Award 2015, iF Design Award 2016) honoriert.

Christoph Gengnagel ist Professor für Entwerfen und Tragwerkslehre an der Universität der Künste Berlin (UdK). Er absolvierte sein Bauingenieurstudium an der Bauhaus-Universität Weimar sowie ein Architekturstudium an der Universität München, wo er 2005 auch promovierte. Er ist Mitbegründer und Leiter der Hybrid Plattform – eine transdisziplinäre Arbeitsplattform der UdK und der Technischen Universität Berlin. 2013 übernahm er die Velux-Gastprofessur an der Royal Academy of Fine Arts in Kopenhagen. Seine Forschungsschwerpunkte liegen in der Prototypentwicklung von neuen Struktur- und Materialsystemen, neuen Konzepten für computerbasierten Entwurf und Simulationstechnik als auch in dem Potenzial transdisziplinärer Forschungsmethoden. Er war außerdem Mitbegründer und Partner bei a.k.a.ingenieure und ist seit 2013 Partner bei Bollinger+Grohmann Ingenieure.

Siegfried Goßner ist seit 1984 Gesellschafter der seele Unternehmensgruppe. Nach seiner Ausbildung zum Technischen Zeichner für Stahlbau, gründete er 1982 sein eigenes Konstruktionsbüro für Stahl- und Glasbau. 1984 gründete er, gemeinsam mit Gerhard Seele, die **seele Unternehmensgruppe**, die heute ca. 250 Millionen Euro Jahresumsatz erzielt und über 1.000 Mitarbeiter beschäftigt. Durch herausragende technische Entwicklungen setzt die Gruppe regelmäßig Standards in der Glas-, Stahl-, Aluminium- und Membranarchitektur. Der interdisziplinäre Gedanke und damit die Überwindung der bislang getrennten Gewerke Stahl und Glas war Leitgedanke der Unternehmensgründung. Mit dem Ziel der Internationalisierung wurden 1994 Standorte in Österreich und Hongkong sowie Niederlassungen in Frankreich und Großbritannien gegründet. 1996 folgte die Gründung einer zusätzlichen Produktionsstätte in Pilsen sowie der Start in Singapur und 2001 in den USA. Zu den Referenzen der seele Unter-

nehmensgruppe zählen der Apple Cube in New York, der Bahnhof Straßburg, die Europäische Zentralbank in Frankfurt oder aktuell das King Abdulaziz Center for World Culture in Saudi Arabien, Dhahran.

Bartlomiej Halaczek ist Architekt und Brückendesigner bei Knight Architects. Er hat Architektur und Bauingenieurwesen an der Universität Stuttgart studiert, wo er auch einige Jahre als wissenschaftlicher Mitarbeiter im Bereich Materialwissenschaften tätig war. Seit 2007 ist er bei dem englischen Architekturbüro Knight Architects beschäftigt, wo er vorwiegend interdisziplinäre Entwurfsansätze verfolgt. Zu seinen Projekten zählen zwei Fußgängerbrücken in Opladen, Deutschland, sowie die preisgekrönte Merchant Square Footbridge in London Paddington. Aktuell entwirft er eine 300 Meter lange Eisenbahnbrücke über die Oder an der Deutsch-Polnischen Grenze.

Martin Knight ist britischer Architekt und einer der führenden Akteure auf dem Gebiet Brückendesign und Infrastruktur. Nach neunjähriger Mitarbeit bei Wilkinson Eyre Architects gründete er 2006 das Büro Knight Architects, das bislang viele außergewöhnliche und preisgekrönte Brückenprojekte auf der ganzen Welt entworfen hat. Seine Entwurfsphilosophie beruht auf der praktischen Umsetzung künstlerischer Prinzipien, die bei kleinen Fußgängerbrücken als auch bei ihrer Dimension rekordverdächtigen Autobahnstrukturen Anwendung findet. Als erfahrener Architekt ist er außerdem Mitglied des Royal Institute of British Architects (RIBA) und der International Association for Bridge and Structural Engineering (IABSE). 2013 wurde er zu einem Companion of the Institution of Structural Engineers ernannt.

Julian Lienhard ist Geschäftsführer von str.ucture, einem Ingenieurbüro für Sonderkonstruktionen und Leichtbau mit Sitz in Stuttgart. Er erwarb seinen Abschluss in Bauingenieurwesen an der Universität Stuttgart 2007 und promovierte 2014 mit seiner Doktorarbeit über biegeaktive Strukturen am Institut für Tragkonstruktionen und Konstruktives Entwerfen (ITKE). Von 2007 bis 2013 war er ein aktiver Teil des akademischen Umfeldes am ITKE mit Beteiligung an Forschung und Lehre. Dort leitete er auch das Forschungsprojekt „Biegsame Flächentragwerke auf der Grundlage bionischer Prinzipien", welches mit dem Techtextil-Innovationspreis 2011, dem „Bionic Award" 2012 und dem Gips-Schüle-Forschungspreis 2013 ausgezeichnet wurde. Seit 2011 ist er Lehrbeauftragter für das Masters of Engineering Programm an der Technischen Universität Wien und seit 2016 Visiting Professor an der HafenCity Universität Hamburg. Er ist außerdem Co-Autor von *Atlas Kunststoff und Membranen* (2010).

Panagiotis Michalatos ist Architekt, unterrichtet im Fach Architekturtechnologie an der Harvard Graduate School of Design (GSD) und ist leitender Forschungsingenieur bei Autodesk. Er war zuvor als Wissenschaftler für generative Gestaltung für das Ingenieursbüro AKT tätig, wo er, gemeinsam mit Sawako Kajiima, computergenerierte Lösungen für großangelegte Architekturprojekte entwickelte. Seine Forschung konzentriert sich auf die Integration von Tragwerksentwurf und Materialplanung in die Architekturlehre- und praxis. Seine langjährige Zusammenarbeit mit dem Schwedischen Tanzensemble CCAP konzentriert sich auf die Bedeutung der digitalen Medien für den performativen Raum.

Neri Oxman ist Architektin, Designerin und Associate Professor am MIT Media Lab, wo sie auch die Mediated Matter Group leitet. Ihre Arbeiten sind Teil permanenter Ausstellungen des Cooper Hewitt

Smithsonian Design Museum, MoMA, SFMoMA, Centre Georges Pompidou, MFA Boston, FRAC Orléans, u.a. Sie ist Preisträgerin des Graham Foundation Award (2008), des Earth Awards (2009), des Vilcek Prize (2014), und dem BSA Women in Design Award (2014). Sie war außerdem Carnegie Pride of America Honoree (2014), wurde von ROADS' zu den „100 Most Daring Cross-Disciplinary Thinkers in the World" (2015) erklärt und vom World Economic Forum zum „Cultural Leader" (2016) ernannt.

Michael Pelzer ist seit 2012 Mitarbeiter bei FAT LAB. Als Spezialist für komplexe Geometrien mit dem Forschungsschwerpunkt digital geplante und produzierte Fassaden war er in der Projektleitung für die Forschungsprojekte „Schüco Parametric System" und „Architekturbeton Max Bögl" tätig. Seine vielfach veröffentlichten Arbeiten basieren auf der Einbeziehung von Fertigungsprozessen in die algorithmische Beschreibung von Bauelementen und deren Geometrie mit dem Ziel, nicht serielle Architekturprodukte durch digitale Planung wirtschaftlich und mit einem hohen Grad an Planungs- und Prozesssicherheit fertigen zu können.

Stefan Peters ist Universitätsprofessor am Institut für Tragwerksentwurf der TU Graz und seit 2013 Dekan der Fakultät für Architektur. Er studierte Bauingenieurwesen an der Universität Stuttgart und ist seit 1998 als Tragwerksplaner tätig. Nach seinen Tätigkeiten als Projektingenieur im Ingenieurbüro Prof. Kirsch und im Ingenieurbüro Werner Sobek Ingenieure GmbH & Co. KG, Stuttgart war er wissenschaftlicher Assistent am Institut für Tragkonstruktionen und Konstruktives Entwerfen an der Universität Stuttgart und promovierte bei Jan Knippers zum Thema baukonstruktive Anwendungen von GFK und Glas. 2007 gründete Stefan Peters gemeinsam mit Stephan Engelsmann das Ingenieurbüro Engelsmann Peters Beratende Ingenieure mit Niederlassungen in Stuttgart und Graz. Zu seinen wichtigsten realisierten Projekten zählen die Glaskuppel über die Mansueto Library in Chicago, der ZOB Schwäbisch Hall, breathe.austria – Österreichischer Pavillon EXPO Milano 2015, der ZOB Pforzheim (Staatspreis Baukultur Baden-Württemberg) sowie die Fuß- und Radwegbrücke Stuttgart-Vaihingen (Ingenieurpreis des Deutschen Stahlbaues). Zu seinen Publikationen zählen *Faustformel Tragwerksentwurf* (2013) und „Pre-Fabricated Non-Standard Shell Structures Made of UHPC" (2015).

Gregory Quinn ist wissenschaftlicher Mitarbeiter für das Fachgebiet Konstruktives Entwerfen und Tragwerksplanung (KET) an der Universität der Künste Berlin (UdK). Nachdem er sein Maschinenbaustudium an der University of Manchester absolviert hatte, war er als Tragwerksplaner bei verschiedenen Firmen, darunter Arup und Bollinger+Grohmann tätig, wo er vorwiegend mit Hochhausprojekten, seismischer Statik und Materialforschung betraut war. Aktuell verfolgt er sein Doktoratsprojekt, das von Christoph Gengnagel (Hauptbetreuer), Chris Williams und Kai-Uwe Bletzinger betreut wird. In seiner Forschung beschäftigt er sich mit pneumatischen Montagemethoden vorbeanspruchter Gitterschalen, bei denen die Entwicklung und Implementierung der Simulationssoftware Kangaroo2 eine zentrale Rolle spielen.

Matthias Rippmann ist seit 2010 im Team der Block Research Group (BRG) an der ETH Zürich. Ebendort promovierte er 2016 und ist seit September 2015 zusätzlich Mitglied im National Center of Competence in Research (NCCR) Digitale Fabrikation an der ETH und leitet als Postdoktorand Forschungsprojekte im NCCR. Er forscht im Bereich der konstruktions- und tragwerksinformierten Entwurfswerkzeuge, der Umsetzung komplexer Entwürfe mittels digitaler Fabri-

kation und ist leitender Entwickler der Formfindungs-Software RhinoVAULT. Er studierte Architektur an der Universität Stuttgart und der University of Melbourne. Er arbeitete in Stuttgart bei Behnisch Architekten, LAVA, dem Institut für Leichtbau Entwerfen und Konstruieren (ILEK) und im Ingenieurbüro Werner Sobek. Er war 2010 Mitgründer des Architektur- und Planungsbüro ROK (Rippmann Oesterle Knauss GmbH), das sich auf computerbasierte Planung und automatisierte Fertigung spezialisiert hat.

Tomás Saraceno ist Gegenwartskünstler und lebt in Berlin. Sein Oeuvre ist das Ergebnis laufender Forschung, die von Kunst, Architektur, Naturwissenschaften und Ingenieurskunst beeinflusst ist. Seine schwebenden Skulpturen und interaktiven Installationen zeigen und erforschen neue Arten, die Umwelt zu erschließen und wahrzunehmen. 2009 nahm er am International Space Studies Programm der NASA Ames Research Center in Silicon Valley, Kalifornien teil. Im gleichen Jahr, präsentierte er seine Arbeiten auf der 53. Biennale in Venedig und wurde Preisträger des Calder Prize. Seine Arbeiten wurden international ausgestellt, zum Beispiel, *Aerocene* im Grand Palais, Paris, im Rahmen der United Nations Climate Change Konferenz COP21, *Arachnid Orchestra. Jam Sessions* am NTU Centre for Contemporary Art Singapore, *Le Bordes du Monde* im Palais de Tokyo, Paris (2015), *In orbit* in der Kunstsammlung Nordrhein-Westfalen K21 in Düsseldorf (2013–16) und *On Space Time Foam* im Hangar Bicocca in Mailand (2012–13). Seine Werke waren zudem auch in öffentlichen Museen wie dem Museo Villa Croce in Genua (2014), dem Metropolitan Museum of Art in New York (2012) und dem Hamburger Bahnhof in Berlin (2011–12) zu sehen. Er ist außerdem der erste Teilnehmer am Visiting Artist Programm des MIT Center for Art, Science & Technology (CAST).

Anton Savov ist wissenschaftlicher Mitarbeiter an der Digital Design Unit der Technischen Universität Darmstadt und Gründer des Architekturbüros AWARE. Von 2008 bis 2011 war er bei Bollinger+Grohmann beschäftigt und lehrte bis 2014 an der Städelschule Architekturklasse in Frankfurt. Seine Entwurfsphilosophie ruft alle Menschen dazu auf, ihre gebaute Umgebung durch Spiele und digitale Fabrikation mitzugestalten. 2012 war er auch Stipendiat des MAK Schindler Artists and Architects in Residence Scholarship Programms in Los Angeles.

Wolfgang Schäffner ist Wissenschafts- und Medienhistoriker und seit 2009 Professor für Wissens- und Kulturgeschichte an der Humboldt Universität zu Berlin. Als Sprecher des Exzellenz-Clusters „Bild Wissen Gestaltung" (gem. mit Horst Bredekamp) und Direktor des Hermann von Helmholtz-Zentrums für Kulturtechnik der HU Berlin und verantwortlich für das Humboldt-Labor der HU Berlin im Humboldt-Forum. Seit 2005 ist er außerdem Profesor invitado permanente und Direktor des Walter Gropius Forschungsprogramms an der Universidad de Buenos Aires. In seiner Forschung beschäftigt er sich mit der Geschichte und Theorie von Strukturen und geometrischen Operationen, Architekturen des Wissens sowie materialer Epistemologie. Zu seinen aktuellen Publikationen zählen *Punkt 0.1. Zur Genese des analogen Codes in der Frühen Neuzeit* (erscheint 2016) und „The Telefonic Revolution of the Digital Image", erschienen in *Grey Room*, 2011.

Gerhard Seele übernahm nach seiner Glaserlehre 1976 den elterlichen Betrieb und machte 1978 den Meister. 1984 gründet er mit Siegfried Goßner das gemeinsame Unternehmen. Die **seele Unternehmensgruppe** erzielt ca. 250 Millionen Euro Jahresumsatz und beschäftigt

über 1.000 Mitarbeiter. Durch herausragende technische Entwicklungen setzt die Gruppe regelmäßig Standards in der Glas-, Stahl-, Aluminium- und Membranarchitektur. Der interdisziplinäre Gedanke und damit die Überwindung der bislang getrennten Gewerke Stahl und Glas war Leitgedanke der Unternehmensgründung. Mit dem Ziel der Internationalisierung wurden 1994 Standorte in Österreich und Hongkong sowie Niederlassungen in Frankreich und Großbritannien gegründet. 1996 folgte die Gründung einer zusätzlichen Produktionsstätte in Pilsen sowie der Start in Singapur und 2001 in den USA. Zu den Referenzen der seele Unternehmensgruppe zählen der Apple Cube in New York, der Bahnhof Straßburg, die Europäische Zentralbank in Frankfurt oder aktuell das King Abdulaziz Center for World Culture in Saudi Arabien, Dhahran.

Werner Sobek ist Architekt und beratender Ingenieur. Er leitet das Institut für Leichtbau Entwerfen und Konstruieren (ILEK) der Universität Stuttgart und lehrt darüber hinaus als Gastprofessor an zahlreichen Universitäten im In- und Ausland. Er ist Gründer der Werner Sobek Group, eines weltweit tätigen Verbunds von Planungsbüros für Architektur, Tragwerksplanung, Fassadenplanung, Nachhaltigkeitsberatung und Design. Die Arbeiten der Unternehmensgruppe zeichnen sich durch hochwertige Gestaltung und ausgeklügelte Konzepte zur Minimierung von Energie- und Materialverbrauch aus. Die Werner Sobek Group ist mit Büros in Stuttgart, Dubai, Frankfurt, Istanbul, London, Moskau und New York vertreten und realisiert Projekte, die hochqualitatives Design mit anspruchsvollen Konzepten des nachhaltigen Bauens vereinen.

Oliver Tessmann ist Architekt und Professor für Digitales Gestalten an der TU Darmstadt. Er forscht und lehrt im Bereich des computerbasierten Entwerfens und der digitalen Fabrikation. 2008 promovierte er an der Universität Kassel. Im Anschluss leitete er bei Bollinger+Grohmann die performative Building Group und war von 2010 bis 2012 Gastprofessor an der Staedelschule Architekturklasse in Frankfurt. Von 2012 bis 2015 forschte und lehrte er als Assistant Professor an der KTH in Stockholm.

Andreas Trummer ist Associate Professor für Tragwerksentwurf und robotergestützte Fabrikation an der Technischen Universität Graz. Ebendort hat er sein Bauingenieurstudium abgeschlossen und anschließend, im Jahr 2002, an der Universität für Bodenkultur in Wien promoviert. 2009 baute er das Roboter Design Labor an der Technischen Universität Graz auf und richtete damit den Forschungsschwerpunkt auf die digitale Fabrikation von tragenden Bauteilen. Seine aktuellen Forschungsprojekte widmen sich Fragen zu Schalentragwerken aus Betonfertigteilen, dem „Ceramic Shell" Projekt, das aktuell in Zusammenarbeit mit der GSD Design Robotics Group entsteht, und einem Projekt über die Zukunft des 3D Druckens mit Beton.

Tom Van Mele ist Co-Direktor der Block Research Group (BRG) an der ETH Zürich und leitet dort seit 2010 den Bereich Forschung und Entwicklung. Er promovierte 2008 am Departement für architektonische Ingenieurwissenschaft der Vrije Universiteit Brussel in Belgien. Seine aktuellen Forschungsprojekte sind unter anderem die Analyse und Auswertung der Mechanismen, die zum Versagen drei-dimensionaler Ziegeltragwerke führen, und die Entwicklung flexibler Schalungssysteme aus gespannten Drahtseilen mit textiler Bespannung für Schalentragwerke aus Beton. Darüber hinaus konzentriert sich seine Forschungsarbeit auf konstruktive, grafische Entwurfs- und Analysemethoden wie zum Beispiel der Erweiterung der grafischen Statik in die dritte Dimension.

Sigrid Adriaenssens is a structural designer and Assistant Professor at the Department of Civil and Environmental Engineering at Princeton University (USA) where she directs the Form Finding Lab. She also holds an affiliated faculty position with the School of Architecture of Princeton University. She has a PhD in lightweight structures from the University of Bath (UK). She worked as a project engineer for Jane Wernick Associates, (London) and Ney+Partners (Brussels). Her current research interests include numerical form-finding techniques and force-modelled structures. She has co-authored two books, *Shaping Forces: Laurent Ney* (2010) and *Shell Structures for Architecture: Form Finding and Optimization"* (2014). She is the recipient of the 2015 Alfred Rheinstein '11 Award 2015 and Tsuboi Award (2015).

Martin Bechthold is Kumagai Professor of Architectural Technology at the Harvard Graduate School of Design (GSD), director of the school's "Doctor of Design" Program, and co-director of the Master in Design Engineering at Harvard University. His material-based research develops and prototypes novel architectural applications, documented in his latest book on *Ceramic Material Systems* with Birkhäuser. Bechthold leads a research collaboration between the GSD and scientists from the Wyss Institute for Biologically Inspired Engineering, geared towards developing new adaptive material systems for buildings. The Wyss Institute appointed Bechthold as Associate Faculty.

Philippe Block is Associate Professor of Architecture and Structures at the Institute of Technology in Architecture, ETH Zurich, where he leads the Block Research Group (BRG) together with Tom Van Mele. The BRG's research focuses on graphic and algorithmic form finding as well as on the optimization and fabrication of doubly-curved shell structures. Philippe Block studied architecture and structural engineering at the Vrije Universiteit Brussel in Belgium, and in 2009, he received his PhD from the Massachusetts Institute of Technology (MIT) in Cambridge, USA. As a founding partner of ODB (Ochsendorf DeJong & Block, LLC 2009), he provides structural assessment of historic monuments and the design and engineering of novel compression structures.

Max Bögl is shareholder and chairman of the Supervisory board of the Max Bögl Corporate Group. He studied architecture at TU Munich and EPF Lausanne (with Luigi Snozzi) and, in 1997, founded Bögl Gierer Architekten in Munich together with Andreas Gierer. In his work he combines traditional architectural approaches such as the reading of place or the notion of scale with current developments in prefabricated building construction, especially in constructions using prefabricated concrete elements.

Stefan Bögl serves as member of the board of Max Bögl Gmbh & Co where he is responsible for the divisions wind energy, production, and research and development. He studied mechanical engineering at Regensburg University of Applied Sciences with an extra qualification in welding. In 2003 he was appointed head of the research and development department of the Max Bögl Corporate Group, where the "Feste Fahrbahn *Bögl*" – a slab track system for the railway industry, the "Hybrid Tower System Max Bögl" for wind turbines with high hub heights, a segmental bridge with a surface immediately usable for traffic, and several developments using high performance, self-compacting concrete have been realized. All these products are characterized by a high degree of prefabrication with precise dimensions and automated serial production.

Stephan Engelsmann is Professor for Structural Design at the State Academy of Art and Design Stuttgart. He studied civil engineering at the Technical University Munich and architecture at the University of Bath. After his work as a project engineer at the engineering office Dr. Kupfer, he worked as a scientific assistant at the Institute of Structural Design II at the University of Stuttgart, where he received his doctorate on integral bridges from Prof. Dr. Jörg Schlaich and Prof. Dr. Kurt Schäfer. From 1999 to 2007 he was project manager at the Werner Sobek Ingenieure GmbH & Co. KG, Stuttgart. In 2007 he founded together with Stefan Peters the civil engineering company "Engelsmann Peters Beratende Ingenieure" with branches in Stuttgart and Graz. Since 2012 he has been a member of the board of the German chamber of engineers and since 2014 also president of the Baden-Württemberg chamber of engineers. His most important projects are the State Library Berlin, the glass cupola on the parliament of Schleswig-Holstein in Kiel, the ZOB Schwäbisch Hall, breathe. austria – Austrian Pavillon Expo Milano 2015, the ZOB Pforzheim and the pedestrian bridge Stuttgart-Vaihingen.

Andreas Fuchs is Professor for Material Science, Building Construction and Design in the Department of Architecture at the University of Applied Sciences Wiesbaden Rüsselsheim. In 2004 he founded the IBK Forschung & Entwicklung together with Stefan Behling and, in 2009, the firm FAT LAB in Stuttgart. FAT LAB closely collaborates with companies in the construction industry in order to develop innovative and advanced building solutions for architecture. His award winning prototypes include, for example, StoVentec SmartFlex (German Design Award 2016) and Schüco Parametric System (Reddot Design Award 2015, iF Design Award 2016).

Christoph Gengnagel is Professor for Structural Design and Technology at the School of Architecture at the University of the Arts Berlin. He studied structural engineering and architecture at Bauhaus University Weimar and the Technical University Munich, where he earned his PhD in 2005. He is co-founder and director of the Hybrid Plattform – a transdisciplinary research unit between the UdK Berlin and the Technical University Berlin and has been awarded the Velux Visiting Professor at CITA, Royal Academy of Fine Arts in Copenhagen in 2013. His principal areas of research are prototyping of new structural- and material systems, new concepts for computational design and simulation techniques and the potential of transdisciplinary research methods. He was co-founder and partner of a.k.a.ingenieure and became a partner of Bollinger+Grohmann Ingenieure in 2013.

Siegfried Goßner is shareholder in the seele group. After his training as a structural steelwork engineer, he founded his own engineering office for steel and glass construction in 1982. In 1984 he established the **seele group** together with Gerhard Seele. Today, the group achieves an annual turnover of 250 Mio. and, with over 1.000 employees, sets the standard in glass, steel, aluminium and membrane architecture. Their interdisciplinary philosophy which also involves the transgression of the former boundary between the trades of steel and glass served as the guiding principle of the group's start up. Aiming for international operations, locations were created in Austria and Hong Kong in 1994, followed by the sales branches in France and the UK. A further production plant was established in Pilzeň in the Czech Republic in 1996 and the Singapore launch came in 1996 as well as the USA launch in 2001. The group's references include architectural landmarks like the Apple Cube in New York, the Strasbourg train station and the European Central Bank in Frankfurt.

Bartlomiej Halaczek is an architect and bridge designer at Knight Architects. He gained his diplomas in Architecture and Civil Engineering at the University of Stuttgart where he was working as a Research Assistant in Material Studies for several years. Since 2007 he has been working for the UK based practice Knight Architects with the focus on interdisciplinary design approaches. Among his projects are two pedestrian bridges in Opladen, Germany as well as the award winning Merchant Square Footbridge in London, Paddington. He is currently working on a 300 meter railway bridge across the river Odra over the German-Polish border.

Martin Knight is a leading British architect specialising in bridge design and infrastructure. He formed Knight Architects in 2006 after nine years at Wilkinson Eyre Architects and his specialist studio has designed extraordinary award-winning bridges around the world. His design philosophy is guided by the practical application of artistic principles and his projects range from small footbridges to record-breaking highway structures. An experienced architect, he is a member of the Royal Institute of British Architects (RIBA) and IABSE and in 2013 was elected a Companion of the Institution of Structural Engineers.

Julian Lienhard is managing director of str.ucture, an engineering and design practice for lightweight and special structures based in Stuttgart. He received his Diploma in Civil Engineering at the University of Stuttgart in 2007 and completed his doctorate with a dissertation on bending-active structures at the Institute of Building Structures and Structural Design (ITKE) in 2014. At the ITKE he played an active part in the academic environment between 2007 and 2013, engaging in research and teaching. There he was also managing the research project "Pliable Surface Structures on the Basis of Biomimetic Principles" which was awarded the Techtextil Innovation Prize 2011, the Bionic Award 2012 and the Gips-Schüle-Forschungspreis 2013. Since 2011 he has been a visiting lecturer for the Masters of Engineering Program at the Technical University of Vienna and currently has been appointed Visiting Professor at HafenCity Universität Hamburg. He is also the co-author of *Construction Manual on Polymers and Membranes* (2010).

Panagiotis Michalatos is an architect, Lecturer of Architecture Technology at Harvard GSD and principal research engineer at Autodesk. He has worked as a computational design researcher for the engineering firm AKT, where he, along with Sawako Kaijima developed computational solutions for high profile architectural projects. His research is focusing on the integration of structural and material design within architecture practice and pedagogy. His long lasting collaboration with the Swedish dance company CCAP focuses on the role of digital media within the performance space.

Neri Oxman is an architect, designer, and Associate Professor based at the MIT Media Lab, where she heads the Mediated Matter Group. Her work is included in the permanent collections of Cooper Hewitt, MoMA, SFMOMA, Centre Georges Pompidou, MFA Boston, and FRAC Orléans, amongst other museums. She is the recipient of numerous honors and awards, including a Graham Foundation Award (2008), the

Earth Award (2009), the Vilcek Prize (2014), and the BSA Women in Design Award (2014). She was a Carnegie Pride of America Honoree (2014), named to ROADS' 100 Most Daring Cross-Disciplinary Thinkers in the World (2015), and made a Cultural Leader by the World Economic Forum (2016).

Michael Pelzer has been an associate at FAT LAB since 2012. Specializing in complex geometries, his research focuses on digitally designed and produced facades, which also led him to manage the research projects „Schüco Parametric System" and „Architekturbeton Max Bögl." Many of his published works are based on the integration of production processes into the algorithmic description of construction elements as well as their geometries. His projects aim at the production of non-serial architectural products through digital planning, thus guaranteeing a higher degree of efficiency as well as a high level of planning and process reliability.

Stefan Peters is Professor at the Institute for Structural Design at Graz University of Technology and since 2013 Dean of the Faculty of Architecture. He studied civil engineering at the University Stuttgart and since 1998 has been working as a structural engineer. After working as a project engineer at the Ingenieurbüro Prof. Kirsch and at the Werner Sobek Ingenieure GmbH & Co. KG, he became a Scientific Assistant at the Institute for Supportive Structures and Constructive Design. He received his doctorate from Jan Knippers on the subject of the structural application of GFK and glass. In 2007 he founded together with Stephan Engelsmann the civil engineering company "Engelsmann Peters Beratende Ingenieure" with branches in Stuttgart and Graz. His most important projects are the glass cupola on the Mansueto Library in Chicago, the ZOB Schwäbisch Hall, breathe.austria – Austrian Pavillon Expo Milano 2015, the ZOB Pforzheim (awarded with the Staatspreis Baukultur Baden-Württemberg) and the pedestrian bridge Stuttgart-Vaihingen (awarded with the "Ingenieurpreis des Deutschen Stahlbaues"). His publications include *Faustformel Tragwerksentwurf* (2013) and „Pre-Fabricated Non-Standard Shell Structures Made of UHPC" (2015).

Gregory Quinn is a Scientific Assistant at the Department for Structural Design and Technology (KET) at the University of Arts in Berlin. After completing his master's degree in Mechanical Engineering at the University of Manchester, he went on to work as a structural engineer for various firms including Arup and Bollinger+Grohmann with particular focus on high-rise, seismic, and special materials projects. Currently he is pursuing his doctorate under the supervision of Christoph Gengnagel (primary), Chris Williams, and Kai-Uwe Bletzinger. His research focuses on the pneumatic erection of strained grid shells for which the development and implementation of simulation software Kangaroo2 play an important role.

Matthias Rippmann has been a member of the Block Research Group (BRG) at ETH Zurich since 2010 and he will receive his doctorate there in 2016. In 2015 he also joined the National Center of Competence in Research (NCCR) Digital Fabrication at ETH, where he leads research projects as a post-doctoral fellow. He conducts research in the field of structurally informed design tools for construction, as well as the implementation of complex designs using digital fabrication and is lead developer of the form-finding software RhinoVAULT. He studied architecture at the University of Stuttgart and the University of Melbourne. He worked in Stuttgart at Behnisch Architekten, LAVA, the Institute for Lightweight Structures and Conceptual Design (ILEK) and at the engineering office of Werner Sobek. In 2010 he co-founded the architecture and consultancy firm ROK (Rippmann Oesterle Knauss GmbH), which specializes in computer-based design and automated manufacturing.

Tomás Saraceno is a Berlin-based contemporary artist, whose oeuvre could be seen as an ongoing research, influenced by the world of art, architecture, natural science and engineering; his floating sculptures and interactive installations propose and explore new, mindful ways of inhabiting and perceiving the environment. He attended the International Space Studies Program in 2009 at the NASA Ames Research Center in Silicon Valley, California. The same year, Saraceno presented a major installation at the 53rd Venice Biennale, and was later on awarded the Calder Prize. His work has been shown internationally, such as *Aerocene* at Grand Palais, Paris, during the United Nations Climate Change Conference COP21, *Arachnid Orchestra. Jam Sessions* at NTU Centre for Contemporary Art Singapore, *Le Bordes du Monde*, at Palais de Tokyo, Paris (2015), *In orbit* at Kunstsammlung Nordrhein-Westfalen K21 in Düsseldorf (2013–16) and *On Space Time Foam* at Hangar Bicocca in Milan (2012–13), amongst others. His work has also been exhibited in public museums like Museum for Contemporary Art Villa Croce, in Genoa (2014), The Metropolitan Museum of Art in New York (2012), and Hamburger Bahnhof, in Berlin (2011–12). He is the first participant of the Visiting Artist program at the MIT Center for Art, Science & Technology (CAST).

Anton Savov is a Research Associate at the Digital Design Unit at the TU Darmstadt and the founder of the architectural studio AWARE. Previously, he worked at Bollinger+Grohmann (2008–2011) and taught at the Städelschule Architecture Class (2008–2014) in Frankfurt. Through his designs he wants to enable anyone to co-create the built environment using games and digital fabrication. He received the Artists and Architects in Residence Scholarship of the MAK Center in Los Angeles in 2012.

Wolfgang Schäffner is a historian of science and media technologies and, since 2009, has been Professor for the History and Culture of Knowledge at the Humboldt-Universität zu Berlin. He is the director of the Hermann von Helmholtz Centre for Cultural Techniques and the director (together with Horst Bredekamp) of the Cluster of Excellence „Image Knowledge Gestaltung" at the Humboldt-Universität zu Berlin, thus responsible for the "Humboldt-Laboratory" of the Humboldt-Universität at the Humboldt-Forum. Since 2005 he has also been Permanent Guest Full Professor and director of the Walter Gropius Program at the Faculty of Architecture, Design and Urbanism at the Universidad de Buenos Aires. His research focuses on the history and theory of analog code and structures, architectures of knowledge and material epistemology. Among his recent publications are *Punkt 0.1. Zur Genese des analogen Codes in der Frühen Neuzeit* (forthcoming 2016) and "The Telefonic Revolution of the Digital Image", published in *Grey Room*, 2011.

Gerhard Seele is a master-glazier who took over the parental company in 1976. In 1984 he established the seele group together with Siegfried Goßner. Today, the group achieves an annual turnover of 250 million Euro and, with over 1.000 employees, sets the standard in glass, steel, aluminium and membrane architecture. Their interdisciplinary philosophy which also involves the transgression of the former boundary between the trades of steel and glass served as the guiding principle of the group's start up. Aiming for international operations, locations were created in Austria and Hong Kong in 1994, followed by the sales branches in France and the UK. A further production plant was established in Pilzeň in the Czech Republic in 1996 and the Singapore launch came in 1996 as well as the USA launch in 2001. The group's references include architectural landmarks like the Apple Cube in New York, the Strasbourg train station and the European Central Bank in Frankfurt.

Werner Sobek is an architect and consulting engineer. He heads the Institute for Lightweight Structures and Conceptual Design (ILEK) at the University of Stuttgart and servers as guest lecturer at numerous universities in Germany and abroad, e.g. in Austria, Singapore and the USA (Harvard). In 1992, Werner Sobek founded the Werner Sobek Group, offering premium consultancy services for architecture, structures, façades and sustainability. The Werner Sobek Group has offices in Stuttgart, Dubai, Frankfurt, Istanbul, London, Moscow and New York. All its projects are distinguished by high-quality design and sophisticated concepts to minimize the consumption of energy and materials.

Oliver Tessmann is an architect and Professor for Digital Design at TU Darmstadt. His research and teaching is located in the field of computational design and digital fabrication. After receiving his doctorate from the University of Kassel in 2008, he served as the director of the performativeBuildingGroup at Bollinger+Grohmann. From 2010 to 2012 he was Visiting Professor at the Staedelschule Architecture Class in Frankfurt and, from 2012 to 2015, held the position of Assistant Professor at KTH Stockholm.

Andreas Trummer is Associate Professor for Structural Design and Robotic Fabrication at Graz University of Technology. He studied structural engineering at Graz University of Technology and, in 2002, earned his PhD at the University of Natural Resources and Life Sciences in Vienna. Since 2009 he has been establishing the "Roboter Design Labor", thus focusing his research on questions of digital fabrication of load carrying building elements. His current research focuses on prefabricated concrete shell elements, the "Ceramic Shell" project, carried out in collaboration with the GSD Design Robotics Group, and a project about the future of concrete 3D printing processes.

Tom Van Mele is co-director of the Block Research Group (BRG) at ETH Zurich, where he has been leading research and development since 2010. In 2008 he received his PhD from the Department of Architectural Engineering at the Vrije Universiteit Brussel in Belgium. His current research projects include the analysis and evaluation of three-dimensional collapse mechanisms of masonry structures and the development of flexible formwork systems of tensioned cables with textiles for shell structures made of concrete. Moreover, his research focuses on constructive, graphical design, and analysis methods such as the extension of graphic statics into the third dimension.

GAM.
ARCHITECTURE MAGAZINE 13

CALL FOR PAPERS
Spatial Expeditions

Die nächste Ausgabe von *GAM* widmet sich dem Blick auf den gebauten Raum, den es mit der Methode der Expedition zu entdecken gilt. Da wir Raum unmittelbar mit allen Sinnen erleben und mittels unseres gesamten Sensoriums erfahren, werden raumphänomenologische Überlegungen zum zentralen Bestandteil jeder architektonischen Entwurfsentscheidung. Obschon in den bildenden Künsten eine stetige Beschäftigung mit der unmittelbaren Raumerfahrung hinsichtlich einer Raumproduktion nachweisbar ist (z.B. durch die Arbeiten von Rachel Whiteread oder Cristina Iglesias), gibt es innerhalb der Architekturdisziplin keinen kontinuierlichen Diskurs zum Thema Raumwahrnehmung.

Die Debatte über die physisch erfahrbaren Eigenschaften von Raum und seinen atmosphärischen Qualitäten wurde unter Architektinnen und Architekten scheinbar mit dem Rückzug der Situationisten Mitte des 20. Jahrhunderts beendet. Peter Zumthors paradigmatische Schriften *Architektur Denken* oder *Atmosphären*, die ein raumphänomenologisches Verständnis von Architektur ins Zentrum rücken, gehören zu den wenigen Ausnahmen. In der aktuellen wissenschaftlichen Auseinandersetzung dominieren vielmehr die Stimmen nicht gestaltender Disziplinen, und architektonische Diskurse zu Raumerfahrung und Atmosphäre bleiben meist auf das Virtuelle beschränkt, in dem die Orte des Erfahrens immer fiktiv sind. Die Fokussierung auf den simulierten Raum wirft aber zwangsläufig die Frage nach der Bedeutung von realen Räumen und deren Entdeckung in einer bereits kartografierten Welt auf.

Diese Feststellung nehmen wir zum Anlass, elementare Parameter der Raumwahrnehmung zurück ins Zentrum einer Betrachtung von Architektur zu stellen, die Rückschlüsse auf die eigentliche Raumgestaltung bereithalten. Die Methode der Expedition ermöglicht dabei einen experimentellen Umgang und bietet die Chance, neue Erkenntnisse und Sichtweisen auf den gebauten Raum sowie auf Praktiken seiner Erkundung zu gewinnen.

Expeditionen sind eine Orientierung an Zufallsereignissen eingeschrieben, deren direkte Erfahrung Richtungsänderungen mit sich bringen und unerwartete und ungebetene Möglichkeiten implizieren. Ihre Ergebnisse sind abhängig von der Art des Umgangs mit ihrem Verlauf. Dabei entstehen Diskrepanzen zwischen Karte und Weg, Vorstellung und Realität, welche die Raumvorstellung und -produktion konkretisieren oder verschieben. Mit jeder Expedition werden neue Daten erhoben, wird Wissen generiert oder korrigiert.

GAM.13 ruft dazu auf, die unerforschten Aspekte des gebauten Raumes auszukundschaften. Dabei fragen wir nicht nur nach Motiven, die einer räumlichen Expedition vorangehen, sondern ebenso nach Werkzeugen und Materialien, nach äußeren und inneren Bedingungen und nach Ergebnissen und Berichten, die eine räumliche Expedition dokumentieren. Die Art und Weise, wie Raum wahrgenommen wird, spielt dabei eine entscheidende Rolle. Es geht nicht nur um Wahrnehmungsstandpunkte, sondern ebenso um konkrete Techniken und Modi der Wahrnehmung, die aus der eigenen Disziplin heraus und aus artverwandten Disziplinen den Blick auf den gebauten Raum schärfen können.

GAM lädt Sie dazu ein, ein Abstract (max. 500 Wörter) zum Thema „Spatial Expeditions" gemeinsam mit einer Kurzbiografie bis zum **18. Mai 2016** an **gam@tugraz.at** zu senden. Willkommen sind Beiträge aus architektur-, kunst- und raumaffinen Sparten, die in Form von Texten, Bildstrecken, Projektanalysen oder Fallstudien den gebauten Raum phänomenologisch begreifen, untersuchen, erproben, darstellen, reflektieren und interpretieren. Abgabetermin für die von der Redaktion ausgewählten finalen Beiträge ist der **22. August 2016.**

The next edition of *GAM* is devoted to the gaze focused on built space, ready to be explored through the method of expedition. Since we experience space directly with all of our senses, engaging our entire percipient apparatus, spatio-phenomenological considerations become an essential part of any architectural design decision. Although in the visual arts there has clearly been a continual exploration of direct spatial experience in terms of spatial production (e.g., in works by Rachel Whiteread or Cristina Iglesias), the discipline of architecture has not seen continued discourse on the topic of spatial perception.

Discourse on the physically experienceable attributes of space and its atmospheric qualities among architects apparently tapered off with the retreat of the Situationists in the mid-twentieth century. Peter Zumthor's paradigmatic writings *Thinking Architecture* and *Atmospheres*, which emphasize a spatio-phenomenological concept of architecture, count among the few exceptions. Current scholarly work is instead strongly focused on the voices of non-design-related disciplines, with architectural discourse on spatial experience and atmosphere generally remaining reserved to the virtual realm, where the places of experience are always fictitious. Yet this concentration of simulated space inevitably raises the question as to the meaning of real spaces and their discovery in an already mapped world.

This assessment occasions us to move elementary parameters of spatial perception back into the focus of the architectural gaze, which harbors conclusions about actual spatial design. The expedition as method facilitates an experimental approach and offers an opportunity to gain new knowledge about and perspectives on built space and practices related to its exploration.

Inscribed in expeditions is an orientation toward random events, which, directly experienced, goes hand in hand with changes in direction and entails unexpected and unsought possibilities. The results are dependent on the type of approach and its progression. Arising here are discrepancies between map and path, idea and reality, which substantiate or shift spatial perception and production. With each expedition, new data is collected, and knowledge is generated or corrected.

GAM.13 calls for an exploration of the unresearched aspects of built space. Here, we are looking for the motives behind spatial expeditions, but also, equally importantly, tools and materials, exterior and interior conditions, and results or reports documenting spatial expeditions. The manner in which space is perceived plays a decisive role in this context. Pertinent here are not only perceptual positions, but also concrete techniques and modi of perception that can sharpen the view of built space from the vantage point of one's own discipline and also related disciplines.

GAM invites you to submit an abstract (max. 500 words) on the topic "Spatial Expeditions" along with a short biography by **May 18, 2016**, to **gam@tugraz.at**. We look forward to receiving proposals from fields related to architecture, art, and spatial contexts. Submissions may take the form of text, image series, project analyses, or case studies and should phenomenologically conceive, investigate, test, represent, reflect on, or interpret built space. The submission deadline for the finalized contributions selected by the editorial office is **August 22, 2016**.

GAM. ARCHITECTURE MAGAZINE 12

GAM – Graz Architecture Magazine

Faculty of Architecture at Graz University of Technology

GAM.12 Imprint Copyright Page

Editors

Daniel Gethmann (Executive Editor)

Petra Eckhard (Managing Editor)

Manfred Omahna (Book Review Editor)

Stefan Peters and Andreas Trummer (Guest Editors)

Coordination of the Faculty News

Martina Plank

Editorial Assistance

Ramona Winkler

Editorial Board

Michelle Addington (New Haven)

George Baird (Toronto)

Anita Berrizbeitia (Cambridge, MA)

Aaron Betsky (Scottsdale)

Pierre-Alain Croset (Suzhou)

Susanne Hauser (Berlin)

Andrej Hrausky (Ljubljana)

Bart Lootsma (Innsbruck)

Didier Rebois (Paris)

Arno Ritter (Innsbruck)

Gerhard Schmitt (Zürich)

Georg Schöllhammer (Wien)

Kai Vöckler (Offenbach)

In-House Contributors

Lisa Maria Enzenhofer, Christian Freißling,
Claudia Gerhäusser, Daniel Gethmann, Jakob Gigler,
Hasso Hohmann, Jana Holzmann, Diederik de Koning,
Bernhard König, Antonia Majača-Friedman,
Dejan Marković, Thomas Munz, Stefan Nuncic,
Anne Oberritter, Ferdinand Oswald, Sanela Pansinger,
Martina Plank, Gernot Reisenhofer, Benjamin Schmid,
Antje Senarclens de Grancy, Markus Stangl,
Marion Starzacher, Milena Stavrić, Marcus Stevens,
Armin Stocker, Andreas Trummer, Hansjörg Tschom,
Marisol Vidal, Anselm Wagner, Ramona Winkler,
Johann Zancanella

Cover Illustration

Tomás Saraceno, "In Orbit" at Kunstsammlung
Nordrhein-Westfalen, K21 Ständehaus, Düsseldorf,
2013, Photography by Studio Tomás Saraceno © 2013

Graphic Design

MVD Austria

Michael Rieper, Christine Schmauszer, Georg Skerbisch

www.mvd.org

Printing

REMA*print* Litteradruck, Vienna

Translations

Unless otherwise noted at the end of text:
Dawn Michelle d'Atri

Address

GAM, Graz Architecture Magazine

Graz University of Technology

Rechbauerstraße 12, 8010 Graz, Austria

http://gam.tugraz.at, gam@tugraz.at

Sponsors

Graz University of Technology

State Government of Styria, Department 9 –
Unit European Affairs and External Relations

**Faculty of Architecture at TU Graz,
Institute Chairs 2016**

Stefan Peters (Structural Design, Dean),
Roger Riewe (Architecture Technology, Vice Dean),
Hans Gangoly (Design and Building Typology, Program
Director), Anselm Wagner (Architectural Theory, Art
History and Cultural Studies, Vice Program Director),
Brian Cody (Buildings and Energy), Irmgard Frank
(Spatial Design), Stefan Peters (Urban and Architectural
History), Urs Hirschberg (Architecture and Media),
Andreas Lichtblau (Housing), Klaus K. Loenhart (Archi-
tecture and Landscape), Jean Marie Corneille Meuwissen
(Urbanism), Petra Petersson (Institute of Construction
and Design Principles), Milica Tomić (Contemporary Art).

Library of Congress Cataloging-in-Publication data

A CIP catalog record for this book has been applied for
at the Library of Congress.

**Bibliographic information published by the German
National Library**

The German National Library lists this publication in the
Deutsche Nationalbibliografie; detailed bibliographic
data are available on the Internet at http://dnb.dnb.de.

This publication is also available as an e-book (ISBN
978-3-0356-0984-4).

© 2016 Birkhäuser Verlag GmbH, Basel

P.O. Box 44, 4009 Basel, Switzerland

Part of Walter de Gruyter GmbH, Berlin/Boston

Printed on acid-free paper produced from
chlorine-free pulp. TCF ∞

Printed in Austria

ISSN 1612-9482

ISBN 978-3-0356-0983-7

9 8 7 6 5 4 3 2 1

www.birkhauser.com